アテナイの前411年の寡頭派政変と民主政

The Oligarchic Revolution of Athens in 411 B.C. and her Democracy

堀井 健一
Ken-ichi HORII

溪水社

The Oligarchic Revolution of Athens in 411 B.C. and her Democracy

Ken-ichi HORII

The oligarchic revolution occurred at Athens in 411 B.C. It led to the supreme council of the 400 for about 4 months before the so-called regime of the 5000. Firstly I have a research into causes and characteristics of the political changes. The coup of the 400 was not based on the oligarchic ideologies but caused by the allied movements of the oligarchs, the ex-democrats like Peisandros and Phrynichos, and the practicians like Theramenes and his father Hagnon under the slogan of saving their state.

Secondly I examine whether the constitution of the 5000 in 411-410 B.C. was oligarchic or democratic, viewing two aspects of the movement punishing the ex-400 oligarchs and the questionable descriptions in Aristoteles, *Ath.* 29-32. The movement punishing oligarchs has two stages. The earlier stage of punishment during the government of the 5000 just after the fall of the 400 seems narrow attacks on oligarchs, such as the case against Antiphon accused by Theramenes, an ex-member of the 400. On the other hand, the later stage after the decree of Demophantos has the unlimited attacks by the sycophants, such as the second accusation against Polystratos in [Lysias] 20. Incidentally, the problematic constitutions of Aristoteles, *Ath.* 30-31 have not been considered as their drafts of the government of the 5000 by almost all scholars except K.J. Beloch. I suppose that there is a bad correction by a copyist in the second sentence of Aristoteles, *Ath.* 32.1 and think that the date of ratification of the drafts in Aristoteles, *Ath.* 30-31 at the assembly presided by Aristomachos is not necessarily to be just before the installation of the 400. The constitution of Aristoteles, *Ath.* 31 made, therefore, the new council of government of the 5000 punish the ex-400 oligarchs on account of the euthyna and entrust the

i

10 generals with arbitrary powers in order to guard Theramenes from his being accused. At first the new council consisted of 400 members, then is supposed to have consisted of 500 under the influence of Alcibiades' words in Th. 8.86.6 and the Athenians' decision of his recall in Th. 8.97.3. Consequently the regime of the 5000 was the democracy with limited qualification for officials and without payment for them. That means, I think, that the government of the 5000 was produced by the compromise between the people losing confidence in their administrative ability and the practicians around Theramenes, and then replaced by full democracy as the former on the occasion of their victory in the sea battle off Cyzikos. It is, therefore, just as Aristoteles, *Ath.* 41.2 describes that the constitution of the 400 was followed by the democracy apparently under the regime of the 5000.

Thirdly I have a research into meanings of the so-called patrios politeia of the Therameneans. Before the research, I think, it is useful to investigate the so-called Nicomachos' codification of laws by means of focusing on its inscriptions. The lists of the offerings, the calendars of dedication, the Trierarchic Law and a law on taxes in his earlier codification imply the intention of curtailing state's expenditures. His later codification seems to have continuously intended to inscribe the calendars of dedication to cut down expenses of state. His works had, however, brought his state waste of money, so he was indicted for it in Lysias 30 before his calendars were, as N. Robertson maintains, erased and revised. His tasks were, therefore, not relative to the full-scale codification of Athenian laws. In the meantime the descriptions of the Therameneans' patrios politeia in Aristoteles, *Ath.* 29.3 & 34.3 come, I think, from the Athenian thoughts of Aristotelian times in the late 4th century B.C. After the fall of the 30 tyrants at 403 B.C. the Athenians restored their democracy and then made a legal reform. At the time the people regarded the laws of Solon as the prescriptions of their own democracy by which they should abide; then the institutions of epicheirotonia nomôn and nomothesia were established. In the 4th century Athens the people became, therefore, to be sure that the traditional laws of Solon were of their own democracy as the Athenians at Samos of 411 B.C. were in Th.

8.76.6. Consequently we should consider the patrios politeia to be not the ancestral constitution but traditional one. The description in Aristoteles, *Ath.* 29.3 mentions, I think, that the investigated laws of Cleisthenes approximate to the constitution of Solon which is virtually of the Athenian democracy in the Aristotelian times under the protection of proceedings of the graphê paranomôn, the eisangelia and the nomothesia; the additional clause of Cleitophon provided that the traditional laws of Cleisthenes supposedly including the prescriptions for graphê paranomôn and eisangelia were to be investigated. According to the texts of Aristoteles, *Ath.* 29.4, immediately after Cleitophon's proposal the procedures of graphê paranomôn and eisangelia were abolished. That is, I think, in the opposite direction of his own intention. Thereafter Theramenes was condemned by his contemporary speaker of Lysias 12 and his rival, Critias, in Xenophon, *HG* and later praised by the author of Aristoteles, *Ath.* 28.5 who thought that the democracy with its traditional laws preceding its decrees was true in Athens of his times, as insisted in the Aristoteles, *Politica* 1291b 30-1292a 37.

The Greek world of the 4th century B.C. is said to have crises in many city-states. After its legal reform at the end of the 5th century B.C., however, the Athenian democracy kept its traditional laws with their safeguards; the plans of constitutional changes in the speech of Isocrates 7 and Plato's books were never proposed at the Athenian assemblies. As a result, the democracy of the Athenians lasted till its submission to the Macedonian powers in 322/1 B.C.

目　　次

英文要旨 ………………………………………………………… i

序　章　問題の所在 …………………………………………… 3

第 1 部　前411年の寡頭派政変 ………………………… 21

第 1 章　前411年の寡頭派政変の概要 …………………… 22
第 2 章　前411年の寡頭派政変についての史料の検討
　　　　　～トゥキュディデス『歴史』とアリストテレス
　　　　　『アテナイ人の国制』………………………………… 31
　　第 1 節　前411年アテナイのシュングラペイスについて ……… 31
　　第 2 節　Aristoteles, *Ath*. 30-31と五千人政権の国制 ………… 62
第 3 章　前411年の四百人の寡頭派政変の原因について … 85
　　第 1 節　アテナイ民主政に内在する問題 ……………………… 85
　　第 2 節　前411年の寡頭派政変の性質 ………………………… 139

第 2 部　五千人政権の時代とテラメネス ……………… 163

第 4 章　四百人処罰とアテナイ内政動向 ………………… 164
　　第 1 節　四百人政権直後の四百人処罰 ………………………… 167
　　第 2 節　デモパントスの条令以後の四百人処罰 ……………… 175
　　第 3 節　四百人処罰とテラメネス ……………………………… 198
第 5 章　五千人政権の国制 …………………………………… 211
　　第 1 節　暫定の国制とテラメネス ……………………………… 211
　　第 2 節　将来の国制 ……………………………………………… 214
　　第 3 節　五千人の国制 …………………………………………… 218

v

第3部 いわゆる「パトリオス゠ポリテイア」問題とテラメネスの政治思想 ……………229

第6章 ニコマコスのいわゆる「法典編纂」作業について …………………230
- 第1節 ニコマコスの前期の「法典編纂」碑文について ………230
- 第2節 ニコマコスの前期の「法典編纂」作業について ………267
- 第3節 ニコマコスの後期の「法典編纂」碑文について ………282
- 第4節 ニコマコスの後期の「法典編纂」作業について ………309

第7章 パトリオス゠ポリテイアとテラメネス派の政治思想 …………………327
- 第1節 民主政期アテナイにおけるパトリオス゠ポリテイア …327
- 第2節 クレイトポン動議とパトリオス゠ポリテイア ………369
- 第3節 アリストテレス『アテナイ人の国制』におけるテラメネス評価 …………………392

第8章 前4世紀のギリシア人ポリスの危機とアテナイ民主政 …………………421
- 第1節 ポリスの危機と反民主政の声 …………425
- 第2節 前4世紀のアテナイ民主政におけるポリスの危機を回避させた要因 …………428

終 章 結 論 …………………………………439

文 献 目 録 …………………………………451

後 書 き …………………………………463

初 出 一 覧 …………………………………465

索   引 …………………………………467

アテナイの前411年の寡頭派政変と民主政

序章　問題の所在

(1) 研究対象およびその時期と研究方法

　古典期の民主政期アテナイでは前411年と前404－403年の2度にわたって寡頭派による政変が起こった。前411年の政変は，従前の五百人評議会に代わって四百人評議会を設置するまでは民会決議による合法的な国制変更であったが，その後まもなく四百人評議員によるクーデターが実行されることによってその評議会の独裁政治が始まった。この政治は，わずか4ヵ月で打倒されたが，その直後にテラメネス（生年不詳－前404/3年）を中心としていわゆる五千人政権が成立し，翌年の前410年には政変以前の従前の完全民主政が復興された。だが，前404年にアテナイがペロポネソス戦争に敗北すると，前411年の政変に関連して亡命していた寡頭派たちが帰国するなどして，新設された30人のシュングラペイス（国制起草委員たち）の職を牛耳り，その権限を借りていわゆる三十人僭主の独裁政治を行なった。この政治は，翌年，内戦の結果，民主派のトラシュブロスらによって打倒されたが，この事件は，アテナイ民主政にとって大変な試練であった。前6世紀末のクレイステネスの改革をもってアテナイの民主政が確立されたと考えるならば，その時から前322/1年にマケドニアの将軍アンティパトロスの占領下でアテナイ人たちが民主政を廃止するまでの間で，この前5世紀末の2つの寡頭派政変は，アテナイ民主政にとって重大な転機であった。

　本書では，これら2つの寡頭派政変のうちの前411年のアテナイの寡頭派政変に関する諸事件を考察するが，その際にいわゆる四百人の寡頭派政変と五千人政権の両方に中心人物として関わったテラメネスを視点の中心に据えて論じる。テラメネスを研究上の視点の中心に据える理由は，彼が前411年の寡頭派政変の首謀者のひとりでありかつその直後の五千人政権

の指導者であったからだけではない。従来の研究者たちは，これらの政変を極端寡頭派，テラメネスの穏健派または穏健寡頭派，民主派の3つの政治党派の争いとして図式化してみてきた[1]。だが，この政争の図式化は，1950年代にG. E. M.ドゥ＝サント＝クロワが，それまでの定説と異なり前411－410年の五千人政権の国制を民主政の国制と考える論を発表するまで長い間その五千人政権が寡頭政であると考えられてきた中で定着した理論である。従って，ここで改めて五千人政権の国制がはたして寡頭政であるのかあるいは民主政であるのかについて検討し直さなければならないし，またその再検討の成果を踏まえてその政争の図式化の理論を検討し直す必要がある。つまり，従来の研究者の政治党派の視点からでは異説の多い諸史料の諸矛盾を整合的に説明するのは困難である。また，従来，テラメネスの政治党派が穏健派または穏健寡頭派とみなされてきた理由のひとつに前411年のクレイトポン動議の解釈が関係している。テラメネス派の一員であったクレイトポンのこの動議は，従来，ソロンやクレイステネスの父祖の時代の国制に戻ることを提案したものと解釈されてきた。だが，この動議を伝える史料は，前411年の動議提案から約80年を経た前330/320年代の伝アリストテレス（以下ではたんにアリストテレスとする）『アテナイ人の国制』である。従って，その書の著者と考えられているアリストテレスが，その動議提案の同時代人の史料には言及がないテラメネス派の提案をなぜ約80年後にわざわざ取り上げて記述するに至ったかを，換言すれば，彼がどのような政治思想からそれを取り上げて記述したかを検討しなければならない。この点に関して，筆者は，アリストテレス『アテナイ人の国制』の著者がその書を記述する際に，前403年に行なわれたアテナイの法制改革の，アテナイ民衆の法律観や政治観へ及ぼした影響があると推察する。そしてその推察に基づいて改めてクレイトポン動議の意味や意図を検討し直す。以上の再検討の作業を行なうために，諸事件を伝える諸史料の再検討，政変に至るまでの寡頭派などの諸集団の分析，政変後の四百人の寡頭派処罰の動向の分析，五千人政権の国制の解明，事後約80年を経たアリストテレス『アテナイ人の国制』の中に記述されたテラメネス派のクレ

イトポン動議に関する記述の，パトリオス＝ポリテイアの思想の解明からの再検討によって，改めてテラメネスの政治的立場と前411年の政変の実相を検討し，従来の政争の図式化の理論やテラメネスの政治思想の理論に再検討を迫りたい。

　初めに，前411年のいわゆる四百人の寡頭派政変については，それがどのような政変であったかを解明する。その際に，テラメネス派，ペイサンドロスとアンティポンの寡頭派，プリュニコスのような民主派からの転向者の諸派を考察して，その政変の意図を明らかにしたい（第1部）。次に，その四百人の寡頭派政変の後に設立された五千人政権の実体を考察する（第2部）。だが，四百人の寡頭派政変の意図を論じる際，その政変の直前に提案された，テラメネス派の一員のクレイトポンの提案（Aristoteles, *Athênaiôn Politeia*〔以下Aristoteles, *Ath*. と略す〕 29.3）の解釈がひとつの鍵となる。けれども筆者は，この提案を解釈するためにはその提案を伝えるのが提案後約80年を経たアリストテレスであるのでその考察には年月の開きに注意する必要があるし，加えて前403年のアテナイの法制改革とその改革がその後のアテナイ人にもたらした影響を考慮に入れなければならないと考える。従って，このクレイトポンの提案については，前411年の寡頭派政変の考察と切り離して特別に別の部を設けて論じ，その後で改めて前411年の寡頭派政変に至る諸事件の変遷の中で位置づけを試みたい（第3部）。また，このクレイトポンの提案を検討する上でキーワードとなる「パトリオス＝ポリテイア」（πάτριος πορτεία）の思想は，これまでの研究者たちによってテラメネス派の穏健派の思想とみなされてきた重要なものであるが，これを考察するには前述のように前403年の法制改革を検討するとともに，その法制改革と関連があるとこれまでの研究者たちによってみなされてきたニコマコスのいわゆる法典編纂作業を検討する必要がある。

　そういうわけで，本書では，この前411年のアテナイの寡頭派政変に関連して，主として次のような問題を考察する。

序章　問題の所在

(1-a) 前411年のアテナイの寡頭派政変の原因は何か。民主政期アテナイの社会にその遠因があったのか。もしあるならば，どのような点が遠因となったのか。
(1-b) この政変は，本当に寡頭派の主導による「寡頭派」政変と呼べるものであったのか。もしそうでなければ，他のどのような勢力が政変を起こしたのか。また，その勢力はアテナイ民主政社会の中でどのような変革を求めたのか。
(1-c) この政変を伝えるトゥキュディデス『歴史』とアリストテレス『アテナイ人の国制』との間で記述にいくつかの矛盾点があるが，これらはどのように理解して整合させるべきか。
(以上，第1部)

(2-a) これまで研究者たちの間で諸説があり多くのことが不明であるテラメネスの五千人政権，四百人の寡頭派政変の打倒後に成立した政権，の実体はどんなものであったか。その五千人政権の実体が，同時期に行なわれた四百人の寡頭派に対する一連の処罰を分析することでどこまで解明することができるか。さらに，その五千人政権の実体が，アリストテレス『アテナイ人の国制』30－31章の2つの国制草案の史料に基づいて解明することができるか。
(2-b) その五千人政権を樹立したテラメネスは，自身は自らが打倒した四百人政権の中心人物であったという直前の過誤の責任を背負っていたのであるから，その新政権の時期に何を狙いとして政治を行なおうとしたのか。
(以上，第2部)

(3-a) 前411年と前404－403年の2度の寡頭派政変に際してテラメネス派がpatrios politeia（これまでの研究者たちによると「父祖の国制」）を追求したと考えられてきたが，その内容は古いソロンやクレイステネスの時代の

何を指していたのか。

(3-b) 前5－4世紀の民主政期アテナイのpatrios politeia（「父祖の国制」または「父祖伝来の国制」）に関連して，アテナイ民主政の創立者は現代の歴史研究者たちによればクレイステネスであるのに対して，なぜ民主政期，特に前4世紀のアテナイ人たちはその創立者を彼より前の貴族政期の人ソロンと考えたのか。

(3-c) 前4世紀のアテナイ人たちが自国の民主政の創立者を，先祖を遡って，ソロンと考えた時，前5世紀の2つの寡頭派政変直後の前403年のテイサメノスの条令その他による法制改革が彼らのそのような考えに影響したのではないか。

(3-d) その前403年の法制改革はこれまでの研究者たちによって前410－404年と前403－399年の2期にわたるニコマコスによるいわゆる法典編纂作業と関連があると考えられてきたが，それらは本当に関連があるのか。換言すれば，ニコマコスによるいわゆる法典編纂作業の実体はどんなものであったか。

(3-e) テラメネスは同時代人たちの数人から激しく非難されたが，なぜ前320年代の著作であるアリストテレス『アテナイ人の国制』28章5節はそれに反してテラメネスを高く称賛したのか。

(3-f) 前403年のアテナイの法制改革はそれ以後の前4世紀のアテナイの民主政や民主政社会にあるいはプラトンやイソクラテスなどの政治理論家たちに何らかの影響を与えたのではないか。

（以上，第3部）

　本書ではこれらの問題を考察するので，本研究の対象時期は，主として前5－4世紀の古典期のアテナイの民主政期であり，一部はそのアテナイ社会の中の貴族階層の分析の面で古典期以前の古拙期を含む。

（2）学説史の整理
　先に提示した諸問題についてはそれらについて論じる各章・節のところ

序章　問題の所在

で改めてそれらに関する学説史の整理を提示するつもりである。そこで，ここでは本書の冒頭にあたりおおまかな学説史の整理に代わるものを提示したい。

　初めに，(1-a)「前411年のアテナイの寡頭派政変の原因は何か。民主政期アテナイの社会にその遠因があったのか。もしあるならば，どのような点が遠因となったのか。」という問題については，これまでは，例えば前5世紀後期の伝クセノポン『アテナイ人の国制』の小冊子の中に見られる寡頭派の見解などについて個別の研究がなされてきた。だが，問題の前411年の寡頭派政変の原因について，その直前の戦局や内政事情だけでなくアテナイ民主政の構造の面から系統立てて考察した研究は，管見の限りでは無い。

　また，先に提示した諸問題の多くは，1890年にエジプトで発見され，翌年，公表されたパピルス文書，アリストテレス『アテナイ人の国制』(Aristoteles, *Ath.*) の研究と共に論じられ，数人の研究者たちによって取り扱われてきた。例えば，前411年の寡頭派政変の諸事件については，この Aristoteles, *Ath.* とトゥキュディデス『歴史』との間でいくつかの箇所で記述に矛盾点があって今日でも定説がない。これが，(1-c)「この政変を伝えるトゥキュディデス『歴史』とアリストテレス『アテナイ人の国制』との間で記述にいくつかの矛盾点があるが，これらはどのように理解して整合させるべきか。」の問題である。この問題に対してこれまでの研究者たちの多くは，Aristoteles, *Ath.* とトゥキュディデス『歴史』第8巻の間の記述の食い違いやAristoteles, *Ath.* 自体の中の記述の矛盾点を論じる際に，どちらの記述が正しくてどちらの記述が誤りであるかという問題の判定にこだわる余り，誤りと判定された諸記述をその判定以後は概ね無視する態度をとってきた。例えば，Aristoteles, *Ath.* 30-31の2つの国制草案については，その箇所の直後のAristoteles, *Ath.* 32.1の中で記述された諸事件の順番が明らかに史実と違うことなどから，ヴィラモヴィッツ[2]はAristoteles, *Ath.* 30の中の将来の国制草案を「全く生存不可能な代物」と，ブゾルト[3]は「空論家の作品」と，マイヤー[4]は「全くのユートピアであった」と，

その将来の国制草案の記述の箇所が全く顧慮するに値しない無価値なものであるかのように述べている。この問題に対処する際，Aristoteles, Ath. の著者がいたずらに無意味な記述を挿入したはずはないので，一瞥しただけで無価値なものと決めつけるのではなく記述の間違いの所在を明確に見極めて対応する必要がある。これが，トゥキュディデス『歴史』とAristoteles, Ath. の2つの史料を厳密に検討する所以である。

また，前411－410年のいわゆる五千人政権の国制がはたして民主政または寡頭政かという問題は，研究者たちの間でいまだに決着がついていない。五千人政権の国制については，Aristoteles, Ath. の初めてのギリシア語テキストと英訳文を公表したケニオン[5]以来，五千人の寡頭政と考えられてきたところに，最近，ドゥ＝サント＝クロワ[6]やシーリー[7]がこれを民主政と考える説を提出してから，両方の説がお互いに同じ史料を根拠に挙げて真っ向から対立している。この問題を解く鍵は，上記のように無価値なものと考えられてきたAristoteles, Ath. 30-31の2つの国制草案の記述の取扱いの中にあろう。他の研究者たちがこの記述を無視してきたのに対して，ベロッホ[8]は，これを問題の五千人政権と結びつけようと試みた。ベロッホの説は，Aristoteles, Ath. の記述の誤りの所在について他の研究者たちと同じ基礎に立って論じたので，これまで顧みられることはなかった。だが，筆者は，Aristoteles, Ath. の記述の誤りの所在について新しい見解を提示し，そして改めてベロッホの試みを再考したい。加えて，この考察に際して，問題の五千人政権期の寡頭派処罰の動向をも視野に入れる。これが，(2-a)「これまで研究者たちの間で諸説があり多くのことが不明であるテラメネスの五千人政権，四百人の寡頭派政変の打倒後に成立した政権，の実体はどんなものであったか。その五千人政権の実体が，同時期に行なわれた四百人の寡頭派に対する一連の処罰を分析することでどこまで解明することができるか。さらに，その五千人政権の実体が，アリストテレス『アテナイ人の国制』30-31章の2つの国制草案の史料に基づいて解明することができるか。」の問題に関係する。また，この問題を考察したうえで初めて (2-b)「その五千人政権を樹立したテラメネスは，自身は自らが

打倒した四百人政権の中心人物であったという直前の過誤の責任を背負っていたのであるから，その新政権の時期に何を狙いとして政治を行なおうとしたのか。」という問題を考察することができよう。

次に，(3-a)「前411年と前404－403年の2度の寡頭派政変に際してテラメネス派がpatrios politeia（これまでの研究者たちによると『父祖の国制』）を追求したと考えられてきたが，その内容は古いソロンやクレイステネスの時代の何を指していたのか。」という問題については，これまでの研究者たちは，ケニオン以来，当時のテラメネス派がソロンやクレイステネスの古い諸法や国制を模範としたと考えてきた。特に，この見解をまとめたのがフックス[9]である。だが，"πάτριος πορίτεία" という言葉の"πάτριος" という語が，本来，「代々伝わる」を意味することから，フックスが自説の根拠としてテラメネスと同時代の史料ではなくそれから約80年後に執筆されたAristoteles, Ath. の記述に依拠していることから，さらには彼らのソロンやクレイステネスの制度を追求するテラメネス派の説がAristoteles, Ath. 28.5の中のテラメネスの諸法を守る政治姿勢についての記述とは何の脈絡も見出せないことから問題がある。筆者はこの問題について，テラメネスの死の直後に行なわれた前403年の法制改革とそれがそれ以後のアテナイ人たちにもたらした影響を考察することによって，Aristoteles, Ath.のテキストの新しい解釈と独自のテラメネス派のポリテイア論を提示する。これは，(3-e)「テラメネスは同時代人たちの数人から激しく非難されたが，なぜ前320年代の著作であるアリストテレス『アテナイ人の国制』28章5節はそれに反してテラメネスを高く称賛したのか。」という問題に対して解答することでもある。さらに，テラメネス派の思想についてのこれらの問題を考察する中で，前4世紀にアテナイ人たちの間でソロンをアテナイ民主政の創立者とみなす言い回しが多く見られることがうまく説明できるようになる。前4世紀のアテナイの弁論家たちがソロンをアテナイ民主政の創立者として度々弁論の中で言及していることは，これまでの研究者たちによって，歴史学上アテナイ民主政を創設した人物はソロンより後の人物であるクレイステネスであるので，時代錯誤の修辞

序章　問題の所在

的表現と解釈されてきた[10]。これが，(3-b)「アテナイ民主政の創立者は現代の歴史研究者たちによればクレイステネスであるのに対して，なぜ民主政期，特に前4世紀のアテナイ人たちはその創立者を彼より前の貴族政期の人ソロンと考えたのか。」という問題である。この問題を解く鍵は，前403年のテイサメノスの条令その他による法制改革とそれがそれ以後のアテナイ人たちにもたらした影響を考察することである。この法制改革の意義とその影響から前4世紀のアテナイ人たちの間のソロン像を説明しようとした研究はこれまでなされてきていない。これについての考察は，(3-c)「前4世紀のアテナイ人たちが自国の民主政の創立者を，先祖を遡って，ソロンと考えた時，前5世紀の2つの寡頭派政変直後の前403年のテイサメノスの条令その他による法制改革が彼らのそのような考えに影響したのではないか。」という問題とも関連する。また，前403年の法制改革の実態を明らかにするためには，これまでその改革と関連があるものと考えられてきた前410－404年と前403－399年の2期にわたるニコマコスによるいわゆる法典編纂作業を厳密に考察する必要がある。これまでの研究者たちは，オリヴァー[11]以来，前403－399年のニコマコスの後期作業を前403年のテイサメノスの条令に基づく法典編纂作業であると考えてきた。だが，最近，ロバートソン[12]がこれに疑義をはさんでいる。そこで，(3-d)「その前403年の法制改革はこれまでの研究者たちによって前410－404年と前403－399年の2期にわたるニコマコスによるいわゆる法典編纂作業と関連があると考えられてきたが，それらは本当に関連があるのか。換言すれば，ニコマコスによるいわゆる法典編纂作業の実体はどんなものであったか。」という問題を提起してこれを考察する。筆者は，前410－404年と前403－399年の2期にわたるニコマコスによるいわゆる法典編纂作業の成果である碑文史料をその書式や目的の面から厳密に吟味して，それがはたしてテイサメノスの条令と関係があるのかどうかを検討する。

　以上の諸問題については，前述のとおり，筆者はその研究史または学説史の整理の詳論を改めて，それぞれの問題点を考察した各章または節ごとにその冒頭部の中で言及することにする。

序章　問題の所在

　こういうわけで，本研究のアプローチの仕方は，前述の諸問題点を，特に先人たちが試みたことがない全く新しい研究手段を用いて，あるいは新しい碑文またはパピルス文書に基づいて解明するというものではなく，これまでの研究者たちの諸説を歴史研究対象の時間軸を幅広くとって系統立てて分析するという伝統的な手法を用いたものである。

　だが，これまでの研究者たちの個々の研究成果を鳥瞰しつつ本研究の成果を概観するならば，本研究の視点にはいくつか新しい点が見出せる。それには3点ある。(1)これまでの先人たち以上に歴史学の面からの解釈を追求すること，(2)古代人の先祖の偉業崇拝の精神を考慮すること，(3)アテナイの政治史を考える際に，主に1980年代まで影響を与えた，冷戦下における自由主義と社会主義のイデオロギー対立の図式を背後に潜ませた歴史観によって古典期アテナイの民主政の下で民主派と寡頭派の対立が存在したと単純化することから離れて，改めて諸史料を綿密に考察して当時の人々，すなわち今から2千3百－2千5百年前の古代人たちの政治観を考察し直す試みを行なうこと，である。

　まず初めに，これまでの研究者たちは，古代ギリシア史，西洋古代史の研究が置かれた環境の影響を受けていると考えられる。すなわち，西洋古代史研究は，欧米ではホメロスの英雄叙事詩から始まって，ヘシオドスの詩，ギリシア神話，プラトンやアリストテレスの諸著作，法廷演説文などのパピルス文書，大理石碑文，考古学上の発見物などをその研究対象とした文学・哲学・考古学・歴史学の諸研究を含む西洋古典学（Classical Studies）として位置づけられてきたために，欧米の研究者たちは，主として文献学の面から研究成果を発表してきた嫌いがあり，諸史料を歴史学の面から正当に位置づけて取り扱ってきたと評価するには不十分な面が見られる。例えば，前5世紀のアテナイの民主政と前4世紀のそれは，その始まりを前508年のクレイステネスの改革としその終わりを前322/1年の民主政廃止とするならば186年の歳月の時間の幅が存在する。それにもかかわらず，前5世紀のアテナイ民主政は，これまで多くの研究者たちによって前4世紀のそれと同一の様態のものとして取り扱われてきたし，たとえ前

5世紀と前4世紀の間にアテナイ民主政の質の違いが指摘されたとしても，その理由は前404年のペロポネソス戦争の敗北によるアテナイ人たちの威信の失墜に求められがちであった。だが，そのアテナイ民主政を非難したとみなされているプラトンやアリストテレスの諸著作を読んだ現代の研究者たちは，彼らのアテナイ民主政攻撃を受容してその民主政の弊害を顕著に物語る例として前427年のミュティレネ人の処遇をめぐる民会決議の混乱や前5世紀末期に民衆を扇動した若い政治家アルキビアデスを挙げるが，それらはいずれも前5世紀の例であり，プラトンやアリストテレスが著述活動を行なった前4世紀の例ではない。このことに気づかなかったこれまでの研究者たちは，明らかに前5世紀と前4世紀の2つの世紀のアテナイ民主政を混同しているのである。結論を先に述べるならば，第3部の中で詳述するように，前403年の法制改革以前の前5世紀のアテナイ民主政は，民会に主権が存在する民衆主権の民主政，"democracy by popular sovereignty"であったし，それに対してその法制改革以後の前4世紀のアテナイ民主政は，ソロンの父祖伝来の民主政の諸法を遵守する民主政，いわば"democracy by sovereignty of law"であった。従って，アテナイの民会決議が民衆扇動家たちによって混乱した衆愚政治の例は，前5世紀特有のアテナイ民主政の中でよく見られた現象であると考えられるので，その例として挙げられるのはもっぱら前5世紀のものとなったし，また他方，民主政嫌いのプラトンは，前403年の法制改革によってもはやソロンの父祖伝来の諸法に違反する提案を行なうことができない立場に立たされたので仕方なく著述活動に専念してアテナイ民主政を非難するだけに終わり，例えば『法律』の中で述べた新しい国制プランをアテナイ民会の場においては決して提案しなかったと考えられる。プラトンの新しい国制プランは巧妙にも，彼の母国アテナイに打ち立てるものではなく，クレタ島の新設ポリスに打ち立てることを前提にして提示されている。今日までに伝わる諸史料を厳密に歴史学の面から位置づけ，その内容を厳密に究明し，それらを厳密に関連づける試みを行なえば，政治論の研究の面からここに新しい，古典期アテナイの歴史像が生まれてくるのではなかろうか。

序章　問題の所在

　第2に，古典期アテナイの民主政の諸制度は，これまで多くの研究者たちによって現代の多くの諸国の民主政治の諸制度と比肩しうるものがあるとみなされてきた。例えば，橋場弦[13]は，「往々にして非難の対象となってきたアテナイの素人政治が，実は，政治に参加するすべての市民にいかに厳しい責任を負わせていたかを明らかにすることは，民主主義の原理的な探究に志す者にとって，蓋し十分今日的な意義をもつものである。アテナイ民主政は，デモクラシーの将来を考察するうえでの，一つのシミュレーションの場を提供するといえよう」と述べる。また，彼は，他の箇所[14]で「我々は，アテナイの直接民主政が一世紀半の長きにわたって存続しえた要因の一つを，かかるaccountability system，すなわち公職者弾劾制度の精緻な発達に求める」と述べる。確かにアテナイ民主政は，その下でエイサンゲリア（弾劾）の制度，違法提案告発（graphê paranomôn）の制度，執務報告審査（euthyna）の制度，役人の資格審査（dokimasia）などの制度によって役人たちに厳しい審査が行なわれ，これらの制度によって民主政を転覆させることを阻止する素地があった。確かに彼の叙述は，その点で正しい。だが，アテナイでは違法提案告発の制度が前411年の寡頭派政変の直前に停止された（Aristoteles, Ath. 29.4; Thucydides〔以下Th.と略す〕，8.67.2）。前404年の三十人のシュングラペイスが任命された時にも，彼らが任命された目的がアテナイの新しい国制作りであったので，事実上，違法提案告発の制度が廃止されたであろう。他方，前403年の民主政の復興後から前322/1年のアテナイ民主政の終焉までの約80年の間にはこれらの制度が廃止された形跡はない。前5世紀末の2つの寡頭派政変の時期とその後の約80年間の政治の間の違いはどのようにして説明されるべきであろうか。また，前述の橋場の言葉が物語るように，これまでの研究者たちは，前5－4世紀の，換言すれば今から約2千3百－2千5百年前の，アテナイ人たちがその当時の民主政の諸制度を，あたかも現代人が現代の制度を用いるかのように用いたことを暗黙の前提としている節がある。前述のように自分たちの政治制度を現代のそれと比肩しうるほど高度に発達させたと考えられている古代アテナイ人たちが，他方で，ゼウス，アテナ，アポ

14

ロン，ヘラなどのオリュンポス12神を初めとする神々をただならぬ思いで崇拝したのも周知の事実である[15]。アテナイの高度に発達した民主政の諸制度とその民衆の神々に対する敬虔な崇拝との間の溝はどのように説明されるべきであろうか。結論を先に述べるならば，古代のアテナイ人たちは，前5世紀末の2度の寡頭派政変の直後の前403年に法制改革を行ない，それまでも民主政の諸制度を定めたと代々考えられてきた前6世紀の人ソロンの父祖伝来の諸法，すなわちアテナイ民主政の諸法を改めて不動のものとし民会決議よりも優先するものと定めた。以後，アテナイ人たちは，彼らの偉大な先祖であるソロンの父祖伝来の諸法を遵守したので，前322/1年の民主政の廃止までの約80年の間アテナイ民主政は不変であった。古代人の先祖の偉業に対する崇拝の精神が彼らの政治制度の維持に役立ったと言えまいか。それに対して現代人は，憲法の諸規定を含むあらゆる法を，先祖崇拝の視点から保持することに努めるわけではなく，その法の理念の移り変わりに応じて議会の議決を経て変更することができる。この古代人と現代人との間の違いを我々は見過ごすべきではない。アテナイ民主政が，2度の短期間の政変がありはしたが，2世紀近くにわたって存続した背景にはその制度の特徴だけでなく古代人の先祖の偉業崇拝の精神があったのではなかろうか。

　第3に，これまでの研究者たちの研究成果の中には，例えば，フックスの著作（A. Fuks, *The Ancestral Constitution: Four Studies in Athenian Party Politics at the End of the Fifth Century B.C.* [London, 1953; rpt. Westport, 1975]）が前5－4世紀のアテナイ民主政の下で寡頭派と民主派，それに穏健派の諸党派の政争があったことを自明のことのように想定しているように，主に1980年代まで影響を与えた，自由主義と社会主義のイデオロギー対立の図式を背後に潜ませた歴史観によって古典期アテナイの民主政の下で民主派と寡頭派の対立が存在したと単純化しているのではないかと筆者は疑問の念を感じるのである。歴史学の学問の成果を生み出す際には，かかる研究者の置かれた時代の背景による諸影響をできるだけ克服して客観的に諸史料を吟味する態度が求められなければならない。従って，約20年前まで

の世界情勢に影響されて歴史の解釈を単純化させて同時代の多くの研究者たちに自説の支持されることを期待する欲求を断ち切り，諸史料を綿密に考察し直して考察対象の時期の人々，すなわち本研究では今から2千3百-2千5百年前の古代人たちの政治観を考察し直す試みを行なうことが必要とされる。

　筆者は，以上の3点の新しい視点をもって本研究の成果が得られたと信じている。

(3) 史料の問題

　本書の中で扱われた諸史料は，文献史料についてはOxford Classical Texts, Loeb Classical Library, Teubner版, Budé版のシリーズ本を，碑文史料については*Inscriptiones Graecae*（以下*I.G.*と略す），*Supplementum Epigraphicum Graecum*（以下*S.E.G.*と略す）のシリーズ本と学術論文および著書に紹介されたテキスト類を用いた。また，必要に応じてThesaurus Linguae Graecae CD-ROM #D（TLG Project）を利用した。

　本研究の中で扱う諸史料の中で特に研究者たちの間で議論の多いところは，Aristoteles, *Ath.* 30-31中の2つの国制草案の取扱いである。この箇所はいくつかの点でトゥキュディデス『歴史』第8巻の記述と食い違いがある。この両史料の諸記述を整合させる問題については綿密な考察が必要とされるので，この問題は本論の第1部第2章第1節と第2節の中で詳しく検討する。

　ただし，これらの史料上の諸問題を考察する時に注意しておかなければならない点を筆者はいくつか挙げておきたい。後述の第1部第2章第1節と第2節の中で言及されているこれまでの研究者たちの諸説を検討してみると分かることであるが，前述のように，これまでの研究者たちの多くは，Aristoteles, *Ath.* とトゥキュディデス『歴史』第8巻の間の記述の食い違いやAristoteles, *Ath.* 自体の中の記述の矛盾点を論じる際に，どちらの記述が正しくてどちらの記述が誤りであるかという問題の判定にこだわる余り，誤りと判定された諸記述をその判定以後は概ね無視する態度をとってき

た。繰り返しになるが，例えば，Aristoteles, Ath. 30-31の２つの国制草案については，その箇所の直後のAristoteles, Ath. 32.1の中で記述された諸事件の順番が明らかに史実と違うことなどから，ヴィラモヴィッツ[16]はAristoteles, Ath. 30の中の将来の国制草案を「全く生存不可能な代物」と，ブゾルト[17]は「空論家の作品」と，マイヤー[18]は「全くのユートピアであった」と，その将来の国制草案の記述の箇所が全く顧慮するに値しない無価値なものであるかのように述べている。また，同じくAristoteles, Ath. 22.1の中には「なぜならば僭主政治はソロンの法を用いないで消滅せしめ」(村川堅太郎訳[19])という記述があり，これは，Aristoteles, Ath. 16.2の中の「ペイシストラトスはすでに述べたように穏和に，また僭主的というよりはむしろ合法的に国政を司った」(村川訳[20])という記述やAristoteles, Ath. 16.8の中の「平素彼〔ペイシストラトスのこと，引用者註〕は万事法に従って治めて行き」(村川訳[21])という記述と明らかに矛盾する。従って，村川[22]やローズ[23]はこの22章１節の箇所を明らかな誤記とみなしている。このようにこれまでの研究者たちは，諸史料の間に矛盾点がある場合にはどの史料が正しい記述であるかを判定した後に誤記と判定した箇所をすぐさま闇に葬るかのように取り扱ってきた。はたしてかかる諸史料の取り扱いは歴史研究者としてよいと言えるであろうか。なぜならば，Aristoteles, Ath.は，原著の制作年代は前320年代であるけれども，現存史料のパピルス文書は紀元１世紀の末葉か２世紀初めと推定されている[24]筆写物であるので，この史料の中の誤記は，原著者のアリストテレスかあるいは写字生の錯誤行為となるが，もしある誤記が写字生の場合であるならば，写字の対象の原本を読んだ後に自身の考えを意識したうえで記述を書き換えた可能性がある。このことを考慮に入れて諸史料を検討した成果が第１部第２章第２節である。次に，前述のAristoteles, Ath. 22.1とAristoteles, Ath. 16.2および16.8との間の記述の矛盾は，著者のアリストテレスが２つ以上の資料を参照しながら執筆したことを暗示するものであり，その結果，矛盾する箇所が生じたと解釈することができよう。以上のことを考慮に入れて諸史料を検討した成果が第３部第７章第１節以降で取り扱う，アテナイ人たちの

序章　問題の所在

「ソロンの諸法」とpatrioi nomoi（父祖伝来の諸法）に対する考えの検討である。

註

1) F.G. Kenyon ed., *Aristotle on the Constitution of Athens*（以下*A.C.A.*と略す）(Oxford, 1891), p. xlii; do., *A.C.A.* 3rd ed. (Oxford, 1892), p. xlivは、テラメネスを穏健貴族たち（moderate aristocrats）の指導者と説明する。C. Hignett, *A History of the Athenian Constitution to the End of the Fifth Century B.C.* (Oxford, 1952; rpt. 1975), p. 272-274, 372は、前411年の五千人政権樹立期に穏健派たちが民会からテーテス級を締め出すことを意図したし、またその点で彼ら穏健派が、権力を四百人評議会だけに委託させようとした極端寡頭派と異なる、と考えた。五千人政権を樹立した指導者はテラメネスであるので、ヒグネットの叙述は、彼が穏健派であることを示唆する。G.E.M. de Ste. Croix, "The Constitution of the Five Thousand," *Historia* 5 (1956), p. 10は、穏健寡頭派たちが πάτριος πολιτεία というソロンまたはクレイステネスの国制を望んでいたと説明し、これを裏づける史料の動議提案者クレイトポンの所属する派閥の指導者テラメネスが穏健寡頭派であることを示唆する。同様の記述をするのは、E. Barker, *Greek Political Theory: Plato and his Predecessors* (1918; rpt. Lodon, 1977), p. 51; 合阪学「僭主政論の起源と寡頭派革命」『西洋史学』75号、1967年、9, 11, 16頁; 合阪學『ギリシア・ポリスの国家理念——その歴史的発展に関する研究——』（以下『ポリスの国家理念』と略す）（創文社、1986年）203, 208, 210頁。他方、Hignett, *op. cit.*, p. 273, 362は、テラメネスと同時代のトゥキュディデス『歴史』などの史料を見る限りは彼が極端寡頭派と結びついていることを示すので、四百人政権の途中で彼が極端寡頭派と決別するまで彼を穏健派の指導者とはみなせないと主張する。

2) U. von Wilamowitz-Moellendorff, *Aristoteles und Athen*（以下*A.A.*と略す）2 (Berlin, 1893; rpt. 1966), p. 116.

3) G. Busolt, *Griechische Staatskunde*（以下*G.S.*と略す）2 (München, 1926; rpt. 1972), p. 907.

4) Ed. Meyer, *Geschichte des Altertums*（以下*G.A.*と略す）4.2 (Stuttgart, 1956), p. 294(-295) n. 1.

5) F.G. Kenyon ed., *A.C.A.* と F.G. Kenyon trans., *Aristotle on the Athenian Constitution*（以下*A.A.C.*と略す）(London, 1891).

6) de Ste. Croix, *op. cit.*, p. 1-23.

7) R. Sealey, "Constitutional Changes in Athens in 410 B.C.," *C.S.C.A.* 8 (1975), p. 271-295.

8) K.J. Beloch, *Griechische Geschichte*（以下*G.G.*と略す）2.2 (Berlin & Leipzig, 1931).

9) A. Fuks, *The Ancestral Constitution: Four Studies in Athenian Party Politics at the End of the Fifth Century B.C.* (London, 1953; rpt. Westport, 1975).

10) 例えば、最近のものでは、R. Thomas, "Law and the Lawgiver in the Athenian

Democracy"（以下 "Lawgiver" と略す）, in R. Osborne & S. Hornblower eds., *Ritual, Finance, Politics: Athenian Democratic Accounts Presented to David Lewis* (Oxford, 1994), p. 119-133がある。

11) J.H. Oliver, "Greek Inscriptions: Laws," *Hesperia* 4 (1935), p. 5-32.
12) N. Robertson, "The Laws of Athens, 410-399 B.C.: The Evidence for Review and Publication," *J.H.S.* 110 (1990), p. 43-75.
13) 橋場弦『アテナイ公職者弾劾制度の研究』（以下『アテナイ公職者』と略す）（東京大学出版会，1993年）2－3頁。
14) 橋場『アテナイ公職者』2頁。
15) プロタゴラスは，ある書物の冒頭に「神々については，それらが存在するということも，存在しないということも，私は知ることができない。」と書いたためにアテナイから追放され，彼の書物が没収されて焼却された（Diogenes Laertius, 9.51-52；ディオゲネス・ラエルティオス著，加来彰俊訳『ギリシア哲学者列伝　（下）』〔岩波書店，1994年〕140－141頁）。スティルポンは，ペイディアス作のアテナ女神像について話相手がそれをペイディアスの作品であることに同意した後で「したがって，これは神様ではないのだ」と言ったことでアレオパゴス評議会へ召集され，そこでの尋問の返答の内容が原因となってアテナイのポリスから退去するよう命じられた（*ibid.*, 2.116；ディオゲネス・ラエルティオス著，加来彰俊訳『ギリシア哲学者列伝　（上）』〔岩波書店，1984年〕216－217頁）。
16) 註2を見よ。
17) 註3を見よ。
18) 註4を見よ。
19) アリストテレス著，村川堅太郎訳『アテナイ人の国制』（岩波書店，1980年）46頁。
20) 村川訳『アテナイ人の国制』36頁。
21) 村川訳『アテナイ人の国制』37頁。
22) 村川訳『アテナイ人の国制』180頁　註22-1。
23) P.J. Rhodes, *A Commentary on the Aristotelian ATHENAION POLITEIA* （以下 *C.A.P.*と略す）(Oxford, 1981), p. 261.
24) 村川訳『アテナイ人の国制』301－302頁。

第1部　前411年の寡頭派政変

　ここでは，前411年のアテナイの四百人の寡頭派政変について，それを伝える諸史料の検討，政変の原因を究明する。

　「第1章　前411年の寡頭派政変の概要」では，同政変の発端と展開の概要を述べる。「第2章　前411年の寡頭派政変についての史料の検討～トゥキュディデス『歴史』とアリストテレス『アテナイ人の国制』」では，2つの史料を再検討し，政変直前のシュングラペイスに関する諸記述と『アテナイ人の国制』30－31章の中の2つの国制草案の記述について整合的な説明を試みる。初めに，前411年の政変の直前に提案を行なったシュングラペイスの人員構成，職務，提案内容の問題を検討する。次に，穏健派の提案である『アテナイ人の国制』29章5節の内容とトゥキュディデスの伝えるペイサンドロスの提案を比較・検討する。さらに，『アテナイ人の国制』30－31章の中の2つの国制草案の記述についてそれが前411年の一連の諸事件の中のどの時点のものであるかを考察する。

　「第3章　前411年の四百人の寡頭派政変の原因について」では，同政変の原因をアテナイ民主政に内在する問題と政変に至るまでの諸集団の行動を分析することによって解明する。前411年の四百人の寡頭派政変が起こった原因を古典期アテナイの民主政社会の中と政変直前のペロポネソス戦争下でのいくつかの集団の動きや思想の中に追求する。

第1部　前411年の寡頭派政変

第1章　前411年の寡頭派政変の概要

　ペロポネソス戦争の初期に有能な指導者ペリクレスを失ったアテナイ民衆は，戦争が始まって16年目の前415年に，やはり有能ではあるが自国の利益よりも自身の利益を優先させるデマゴーグのアルキビアデス（例えばTh., 6.15.2-4）によって推奨された遠征を承認し（Th., 6.8.2），大軍を遠くシケリアへ派遣した（出発についてはTh., 6.32.2をみよ）。だが，アテナイ軍は，それまで陸軍中心であったスパルタが初めて派遣した本格的な海軍によって惨敗した。このアテナイ敗北の知らせが本国に届いたのは，前413年秋のことである。この時点でアテナイ本国に軍船は無く，国庫に蓄財が無かったとトゥキュディデスは語っている（Th., 8.1.2）。それでも民衆は，なお戦争を続けることを確認しプロブーロイ[1]の選出を含んだ緊急措置を民会で可決した（Th., 8.1.3-4）。

　これ以後，アテナイを取り巻く状況は，急速に変化する。まず，前413/2年の冬にエウボイア（Th., 8.5.1）とレスボス（Th., 8.5.2），キオスとエリュトライ（Th., 8.5.4）が，デロス同盟離反に向けてスパルタ側に使節を派遣した。デロス同盟諸都市の離反は，それ以後続出している[2]。さらに，ペルシア側のティッサペルネスとパルナバゾスが，スパルタに提携を申し出て，スパルタは，それに応えてペルシアと3度にわたって同盟を結んだ[3]。

　ところが，他方では，シケリア遠征に出発した後に敵国のスパルタに亡命したアルキビアデスが，次にペルシアのサトラップのティッサペルネスの許に亡命した（Th., 8.45.1）。第2回スパルタ－ペルシア同盟締結後の出来事である。さらに，彼は，小アジア側の艦隊基地のサモスに駐留するアテナイ人たちに対して，自身のアテナイ帰国を画策し始めた（Th., 8.47.1）。マグネシアのアルキビアデスからサモス駐留のアテナイ軍内の有力者に使

いが送られたが,その際,真の理由は自身が嫌悪する民主政の下に帰国したくないことから,その代わりの口実としてペルシアから資金援助を受けやすいようにするために本国で寡頭政を樹立するように説き始めた(Th., 8.47)。民主政下のアテナイ市民の間で寡頭政の樹立が公に話題になったことは,この時が初めてである。こうしてサモスのアテナイ人たちの間で持ち上がった寡頭政樹立の企て(Th., 8.47.2-48.3)は,本国アテナイに飛び火する。そして,ついにペイサンドロスの一行がアテナイに到着して,アテナイの民主政変革の運動が始まった。本国でペイサンドロスらがアテナイ民衆の説得にあたる(Th., 8.53-54.1)[4]際,ペイサンドロスは,ペルシアから財政援助を得る以外にアテナイを救う道はなく,そのために民主政を廃して寡頭政を樹立することをアテナイ民衆に説いた(Th., 8.53.1-3)。そして,ペイサンドロスは,自分の意見が大衆に受け入れられる(Th., 8.54.1-2)と,すぐにティッサペルネスと交渉するためにマグネシアへ向かった(Th., 8.54.4)。だが,ペイサンドロスとティッサペルネスの交渉は失敗した(Th., 8.56.1-5)。ペイサンドロスはアテナイへ帰国し,他方,ティッサペルネスはスパルタと3回目の同盟を結んだ。さらに,アビュドスとランプサコスがデロス同盟から離反した(Th., 8.62.1)。

　前411年初夏にペイサンドロスの一行がアテナイに帰国し,彼らの不在のあいだに仲間たちが行なった仕事を片づけにかかった。ついに前411年の初夏に当時の民主政の制度に変更を加えることになり,これまでデーモスという区単位に選出された五百人評議会に代えて,任命による四百人評議会が設立されることになった(Th., 8.67.2)。そしてこの四百人評議員たちがまもなくクーデターを断行して政権を握り(Th., 8.69.1-70.1),ついにこの四百人による寡頭派政権が成立した[5]。この四百人評議員たちは,クーデターを断行して政治権力を自分たちに集中させて,当時のアテナイの軍事と財政の両面の危機を乗り切ろうとしたわけである。

　ところが,問題の四百人の寡頭派政権は,前411年初夏に成立した後,わずか4ヵ月で倒された。そしてアテナイ民衆は,政務を五千人に委託する民会決議を行なった(Th., 8.97.1; Aristoteles., *Ath.* 33.1)。この五千人の政

治は，前411年秋から翌年の夏至の頃のアテナイの年度末まで継続したと考えられている[6]。この五千人の政治が五千人の寡頭政であるかあるいは民主政であるかについては研究者の間で論争があるが[7]，本論では下記の考察の結果として五千人の政治を民主政として扱う[8]。本題に戻るが，この五千人の政治が前410年夏に以前の完全民主政，すなわち民会に主権が存在する民主政の制度に加えて官職就任者に日当を支給する制度を導入した民主政に転換し，ペロポネソス戦争が終了する前404/3年までその完全民主政が継続した。

以上が前411年の四百人の寡頭派政権の成立事情およびその後の経過の概要である。この寡頭派政変については主としてトゥキュディデスの『歴史』とアリストテレス『アテナイ人の国制』（Aristoteles, *Ath.*）によって記述されている。だが，両史料の間にはいくつかの点で記述の食い違いが見られる。さらに，Aristoteles, *Ath.* の中でもコロノス民会についての記述と考えられる箇所（Aristoteles, *Ath.* 29）と，これまで四百人の国制と関連づけられたAristoteles, *Ath.* 30-31の2つの国制草案については，論者の諸説がありいまだに定説がない。そこで，まず初めに，次章で前411年の諸事件を記述する関連史料の問題点について考察し整理して本研究の依拠する基礎資料を確実なものとし，その後はその考察を元にして問題の四百人の寡頭派政変の原因とその性質をテラメネス派の動きを中心にして考察する。

註

1）プロブーロイの成員とみなされている人物は，ソポクレス（Aristoteles, *Rhetorica* 3.18.6）とハグノン（Lysias, 12 *Against Eratosthenes* 65）である。ソポクレスとはコロノス区のソピロスの子（Sophoklês Sophillou Kolônêthen）で悲劇詩人として有名な人物である（J. Kirchner, *Prosopographia Attica* 〔以下*P.A.*と略す〕2 [Berlin, 1903; rpt. 1966], no. 12834を参照せよ）。M.H. Jameson, "Sophocles and the Four Hundred," *Historia* 20 (1971), p. 542-561は，Aristoteles, *Rhetorica* 3.18.6, 1419a 25の中でソポクレスがペイサンドロスと意見を交換したことについて言及されていることについて，この意見の交換の場面は彼が前411年の四百人の寡頭派政権の崩壊前後の時期にエウクテモンの件（Aristoteles, *Rhetorica* 1.14.3, 1374b 35-1375a 2）でペイサンドロスをエイサンゲリアで告発した時のものである

と推測したので，このソポクレスが悲劇詩人のそれであると考えてよいとしている。他方，H.C. Avery, "Sophocles' Political Career," *Historia* 22 (1973), p. 510-514は，悲劇詩人のソポクレスがプロブーロスであったこと（そして前443/2年のヘレノタミアスであったこと）を否認する。その根拠は，プロブーロスとヘレノタミアスの役職が財務の職務であったが，悲劇詩人にはそれにふさわしい財務の経験と技能を持っていなかったことである（特に*ibid.*, p. 511）。A.W. Gomme, A. Andrewes & K.J. Dover, *A Historical Commentary on Thucydides*（以下*H.C.T.*と略す）Vol. 5 Book VIII (Oxford, 1981), p. 6-7とR. Develin, *Athenian Officials 684-321 B.C.* (Cambridge, 1989), p. 158（彼はこのソポクレスを悲劇詩人のそれと同一視することについて疑問視しているがその根拠は明示されていない）を参照せよ。

他方，テラメネスの父親であるハグノンがプロブーロスであったことは間違いない。Lysias, 12.65は，被告エラトステネスの同僚であったテラメネスを非難することで被告の立場を悪くすることを試みる中で，次のように述べている。

> その人物〔テラメスネのこと，引用者註〕は，第1に，以前の寡頭政の責任を負うことになりましたね，皆さんをその四百人に通じる国制を選ぶよう説得したのですから。そして彼の父親はプロブーロスたちの一員であり，そういうことを実行したし，他方で当人はその国政に最も好意を抱いていると思われて彼らによって将軍に選ばれました。

ここでテラメネスの父親ハグノンが息子と同様に前411年の四百人の寡頭政樹立を実行したと言われている。だが，ペズリー（G.E. Pesely, "Hagnon," *Athenaeum* 77 N1-2 [1989], p. 204-206 & 209）が推測するように，この証言は，テラメネス非難の文言の中に登場するのでハグノンが当時の民主政に対して不満を持っていたことを示すものではないと考えられ，ハグノンがその寡頭制樹立を実行したことが本当であるならば，そのことは，彼が危機的状況にある祖国の運営を考えてのことであったと考えられる。ハグノンの経歴については，Pesely, *op. cit.*, p. 191-209を参照せよ。

2）前412年夏にキオスとエリュトライ（Th., 8.14.2），クラゾメナイ（Th., 8. 14.3），ミレトス（Th., 8.17.3），レベドスとハイライ（Th., 8.19.4），メテュムネとミュティレネ（Th., 8.22），レスボスのエレソス（Th., 8.23.4）が離反し，その年の冬にクニドス（Th., 8.35.1）が離反した。

3）第1回は前412年夏（Th., 8.17.4-18），第2回は前412年冬（Th., 8.36.2-37），第3回は前411年春（Th., 8.57.1-58）である。

ここで，この3回にわたるスパルターペルシア同盟について主としてペルシア側の意図を考察してみる。この同盟についてペルシア側の意図を考察する必要があるのは，次の理由からである。第1に，かつてのペルシア戦争期のダレイオス1世とクセルクセス1世の時代にはペルシアはギリシア人世界を支配せんと欲していたのであるが，前412年にはなにゆえギリシア人のスパルタと軍事同盟を結ぶ必要に迫られたかを明らかにする必要がある。第2に，後述するが，問題のスパルターペルシア軍事同盟は，3度にわたって条約が結ばれたが，これまでの研究者

第1部　前411年の寡頭派政変

たちはこれら3回の軍事同盟条約を一まとめに扱って対アテナイ軍事同盟と単純化して解釈する傾向にあったが、はたしてそのような解釈が適当であるかどうかを見極める必要があるのではなかろうか。Th., 8.29.1の記述によれば、ティッサペルネスがミレトスでペロポネソス軍兵士に1ヵ月分の給与を支払った後、今後の分はペルシア大王の指示があるまで半額に減額した金額を支給したいと語った。これは、第1回条約後の事であるので、この段階ではスパルタ－ペルシア同盟が、ペルシア側はティッサペルネス単独の意向で締結された可能性があることを示唆してくれる。D. Kagan, *The Fall of the Athenian Empire* (Ithaca & London, 1987), p. 47は、第1回条約から単純にスパルタ人とペルシア大王との軍事同盟であると述べ、さらに、Kagan, *op. cit.*, p. 48は、この第1回条約がペルシアの小アジア問題に対する対策でありアモルゲス反乱に対する対策であると指摘する。また、Kagan, *op. cit.*, p. 49は、アモルゲス反乱の鎮圧（Th., 8.28.2-4）が第1回条約で誓われたとおりに行なわれたと述べる。他方、ゴム・アンドリュース・ドーヴァー (Gomme et al., *H.C.T.* Vol. 5, p. 143) によれば、第3回条約は、初めの2つの条約と違って、(1)ティッサペルネスの他に数人のペルシア人が立ち会っていること (cf. Kagan, *op. cit.*, p. 98)、(2)前文が推敲されていること、(3)ペルシアとスパルタの両方の表記で日付がなされていること、の3点から正式に承認されるべき文書であったと考えられる。Kagan, *op. cit.*, p. 98も、第3回条約が、その形式と前文の考察から、「両国の本国政府によって承認された正式の条約」であることを指摘する。また、ゴムらは、第3回条約の締結の際にスパルタ本国の認可を得る時間的余裕があったこと (Gomme et al., *H.C.T.* Vol. 5, p. 143)、そして(1)日当の額、(2)大王の船団、(3)大王の帝国領域の定義、の3点で大王が関わっていたことを推測している (Gomme et al., *H.C.T.* Vol. 5, p. 104-105)。他方、Gomme et al., *H.C.T.* Vol. 5, p. 143は、第1回条約と第2回条約のいずれも正式にはスパルタ人によって誓われていなかったことをTh., 8.43.4が示すことを指摘しているし、D.M. Lewis, *Sparta and Persia* (Leiden, 1977), p. 90は、第1回条約が単純な内容で、双方とも小アジア以上のことを考えていないことを指摘している。従って、これまでの研究者たちのスパルタ－ペルシア同盟についての言及や評論を元にしてその全体の構図を推察すると、問題の同盟は、初めは地域的問題を取り扱った協定的なものであったものが次第に正式の軍事同盟になった可能性が浮かび上がってくる。これまでの研究では主としてスパルタ側の見地から、問題の3回にわたる条約がまとめて軍事同盟として処理されがちであったが、ここで改めて第1回条約の締結理由が問題となる。はたして第1回条約は、対アテナイ戦争遂行のために結ばれた、スパルタとペルシアの間の軍事同盟であったのか、あるいは他の問題を処理する軍事同盟であったのか。以下では、第1回条約締結理由の他の可能性としてのアモルゲス反乱を視野に入れながら問題の同盟の進展状況を詳しく考察する。

まず初めに、3つの条約の間の関係についてみてみる。第1回条約は、スパルタ側のカルキデウスとペルシア側のティッサペルネスの間で結ばれた。その要旨は、(1)ペルシア領内からアテナイへの貢納金流出を防ぐ、(2)アテナイを共同の敵とする、(3)ペルシア、スパルタおよびその同盟諸都市から離反したものは共同の敵とする、である (Th., 8.18)。Kagan, *op. cit.*, p. 48が指摘しているように、この条約

第1章 前411年の寡頭派政変の概要

の中にはペルシア側からのスパルタ支援策は，財政上であれその他の手段であれ，具体的に明記されていない。また，この第1回条約が正式のものとは考えられず，単純な内容であり，地域的問題に限定された可能性があるという論者の指摘は上記で述べた。加えて，Gomme et al., *H.C.T.* Vol. 5, p. 40, 143は，第1回条約がティッサペルネスのニーズ（Th., 8.5.5）に配慮されていることを指摘している。彼のニーズとは，小アジアのギリシア諸都市からの貢納金未納分を取り立てるうえでアテナイを弱体化させることと，アモルゲス反乱の鎮圧である。

第2回条約は，スパルタ側のテリメネスとペルシア側のティッサペルネスの間で結ばれた。その要旨は，(1)両者の領土の相互不干渉，(2)両者間の了解による相互の要求の実現，(3)アテナイとその同盟諸都市を共同の敵とすること，(4)両者の領土の相互安全保障，である。トゥキュディデスはこの条約を表現する際，前回の条約の際にはksymmakhia（同盟関係）という語（Th., 8.18.1）を使用しているのに対して，philia（友好関係）という語（Th., 8.37.1）を使用している（cf. Gomme et al., *H.C.T.* Vol. 5, p. 79-80; Kagan, *op. cit.*, p. 81）。2つの条約の締結の間にはペロポネソス軍によるアモルゲス反乱鎮圧の事件（Th., 8.28.2-4）がある。そこで，Kagan, *op. cit.*, p. 81は，第1回の条約の(3)の条項，すなわち，ペルシア，スパルタおよびその同盟諸都市から離反したものは共同の敵とする，という文言がもはや必要とされなかったと指摘する。

第3回条約は，スパルタ側の代表者が不明であるが，ペルシア側のティッサペルネスとの間で結ばれた。ペルシア側にはパルナバゾスの兄弟が立ち会っている（Th., 8.58.1; cf. Lewis, *op. cit.*, p. 104; Gomme et al., *H.C.T.* Vol. 5, p. 139-140）。その要旨は，(1)アジアの王領についての定義，(2)相互不干渉，(3)大王の船団の派遣，(4)スパルタ軍への日当支給，(5)共同の戦争遂行と戦争終結後の全面講和，である。この条約に大王が関わっている可能性については上記で述べた。

この条約にティッサペルネスの他にパルナバゾスが立ち会っていることは注目に値する。なぜならば，この条約後，ティッサペルネスからスパルタへの日当支給が不十分で途絶えがちであり（Th., 8.78, 80.1, 83.2-3），大王の船団が派遣されない（Th., 8.78, 87.1-3）のでスパルタ軍がティッサペルネスに見切りをつけてパルナバゾスを利用しようと考えるに至った（Th., 8.99）からである。後に，スパルタ艦隊の長官ミンダロスとパルナバゾスは，前410年春のキュジコス戦で共同で戦ったが，アテナイ軍に破れた（Xenophon, *Historia Graeca*〔以下Xenophon, *HG*と略す〕1.1.16-18; Diodorus Siculus〔以下D.S.と略す〕, 13.50.1-51.8）。従って，第3回条約の締結の際，ペルシア側の交渉窓口は前の2つの条約交渉の実績のあるティッサペルネスであったが，その後の軍事行動全般について大王は彼よりもパルナバゾスに重きを置いて任せたかもしれない。また，大王の船団が来援しなかった問題について，Gomme et al., *H.C.T.* Vol. 5, p. 145が指摘しているように，第3回条約のテキストの中では3度「大王の船団」と呼ばれ（Th., 8.58.5-7），他方で，トゥキュディデスによる叙述の中で「フェニキアの船団」と呼ばれており（e.g. Th., 8.59），さらに問題の船団が来援しないことがティッサペルネスの責任であるように叙述されているが，その船団が来援しなかったのは大王の指令によるものであろう。加えて，前412年冬から翌年秋にかけてティッサペルネスを頼っていた

第1部　前411年の寡頭派政変

アルキビアデスは，前410年春頃に再び彼の許を訪れた時，大王の命令に従った彼によって捕らえられた（Xenophon, *HG* 1.1.9）。パルナバゾスがスパルタ軍に接近して（Th., 8.99）からは，大王の対アテナイ敵対が明らかになっていると考えられる。さらに，ゴムら（Gomme et al., *H.C.T.* Vol. 5, p. 142）が示唆していることであるが，第3回条約以後スパルタ支援の資金の提供者がサトラップたちから大王へ変わった可能性がある。

従って，第1回条約のスパルタ−ペルシア軍事同盟は地域的な問題を処理するものにすぎなかったが，第3回条約締結の際には前の2つの条約の実績を利用して大王側が対アテナイ対策についてスパルタと正式に同盟することを意図していたと考えられる。それゆえに，スパルタ−ペルシア同盟は，必ずしも第1回から第3回まで首尾一貫していたと考える必要はない。

それでは，次に，アモルゲス反乱とスパルタ−ペルシア同盟の関係，特に第1回同盟との関係について考察してみる。

第1回条約が地域的な問題に対処するものであり，ティッサペルネスのニーズに配慮されていたことは上記で述べた。彼のニーズとは，小アジアのギリシア諸都市からの貢納金未納分を取り立てるうえでアテナイを弱体化させることと，アモルゲス反乱鎮圧である（Th., 8.5.5）。前サトラップのピストゥネスの庶子アモルゲスは，カリアでアテナイの支援を得て（Andocides, 3 *On the Peace with Sparta* 29）反乱を起こした（cf. G. Busolt, *Griechische Geschichte bis zur Schlacht bei Chaeroneia*〔以下*G.G.*と略す〕3.2 [Gotha, 1904; rpt. Hildesheim, 1967], p. 1354, 1417; Lewis, *op. cit.*, p. 85-86. アテナイのアモルゲス支援に関連する事柄にはAndocides, 3.29の他に，アモルゲスが占拠したイアソスにいた者たちがアテナイ船団と勘違いしてペロポネソス船団を引き入れて敗北したためにアモルゲスが捕らえられたこと〔Th., 8.28.2-3〕と，プリュニコスがイアソスとアモルゲスを裏切ったというアルキビアデスの中傷〔Th., 8.54.3〕がある）。アテナイのアモルゲス支援の決定は，前414年初めと考えられる（Busolt, *G.G.* 3.2, p. 1354 n. 2; A. Andrewes, "Thucydides and the Persians," *Historia* 10 [1961], p. 5; R. Meiggs & D. Lewis, *A Selection of Greek Historical Inscriptions to the End of the Fifth Century B.C.* [Oxford, 1969; rpt. 1989], no.77 p. 236; Lewis, *op. cit.*, p. 86 & n. 17. 女神アテナの国庫からの支出を刻んだ碑文〔D.M. Lewis ed., *Inscriptiones Graecae*（以下*I.G.*と略す）I³ 370 l. 79（＝F.H. Gaertringen ed., *I.G.* I²[Berlin, 1924; rpt. Chicago, 1974] 302 l. 69＝Meiggs & Lewis, *op. cit.*, No. 77 l. 79）に前415/4年の8期のプリュタネイアにστρατηγός ἐν ’Εφ [-へ金額不明の支出がなされた旨が記されている。研究者の間では，’Εφ [- で始まる地名はEphesosに間違いないとみなしてこの碑文史料をアモルゲス支援のアテナイ人将軍と結びつけることで意見が一致している。従って，アテナイのアモルゲス支援の決定は，前414年3月またはその直前にあたると考えられる）。アモルゲスの傭兵部隊はほとんどペロポネソス人であった（Th., 8.28.4）。アテナイのアモルゲス支援を語るAndocides, 3.29は，アテナイがペルシアとの有力な友好関係を拒否して弱小勢力と同盟した失敗例として述べられているが，その史料によるとアテナイとアモルゲスの同盟がスパルタと大王との連合の原因とみなされている（Busolt, *G.G.* 3.2, p. 1418 n. 1. Cf. Lewis, *op. cit.*, p. 85）。また，アモ

ルゲス反乱の鎮圧は，結局，ペルシア軍自体によるものでなく，ペロポネソス軍の力によるものであった。アモルゲスが占拠したイアソスにいた者たちがアテナイ船団と勘違いしてペロポネソス船団を引き入れて敗北し，アモルゲスが捕らわれてティッサペルネスに引き渡されたのである (Th., 8.28.2-3)。そのペロポネソス船団によるイアソス襲撃はティッサペルネスの説得によるものであった (Th., 8.28.2)。これによって当時のティッサペルネスのニーズ (Th., 8.5.5) の一部が満たされた。

アモルゲス反乱の事件は，これまであまり研究者が注目してこなかった対象である。その理由は，関連史料が僅少であることに加え，この事件についてトゥキュディデスがあまり語っていないからである。アンドリュース (Andrewes, op. cit., p. 6) は，彼がこの事件についてあまり語らないことを指摘し，その理由としてアテナイ人たちがこの件について語られなくてもよく知っていることを挙げている。スパルタ−ペルシア同盟の締結の問題を考察する際，この点に留意する必要があると思われる。

また，アモルゲス反乱の鎮圧後に結ばれた第 2 回条約では大王領とスパルタ領の相互安全保障が規定されている (Th., 8.37.5)。ティッサペルネス側にとってこの規定は，反乱鎮圧後のカリア地方に彼の支配権を周到に及ぼすのに好都合である。さらに，ティッサペルネスが当面の課題であったアモルゲス反乱鎮圧を成し遂げ，その結果，ギリシア人への対応に余裕が持てるようになったことを示すものとして，彼の許にアルキビアデスが身を置いたこと (Th., 8.45.1-46.5, 50.3-4, 52, 56.2-3, 81.2-82.3) がある。この時期にティッサペルネスは，アテナイ軍とスパルタ軍の双方の勢力を弱めるためにアテナイに接近する策略についての彼の話に耳を傾けさえした (Th., 8.52)。だが，彼は，結局，アテナイへの接近策を退け，スパルタと第 3 回条約を締結したし，後に当のアルキビアデスを捕らえることになる (Xenophon, HG 1.1.9)。このことは，この時期にティッサペルネス個人の判断よりもペルシア大王からの指示が優先されたことを示唆してくれる。従って，3 回にわたるスパルタ−ペルシア同盟は，アモルゲス反乱鎮圧以前の第 1 回条約締結の意図やそれを取り巻く状況と，それ以後の 2 つの条約，とりわけ第 3 回条約締結の意図やそれを取り巻く状況の間にペルシア側から見て違いが見られると考えてよい。

以上のことをまとめておく。Andocides, 3.29 が示唆していることであるが，前 414 年初めと考えられる，アテナイのアモルゲス反乱支援は，スパルタとペルシアを軍事のうえで結びつける原因となった。ペルシア戦争期から小アジアのギリシア諸都市から貢納金を取り立てようとしていたペルシアにとってアモルゲス反乱は痛手であった。シケリアでのアテナイの敗北後，ティッサペルネスは，この反乱を鎮圧するために積極的にスパルタと軍事同盟を結ぶ努力をしたに違いない。こうして前 412 年夏にスパルタとペルシアの間で第 1 回条約が締結されたし，この条規に従ってペロポネソス軍の勢力によってアモルゲス反乱が鎮圧された。その後，前 412 年冬の第 2 回条約を経て前 411 年春に第 3 回条約が締結されたが，第 3 回条約は，大王が関与した正式のものであったに違いない。ペルシア側の交渉者はいずれの条約もティッサペルネスであったが，それは第 1 回条約締結の実績に

第 1 部　前411年の寡頭派政変

よるものであろう。ティッサペルネスはカリアのアモルゲス反乱鎮圧のためスパルタと軍事同盟を結んだが，反乱鎮圧後に次には大王自ら本格的にアテナイ打倒を検討したであろうし，その結果が第 3 回条約に表れている。第 3 回条約でペロポネソス同盟諸国だけでなくペルシアも含めた全面講和をスパルタ側に約束させることによって，ペルシアは，近い将来に自国からスパルタへの資金援助によってアテナイが降伏することになれば，小アジアのデロス同盟諸国からの貢納金取り立てをスパルタ側に認めさせる機会を得ることになろう。このように，ペロポネソス戦争期のスパルタ―ペルシア同盟は，第 1 回条約がティッサペルネスのアモルゲス反乱鎮圧の意図から生まれた地域発生的なものであったが，徐々に大王が関与する正式な形に移行した。ペルシア側から見れば，初めはティッサペルネスが，次に大王がスパルタと同盟を結ぶことによって自身の目的達成のためにペロポネソス軍を利用しようとしたと言えよう。

　なお，上記で述べたアモルゲス反乱とスパルタ―ペルシア同盟の問題とは直接関係はないが，アモルゲスの拠点のイアソスについては師尾晶子「アテナイとイアソス：前412-394年 *IG* II² 3の再構成」『千葉商大紀要』42-3号，2004年，171－195頁があり，アモルゲス反乱の後日談とも言うべき事件について論じている。

4) Cf. Beloch, *op. cit.*, p. 383-384.
5) Cf. Beloch, *op. cit.*, p. 383-384.
6) 前410/9年の第 1 プリュタネイア（アイアンティス部族）の開始時期については，本論の第 2 部第 4 章の註 7 および拙稿「四百人処罰とアテナイ内政動向」『史学研究』170号，1986年，36頁　註 7 をみよ。
7) この論争については，本論の第 2 部第 4 章の冒頭および拙稿，前掲誌，23－24頁をみよ。
8) 本論の第 2 部第 5 章および拙稿「テラメネスの国制」『史学研究』177号，1987年，27－44頁をみよ。

第２章　前411年の寡頭派政変についての史料の検討～トゥキュディデス『歴史』とアリストテレス『アテナイ人の国制』

第１節　前411年アテナイのシュングラペイスについて

　前413年の秋，アテナイ軍のシケリア遠征の失敗の悲報がアテナイ本国に伝わった。その悲報を受けて，アテナイ人たちは，プロブーロイの選出を含んだ緊急措置を民会で可決した（Th., 8.1.1-4）。これ以後，アテナイを取り巻く状況は，急速に変化する。
　まず，前413/2年の冬にエウボイア（Th., 8.5.1）とレスボス（Th., 8.5.2），キオスとエリュトライ（Th., 8.5.4）が，デロス同盟離反に向けてスパルタ側に使節を派遣した。デロス同盟諸都市の離反は，それ以後続出している[1]。さらに，ペルシア側のティッサペルネスとパルナバゾスが，スパルタに提携を申し出て，スパルタは，それに応えてペルシアと３度にわたって同盟を結んだ[2]。
　かかる状況下で，アルキビアデスが，危険を逃れてスパルタからティッサペルネスの許へ走った。第２回スパルタ－ペルシア同盟締結後の出来事である。アルキビアデスは，ティッサペルネスの許にいながら，自身のアテナイ帰国を画策した（Th, 8.47.1）。マグネシアのアルキビアデスからサモス駐留のアテナイ軍内の有力者に使いが送られ，サモス駐留のアテナイ軍内ににわかに寡頭派の革命運動が起こった（Th., 8.47.2-48.3）。そして，ついにペイサンドロスの一行がアテナイに到着して，アテナイの民主政変革の運動が始まった。
　ペイサンドロスは，ペルシアから財政援助を得る以外にアテナイを救う道はなく，そのために民主政を廃して寡頭政を樹立することをアテナイ民

衆に説いた (Th., 8.53.1-3)。そして，ペイサンドロスは，自分の意見が大衆に受け入れられると (Th., 8.54.1-2)，すぐにティッサペルネスと交渉するためにマグネシアへ向かった (Th., 8.54.4)。だが，ペイサンドロスとティッサペルネスの交渉は失敗した (Th., 8.56.1-5)。ペイサンドロスはアテナイへ帰国し，他方，ティッサペルネスはスパルタと3回目の同盟を結んだ。さらに，アビュドスとランプサコスがデロス同盟から離反した (Th., 8.62.1)。

前411年初夏にペイサンドロスの一行がアテナイに帰国し，彼らの不在のあいだに仲間たちが行なった仕事を片づけにかかった。それが，シュングラペイスの任命であった (Th., 8.67.1)。

このシュングラペイス (συγγραφεῖς，アッティカ方言ではξυγγραφεῖς) は，後に続く四百人のクーデターの前段階[3]のアテナイの国政変革のうえで鍵を握っていた。この委員会はコロノスで行なわれた民会で提案を提出したが，その内容についてトゥキュディデスの『歴史』とアリストテレスの『アテナイ人の国制』(Aristoteles, *Ath.*) が語っている。そのシュングラペイスにまつわる事柄については，トゥキュディデスも Aristoteles, *Ath.* も 2，3の点ではほぼ一致しているものの，個々の事実関係についてはかなりの相違が見られる。前411年のアテナイの寡頭派政変による国制変革に最初に道を開いたのがこのシュングラペイスの委員会であった。従って，この時期の政変を考察する上で重要な2つの史料であるトゥキュディデスの『歴史』と Aristoteles, *Ath.* の間に大きな記述の違いがあるとなれば，この時期の政変について考察するためにはまずこの史料上の問題を解決しておかなければならない。

本節の目的は，このシュングラペイスとその提案内容をめぐるトゥキュディデスと Aristoteles, *Ath.* の両史料を，これまでの研究者たちの諸説とあわせて比較，検討し，まず初めに諸事件の流れを明らかにし，さらにその委員会についての両史料の記述の違いがその両史料自体の性格から生じていることを明らかにすることである。

第1項　シュングラペイスについて

　問題のシュングラペイス[4]の機能を探る際，史料としていくつかの碑文史料が存在する[5]が，これらはその全容を明らかにするには，情報が乏しすぎる。他方，伝承文献としてはハルポクラティオンの記述と，さらに本項で取り扱う前411年と，前410/09年および前404年のアテナイのシュングラペイスという具体的な事例がある[6]。ハルポクラティオンのΣυγγραφεῖςについての記述[7]によれば，シュングラペイスを任命することが，「アテナイ人たちの許では，大衆が，所定の日に諸提案を民衆に提案する人たちを選ぶべきであった時にはいつでも，習慣であった」。彼はシュングラペイスの事例として，イソクラテスの『アレオパゴス評議会について』(Isocrates, 7 *Areopagiticus* 58) とトゥキュディデスの『歴史』第8巻 (Th., 8.67.1) を挙げている。その中でハルポクラティオンはトゥキュディデスの記述を引用している。また，彼は，アンドロティオンとピロコロスがそれぞれのアッティカ誌の中でTh., 8.67.1の中のシュングラペイスに関して人数が30人であることについて言及していたことを述べている。他方，具体的な事例として，前410/09年のものは，Andocides, 1 *On the Mysteries* 96の中でデモパントスという人物がシュングラペイスのひとりとしていわゆるデモパントスの条令を提案している事例である。次に，前404年のものはXenophon, *HG* 2.3.2, 11等の中でいわゆる三十人僭主が独裁政治を行なう前にシュングラペイスに就任した事例である。前5世紀のアテナイのシュングラペイスは，ローズ[8]によれば，本来，精巧な議案が必要とされる時に提案を作成するため任命された，特別の委員会である。さしずめ「共同起草委員」と翻訳してよいであろう。以下では前411年のアテナイのシュングラペイス[9]について考察する。

第２項　両史料の記述の違いについて

前411年のアテナイのシュングラペイスについてはトゥキュディデスの『歴史』とAristoteles, *Ath.* の中で言及されている。その両方の史料を下記に記述する。

> トゥキュディデス『歴史』の記述[10]
> 　ところで，こういう時にペイサンドロスとその取り巻きたちが戻ってきて直ちに残りのことどもの件に関わった。そしてまず初めに民衆を集めて次のような提案を述べた，すなわち，10人の男たちを全権を有する共同起草委員たちに選出し，この人たちが提案を共同で起草して，ポリスが最も良く治められることに関して定められた日に民衆に提案を提出すべきであると。(Th., 8.67.1)
> その後でその日が来た時，彼らは民会をコロノス（ポセイドンの聖地でありポリスの郊外でおよそ10スタディオン離れている）の中に共同で閉じ込め，そしてその共同起草委員たち（ξυγγραφείς）は他のことには全く触れず，まさに次のことを，すなわち，アテナイ人たちの間では誰であれ望む提案を述べることができることを提案した。もし誰かがその発言した人を違法の件で告発するかまたは他のやり方で邪魔をする場合には重い刑罰を科することになった。(8.67.2)
> それからさらに明白に発表された，すなわち，どの役職も依然として現行の政体に従って役職を務めるべきでもなく給料を受け取るべきでもないし，プロエドロスたちとして５人の男たちを選出し，この人たちが百人の男たちを選出し，さらにその百人の各人が自分自身に加えて３人を選出すべしと。これらの人たちが四百人になって評議会場に入り，全権を持って最も良いと判断するとおりに支配し，そして自分たちにとってよいと思われる時はいつでも五千人を集めるべしと。(8.67.3)

このような提案を述べたのはペイサンドロスであったし，その他のことについては公然と最も熱心に民主政を共同で打倒した。〔以下略〕(8.68.1)

アリストテレス『アテナイ人の国制』の記述[11]
　ところで，戦争の時の情況が力の拮抗していた限りは，人々は民主政を保持していた。だが，シケリアで起きた禍の後，ラケダイモン人たちの側の事態が大王との間の同盟関係のせいでより有力になった時，民主政を変更して四百人を支えとする国制を設立するよう強いられた。メロビオスがその決議の前に意見を述べた後，その動議を〈アナプリ〉ュ〈ス〉トス区のピュトドロスが起草したが，とりわけ多くの人々が，もし少数者からなる国制を行なうならば大王がそれまで以上に自分たち自身と一緒に戦ってくれるものとの思いゆえに説得された。(Aristoteles, *Ath.* 29.1)
ピュトドロスの条令は次のようなものであった。民衆は既存の10人のプロブーロスたちと並んで40歳を超えている人たちから他の20人を選ぶべし。その人たちは，ポリスにとって最善のことであると思うことどもを確かに共同で起草する（συγγράφειν）ことを誓い，国家救済について共同で起草することとする。さらに他の人々も望むならば進み出て提示すべし，彼らがすべての事から最良のものを選ぶために。(29.2)
クレイトポンは，他の事どもは全くピュトドロスが語ったとおりに，その上，その選ばれた人々が，クレイステネスが民主政を設立した時に制定した父祖伝来の諸法をさらに調べるべし，そしてそれらに耳を傾けて最良のことを勧告するためにも，と提案したが，その訳は，クレイステネスの国制が民衆の側ではなくソロンのものに非常に近いからである。(29.3)
選ばれた人々は最初に，当番評議員たちが国家救済について提言されたことどもすべてを必ず表決に付すべしと提案し，それから違法提案

告発と弾劾と召喚を破棄した。アテナイ人たちがもし欲すれば問題となっていることについて勧告するためにである。もし誰かがそれらのことを理由に罰金を科するかまたは召喚するかまたは法廷に連れ出すならば，その者の訴追と将軍たちの前への連行があり，その将軍たちは十一人に引き渡して死刑に処することになった。(29.4)

その後，彼らは国制を次のようなやり方で配した。国庫収入金は戦争のためより外には出費することを許されないし，また役人はすべてが戦争のあるまで無給で務めるべし。ただし，9人のアルコンたちと在職中の当番評議員たちを除いてのことで，彼らは各人一日に3オボロスを受け取るべし。その他の国政はすべて，アテナイ人たちの中で身体の面と財産の面で国家に奉仕する能力が最もある，五千人より少なくない人たちに，戦争のあるまで，委ねるべし。また，これらの人たちは，自分たちの望む人たちとの間で条約を締結する権限を有するべし。各部族から10人の40歳以上の男たちを選び，この人たちは誰でも完璧な犠牲を供えると誓ってからその五千人を登録するべし。(29.5)

そういうわけでその選ばれた人たちはこのように共同で起草した。これらのことが決定された後，五千人は自分たち自身の中から国制を記載する（ἀναγράφειν）百人の男たちを選出した。選出された人たちは次のことどもを記載して公表した。(30.1)

一年間，30歳以上の人たちが給料なしに評議員を務めるべし。その人たちの中から将軍たちと9人のアルコンたちと隣保同盟神事記録役(ヒエロムネモネス)たちと歩兵長官たちと騎兵長官たちと部族騎兵長官たちと要塞内の長官たちと女神アテナやその他の神々の聖財財務官たち10人と同盟財務官たちやその他の俗財のすべてを管理する人たち20人と供犠監督官たちと神殿監督官たちのそれぞれ10人があるべし。これらの人たちはすべて，その時その時に評議員を務める人たちの中から十分に選出して，予選された人たちの中から選出されるべきであるし，その他の役人たちはすべて籤によって選ばれるが評議会の中からではないようにあるべし。財産を管理する同盟財務官たちは共同して評議してはならない。

(30.2)
言及された年齢の人たちの中から将軍は4つの評議会を作り，そしてそれらの中から籤で割り当てられた部分が評議員を務め，そしてその他の人たちをそれぞれの籤で割り当てられたものに配分しておくべし。百人の男たちは，自分たち自身と他の人たちをできるだけ等しく，さらに籤で割り当てて4つの割り当て部分に分けておき，〔籤で引き当てた人たちが〕一年間評議員を務める。(30.3)
〔評議員たちは〕財産についても無事であり必要なことに費やされるように保つことになるために自分たち自身に最善のことと思われるとおりに〈評議を行ない〉，その他のことどもについても最善のことになれるようにする。もしより多くの人たちと一緒に評議員を務めたいと望むならば，それぞれが自身と同じ年齢の人の中から望む人を追加召集人として追加召集すべし。評議会の諸集会を5日目毎に行なうべし，もしより多くのものを必要としないならば。(30.4)
9人のアルコンは評議会を籤で指定し，その評議会の中から籤で割り当てられた人たち5人が挙手投票を判定し，そしてそれらの人たちの中から一人が毎日，採決に付す人として籤で選出されるべし。5人は，評議会の面前に行くことを望む人たちの割り当て者を籤で指定すべきであるが，最初は神事の件，2番目は伝令使の件，3番目は使節の件，4番目はその他のことどもの件であるべし。戦争の件は，必要である時にはいつでも，籤を引くことなく追加で来る人たちがいる状況で将軍たちは議事を進めるべし。(30.5)
評議員を務める人たちの中で評議会場に前もって伝えられた時刻に行かない者は，それぞれの日に1ドラクマの罰金を払うべし，もし評議会から許可の出た許しを得ていないならば。(30.6)

　そういうわけで彼らはそのような国制を将来の時期について記載したが，目前の時については次のようにした。四百人が父祖伝来のことどもに従って評議員を務めるべきで，各部族の中から40人で，部族員たちが30歳以上である人たちから選出した，予め選ばれた人たちの中

第 1 部　前411年の寡頭派政変

からであるべし。これらの人たちは，役人たちを置いて，誓わなければならない誓いについて書いて提出しもし，〈また〉諸法や執務報告審査やその他のことどもについて有益であると思うやり方で実施しもすべし。(31.1)

彼らは，国事について制定された諸法を守るべきであり，変更することも別のものを制定することもできない。将軍たちの選出は，今は，五千人の全員の中から行ない，評議会は成立した後に楯を〈身につけて〉査閲を行なって10人の男たちを〔将軍に〕選び，その人たちに付く一人の書記を選出し，選出された人たちは次の年に全権を持って就任し，そしてもし必要があれば評議会と共に共同で評議を行なうべし。(31.2)

そして一人の騎兵長官と10人の部族騎兵長官たちを選ぶべし。将来は評議会がそれらの書いて提出されたことどもに従ってそれらの人たちについて選出を行なうべし。評議会と将軍たちを除くその他の役人たちについてはその人たちについてもその他の人たちについても一度より多く同じ役職に就任することはできない。その後の時期には，都市部の人たちがその他の人たちと一緒に評議を行なうようになる場合に四百人が4つの割り当て部分に配分されるために，百人の男たちは彼らを分けてしまうこととする。(31.3)

　そういうわけで五千人によって選出された百人は，そういうふうに国制を記載した。それらのことがアリストマコスが表決に付して大衆によって承認された後，カリアスの時の評議会は任期を終了するまでにタルゲリオンの月の14日に解散し，四百人はタルゲリオンの月の21日に就任した。籤で割り当てられた評議会はスキロポリオンの14日に職務に入ることになっていた。(32.1)

そういうわけで寡頭政がこういうやり方でカリアスのアルコンの時に制定されたが，僭主たちの追放よりおよそ百年後であった。とりわけ元凶になったのはペイサンドロスとアンティポンとテラメネスであり，しかも良家に生まれたし，知力と判断で傑出していると評判であ

る男たちであった。(32.2)

このような国政が行なわれた時，五千人は言葉の上で選出されただけであったが，他方，四百人は10人の全権を有する人たちと一緒に評議会場の中に入場してポリスを支配したし，またラケダイモン人たちの許へどちらもその時に現有している分でという条件で戦争を終わらせるために使節を派遣したが，先方がこちらが海の支配を手放さないならば耳を貸そうとしないので，そこでやめにした。(32.3)

　ところで，およそ４ヵ月間，四百人の国制が継続し，その人たちの中からムナシロコスがテオポンポスのアルコンの年の２ヵ月間アルコンを務め，〈後者が〉残余の10ヵ月間アルコンを務めた。だが，エレトリア沖の海戦で敗北してオレオスを除いてエウボイアの全土が離反した時，とりわけ耐え難いことに以前に起こったことどもより不運な状況に傾き（というのもアッティカよりもエウボイアから多くのものについてその当時援助を受けていたので），四百人を打倒して国事を重装歩兵たちの中からの五千人に委ね，どの役職も給料を受け取って服するべからずと決議した。(33.1)

その打倒で最も責任を負うべきであるのは，アリストクラテスとテラメネスであり，四百人によって行なわれたことに同意しなかった。なぜならば，彼ら〔四百人〕は何であれ自分たちで実行したのであり，五千人には全く投げ返さなかったからである。この時期には立派に治められたと思われる。戦争が行なわれもし，重装歩兵たちの手に国事がありもしたからである。(33.2)

　前411年のアテナイのシュングラペイスについてトゥキュディデスとAristoteles, *Ath*. の間にいくつかの記述の違いがある。ここにその対照表を挙げておく[12]。

第1部　前411年の寡頭派政変

表1　シュングラペイスに関する2つの史料の間の記述の違いの対照表

	トゥキュディデス	Aristoteles, *Ath.*
(1)	10人の男たちを全権を有する共同起草委員たちに選出し，この人たちが提案を共同で起草して，ポリスが最も良く治められることに関して定められた日に民衆に提案を提出すべきである（8.67.1）。	民衆は既存の10人のプロブーロスたちと並んで40歳を超えている人たちから他の20人を選ぶべし。その人たちは，ポリスにとって最善のことであると思うことどもを確かに共同で起草することを誓い，国家救済について共同で起草する（29.2）。
(2)		さらに他の人々も望むならば進み出て提示すべし，彼らがすべての事から最良のものを選ぶために（29.2）。
(3)		クレイトポンの追加条項（29.3）。
(4)	その後でその日が来た時，彼らは民会をコロノスの中に共同で閉じ込め（8.67.2）。	
(5)	その共同起草委員たちは他のことには全く触れず，まさに次のことを提案した（8.67.2）。	選ばれた人々は最初に（29.4）。
(6)		当番評議員たちが国家救済について提言されたことどもすべてを必ず表決に付すべし（29.4）。
(7)	違法提案告発の廃止（8.67.2）。	違法提案告発の廃止（29.4）。
(8)		その後，彼らは国制を次のようなやり方で配した（29.5）。
(9)		国庫収入金は戦争のためより外には出費することを許されない（29.5）。
(10)	どの役職も依然として現行の政体に従って役職を務めるべきでもなく給料を受け取るべきでもない（8.67.3）。	役人はすべてが戦争のあるまで無給で務めるべし。ただし，9人のアルコンたちと在職中の当番評議員たちを除いてのことで，彼らは各人一日に3オボロスを受け取るべし（29.5）。

(11)	〔参考史料〕五千人より多くない人たちが国事に加担すべきであり、さらにその人たちは特に財産の面と身体の面で国家に義務を果たすことができるものであると (8.65.3)。	その他の国政はすべて、アテナイ人たちの中で身体の面と財産の面で国家に奉仕する能力が最もある、五千人より少なくない人たちに、戦争のあるまで、委ねるべし (29.5)。
(12)		これらの人たちは、自分たちの望む人たちとの間で条約を締結する権限を有するべし (29.5)。
(13)		各部族から10人の40歳以上の男たちを選び、この人たちは誰でも完璧な犠牲を供えると誓ってからその五千人を登録すべし (29.5)。
(14)	プロエドロスたちとして5人の男たちを選出し、この人たちが百人の男たちを選出し、さらにその百人の各人が自分自身に加えて3人を選出すべし (8.67.3)。	
(15)	これらの人たちが四百人になって評議会場に入り、全権を持って最も良いと判断するとおりに支配する (8.67.3)。	
(16)	そして（四百人が）自分たちにとってよいと思われる時はいつでも五千人を集めるべし (8.67.3)。	
(17)	このような提案を述べたのはペイサンドロスであった (8.68.1)。	
(18)		そういうわけでその選ばれた人たちはこのように共同で起草した (30.1)。

このように両史料の間で言葉遣いなどの記述の食い違いがあったり、一方で記述されていることが他方では記述されていないものがあるなど、いくつかの相違点がある。以下では、それらの点について考察していく。

第1部　前411年の寡頭派政変

（1）シュングラペイスの構成

　まず，シュングラペイスの人数が両史料の間で違う。表1の(1)のとおり，トゥキュディデスは10名と，他方，Aristoteles, *Ath.* は30名と記述している。また，Aristoteles, *Ath.* は，その30人の中に先議委員（プロブーロイ〔probouloi〕）10人を含めている[13]。この先議委員について，トゥキュディデスはTh., 8.1.3では触れているが，問題の箇所では言及していない。このシュングラペイスの人数の問題に関しては，上記で述べたハルポクラティオンのシュングラペイスについての記述[14]がある。その中で彼は，アンドロティオンとピロコロスが30人としているのに対してトゥキュディデスが10人のプロブーロイだけについて言及していると述べている。従って，研究者たちの間ではこの人数の問題に関してはAristoteles, *Ath.* の30人説が正しいというのが通説である[15]。また，トュキュディデスの10人のシュングラペイスは，10人のプロブーロイと同一視されてきた[16]。これについてラング[17]が異説を提出し，このシュングラペイスの人数の問題に限らず，トゥキュディデスとAristoteles, *Ath.* の両者のシュングラペイスを全く別物のふたつの委員会と考える。だが，彼女の理論は受け入れがたい。なぜならば，表1の(7)のとおり，違法提案告発の廃止が前411年に2度も別々のシュングラペイスの委員会によって提案されたとするのは不適当であるからである[18]。従って，問題のシュングラペイスの人数とその構成は，ハルポクラティオンの証言があるので，Aristoteles, *Ath.* のとおりであると考えられる。

　それでは，なぜトゥキュディデスは，この問題の委員会が10人であると語ったのか。この問題については，ラング[19]が興味深い指摘をしており，この30人の委員会が極端および穏健寡頭派だけでなく，民主派の者たちも含んでいたと主張する。その委員たちが民主政下の民会で選出されただけにこの可能性は否定できない。従って，トゥキュディデスの情報提供者は，シュングラペイスが10人（のプロブーロイ）[20]であると語って，他の20人の委員の中に含まれた民主派の人物をかばったかもしれない（もっとも，

その人物は, 当時は民主派の第一人者アンドロクレスの暗殺〔Th., 8.65.2〕の直後であるから, あまり影響力を持っていなかったと考えられる)。それに対して, Aristoteles, Ath. は, シュングラペイスの中にプロブーロイが含まれていると明言することによって, その委員会の権限が強大であり, かつ正当性を持つことを示そうとした可能性があると考えられる。他方で, Aristoteles, Ath. の記述にはクレイトポン動議 (29.3) に関連する別の史的背景があると考えられるが, これについては第3部第7章第3節の中で言及したい。

また, キャスパリ[21]は, シュングラペイスの委員会の設置時期について, トゥキュディデスが前411年5月と, Aristoteles, Ath. 29.1がペイサンドロスの最初の帰国時(前410年末)としているので, 両記述の間で違いがみられ, この点については, シュングラペイスの本来の目的が国制上の提案を行なうことであるので時間が必要であるから, 実際にはAristoteles, Ath. の述べる時期に設置されたと提唱した。だが, Aristoteles, Ath. 29.1の中の記述を読む限り, 彼のようにシュングラペイスの設置時期をペイサンドロスの最初の帰国時に結びつける理由は見当たらないので, 彼の提唱は退けられるべきである。

次に, 同じく表1の(1)のとおり, トゥキュディデスは, 問題の委員会が全権を持っていることを明言しているが, 他方, Aristoteles, Ath. はそのように語っていない[22]。この問題に関して, トゥキュディデスの側は何かを誇張しようとした。それは, おそらくはその委員会が当時のプリュタネイスよりも明らかに強力な権限を持っていたことであろう。

(2) シュングラペイスをめぐる問題

まず, シュングラペイスの提案日について問題があり, 表1の(1)のとおり, トゥキュディデスの中のシュングラペイスは「定められた日に」提案をすることになっているが, Aristoteles, Ath. はその提案日を特定していない。だが, この両者の間の違いにはあまり意味はないであろう[23]。トゥキュディデスの記述形式は, 物語形式で当時の諸事件を順に記述するもので

あるので次のシュングラペイスの提案日を記す必要がある。他方，Aristoteles, *Ath.*の当該の箇所は，主題が国制についてであることもあり，シュングラペイスに関する記述以降しばらくおそらくは民会での提案内容ばかりの記述が続いている。従って，Aristoteles, *Ath.*の場合にはこの箇所で提案内容を順次記すことを心掛けたので，それ以外のことは省略したのであろう。

次に，シュングラペイスの任命の目的が両史料の間で違う。表1の(1)のとおり，トゥキュディデスの中のシュングラペイスは「ポリスが最も良く治められることに関して」の提案を，他方，Aristoteles, *Ath.*の中のシュングラペイスは「国家救済について」の案を提出することになっている[24]。これに関して，Aristoteles, *Ath.*はさらに，シュングラペイスの誓いを語っている。すなわち，彼らが「ポリスにとって最善のことであると思うことどもを確かに共同で起草することを」誓ったことである。この宣誓をトゥキュディデスが省略した理由は，ゴムら[25]によれば，彼がこれを全くの儀礼とみなしたからである。また，さらに彼ら[26]は，Aristoteles, *Ath.*の中の「国家救済について」という言葉に注目して，それをAristophanes, *Ecclesiazusae* 396-397と比較している。

　　ブレピュロス　（前略）ところで，そんな仰山な人数が時刻に間に合って集まったとは，いったいどうしたことだ。
　　クレメス　　別でもない。当番の議員方(プリュタネイス)が国家救済につき（περὶ σωτηρίας τῆς πόλεως）意見を開陳さすことに決めたんだ。
　　Aristophanes, *Ecclesiazusae* 394-397 （村川堅太郎訳[27]）

この史料によって問題のAristoteles, *Ath.*の中のシュングラペイスの存在が現実味を帯びてくる。以上のことから，この問題に関する両史料の間の違いは，おそらくはトゥキュディデスの記述が不正確であったことを示すことが分かる[28]。

次に，表1の(2)のとおり，Aristoteles, *Ath.*は，アテナイ人の希望者に自

由に提案する権利を保障している条項を語っているが，トゥキュディデスはそのようなことを語っていない。この問題について，ゴムら[29]は，その一節がトゥキュディデスの中にはないが，実際にありうることであると主張する。また，ローズ[30]は，「寡頭派たちがアテナイ人たちに自分の提案を出すように正式に譲ったことは，民主政期の慣行に従っていた」と主張する。ここでは単に，このAristoteles, Ath.の一節が，寡頭派が民会において通常見られるような手続きを経ることによって合法的に政変を行なう姿勢を示すことに注目しておきたい。

次に，表1の(3)のとおり，Aristoteles, Ath.の中のクレイトポンの追加条項がトゥキュディデスの中では省略されている問題がある。これは，明らかにAristoteles, Ath.の著者の意図が関係しているし[31]，またトゥキュディデスの関心外であったと考えられる。

この項の最後に，コロノスでの民会開催の問題がある。表1の(4)のとおり，トゥキュディデスの中のシュングラペイスはコロノスで自分たちの提案を提出したが，Aristoteles, Ath.はコロノスの地について何も語っていない。これについて，ユダイヒ[32]，ヴィルケン[33]，マイヤー[34]，ラング[35]，ヒグネット[36]は，当時，デケレイアに駐留していたスパルタ軍との関連から，民会がコロノスで開催された意味を説明しようとするが，それに対してゴムら[37]は否定的である。その代わりにゴムら[38]は，この問題の説明として(1)「我々に知られていない前例があったであろう」ことと，(2)「その神殿の聖域が厳粛さを増したであろう」ことを説明可能な事柄として挙げている。いずれにしても，コロノスでの民会開催が当時としては異例であることに変わりはない。また，このコロノスでの民会開催についてAristoteles, Ath.が語っていない理由に関して，ヴィルケン[39]は，「彼〔アリストテレスのこと，引用者註〕の寡頭派の資料がわざと省略したのであろう」と説明している。だが，すでに述べたように，Aristoteles, Ath.のこの箇所は提案内容の記述が続いているので，その関係の記述を順次行なうことを旨とした著者の意図を考慮すべきであろう。

（3）シュングラペイスの提案の範囲とその順序

　トゥキュディデスは，表1の(5)のとおり，シュングラペイスが違法提案告発の廃止だけを提案したと語っているが，他方，Aristoteles, *Ath.* は，一見すれば彼らが違法提案告発の廃止以外に彼らの提案と見られるものを提出したと語っている。この違法提案告発の廃止に関するシュングラペイスの提案の内容については，トゥキュディデスとAristoteles, *Ath.* の両者は同じ内容を語っていると考えられる[40]。また，これに関するAristoteles, *Ath.* の記述の方が，トゥキュディデスよりも詳しいだけであり，また表1の(6)のような提案も実際にそれに付随したと考えられる。また，Aristoteles, *Ath.* は，この違法提案告発などの廃止についての提案を語る時に，「アテナイ人たちがもし欲すれば問題となっていることについて勧告するために」(29.4) という一節を加えているが，ゴムら[41]は，これを「その当時の革命家たちに都合がよかったであろう」と解釈している。この解釈は確かに，Aristoteles, *Ath.* の中のこの提案について詳細に語っている参考資料が寡頭派寄りの資料であることを示唆する可能性がある。だが，問題の政変時のアテナイが置かれた苦境を考えると，希望者に発言の自由を保障する措置は通常の民主政期の民会に見られるものであったともいえる。

　ところで，トゥキュディデスが，このコロノス民会でシュングラペイスがその違法提案告発の廃止だけしか提案しなかったと語った。その出来事の背景について，ヒグネット[42]が次のような説明を試みている。すなわち，その委員会の中のある者たちが，極端寡頭派によって主張された提案に同意しなかったので，この違法提案告発の廃止だけが提案される結果となった，と。彼は，このようにその委員会内部に意見の不一致があったと仮定する。この解釈の問題は，シュングラペイスの提案内容の範囲に関してトゥキュディデスとAristoteles, *Ath.* のどちらの記述が正しいかによって議論が分かれる。これまでAristoteles, *Ath.* 29.5の提案内容をすべてシュングラペイスの提案と解釈した者たち[43]は，ここにトゥキュディデスとAristoteles, *Ath.* の間の矛盾を指摘した。すなわち，トゥキュディデスの記述の中ではペイサンドロスの提案とされる内容に対応すると考えられそう

なAristoteles, *Ath.* 29.5の提案の制定者が，その前節に引続きシュングラペイスであると仮定すれば，そのような矛盾が生じる。

このAristoteles, *Ath.* 29.5の内容の制定者が表1の(8)のとおり明示されておらず，これが誰であるかという問題に関して，ゴムら[44]は，「配した（または制定した）」（dietaksan）の語法の吟味から，その主語が，これまで考えられてきたシュングラペイスではなく，「アテナイ人たち」であると主張する。また，ローズ[45]は，Aristoteles, *Ath.*の著者がずさんな語法を使って，Aristoteles, *Ath.* 29.5の提案の責任をシュングラペイスのものとしたと考える。加えて，ヴィルケン[46]は，トゥキュディデスの記述に疑問を抱き，トゥキュディデスがTh., 67.3の中の四百人の選出方法とその独裁権に関する提案だけ（表1の(14)と(15)と(16)）をペイサンドロスの提案とみなしていたとし，さらに残りの提案（表1の(10)）が穏健派による提案であったと主張する。キャスパリ[47]は，Th., 8.67.3の中のペイサンドロスの提案とみなされている諸提案のうち，役職手当てに関する提案がペイサンドロスのものではなくシュングラペイスのものであり，そしてAristoteles, *Ath.* 29.5の中の五千人についての制度とカタロゲイスの任命に関する提案がTh., 8.67.3の箇所で言及され損なっていると考える。キャリー[48]は，単純に，Aristoteles, *Ath.* 29.5の中の諸規定が制定されたがそれらが実施される前にペイサンドロスの提案によって取って代わられたと考える。

このように，トゥキュディデスの中のペイサンドロスの提案とAristoteles, *Ath.* 29.5の内容をどのように把握するかについては議論が分かれているが，ここでこの問題をいま一歩踏み込んで考察するためにTh., 8.67.3の内容の提案者とAristoteles, *Ath.* 29.5の内容の提案者を考察しよう。

Aristoteles, *Ath.*が，トゥキュディデスと違って，シュングラペイスと結びつけて民主派に衝撃的であった四百人の任命について語っていないこと，そしてその代わり五千人に関する詳しい内容を語っていることは，次の2つのことが原因であるかもしれない。第1に，Aristoteles, *Ath.*の参考資料が，当時の寡頭派が民主派に対して配慮するポーズをとっていること

を示唆する意図を持っていたと考えられる[49]。第2に，そもそもAristoteles, *Ath.*が前411年の政変を記述するきっかけとなったのは，28章でテラメネスを擁護する記述を行なったからである。従って，Aristoteles, *Ath.*の著者は，テラメネス派の意図と行動についての著者自身の解釈を四百人の寡頭派政権成立というアテナイ人たちにとっては忌まわしい事実から遠ざけることを意図したかもしれない。それゆえに，この箇所ではおそらくは民会での提案内容ばかりを順次記述したのかもしれない。筆者は，以上の2つの原因説明については後者の方が可能性があると考える。それに対して，トゥキュディデスの場合は，シュングラペイスの提案の直後に，提案者として寡頭派の人物であるペイサンドロスと名指しした提案が続く[50]。トゥキュディデスが，民主政の崩壊を決定づけた四百人の任命に関する提案をペイサンドロスのものとしたことの意味は，何らかの形で存在すると思われる。その意味は一体何であろうか。

　Aristoteles, *Ath.* 29.5に関して，ローズ[51]は，四百人政権崩壊後の寡頭派たちの裁判を想定して，Lysias, 12.25-34を引用しながら，次のように想像する。すなわち，「裁判中の寡頭派たちは，その寡頭政の国制の発案がシュングラペイスによるとすることによって，自分たちの有罪たることを少なくしようと努めたかもしれない」と。また，それに加えて彼[52]は，シュングラペイスがその国制を全員一致では承認しなかったことを想定し，「シュングラペイスの中で（その時にかあるいはその後になって）承認しなかった者は，自分の責任をしきりに否認したがっただろう」と想像する。

　ここで問題となるAristoteles, *Ath.* 29.5の内容をさらに追求してみよう。ラング[53]は，このAristoteles, *Ath.* 29.5の内容がTh., 8.65.3の中の寡頭派の綱領と類似していると主張している。その寡頭派の綱領は，次の2点を公言している。すなわち，(1)「軍務に服する人たち以外の他の人たちが給料を受け取るべきでない」ことと，(2)「五千人より多くない人たちが国事に加担すべきであり，さらにその人たちは特に財産の面と身体の面で国家に義務を果たすことができるものである」ことである。

第2章　前411年の寡頭派政変についての史料の検討

　Aristoteles, *Ath.* 29.5は，この寡頭派の綱領の内容の2点を含んでおり，そして官職日当の廃止に関しては例外規定にも言及して詳述していると見てよい（表1の⑽）。さらに，五千人の人数に関して，トゥキュディデスの中の寡頭派の綱領では「五千人より多くない」者たちであり，他方，Aristoteles, *Ath.* 29.5では「五千人より少なくない」者たちとなっていること（表1の⑾）は，その当時の状況から，寡頭派の綱領の発表後にその内容が提案されて条令化される際に，民衆に対する寡頭派の配慮のポーズとして寡頭派が譲歩したことを示唆するであろう[54]。他方，トゥキュディデスは，この五千人の任命に関して何も語っていない。この理由は，彼が，四百人政権中にその五千人が実在しなかった事実を重視し，それを省略したからと考えられる[55]。だが，Aristoteles, *Ath.* 29.5の五千人に関する規定は，表1の⒃のとおり，トゥキュディデスの中のペイサンドロスの提案の中で予見できるので，それは実際に制定されたと考えてよい[56]。さらに，それに加えて，五千人の条約締結に関する規定（表1の⑿）と五千人の登録官たち（カタロゲイス）に関する規定（表1の⒀）が制定されたと考えられる。

　以上のように，トゥキュディデスの中の寡頭派の綱領とペイサンドロスの提案，そしてAristoteles, *Ath.* 29.5の内容を比較して考えられることは，次のとおりである。すなわち，Aristoteles, *Ath.* 29.5の中の例外条件付きの官職日当の廃止と五千人の任命に関する規定は，実際にそのままの形で承認されたと考えられる。だが，実情は，トゥキュディデスが語っているように，すべての官職日当が廃止された（Th., 8.67.3）し，また五千人の任命の規定が実施されず，五千人が任命されなかった（Th., 8.92.11）のであろう。それゆえ，トゥキュディデスはその五千人の任命に関する規定を省略したと考えられる。従って，トゥキュディデスがTh., 8.67.3の提案内容の提案者をペイサンドロスと名指しした意味は，その著者が，実際に承認されたAristoteles, *Ath.* 29.5の中の官職日当の廃止と五千人の任命に関する規定に関して，実際に実施された状況に着目していること，すなわち，ペイサンドロスのその後の行動に則して叙述していることである。その

第1部　前411年の寡頭派政変

Aristoteles, *Ath.* 29.5の中の官職日当の廃止と五千人の任命に関する詳細な規定は，おそらくヴィルケン[57]が主張するように，穏健派の提案であった。また，それらの規定が穏健派の主張を色濃く反映するがゆえに，極端派のペイサンドロスは，その後それらの規定を忠実に守らず，自分の一派に都合のよいように取り扱ったと考えられる。トゥキュディデスが，Th., 8.67.2-3のように，コロノス民会の内容を語った裏には，かかる事情があった。トゥキュディデスがペイサンドロスの提案と述べた提案（Th., 8.67.3）の中で実際に彼が提案したのは，前述のごとくヴィルケン[58]が主張するように，四百人の選出方法とその独裁権に関する規定だけであると考えられる。そして，さらにトゥキュディデスがペイサンドロスの提案として述べた官職日当の廃止の規定は，実際は，穏健派の提案と推測されるAristoteles, *Ath.* 29.5の中の官職日当の廃止の規定と同じものであろう。だが，その規定成立後，ペイサンドロスの一派は，その例外規定付きの条項を忠実に守らず，すべての官職日当を廃止したと考えられる。

　かかるトゥキュディデスの記述の事情は，おそらく，彼の情報提供者の報告の性格と，そしてその著者自身が事実を重視して記述しようとした姿勢の両方と関係がある。彼の情報提供者は，前述のようなコロノス民会の実状を誤ってトゥキュディデスに報告したに違いない。それは，おそらく，その情報提供者がそのコロノス民会以後のペイサンドロスの一派の暴挙ぶりを非難するあまりにでた行動の結果である。従って，Aristoteles, *Ath.* 29.5の内容の提案者は，シュングラペイスではなく，むしろ穏健派の人物と推測することが妥当である。また，その制定者は，前述のごとくゴムら[59]が主張するように，「アテナイ人たち」である。それゆえ，シュングラペイスの提案内容は，トゥキュディデスの記述のとおり，違法提案告発の廃止だけに限られ，その詳しい内容がAristoteles, *Ath.* 29.4の記述と同一視される。

　加えて，前411年アテナイのシュングラペイスが，その本来の委員会の性格にもかかわらず，違法提案告発の廃止だけに終わったのは，前述のヒグネット[60]の仮説のとおり，その委員会内部に意見の不一致が存在したか

らであると考えられる。そのことは，前述のような穏健派の提案とペイサンドロスの極端寡頭派の提案および行動の間のズレがよく示している。

従って，表1の(18)の「そういうわけでその選ばれた人たちはこのように共同で起草した」(Οἱ μὲν οὖν αἱρεθέντες ταῦτα συνέγραψαν) とAristoteles, *Ath.* 30.1が述べている箇所は，全くの誤りであると考えられる。

(4) シュングラペイスをめぐるその他の提案

まず，Aristoteles, *Ath.*は，表1の(6)のとおり，シュングラペイスが「プリュタネイスは国家救済について述べられたすべての動議を投票にかけるべし」と提案したと語っているが，他方，トゥキュディデスは，そのような提案について語っていない。この提案は，それに続く違法提案告発の廃止に関する提案と深く関連するものであり，さらにゴムら[61]が主張するように，「提案が通常の制限によって妨げられるべからずということを同様に保証する」ものである。従って，それは，民主政下のプリュタネイスの議案審査権が無効にされたことを意味する。

次に，官職日当の廃止に関しては，表1の(10)のとおり，トゥキュディデスがペイサンドロスの提案であると断って (Th., 8.68.1)，前述のような提案を語っているが，他方，Aristoteles, *Ath.*は，アルコンとプリュタネイスに対する例外規定を設けた官職日当の廃止に関する提案を語っている。この官職日当の廃止に関する規定の内容は，前項目で考察したとおり，Aristoteles, *Ath.*の方が正しく，またその提案者は穏健派の人物であったと推測される。また，それに付随した例外規定も実際にコロノス民会で承認されたが[62]，トゥキュディデスはその例外規定を省略した。その理由は，その例外規定が，彼にとって確かに重要でないと思われた（ヴィルケン説[63]）のでもなく，また彼によって単に省略された（ゴムら説[64]）のでもない。それは，前項目で考察したとおり，トゥキュディデスの情報提供者の報告の性格と一連の事件の背景に求められる。また，コロノス民会後にペイサンドロスの一派がすべての官職日当を廃止したので，既存の民主政はここで事実上終息したと思われる[65]。

第1部　前411年の寡頭派政変

　次に，表1の(14), (15), (16)のとおり，トゥキュディデスは，四百人の任命とその権限に関する規定を語っているが，他方，Aristoteles, *Ath.* は，それに対応する事柄を問題の箇所では語っていない。その理由は，Aristoteles, *Ath.* が四百人の任命とその権限についての説明をAristoteles, *Ath.* 31.1に譲ったからであろう[66]という推測も可能であるが，最終的にはAristoteles, *Ath.* 33.1の中の叙述形式の補足説明に譲ったからであるかもしれない（この点でAristoteles, *Ath.* 31の中の四百人評議会がペイサンドロス提案の四百人評議会でないことについては下記を参照せよ）。それに対して，Aristoteles, *Ath.* 29.5が四百人政権中には全く機能しなかった五千人の任命とその権限に関する規定を語った理由は，その著者が，五千人の任命の手続きなどに関心があったからであり，そしてその規定を Aristoteles, *Ath.* 33.1-2の中の，四百人政権崩壊後の五千人政権についての説明の前段階として位置づけることを意図したからであろう。

　ところで，表1の(16)の四百人による五千人の召集に関する規定は，その直前の表1の(15)の中でその四百人が全権を与えられていることと関連がある。その全権の意味は，ゴムら[67]によって次のように説明されている。すなわち，それは，「非常に広い独自の権力」を含み，その四百人が民会に，あるいは「自分たちが望むまで召集する必要がない五千人全体に問い合わせる必要がない」ことである。

　次に，Aristoteles, *Ath.* の記述に注目すれば，Aristoteles, *Ath.* は，表1の(11)のとおり，五千人が「戦争のあるまで」その他の全参政権を委ねられることを語っているが，トゥキュディデスはこの制限条件を語っていない[68]。ゴムら[69]は，この「戦争のあるまで」という制限条件が，「戦争が終わればアテナイは民主政に戻すという約束に等しい」と説明し，Th., 8.53.3-54.1の中のペイサンドロスの申し出，すなわち，以前に彼が，国制変革後アテナイ人たちの好みによっては国制を元通りにすると申し出たことを指す，としている。

　また，Aristoteles, *Ath.* は，表1の(12)のとおり，五千人が「自分たちの望む人たちとの間で条約を締結する権限を有するべし」と語っているが，ト

ゥキュディデスはこのことを語っていない[70]。この規定の意味は，これまで重要であると考えられてきた。ヴィルケン[71]は，この規定が五千人の主権に関わる重要なものであることを指摘している。また，ゴムら[72]とローズ[73]は，その規定が，五千人が最高主権を持った民会として機能することを意味する，と説明する。さらに，この五千人の条約締結に関する規定の背景には，ペルシアからの援助を確保するための条約と，スパルタとの和平締結のふたつの可能性がある[74]が，この規定の提案者は，前項目で考察したとおり，穏健派の人物であると推測されるので，この規定の提案者は，ペルシアとの条約締結を意図したに違いない[75]。

また，Aristoteles, Ath. は，表1の⒀のとおり，五千人を登録する百人のカタロゲイスの選出に関する規定を語っているが，トゥキュディデスはそのことを語っていない。このカタロゲイスに関する規定は，実際にコロノス民会で承認された。キャスパリ[76]とローズ[77]は，〔Lysias〕, 20 *For Polystratos* から，カタロゲイスが四百人政権の最初に存在したことが確証されると主張する[78]。

以上のAristoteles, Ath. 29.5 の中の内容が実際に制定されたが，ペイサンドロスの一派によって忠実に守られなかったことは，前項目で考察したとおりである。トゥキュディデスとAristoteles, Ath. の間の記述内容の相違は，主に以上の諸点である。

第3項 両史料の記述の違いと史料について

トゥキュディデスとAristoteles, Ath. の両者の記述の資料に関して，ここにゴムら[79]の解説を紹介する。まず，Aristoteles, Ath. の資料について，彼らは，アンティポンとアンドロティオンのふたつを可能性あるものと考えている。彼らの中のドーヴァー[80]は，後に寡頭派がアンティポンの『抗弁』を編集し，これをAristoteles, Ath. の著者が参考にした可能性を提唱する[81]。彼は，アンティポンが四百人政権崩壊後に反逆罪で告発された（〔Plutarchus〕, *Moralia* 833 E-F）ので自身を弁護する演説を行なった（cf.

Th., 8.68.2) ことに着目したのである。また、ゴムら[82]は、Aristoteles, *Ath.* にとってアンドロティオンが主な資料であると推測している。さらに、彼ら[83]は、Aristoteles, *Ath.* 29.2-3についてその言葉遣いが「ある条令の形と語法を持ったオリジナルなものであることを示唆する」と、Aristoteles, *Ath.* 29.4についてトゥキュディデスと同じ内容が語られていると、そしてAristoteles, *Ath.* 29.5についてカタロゲイスが〔Lysias〕, 20によって確証されるので、その記述の下に潜む記録文書が前411年の条令の本物の写しであると説明する。

他方、トゥキュディデスの資料について、ゴムら[84]は、その当時彼が亡命中の身であったので、Th., 8.98.1で語られている極端寡頭派の亡命者たちの口述の情報が資料として考えられると説明している。また、彼ら[85]は、「トゥキュディデスが67.1で民会の条令を報告する際に詳細で誤りに陥った」可能性が十分に信じやすいと述べており、さらに、このことと他の諸例から、トゥキュディデスが四百人の革命に関する様々な局面について一様でない暫定的な一連の記述をしたと推測する[86]。

だが、おそらくTh., 8.65.2の中で民主派の第一人者アンドロクレスが寡頭派によって暗殺されてから四百人政権の誕生にかけての時期に、寡頭派によって追放された者たちがいたことを〔Lysias〕, 20.8が指摘しているので、彼らの中の何人かがトゥキュディデスの許へ行って彼に情報を伝えたことも十分考えられる。

さて、トゥキュディデスの記述に関しては、前項で述べたとおり、次のような可能性が考えられる。第1に、シュングラペイスの人数に関してトゥキュディデスの情報提供者が10人であると語ることによって、他の20人の委員の中に含まれた民主派の人物をかばったかもしれない。第2に、その情報提供者は、その委員会が全権を持っていると語って、その権限を誇張したかもしれない。第3に、その情報提供者は、コロノスが民会開催地に選ばれたことを指摘して、その民会が普通の民会とは違った色彩を帯びていることを示唆しようとしたかもしれない。第4に、その情報提供者は、Aristoteles, *Ath.* 29.5の中の穏健派の提案がペイサンドロスの一派によって

ことごとく無視あるいは改悪されたのが実状であるので,その提案すべてをトゥキュディデスに語らず,代わりにペイサンドロスと名指しした提案をシュングラペイスの提案の直後に結びつけて語ったかもしれない。以上のような可能性は,もしそのとおりであるならば,Th., 8.67.1-3に限り,その記述の情報源が少なくとも寡頭派の人物ではないことを指摘すると考えてよい。

それに対して,Aristoteles, *Ath.* の記述の資料に戻れば,その資料がアンティポンあるいはアンドロティオンであるかどうかの問題は別にして,その中に寡頭派寄りの色彩を見出すことは容易である[87]。すなわち,第1に,Aristoteles, *Ath.* 29.2は,シュングラペイスの人数が30人であると語っており,彼らの中に民主派の人物も含まれた可能性を示唆する。第2に,その委員会の提案内容は,Th., 8.67.2とは違って,その委員会内で意見の不一致があったことを暗示しはしない。第3に,Aristoteles, *Ath.* は,その委員会が全権を持っていることを語っていないし,そのことは,民衆の感情を逆撫でするのを控えているかのようである。第4に,Aristoteles, *Ath.* 29.2は,シュングラペイス以外の他の人々といえども「他の人々も望むならば進み出て〔提案を〕提示すべし」と語っており,これが民衆に対する寡頭派の配慮ないし譲歩の姿勢であることが推測できる。第5に,Aristoteles, *Ath.* は,違法提案告発などの廃止(29.4)以外に穏健派の人物による提案と推測されるもの(29.5)を語っており,それを詳細に記述することによって寡頭派の運動の合法性を正当化する意図を十分に持っていると推測できる。第6に,Aristoteles, *Ath.* 29.5は,Th., 65.3の寡頭派の綱領の中の「五千人より多くない」という言葉遣いに対して,「五千人より少なくない」者たちに参政権を与えると語っており,民衆に対する寡頭派の譲歩があったことを示唆する。だが,他方で,Aristoteles, *Ath.* の記述の内容がトゥキュディデスのものよりも詳述されている部分がいくつかあるので,その著者がいくつかの資料を参考にしながら執筆した可能性がある。また,問題のシュングラペイスに関する記述の前にAristoteles, *Ath.* 28.5の中でテラメネスに対して好意的な言及がなされている。以上のことから推

測されることは，Aristoteles, *Ath.* の著者が穏健派と一部の寡頭派を弁護する資料を参考にしたことである。

以上の考察をまとめると次のようになる。すなわち，Th., 8.67.1-3の記述に限り，トゥキュディデスの情報提供者は，寡頭派の人物ではなく，むしろ民主派に共鳴する人物であったこと，それに対してAristoteles, *Ath.* 29.2-5の記述に関しては，Aristoteles, *Ath.* の著者が穏健派と一部の寡頭派を弁護する資料を参考にしたことが推測できる。

小　結

前411年のアテナイのシュングラペイスは，10人のプロブーロイを含む30人の委員会で，国制変革のための提案を案出するために任命された。だが，おそらくはその委員会内部で意見の不一致が生じ，彼らは，コロノス民会で違法提案告発の廃止を骨子とする提案の自由に関する提案だけを提出することになった。

次に，彼らに続いて穏健派の人物が，Aristoteles, *Ath.* 29.5の内容の提案を提出し，これが承認された。さらに，ペイサンドロスが，四百人の任命とその権限に関する提案を提出し，これが承認された。これ以後，ペイサンドロスの一派は，自分たちの都合のよいように振る舞い，Aristoteles, *Ath.* 29.5の中の五千人に関する規定を忠実に実施せず，ついに五千人会を実現しなかったし，また，官職日当の廃止を実施する際，同じくAristoteles, *Ath.* 29.5の中で定められた例外規定を無視し，すべての官職日当を廃止した。

トゥキュディデスは，かかる事情をおそらくは民主派の人物から聞いた。その情報提供者の影響はいくつかの点で見出せる。加えて，トゥキュディデスは，記述をする際，彼が実状と考えたとおりにコロノス民会でのペイサンドロスの提案について語った。

それに対して，Aristoteles, *Ath.* 29.2-5の著者は，おそらくはアンティポンとアンドロティオン関係の資料を参考にしたにせよそうでないにせよ[88]，

いくつかの資料を参考にしながら穏健派と寡頭派の提案内容を記述した。その内容は，一部はおそらくはこの政変の運動の合法性を正当化する意図を持った資料の中に残されていたかもしれないが，いくつかの資料を参考にしたのでトゥキュディデスの記述より詳しい言及がなされる箇所がいくつか含まれた結果，その内容の中に寡頭派の意図を想像させるものが含まれた。

また，シュングラペイスが違法提案告発の廃止に関する提案を提出するだけに終わったことは，その背景としてペイサンドロスの一派が寡頭派政権成立へ向けてかなり圧力をかけたことを示唆する。そのことは，その委員会の任命の目的とその結果としての提案内容を比較すれば容易に指摘される。また，この委員会の提案は，この時期の寡頭派にとって好都合なものであったに違いない。このコロノス民会以後，ペイサンドロスの一派の活動は以前より大胆になり，その後の四百人によるクーデターに至る。

註

1) 前412年夏にキオスとエリュトライ (Th., 8.14.2)，クラゾメナイ (Th., 8.14.3)，ミレトス (Th., 8.17.3)，レベドスとハイライ (Th., 8.19.4)，メテュムネとミュティレネ (Th., 8.22)，レスボスのエレソス (Th., 8.23.4) が離反し，その年の冬にクニドス (Th., 8.35.1) が離反した。

2) 第1回は前412年夏 (Th., 8.17.4-18)，第2回は前412年冬 (Th., 8.36.2-37)，第3回は前411年春 (Th., 8.57.1-58)。詳しくは，前章の「序章」の註3をみよ。

3) M.O.B. Caspari, "On the Revolution of the Four Hundred at Athens," *J.H.S.* 33 (1913), p. 12は，実際に正規のプリュタネイスがコロノスに民会を召集するはずがないと考えて，四百人による評議会場の占拠がコロノス民会よりも先に起こったと主張する。そして彼は，自説が，Aristoteles, *Ath.* 32.1の中の日付についての記述，すなわちタルゲリオンの月の14日が旧評議会の解散，タルゲリオンの月の22日が四百人評議会の成立の日とする記述と合致すると主張する。だが，この彼の説はトゥキュディデスの信用を損ねるので問題であるし，またTh., 8.54.4が，ペイサンドロスが法廷と官職を操作したことを語っており，この事実は後のコロノス民会のための布石であったと考えられるので，彼の主張は受け入れる必要はない。

4) この単数形のシュングラペウス (συγγραφεύς，アッティカ方言ではξυγγραφεύς) の意味は，H.G. Liddell & R. Scott eds., *A Greek-English Lexicon* (以下LSJと略す) (Oxford, 1968; rpt. 1992), s.v. συγγραφεύςによれば，(1)歴史的事実を収集して書き記す者，歴史家，また，単に著述家，(2)法案を起草するために任命された委員，

第 1 部　前411年の寡頭派政変

　　　(3)契約の当事者，である。本論の場合は(2)の意味であるが，この語の用例について前掲書の編者らは，Th. 8.67; *IG* I², 22.3; Philoch. 122; Isoc. 7,58を挙げている。
5) 例えば，*I.G.* I² 22, l. 3; 76, l. 3, 47; 109, l. 8をみよ。Cf. U. Kahrstedt, *Paulys Realencyclopädie der classischen Altertumswissenschaft* （以下*RE.*と略す）　4, A2 (Stuttgart, 1932), s.v. Syngrapheis, p. 1388.
6) 前410/9年のものはAndocides, 1.96, 前404年のものは Xenophon, *HG* 2.3.2, 11などがあり，他にもIsocrates, 7.58の中でシュングラペイスについて言及されている。
7) Harpocration s.v. Συγγραφεῖς (Ada Adler ed., *Suidae Lexicon* 4 [Stuttgart, 1935; rpt. 1971], no. 1283 [p. 450]＝F. Jacoby, *Die Fragmente der Griechischen Historiker* (以下*F.G.H.*と略す)　3.B [Leiden, 1964], 324. Androtion F 43 [p. 70]＝Jacoby, *F.G.H.* 3.B, 328. Philochoros F 136 [p. 138])。ヤコビーのテキストを訳出すると次の通りである。「43 (49) Harpokr. s.v. συγγραφεῖς. イソクラテスの『アレオパゴス評議会について』（§58）のところに。それがアテナイ人たちの許では，大衆が，所定の日に諸提案を民衆に提案する人たちを選ぶべきであった時にはいつでも，習慣であった。そしてそれが，トゥキュディデスが 8 巻（67.1）の中で語るように，四百人の政体の前にあった。《〔ここでTh., 8.67.1のテキストが引用されているので省略する〕》また全部で30人のシュングラペイスがその時に選ばれた人たちであった，アンドロティオンとピロコロスがそれぞれアッティカ誌の中で語るように。だが，トゥキュディデスは10人のプロブーロイだけについて言及している」。
8) Rhodes, *C.A.P.*, p. 374. Cf. Gomme et al., *H.C.T.* Vol. 5, p. 218-219.
9) Aristoteles, *Ath.* 30.1にアナグラペイス（国制起草委員たち）があり，問題のシュングラペイスと似た役割を担っている。だが，Gomme et al., *H.C.T.* Vol. 5, p. 219とRhodes, *C.A.P.*, p. 387は，アナグラペイスがただ決定事項を記録する任務だけを担っていると考えて，シュングラペイスとの違いを明らかにしている。
10) テキストにはH.S. Jones & J.E. Powell eds., *Thucydides Historiae* 2 (Oxford Classical Texts) (Oxford, 1901; rpt. 1987)を使用した。
11) テキストにはF.G. Kenyon ed., *Aristotelis Atheniensium Respublica*（以下*A.A.R.*と略す）(Oxford Classical Texts) (Oxford, 1920; rpt. 1980)を使用した。
12) 表 1 の中には適宜，コロノス民会の内容等を含めた。
13) J.E. Sandys, *Aristotle's Constitution of Athens* (London, 1912; rpt. New York, 1971), p. 124は，彼らの人数が30人であることがアンドロティオンとピロコロスの史料から確認されると述べた。Cf. Wilamowitz, *A.A.* 1 , p. 102-103; Gomme et al., *H.C.T.* Vol. 5, p. 164.
14) 註 7 をみよ。
15) L. Whibley, *Greek Oligarchies: Their Character and Organization* (London, 1896; rpt. Chicago, 1975), p. 195 n. 11; Caspari, *op. cit.*, p. 2; Busolt, *G.S.* 2, p. 905; U. Wilcken, "Zur oligarchischen Revolution in Athen vom Jahre 411 v. Chr.," *Sitzb. Berl. Akad.* 66 (1935), p. 37（彼は，トゥキュディデスの思い違いであると述べている）; Wilamowitz, *A.A.* 1, p. 103 n. 10（彼は，トゥキュディデスがむしろ10人の全権将軍〔Aristoteles., *Ath.* 31.2〕と思い違いしていると述べるが，Wilcken, *op. cit.*, p. 38 n. 3は，この説を否定する）; Hignett, *op. cit.*, p. 356; Meyer, *G.A.* 4.2,

p. (289-) 291 n. 2; Rhodes, *C.A.P.*, p. 373. Cf. Harpocration, s.v. Συγγραφείς in Adler ed., *op. cit.*, p. 450.
16) Sandys, *op. cit.*, p. 124. K. von Fritz & E. Kapp, *Aristotle's Constitution of Athens and Related Texts* (New York, 1950), p. 173-174 n. 87によれば，トゥキュディデスは，その10人がプロブーロイであることは彼が明らかにしてないうわさに頼った，とされる。また，Wilcken, *op. cit.*, p. 38は，このプロブーロイがシュングラペイスの一部となった意義は当時，寡頭派にとって大きいと述べている。
17) M. Lang, "The Revolution of the 400," *A.J.P.* 69 (1948), p. 272-289; do., "Revolution of the 400: Chronology and Constitutions," *A.J.P.* 88 (1967), p. 176-187.
18) 彼女への反論については，Hignett, *op. cit.*, p. 362-364; Rhodes, *C.A.P.*, p. 363, 365をみよ。また，西澤龍生「前411年のアテーナイ寡頭政とその挫折」『東京教育大学文学部紀要』46号，1964年，24頁　註14, 16を参照せよ。
19) Lang, *A.J.P.* 69 (1948), p. 277. Cf. Gomme et al., *H.C.T.* Vol. 5, p. 165.
20) Fritz & Kapp, *op. cit.*, p. 173-174 n. 87をみよ。
21) Caspari, *op. cit.*, p. 2-3.
22) Wilcken, *op. cit.*, p. 38は，シュングラペイスが自分たちの提案を前もって審査を受けることなく民衆の前に提出できた理由を，その委員会が先議権を持ったプロブーロイを委員として組みこんだからであると説明する。Cf. Wilamowitz, *A.A.* 1, p. 103; Hignett, *op. cit.*, p. 356; Gomme et al., *H.C.T.* Vol. 5, p. 165; Rhodes, *C.A.P.*, p. 374.
23) Cf. Wilamowitz, *A.A.* 1, p. 103. ただし，Hignett, *op. cit.*, p. 356は，この違いと，シュングラペイスが全権を持っていたことの2点で，トゥキュディデスが正しいと主張する。
24) Cf. Wilamowitz, *A.A.* 1, p. 102-103; Kahrstedt, *RE.* 4. A2, s.v. Syngrapheis, p. 1388.
25) Gomme et al., *H.C.T.* Vol. 5, p. 213.
26) Gomme et al., *H.C.T.* Vol. 5, p. 214.
27) 高津春繁編『アリストパネス（世界古典文学全集12）』（筑摩書房，1964／1982年）370頁。
28) Cf. Gomme et al., *H.C.T.* Vol. 5, p. 213-214.
29) Gomme et al., *H.C.T.* Vol. 5, p. 214.
30) Rhodes, *C.A.P.*, p. 374.
31) クレイトポン動議の解釈については，向山宏「クレイステネスの法」『史学研究五十周年記念論叢』（福武書店，1980年）227-250頁；同「部族改革と部族構成～クレイステネス改革の意図をめぐって」『広島大学文学部紀要』41号特輯号1，1981年，78-89頁，およびGomme et al., *H.C.T.* Vol. 5, p. 214-216; Rhodes, *C.A.P.*, p. 375-377; K.R. Walters, "The 'Ancestral Constitution' and Fourth-Century Historiography in Athens," *A.J.A.H.* 1 (1976), p. 129-144, さらに後述の第3章を参照せよ。
32) W. Judeich, "Untersuchungen zur athenischen Verfassungsgeschichte," *Rheinisches Museum für Philologie* 62 (1907), p. 307 n. 1.
33) Wilcken, *op. cit.*, p. 36 n.1.

34) Meyer, *G.A.* 4.2, p. 290-291.
35) Lang, *A.J.P.* 69 (1948), p. 280.
36) Hignett, *op. cit.*, p. 274-275.
37) Gomme et al., *H.C.T.* Vol. 5, p. 167. 他方, P.J. Rhodes, *A History of the Classical Greek World: 478-323 B.C.* (以下*H.C.G.W.*と略す) (Malden, Oxford & Carlton, 2006), p. 161は, コロノスの地が民会開催にとって危険は大きくないが, 貧民が当時はサモスにいたので低率の出席率であったろうと述べる。
38) Gomme et al., *H.C.T.* Vol. 5, p. 166-167.
39) Wilcken, *op. cit.*, p. 38. 同じ問題に関して, Caspari, *op. cit.*, p. 11によれば, U. Kahrstedt, *Forschungen* (Berlin, 1910), p. 244-246 (筆者は未見) が, コロノス民会が正規の民会でなく, 民主政の評議会に知られずに陰謀者たちが組織し, そのことが知れてプリュタネイスが反革命に出る恐れがあったので, その陰謀者たちが直ちに評議会場に駆けつけ彼らを追い出し, そして新評議会の件が決議されたと推測した。このカールシュテットの推測については, Caspari, *op. cit.*, p. 11が, 陰謀者たちが最初は民主政の評議会を無視してその後攻撃したのはおかしいと反論しているし, またもし彼の推測が正しければ, トゥキュディデスがなぜそのように叙述しなかったのか, という問題が生じるので, 受け入れがたい。Caspari, *op. cit.*, p. 12-13が説明するように, 実際に寡頭派政変を決定づけるためには民主政期の五百人評議会を取り除く活動が必要であったはずである。
40) Cf. Gomme et al., *H.C.T.* Vol. 5, p. 255; Rhodes, *C.A.P.*, p. 378.
41) Gomme et al., *H.C.T.* Vol. 5, p. 216.
42) Hignett, *op. cit.*, p. 275.
43) Caspari, *op. cit.*, p. 4-5 (シュングラペイスの提案は, アリストテレスが公文書を見て記したし, それには提案者名が記載されているはずである, p. 5). Cf. Busolt, *G.S.* 2, p. 906; M. Cary, "Notes on the Revolution of the Four Hundred at Athns," *J.H.S.* 72 (1952), p. 56. Meyer, *G.A.* 4.2, p. 292-293は, Aristoteles, *Ath.* 29.5の中の提案内容をペイサンドロスの提案と考えているが, この説には無理がある。
44) Gomme et al., *H.C.T.* Vol. 5, p. 217. Cf. Hignett, *op. cit.*, p. 361-362.
45) Rhodes, *C.A.P.*, p. 381.
46) Wilcken, *op. cit.*, p. 36-37.
47) Caspari, *op. cit.*, p. 10.
48) Cary, *op. cit.*, p. 56.
49) Cf. 向山「クレイステネスの法」233頁;同「部族改革と部族構成～クレイステネス改革の意図をめぐって」81頁。
50) ただし, Whibley, *op. cit.*, p. 204 n. 49は, このペイサンドロスとそれに続くアンティポン, プリュニコス, テラメネス (Th., 8.68.1-4) そしておそらくはアリスタルコス (Th., 8.91.1) を, Th., 8.67.3の5人のプロエドロイと同一人物であると推測する。
51) Rhodes, *C.A.P.*, p. 381.
52) Rhodes, *C.A.P.*, p. 381.
53) Lang, *A.J.P.* 69 (1948), p. 278. Cf. Wilcken, *op. cit.*, p. 40.

第2章　前411年の寡頭派政変についての史料の検討

54) Cf. Gomme et al., *H.C.T.* Vol. 5, p. 218.
55) Cf. Hignett, *op. cit.*, p. 362.
56) Cf. Wilcken, *op. cit.*, p. 40; Rhodes, *C.A.P.*, p. 382. ただし，Hignett, *op. cit.*, p. 362 はこれを否認するが，Th., 8.65.3の綱領との関係を考えれば，その彼の主張は適当ではない。
57) Wilcken, *op. cit.*, p. 40は，「五千人以下ならざる」者たちに参政権を委託する規定（表1の(11)，Aristoteles, *Ath.* 29.5）が穏健派から提案されたと主張する。また，彼（*op. cit.*, p. 41）は，官職日当の廃止に関してアルコンとプリュタネイスを除外する規定（表1の(10)，Aristoteles, *Ath.* 29.5）が同じく穏健派から提案されたと主張する。
58) 註46をみよ。
59) 註44をみよ。
60) 註42をみよ。
61) Gomme et al., *H.C.T.* Vol. 5, p. 216.
62) Cf. Rhodes, *C.A.P.*, p. 382.
63) Wilcken, *op. cit.*, p. 39.
64) Gomme et al., *H.C.T.* Vol. 5, p. 169.
65) Cf. G.E.M. de Ste. Croix, "The Character of the Athenian Empire," *Historia* 3 (1954), p. 28＝馬場恵二訳「アテナイ帝国の性格」（古代学協会編）『西洋古代史論集2　古代国家の展開』（東京大学出版会，1975年）205頁。
66) Cf. Gomme et al., *H.C.T.* Vol. 5, p. 169.
67) Gomme et al., *H.C.T.* Vol. 5, p. 169.
68) Cf. Wilcken, *op. cit.*, p. 40.
69) Gomme et al., *H.C.T.* Vol. 5, p. 217.
70) Cf. Wilcken, *op. cit.*, p. 40.
71) Wilcken, *op. cit.*, p. 40.
72) Gomme et al., *H.C.T.* Vol. 5, p. 218.
73) Rhodes, *C.A.P.*, p. 384.
74) Cf. Gomme et al., *H.C.T.* Vol. 5, p. 218; Rhodes, *C.A.P.*, p. 384.
75) Th., 8.97.3の中でテラメネスの穏健派がアルキビアデスの一派の帰国を許したことは，この時期においても依然としてアテナイ人たちが何らかの形でペルシアからの援助をアルキビアデスに託したことを意味するであろう。
76) Caspari, *op. cit.*, p. 5 & n. 15.
77) Rhodes, *C.A.P.*, p. 385. Cf. Gomme et al., *H.C.T.* Vol. 5, p. 218.
78) ただし，〔Lysias〕，20 *For Polystratos* 13は，カタロゲイスが九千人の名簿作成に着手したと語っているが，五千人の名簿が作成された証拠はない。
79) Aristoteles, *Ath.* についてはGomme et al., *H.C.T.* Vol. 5, p. 246-251，トゥキュディデスについては*ibid.*, p. 251-254をみよ。
80) Gomme et al., *H.C.T.* Vol. 5, p. 248.
81) Cf. H.T. Wade-Gery, "The Laws of Kleisthenes," *C.Q.* 27 (1933), p. 20 & n. 6.
82) Gomme et al., *H.C.T.* Vol. 5, p. 250-251. Cf. F. Jacoby, *Atthis: The Local Chronicles*

of Ancient Athens（以下*Atthis*と略す）(Oxford, 1949), p. 384 n. 30; Hignett, *op. cit.*, p. 248, 250-251; 合阪, 前掲誌, 9頁；合阪『ポリスの国家理念』202頁。ただし, Aristoteles, *Ath.* の記述の元の資料がアンドロティオンの『アッティカ誌』であることを疑っている研究者がいる。すなわち, P. Harding, "The Theramenes Myth," *Phoenix* 28 (1974), p. 101-111; do., "Atthis and Politeia," *Historia* 26-2 (1977), p. 148-160; do., "O Androtion, You Fool!," *A.J.A.H.* 3 (1978), p. 180; G.E. Pesely, "Did Aristotle use Androtion's Atthis?" *Klio* 76 (1994), p. 155-171. Cf. 村川訳『アテナイ人の国制』314－317頁。

83) Gomme et al., *H.C.T.* Vol. 5, p. 250.
84) Gomme et al., *H.C.T.* Vol. 5, p. 251.
85) Gomme et al., *H.C.T.* Vol. 5, p. 252-254.
86) Gomme et al., *H.C.T.* Vol. 5, p. 252.
87) Rhodes, *H.C.G.W.*, p. 161は, Aristoteles, *Ath.* の記述内容が, 寡頭派たちが立派に見えるようにしようとした諸文書に接近した情報源から引き出されていると述べる。
88) Pesely, *Klio* 76 (1994), p. 155-171は, Aristoteles, *Ath.* の著者が使用した資料が, 従来考えられてきたアンドロティオンの『アッティカ誌』ではなく, *Hellenica Oxyrhynchia*であると提唱する。

第2節　Aristoteles, *Ath.* 30-31と五千人政権の国制

伝アリストテレス『アテナイ人の国制』（Aristoteles, *Ath.*）は, 著者の時代までのアテナイの政治史を探る上で極めて貴重であるものの, その内容は必ずしも異論がないわけではない。中でも前411年のアテナイの四百人の寡頭派政変といわゆる五千人の政治に関係する第30章と第31章の2つの国制草案の取扱いについては, 現在まで決定的な定説が見当たらない。例えば, ヴィラモヴィッツ[1]は, Aristoteles, *Ath.* 30の中の将来の国制草案を「全く生存不可能な代物」とみなす。ブゾルト[2]は, その将来の国制草案が「空論家の作品」であったと述べる。マイヤー[3]は, Aristoteles, *Ath.* 30の中の将来の国制草案の中の諸規定の中には当時, 実際に導入されたものがいくつか（proedroiについての規定, 財務官職の新体制〔国庫と帝国金庫の合併と20人のヘレノタミアイ, コラクレタイ廃止〕）あるであろうが, 特に評議会を4つの部会に分ける規定を挙げて,「全くのユートピアであった」

と述べている。また，他の箇所では[4]「この草案は実際に実行されるようになることが全くありえなかった」と，そして「それは，紙の上で非常におめかしした」と述べている。キャスパリ[5]は，トゥキュディデスとAristoteles, *Ath.*の記述とを比較・検討して，特に四百人評議員の選出方法がペイサンドロスの権力強奪の目的からはずれるので，Aristoteles, *Ath.* 30-31の中のふたつの国制草案はそれらが挿入された文脈のものではないと結論づける。ファーガソン[6]は，「『将来のために』起草された計画〔Aristoteles, *Ath.* 30のこと，引用者註〕の他でもない一部だけが，テラメネスと穏健派たちの勝利の直後に実施された」と考える。Aristoteles, *Ath.*の注釈書を著したローズ[7]の解釈では，問題の２つの国制草案は前411年のアテナイの四百人の寡頭派政権を正当化するものであり，実際にはそのとおり実施されなかったと考えられている。

このように，多くの研究者の間ではAristoteles, *Ath.* 30-31の中の２つの国制草案の箇所は，その史料の著作全体の中では比較的重要視されてこなかった。加えて，実施されなかった国制草案をどうしてアリストテレスまたは伝Aristoteles, *Ath.*の著者が記述したのか，という問題に対する解答も，決定的な定説がない。これまで多くの研究者がこの問題に取り組んできたが，その難問浮上の責任をすべてアリストテレスの筆の誤りに帰するばかりである。他方では，キャスパリ[8]は，前411年の四百人政権崩壊後と前403年の三十人政権崩壊後にノモテタイの委員会が法令全書を改訂した（前411年についてはTh., 8.97.2，前403年についてはAndocides, 1.82-84）ので，前４世紀のパンフレット作者がこれらの改訂後の確実な決議文書をわざわざ偽造するはずがないので，これらを資料に使ったアリストテレスが誤った記述をするはずがないと指摘する。それゆえ，このように様々な憶測を呼んでいるAristoteles, *Ath.* 30-31の中の２つの国制草案についての難問を解く鍵を見つけるには，どの箇所に彼の筆の誤りがあるかをはっきりさせる作業が必要である。

そもそも問題の２つの国制草案の取扱いがむずかしいのは，記述に重大な矛盾があるからである。Aristoteles, *Ath.* 30.1, 31.1 & 32.1では，第30－

31章の2つの国制草案が五千人によって選ばれた百人の委員（アナグラペイス〔anagrapheis〕）によって起草されたと記述されている。そして，Aristoteles, *Ath.* 32.1ではその両草案が承認された後，四百人の評議会が設立されたと記述されている。ところが，トゥキュディデス『歴史』の記述を読むと，五千人の団体は四百人の評議会が倒されるまで実在しなかった（Th., 8.89.2 & 92.11）。さらに，Aristoteles, *Ath.* 32.3も，五千人は四百人政権中は名目上選ばれただけであると述べている。実在しなかった団体がどうしてアナグラペイスを選び，Aristoteles, *Ath.* 30-31の中の国制草案を起草させたのか。この矛盾を解決するためには，Aristoteles, *Ath.* 30.1 & 32.1の中の「五千人」という言葉を筆の誤りとみなすか，またはAristoteles, *Ath.* 32.1の中の一連の事件についての記述を誤りとみなすか，そのいずれかを採る必要がある。この点について多くの研究者たちは，2つの選択肢のうち前者を採っている[9]か，または草案作りの背景に四百人による詐欺行為を想定する[10]ことによって矛盾を解決しようとしている。他の研究者は，2つの国制草案が四百人政権中とその崩壊後の2度公布されたと想定することによって矛盾を解決しようとしている[11]。これらの説に従うと，Aristoteles, *Ath.* 30-31の中の2つの国制草案は四百人政権の設立時に起草されたがそれらが五千人の存在時に作成されたという話を誤りとみなすことになる。それに対して，選択肢の後者，すなわちAristoteles, *Ath.* 32.1の中の一連の事件についての記述を誤りとみなす説を採っている研究者はひとりもいない。けれども，そのAristoteles, *Ath.* 32.1の中で2つの国制草案が五千人によって選ばれた百人の委員によって起草され承認された後に四百人政権が成立したと記述された箇所は，ほぼすべての研究者たちによって国制案起草の百人の委員が「五千人によって選ばれた」という字句を誤記とみなすことを通じてそれらの国制草案が四百人政権成立時の頃に起草されたことに関してはそれ程疑問視されてこなかったが，本当に誤りではないのか。換言すれば，2つの国制草案の承認という出来事と四百人政権の成立という出来事の順序は，前者が後者の後にくる可能性，すなわち実際に五千人が存在してから彼らによって選ばれた百人の国制起

草委員が２つの国制草案を起草した可能性は全くないのか。

　Aristoteles, *Ath.* 32.1の記述に誤りがあると仮定した上で四百人政権の崩壊後に２つの国制草案が承認されたと想定すると，問題の草案は前411年９月の五千人政権の国制とみなすことができるものの，そう仮定し想定する研究者は皆無である。だが，その両草案が四百人政権中とその崩壊後の２度公布されたと想定し，問題の草案が前411年９月の五千人政権の国制であると提唱したのが，ベロッホ[12]である。彼の「Aristoteles, *Ath.* 30-31＝五千人政権の国制」説はユニークである。また，キャスパリ[13]は，このベロッホ説を支持してAristoteles, *Ath.* 30-31の中の２つの国制草案が前411年秋の四百人政権崩壊後の状況，特に危機的段階であるので単純で強力な政治を必要とした状況，に合致していると説明する。彼の論の主な要点は次の３点である。(a)Aristoteles, *Ath.* 30-31の中の２つの国制草案が暫定のものと将来のもの（彼の表現によれば最終決定の〔definitive〕もの）に分けられた理由が，寡頭派政権崩壊後のアテナイ人たちの初仕事がアナグラペイスとノモテタイを選んで法令全書の改訂を行なうことであったから，それが完遂されるまで永久の使用を目的とする完全な制度が作成できないので暫定の国制草案が作成されたためであること[14]，(b)Aristoteles, *Ath.* 31.1の中で新しい四百人評議会が前職の役人たちの執務報告審査について自由裁量権を与えられている理由が，これが寡頭派政変後に政変時に寡頭派に従った行政部の責任を問うことを表しているためであること[15]，(c)Aristoteles, *Ath.* 31.2の中で新将軍任命時に五千人の武装召集が命じられているが，これはトゥキュディデスの四百人政権崩壊後の五千人の成員条件と合致すること[16]，である。キャリー[17]も，ベロッホ説を支持している。ベロッホ説は，後にヒグネット[18]が精緻な反論をしてからは顧みられていない。ところが，ヒグネットの反論をよく読んでみると，彼の反論の要点は，(a)ベロッホがAristoteles, *Ath.* 30-31をひとつの国制とみなす理論を反駁する，(b)いわゆる五千人政権の国制の評議会は「四百人」(Aristoteles, *Ath.* 31.1) ではなく「五百人」である，の２点である。結論を先に述べると，ベロッホ説は無理が多い。けれども，Aristoteles, *Ath.* 30-31のすべて

の部分が五千人政権の国制であると考えないまでも，キャスパリが提唱するように，その一部でもそうであると検証する可能性が全くないとはいえまい。本節ではその可能性，すなわち少なくともAristoteles, *Ath.* 31.1-2が前411年9月のテラメネスの国制であるという仮説を提示し，それが他の史料によって支持されるかどうかを探っていく。以下では，そもそもヒグネットが彼の自説を導き出した，論の出発点，すなわち(a)Aristoteles, *Ath.* 31.1の四百人という人数，(b)トゥキュディデスとAristoteles, *Ath.* 31.1の間の記述の不整合，(c)Aristoteles, *Ath.* 29-33の記述の順序，の諸点を検討する。

第1項　草案公布の時期

ベロッホを除く，これまでの研究者たちは，Aristoteles, *Ath.* 32.1が，問題の2つの国制草案が承認された後に四百人評議会が成立した，と述べている箇所を重視し，その評議会について触れている記述を含むAristoteles, *Ath.* 31を四百人の寡頭政と何らかの形で結びつけることを試みてきた。かかる視点に立ってトゥキュディデス『歴史』とAristoteles, *Ath.* の両記述を比較・検討したエーレンベルク[19]は，Aristoteles, *Ath.* 31の暫定の国制が四百人政権の成立直前にコロノス民会で承認されたペイサンドロスの提案（Th., 8.67.3）であったと提唱した。だが，彼の説は，(a)評議員の選出方法，(b)評議会の権限，の2点で問題がある[20]。(a)についてAristoteles, *Ath.* 31.1は，「父祖の制度に従って四百人が評議を行い，これは部族ごとに四十人で，部族員が予選した三十歳以上の候補者の中から出す」（村川訳[21]）と述べている。他方，Th., 8.67.3は，アテナイ人は5人をプロエドロイとして選出すべきこと，またこの5人が百人を選び，この百人の各々が自分自身に加えて他に3人ずつを選ぶべきこと，これらの百人が四百人となって評議会を構成すべし，と定められた旨を述べている。この2つの記述は，四百人評議員の選出方法の点で明らかに違う方法を提示している。また，キャスパリ[22]が指摘していることであるが，Aristoteles, *Ath.* 31.1の中の

評議員の選出方法が部族員による予備選挙を含めた2段階選出方式となっており，この方式ではペイサンドロスらのような権力奪取を企てる者たちには不利であるので，Aristoteles, *Ath.* 31の中の暫定の国制草案が彼の提案であるとは考えられない。次に，(b)についてAristoteles, *Ath.* 31.1-2は，「彼ら〔四百人評議員，引用者註〕は役人を任じ，いかなる誓約をさせるべきかを起草し，〈また〉法律や執務報告審査その他については有益と考える仕方で処理する。彼らは国政に関して設けられた法を遵守し，これを変更したり，他の法を定めることは許されない」（村川訳[23]）と述べており，評議会の権限には制約がある。他方，Th., 8.67.3は，これらの百人が四百人になって評議会場に入場して，自分たちが最良であると判断したとおりに全権を与えられて支配すべしと述べており，評議会の権限は全権が認められている。この2つの記述は，同じ四百人評議会の権限について明らかに違う権限を提示している。以上の2点の考察から，Aristoteles, *Ath.* 31.1の評議会がコロノス民会で設立されるべしと定められた評議会と全く違うことが分かる。

エーレンベルク以後の研究者たちは，かかるアリストテレスとトゥキュディデスの間の記述の違いを認め，この違いを説明するために様々の説を唱えてきた。2つの国制草案が承認された，アリストマコスの議長の会議の日付または草案公布の日付については，(a)コロノス民会の時（エーレンベルク説もこれにあたる）[24]，(b)コロノス民会の直後，(c)四百人政権の崩壊の直前，(d)五千人政権の初め，の4説がある[25]。(a)説の弱点は，(ア)コロノス民会について触れているTh., 8.67.2-68.1が2つの国制草案について何も述べていないこと，(イ)本節の冒頭の中で述べたように，実在しないはずの五千人によって選ばれたアナグラペイスが国制草案を起草したこと，である。(a)説を採るヴィルケン[26]は，これらの弱点を克服するために，(ア)については，コロノス民会では2つの国制草案が承認された後にペイサンドロスの修正案（Th., 8.67.3）が承認されたので，草案はトゥキュディデスによって無視されたと仮定したものの，(イ)については納得させる解答を出していない[27]。次に，(b)の説は，その根幹において，Aristoteles,

*Ath.*の記述の背後に何らかの事情があると考えるものである。その上で，マイヤー[28]，ラング[29]，ヒグネット[30]，ドゥ＝サント＝クロワ[31]などは，2つの国制草案の公布を，四百人が自分たちの政権を合法化するために行なった詐欺行為とみなした。また，ゴムら[32]とローズ[33]は，2つの国制草案が当時の寡頭派の国制案のひとつとして発表されたものとみなした。また，(c)の説は，Aristoteles, *Ath.* 30.1 & 32.1に登場する五千人をサモスの駐留軍の動き (Th., 8.86.3) とアナケイオンの重装歩兵 (Th., 8.93.2) に関連づけて，四百人政権の崩壊直前に四百人が2つの国制草案を公布し，五千人政権の初めにそれらが承認されたと考える。その説は，マチューとオスーリエ[34]によって提唱された。けれども，以上の(b)と(c)説は，やはり，2つの国制草案についてトゥキュディデスが直接に言及していないという批判から免れることはできない。従って，(a)，(b)，(c)説が2つの国制草案を四百人政権と関連づける試みには無理があるので，問題の草案は別の角度から改めて検討されなければならない。

これに対して，ベロッホ[35]とキャスパリ[36]は，2つの国制草案の承認された時期が五千人政権の初めの前411年の秋であると提唱した。これが(d)説である。ベロッホの説は，Aristoteles, *Ath.* 30.1 & 32.1で語られている出来事，すなわち五千人によって選ばれたアナグラペイスが問題の国制草案を作成したことを重視し，Aristoteles, *Ath.* 32.1で国制草案の承認後に四百人評議会が成立したと述べられている点については彼独自の仮説をあてはめている。すなわち，アリストテレスは，*Ath.* 32.1を記述する際に，問題の国制草案をテラメネスの五千人政権の国制ではなく，間違って四百人政権の国制と結びつけた，という仮説である[37]。キャスパリ[38]は，そのアリストテレスの間違いの誘因について，Aristoteles, *Ath.* 30-31の中の2つの文書の日付が，四百人の寡頭派政権のアルコンであるムナシロコスが退任してテオポンポスが引き継ぐ前にその文書が起草されたので，アルコン不在時の文書となり，通常のような日付の仕方で表記されなかった可能性があると説明する。ベロッホ説は，主としてヒグネット[39]によって反論された。だが，彼の反論は，もっぱらベロッホの別の仮説[40]，すなわち2つ

の国制は実は両者一体のものであるという説を論破するものであり，その国制草案の承認時期についてアリストテレスに誤りがあったという仮説を論破していない。それゆえに，ベロッホ説は，詳細では難点があるものの，2つの国制が五千人政権の国制であるという基本的な構想については再検討される余地がある。換言すれば，2つの国制草案は，四百人の寡頭派政権とは全く関連がなく，Aristoteles, *Ath.* 31.1の四百人という人数は別に扱うとして，五千人政権の国制にふさわしいという可能性があるのではなかろうか。

第2項　Aristoteles, *Ath.* 31と四百人処罰

次に，Aristoteles, *Ath.* 31の暫定の国制の内容を検討してみよう。ただし，そこに登場する評議会の人数については後に検討する。Aristoteles, *Ath.* 31.1は，評議会の権限について，評議員たちは「役人を任じ，いかなる誓約をさせるべきかを起草し，〈また〉法律や執務報告審査その他については有益と考える仕方で処理する」(村川訳[41])と定めている。この一節について評議会の役人任命と誓約起草については問題の対象外とするが，次の「法律や執務報告審査」(nomoi kai euthynai) は，はたして何を意味するのであろうか。この問題についてこれまでの研究者たちはほとんど問題視してきておらず，わずかにキャスパリ[42]が，Aristoteles, *Ath.* 31.1の中で新しい四百人評議会が前職の役人たちの執務報告審査について自由裁量権を与えられているが，これが寡頭派政変後に政変時に寡頭派に従った行政部の責任を問うことを表していると述べている。このキャスパリ説を考慮に入れれば，Aristoteles, *Ath.* 31の暫定の国制を五千人政権の国制と仮定すれば，この「法律や執務報告審査」は四百人政権崩壊後の四百人の寡頭派に対する処分の手続きを意味することになるのではなかろうか。

まず，「執務報告審査」の対象者としては，ポリュストラトスが考えられる。前410年の演説文の〔Lysias〕, 20.22は，かつて四百人評議員の一員であったポリュストラトスが四百人政権の崩壊直後に裁判にかけられたこ

第1部　前411年の寡頭派政変

とを示しており，この裁判が行なわれた手続きについてはヴィラモヴィッツ[43]が執務報告審査によると仮定している。彼は根拠となる史料を挙げずにそう仮定したが，その仮定はあながち誤りとは言えまい。次に，「法律」とは，アンティポンとアルケプトレモスとオノマクレスの告発に関する評議会決議に登場する，「反逆者に関して定められた法」(ho nomos, hos keitai peri tôn prodontôn,〔Plutarchus〕, Moralia 833 F) であり，前406年のエウリュプトレモスの演説に登場する，「神殿荒らしと反逆者に対する法」(ho nomos, hos estin epi tois hierosylois kai prodotais, Xenophon, HG 1.7.22) であろう。このアンティポン告発に関する評議会決議に応える裁判の判決文によると，被告アンティポンとアルケプトレモスの処罰は，(a)死刑，(b)財産没収，(c)アッティカ外での埋葬，(d)子孫の市民権剥奪，である (〔Plutarchus〕, Moralia 834 A-B) が，その中の(a)と(b)と(c)は，前述のクセノポンの伝える「神殿荒らしと反逆者に対する法」の規定と一致する。また，このアンティポンらの告発に関する決議は，その決議者についてのテキストにおいて，通常の民主政期にみられる「評議会と民会で決議された (edoxen têi boulêi kai tôi dêmoi)」という言い回しではなく「評議会で決議された (edoxe têi boulêi[44])」という言葉だけが記されている。この点について，ファーガソン[45]，ヒグネット[46]，ドゥ=サント=クロワ[47]，M. H. ハンセン[48]がこの決議を評議会のみの決議と考えており，この説が定説になっているものの，他方でシーリー[49]のように，テキストの伝承時の改悪と疑う研究者もいる。けれども，この決議とAristoteles, Ath. 31.1の記述を比較・検討するならば，Aristoteles, Ath. 31.1が，評議会は「法律や執務報告審査その他については有益と考える仕方で処理する」と，換言すれば，四百人の処罰については評議会が独自の判断で処理すると，定めたからこそ，アンティポン告発に関して評議会決議がなされたことになり，史料の字句の上で全く一致する。両史料の一致はそれだけではない。アンティポン告発に関する評議会決議の中で，四百人政権の崩壊にともなう将軍の補選[50]とみられる件について「将軍たちは評議員の中から補選し，10人の中に含めようとする者を加えて，人員を確認し，よって全員の出席の下に裁

第2章　前411年の寡頭派政変についての史料の検討

判が開かれるべし」（〔Plutarchus〕, *Moralia* 833 F）と定められているし，実際に当時，将軍であったテラメネスがアンティポンとアルケプトレモスを告発して処刑したことがLysias, 12.67から知られている。他方，Aristoteles, *Ath.* 31.2では「将軍は目下のところ五千人全体から選び，評議会は成立したならば，武装した人々の査閲を行ない，十人を〔将軍に〕選び，またその書記一人を選ぶ」（村川訳[51]）と定められている。時間的順序は，後者のAristoteles, *Ath.* 31.2の定めに基づいて前者の〔Plutarchus〕, *Moralia* 833 Fのとおり決定されたことになろうし，また両史料は同じ将軍の補選について規定していると考えてよい。従って，アンティポン告発に関する評議会決議はアナグラペイス提案のAristoteles, *Ath.* 31の規定に従って定められた，と推定することができる。このことは，Aristoteles, *Ath.* 31の暫定の国制が前411年の秋の五千人政権の国制であることを示唆してくれる。

　また，Th., 8.97.1は，五千人政権の樹立を決議したプニュクスの民会について述べている。従って，五千人が実際に選ばれた時期はこの民会の直後であるので，その五千人によって選ばれたアナグラペイスがAristoteles, *Ath.* 30-31の2つの国制草案を提案した時期もその頃になるはずである。加えて，シーリー[52]が，語法の上で「アナグラペイス」が専門用語であり，「ノモテタイ」が一般用語であって，その2つの言葉は同じ団体を意味する可能性があると指摘している。これを考慮すれば，Th., 8.97.2の「国制に関するその他の事ども」（ta alla es tên politeian）を公表したノモテタイとAristoteles, *Ath.* 30.1 & 32.1のアナグラペイスは，同一の団体であるとみなすことができまいか。さすれば，問題の2つの国制草案は，前411年の秋に承認された五千人政権の国制であり，とりわけAristoteles, *Ath.* 31の暫定の国制は前411年の秋から実施された国制であると仮定することができる。

第3項　Aristoteles, *Ath.* 31.1の四百人という人数

前項の中での検討から，他の史料との照合により，Aristoteles, *Ath.* 31の暫定の国制が前411年の秋の五千人政権の国制である可能性が示唆された。けれども，評議員についてAristoteles, *Ath.* 31.1は，「父祖の制度に従って四百人が評議を行ない，これは部族ごとに四十人で，部族員が予選した三十歳以上の候補者の中から出す」（村川訳[53]）と規定している。

実は，この評議員の人数である「四百人」は，重要な問題を孕んでいる。本書とは別のアプローチからAristoteles, *Ath.* 31が前411年の秋のテラメネスの国制であると主張したベロッホ[54]は，その箇所の四百人という評議員の人数をそのまま受け入れ，五千人政権の評議会が四百人から構成されていたと考えた。ファーガソン[55]も，Andocedes, 1.96の中で引用されている前410－409年の最初のプリュタネイアの条令（デモパントスの条令）の中で，評議会がhê boulê hoi pentakosioi lakhontes tôi kyamôiと呼ばれていることが，それ以前の五千人政権の評議会がくじによって選出されなかったことだけでなく，人数が五百人でなかったことを示唆すると述べている。他方，マイヤー[56]，ブゾルト[57]，ヒグネット[58]は，その五千人政権の評議会の人数が五百人であり，その選出方法が，従来の民主期の抽選による選出ではなく，挙手による選出であったと主張する。ヒグネットの主張の論拠は次の3点である。(a)前410年後半の演説文である〔Lysias〕, 20は，五千人政権の崩壊後の演説であった[59]が，この中で四百人の寡頭派政権を言い表すためにすでに「四百人」という言葉を使用している。それゆえに，五千人政権の評議会は，後の時代にその寡頭政治執行者の「四百人」と混同されることのない人数であったと考えられる[60]。(b)Th., 8.86.6が四百人政権期のアルキビアデスの伝言を記述しており，その中で彼は，寡頭政治執行者の四百人に対して以前の五百人評議会の復興を要求している。さらに，Th., 97.3は，前411年の秋の五千人政権の初期にアテナイ民衆が追放中のアルキビアデスを召還する決議をしたと述べている。従って，その四

百人政権打倒直後のテラメネスらの五千人政権の指導者たちは，彼の五百人評議会の復興の要求を無視できなかった，と想像できる[61]。(c) Andocides, 1.96の中のデモパントスの条令は，五千人政権の崩壊直後の前410年の夏の年度初めに制定されたが，この中で「この条令の制定日時は，籤で選ばれた五百人評議会の最初の会合」とわざわざ丁寧に表現されている。ベロッホ[62]は，その評議員の抽選による任命が強調されている表現が，前年度のテオポンポスの年の評議会，すなわち五千人政権下の評議会が単にそれとは別のやり方で組織されたことを示してくれると述べたのに対して，ヒグネット[63]は，その表現が，それ以前の五千人政権期に存在したと仮定される五百人評議会と当該の評議会とを区別することを意図していたと考える。以上の論拠からヒグネットは，五千人政権の評議会が挙手選出による五百人評議会であると提唱するのであり，この説は他の研究者たちによって追認されている[64]。筆者もヒグネットの説が妥当であると考える。それゆえに，評議会の人数を四百人と定めるAristoteles, Ath. 31の国制を五千人政権の国制とみなすことは一見不可能にみえる。

ところが，五千人政権の評議会が五百人となったことの根拠が，ヒグネット説のとおり，四百人の寡頭派の処罰の遂行上の言葉の紛らわしさとアルキビアデスの要求にあるとすれば，次のような仮説が唱えられてもよかろう。前述のとおり，四百人の寡頭派処罰の一件であるアンティポンらの告発の評議会決議は，アナグラペイスの暫定の国制に従って行なわれたと考えられるので，時間的順序の上ではアナグラペイスの提案が先で，アンティポンらの裁判その他の四百人の寡頭派の処罰が後になる。また，アルキビアデスの召還決議（Th., 8.97.3）が行なわれたのは，アナグラペイス（ノモテタイ）の提案（Th., 97.2）の後である。加えて，四百人政権が崩壊し，五千人政権が樹立した時期の情勢は，エレトリア沖の海戦でアテナイ艦隊が敗北し（Th., 95.1-7），ペロポネソス軍の艦隊が今にもペイライエウスに入港するかもしれないという状態にある（Th., 96.3）。かかる状況の中で五千人が選ばれ，アナグラペイスが国制草案を作成したのである。国制草案の作成作業がアナグラペイスに委託された背景には，重装歩兵階層の

五千人が非常時の 体制として国土防衛に備える必要があったので，例えば五千人の会議で審議することが困難であったという事情があったかもしれない。また，国制草案が「暫定の国制」(Aristoteles, Ath. 31) と「将来の国制」(Aristoteles, Ath. 30) の2部に分けられたのも，かかる当時の危機的で混乱した状況を反映していると考えられる。それゆえに，暫定の国制が作成される際，評議会の人数については，近い将来に起こるかもしれない不都合を予測せずに，「父祖の制度に従って (kata ta patria) 四百人が評議を行な」うと定められた (Aristoteles, Ath. 31.1) に違いない。そして，その後，四百人の寡頭派の処罰が開始され，アルキビアデスの召還決議が行なわれるに至り，評議員の人数の点で四百人は不都合となったので，五百人に変更されたと考えられる。あるいは，単なる推測に過ぎないが，「百人のアナグラペイス」(Aristoteles, Ath. 30.1) と評議員の「四百人」(Aristoteles, Ath. 31.1) が合体して，五千人政権の「五百人評議会」が構成されたかもしれない。従って，Aristoteles, Ath. 31.1の中の「四百人」という人数は，必ずしも「暫定の国制＝五千人の国制」説に対する反証とはみなせない。

第4項 Aristoteles, Ath. 29-33の記述構成

Aristoteles, Ath.の記述を概観してみると，問題の2つの国制 (Aristoteles, Ath. 30-31) の記述は，その29-40章にあたる，前411年の四百人政権から前404/3年の三十人僭主の政治までのアテナイ内政の動向を記述した部分の中にある。その四百人政権と三十人僭主に関わりを持った人物がテラメネスであり，彼はAristoteles, Ath. 28.5の中で称賛されている。また，彼は，四百人政権の首謀者であり (Aristoteles, Ath. 32.2)，その政権の打倒，すなわち五千人政権の樹立の立役者であるし (Aristoteles, Ath. 33.2)，この五千人政権の時期の政治が称賛されている (Aristoteles, Ath. 33.2)。従って，問題の2つの国制は，テラメネスと何らかの関連があるはずである。

第 2 章　前411年の寡頭派政変についての史料の検討

　ところで，Aristoteles, *Ath.* 29-33の中の四百人政権の成立と崩壊，そして五千人政権の成立についての記述は，どのような構成になっているのか。Aristoteles, *Ath.* 29.1は，四百人政権の成立のいきさつを簡単に述べている。次のAristoteles, *Ath.* 29.2はピュトドロスの提案，Aristoteles, *Ath.* 29.3はクレイトポンの追加提案，Aristoteles, *Ath.* 29.4はシュングラペイスの提案（cf. Th., 8.67.2），Aristoteles, *Ath.* 29.5はコロノス民会での提案，と続いて，Aristoteles, *Ath.* 30-31は2つの国制草案，と提案の内容ばかりが続く。他方，Aristoteles, *Ath.* 32以降は，その冒頭で2つの国制草案が承認されたことに簡単に触れた後，四百人評議会が就任した事情から五千人政権が成立した事情までのアテナイの内政の動向を概説するだけである。従って，Aristoteles, *Ath.* 29-33の記述の部分は，提案内容の紹介の部分と当時の政治情勢についての概説の部分とに分けられるので，著者のアリストテレスは，四百人政権の成立のいきさつの前書き（Aristoteles, *Ath.* 29.1）の後に決議内容（Aristoteles, *Ath.* 29.2-31）を連記した後，その頃のアテナイの政治動向を振り返って概観する（Aristoteles, *Ath.* 32-33）という形をとったと考えられる。

　ところが，これまでの研究者たちは，アリストテレスがそのように記述したとは考えなかったようである。その根拠は，Aristoteles, *Ath.* 32.1の記述の解釈にある。その箇所のテキストは次のとおりである。

Οἱ μὲν οὖν ἑκατὸν οἱ ὑπὸ τῶν πεντακισχιλίων αἱρεθέντες ταύτην ἀνέγραψαν τὴν πολιτείαν. ἐπικυρωθέντων δὲ τούτων ὑπὸ τοῦ πλήθους, ἐπιψηφίσαντος Ἀριστομάχου, ἡ μὲν βουλὴ <ἡ> ἐπὶ Καλλίου πρὶν διαβουλεῦσαι κατελύθη μηνὸς Θαργηλιῶνος τετράδι ἐπὶ δέκα, οἱ δὲ τετρακόσιοι εἰσῄεσαν ἐνάτῃ φθίνοντος Θαργηλιῶνος.[65]

　「五千人によって選ばれた百人の委員は以上のような国制を起草した。アリストマコスの議長の下にこれが大衆により承認された後，カルリアスの年〔前412/1年，引用者註〕の評議会はタルゲリオンの月の十四日に任期の終わらぬうちに解散し，四百人はタルゲリオンの月の

第 1 部　前411年の寡頭派政変

二十二日にその任に就いた。」(村川訳[66])

この箇所は，前述の一連の決議内容についての記述と内政事情の概説についての記述の2つの記述部分の接続部となっている。この箇所については，問題のテキストの最初の校訂者のケニオン以来，ベロッホ[67]を含めて，すべての研究者たちが上記のとおりにテキストを読んでいる[68]。これに従うと，問題の2つの国制草案が承認された後に四百人評議会が成立した（時期は前411年5月）ことになり，2つの国制草案が前411年の秋の五千人政権の樹立と関係があるとは到底考えられなくなる。従って，ベロッホ[69]は，前述のように，著者のアリストテレスがAristoteles, *Ath.* 30-31の中の2つの国制草案をテラメネスの五千人政権でなく，誤って四百人政権の国制と結びつけたと考えた。けれども，前項までの考察から，問題の2つの国制草案は五千人政権の国制である可能性が十分に考えられる。そもそもこれまでの研究者たちは，この箇所のテキストを重視してきたので，これとは矛盾する，Aristoteles, *Ath.* 30.1 & 32.1の「五千人」という表現を軽視してきた。彼らの考えの根底にある視点は，同32.1の中の"ἐπικυρωθέντων δὲ τούτων ὑπὸ τοῦ πλήθους"という一節が動詞ἐπικυρόωの独立属格（Genetive Absolute）の分詞の形をとっており，その意味するものが時間の前後関係であり，それゆえにこの箇所の前後の記述が，事件の起こった順番に記述されている，というものである。けれども，アリストテレスは本当に事件の起こった順番に記述したのであろうか。むしろ，先に記述の構成を検討したように，アリストテレスは実際は，まず初めにAristoteles, *Ath.* 29.2から同32.1の途中までの中で決議内容を連記し，その後でそれらの決議内容に関係する諸事件を振り返って概説するという記述方法をとったのではないか。かかる推測を念頭に置いて実際の彼の記述を整理してみると次のようになるのではなかろうか。

第2章　前411年の寡頭派政変についての史料の検討

表2　Aristoteles, *Ath.* 29.1-33.2の中の内政動向および決議内容の記事の一覧

	内政動向	決議内容
諸事件の順序	29章1節　四百人政権成立のいきさつ	
		29章2節　ピュトドロスの提案
		29章3節　クレイトポンの提案
		29章4節　シュングラペイスの提案
		29章5節　コロノス民会の提案
	32章1-2節　（話を元に戻して）四百人評議会の成立	
	32章3節　四百人の政治	
	33章1-2節　四百人政権崩壊と五千人政権成立	
		30章　（五千人政権の）将来の国制（決議内容の紹介）
		31章　（五千人政権の）暫定の国制（決議内容の紹介）

記述の順序

　29章1節　四百人政権成立のいきさつ
　　　　　　（内政動向の概説）
　29章2節　ピュトドロスの提案
　　　　　　（決議内容の紹介）
　29章3節　クレイトポンの提案
　　　　　　（決議内容の紹介）
　29章4節　シュングラペイスの提案
　　　　　　（決議内容の紹介）
　29章5節　コロノス民会の提案
　　　　　　（決議内容の紹介）（引き続き決議内容の紹介を続行）

77

第1部　前411年の寡頭派政変

　　30章　　　（五千人政権の）将来の国制（決議内容の紹介）
　　31章　　　（五千人政権の）暫定の国制（決議内容の紹介）
　　32章 1-2節（ここで話を元に戻して）四百人評議会の成立
　　　　　　　（内政動向の概説）
　　32章 3節　四百人の政治
　　　　　　　（内政動向の概説）
　　33章 1-2節　四百人政権崩壊と五千人政権成立
　　　　　　　（内政動向の概説）

　これまでの問題の2つの国制草案の内容の検討とAristoteles, Ath.の記述の構成の検討から，研究者たちの多くが，Aristoteles, Ath. 30.1および32.1の五千人についての言及をアリストテレスの考え違いまたは誤記とみなしたことは，Aristoteles, Ath. 29.2からAristoteles, Ath. 32.1の途中までの決議内容とそれ以後の内政動向の両記述の接点にあたるAristoteles, Ath. 32.1のテキストを疑問視することなくそのまま受け入れ，彼が事件の起こった順序で記述したと考えた結果であろう。かかるAristoteles, Ath. 32.1のテキストの読みを採れば，五千人によって選ばれた百人の委員によるAristoteles, Ath. 30-31の2つの国制草案が承認された後に四百人政権が成立することになり，Aristoteles, Ath. 32.3の中で五千人が四百人政権中には名目上選ばれていただけであるという記述と矛盾することになるわけである。だが，上記で検討したとおり，Aristoteles, Ath. 32.1の個所は，Aristoteles, Ath. 29.2から続く決議内容の列挙の終わりとAristoteles, Ath. 32.1から次の章まで続く内政動向の記述の始まりの両要素が記述されているのである。従って，これまでの研究者たちのそのようなテキスト解釈について疑問を抱いて問題のテキストを改めて検討してみると，次のような仮説が出てくる。すなわち，Aristoteles, Ath. 32.1の中の "ἐπικυρωθέντων δὲ τούτων ὑπὸ τοῦ πλήθους, ἐπιψηφίσαντος Ἀριστομάχου" の一節は，もともとアリストテレスが，そのような動詞ἐπικυρόωのアオリストⅠの受動形の独立属格の分詞を使って記述したものではなく，アオリストⅠの受

動形（ἐπικυρωθήσαν）を使った単独の文章として記述したものであるが，後世の写字生が，彼の記述内容が事件の起こった順番になっているはずであると曲解し，意図的に事件の前後関係をさらに明確にするために，またAristoteles, Ath. 30.1に"κυρωθέντων δὲ τούτων"とあるように類似の表現があるので，その文章の動詞ἐπικυρόωのアオリストⅠの受動形を独立属格の分詞に手直しした，ということである。すなわち，元の文章では五千人によって選ばれた百人の委員による2つの国制草案が承認された事件と四百人評議会が成立した事件がそれぞれ別の文章として切り離されて記述されていたのに写字生の修正によってそれらの2つの事件が関連づけられてしまったと考えられる。従って，本来のアリストテレスの記述に従うと，2つの国制草案の公表は四百人評議会の成立前ではなかったことになっているのに，写字生の手直しによって独立属格を伴った一節は，本来は前述の2つの国制草案についての補足説明であるに過ぎないのに後続の四百人政権成立の記述の一節と結合させられてしまい，その結果，記述された事件の順序が狂い，Aristoteles, Ath. 30.1 & 32.1の五千人とAristoteles, Ath. 32.1の一節の記述の間で矛盾が生じることになったと推定できる。それゆえ，問題の2つの国制草案は，本来，前411年の秋の五千人政権の国制であったが，発見されたテキストが改悪されたものであったので，これまでの研究者たちはそのことに気づかずにいたためにその国制の取扱いを誤ってしまったと考えられる。

そこで，Aristoteles, Ath. 32.1のテキストは，次のように校訂するのがよいであろう。

Οἱ μὲν 〈οὖνを下記へ移動〉 ἑκατὸν οἱ ὑπὸ τῶν πεντακισχιλίων αἱρεθέντες ταύτην ἀνέγραψαν τὴν πολιτείαν. ἐπικυρωθήσαν 〈アオリストⅠの受動形に訂正〉 δὲ ταῦτα 〈中性複数主格に訂正〉 ὑπὸ τοῦ πλήθους, ἐπιψηφίσαντος Ἀριστομάχου.

ἡ μὲν οὖν 〈οὖνを追加〉 βουλὴ <ἡ> ἐπὶ Καλλίου πρὶν διαβουλεῦσαι κατελύθη μηνὸς Θαργηλιῶνος τετράδι ἐπὶ δέκα, οἱ δὲ τετρακόσιοι εἰσῄεσαν ἐνάτῃ φθίνοντος Θαργηλιῶνος.

「五千人によって選ばれた百人の委員は以上のような国制を起草した。アリストマコスの議長の下にこれが大衆により承認された。さてカルリアスの年の評議会はタルゲリオンの月の十四日に任期の終わらぬうちに解散し、四百人はタルゲリオンの月の二十二日にその任に就いた。」（村川訳を一部訂正）

このようにテキストを改訂すれば、Aristoteles, Ath. 30-31の中の2つの国制が五千人によって選ばれた国制起草委員によって起草された後にアリストマコスの議長の下に承認された事件と、四百人評議会の就任の事件との前後関係は、必ずしも記述通りの順番と考える必要はなくなる。それゆえに、Aristoteles, Ath. 30-31の中の2つの国制は実際に五千人が存在した後に、すなわち前411年9月の五千人政権成立期に作成され承認されたこととなり、必ずしもそれ以前の同年5月の四百人政権成立期頃のものと考える必要がなくなるのである。

小　結

Aristoteles, Ath. 30-31の2つの国制草案が承認された、アリストマコスの議長の下の民会は、必ずしも四百人評議会の成立より前であると考える必要はない。四百人政権と五千人政権に触れたAristoteles, Ath. 29-33の記述の構成は、Aristoteles, Ath. 29.1で四百人政権の成立以前のいきさつに簡単に触れ、叙述の導入とした後、Aristoteles, Ath. 29.2-32.1で四百人政権の樹立と五千人政権の樹立に関連する条令を紹介し、さらにAristoteles, Ath. 32.1-33で四百人政権の樹立と崩壊、五千人政権の時期のアテナイの内政事情を振り返って説明する、という形になっている。問題の2つの国制草案が承認された時期は、その草案を起草したアナグラペイスを選出した「五千人」が実際に存在した時期であるから（Aristoteles, Ath. 30.1および32.1）、四百人政権が打倒された直後である（Th., 8.97.1-2）。従って、条令

の紹介部分と内政事情の説明部分の接続部にあたるテキスト，すなわちAristoteles, *Ath.* 32.1の中の"ἐπικυρωθέντων δὲ τούτων ὑπὸ τοῦ πλήθους"の，動詞epikyroôの独立属格をとった分詞の一節は，もともとアリストテレスがアオリストⅠの動詞を用いて１つの完結した文章として記したものであったが，後世の写字生が曲解し，独立属格の分詞に改悪して，後続の内政事情の説明文と結び付けてしまったものであると考えられる。

註

1) Wilamowitz, *A.A.* 2, p. 116.
2) Busolt, *G.S.* 2, p. 907.
3) Meyer, *G.A.* 4.2, p. 294(-295) n. 1.
4) *Ibid.*, p. 294-295.
5) Caspari, *op. cit.*, p. 9.
6) W.S. Ferguson, "The Constitution of Theramenes," *Classical Philology* 21 (1926), p. 73.
7) Rhodes, *C.A.P.*, p. 387.
8) Caspari, *op. cit.*, p. 15.
9) 例えば，G. Busolt, *G.S.* 1 (München, 1920; rpt. 1979), p. 73-74.
10) Meyer, *G.A.* 4.2, p. 292 n. 2; Hignett, *op. cit.*, p. 373 など。
11) Beloch, *G.G.* 2.2, p. 311-324.
12) 註11を参照せよ。
13) Caspari, *op. cit.*, p. 14-18, esp. p. 18.
14) *Ibid.*, p. 16.
15) *Ibid.*, p. 16-17.
16) *Ibid.*, p. 17. Cf. Cary, *op. cit.*, p. 60 （五千人の成員権を立証する唯一の方法は，一揃いの武具を見せること）．
17) Cary, *op. cit.*, p. 58-61.
18) 特にHignett, *op. cit.*, p. 358, 367-375.
19) V. Ehrenberg, "Die Urkunden von 411," *Hermes* 57 (1922), p. 617.
20) エーレンベルク説への批判的検討について本書の中で言及されている根拠以外のものが言及されているものについては，cf. Cary, *op. cit.*, p. 59.
21) 村川訳『アテナイ人の国制』60頁。
22) Caspari, *op. cit.*, p. 7.
23) 村川訳『アテナイ人の国制』60－61頁。
24) Busolt, *G.S.* 2, p. 906-908は，コロノス民会でAristoteles, *Ath.* 30の中の将来の国制草案とTh., 8.67.3のペイサンドロスの提案内容が承認された後，四百人評議員が直ちに評議会場を占拠し，Aristoteles, *Ath.* 31の中の暫定的国制草案を承認したと考える。そして彼は，Aristoteles, *Ath.* 32.1の中の２つの日付について，タルゲリ

第 1 部　前411年の寡頭派政変

オンの14日がAristoteles, *Ath.* 31の中の暫定の国制草案に基づく五百人評議会の解散決議の日付であり，タルゲリオンの22日がその五百人評議会の解散と四百人評議員の就任の日付であると説明する。

25) Cf. Hignett, *op. cit.*, p. 358-360; Gomme et al., *H.C.T.* Vol. 5, p. 243-246; 西澤，前掲誌，23-28頁。

26) Wilcken, *op. cit.*, p. 44. Cf. H. Bengtson, *Griechische Geschichte* (München, 1965; rpt. 1979), p. 241; D. Flach, "Die oligarchische Staatsstreich in Athen vom Jahre 411," *Chiron* 7 (1977), p. 24.

27) これについてのWilcken, *op. cit.*, p. 53の解答は，例えば，Gomme et al., *H.C.T.* Vol. 5, p. 244 によって反論されている。

28) Meyer, *G.A.* 4.2, p. 292 n. 2. 2つの国制草案がコロノス民会後に公布されたことについては，Meyer, *G.A.* 4.2, p. 293-295を見よ。

29) Lang, *A.J.P.* 88 (1967), p. 177.

30) Hignett, *op. cit.*, p. 360, 373.

31) de Ste. Croix, *Historia* 3 (1954), p. 27 n. 1 ＝馬場訳，前掲書，231頁　註182。

32) Gomme et al., *H.C.T.* Vol. 5, p. 246.

33) Rhodes, *C.A.P.*, p. 386-388; do., *H.C.G.W.*, p. 162. Rhodes. *H.C.G.W.*, p. 162は，コロノス民会の後にAristoteles, *Ath.* 30-31の2つの国制が作成され，暫定のものは極端派を，将来のものは穏健派を宥めるためのものであると，そして国制公表日がタルゲリオンの月の22日であると述べる。また，E.M. Harris, "The Constitution of the Five Thousand," *H.S.C.P.* 93 (1990), p. 260, 267も「(b)コロノス民会の直後」説であり，Aristoteles, *Ath.* 30-31の2つの国制が公布されて五千人によって認可された後，四百人政権が成立したと述べる。

34) G. Mathieu & B. Haussoullier eds. & trans., *Aristote Constitution d'Athènes* (Paris, 1922; rpt. 1985), p. vii-viii.

35) Beloch, *G.G.* 2.2, p. 312-320.

36) Caspari, *op. cit.*, p. 14-18.

37) Beloch, *G.G.* 2.2, p. 313.

38) Caspari, *op. cit.*, p. 18.

39) Hignett, *op. cit.*, p. 358, 367-375, esp. 372-373.

40) Beloch, *G.G.* 2.2, p. 312-320.

41) 村川訳『アテナイ人の国制』60頁。

42) Caspari, *op. cit.*, p. 16-17.

43) Wilamowitz, *A.A.* 2, p. 360 n. 10. Cf. P.J. Rhodes, "The Five Thousand in the Athenian Revolutions of 411 B.C.," *J.H.S.* 92 (1972), p. 125; Gomme et al., *H.C.T.* Vol. 5, p. 203.

44) テキストは，H.N. Fowler trans., *Plutarch's Moralia* Vol. 10 (Loeb Classical Library) (London, 1936; rpt. 1969), p. 352.

45) Ferguson, *C.P.* 21 (1926), p. 74. この箇所でファーガソンが同じ五千人政治の時期の評議会の単独決議の例として*I.G.* I² p. 297（＝*I.G.* II² 12 ＝ Meiggs & Lewis, *op. cit.*, No. 80 ＝ *I.G.* I³ 98）を挙げている。

46) Hignett, *op. cit.*, p. 376.
47) de Ste. Croix, *Historia* 5 (1956), p. 16.
48) M.H. Hansen, *Eisangelia: The Sovereignty of the People's Court in Athens in the Fourth Century B.C. and the Impeachment of Generals and Politicians*（以下*Eisangelia*と略す）(Odense, 1975), p. 113. ただし，彼は，このアンティポンらの告発をエイサンゲリアによる手続きと考えている (M.H. Hansen, *Eisangelia*, p. 113-115)。また，橋場『アテナイ公職者』85－86頁は，このM.H. Hansen, *Eisangelia*, p.113-115に従って，この事例をエイサンゲリアの「民会の飛び越し」の手続きとみなしている。
49) Sealey, *C.S.C.A.* 8 (1975), p. 285-286.
50) プリュニコス（将軍〔Th., 8.25.1〕，暗殺〔Th., 92.2; Lysias, 13 *Against Agoratos* 71; Plutarchus, *Alcibiades* 25.10; Lycurgus, 1 *Against Leocrates* 112〕），オノマクレス（将軍〔Th., 8.25.1〕，裁判〔〔Plutarchus〕, *Moralia* 833 E-F〕），アリスタルコス（将軍〔Th., 8.98.1; Xenophon, *HG* 2.3.46〕，裁判〔Xenophon., *HG* 1.7.28; Lycurgus, 1.115〕），アリストテレス（将軍〔Xenophon, *HG* 2.3.46〕，スパルタへ亡命〔Xenophon, *HG* 2.2.18〕），アレクシクレス（将軍〔Th., 8.92.4〕，裁判〔Lycurgus, 1.115〕）は，四百人政権の崩壊後には将軍職を解かれたはずであるから，新政権は将軍を補選する必要があった。
51) 村川訳『アテナイ人の国制』61頁。
52) Sealey, *C.S.C.A.* 8 (1975), p. 283-284.
53) 村川訳『アテナイ人の国制』60頁。
54) Beloch, *G.G.* 2.2, p. 311-324.
55) Ferguson, *C.P.* 21 (1926), p. 75.
56) Meyer, *G.A.* 4.2, p. 303 & n. 2 (p. 303-304).
57) Busolt, *G.S.* 1, p. 909.
58) Hignett, *op. cit.*, p. 372-378.
59) 本論の第2部第4章第1節の第4項「ポリュストラトスの第1回裁判」および拙稿，『史学研究』170号，29－30頁を参照せよ。
60) Hignett, *op. cit.*, p. 372-373. Cf. G.H. Stevenson, "The Constitution of Theramenes," *J.H.S.* 56 Part 1 (1936), p. 57 note. Cary, *op. cit.*, p. 60は，五千人政権期の評議会の人数が四百人であったとしてもアテナイ人たちの間では寡頭政執行者の四百人と区別がついたであろうから問題ないと考えるが，筆者にはやはり問題があると思われる。
61) Hignett, *op. cit.*, p. 372, 378.
62) Beloch, *G.G.* 2.2, p. 314.
63) Hignett, *op. cit.*, p. 372, 378.
64) Cf. de Ste. Croix, *Historia* 5 (1956), p. 22; Sealey, *C.S.C.A.* 8 (1975), p. 289; Rhodes, *J.H.S.* 92 (1972), p. 117-118; 西澤，前掲誌，35頁。
65) Kenyon ed., *A.A.R.*, p. 32.
66) 村川訳『アテナイ人の国制』61頁。
67) Beloch, *G.G.* 2.2, p. 312-313.

68) (a)テキストについては，Kenyon, *A.C.A.*, p. 88; do., *A.C.A.* 3rd ed., p. 109-110; H. van Herwerden & J. van Leeuden, *De Republica Atheniensium* (Leyden, 1891), p. 68-71; Sandys, *op. cit.*, p. 134; H. Rackham trans., *Aristotle* 20 (Loeb Classical Library) (London, 1935; rpt. 1971), p. 94; H. Oppermann, *Aristotelis AΘHNAIΩN ΠOΛITEIA* (Stuttgart, 1968), p. 43; Mathieu & Haussoullier, *op. cit.*, p. 35.　(b)テキストの翻訳については，Kenyon, *A.A.C.*, p. 61; G. Kaibel & A. Kiessling, *Aristoteles Schrift vom Staatswesen der Athener* (Strassburg, 1891), p. 54-55; G. Wenzel, *Die Verfassung von Athen* (Leipzig, 1892), p. 58; Rackham, *op. cit.*, p. 95; Fritz & Kapp, *op. cit.*, p. 103-104; J. Warrington ed. & trans., *Aristotle's Politics and the Athenian Constitution* (London, 1959; rpt. 1961), p. 275; Mathieu & Haussoullier, *op. cit.*, p. 35; J.M. Moore trans., *Aristotle and Xenophon on Democracy and Oligarchy* (Berkeley & Los Angeles, 1975), p. 175; M. Crawford & D. Whitehead, *Archaic and Classical Greece* (Cambridge, 1983), p. 428-429; アリストテレス著，原隨園訳『アテナイ人の國家』（岩波書店，1928／1942年）70頁。

69) Beloch, *G.G.* 2.2, p. 313.

第3章　前411年の四百人の寡頭派政変の原因について

　本章では前411年のアテナイの四百人の寡頭派政変がなぜ起こったかについて考察する。初めに，アテナイ民主政に内在する諸問題を考察し，次に，前411年の政変の原因をそれに至る過程と諸政治集団の動きや思想の検討を通して考察する。

第1節　アテナイ民主政に内在する問題

第1項　貴族の存在とその権勢の推移

　古代アテナイには一般に「貴族」と呼んでよい人たちが存在した。以下でマックス=ウェーバーが論述する古典古代のギリシアの貴族（彼の論述の和訳によれば「門閥」）について要約して，その概略を把握することを試みることにする。貴族たちは，集住（synoikismos）してポリスを形成した後，既存の村落（kômê）に邸宅を持ち続けるとともに城壁内の都市部（asty）の中にも邸宅を持った[1]。そして，ウェーバー[2]によれば，貴族は農村の中に「門閥城塞」を持っていたが，「貴族の勢力の重点は，いうまでもなく都市にあった」のであり，「その地方の政治的・経済的ヘルたち――荘園領主・商業の資金提供者・農民に対する債権者――は，『アストイ』„Astoi",すなわち都市に住む門閥であったし，農村貴族が実際に都市に転住していくという過程も，ますます進行していっている」のであった。また，貴族たちは，ポリスを構成する際に，「兄弟盟約によって一つの祭祀共同体に結集」したが，その「ポリスの祭祀団体を通じて宗教的

第1部　前411年の寡頭派政変

な兄弟的結集をとげた」諸団体の中でフュレーとフラトリアが「重要な位置を占めていた」[3]。宗教の面では，貴族たちの成員（エウパトリデス）は，「犠牲を捧げることによって，または前兆を占うこと〔中略〕によって，祭祀または官吏として，ポリスの神々と有効な交わりを結」ぶことができた。だが，貴族自身は家族単位では，「通常，自分自身の・ポリスの神々とはちがった神々をもち，また父祖伝来の邸でおこなわれる自分自身の祭祀をもっていた」し，「他方で，確かに，一定の門閥によって氏族カリスマ的に独占された祭祀職のほかに，官職としての祭祀職もあったことはまちがいない」のであった[4]。さらに，彼[5]によれば，歴史時代の古典古代には，「ポリスの軍事力に参与していたひとびとはすべて，能動的および受動的市民として，フュレーとフラトリア〔中略〕に所属していた」が，しかし「能動的市民——すなわち都市の諸官職に就きえたひとびと——は，貴族的門閥のみであった」。また，「一つのポリスの貴族層は，必ずしも絶対的な閉鎖性をもっていたわけではない」のであり，「新貴族の受け入れ」が行なわれたと考えられている[6]。そして，「ミルティアデスのごときアッティカの貴族は，すでに古典時代に，大きな・都市外の支配権をもっていたし，また，どこにおいても，〔中略〕正にこの階層の間には，超地方的な諸関係が存在していた」[7]。他方，経済の面では，「貴族の財産は，もちろん主として荘園領主的なものであった」し，「財産は単に不動産的財産であり，農業的ものでありつづけた」[8]。だが，他方でウェーバー[9]は，「商業や船舶業は，後代になっても貴族身分にふさわしいものとみなされていた」ので，「このような利得から集積された財産は，政治権力に参与していない農村居住の農民たちに対する高利貸付に利用された」と論じ，「大量の債務奴隷と，レンテを生み出すような最良の土地（アッティカでは『ペディア』„πεδία"〔平地〕）とが，『アストイ』„Astoi"〔都市居住者〕の手中に握られ，これに反して，山腹の土地（『山地党』„Diakrier"の住地）は，レンテを生まないものとして，どこにおいても農民によって占拠された。このようなわけで，都市貴族の荘園領主的な力は，都市的な利得チャンスに由来するところが大きかったのである」と説明している。以

86

上のウェーバーの理解は，今日でも受け入れられるというわけにはいかないであろうが，その問題点についてはここでは触れない。ここではあくまで古典古代のギリシアの貴族たちの概略図を示すために彼の説を示しただけである。

ところで，その「貴族」という言葉に当たる古代ギリシア語の語句にはいくつかある。その点を含めて以下でドラコン以前の時期から問題の前5世紀末までの貴族の歴史について概説したい。

（1）ドラコン（前624/3年）以前の時期

Aristoteles, *Ath*. 2.1-2の中に次のような記述がある。

> この後，貴族（gnôrimoi）と大衆とは久しく抗争することとなった。彼らの国制は他の点でも全く寡頭的であったが，特に貧民に至っては男も子供も妻も富者（plousioi）に隷属していたからである。彼らはペラタイとか六分の一と呼ばれていた。それは彼らがこの割合の地代で富者の土地を耕したからである。すべての土地は少数者の手にあった。
> Aristoteles, *Ath*. 2.1-2（村川訳[10]）

ここで「貴族」と翻訳されているギリシア語は，"gnôrimoi" で，本来の意味は「よく知られた人々」，つまり名士に当たる。上記の史料から，貴族（gnôrimoi）が富者（plousioi）であり，大土地所有者であったことが分かる。当時，民衆が全体に富者からの負債を負っていたことが，Plutarchus, *Solon* 2.2-3の中で言及されている[11]。また，ローズ[12]が指摘していることであるが，Aristoteles, *Ath*.はしばしばアテナイについて「著名人（γνώριμοι，または時にはἐπιφανεῖς, εὐγενεῖς, εὔποροι [すべてが28.2の中に]）と大衆（πλῆθοςまたはδῆμος）の間で分かれている」と記している。

次に，Aristoteles, *Ath*. 3.1の中に次のような記述がある。

第1部　前411年の寡頭派政変

　　　ドラコン以前の古い国家の組織は次のようであった。役人は名門や富裕者の間から（aristindên kai ploutindên）任ぜられ、最初は終身、後には十年間勤める定めであった。
Aristoteles, *Ath.* 3.1（村川訳[13]）

この史料から、当時、「家柄と富裕さの点から」（aristindên kai ploutindên）[14]役人が任命され、在職期間が長かったことが分かる。aristindên kai ploutindênという語句は、Aristoteles, *Ath.* 3.6の中にも登場する。上記の史料から「家柄（または血筋）のよい人々」（aristoi）と呼ばれる人々が存在したことが分かるが、彼らは「貴族」に当たる。

　次に、Aristoteles, *Ath.* 3.6の中に次のような記述がある。

　　　アレイオス・パゴスの会議は法律を擁護するのが任務であったが、実は国政の最も大きな、また最も重要な部分を掌握し、秩序を乱す者にはことごとく懲罰を加え罰金を科する権能をもっていた。アルコンの選任は門地と富に基づき（aristindên kai ploutindên）、アレイオス・パゴス会議員はアルコンたちの間から任ぜられたからである。それゆえ、官職のうちこの役のみは今日まで終身職として続いているのである。
Aristoteles, *Ath.* 3.6（村川訳[15]）

この史料から、貴族が、その家柄の良さとその富を背景として、多くの権限を掌握していたアレオパゴス評議会を牛耳って国政を運営していたことが分かる。

（2）ソロンの改革（前594/3年）
　Aristoteles, *Ath.* 5.1-2の中に次のような記述がある。

　　　国制にはこのような規定があり、多くの人々が少数者に隷属してい

たので民衆は貴族（gnôrimoi）に反抗して起った。
抗争は激しく行なわれ，人々は互いに久しく反目を続けたので，彼らは合意の上で調停者として，またアルコンとしてソロンを選び〔594/3年〕，彼に国事を委ねた。
Aristoteles, *Ath.* 5.1-2（村川訳[16]）

この史料からソロンの時代にも民衆とgnôrimoiとが対立していたことが分かる。

ソロンは，上記の史料のようにしてアルコンに就任し，諸法を定めた（thêkai nomous, Aristoteles, *Ath.* 6.1）[17]。彼の立法によって「重荷おろし」（seisachtheia）と呼ばれる負債の切棄て（Aristoteles, *Ath.* 6.1）と役職就任を財産評価に基づかせる政策（Aristoteles, *Ath.* 7.3-4）が行なわれた。すなわち，彼によって設置された財産級とは，五百メディムノス級（pentakosiomedimnoi），騎士級（hippeis）（3百メディムノス以上），農民級（zeugitai）（2百メディムノス以上），労務者級（thêtes）である。また，9人のアルコンの役人は，五百メディムノス級から選ばれることになった。

ソロンの改革は直ちに民主政の制度を樹立するものではなかったが，彼は，いくつかの箇所で「最初の民衆指導者」（prôtos prostatês tou dêmou）[18]と呼ばれている（Aristoteles, *Ath.* 2.2; 28.2）。また，Aristoteles, *Ath.* より前の時代の前354－353年に[19] Isocrates, 15 *Antidosis* 232が「民衆の指導者たち」（prostatai tou dêmou）の説明の中でソロンを最初に登場させている[20]。

（3）ペイシストラトスの僭主政

前561/0年に貴族のペイシストラトスが僭主政を樹立した（Aristoteles, *Ath.* 14.1）。その5年後に貴族のメガクレスとリュクルゴスが彼を追放したが，その後メガクレスが彼と自分の娘を結婚させる条件で彼の帰国を許した（Aristoteles, *Ath.* 14.4）。これは，貴族の間の政略結婚の一例である。また，ペイシストラトスは，2人の正妻の子ヒッピアスとヒッパルコスを得たが，他にイオポンとヘゲシストラトスの2人の息子をアルゴスの女ティ

モナッサとの間に得たと伝えられている（Aristoteles, *Ath.* 17.4）。このおかげで彼は，「アルゴス人に対する親善関係が生じ，ヘゲシストラトスが連れて来た一千人はパルレニスの戦いをともに戦った」（村川訳[21]）と伝えられている（Aristoteles, *Ath.* 17.4）。このように貴族の中には国内外の婚姻関係を利用して勢力を伸ばそうと図る者もいた。ヒッピアスの僭主政は，前511/0年にスパルタ王クレオメネスの攻撃を受けて崩壊した（Aristoteles, *Ath.* 19.6）。

（4）クレイステネスの時代（前5世紀末）

僭主の友イサゴラスとアルクメオン家のクレイステネスが党争を行なった時，クレイステネスは自身の徒党が劣勢であったので大衆に参政権を与えて彼らを味方につけたと伝えられている（Aristoteles, *Ath.* 20.1）。この時，貴族のイサゴラスは，自分の賓客（xenos）であったスパルタのクレオメネスに援軍派遣を依頼した。そのためにクレイステネスは逃亡し，クレオメネスによってアテナイから7百の家族が追放されたと伝えられている（Aristoteles, *Ath.* 20.2-3）。その後まもなく，イサゴラスとクレオメネスは，アテナイ民衆の蜂起によって包囲され，クレオメネスは撤退したし，他方，クレイステネスらの亡命者は本国に呼び戻された（Aristoteles, *Ath.* 20.3）。

このようにして貴族のクレイステネスが，「民衆の領袖」（村川訳[22]）となった。この時点では，清永[23]が述べるように，貴族層はかつての貴族政を復活させることはもはや不可能であったと考えられる。けれども，クレイステネスの父メガクレスはシキュオンの僭主クレイステネスの娘アガリステと結婚していた（Plutarchus, *Pericles* 3.1）。このように貴族は，国外に賓客（xenos）を持っていたり，国外の貴族と婚姻関係を結んだ。また，Aristoteles, *Ath.* 20.4が「国政が民衆の手に帰して以来クレイステネスは民衆の領袖であり，また民衆の指導者であった」（村川訳[24]）と伝えているので，この時期に民衆を味方につけた貴族が政治指導者となるようになったといえる。

（5）アルコン職の開放

Aristoteles, *Ath.* 22.5によれば，前487/6年にアテナイ民衆は「区民により予選された五百人の間から部族ごとに九人のアルコンを抽籤で選んだ」（村川訳[25]）。すなわち，アルコン選出が抽選制になった。また，前457/6年にはアルコン職が農民級に拡大された（Aristoteles, *Ath.* 26.2）。これらの2つの改革は，政治参加の面での貴族の優位を損なう効果があったに違いない。

（6）エピアルテスの改革（前462/1年）

Aristoteles, *Ath.* 25.2によれば，前462/1年にエピアルテスがアレオパゴス評議会から「それを国制の維持者たらしめていたところの付加的権能をことごとく剥ぎ取り，その一部は五百人〔の評議会〕に，一部は民会と裁判所とに与えた」（村川訳[26]）。これによって貴族の権力の拠り所であるアレオパゴス評議会の権威が失墜し，民衆が民会と裁判所を通じて多くの権限を持つようになったと言える。

上記の諸史料から古拙期から古典期のアテナイで一般に「貴族」と呼んでよい人々は，gnôrimoi（名士たち），plousioi（富者たち），aristoi（家柄〔または血筋〕のよい人々）と呼ばれたことが分かる。また，Aristoteles, *Ath.* 13.2の中にはeupatridai（良き父〔または父祖〕を持つ人々）という言葉がある。さらに，伝クセノポン『アテナイ人の国制』（〔Xenophon〕, *Athênaiôn Politeia* 〔以下*Ath.*と略す〕）の中には，aristoi, beltistoi（最善の人々），chrêstoi（良き人々），gennaioi（貴人たち），plousioiなどという言葉が登場し，さらにchrêstoi（良き人々）とponêroi（悪しき人々）（〔Xenophon〕, *Ath.* 1.1 etc.）またはponêroi kai penêtes（貧しい人々）kai dêmotikoi（民衆寄りの人々）（〔Xenophon〕, *Ath.* 1.4），gennaioi kai plousioi（貴人たちと富者たち）とpenêtes（〔Xenophon〕, *Ath.* 1.2），<hop>litai[27] kai gennaioi kai chrêstoiとdêmos（詳述すれば，舟を漕ぐ者たちなどの海軍に関わる表現が添えられている）（〔Xenophon〕, *Ath.* 1.2），beltistoi（最善の人々）と

dêmos（〔Xenophon〕, *Ath.* 1.5）などという対表現の形式をとって，「貴族」階層を言い表す語句が見られる。この作品のこれらの語句の検討については，第 7 項で行なう。

第 2 項　キモンにみる貴族の優位

キモン（Kimôn）は，ミルティアデス（Miltiadês）とトラキア人の王オロロス（Oloros）の娘ヘゲシピュレ（Hêgêsipylê）の子である（Plutarchus, *Cimon* 4.1）。Plutarchus, *Cimon* 4.3の記述から推測すると，キモンは前510年より前でない時期に生まれたらしい[28]。彼の父ミルティアデスは，マラトンの戦いの戦勝将軍として有名である。また，彼についてはおそらく前355年[29]のIsocrates, 8 *On the Peace* 75によっても，アリステイデスとテミストクレスと並んでヒュペルボロスやクレオポンより良い民衆指導者として言及されている。キモンの祖父にあたる，ステサゴラス（Stêsagoras）の子キモンは，Herodotus, 6.103によると，ペイシストラトスの僭主政を不満に思ってアテナイから亡命し，亡命中に 2 度，オリュンピアでの戦車競技で優勝し， 2 度目の優勝の時に優勝の栄誉をペイシストラトスに譲ったことによって帰国をすることになった。そしてさらに一度，オリュンピアでの戦車競技で優勝したが，ペイシストラトスの死後に彼の息子たちによって派遣された刺客によって暗殺された。かかる祖父の死に方は，その祖父自身がアテナイにおいて重要人物であり，ペイシストラトス一族によって危険な人物と考えられたことを示唆してくれる[30]。従って，問題のキモンは， 3 代にわたってアテナイで重要で傑出した地位にある一族の者を輩出したことになる[31]。

キモンの姉のエルピニケは，金持ちのカリアスと結婚した（Plutarchus, *Cimon* 4.7）[32]。カリアスは，貴族アリステイデスのいとこで，後に前449年にペルシアといわゆるカリアスの和約を結んだ人物である。Plutarchus, *Cimon* 4.7は，彼女の結婚の時，父ミルティアデスが前489年のパロス島遠征失敗の償いで50タラントンの罰金を科せられ払えずに獄中で死んだの

第3章 前411年の四百人の寡頭派政変の原因について

で（Plutarchus, *Cimon* 4.3），彼女はカリアスがその支払いを肩代わりする条件で結婚したと伝えるが，Herodotus, 6.136は，キモンがその罰金を支払ったと述べる[33]。

キモンの妻はアルクメオン家エウリュプトレモスの娘のイソディケ（Isodikê）であった（Plutarchus, *Cimon* 4.9）[34]。コナー[35]は，この婚姻によって，プルタルコスが報告する彼とペリクレスとの間の和解を結ばせたと，すなわち婚姻関係が双方の一族の間の協定を永続させる役割を果たしたと説明している。また，息子は，キモンがスパルタびいきでスパルタにクセノスがいたことにちなんでラケダイモニオス，エレイオス（エリスのポリス名から）と名づけられた（Plutarchus, *Cimon* 16.1）。

キモンは，前478－477年に将軍として遠征し，ビュザンティオンからスパルタ人将軍パウサニアスを追放する工作を行なって成功した（Plutarchus, *Cimon* 6.1-6）。また，前476－475年に将軍としてトラキアのエイオン占領のペルシア将軍ブテス（Herodotus, 7.107によれば，ボゲス）を攻囲してこれを殲滅した（Plutarchus, *Cimon* 7.1-2）。また，セストスおよびビュザンティオンから多くのペルシア人捕虜を連れて帰り，多額の身代金を得て裕福になったらしい（Plutarchus, *Cimon* 9.2-4）。

ところで，Plutarchus, *Cimon* 10.1-3には次のような記述がある。

　　キモーンは立派に敵軍から手に入れて来た遠征の戦利品で既に裕福になっていたが，それを一層立派に市民のために提供した。自分の農地は垣を取除いて，外国人にも貧窮な市民にも遠慮なく収穫物を取らせ，自分の家では毎日質素ながら大勢の人に間に合うだけの食事を作って，貧乏人で望むものには誰でも入って来て別に仕事をせずに食物を取らせ，専ら国事に尽くすようにさせた。アリストテレースの云うところでは（『アテーナイの国制』27節），すべてのアテーナイ人というわけではなくラキアダイにある自分の所有地の人々で欲するものに食事の用意をした。キモーンはいつも立派な着物を着た若者が随いていて，その銘々は粗末な着物を着た町の老人が路でキモーンに出会うと，

93

第1部　前411年の寡頭派政変

その人と自分の着物を取換えたが，この事は非常な敬意を示すものと見られた。更にこれらの若者は豊富に金銭を持ち歩いていて，アゴラーにいる洒落た身装をした貧しい人々のところに立止まって何も言わずにその金を手に握らせた。

Plutarchus, *Cimon* 10.1-3（河野与一訳[36]，一部を現代の漢字・仮名遣いに改めた）

このようにキモンは気前の良さで有名であった。そのためにAristoteles, *Ath.* 27.3-4によれば，このキモンの気前の良さに対抗するためにペリクレスが民衆法廷の陪審員に日当を出すことにしたほどであった。かかるキモンの気前の良さは，コナーによって「気前の良さによる政治」(the Politics of Largess) として説明されている。すなわち，キモンは，気前良く金を使って多くの市民たちに施しをし，その行為によって名声を獲得して市民の第一人者となったというわけである[37]。

また，キモンは，前469年頃のことか，エウリュメドン川の陸海戦でペルシア軍を撃破した（Plutarchus, *Cimon* 12.4-6）。また，ヒュドロスでの戦闘でも勝利した（Plutarchus, *Cimon* 13.3-4）。この時の戦利品を売却してアテナイの民衆はアクロポリス北側の壁を構築した（Plutarchus, *Cimon* 13.6）[38]。その後，スケレーと呼ばれる長壁建設（前461－456年）の最初に金を寄付したり，アゴラにプラタナスを植え，水の無いアカデメイアを流れの豊かな森にして清潔な競争場や蔭の多い散歩路を作った（Plutarchus, *Cimon* 13.7-8）。

また，キモンは，前466年にはケルソネソスからペルシア人を追放しその地全体を従属させた（Plutarchus, *Cimon* 14.1）。前465年にはタソスの対アテナイ反乱を鎮圧した（Plutarchus, *Cimon* 14.2）。これに関連して，前463年にペリクレスらの政敵によって，キモンがマケドニア王アレクサンドロスから賄賂を貰ってその地に侵入しなかったという件で執務報告審査で告発されるが，無罪となる（Plutarchus, *Cimon* 14.2-15.1）[39]。

ところが，前462/1年にキモンの遠征中にエピアルテスの改革が行なわ

94

第3章　前411年の四百人の寡頭派政変の原因について

れたので，彼は帰国後これを知って憤慨し，クレイステネスの時期の貴族政の復興（egeirein tên aristokratian epi Kleisthenous）を計って政敵と対立した（Plutarchus, Cimon 15.1-2）。この時，前464年の地震の影響でスパルタがヘイロータイの反乱で危機に陥りアテナイに援軍を要請したので，キモンが軍勢を率いて救援に行った（Plutarchus, Cimon 16.7-17.1）。その後，再び，スパルタからの援軍要請で彼はスパルタに遠征したが，スパルタ人がやって来た兵士の元気と華々しさを恐れて帰国させたことで，アテナイでスパルタ贔屓の者が攻撃され，キモンは前461年に陶片追放にあった（Plutarchus, Cimon 17.2）[40]。これによってアテナイではペリクレスが政界の第一人者となったと言える。この時期は，ペルシア戦争時のアテナイの名誉がスパルタを凌いだこととその戦後に設立されたデロス同盟で自国が中心的役割を果たしていることがアテナイ人たちに大きな自信を得させたので，キモンは，数々の武勲をたてたにもかかわらずスパルタ贔屓の点で威信を失っていったと思われる。

　前457または456年にはアテナイ軍がタナグラの戦いでスパルタ軍に破れたので，キモンは，ペリクレスの提案で帰国を許された（Plutarchus, Cimon 17.6）。前450年頃に自国をスパルタと和解させるが，再び争いが起こりそうになったので，彼は，キュプロスとエジプトの遠征を計画して出征し（Plutarchus, Cimon 18.1-2），キュプロスで病死した（Plutarchus, Cimon 18.7-19.1）[41]。

　このようにキモンは，何度も将軍として遠征に出掛け，武勲をたてた。また，戦利品で財産を築いた。そこで近所の人々などに気前の良さを示し，コナーの言葉のように気前の良さによる政治で名声を獲得した。また，彼は，スパルタにクセノスを持ち，スパルタ贔屓であったし，最初の妻は，ペロポネソスのクレイトル出身の女であると言われている（Plutarchus, Cimon 16.1）。このようにキモンの例を見ると，当時のアテナイの貴族は，将軍に就任して率先して自国のために戦い，気前の良さによる政治で名声を獲得し，姻戚関係またはクセノスによって他国の貴族と交流し，さらにその交流関係から自国民を説得して外交政策を行なうほどの勢力を得るこ

95

とができたと言えよう[42]。

第3項　貴族派と民衆派の政治指導者の変遷とコナーの理論

　Aristoteles, *Ath.* 28.2-3は，前6世紀初めのソロンの時代から前5世紀後期までのアテナイの民衆派の指導者と貴族派の指導者の名を対比しながら挙げている。

　前6世紀では民衆の指導者（prostatês tou dêmou）としてソロン，ペイシストラトス，クレイステネスの名が挙げられており，他方，そのクレイステネスに対抗した者としてイサゴラスの名が挙げられている。ソロンは，「最初の民衆の指導者」（prôtos prostatês tou dêmou）と表現されている（Aristoteles, *Ath.* 28.2）。次いで，民衆の指導者としてクサンティッポス，名士たち（gnôrimoi）の指導者としてミルティアデスの名が，さらに民衆の指導者としてテミストクレスとアリステイデスとエピアルテス，他方，そのエピアルテスに対抗して富裕者たち（euporoi）の指導者としてキモンの名が挙げられている。次いで，民衆の指導者としてペリクレス，他方，他派の指導者としてトゥキュディデスの名が挙げられている（Aristoteles, *Ath.* 28.2）[43]。清永[44]が指摘しているように，このように「ペリクレスPeriklesのように名門の子孫がポリスの政治を指導することもしばしばであった。しかしそれは貴族がポリスの主権を握っていることを意味するものではなく，一般的には彼らは上流の社会的一身分として『カロイカガトイ』の生活を追求するに止まった」と言えるかもしれない。

　ペリクレスの死後には「傑出した人々」（epiphaneis）の指導者としてニキアス，他方，民衆の指導者としてクレオンの名が挙げられている（Aristoteles, *Ath.* 28.3）。また，彼らの後には民衆の指導者としてクレオポン，他方，他派の指導者としてテラメネスの名が挙げられている（Aristoteles, *Ath.* 28.3）。また，Aristoteles, *Ath.* 28.5の中で「その昔の人びとの後に続いてアテナイで政治を行なった人びとの中で最も良い人びと（beltistoi）はニキアスとトゥキュディデスとテラメネスであったと思われ

る」と評されている。

　ここでソロンが「最初の民衆の指導者」と言われていることと，テラメネスの評価が高いことは，Aristoteles, *Ath.* の著者の政治観または政治思想を考察する上で興味深い記述である。これについては下記の第3部第7章の中で述べる。

　さて，貴族を言い表す言葉の問題に話題を転じると，コナー[45]は，前5世紀には比較的裕福で名声のある市民たちは自分たち自身のことをkaloi kagathoi（gentlemen）またはagathoi（good people）またはbeltistoi（the best people）またはおそらく単にandres（real men）と呼んだことであろうし，またchrêstoiという語は，たいていの文脈の中でこれらの言葉の代わりになることができるが当該の人物の価値と信頼性を強調しその指導者ぶりを示唆すると述べる。さらに続いて彼は，chrêstoiという語がchraomai（英語ではuse）という動詞と同じ語源であり，「役に立つ人」から「良い人」または「望ましい人」まで意味する広がりを持っているが，前5世紀以前にはありふれた言葉ではなかったと思われると説明する[46]。

　ところで，民主政期アテナイで大志を抱いた若い市民が自分の勢力を伸ばそうと考えた時，何を用いたであろうか。コナー[47]によれば，前450または440年代を想定した場合，彼は，役職の面では，アルコン職は抽選制度によって，そしてアレオパゴス評議会員はエピアルテスの改革によって権威が失墜したので，将軍職を，個人の有利な点では良い姻戚関係，風采のよい容姿，富を，そして政治経歴の面では法廷・五百人評議会・民会での雄弁さ[48]および影響力と，同じ政治的利害，同じ経済および社会階層，親しい人々，自分の一族の人々という支持者たちを用いたことであろう。また，コナー[49]によれば，「この時期の政治家たちの多くが『政治上の門閥』と呼ばれることができようもの，すなわち公務に関わってきた伝統を持ち，その子孫が政治に携わることを勧められるかまたは期待される門閥，に属していた」のであり，その典型がキモンであった。家柄の良い者は，ゲノス（genos）に所属していたので，そのゲノスの一族の中では互恵的な支援関係が存在したと考えられている[50]。コナー[51]は，ゲノスをただあ

る重要性を持った社会の単位としてでなく肝要な政治の単位としても考えなければならないと信じている。また，婚姻によってkêdeia（姻戚関係）のきずなを作ることによって複数の一族同士で政治同盟を築くことができた。例としては，僭主ペイシストラトスとアルクメオン家のメガクレスとの間でペイシストラトス本人とメガクレスの娘との婚姻（Herodotus, 1.60-61），ペリクレスとキモンの間でアルクメオン家エウリュプトレモスの娘のイソディケ（Isodikê）とキモン本人との婚姻（Plutarchus, *Cimon* 4.9）がある[52]。また，前述のキモンの項の中で述べたように，「気前の良さによる政治」によって政治勢力の伸長を図ったと考えられる人物たちがいる。例としては，キモン（Plutarchus, *Cimon* 10.1-3）とニキアス（Plutarchus, *Nicias* 3）の事例がある[53]。だが，「気前の良さによる政治」は，その受益者が恩義を感じることによって成立する精神的な面での関係であるために受益者たちを組織化することは無理であったので，ある固有の政治集団を生むことはなかった[54]。また，人々は，ヘタイレイア（hetaireia）を利用して政治勢力を伸ばすことを図ることができた。ἑταιρείαは，LSJ[55]によれば，通常，I. association, brotherhood（交際，親睦会），I-2. at Athens and elsewhere, political club or union for party purposes（アテナイや他の地では，政治結社または党派上の目的からの結びつき），II. generally, friendly connexion, friendship, comradeship（通常は，親しい関係，友人関係，仲間関係）を意味する。すなわち，通常は，おおよそ同じ年齢と社会的立場にある人たちの正餐または飲酒の会であった[56]ので，時には"dining-club（饗宴のための会）"[57]と英訳されることもある。コナー[58]が指摘しているように，「政治集団」を意味する場合，ギリシア語の言い回しは，hoi periまたはhoi amphiで政治家の名前がその後に続く言い回しとなり，文字通りには「誰それを取り巻く人たち」となる。ところで，政治上のヘタイレイアの最初の例としては，Herodotus, 5.71の中で前632/1年または前636/5年に[59]キュロンが僭主になろうとした陰謀について"prospoiein hetairêiên (hetaireianに同じ) tôn hêlikiôteôn"（同輩の人たちからのヘタイレイアを味方につける）と表現しているものが知られている[60]。コナー[61]によれば，ヘタ

第3章　前411年の四百人の寡頭派政変の原因について

イレイアは元々は政治上の集まりではないが,「ペリクレス,キモン,そしてペロポネソス戦争以前の時代の最も成功した政治家たちは,おそらく諸ヘタイレイアの成員たちであり,それらの支援の受益者たちであった」のである。他方,Plutarchus, Pericles 14.2の中でペリクレスが政敵のトゥキュディデスを陶片追放によってアテナイから追放した時に"katelyse tên antitetagmenên hetaireian"（敵対するヘタイレイア〔トゥキュディデス側のもの,引用者註〕を解体した）と述べられているので,政治上のヘタイレイアは,その中心人物が陶片追放の処分を受けた時,解体するものであったと考えられる[62]。また,ヘタイレイアを利用した親交を形成するためにはある程度の富を持っていることが必要であった。Plutarchus, Themistocles 25.3によれば,テミストクレスは政治に携わる前には3タラントンの財産を持っていたと伝えられている[63]し,さらにコナー[64]は,Euripides, Electra 1131の中にエレクトラの「貧しい人々を誰も友人に持とうとは思わない」という台詞が,そしてEuripides, Medea 561の中にイアソンの「人はどんな友人でも貧しい人から離れて逃げていく」という台詞があるので,ヘタイレイアを利用した親交を行なうためには経済的に裕福であることが必要であって,比較的貧しい人にはそういう親交を行なうことが難しかったと論じている。

それゆえに,野心をもって政界に入りある政治勢力を率いるまでになる人物は一般に,「気前の良さによる政治」,婚姻による同盟,政治上の裁判,ヘタイレイア,民会などの公の場での雄弁さとそれから生じる影響力,陶片追放などの政略を用いることによってその影響力を増したり維持したりした[65]。

ところが,かかる形で政治勢力を伸ばす方法は,良い家柄や十分な富を持つ人に当てはまるものであるのに対して,コナー[66]が指摘するように,前5世紀後期の民主政期アテナイでは新しい型の政治家が登場する。コナー[67]によればこの時期に"philodêmos"（民衆に親しみを持つ人）と"misodêmos"（民衆を嫌う人）,"philopolis"（ポリスに親しみを持つ人）と"misopolis"（ポリスを嫌う人）を対比させる言い回しを使って自身の立場

第1部　前411年の寡頭派政変

を明確に述べること，そして民衆やポリスに"eunoia"（好意）または"kakonoia"（悪意）のどちらを持っているかと対比させる言い回しを使うことがみられるようになった。それゆえに，家柄が良くて富裕な政治家にとっては，クレオンのような人物によってかかる言い回しが使われて自身が"misodêmos"であると公衆の前で言われることは痛手であったに違いない。なぜならば，家柄が良くて富裕な人物がそのような生まれつきの利点を捨ててまで，そしてこれまでのヘタイレイアの交遊関係の外に存在していた多数にのぼる，いわば大衆の人々と交際するまでして，自身が民衆に好意を持っている人物であることを示そうという気にはなれなかったであろうからである。コナーが示唆するようにおそらくクレオンによって使われ始めた[68]，かかる対比の言い回しを駆使して自身の立場を民衆寄りであると唱える術は，貴族層の人々には痛手であったと思われる。

　また，コナー[69]は，クレオンが登場する以前の政治家たちは軍事の面でも実績を積んでその勢力を伸ばしたのに対して，クレオン，ヒュペルボロス，クレオポンは非常に雄弁な人たちでありポリスの内政運営にも優れていたものの，「偉大で不断の軍事上の業績なしに出世して傑出した能力ある演説家たち」であり，後の前4世紀のアテナイでは普通の現象となった，政治担当者と軍事担当者の分離[70]を先取りする存在であったことを指摘している。ペロポネソス戦争が長期化しているという認識を，生死に関わる重い負担である軍事上の義務を避けることなくそれまでこなしてきた実務経験者たちが持ち始める時，彼らが，雄弁ではあるものの軍事上の業績のない人たちをどのような目で見るかが注目すべき点となろう。Th., 8.47.2は，前411年の寡頭派政変の元々の出発点としてサモス駐留のアテナイ軍内のtriêrarchoi（三段櫂船奉仕者たち）とdynatôtatoi（最有力者たち）が民主政打倒を目指したことを記している。これらの人々は，生死に関わる重い負担である軍事上の義務を避けることなくそれまでこなしてきた実務経験者たちと見てよいであろう。

　クレオン，ヒュペルボロス，クレオポンは，コナー[71]が指摘するように，ペリクレスとキモンが自分の土地から富を引き出したのに対して，その収

第3章　前411年の四百人の寡頭派政変の原因について

入を農業に依存しておらず，どちらかといえば仲買人または製造業者であり，それゆえにこれまでのアテナイの政治家たちを輩出してきた社会層とは異なる層の出身者であった。ある箇所でコナー[72]は，彼らは "agoraioi"（アゴラ通いの人たち）や "neoploutos"（にわか成り金）であったとみなしている。また，クレオンは喜劇詩人たちによって激烈に攻撃されたが，この理由についてコナー[73]は，彼がそれまでの政治家たちが採った道を通らずに出世した，新しい型の政治家であったからであると説明している。すなわち劇の中で，クレオンがパプラゴニア人とされているのは，彼が名高い家系や一族との縁故関係を要求しなかったことを誇張したものであり，彼が貧しい製造業者とされているのは，彼がある程度の財産を持ちながら「気前の良さによる政治」の手法を用いなかったためであり，彼が "philoi" なしに壇上に登場する人物とされているのは，彼が友人たちとの交際を拒絶したからであり，彼がデーモスの求婚者として登場する人物とされているのは，彼がデーモスを愛すると公言したからである。そしてコナー[74]は，〔Xenophon〕, *Ath.* 2.19-20 と〔Plato〕, *Axiochus* 368 d-369 の史料を挙げて，クレオンのような新しい型の政治家が登場することによってそれまでの手法を用いて政治経歴を経験した，家柄の良くて立派なアテナイ人たちがしだいに政治に興味を失って政界から離れていき，ある人は寡頭派になったと，そして彼らがポリスと疎遠になることが民主政の安定性を次第に損なったと説明する。また，さらに彼は[75]，『ヒッポリュトス』，『イオン』，『オレステス』の悲劇作品の中の登場人物の台詞や描写の中に当時のアテナイのより良い市民たちが政治権力や出世を求めることに背を向けて，自分たちより政治に関わっている市民たちを笑うか軽蔑する様子や彼らが民会の場で沈黙を続ける様子を読み取っている。このように前420年代以降にアテナイでクレオンのような新しい型の政治家が登場することによってそれまで政界の主流を歩んでいたより良い階層の人々が政界から手を引くようになったというコナーの理論は，非常に魅力がある。彼は指摘していないが，前411年の寡頭派政変の時期に能力がありながら政界から遠ざかった人物としてアンティポンが挙げられる。彼について Th., 8.68.1 が，「民

第1部　前411年の寡頭派政変

会にもその他の討論の場にも全く進んでは来ない」と述べているからである。

　前411年と前404－403年の寡頭派政変に至る過程についてのコナーの理論[76]を要約すると次のようになる。(1)クレオンの登場によって新しい型の政治家が，既存のより良い階層の人々を政治の場から駆逐した。新しい型の政治家は，小さな派閥の利益ではなくポリス全体または民衆の利益を代弁することに努めた。(2)前410年代に「海外での大惨事〔シケリア遠征での大敗，引用者註〕，帝国の運営の面でますます厳しさを増すこと，本国で辛いことが増えること」[77]によって前412年に陰謀が始まり，その世紀の末まで続いた。この寡頭派たちの反逆は，アテナイの政治家たちのせいではなく，当時のアテナイが遭遇した危機のせいである。(3)だが，クレオンらの登場に対してアテナイ人のchrêstoiは，憎しみとイライラを感じ，「強い反動〔前411年と前404－403年の寡頭派政変，引用者註〕」[78]につながった。それに至るまでには，彼らのある者は，政治から手を引いて私的な集まりに逃避したが，他方である者は，philiaの結びつきによってhetaireiaiを「synomosiai，すなわち民主政を打倒することを決意する誓いを立てた革命家たちの一団に」した。また，政変時にはこの政治から手を引くという風潮が影響を及ぼして，「積極的には民主政の打倒を支持しなかった多くのアテナイ人たちがそれにもかかわらず動けなくなり，都市の政治を保持することあるいは改革することのいずれのためにも働くことのできないようになった」ので，彼らが手を引いたことは，「革命家たちに道を開く」[79]ことになった。この指摘は，ペイサンドロスの最初のアテナイ帰国の際にクレーストイを含めてアテナイ民衆が彼の寡頭政への変革についての提案に譲歩したこと（Th., 8.54.1），民主派の指導者アンドロクレス暗殺の際にアテナイ民衆が騒いだ形跡がないこと（Th., 8.65.2），その直後の寡頭派の政治綱領の表明に対してアテナイ民衆の間ではテロの恐怖を抱くとともに互いに疑念と不信感を抱く結果となり，これに反対することを明言した者がいない様子であること（Th., 8.66）を部分的に説明することができる。

第4項　富裕者のレイトゥルギア負担

民主政期のアテナイでは，おそらくは民衆全体が総じて貧しくて一般民衆から税負担を求めるまでに至らなかったので，その代わりに共同体の様々な機能を維持または運営するために富裕者層にはレイトゥルギア（leitourgia）と呼ばれる経済的な負担が課せられた。レイトゥルギアとは自己の負担で公の行事の費用などを弁ずることで，一種の公共奉仕であった。それには，triêrarchia, chorêgia, hestiasis, architheôria, gymnasiarchia, hippotrophia, eisphoraがある[80]。トリエラルキア（三段櫂船奉仕）は，triêrês（三段櫂船）の船体と船具の維持・修繕，乗組員の給料・食糧の費用負担の義務で，戦時に約2百人が奉仕した。コレギア（合唱隊奉仕）は，祭事の悲喜劇の合唱隊の上演の費用負担の義務である。ヘスティアシス（饗宴幹事奉仕）は，祭事の部族の宴会の準備の義務である。アルキテオリア（神事代表奉仕）は，外国の祭への代表団派遣の義務である。ギュムナシアルキア（競技監督奉仕）は，松明競技を主宰する義務である。ヒッポトロピア（騎馬飼育奉仕）は，騎士身分の馬の飼育の義務である。エイスポラ（戦時拠出金納付）は，戦時に拠出金を納付する義務である。また，レイトゥルギアに伴ってアンティドシス（antidosis）を要求することができる制度があった。すなわち，あるレイトゥルギアを課された市民が，自分よりもっと富裕な市民が他にいると考えた場合に，彼を指名して彼がレイトゥルギアを負担すべきことを要求し，もし相手がこれを望まない時には自分の財産と相手の財産とを交換すべきことを申し出ることができた。

レイトゥルギアの事例を前403/2年に行なわれた演説から前410－404年の時期についてのものを見てみることにする。

　　さらに，私は，同じアルコンの年〔前410/09年〕のディオニュシア祭の時に男性合唱隊で優勝しましたし，それには三脚の鼎の奉納を含

めて，5千ドラクマを費やしました。次に，ディオクレスのアルコンの年〔前409/8年〕に小パンアテナイア祭の時に円舞合唱隊に3百ドラクマを費やしました。その間，7年間，私はトリエラルコス〔三段櫂船奉仕者〕となり，総額6タラントンを費やしました。
　そして私は，これらすべての出費を負担し，それに日々皆さんのために国外に出て危険に身をさらしましたけれども，それにもかかわらず私は，エイスポラ〔戦時拠出金納付〕を，ひとつは30ムナ，もうひとつは4千ドラクマを負担したのですよ。他方，私がアレクシアスのアルコンの年〔前405/4年〕に帰航した途端に，プロメテイア祭のための競技監督者となり，そして12ムナを出費して優勝しました。

Lysias, 21 *Defence against a Charge of Taking Bribes* 2-3（前403/2年）

　この事例は，約7年間の間に総額8タラントン15ムナ（＝49,500ドラクマ）を支出したことになる。当時としてはかなりの大金を負担したことになる。また，ここではペロポネソス戦争末期の戦局がよくない時期であることに，そして前411年の四百人の寡頭派政変の後の時期であることに注意したい。
　このようにレイトゥルギアの負担がかなりのものであったので，当然のことながら，それに対する不満や批評が語られた。レイトゥルギアに対する不満の事例を伝クセノポン『アテナイ人の国制』から挙げてみる。

　他方では，その合唱隊奉仕と競技監督奉仕と三段櫂船奉仕で知れ渡っていることは，一方で富裕な人々（plousioi）が合唱隊奉仕を務め，他方で民衆（dêmos）が合唱隊奉仕を受けるし，そして一方で富裕な人々が競技監督奉仕を務めたり三段櫂船奉仕を務め，他方で民衆が三段櫂船奉仕を受けたり競技監督奉仕を受けることである。いずれにせよ，民衆は，歌ったり，競走したり，踊ったり，船で航海して，金銭をもらうのにふさわしい。自分たちが得をし，富裕な人々がより貧しくなるためにもだ。

〔Xenophon〕, *Ath.* 1.13（前5世紀後期）

この事例は，富裕者が日常で公共奉仕に多大な出費を強いられて経済的に苦しんでいるのに対して，民衆は富裕者の公共奉仕による出費のおかげで金銭という利得を得ることができることを指摘している。次に，レイトゥルギアに対する批評の事例をクセノポン『家政論』から見てみる。その著作の中でソクラテスが富裕者のクリトブロスに彼の財産が３倍に増えても生活を維持するのに困るだろうと言った後，次のように説明する。

> なぜならば，まず第１に，あなたは多くの途方もない供犠を奉納しなければならないとお見受けしますが，さもなければあなたは神々や人々とよくないことになりかねませんね。第２に，多くの外国人をお持てなしするのがあなたの務めですね，しかも気前良くね。第３に，あなたは，市民たちに食事を振るまって慈善奉仕をしなければなりませんね，さもなければ支持者を失いますから。さらにまた，ポリスがあなたから大変な出費を課していると私は見ております。馬の飼育，合唱隊奉仕，競技監督奉仕，（居留外人または一派の〔詳細は不明〕）保護者としてね。さらに戦争が始まれば，市民たちはあなたに三段櫂船奉仕や戦時拠出金納付を求めるので，あなたはたまらなくなるとお見受けします。そしてあなたが期待されていることができないと見られると，アテナイの人々はきっとまるであなたが自分たちのものを盗もうとしたところを捕らえたかのようにあなたを処罰するのですから。
> Xenophon, *Oeconomicus* 2.5-6（およそ前362/1年）

この事例は，アテナイでは民衆が公共奉仕などで富裕者に多大な出費を強いるので，富裕者は富裕であればあるほど出費がかさみ，さらに裁判ざたになる可能性があることを指摘している。従って，アテナイでは富裕者は，レイトゥルギアによって経済的に負担を強いられ，さらに社会的に不利な立場におかれる危険にさらされるようになっていたと言える。加えて，民主政期アテナイの政界では，マラトンの戦いの英雄であるミルティアデス

が前490/89年のパロス島攻撃の失敗を理由に告発されて死刑の求刑を受け，その代わりの50タラントンもの高額の罰金が支払えず獄死した事例を初め，役人が弾劾される事例が多い[81]。そのために，ウェーバー[82]が指摘するように，おそらく富裕者でさえ，その財産を維持できたのか不思議なほどである。

　このように民主政期のアテナイで，富裕者たちが，政治上の裁判による不利益に加えて，特にペロポネソス戦争の後期で，レイトゥルギアによって経済的に大きな負担を強いられていることが分かる。上記で挙げた弁論史料では聴衆のアテナイ民衆を前にして富裕者が具体的にレイトゥルギアの負担について強く不平不満を述べている箇所がなく，語り口がむしろポリスのために健気に負担を負っているという印象すら感じさせるので，逆に日常では彼らがかかる経済的負担を不満に感じていたと想像するに難くないと思われる。

　第5項　弾劾による政治生命への脅威

　ハンセン[83]の研究によれば，民主政期の内の前493年から前324年までにアテナイでエイサンゲリア（弾劾）で告発された事例は，144例にのぼる。確かに，おそらく前355年のイソクラテス（Isocrates, 8 On the Peace 54-55）が，当時のアテナイ人たちが先祖たちと違ってポリスを指導する人ではなく誰も耳を貸さない勧告をする無能な人を将軍に選出していると不平不満を述べている[84]ので，そしてポキオンが当時の「国事に携わる人たち」（ta koina prassontas）がまるでくじを引くかのように将軍職と演壇を分担していたので自身はペリクレスやアリステイデスやソロンの国制を復活させて軍事と政治の両面に欠けることなく振り分けることに努めたとプルタルコス（Plutarchus, Phocion 7.3）が述べている[85]ので，これだけの件数の弾劾が行なわれても不思議ではないかもしれない。だが，この弾劾の事例の件数について村川[86]は，「もちろん毎年10人が選任される将軍の全体の数からみれば弾劾された者，死刑を求刑された者，まして死刑にあっ

第3章　前411年の四百人の寡頭派政変の原因について

た者の比率は寥々たるものであった。しかし〔中略〕，当時のアテナイにおいては政治家として活動したり，もっとも重要な将軍の職に就くことには現在では考えられぬ生命，財産の危険を伴ったのであり，将軍職などよく毎年立候補者があったもの，との感がある。さまざまの口実から法律違反すなわち反民主主義の名目で訴え，作戦上の失敗を国家反逆罪で弾劾するやり口は峻厳を越えていささか奇妙であるが，それが日常茶飯事であったところにこのころのアテナイの政治の特色がある」と述べている。また，フィンリー[87]は，ミュティレネ人たちの処遇を議論した民会に臨んだクレオンを引き合いに出して，「例えば，週毎の戦争の行動が週毎に民会の前に持ち込まれなければならなかった〔中略〕，そして次には動議が行なわれた後に民会または法廷では，次のことを決定するための別の表決に直面しなければならなかった。すなわち，次の措置はどんなものであるべきかだけでなく，その提案自体のせいでかまたはそれ以前の動議が行なわれたやり方のせいのいずれかで彼〔提案者のこと，引用者註〕が免職させられるべきかどうかや彼の計画が放棄させられるべきかどうかを，あるいは彼が刑法上有罪と，罰金かまたは追放を受けるべきと考えるべきかどうか，さもなければ考えようによっては，死刑の刑罰が与えられるべきかどうかでさえを決定することである。他でもないアテナイの政治制度の一部，それは，政治家が，民会での終わることのない挑戦に加えて，同様に休むことなく，政治の面から惹起された訴訟の脅威に立ち向かった。〔中略〕もし筆者がアテナイでの政治指導者である条件を最もよく特徴づけた言葉をひとつ選ばなければならないとしたら，その言葉は『緊張状態』であろう」と述べている。彼の言葉の要点は，アテナイの政治家が，引用箇所の中では具体的には言及されていないが，弾劾や違法提案告発で，絶えず挑戦にさらされていたということである。民主政期のアテナイでは上流の人々が高位の役職に就く時，弾劾（エイサンゲリア）の告発によってその政治生命と財産に危険が及ぶことが時にみられたことにここで注目しておきたい。

第1部　前411年の寡頭派政変

第6項　前5世紀における民主政についての論争

ラフラウプ[88]が前5世紀の悲劇作品やトゥキュディデスの著書などから当時の民主政についての論争に関連する諸史料を挙げ，さらにそれらを元にして仮想の政治論争を再現しているので，以下で彼による前5世紀における民主政についての論争の概説を紹介したい。

初めに，その歴史的政治的背景についてラフラウプは次のように概説している。ペリクレスの外交・軍事政策によってアテナイの勢力は，海軍とテーテスに依拠するようになり，民主政が下層民の役割と結びついた[89]。この変化は，前462年のエピアルテスの改革から始まり，改革者たちは，民衆に全面的に責任を負わせるようにすることに努めた[90]。そこでエピアルテスの改革後に改革についての論争とエピアルテス暗殺という暴力沙汰が起こり，改革派と反改革派の2派に分かれて対立するようになった。それがペリクレスとトゥキュディデスの対立であり，貴族のトゥキュディデス派は，ペリクレスの政策が民衆（dêmos）を利し，自分たちが少数派であるのでペリクレスの民主派が市民団の一部による排他的支配を行なっていると見た。このようにしてアテナイ市民たちの間では民主政対寡頭政の対立と論争が発生した[91]。トゥキュディデスの陶片追放後のペリクレスの第一人者時代には民主政の成功によって国制論争は争点にならなかったが，シケリア遠征敗北後とペロポネソス戦争の敗戦後に寡頭派が台頭した。だが，彼らは，党派争い，暴力行為，敵との談合で信用を失うだけであった。この背景には非貴族の富裕層が登場し，さらにペリクレスの死によって貴族による指導が終わり，それらの条件から雄弁な政治家（rhetores）が求められたことがある[92]。エピアルテスの改革後，アテナイ民主政が市民の間での政治上の平等を達成すると，国内でも，また国外でもアテナイの帝国主義政策によって，民主政というものが注目を引かなくなった。内外で親民主政と反民主政の論議とアテナイ帝国論議が起こった[93]。それゆえ，ペロポネソス戦争期にはスパルタが貴族政のモデルになり，他方でア

テナイは他ポリスに民主政を押しつけていった。戦争の負担と党派争いの下で民主政と寡頭政という言葉は，国内の権力抗争に国外からの支援を得るための口実として使われるものに変わるようになった[94]。

前5世紀に国制論争の形式を採ったものとしてラフラウプが挙げるのは，ヘロドトスのペルシア王宮内での国制論争の物語（Herodotus, 3.80-82）とエウリピデスの『救いを求める女たち』（Suppliants [Supplices]）である。ヘロドトスの物語の時代設定は，前522年であるが，ラフラウプは，彼の国制論争の物語の中のいくつかの意見が前5世紀後期のギリシア人の思想に根ざしていると考えている[95]。この物語の中でダレイオスが王位を継承するにあたり，採択すべき国制としてオタネスが民主政を，メガビュゾスが貴族政を，ダレイオスが王政を主張する。3人の主張についての詳論を省略するが，ラフラウプが指摘することは，この3人の討論を通じて王政論が民主政論を対照として引き立てる役割を持っており，結局，この討論の主な目的は民主政の美点と欠点を議論することであったに違いない，ということである[96]。けれども，このペルシア王宮での討論は，論に偏りがあり，賛成論と反対論の論点が必ずしも合っていないので，真の論争になっていない[97]。従って，この討論の中の話し手たちは，当時のギリシア人の中の，民主政の長所と短所についての論を技術よりも熱心さで語る政治の専門家たちを鏡に映し出している[98]，というわけである。もうひとつの国制論争を提供する，エウリピデス『救いを求める女たち』の中では，論者が2人であり，テバイからの伝令使が王政を代弁し，テセウス王が民主政を擁護する。民主政擁護の力点は，全市民に対する法の保護と政治参加を保証する諸制度にあり，また，民主政の長所が，逆に僭主政を批判することを通じて激賞されている[99]。僭主政を話に出すことが，それにアテナイ人たちが恐れているので，民主政論に有効である。この討論も民主政論に過ぎなくて，前述のヘロドトスの物語に相似している[100]。

次に，2つの国制を比較した議論の例がある。ラフラウプが挙げているものは，伝クセノポン『アテナイ人の国制』（〔Xenophon〕, Ath.）という小論とトゥキュディデス『歴史』の中のシュラクサイ人アテナゴラスの演説

109

である。伝クセノポンの小論については，ラフラウプが簡潔に述べているだけであるので，下記で筆者から詳しく述べたい。その小論についてラフラウプが指摘していることは，この中で民主政と寡頭政の2つの国制が比較・検討されているが，それらの国制が，お互いに相容れず，市民団の中の一部の利益を代弁しているというように描かれていることである[101]。他方，アテナゴラスの演説は，前415年にアテナイ海軍のシケリア遠征軍がシケリアに接近しているうわさが流れている中で寡頭派が民主政を打倒して権力奪取を狙っている時に行なわれたものである。彼の演説からそのポリス内の寡頭派の要求と不平不満を知ることができる[102]。このアテナゴラスの国制比較論は，現実の政治の中の諸問題や現実に基づいている[103]。

次に，ラフラウプは，悲劇に登場する国制論争あるいは民主政論を概観している。彼によれば，普段は抑えられている仲違いが劇の中で論じられる可能性があり，そして悲劇は，共同体の道徳と政治の教師となる[104]。また，悲劇作家の関心は，民主政によって創り出される様々な問題や緊張に向けられて広がるものであり，その場合，アテナイの外交と帝国主義に関連する問題についてのものになる。例として挙げられるのは，アイスキュロスの『救いを求める女たち』(*Suppliants* [*Supplices*])，『エウメニデス』(*Eumenides*)，『縛られたプロメテウス』(*Prometheus* [*Prometheus Vinctus*])，ソポクレスの『アンティゴネ』(*Antigone*) と『オイディプス』(*Oedipus* [*Oedipus Tyrannus*]) である。ラフラウプは，悲劇作品からアテナイ人の民主政観が分かると確信している[105]。ほとんど全面で政治問題に焦点を当てている現存作品としてラフラウプが枚挙しているものは3つで，エウリピデスの『ヘラクレスの子供たち』(*Heraclidae*) と『救いを求める女たち』(*Suppliant Women*〔前述の箇所とはラフラウプによる表記が異なっている〕)，そしてアイスキュロスの『救いを求める女たち』である[106]。ラフラウプによれば，エウリピデス『救いを求める女たち』は，ペロポネソス戦争と民主政の危機の始まりを反映しており，第一人者の死で束縛を解かれたアテナイ政治指導者たちの競争の凄まじさを描いており，従って，詩人は民主政批判を提示している[107]。『ヘラクレスの子供たち』は，外国に屈せずに

第 3 章　前411年の四百人の寡頭派政変の原因について

自国の主権と自由を守る決定を支持し，過去の栄光があるので今回の新しい戦争は大義のために戦い，hybris（暴虐非道）や不正の危険を避ければ勝利すると語りかける[108]。それと同じ原則が『救いを求める女たち』の中で強調されているが，そこでは疑念と悲観主義が広がっている。テバイ戦でアドラストスが理に従わず，せっかちな従者たちに屈し，警告を無視してポリスに悲劇をもたらす。ラフラウプは，ここにトゥキュディデス（Th., 1.70）のアテナイ人たちの描写との類似性を認め，勝利で次の大勝利を欲しがるアテナイ民衆の心情を描いていると考える[109]。また，ラフラウプは，エウリピデスの民主政批判が指導者の質と民衆の力量の問題に焦点を当てており，民主政の良さと，他方で民衆の無能さを強調すると考える。さらに，エウリピデスが，若い指導者たちの自己本位と野心，富者の貪欲さ，貧者の妬みなどを非難し，共同体の生き残りは中年層にかかっていると述べ，これらの悪に対する取り組み方として，共同体意識の覚醒と若者に政治責任を負わせることを述べており，劇中のテセウスにペリクレスの像を重ね合わせ，政治技術としての勇気の大切さを語っていると考える[110]。さらに，ラフラウプによれば，（彼がおそらく前411年の寡頭派政変の直後に上演されたと考える）『フェニキアの女たち』（Phoenician Women [Phoenissae]）の中でエウリピデスは，党派対立の問題と，野心および自己本位の有害を述べている。エウリピデスの論点は，ソフィストの権力論に根ざしている政治姿勢で，終戦までの若い貴族政・寡頭政論者たちの間でありふれていたものである。劇中で彼は，ポリュネイケスをアルキビアデスに，あるいは2人の兄弟（ポリュネイケスとエテオクレス）を民主政と寡頭政に譬えている。詩人エウリピデスは，前411年の政変の事件から影響を受けており，権力闘争と破滅を主題にし，解決策として共同体意識を強調することを示している[111]。このように，ラフラウプは，エウリピデスの社会・政治思想はこれまで浅はかで流行を追っていると批判されてきたが，彼の民主政に対する関心はその問題点を述べるだけでなく，共同体の生き残りに成功するための一般原則を確立することにあったと説明する[112]。

　次に，ラフラウプは，トゥキュディデスについて概観する。彼によれば，

トゥキュディデスによる民会討論の報告は，民主政の外交政策決定についての諸問題の議論になる[113]。メロス問題の討論とコルキュラ内戦は，ポリス間関係とポリス内党派抗争についてのトゥキュディデスの判断を提供してくれる。トゥキュディデスによるペリクレスの指導者ぶりの評価（Th., 2.65）は，アテナイ民主政がペリクレスの優れた才能によって飼い馴らされる限りうまくいくこと，そしてこのペリクレスによる第一人者による民主政（》first man《 democracy）が実は民主政でなく，ペリクレスが死ねば崩壊して衆愚政治になることを示している[114]。トゥキュディデスの叙述の中では民主政称賛の弁としてペリクレスの葬送演説（Th., 2.35-46）があるが，ラフラウプによれば，この中でペリクレスは，市民の自由を保護する民主政の諸制度に焦点を合わせた国制論議だけでなく，民主政は社会と政治の秩序，生活様式であると説いている。ペリクレスが語る民主政は，多数者による決議と法の前の平等，個人が社会経済的立場でなくその能力で役割を演じること，自由と相互の信頼，法や役人への従順さを特徴としている。そして民主政の制度の下では市民が公事に関わることが求められており，また厳格な教育によらずに市民がその能力を高めて共同体に奉仕することが許されている。そしてポリスの勢力は市民の資質に基づく[115]。ラフラウプは，このペリクレスによる民主政論が，それに肯定的な叙述であり，さらには弁護的であり，国制についての比較論争，敵国による宣伝，あるいはスパルタを理想とする主張の中に見られる民主政批判に応えたものであると説明する[116]。ラフラウプによれば，このペリクレスの演説についての記述の後にトゥキュディデスは，ペストによる禍を描写することによって市民たちの和の像を壊すとともに，ペリクレスの死の直後の描写によって民衆の気まぐれと感情的不安定さを暴き，ペリクレス時代が特別であり彼の死後に民主政の真の姿が現れたかのように描写する。ここにトゥキュディデスの民主政観が表現されており，それは，民衆の政治能力・規律などの無さ，政治家の技量と指導力の無さであり，これらが民主政とアテナイの力を破壊することが示されている[117]。このトゥキュディデスの見方にとって特に重要な2つの場面は，ミュティレネ人処遇問題の討論とシ

ケリア遠征問題の討論である。ミュティレネ討論は，民主政の下での決議方法の問題を提示する。ラフラウプによれば，その討論の演説者クレオンは，民主政が強力な帝国主義政策を維持できないのは民衆の気まぐれのせいであるので，帝国支配のために決議を堅持すべきであるし，他方で，そのような政策の一貫性は，政治家たちが民衆の好意を求めて競うことによって危うくなることを述べている。それに対して，クレオンの反論者ディオドトスは，政治家が議論でなく，おべっか，うそ，中傷に頼って議論を貶め，その結果，有能な政治家が追い払われるし，民衆は自分たちの決議に責任をとらないことを指摘する[118]。また，ラフラウプは，同じ問題がシケリア遠征問題の討議（Th., 6.1-26）で登場すると考える。その討論での演説者の一人であるニキアスは，人物が良くて用心深く，思慮に富む指導者のモデルとして描かれ，他方，もう一人の演説者のアルキビアデスは，その反対で，若くて金持ちで，才能がありうぬぼれ屋で人気があり，クレオンより危険な人物として描かれており，トゥキュディデスは，彼の権力欲を疑っていない。ラフラウプによれば，トゥキュディデスは，アルキビアデスの計画ではなく彼の玉虫色の刺激のある個性が熱い政争を押し進めたと主張する。さらに，アルキビアデスが民衆の感情を煽り立てたので，アテナイ人たちは危険を避けることができなかったと描写する[119]。要するに，ラフラウプは，トゥキュディデスが，彼の懐疑主義と悲観主義は別にして，民主政の問題点と弱点を指し示したと考える[120]。

　ラフラウプは，前5世紀の最後の三分の一世紀の時期に行なわれた可能性のある，寡頭派と民主派の人物たちの間の民主政についての仮想の討論を描いてみせている。この描写は，トゥキュディデス，伝クセノポン『アテナイ人の国制』，エウリピデスの悲劇などから拾い集めた史料に基づいて構成されている。下記にそれを抄録する。寡頭派，「民主政は，大衆という市民団の一部の利益のためにあり，上流層は少数派である。少数者は大衆の奴隷になっている。デーモスに属さない人が民主政を好むのは不自然である」。民主派，「権力が少数者でなく多数者にあるから民主政と呼ばれる。民衆が主権者で主人である。全市民が決議し責任を分かつ。民主政

では各人が，共同体にとって有益である限り，参加・貢献することが許される。寡頭派は，多数者が政治に関わることを望まない」。寡頭派，「民衆が将軍職のような危険な役職に就かず給与などを得る役職に就きたがるのは奇妙ではないか。寡頭派が望んでいるのは，富と身体でポリスに貢献できる人が責務を負うべきであるということである」。民主派，「貧しい普通の人々が政治に参加して貴族や富裕者より権力を持つ理由は，彼らが艦隊に乗船しポリスに勢力をもたらすからである。市民たちは指導者に善意を感じるだけでなく，共通善のために精力を捧げる。寡頭派のeunomiaの下では多くの人が政治や権力から締め出され少数者の奴隷になる。民衆による政治参加と政権管理は，自分たちの自由を守る唯一の方法である。民主政は自由である」。寡頭派，「eunomiaの国では最善の人が立法し政策を決定し，下層民を管理し，狂人を民会に参加させない。民主政はkakonomiaで民衆が権力と自由を持っているので，最善の人は我慢しなければならない。民衆の言う自由は度を越しており，アナーキーや無法を隠す言葉である。自由人の生まれだけが市民資格でない。生計を他人に頼る人は自由でない。自由人は，自由な職業，自由な教育，共同体奉仕につく人である」。民主派，「民主政ポリスでは社会・政治生活は，自由，互いの尊厳，調和が特徴である。自由は，制度の品質証明であり，民会での発言権が最も大事である」。寡頭派，「民主派は，傲慢と民主政，無法と自由，厚かましい発言と平等とを取り違えている。民主政は法を尊重しない」。民主派，「民主派は，好きに生活できる自由を誇りに思う。民主政は法を尊重し，市民は成文・不文の法と役人に従う。諸法は公表され，共同体の共有財産であり，法の前の平等と貧民に富者に対して立つ機会をもたらす。そのような市民間の平等が民主政の基本原則であり，役人の籤選出，輪番制，民会での投票と発言に影響を与えている。demokratiaは，isonomiaやisegoriaに置き換えられる」。寡頭派，「民主政は知的でも公平な制度でもない。なぜならば，表面だけの平等を各人に押しつけ，富者の機会を不当に制限するからである」。民主派，「すべての市民は本質的に等しい。同じものには同じ権利を持たせるのが正しい」。寡頭派，「実際，市民は同じものではない。

第3章　前411年の四百人の寡頭派政変の原因について

寡頭政は, 家柄, 富, 教育, 能力, 経験, 徳のある人による政治を意味する。最善の人の支配に基づく制度は良いに違いない。だが, 民主政は, 貧困, 卑賤, 無教育, 無能, 無責任の大衆に支配されている。民衆は政治責任を負う資格がないし, 頭脳があっても政治をする暇がとれない。kakoiが支配するところでは悪くなるばかりである」。民主派,「プロタゴラスは, 市民は皆, politike techneを持っていると主張している。それがあるからアテナイ人は, 専門家, 財務では富者, 精通した人に耳を傾ける。決断の時には各市民の意見に耳を傾ける」。寡頭派,「プロタゴラスは, 各市民がpolitike techneの種を持っていると言いながら, 他方でそれは教育で周到に発達させなければならないとも言っている」。民主派,「アテナイは, ヘラスの学校であり, 民主政が市民に最良の教育を提供して人格を発展させる。従って, アテナイ人は, スパルタ人のような厳格な教育制度を必要としない。各市民は等しく国制に関心があり, 仕事に忙しくても知らせを受けている」。寡頭派,「それはとんでもない誤りを防げない」。民主派,「この制度は過去に注目すべき成功を収めたし, 昨今でもアテナイは最も自由で勢力があり充実しているポリスである。民主政の指導者はいつも貴族か富裕者で, 彼らが民主政が嫌われる政策を考案する。少数者が政治をすると, 地位争奪競争が起こり, ポリスが滅ぶ。党派争い, 暴力, 僭主政につながる」。寡頭派,「民主政は, kakoiの団体がポリスを損ない, 人気取りの人物の僭主政をもたらす。民主政より悪い政治はない。民衆は, 言うことを聞かず感情的で気まぐれで, 慎重に判断できずポリスを正道に乗せられない。成功は大衆のものとし, 失敗は指導者のせいにする。政治家は自分の提案の支持を得るためにおべっかを使う。政治家間の競争が凄まじく, 雄弁術や知恵を使い, お互いに告発し合う。政治家の関心は, 自分の利益の増進にある。人気にあぐらをかき, 大衆の移り気につけこむ。自身がもたらした損害は無実の人に責任をとらせ, 罪を免れるようにする」。民主派,「民衆の役割は, 指導者と同じくらい重要で, 平均的市民は良い演説・論を正しく評価する。すべての提案は議論に付される」。寡頭派,「新しくて刺激的なものが受け入れられやすい。重大な決定が, 十分な知識な

しに行なわれる。民主政の市民は，向こう見ずで平和より苦難の行動を好む。その結果，アテナイ人は他人の事に干渉する。民主政と結びついて外交政策は，軽率な判断で損なわれ，内政干渉主義，帝国主義，搾取，圧政となる」。民主派，「そのような政策の扇動者は，寡頭政を望むエリートである。アテナイは，被抑圧者を助けるために内政干渉をする伝統を持つ。どのポリスも民主政のアテナイより成功していない。その成功は，市民の資質と愛国心によって獲得された」[121]。

以上のように前5世紀後期に仮想される国制討論を再現してみせた後，ラフラウプは，結論として次のように締めくくっている。ラフラウプは，史料の中にはアテナイで彼の示した論争があったことを示すものはないが，その要素や民主政の問題は知られていたと，そしてプラトンやアリストテレスに比べると前5世紀の材料は豊富とは言えないが，いくつかの要素は前5世紀末にもあったと考える[122]。この意見は，モミリアーノ，ジョーンズ，フィンリーというこれまでの研究者たちが，よく知られているプラトンやアリストテレスの民主政批判論議に比べて，民主政を支持する系統立った理論がほとんどないと述べてきたことに対する彼の反論でもある[123]。また，ラフラウプは，自分が検討の対象とした国制論争が，当時の人々の直面した大きな困難を映し出しており，単なる偏見，論争術から理論，分析まで存在したと，そして実際の問題の分析には指導者の資質と大衆の能力についての問題があるし，それに対する解決策として若者の教育と共同体責任精神の復活が思いつかれたり，さらに，市民が他人と正義を尊重するという共同体生活に欠かせない資質を持っていないとポリスは繁栄しないと考えられたらしいと考える[124]。最後に，彼は，誤りを防ぐ制度上の安全装置が民主政批判を避けるのに役立ったと考えられ，その基準としては，ペリクレスの葬送演説の中の主張が現実に近いのではないかと考えているが，これについては具体的に説明していない[125]。

第7項　伝クセノポン『アテナイ人の国制』にみられる
アテナイ民主政批判

　クセノポンの作品の中に混じって現代まで伝えられる『アテナイ人の国制』という題の作品，〔Xenophon〕, *Ath.* がある。この著者は，通称，"Old Oligarch"（老寡頭主義者）と呼ばれるが，この通称は，ギルバート=マレイ（Gilbert Murray）の話に由来すると言われている[126]。制作年代については，真下の研究[127]によれば，大きく分けて，(1)前440年代または前432年以前，(2)前432－424年，(3)前424年以後で前405年まで，となり，研究者によって異なる。彼の研究[128]によれば，従来，(2)説が有力ではあるが，彼は，前430年代と考えている。ほとんどの研究者が，本書がクセノポンの作品ではないことで一致している[129]。

　〔Xenophon〕, *Ath.* の内容に関する研究成果には我が国では真下[130]の詳細な研究があるので，個々の問題の詳説についてはそれに譲りたい。ここでは前5世紀後期のアテナイの寡頭派政変を考察する目的ゆえにその政治パンフレットの内容を概観して，いくつかのアテナイ民主政に対する批判ないしは皮肉の言及を簡潔に列挙する。まず初めに，アテナイ民衆が民主政の国制を選んだ理由について著者がどのように説明しているかを見てみる。

　　アテナイ人の国制について，彼らがその国制の方法を選んだことを私は次の理由から称賛しない，それを選んだ人々は，悪しき人々（ponêroi）が良き人々（chrêstoi）よりもうまく事を処するような体制を選んだ，それゆえに私はそれを称賛しない。
　　〔Xenophon〕, *Ath.* 1.1

この箇所は，当該のパンフレットの冒頭部分であるが，「悪しき人々が良き人々よりもうまく事を処するような体制を選んだ」ので「私はそれを称

第 1 部　前411年の寡頭派政変

賛しない」と最初から皮肉に見える記述で始まっている。

　それでは最初に私は次のように言うだろう，ここでは貧しい民衆（hoi penêtes kai ho dêmos）が名門で富裕な人々（gennaioi kai plousioi）よりも多くのものを得ることは次のことゆえに正しいと，というのは，民衆は船を漕ぐ者であり，ポリスの力を増す者であり，また舵取りたち，号令衆，副号令衆，見張り員たち，そして船大工たちであるから。彼らは，重装歩兵ら（hoplitai）で名門の良き人々よりももっとポリスの力を増す人々である。
〔Xenophon〕, *Ath.* 1.2

ここでは貧しい者たちが海軍で貢献して多くのものを得ると述べられている。この記述も，民主政の国制が選ばれた理由のひとつとみなしておく。

　そこでそういう事情なので次のことは正しいと思われる，すべての者が，今やくじや選挙で諸官職にあずかり，市民の中で望む者に民会発言が許されていることが。(将軍職や騎兵長官職は民衆に危険をもたらしかねないので民衆は就きたがらない。) だが，官職が日当を受給するもので，家計にとって利益となるものであると，民衆はそれらの官職に就こうと努めるのである。
〔Xenophon〕, *Ath.* 1.2-3

ここでは民衆が，責任を伴う官職以外，日当を目当てに官職に就くと述べられている[131]。この記述も，民主政の国制が選ばれた理由のひとつとみなしておく。

　それから幾人かの人たちは，至る所で彼らが，良き人々によりも悪しき人々，貧しき人々（penêtes），民衆派の人々（dêmotikoi）に多くのものを分け与えることに驚く，そしてそのこと自体によって彼らが

民主政を支持していることが明らかになるであろう。なぜならば，貧しき者たち，民衆たち（dêmotai），そしてより劣悪な者たちが豊かになり，そのような人々が多くなって民主政を成長させるからである。
〔Xenophon〕, *Ath.* 1.4

ここでは民衆が自分の仲間に多くのものを分け与えることができる民主政を支持すると述べられている。以上のようにこのパンフレットの著者は，民衆が自分の利益のために民主政の国制を選んだと主張しようとしていることが分かる。

次に，〔Xenophon〕, *Ath.* の著者は，アテナイでは最善の人々が優っており民衆が劣っていると述べようとしている。次の箇所がそれである。

またすべての地方において最善の人々（beltistoi）が，民主政に対して敵対者となる。なぜならば，最善の人々には自恣するところや不正が最も少なく高潔さには最も几帳面であるが，民衆には無知と無規律と邪悪さが最大であるから。また，貧困が彼らを卑しき者たちへとさらに導き，無学と無知がある者たちの場合には金銭を欠くために訪れるから。
〔Xenophon〕, *Ath.* 1.5

次の箇所は，アテナイ民衆が劣悪な者たちを好むと述べて最善の人々が優っていることを暗示している。

アテナイ人たちは次のことで正しくない決定をしていると私には思われる，すなわち彼らは反乱中のポリス内でより劣悪な者たち（cheiroi）を好むことで。彼らはある意図からこのことをする。なぜならば，もし彼らがより善き人々を好もうとしたならば，彼らは自分たちと同じことを思う者たちを好むことにならないだろうから。なぜならば，どのポリスでも最善の人（beltistos）は民衆に好意をもつこ

とはないが，最も悪い者（kakistos）はどのポリスでも民衆に好意をもつから。なぜならば，似た者たちがそれに似た者たちに好意をもつ者たちであるから。従ってそれゆえに彼らは自分たち自身に似合う者を好む。
〔Xenophon〕, *Ath.* 3.10

また，アテナイ民衆は失う財産が無いので好戦的であると述べられている。

現実にはアテナイ人の中の農夫になっている者たちと富裕者たちは，敵たちに気持ちが向くが，民衆は自分たちのものには敵が焼くものもなく，また傷つけるものもないだろうということをよく知っているので，恐れることもなく生きて敵たちに心を寄せることもない。
〔Xenophon〕, *Ath.* 2.14

以上のように，上流の人々の民衆に対する優位が主張されている。
　また，民主政に関連して民衆の欠点が次のように指摘されている。

私は民衆に民主政を許す。なぜならば，自分を良くすることがすべての者に許されていることであるから。それゆえ，民衆のひとりではなくて寡頭政を行なっているポリス内よりも民主政を行なっているポリス内に住むことを好む者は誰でも，悪いことをする素地があったし，また寡頭政を行なっているポリス内よりも民主政を行なっているポリス内の方が悪人が人の目を免れることができるのを知っていた。
〔Xenophon〕, *Ath.* 2.20

ここでは民主政を好む者は悪いことをする素地があると述べられている。
　また，おそらくは当時のギリシアで民主政を行なっていたところへ寡頭派が政権を握った諸ポリスに言及したものと推測される箇所で，次のよう

な記述がある。

> その上，寡頭政を実施している諸ポリスにとって必要なことは，同盟関係と誓いを固く守ることである。もし彼らが同意事項を守らないならば，あるいはそのこと〔寡頭政を実施していることと思われる，訳者註〕によって誰かが不正をするならば，同意した少数者たちに由来する名前が（残る）。民衆が同意した限り，発言して採決したひとりの者に罪を着せて，他の者たちが出席も賛成もしなかったことから拒否できる，もし少なくとも同意されることが民衆で満場の中で問われないならば。そしてもし決められたことが名誉あることでないならば，人々が望まないことをしないという無数の言い訳を発見してきた。そしてもしある悪いことが民衆が決めたことゆえに生じるならば，民衆は少数の人々が民衆に反対して台無しにしたことを非難する。他方，もしある良いことが生じれば，彼らはその理由を彼ら自身によるものとする。
>
> 〔Xenophon〕, *Ath.* 2.17

このように寡頭政が行なわれた場合，民衆というものは，悪いことが行なわれれば，それを少数者のせいにして決して自分たちのせいにしないと述べて，民衆の態度に不平を述べている。

その他の批判としては，〔Xenophon〕, *Ath.* 1.14-20の中でアテナイ民衆がデロス同盟を維持して同盟諸国を苦しめる点が指摘されているが，その中で同盟諸国内の良き人々を市民権剥奪，金銭強奪，追放，殺害する（〔Xenophon〕, *Ath.* 1.14）とか，同盟資金が官職日当の源泉（〔Xenophon〕, *Ath.* 1.16）であり，その他の利益を同盟関係から得る（〔Xenophon〕, *Ath.* 1.17）と述べられている。前者は，他国の上流階層の人々の立場を慮っているし，後者は民衆がデロス同盟から利益を得ていることを指摘している[132]。

このようにこの作品の中では富裕階層に属すると思われる人物が，(1)貧

第 1 部　前411年の寡頭派政変

しい者たちが海軍で貢献して多くのものを得る[133]，(2)民衆が自分の利益のために民主政の国制を選んだ，(3)民衆は失う財産が無いので好戦的である，と民衆や民主政に対する批判を述べているし，またその批判の背景には，上流の人々の民衆に対する優位を強く抱いている心理が働いていることが分かる[134]。

　さらに，この作品の中には，chrêstoi（良き人々）とponêroi（悪しき人々）（〔Xenophon〕，*Ath.* 1.1 etc.）またはponêroi kai penêtes（貧しい人々）kai dêmotikoi（民衆寄りの人々）（〔Xenophon〕，*Ath.* 1.4），gennaioi kai plousioi（貴人たちと富者たち）とpenêtes（〔Xenophon〕，*Ath.* 1.2），<hop>litai kai gennaioi kai chrêstoiとdêmos（詳述すれば，舟を漕ぐ者たちなどの海軍に関わる表現が添えられている）（〔Xenophon〕，*Ath.* 1.2），beltistoi（最善の人々）とdêmos（〔Xenophon〕，*Ath.* 1.5）などという対表現の形式をとって，「貴族」階層を言い表す語句が見られる。以下にこの〔Xenophon〕，*Ath.* の史料の中で「貴族」階層を言い表していると考えられる語句を一覧表にして提示する。その際，どんな語句と対表現になっているか，またどんな語句と並列に表現されているかなども併せて提示する[135]。

表3〔Xenophon〕，*Ath.* の中の貴族または上流階層を指す表現とその対表現の一覧

　aristoi（家柄〔または血筋〕のよい人々）
　　dexiôtatoi kai aristoi andres 1.6

　beltistoi（最善の人々）
　　対dêmos 1.5，（おそらくは3.11〔ミレトス人の事例を含めれば2度〕）
　　chrêstoiに守られる存在 1.14

　chrêstoi（良き人々）
　　（おそらくは）対dêmos 1.14（2度）
　　対dêmotikoi 1.6
　　plousioi kai chrêstoiで　対dêmotikoi 1.4

122

対ponêroi kai penêtes kai dêmotikoi 1.4
　　対ponêroi 1.1, 9, 14, 2.19（2度）
　　hoplitai kai gennaioi kai chrêstoi 1.2
　　chrêstoiを守る存在 1.14

dexiôtatoi（最も有能な人々）
　　dexiôtatoi kai aristoi andres 1.6
　　eunomiaを求める存在 1.9

dynamenos（能力を持つ人）
　　ê plousios ê gennaios ê dynamenos 2.18

dynatôtatoi（最も能力のある人々）
　　対dêmos 1.3

eudaimones（豊かな人々）
　　oligoi kai eudaimonesで　対ochlos 2.10

gennaioi（貴人たち）
　　gennaioi kai plousioiで　対penêtes kai dêmos 1.2
　　hoplitai kai gennaioi kai chrêstoi 1.2
　　ê plousios ê gennaios ê dynamenos 2.18

hoplitai（重装歩兵たち）
　　hoplitai kai gennaioi kai chrêstoi 1.2

ischyroi（力強い人々）
　　plousioi kai ischyroi 1.14

oligoi（少数者たち）
　　oligoi kai eudaimonesで　対ochlos 2.10
　　対dêmos 2.17

plousioi（富者たち）
　　対dêmos 1.13（3度）, 2.10
　　geôrgountes kai plousioiで　対dêmos 2.14
　　gennaioi kai plousioiで　対penêtes kai dêmos 1.2
　　plousioi kai ischyroi 1.14
　　ê plousios ê gennaios ê dynamenos 2.18
　　plousioi douloiで皮肉 1.11

以上のようにこの作品の中では上層階層と下層階層の人々の間でかなり多くの対表現を使って対比が行なわれており，それによって上層階層出身と思われる作者が上層階層の人々の優位さを明確にしようとする意図が窺える。上記の諸語句の一覧表は，彼らが一般民衆をどのように見ていたかをよく物語ってくれる。特にchrêstoiとponêroiの間の対比が目立つ。chrêstoiという言葉は，人物として「良い」というだけでなく，特にhoi chrêstoiは，hoi agathoiのように「家柄の良い一族の人たち」を意味するとされているので[136]，その意味するところには多分に社会上の一流志向と優越性であると考えられる。他方，ponêrosという言葉について，コナー[137]は，その語源が"full of ponos（英語でtoil，労苦）"（労苦に満ちた）であるので"working class"（労働者級の者），"unpleasant"（不愉快な奴），ついには"bad"（悪しき者）を意味するようになったと，そしてchrêstosの反意語として徳の面で"evil"（邪悪な者）を，社会の面で"low class"（低い階層の者），"poor or ill-born"（貧しい者または生まれの良くない者）を，市民の面で"unable to perform civic functions"（市民の務めをはたせない者）を意味するために使われるようになったと説明する[138]。ここでは，前述のとおり，特にchrêstoiとponêroiの間の対比が目立つことを指摘するだけにとどめたい。

第8項　その他の貴族の政治思想

クリティアスの詩作の中に次のような一節がある。

かつて人間の生活が無秩序で
　そして獣のようで力に従うものであった時期があった。
　その時には善き人々 (esthloi) には報酬が全く無く，
　そして他方で悪しき人々 (kakoi) には刑罰が行なわれなかった。
　そこで私には思われるのだが，人間どもは諸法を
　懲罰者たちとした。裁き (dikê) が僭主となり，
　〈同様にあらゆるものの中で〉暴虐非道を奴隷のままにしておくた
　めにもである。
　Diels & Kranz, *Die Fragmente der Vorsokratiker* 2, 88. Kritias no. 25[139]

この一節から彼が，この世は本来，善き人々はよい報いが得られ，悪しき人々は悪い行ないをするので罰せられるべき存在であると考えていることが分かる。

小　結

　古典期アテナイには古拙期から脈々と続く貴族門閥の一族が存在した。彼らは，クレイステネスの改革以後の民主的な諸改革によって政治および社会上かなりその権勢を弱めたが，キモンの例にあるように，その影響力をアテナイ内部に示す力を残存させていたと推定される。前5世紀中期のペリクレス時代のアテナイ民主政の時代以降には，彼らは，レイトゥルギアによる経済的負担を負っていたが，平時にはそれがむしろ民衆やポリスに貢献できる場として社会的威信を増す機会として積極的に活用されたのではないかと推定できると思われる。だが，他方では，それらの貢献は，民衆に益があるだけで貢献する当の上流階層には益がないと感じる人物が出てき，〔Xenophon〕，*Ath.* のような作品が生まれた。だが，上記のLysias, 21.2-3のように，彼らは，戦時には生命の危険を賭けて三段櫂船奉仕を頻繁に行なうようになり，さらにエイスポラの負担が度々課せられる

ようになり，経済的にかなり苦しい状況に陥るようになったと推定されるが，〔Xenophon〕, *Ath.* の中にはエイスポラに対する直接の批判はみられないので，この作品は，シケリア戦惨敗以降の作品と考えることはできないと思われる[140]。

また，本節の考察によって，キモンの時代までのアテナイの貴族・上流階層は国外の貴族や王族と姻戚関係を持ち，また諸外国にxenosと呼ばれる賓客を持って国際交流を行なったことが分かる。キモンの場合には，上記でみたように，スパルタ人との賓客関係のゆえに一方ではスパルタとの衝突を回避することに成功し，他方ではアテナイ人たちを説得してスパルタ支援の軍事遠征を行なうほどであった。アテナイの民会で外交問題を決定する際にキモンのような貴族・上流階層が中心的な役割を果たしたと推測できる。

この点に注意を払うならば，前451年のいわゆるペリクレスの市民権法によってそれ以後のアテナイ人は，市民であることを欲するならば自身の両親がアテナイ市民でなければならないという必要条件を満たさなければならなくなったことが知られているので，この法律制定以後，アテナイの貴族・上流階層は，子孫の繁栄のために新たに婚姻を行なう際に，以前のように国外の貴族層に相手を見出すことは避けてアテナイ人の中から見出すことを余儀なくされたことは想像に難くない。この結果，それ以降はもはやキモンのように国外の人々との関係を利用して戦争を回避したり同盟関係を促進したりするような動きはしだいに減少することになったと考えられる。さすれば，その市民権法制定から40の歳月を経た前411年の時点でかつてのキモンのようにスパルタとの不必要な戦争を回避する行動を起こすことができる人材がいたかどうかはかなり疑問に感じられる。なぜならば，ペリクレスの市民権法の制定以前に国外の貴族と婚姻関係を結んだアテナイ人は，前411年の時点では，あくまで推測であるが，60歳前後以上の年齢にあり，アテナイ民会では極めて少数派となるからである。このように国外の人脈を利用して国内での外交政策の決定時に助言を与えることができるキモン型の貴族が前411年の寡頭派政変時にもはやほとんど

まず存在しなかったと推定されることは，ひとつの注目すべき点となるであろう。

註

1) M. ウェーバー著，世良晃志郎訳『都市の類型学〜経済と社会 第2部第9章8節』（以下『都市の類型学』と略す）（創文社，1964／1977年）183頁。
2) ウェーバー『都市の類型学』183-184頁。
3) ウェーバー『都市の類型学』184-185頁。
4) ウェーバー『都市の類型学』187-188頁。
5) ウェーバー『都市の類型学』187頁。
6) ウェーバー『都市の類型学』189頁。
7) ウェーバー『都市の類型学』189頁。
8) ウェーバー『都市の類型学』189頁。
9) ウェーバー『都市の類型学』190頁。
10) 村川訳『アテナイ人の国制』17頁。
11) 「当時貧民と富者の間の不均衡はいわば絶頂に達し，市は全く危険状態に陥っていた。正に僭主政治が出なければ市が安定を取り戻し騒動が静まることは不可能と思われたほどだった。というのは民衆がことごとく富者から借財をしていたから。彼らはあるいは収穫物の六分の一を収める条件で耕作して六分の一とか労働者（ヘクテモリオイ／テーテ）と呼ばれ，あるいは身体を抵当に借財をしたため債権者に引き立てられることがあり得て，ある者はその場所で奴隷となり，あるものは外国に売られていた。やむなく自分の子供を売ったり――これを禁ずる法はなかったから――債権者の過酷に耐えかねて市から逃亡する者も多かった」（村川堅太郎訳「ソロン」〔村川堅太郎編『プルタルコス（世界古典文学全集 23）』筑摩書房，1966／1983年〕51頁）。
12) Rhodes, *C.A.P.*, p. 88.
13) 村川訳『アテナイ人の国制』18頁。
14) 同様の語句が，Aristoteles, *Politica* 1273b 23-24; 1293b 10の中に登場する。Cf. Rhodes, *C.A.P.*, p. 97.
15) 村川訳『アテナイ人の国制』19-20頁。
16) 村川訳『アテナイ人の国制』21頁。
17) ソロンが諸法を定めたことを述べている他の史料としては，Solôn thêkai nomon, Demosthenes, 20 *Against Leptines* 102; Solôn nomothetein, Demosthenes, 20.90; Solôn nomothetêsai, Isocrates, 7.16; Isocrates, 15.232; nomothetês, Lysias, 30 *Against Nicomachos* 28などがある。
18) W.R. Connor, *The New Politicians of Fifth-Century Athens* (Princeton, 1971), p. 110-115, esp. p. 115によれば，prostatês tou dêmouという言葉は，ヘロドトスが著述を行なっていた頃に造られ，クレオンの時代に使われるようになったし，また，その言葉は，政治家が心底，最高に市民のためになるという印象を言い表すのにうまく適した名称である。

第1部 前411年の寡頭派政変

19) G. Norlin trans., *Isocrates* 2 (Loeb Classical Library) (London, 1929; rpt. 1982), p. 183.
20) Cf. Rhodes, *C.A.P.*, p. 97.
21) 村川訳『アテナイ人の国制』39頁。
22) 村川訳『アテナイ人の国制』44頁。
23) 清永昭次「古典古代における貴族の特質〜ギリシア・ポリス社会」『歴史教育』11-8号，1963年，16頁。
24) 村川訳『アテナイ人の国制』44頁。
25) 村川訳『アテナイ人の国制』47頁。
26) 村川訳『アテナイ人の国制』51頁。
27) E. Kalinka ed., *Xenophontis qvi Inscribitvr Libellvs AΘHNAIΩN ΠOΛITEIA* (Stuttgard, 1967), p. 1のテキストによる。
28) J.K. Davies, *Athenian Propertied Families 600-300 B.C.* (Oxford, 1971), p. 302, No. 8429 X.　Cf. 桜井万里子『古代ギリシア社会史研究——宗教・女性・他者——』（岩波書店，1996年）375頁。
29) Norlin, *op. cit.*, p. 5.
30) 桜井，前掲書，379－381頁を参照せよ。
31) Cf. Connor, *op. cit.*, p. 10-11.
32) Cf. Connor, *op. cit.*, p. 16; 桜井，前掲書，380頁。
33) Davies, *op. cit.*, p. 303は，ヘロドトスの伝承が正しいと解釈する。Cf. 桜井，前掲書，375頁。
34) Cf. Connor, *op. cit.*, p. 17; 桜井，前掲書，380頁。
35) Connor, *op. cit.*, p. 17.
36) 河野与一訳『プルターク英雄伝　7』（岩波書店，1955／1977年）19－20頁。
37) Connor, *op. cit.*, p. 19-20. Cf. 桜井，前掲書，372－375，383－386頁。
38) Cf. 桜井，前掲書，376－377頁。
39) Cf. 桜井，前掲書，377頁。
40) Cf. 桜井，前掲書，377頁。
41) Cf. 桜井，前掲書，377－378頁。
42) この点について考える際，桜井，前掲書，371－389頁の論考はそれを伝統的エートスの発見とみなしてペリクレス型の民主政に合致した気前の良さと対比しており，興味深い。
43) ウェーバーは，貴族のペリクレスが民衆指導者であったことを「全く彼個人の影響力とデーモスの信頼とにもとづいていた」ものと説明している。すなわち，「完全に貫徹された民主制が作り出したところの・政治の本来の指導者——デマゴーグ——は，形式的には，ペリクレス時代のアテナイにおいては，通常は指導的な軍事官吏であった。しかし，彼の現実の権勢は，法律や官職にもとづいていたのではなく，全く彼 個 人 の影響力とデーモスの信頼とにもとづいていたのである。したがって，彼の権勢は，単に正当でないというだけではなく，合法的ですらなかったのである」（ウェーバー『都市の類型学』237頁）。また，彼によれば，ペリクレスはクレオンと共に「カリスマ」の性格を持っていた。すなわち，「北欧の

第 3 章　前411年の四百人の寡頭派政変の原因について

『勇猛戦士(ベルゼルカー)』の狂躁的な発作も，何らかのインチキ予言の奇蹟や啓示も，クレオンのデマゴギー的資質も，社会学の立場からは，ナポレオン，イェズス，ペリクレスのごときひとびとの資質と同様に，『カリスマ』なのである」(M. ウェーバー著，世良晃志郎訳『支配の社会学　1 ～経済と社会　第 2 部第 9 章 1 節－ 4 節』〔創文社，1960／1984年〕50頁)。なぜならば，「いずれにせよ，いわゆる人民投票的(プレビスツィテール)支配なる民主制的体制――フランス的カエサル主義の公式の理論――は，その理念からすれば本質的にカリスマ的な特質をもっており，その支持者たちの議論は，すべて，正にこの特質の強調に帰着している。人民投票は『選挙』なのではなく，君位要求者を　人　的　資格をもったカリスマ的支配者として，そこで始めて――あるいは（1870年の人民投票の場合には）改めてもう一度――承認することなのである。また，ペリクレスの民主制――これは，その創始者の理念からすれば，精神と弁舌とのカリスマによる・デマゴーグの支配である――も，（エードワルト・マイアーの仮設が正しいとすれば，他の将軍たちは抽選で選ばれたのに），一人の将軍だけは正に選挙によって選ばれたということの中に，その特徴的なカリスマ的性格を含んでいた」(M. ウェーバー著，世良晃志郎訳『支配の社会学　2 ～経済と社会　第 2 部第 9 章 5 節－ 7 節』〔創文社，1962／1984年〕441頁)からである。すなわち，ナポレオン 3 世が国民投票によって1852年12月に帝位に就き，1870年に再度，国民投票によって自分の政策の信任を得て自身の皇帝の位の権威の基盤としたように，ペリクレスは，彼も選挙で将軍職に選ばれたので，カリスマ的性格を持っていた，というわけである。

44) 清永，前掲誌，16頁。
45) Connor, *op. cit.*, p. 88 n. 2.
46) さらにConnor, *op. cit.*, p. 88 n. 2によれば，それらの言葉の反意語は，phaulos, ponêros, achreios, 後にはachrêstos（archrestosは誤り）であった。
47) Connor, *op. cit.*, p. 9-10.
48) Cf. *Ibid.*, p. 116-117.
49) *Ibid.*, p. 10.
50) *Ibid.*, p. 11. 具体的な一族のきずなには，(1)共通の宗教儀式，(2)共通の埋葬地，(3)財産相続についての相互の諸権利，(4)援助・防御・損害の救済の互恵的な義務，(5)ある一定の場合において，とりわけ親のいない娘または女相続人がいた時に結婚する相互の権利と義務，(6)共同財産の所有と一族の家長と出納係がある（*Ibid.*, p. 11）。
51) Connor, *op. cit.*, p. 14.
52) *Ibid.*, p. 15-18. Cf. *ibid.*, p. 61-62.
53) *Ibid.*, p. 19-22.
54) *Ibid.*, p. 22.
55) LSJ, s.v. ἑταιρεία.
56) Connor, *op. cit.*, p. 26.
57) M.I. Finley, *Democracy Ancient and Modern*（以下*Democracy*と略す）(London, 1973; rpt. 1985), p. 72.
58) Connor, *op. cit.*, p. 68.

第 1 部　前411年の寡頭派政変

59) 村川訳『アテナイ人の国制』127頁　註1-3。
60) Connor, *op. cit.*, p. 26.
61) *Ibid.*, p. 27. Cf. *ibid.*, p. 28, 65.
62) *Ibid.*, p. 74-75.
63) *Ibid.*, p. 76.
64) *Ibid.*, p. 76-77. Cf. *ibid.*, p. 88.
65) Cf. *ibid.*, p. 63-64.
66) *Ibid.*, p. 87-136, esp. p. 134-136.
67) *Ibid.*, p. 98-108.
68) *Ibid.*, p. 105-108, 117-119.
69) *Ibid.*, p. 146-147.
70) Plutarchus, *Phocion* 7.3. Cf. 池田忠生「前4世紀アテナイの政治と軍事」『史学研究』134号，1977年，21－37頁。
71) Connor, *op. cit.*, p. 152-154. Cf. *ibid.*, p. 159.
72) *Ibid.*, p. 155.
73) *Ibid.*, p. 173-175.
74) *Ibid.*, p. 175-180.
75) *Ibid.*, p. 183-190.
76) *Ibid.*, p. 194-198.
77) *Ibid.*, p. 195.
78) *Ibid.*, p. 196.
79) *Ibid.*, p. 198.
80) ウェーバーは，レイトゥルギアについて次のように述べている。すなわち，「民主制のポリスは，ある程度の大きさをもつ一切の市民財産に手を伸ばした。トリーラルヒーTrierarchieのライトゥルギー――軍船の乗組員の装備と調達――，ヒエラルヒーHierarchieのライトゥルギー――大きな祭典の整備と催し物の挙行――，緊急時における強制借款，アッティカのアンティドシスAntidosisの制度，これらすべてが市民的財産形成を不安定な状態に委ねていた」（ウェーバー『都市の類型学』335頁）。
81) 村川堅太郎「第8章　市民と武器　－古典古代の場合－」（以下「市民と武器」と略す）『村川堅太郎古代史論集 II～古代ギリシア人の思想』（岩波書店，1987年）343－344頁。
82) ウェーバー『都市の類型学』355頁。すなわち，「人民裁判所の全く恣意的なカーディ裁判（法に素人の数百名の陪審員による民事訴訟）は，形式的な法的安定性を著しくそこなっており，政治的失敗のつどきわめて激しい〔財産上の〕急変転が生じたということよりも，むしろ財産がそのまま存続したことの方が不思議なほどである」。
83) M.H. Hansen, *Eisangelia*, p. 66.
84) J.T. Roberts, *Accountability in Athenian Government*（以下*Accountability*と略す）(Madison, 1982), p. 171.
85) *Ibid.* なお，Plutarchus, *Phocion* 7.3によれば，演壇ではエウブロス，アリストポ

ン，デモステネス，リュクルゴス，ヒュペレイデスが，軍事ではディオペイテス，レオステネス，カレスが活躍した。
86) 村川「市民と武器」344頁。
87) Finley, *Democracy,* p. 59-60.
88) K.A. Raaflaub, "Contemporary Perceptions of Democracy in Fifth-Century Athens," in W.R. Connor, M.H. Hansen, K.A. Raaflaub & B.S. Strauss, *Aspects of Athenian Democracy: Classica et Mediaevalia Dissertationes* 11 (Copenhagen, 1990), p. 33-70.
89) Raaflaub, *op. cit.,* p. 36.
90) *Ibid.,* p. 36-37.
91) *Ibid.,* p. 37-38.
92) *Ibid.,* p. 38-39.
93) *Ibid.,* p. 39-40.
94) *Ibid.,* p. 40.
95) *Ibid.,* p. 41.
96) *Ibid.,* p. 43-44.
97) *Ibid.,* p. 44.
98) *Ibid.,* p. 45.
99) *Ibid.,* p. 45-46.
100) *Ibid.,* p. 46.
101) *Ibid.,* p. 47.
102) *Ibid.,* p. 47-48.
103) *Ibid.,* p. 48.
104) *Ibid.,* p. 49.
105) *Ibid.,* p. 49-50.
106) *Ibid.,* p. 50.
107) *Ibid.,* p. 50-51.
108) *Ibid.,* p. 51.
109) *Ibid.,* p. 51-52.
110) *Ibid.,* p. 52.
111) *Ibid.,* p. 53-54.
112) *Ibid.,* p. 54.
113) *Ibid.,* p. 55.
114) *Ibid.,* p. 55.
115) *Ibid.,* p. 56-57.
116) *Ibid.,* p. 57.
117) *Ibid.,* p. 57.
118) *Ibid.,* p. 57-58.
119) *Ibid.,* p. 58-59.
120) *Ibid.,* p. 59-60.
121) *Ibid.,* p. 60-68.

122) *Ibid.*, p. 69.
123) *Ibid.*, p. 33-34. J.T. Roberts, *Athens on Trial: The Antidemocratic Tradition in Western Thought*（以下*Athens on Trial*と略す）(Princeton, 1994), p. 35 も，古典期アテナイにおいて「民主政を激賞するテキスト類が不足」していると述べている。だが，これについてはフィンリーの次のような説明が有益であろう。彼は，弾劾や違法提案告発の制度などによって市民が簡単に政治家を告発できたアテナイ民主政の制度と政治家との間にある種の緊張状態があることを指摘し，「ギリシア人たち自身は民主政治の理論を展開しなかった。……哲学者たちは民主政治を攻撃した。だが，それに係わった民主派の人々は彼らにどう応えたかというと，彼らを無視することによって，すなわちその主題について論文を書くことなく，民主政治のやり方で統治業務と政治に精を出したのである」と述べた（Finley, *Democracy*, p. 28）。すなわち，彼は，アテナイ民主政の下には政治家が誤ったことを行なうと簡単に告発されるという安全装置があるので，ある政治家が民衆の指導者の地位に長く留まることができること自体がその政治家の政策が民衆に受け入れられ支持されていることを意味するわけであり，その点から見ると，プラトンらの理論家たちの民主政批判は，アテナイ民主政の政治家たちにとって見当違いに映ったのであり，その結果，「民主政治のやり方で統治業務と政治に精を出した」，と考えた。Cf. 拙書評「Roberts, Jennifer T., *Athens on Trial: The Antidemocratic Tradition in Western Thought*」『西洋古典学研究』44号，1996年，160頁。
124) Raaflaub, *op. cit.*, p. 69-70.
125) *Ibid.*, p. 70.
126) Roberts, *Athens on Trial*, p. 52. Cf. 真下英信『伝クセノポン「アテナイ人の国制」の研究』（慶應義塾大学出版会，2001年）117頁。
127) 真下英信「伝クセノポン作『アテーナイ人の国制』の制作年代について」『西洋古典学研究』30号，1982年，32−43頁；真下，前掲書，125−126頁。他に〔Xenophon〕, *Ath.* の制作時期について論じるものに仲手川良雄『古代ギリシアにおける自由と正義——思想・心性のあり方から国制・政治の構造へ——』（創文社，1998年）411−438頁があり，その時期を前425年8月から前424年6月頃または秋の間と考えている。
128) 真下，前掲誌，42頁；真下，前掲書，125−134頁。
129) 真下，前掲誌，32−34頁；真下，前掲書，107−121頁を参照せよ。
130) 真下，前掲書。
131)〔Xenophon〕, *Ath.* 1.3 の中で民衆が将軍職に就きたがらないことが言及されている。換言すれば，貴族や富裕者が民衆出の者よりも数多く将軍に就任していることを示唆する。

そこで，この示唆を検証するためにペロポネソス戦争の開始の年から前411年の寡頭派政変までの20年間（前431/0−412/1年）の間に将軍職を務めた人物の中に占める富裕者の割合を求める。それを求める方法は，その期間に将軍職を務めた人物をデヴリン（Develin, *op. cit.*）の研究成果から拾い集め，その中でデーヴィス（Davies, *op. cit.*）の研究成果から富裕者（Davies, *op. cit.*, p. xx によれば，軍事と

第3章 前411年の四百人の寡頭派政変の原因について

祭祀のレイトゥルギアを務めた人）であると確認された人物を数え挙げてその割合を求めることとする。下記に将軍職を務めた人物の名前とキルヒナー（Kirchner, *P.A.* 1 [Berlin, 1901; rpt. 1966], 2）による人物番号（PA），デーヴィスによる言及のページ番号（APF）をデヴリンの研究成果から拾い出して列挙する。

表4　前431/0－412/1年のアテナイの将軍職就任者

前431/0年
Sokrates son of Antigenes of Halai (II), PA 13099
Karkinos son of Xenotimos of Thorikos (V), PA 8254; APF 283
Proteas son of Epikles of Aixone (VII), PA 12298
Perikles son of Xanthippos of Cholargos (V), PA 11811; APF 457ff.
Phormion son of Asopios (of Paiania) (III), PA 14958
Hagnon son of Nikias of Steiria (III), PA 171; APF 227f.
Kleopompos son of Kleinias (? of Skambonidai (IV) or Thria (VI)), PA 8613; APF 16
[Aristo]teles (son of Timokrates) of Thorai (X), PA 2055

前430/29年
Hagnon son of Nikias of Steiria (III), PA 171; APF 227f.
Kleopompos son of Kleinias (of ?Skambonidai (IV) or Thria (VI)), PA 8613; APF 16
Perikles son of Xanthippos of Cholargos (V), PA 11811; APF 457ff.
Phormion son of Asopios (of Paiania) (III), PA 14958
Melesandros, PA 9803
Xenophon son of Euripides of Melite (VII), PA 11313; APF 199f.
Hestiodoros son of Aristokleides, PA 5207
Phanomachos son of Kallimachos, PA 14069
Kalliades

前429/8年
Perikles son of Xanthippos of Cholargos (V), PA 11811; APF 457ff.
Phormion son of Asopios (of Paiania) (III), PA 14958
Kleippides son of Deinias of Acharnai (VI), PA 8521
Hagnon son of Nikias of Steiria (III), PA 171; APF 227f.

前428/7年
Asopios son of Phormion (of Paiania) (III), PA 2669
Paches son of Epikouros, PA 11746
Lysikles, PA 9417

前427/6年

133

Nikias son of Nikeratos of Kydantidai (II), PA 10808; APF 403f.
Nikostratos son of Dieitrephes (of Skambonidai) (IV), PA 11011
Eurymedon son of Thoukles (? of Myrrhinous) (III), PA 5973; APF 334
Laches son of Melanopos of Aixone (VII), PA 9019
Charoiades son of Euphiletos, PA 15529
Demosthenes son of Alkisthenes of Aphidna (IX), PA 3585; APF 112f.
Prokles son of Theodoros, PA 12214

前426/5年
Nikias son of Nikeratos of Kydantidai (II), PA 10808; APF 403f.
Hipponikos son of Kallias of Alopeke (X), PA 7658; APF 262f.
Eurymedon son of Thoukles (? of Myrrhinous) (III), PA 5973; APF 334
Sophokles son of Sostratides, PA 12827
Laches son of Melanopos of Aixone (VII), PA 9019
Pythodoros son of Isolochos of Phlya (VII), PA 12399
Simonides, PA 12713
Hippokrates (son of Ariphron) of Cholargos (V), PA 7640; APF 456

前425/4年
Nikias son of Nikeratos of Kydantidai (II), PA 10808; APF 403f.
Nikostratos son of Dieitrephes (of Skambonidai) (IV), PA 11011
Demosthenes son of Alkisthenes of Aphidna (IX), PA 3585; APF 112f.
Aristeides son of Archippos, PA 1685
Demodokos of Anagyrous (I), PA 3464
Lamachos son of Xenophanes of Oe (VI), PA 8981
Sophokles son of Sostratides, PA 12827
Pythodoros son of Isolochos of Phlya (VII), PA 12399
Eurymedon son of Thoukles (? of Myrrhinous) (III), PA 5973; APF 334
?Hyperbolos son of Antiphanes of Perithoidai (VI), PA 13910; APF 517
Kleon son of Kleainetos of Kydathenaion (III), PA 8674; APF 318ff.

前424/3年
Hippokrates son of Ariphron of Cholargos (V), PA 7640; APF 456
Demosthenes son of Alkisthenes of Aphidna (IX), PA 3585; APF 112f.
Lamachos son of Xenophanes of Oe (VI), PA 8981
Eukles, PA 5704
Nikostratos son of Dieitrephes (of Skambonidai) (IV), PA 11011
Nikias son of Nikeratos of Kydantidai (II), PA 10808; APF 403f.
Autokles son of Tolmaios of Anaphlystos (X), PA 2724 = ?2717; APF 74
Kleon son of Kleainetos of Kydathenaion (III), PA 8674; APF 318ff.

第3章　前411年の四百人の寡頭派政変の原因について

前423/2年
Nikias son of Nikeratos of Kydantidai (II), PA 10808; APF 403f.
Nikostratos son of Dieitrephes (of Skambonidai) (IV), PA 11011
Kleon son of Kleainetos of Kydathenaion (III), PA 8674; APF 318ff.
(?Eurymedon son of Thoukles) of Myrrhinous (III), PA 5973; APF 334

前422/1年
Kleon son of Kleainetos of Kydathenaion (III), PA 8674; APF 318ff.
Nikias son of Nikeratos of Kydantidai (II), PA 10808; APF 403f.
?Laches son of Melanopos of Aixone (VII), PA 9019
?Euthydemos son of Eudemos, PA 5521

前421/0年
Nikias son of Nikeratos of Kydantidai (II), PA 10808; APF 403f.

前420/19年
?Nikias son of Nikeratos of Kydantidai (II), PA 10808; APF 403f.
Alkibiades son of Kleinias of Skambonidai (IV), PA 600; APF 9ff.

前419/8年
Alkibiades son of Kleinias of Skambonidai (IV), PA 600; APF 9ff.

前418/7年
Laches son of Melanopos of Aixone (VII), PA 9019
Nikostratos son of Dieitrephes of Skambonidai (IV), PA 11011
Demosthenes son of Alkisthenes of Aphidna (IX), PA 3585; APF 112f.
Nikias son of Nikeratos of Kydantidai (II), PA 10808; APF 403f.
Euthydemos son of Eudemos, PA 5521
[?Alkibiades (son of Kleinias of) Skambonidai] (IV), PA 600; APF 9ff.
Autokles (son of Tolmaios) of Anaphlystos (X), PA 2724 = ?2717; APF 74
Kal[listr]atos son of Empedos of Oe (VI), PA 8142 = ?8125
K[leomedes] (son of Lykomedes of Phlya) (VII), PA 8598; APF 347

前417/6年
Nikias son of Nikeratos of Kydantidai (II), PA 10808; APF 403f.
Alkibiades son of Kleinias of Skambonidai (IV), PA 600; APF 9ff.
Kleomedes son of Lykomedes of Phlya (VII), PA 8598; APF 347
Teisias son of Teisimachos of Kephale (V), PA 13479; APF 501ff.

前416/5年
Kleomedes son of Lykomedes of Phlya (VII), PA 8598; APF 347

135

第1部　前411年の寡頭派政変

Teisias son of Teisimachos of Kephale (V), PA 13479; APF 501ff.
Philokrates son of Demeas, PA 14585
Alkibiades son of Kleinias of Skambonidai (IV), PA 600; APF 9ff.
Nikias son of Nikeratos of Kydantidai (II), PA 10808; APF 403f.
Lamachos son of Xenophanes of Oe (VI), PA 8981

前415/4年
Nikias son of Nikeratos of Kydantidai (II), PA 10808; APF 403f.
Alkibiades son of Kleinias of Skambonidai (IV), PA 600; APF 9ff.
Lamachos son of Xenophanes of Oe (VI), PA 8981
Telephonos

前414/3年
Nikias son of Nikeratos of Kydantidai (II), PA 10808; APF 403f.
Lamachos son of Xenophanes of Oe (VI), PA 8981
Menandros, PA 9857
Euthydemos son of Eudemos, PA 5521
Eurymedon son of Thoukles (? of Myrrhinous) (III), PA 5973; APF 334
Demosthenes son of Alkisthenes of Aphidna (IX), PA 3585; APF 112f.
Pythodoros (? son of Epizelos of Halai) (II), PA 12402 = 12410; APF 481
Laispodias son of Andronymis (? of Koile) (VIII), PA 8963
Demaratos, PA 3283
Euetion (? of Kephisia (I) or Sphettos (V)), PA 5460; APF 190
?[Mel]es[a]ndr[os]
Charikles son of Apollodoros, PA 15407; APF 502f.
Dieitrephes (? son of Nikostratos of Skambonidai) (IV), PA 3755
?Konon son of Timotheos of Anaphlystos (X), PA 8707; APF 506ff.

前413/2年
Nikias son of Nikeratos of Kydantidai (II), PA 10808; APF 403f.
Demosthenes son of Alkisthenes of Aphidna (IX), PA 3585; APF 112f.
Eurymedon son of Thoukles (? of Myrrhinous) (III), PA 5973; APF 334
Menandros, PA 9857
?Diphilos, PA 4464
Aristokrates (? son of Skellias of ?Trinemeia (VII)), PA 1904; APF 56f.
?Hippokles son of Menippos, PA 7620
?Strombichides son of Diotimos of Euonymon (I), PA 13016; APF 161

前412/1年
Strombichides son of Diotimos of Euonymon (I), PA 13016; APF 161
Thrasykles, PA 7317

Diomedon, PA 4065
Leon, PA 9100
Phrynichos son of Stratonides of Deiradiotai (IV), PA 15011
Onomakles, PA 11476
Skironides, PA 12730
Charminos, PA 15517
Euktemon (? of Kephisia (I)), PA 5782
Eukrates son of Nikeratos of Kydantidai (II), PA 5757; APF 404f.

上記の将軍職就任者の一覧を人数の点で表にまとめると下記のとおりである。

表5　前431/0－412/1年のアテナイの将軍職就任者の人数とそのうちの富裕者の人数

年	将軍の人数	富裕者の人数
前431/0年	8	4
前430/29年	9	4
前429/8年	4	2
前428/7年	3	0
前427/6年	7	3
前426/5年	8	4
前425/4年	11	5
前424/3年	8	5
前423/2年	4	3
前422/1年	4	2
前421/0年	1	1
前420/19年	2	2
前419/8年	1	1
前418/7年	8	5
前417/6年	4	4
前416/5年	6	4
前415/4年	4	2
前414/3年	14	7
前413/2年	8	5

第1部　前411年の寡頭派政変

前412/1年	10	2
合計	125	65（52％）

　上記の表5から前411年の寡頭派政変の前の前431/0－412/1年の20年間に将軍職を務めた人物の中に占める富裕者の割合は52パーセントであることが分かる。ただし，この割合については，対象の期間のすべての年において全就任者が分かっているわけではなく，各年10名ずつとしておよそ200名いる内で名前が知られている分の中に占める，他の，量の上で十分とは言えない史料から富裕者と確認できた人物の割合であることに注意しなければならない。
　上記の考察の結果得られた，将軍職を務めた人物の中に占める富裕者の割合が52パーセントであることは，当時のアテナイ市民団の中に占める富裕者の割合が小さいと推測するならば，将軍職において富裕者出身の人物の占める割合が比較的高いことを示唆してくれる。

132) この点については，真下，前掲書，153－155頁の詳説を参照せよ。
133) Cf. 仲手川，前掲書，345頁。
134) Cf. 真下，前掲書，262－263頁。
135) この際，テキストは，Kalinka, *op. cit.* によった。だが，単語の検索の際にはTLG CD-ROMを利用したので，検索テキストは，E.C. Marchant ed., *Xenophontis Opera Omnia* 5 (Oxford, 1920; rpt. 1969)となる（L. Berkowitz & K.A. Squitier, *Thesaurus Linguae Graecae Canon of Greek Authors and Works* 2nd ed. [New York & Oxford, 1986], p. 324)。
　また，〔Xenophon〕, *Ath.* の中に見られる貴族と民衆の呼称の対表現の列挙と考察については，真下，前掲書，142－144頁の先行研究があり，示唆に富む。だが，真下の対表現の列挙の仕方は，問題の政治パンフレットの中の対表現をその登場する順番に列挙する方法をとっており，貴族の呼称を対表現をとっていないものも含めてすべて列挙しているわけではないので，例えば貴族の呼称のひとつであるaristoi（〔Xenophon〕, *Ath.* 1.6）について言及がない。かかる理由から本研究の対表現の列挙の仕方は真下，前掲書，142－143頁のものとは狙いが異なることを指摘しておきたい。
136) LSJ, s.v. χρηστός.
137) Connor, *op. cit.*, p. 89 n.3.
138) chrêstoiとponêroiの語句の解釈については，さらに真下，前掲書，140頁；仲手川，前掲書，346頁を参照するのが有益である。
139) H. Diels & W. Kranz, *Die Fragmente der Vorsokratiker* 2 (Berlin, 1935), 88. Kritias no. 25, p. 386. Cf. 仲手川，前掲書，357頁。
140) この点については，真下，前掲書，51頁　註12の研究によれば，すでに研究者たちによって指摘されている。

第2節　前411年の寡頭派政変の性質

第1項　政変の概要

　ペロポネソス戦争の初期に有能な指導者ペリクレスを失ったアテナイ民衆は，戦争が始まって16年目の前415年に，やはり有能ではあるが自国の利益よりも自身の利益を優先させるデマゴーグのアルキビアデス（e.g. Th., 6.15.2-4）によって推奨された遠征を承認し（Th., 6.8.2），大軍を遠くシケリアへ派遣した（出発についてはTh., 6.32.2をみよ）。だが，アテナイ軍は，それまで陸軍中心であったスパルタが初めて派遣した本格的な海軍によって惨敗した。このアテナイ敗北の知らせが本国に届いたのは，前413年秋のことである。この時点でアテナイ本国に軍船は無く，国庫に蓄財が無かったとトゥキュディデスは語っている（Th., 8.1.2）。それでも民衆は，なお戦争を続けることを確認した（Th., 8.1.3）。
　ところが，他方では，シケリア遠征に出発した後に敵国のスパルタに亡命したアルキビアデスが，次にペルシアのサトラップのティッサペルネスの許に亡命し（Th., 8.45.1），さらに小アジア側の艦隊基地のサモスに駐留するアテナイ人たちに対して，自身が本国に帰国できるように，そこで真の理由は自身が嫌悪する民主政の下に帰国したくないことから，そして口実としてペルシアから資金援助を受けやすいようにするために本国で寡頭政を樹立するように説き始めた（Th., 8.47）。民主政下のアテナイ人の間で寡頭政の樹立が公に話題になったことは，この時が初めてである。こうしてサモスのアテナイ人たちの間で持ち上がった寡頭政樹立の企て（Th., 8.47.2-48.3）は，本国アテナイに飛び火して，本国では，ペイサンドロスらがアテナイ民衆の説得にあたり（Th., 8.53-54.1）[1]，ついに前411年の初夏に当時の民主政の制度に変更を加えることになり，これまでデーモスという区単位に選出された五百人評議会に代えて，任命による四百人評議会

139

が設立されることになった (Th., 8.67.2)。そしてこの四百人評議員たちがまもなくクーデターを断行して政権を握り (Th., 8.69.1-70.1)、ついにこの四百人による寡頭派政権が成立した[2]。この四百人評議員たちは、クーデターを断行して政治権力を自分たちに集中させて、当時のアテナイの軍事と財政の両面の危機を乗り切ろうとしたわけである。

ところが、問題の四百人の寡頭派政権は、前411年初夏に成立した後、わずか4ヵ月で倒された。そしてアテナイ民衆は、政務を五千人に委託する民会決議を行なった (Th., 8.97.1; Aristoteles, Ath. 33.1)。この五千人の政治は、前411年秋から翌年の夏至の頃のアテナイの年度末まで継続したと考えられている[3]。この五千人の政治が五千人の寡頭政であるかあるいは民主政であるかについては研究者の間で論争があるが[4]、本論では五千人の政治を民主政として扱う[5]。本題に戻るが、この五千人の政治が前410年夏に以前の完全民主政、すなわち民会に主権が存在する民主政の制度に加えて官職就任者に日当を支給する制度を導入した民主政に転換し、ペロポネソス戦争が終了する前404/3年までその完全民主政が継続した。

以上が前411年の四百人の寡頭派政権の成立事情およびその後の経過の概要である。次項では問題の四百人の寡頭派政変の原因とその性質を考察する。

第2項　政変の原因と性質

前411年アテナイの寡頭派政変の原因についてこれまでの研究者たちが指摘したものをまとめてみると次のようになる。初めに、大まかに(1)人的原因、(2)国制上の原因、(3)戦争遂行のための方策、(4)和平のための方策、の4つに分ける。(1)人的原因としては、(ア)寡頭派・富裕者層の面で、(a)富裕者層が戦争で被害を受け負担が増えたので改革を求めたこと[6]、(b)プロブーロイが寡頭政的であるので政変につながったこと[7]、(c)寡頭派が五千人会設置の件で民衆をだましたので政変が成功したこと[8]、(イ)民主派および民衆の面で、(a)アテナイ民主政の指導者がいなくなったので政変が

起こったこと[9]，(b)政変に抵抗する者たちや民主派が寡頭派のテロに屈したこと[10]，(c)四百人寡頭派政変の成功は，民衆が寡頭派のテロや詐欺に屈したというよりも民衆の受動性，臆病さ，民主政と自由への無関心のせいであり民衆にも自由喪失の責任があること[11]，(ウ)諸階層の勢力の変動の面で，(a)テーテスが減り，ホプリタイが台頭して政変が起こったこと[12]，(b)ホプリタイ階層が寡頭派勢力へ変わっていったこと[13]，(c)権力奪取を望む者が寡頭政への政変を起こしたこと[14]，(エ)アルキビアデスの動きの面で，(a)アルキビアデスらが寡頭政下で帰国することを望んだので政変が起こったこと[15]，(b)それに対して反アルキビアデス派も寡頭政を支持したこと[16]，がある。(2)国制上の原因としては，(a)民主政が悪い国制であるので寡頭政が望まれたこと[17]，(b)当時のアテナイ人たちの間では民主政対僭主政の二元的な見方が一般的であったので寡頭派たちの構想が寡頭政に似ていることを考慮しなかったため前411年に寡頭派のクーデターにさらされることになったこと[18]がある。(3)戦争遂行のための方策としては，(ア)国制の形体にこだわるよりも国家救済のため政変が起こったこと[19]，(イ)戦争遂行のために民主政よりも寡頭政が望ましいこと[20]，(ウ)寡頭政への政変によってペルシアからの資金の援助が得られること[21]，(エ)日当支給の廃止が必要となって政変が起こったこと[22]，がある。(4)和平のための方策として，和平のため寡頭政が望まれたこと[23]がある。問題の政変の原因について諸説をまとめると以上のとおりであるが，各点がそれぞれお互いに関連している面があることを付言しておく。

ただし，上記の(1)の(イ)の(c)の説はテイラーが唱えたものであり，彼女の説の主たる論拠は，トゥキュディデスの記述を注意深く読めば，民衆がペイサンドロスの第1回演説時から寡頭政への国制変更にそれほど抵抗しておらず，そのような民衆の受け身的態度や臆病さ，民主政への執着の無さをトゥキュディデスが皮肉を込めて記述していることである[24]。だが，テイラー説には難点が多少あると思われるので，ここでは次の2点を挙げておく。1点目は，テイラーが度々，アテナイ民衆が寡頭派ペイサンドロスの説得を無抵抗に受け入れたと述べるが，ペイサンドロスは，後述する

ように，元は民主派の指導者であったのであるから，彼に対しては民衆はむしろその民主派の大物の突然の転向を目の当たりにしてどのように対処すればよいか判断がつきかねず受動的にならざるを得なかったと考えるべきであろう。それゆえ，同じく民主派の指導者であったプリュニコスは，かつて民主派の政治家であったからこそ，その後のスパルタとの和平交渉失敗の帰国後に彼自身の裏切りが明白となったせいで暗殺されたわけである（Th., 8.92.2）。2点目は，前411年の四百人の寡頭派政変は，政変前に民会等で提案された官職日当の廃止と政務の五千人への委託の重要事項（Th., 8.65.3, 67.3; Aristoteles, *Ath.* 29.5）が，四百人政権の崩壊後に再び決議されて（しかも民衆が能動的に民会決議を行なった）当の民会決議の政策には長期の継続性が見られるので（Th., 8.97.1），その政変の原因の考察は単に四百人政権の成立時期のみを扱えば済むものではなく，拙論のように四百人政権の成立時期からその後の五千人政権までの比較的長い期間を視野に入れるべきであろう。従って，テイラーの説は近視眼的であると言わざるを得ない。

　話を本題に戻すが，さらに，前節で指摘したことであるけれども[25]，前5世紀の民主政治時代においてもキモンにみられるような型に近い貴族・上流階層がいたと想像される。だが，キモンがその姻戚関係や賓客関係によってアテナイの民会での外交上の諸決定の際に助言を与え，時にはそれが理由で国外へ軍事遠征に出るよう民衆を説得することがあったのに対して，前451年のペリクレスの市民権法の制定から約40年を経た前411年の寡頭派政変の時期にはかかる形でアテナイの外交問題を左右する上流階層の人材は極めて少数であったことが推測できる。従って，この市民権法の影響によって前411年の時期にはスパルタとの和平交渉を進める面でアテナイ側は非常にぎこちなかったのではないかと想像することが可能であろう。また，この点から考えてみると，ポリスの内外で協力を働きかける役割を担う人々の人選の面でキモン的な技量を持った人物が望まれたであろうが，それが前413年のプロブーロイの選出に現れ，60歳以上の長老が選ばれたのではないかと推定することも可能であろう。

第 3 章　前411年の四百人の寡頭派政変の原因について

　ところで，問題の政変の原因を探る上で最も有効な手法のひとつは，その政変を実施した者たちを分析することである。史料が少ないことからその四百人の顔触れの全容は分からないが，中心人物についてはトゥキュディデスの記述が参考になる（Th., 8.68）。彼は，政変の首謀者として 4 人の人物を挙げている[26]。まず初めに，ペイサンドロスである（Th., 8.68.1）[27]。彼は，政変の年の春頃，アルキビアデスの話に賛同してサモスから本国に戻り，民会の場でアテナイ民衆に寡頭政への国制変革を説き（Th., 8.53.1-54.1），着実に事を運び，その年の初夏に民会で四百人評議会の設立を提案して承認を得るなど（Th., 8.67.2-68.1），率先して政変へと行動した。次に，アンティポンである（Th., 8.68.1-2）[28]。彼は，アテナイの名士でギリシアの10人の雄弁家のひとりであるが，政治の上では民会にも法廷にも積極的に出席することを好まず，民主政の下で静かに事態の推移をみながら民主政への嫌悪を募らせていた寡頭派であったと推定され，トゥキュディデス（Th., 8.68.1）によると問題の政変を彼が一番初めから考えていた人物であるとされている。次に，プリュニコスである（Th., 8.68.3）[29]。彼は，〔Lysias〕, 20.11-12から，生まれが貧しくて羊の番をした後，訴訟屋になったことが分かっているので，実際は民主派であると推定されるが，最初に寡頭政への政変を唱え始めたアルキビアデスに相当な不信感を抱いたがために国家の危機を打開するため問題の政変に積極的に参加した人物である（Th., 8.68.3）。従って，彼が政変の首謀者の中に存在することは，問題の寡頭派政変がもっぱら純粋な寡頭主義の考え[30]から生まれたものではないことを示唆してくれる。最後に，テラメネスである（Th., 8.68.4）[31]。彼は，問題の政変の首謀者でありながら（Th., 8.68.4; Aristoteles, *Ath.* 32.2），4ヵ月後に四百人政権を打倒した人物である（Th., 8.92.2-11; Aristoteles, *Ath.* 33.2）。テラメネスについては，後で再び論じる。けれども，このテラメネスとプリュニコスについてトゥキュディデスは，前者について「演説する上で，または判断する上でいずれにしても少なからぬ能力を備えた男」（Th., 8.68.4）と，後者について「危機にあってそれを乗り切るのに最も頼もしく見える男」（Th., 8.68.3）と評しており，いずれも国家が危機にある

第1部　前411年の寡頭派政変

時に国家救済のために立ち上がった人物であることが分かる。

このように，問題の寡頭派政変の首謀者たちは，必ずしも全員が寡頭派であった訳ではない。さらに，シーリーは，ペイサンドロスについて，彼の1回目の帰国の時には彼がペルシアのティッサペルネスからの援助を獲得することを望んで国制変更を説いたが，彼の2回目の帰国の時には，アルキビアデスとの交渉でティッサペルネスがアテナイ支援を聞き入れなかったので，彼からの援助を獲得する望みが実現しないであろうことを知っていた (Th., 8.63.4. Cf. Th., 8.56.4-5) と[32]，そしてペイサンドロスの1回目の帰国の時にアテナイ人たちがプリュニコスとスキロニデスを将軍職から解任し，代わりにレオンとディオメドンをサモスへ派遣した (Th., 8.54.3) が，このレオンとディオメドンがサモスで寡頭派の動きに反抗する運動の中心的役割を果たして (Th., 8.73.4-5) アルキビアデスを召還した (Th., 8.81.1) ので，この時期のアテナイ人たちの問題点が「民主政または寡頭政という抽象的な問題でなく，アルキビアデスの召還であった」と述べている[33]。これに関連して，ペイサンドロスが2回目の帰国の前に，ティッサペルネスとの交渉に失敗して (Th., 8.56.1-5) サモスに戻った時，次のような状況であったとトゥキュディデスは報告している。

　　そしてそれと同時に，サモスにいるアテナイ人たちの中の人々は，相談して，次のように考えてみた，すなわち，アルキビアデスが望まないので（そしてその男が寡頭政になっていくことにふさわしくないから），彼を棄てておくべきであると，他方で自分たちは彼ら自身について，すでに危機に瀕している時に，どんなやり方でも事を止めるわけにいかないと見て，そして同時に戦争に固執するべきであると，さらに自分たちは個人の家財から進んで財貨やたとえ他の必要とされるものでも寄付すべきであると，もはや彼ら自身以外の他の人のためには苦労を背負わないと。
　　Th., 8.63.4

第3章　前411年の四百人の寡頭派政変の原因について

このようにサモスのアテナイ軍内のペイサンドロスの一派は，四百人の寡頭派政変を実行するために2回目の帰国をする直前には自分たちの利害のために寡頭派政変を行なう決心をしていた[34]。従って，特にペイサンドロスの行動を見る限り，問題の四百人の寡頭派政変は，もっぱら寡頭主義の考えから生まれたものではないとみることができるであろう。

　他方，ペイサンドロスが2回目の帰国の際に最終的に寡頭派政変を実行することを決心した背景について考察してみると，ここでようやくアテナイ本国の寡頭派が顔を出す。ペイサンドロスが1回目の帰国の際に初めてアテナイ民衆にペルシアからの援助を得るために国制変革を唱えたが，その後彼がとった行動は次のようなものであった。

　　そしてペイサンドロスは，以前にはたまたまポリス内で法廷や役職を統括していた盟約結社（ksynômosiai）のすべてに近づいて，一団となり共同で民主政を打倒するよう勧告することを熱心に勧めた。
　Th., 8.54.4

ここでペイサンドロスは初めて，以前には役職などに就いて政治を指導していたらしい上流階層の人々の間で誓いによって盟約結社（synômosia）を組織している人たちと接触して結託することを図った。そして盟約結社の人たちは，これを受けて民主政打倒に向けて活動を開始した。彼らの具体的な活動をトゥキュディデスは次のように語っている。

　　ペイサンドロスとその取り巻きの人たちは，沿岸を航行し，決定されたように，諸ポリスで民主政を打倒したし，そして同時にそれらの地から彼ら自身に味方として重装歩兵たちを伴ってアテナイへ戻った。
　　そして大部分の事どもが仲間たち（hetairoi）によって先に行なわれていることを理解した。というのもアンドロクレスのような人で民衆の中でとりわけ先頭に立っていた人を若い方の人たちの中のある人た

145

第1部　前411年の寡頭派政変

　　　ちが徒党を組んで密かに殺害したからであるが，その男はアルキビア
　　　デスを誰にもまして追い払ったのである。さらにその男を2つのこと
　　　を理由として，すなわち民衆指導者のゆえに，そしてアルキビアデス
　　　については帰国させて喜んでティッサペルネスを友人にするようにと
　　　考えて，むしろ殺害した。そしてある程度のその他の不都合な人たち
　　　を同じやり方で密かに殺した。
　　　Th., 8.65.1-2

盟約結社の中の若い過激な者たちが民主派の指導者アンドロクレスその他
の人たちを殺害してテロ行為に訴えたわけである。そしてこの後，彼らは，
Th., 8.65.3の中の政治綱領を発表した。本国アテナイがこういう状況にあ
る時に，アルキビアデスとティッサペルネスとの提携が無理であると認識
したペイサンドロスが帰国した。彼は，1回目の帰国の際にアテナイ民衆
にはペルシアからの援助が得られると公言した身であるので，後には引け
なかったであろう。他方，彼は，この2回目の帰国の際に盟約結社の人た
ちの行動を知って勇気づけられたであろう。この時に彼は，かつて民主派
であると目された人物であるにもかかわらず，保身のために民衆に対する
背信行為を決心したに違いない。そこで彼は，過激な寡頭派たち，アンテ
ィポン，テラメネス，アルキビアデスに個人的に反感を抱くプリュニコス，
そしてその他の野心ある人たちを利用して政権を奪取することを決意した
に違いない。ペイサンドロスにとって寡頭主義の理念は全く重要ではなく，
自分の保身のために利用すべきスローガンでしかなかったと考えられる。
シーリー[35]が指摘するように，ペイサンドロスが寡頭政を設立することに
参加した理由は，リュシアス（Lysias, 25 *Defence against a Charge of
Subverting the Democracy* 9）が述べたように，彼が自分の悪しき行為につ
いて申し開きをするために召還されることを恐れたからであると推測でき
よう。その箇所のリュシアスの言葉は次のとおりである。

　　　　　と申しますのも，考えてみて下さい，陪審員の皆さん，2つの政治

146

の先頭に立った人たちを，立場を変える毎のものをです。プリュニコスやペイサンドロスやその者たちと一緒の民衆指導者たちは，皆さんに多くの過ちを犯した時，それらのことのせいでの報復を恐れて最初の寡頭政を設立しませんでしたか。その四百人の中の多くがペイライエウスから一緒に戻った人たちの側になり，他方であの人たち〔四百人のこと，引用者註〕を追い出した人たちのいく人かがその当人たちが再び三十人の一員となりませんでしたか。エレウシスへと登録した人たちの中のある人たちが皆さんと一緒に遠征し，自分たちと同じ者たちと一緒の人たちを包囲攻撃しましたね。

Lysias, 25.9

このように前411年の四百人の寡頭派政変は，首謀者ペイサンドロスの行動を見る限り，寡頭主義の理念から起きたものではなかったと言える。そこで，問題の政変を考察する上で，次には手法を変えて，当時，国家としてのアテナイが置かれていた状況をみてみることにする。

まず初めに，戦局は，前415年から前413年までのシケリア遠征でアテナイの大軍がスパルタ艦隊に破れて壊滅し，アテナイは「諸船庫の中には十分な軍船も，国庫の中には金銭も，軍船のための乗組員たちも見かけず，さしあたって救われる望みがなかった」という状況に陥り，「シケリアから敵の者たちが直ちに艦隊でもってペイライエウスに航行してくると彼らには思われた」ので敵のペロポネソス軍が陸と海の両方からアテナイを攻撃するのではないか（Th., 8.1.2）という危機的状況に追い込まれた。そこで，本国に残っている者たちで敵の襲撃に備えなければならなくなったが，それには東側と南側が海に面しているアテナイでは軍船が不足していた。そこで，急遽，軍船を作ることが必要となるが，そのためには費用がかかる。アテナイでは従来，軍船の建造費は国庫でまかなわれていた。アテナイの軍は，以前は陸軍しかなく，その軍の主力の重装歩兵は武具を自弁した市民たちからなっており，基本的には国家がその費用を負担するものではなかったが，ペルシア戦争期の前480年にテミストクレスの提案によっ

第1部　前411年の寡頭派政変

て艦隊が建造された時，200隻の軍船の建造費は，当時たまたまラウレイオン銀山から入った収入からまかなわれたことから (Herodotus, 7.144.1-2)，軍船建造費については国庫がまかなうことになった。けれども，古典期アテナイでは，もともと土地からあがる収入が乏しいので，陸軍の装備が自弁とされるほどであり，市民が納税するという考えが普通の状況では存在しなかった。そのために軍船建造費などの国費は，鉱山からの収入や，前454年にデロス同盟の金庫がデロス島からアテナイに移されてからはデロス同盟金庫からの流用 (Th., 2.13.2-3) などで捻出されていた。ところが，問題の時期には，シケリア遠征軍の壊滅によってアテナイ軍の脅威がなくなると，デロス同盟諸国が続々と離反し[36]，デロス同盟諸国からの貢納金が国庫に入らなくなった[37]。そういう訳で，急遽軍船を建造しようにもその費用がないという状況になっていた。そこで，かかる財政危機の打開のために採られた対策が，初めに戦費調達と財政引き締めのために政策を提言する委員たちであるプロブーロイを選出することであり (Th., 8.1.3; 前413年秋) [38]，次にこの戦争の最中に使用することが禁じられていた1千タラントンの蓄財を国庫から支出することであった (Th., 8.15.1; 前412年夏) [39]。

　また，アテナイの財政事情がかかる有り様であるので，このような中で財政負担を強く求められるようになる市民が富裕者たちである。アテナイでは日常で富裕市民がレイトゥルギア（対国家奉仕）と呼ばれる公的な財政負担を負う (Lysias, 21.1-5; Xenophon, *Oeconomicus* 2.4-7)。それには主なものにコレギアと呼ばれる合唱隊奉仕とトリエラルキアと呼ばれる三段櫂船奉仕がある。トリエラルキアは，毎年任期1年であり，前431年頃には軍船300隻が存在したと伝えられているので (Th., 2.13.8)，300人の富裕者に割り当てられる。ある富裕者は，前5世紀末頃のトリエラルキアで6タラントンを支出したと証言している[40] (Lysias, 21.2) [41]。さらに，その富裕者は，別の箇所で前410/09年から前405/4年の間にレイトゥルギアの一種であるエイスポラ（戦時拠出金納付）[42]で2度，ひとつは30ムナ，もうひとつは4千ドラクマを負担したと証言している (Lysias, 21.3)。問題の四百人の寡頭派政変の事件の後にこのように富裕者が戦争に関連するレイトゥ

148

ルギアとして通常ではトリエラルキアを，臨時にエイスポラを行なった[43]訳である。従って，これが寡頭派政変以前の財政危機の時期の富裕者たちの場合，彼らがどのような考えを抱いたかは想像に難くない。実際，前412年冬にアルキビアデスが，自身が本国に帰国できることを願ってサモス駐留のアテナイ人たちに寡頭政の樹立を語った時，彼の話にまず初めに同調したのは，「三段櫂船奉仕者たちや最も有力な者たち[44]」であると，すなわち富裕者たちであるとトゥキュディデスが語っているのである（Th., 8.47.2, 48.1）[45]。そして，Th., 8.48.1から窺えるように，彼ら富裕者たちは，当時のアテナイの財政危機にあって自身に経済的な負担がさらに課せられることを恐れて，これ以上民衆の意のままにレイトゥルギアが課せられることを阻止するために民主政の転覆を図ろうとしたと推測される。さらに，四百人の寡頭派のクーデターの直前に寡頭派のペイサンドロスの仲間たちが，兵役に服した者以外に日当が支払われることを停止することと「五千人より多くない人たちが国事に加担すべきであり，さらにその人たちは特に財産の面と身体の面で国家に義務を果たすことができるものである」という内容の提言を発表した（Th., 8.65.3）。日当支払いの停止については，四百人の寡頭派によるクーデターの直前のコロノスの民会で官職日当の廃止が決議された（Th., 8.67.3; Aristoteles, Ath. 29.5）[46]。これは，富裕者の側からみれば，当時の財政危機の最中に下層市民が官職に就任して日当を受け取りながら役人として富裕者に財政負担を迫ることを阻止することになる。また，政務を国家に奉仕する能力がある五千人に委託することは，同様に下層市民が役人となって富裕者に財政負担を迫ることを阻止するとともに，富裕者が自身に経済的負担がかからないような国家財政の改革の方法を立案する道を開く。また，シーリー[47]は，前411年の秋のいわゆる五千人の国制が成立した時にホプリテス（重装歩兵）による奉仕という原則が打ち出されたこと（Th., 8.97.1）と，その前の四百人政権樹立の前にある一派が「軍務に服する人以外の他の人たちが給料を受け取るべきでないし，そして五千人より多くない人たちが国事に加担すべきであり，さらにその人たちは特に財産の面と身体の面で国家に義務を果たすことが

できるものである」(Th., 8.65.3) と政治綱領を公表したことから，これらの政変は元来，倹約のための運動であったし，その狙いは「民主政の根本原理に反する方向には向かなかった」，すなわち理論としての寡頭政を求めたものではなかった，と説明している。

このように，前411年の四百人の寡頭派政変は，もともと戦局悪化と国家財政の危機の中で富裕者が下層市民の主導する政治によってさらに自分たちに経済的負担が重くのしかかることを阻止するために考え出した政変であった。従って，前述のとおり，その政変はもっぱら寡頭主義の考えから生まれた訳ではないといえる。前411年の政変の原因のひとつとしての，戦局悪化と財政危機の下での富裕者の動きや考えについては，以上のとおりである。

このように，問題の政変がもっぱら寡頭主義の考えによる政変であるとはみなせないことが明らかになったので，次には，寡頭主義の考えからではなく，前述のような軍事面や財政面の危機または国家の危機に際して国家救済のために政治を指導しようとした者たちについて考察することにする。ここでは，テラメネスという人物を中心に取り上げてみる。

第3項　政変とテラメネス～実務者の活躍

テラメネスは，前411年の四百人の寡頭派政権の首謀者であり（Th., 8.68.4; Aristoteles, *Ath.* 32.2)，その政権の途中でアリストクラテスと手を結び（Th., 8.89.2; Lysias, 12.67)，四百人政権を倒して五千人政権を樹立した（Aristoteles, *Ath.* 33.2; cf. D.S., 13.38.1-2)。この時期に彼は積極的に政治の表舞台に登場するのであるが，参考までに彼の父親ハグノンの経歴をみてみると，彼は，前437年にアンピポリスというポリスを創立し（Th., 4.102.3)，ペロポネソス戦争初期にはペリクレスとともに将軍を務め（Th., 1.117.2, 2.58.1-3)，前429年初冬にはオドリュサイ人の王シタルケスの許へ派遣された使節の長で将軍であり（Th., 2.95.3)，前421年にはニキアスの和約を誓った一人であり（Th., 5.19.2, 24.1)，さらに前413年秋にはプロブーロイ

の一人として選出された (Lysias, 12.65)[48]。このようにテラメネスの父親ハグノンは，かつてアテナイ民主政の下で民主派の指導者であったペリクレスには劣るもののその指導者ぶりを発揮している。かかる父親の経歴は息子のテラメネスに影響を与えたと考えられ，トゥキュディデスが彼を「演説するうえで，または判断するうえでいずれにしても少なからぬ能力を備えた男だった」と評価している (Th., 8.68.4; cf. D.S., 13.38.2)。

それに加えて，四百人政権の打倒でテラメネスに協力したアリストクラテスの経歴をみてみると，彼は，レイトゥルギアを行なう有力な一族に生まれ[49]，前421年のニキアスの和約を誓った一人であり (Th., 5.19.2, 24.1)[50]，前414年に上演されたアリストパネスの喜劇『鳥』の中でその名前から寡頭政治を望む者として笑いの種として登場し (Aristophanes, Aves 126)，さらに前413/2年に将軍としてキオス問題に関与した (Th., 8.9.2)[51]。そして，四百人政権の下でタクシアルコス（歩兵長官）に就任している (Th., 8.92.4)[52]。以上のアリストクラテスの経歴は，テラメネスの父親ハグノンの経歴を彷彿させるほど似通っている。

アリストクラテスとハグノンの2人の経歴をみると，テラメネスと同様に，アテナイ民主政の下で軍事の面と政治の面でその手腕を発揮した実務者であり，さらにこの点からここで便宜的に彼らをいわば「テクノクラート」と呼ぶことができるかもしれない[53]。また，その2人は民主政下で活躍するとともに，ハグノンはプロブーロイに就任し，アリストクラテスは寡頭派政権下でタクシアルコスに就任したので，史料が少ないという制約があるものの政治の面では2人とも民主派あるいは寡頭派のいずれにも属さなかったとみることができるであろう。

それに加えて，テラメネスの場合は，彼が四百人政権樹立の首謀者でありながら，その四百人政権を倒して民衆寄りの姿勢を示したこともあり，その後「コトルノス」（kothornos）というあだ名で呼ばれている[54]。ギリシア語の「コトルノス」とは，左右の足のどちらでも使える長靴のことであり，時には寡頭派，時には民主派と立場を変えるテラメネスの姿勢[55]を皮肉ったあだ名である。そしてこのあだ名に関連して，テラメネスは，前

第1部　前411年の寡頭派政変

404/3年の三十人僭主の時期にその年度の冬に三十人僭主によって処刑される前に、寡頭派の指導者であるクリティアスによって寡頭派かあるいは民主派のどちらであるか態度をはっきりとさせることを迫られて、次のように語っている（Xenophon, *HG* 2.3.47-48）。すなわち、要約すると、テラメネスは、寡頭派と民主派のいずれも気に入らないし、自身は金銭報酬目当ての売国奴まで仲間入りさせる民主派に対してと、少数者による僭主支配を目指す寡頭派に対して闘っているし、かつては、馬か盾によって貢献することができる者たちとともに政治を指導することが良い政治であると思っていたと[56]。ここで言われている、馬か盾によって貢献できる者たちが指導する政治とは、前411年の四百人政権の成立直前の民会決議（Aristoteles, *Ath.* 29.5）とその後の五千人政権の成立の時の民会決議（Th., 8.97.1）の中にみられる、「政務を身体と財力ともに国家に奉仕するのに最も有能な人々、換言すれば、騎兵や重装歩兵として貢献できる者たち、からなる五千人に委ねる」という考えと同じものであるとみなすことができる。従って、テラメネスの立場からみてみると、彼は、四百人政権の樹立に際して、そして四百人政権の打倒と五千人政権の樹立に際して、武具を自弁できて軍事で貢献可能な五千人の者たちに政務を委託させるという主張を首尾一貫して唱えたのではないかと推定することができる。また、それと同様の考えを彼の父親ハグノンやアリストクラテスも抱いていたと推定することができるであろう。

このように、前411年のアテナイ民主政の危機の時期にテラメネスらの一派は、国家救済のために政治と軍事の実務者たちに政務を委託することをよしとする考えの持ち主たちであり、それゆえに民主派にも寡頭派にもつかない中立の立場のグループであった、とまとめることができよう。そして、前411年に四百人政権が樹立される前の時期には、アンティポンやペイサンドロスらの寡頭派たちと、もともとは民主派でありながら危機打開のために立ち上がったプリュニコスと、テラメネスやアリストクラテスらの、政治の上では中立の立場であり、国家救済のために最も貢献できる政治と軍事の実務者たちに政務を委託させることを望んだ一派が合同し

第3章 前411年の四百人の寡頭派政変の原因について

て，官職日当の支給をひとつの柱とする完全民主政を堅持しようとする民主派と民衆に対して譲歩を迫ったとみることができる。民衆はそれらのグループから圧力をかけられ，その年の初夏にコロノス民会で四百人評議会の設立を承認した。この時点までは合法的に政変が進められた訳である。しかし，その直後に設けられたばかりの四百人評議会のメンバーたちが政治権力を集中して握ろうとしてクーデターを断行した。そしてアンティポン[57]やプリュニコス[58]らの四百人の一部の者たちがスパルタと和平を結ぼうとして失敗し（Th., 8.92.2），これがきっかけとなって政権を少数の者たちに集中させることは危険であるとみなされるようになり，テラメネスやアリストクラテスが政務を五千人に委ねることを目指す運動を起こして四百人政権を打倒し，五千人政権を樹立した。テラメネスらのグループと前411年の政変との関係は，以上のように理解することができる。

ところで，参考までに，その後のテラメネスらの動きとアテナイの内政事情をみてみることにする。というのも，その後の前410年夏に五千人政権独自の民主政，すなわち官職日当を廃止して五千人に政務を委ねるが最高決議機関はあくまで民会であるという民主政の一形態から，官職日当を再び導入した完全民主政に移り変わったが[59]，この出来事とテラメネスらのその後の境遇に関連があるからである。

テラメネスのその後の経歴をみると，彼は将軍として，四百人の寡頭派政権の崩壊直後の前411年のおそらく年内に[60]寡頭派の指導者であるアンティポンら3人を反逆罪で告発している（Lysias, 12.67; Antiphon, *On the Revolution* 3;〔Plutarchus〕, *Moralia* 833 F）。ここで注目すべき点は，四百人の寡頭派のアンティポンらの告発を提案した人物がやはり四百人の一員であったアンドロン[61]という人物であったことと，告発したテラメネス自身も四百人の一員であったことである。テラメネスとアンドロンは，寡頭派の大物アンティポンらを告発して処刑することによって自分たちの四百人寡頭派に由来する汚名を晴らすとともに民衆に対して忠誠ある態度を示そうとしたと考えられる[62]。そしてテラメネスは，前410年初めに将軍としてパロス方面へ航行し（D.S., 13.47.6-8, 49.1），その年の春にキュジコス

153

第1部　前411年の寡頭派政変

沖の海戦でアテナイ側に勝利をもたらした (Xenophon, *HG* 1.1.12, 22; D.S., 13.49.3-51, 64.2-3)。

　けれども, 前410年夏にアテナイが完全民主政に移行した後の数年間に, 彼がアテナイで将軍に選ばれた可能性はまずない。その後の消息は不明な点が多く, 前406年のアルギヌーサイの海戦でトリエラルコスとして奉仕し (Xenophon, *HG* 1.6.35, 7.5,31), また前405/4年の将軍に選ばれたものの審査でしりぞけられた (Lysias, 13.10) [63]。その後, アイゴスポタモイの海戦の後, スパルタへの全権使節として派遣され (Xenophon, *HG* 2.2.17), アテナイ民衆に講和を受諾させ (Xenophon, *HG* 2.2.22), 27年間におよんだペロポネソス戦争を終わらせた後, いわゆる三十人僭主の一員に任命された (Xenophon, *HG* 2.3.2)。このように, テラメネスは, 前411年の秋に四百人政権を打倒して五千人政権を樹立し, 翌年の春にキュジコス沖の海戦でアテナイに勝利をもたらしたにもかかわらず, その年の夏から明らかにアテナイ民衆からうとんぜられている。そして前405年のアイゴスポタモイの海戦でアテナイが破れて, 四方を敵に包囲されるにおよんで, 再び政治の表舞台に登場して, スパルタと講和を結んだのである。

　テラメネスの経歴にみられる, かかるアテナイ民衆の態度の変わり様は, 何に由来するのであろうか。それは, 前411年の四百人の寡頭派政権に関連する寡頭派の処罰の有り方に起因していると考えられる。すなわち, 前411年の秋に四百人政権が倒された直後から翌年の初めにテラメネスがパロス方面へ遠征に出掛けるまでが, 第1期の四百人処罰であり, その特徴は, 四百人の寡頭派のメンバーであったアンティポンら3人の寡頭派の主要人物たちを同じく四百人のメンバーであったテラメネスやアンドロンらが処罰したことであり, その時期に自身がかつて四百人のメンバーであった者が寡頭派を処罰することによって民衆に対して忠誠ある態度を示してアテナイの政治の世界で生き残ろうとしたのである。これに対して, 前410年7月頃にデモパントスの提案によって民主政を打倒する者を処罰する条令が承認されてから (Andocides, 1.96-98), テラメネスが民衆からうとんぜられるようになり, また四百人処罰の有り様に変化がみられる。すな

わち，以前に四百人の寡頭派の関係で告発されて罰金刑を受けたポリュストラトスが，再び同じ罪状で告発された（〔Lysias〕, 20）[64]。この告発に対する弁護演説が〔Lysias〕, 20の演説文であるが，その中で演説者は，この告発が金銭報酬目当てのいやがらせの告発であることをほのめかしている[65]。また，Lysias, 25の演説文の中でこの時期に私利を追求するあまり国家に損失を招く者がおり，彼らが賄賂に味をしめて富裕者たちをも告発の標的に加えた有り様が語られている（Lysias, 25.25-26）[66]。このように，前410年夏のデモパントスの条令が承認された後のアテナイでは民衆煽動家たちとシュコパンテス（職業的訴訟者）たちが横行し，かつての四百人の寡頭派政権の関係者たちや富裕者たちが標的となったのである。前410年夏のデモパントスの条令の制定の時期から前405年秋のパトロクレイデスの四百人への市民権回復の条令（Andocides, 1.77-79）の制定の時期までの間は，まさに四百人の寡頭派に対する民主派や職業的訴訟者の攻撃の時代である。これは，前述の五千人政権期のテラメネスらによる寡頭派処罰の時期とは違った側面を持つ第2期の寡頭派処罰の時期といえる。この時期にテラメネスらのような政治と軍事の実務者たちは，かつて四百人の寡頭派政変に関わったというだけで寡頭派のレッテルを貼られ，アテナイの政治の表舞台から降ろされ，金銭目当ての訴訟屋の標的にされたのであろう。このようにしてこの時期のアテナイ民主政は，優秀な人材を失い，その結果，ペロポネソス戦争の敗北という最悪の事態を迎える結果になったと考えられる。

小　　結

　前411年のアテナイの四百人の寡頭派政変は，ペロポネソス戦争の最中に国家の財政が悪化したために富裕者たちに公的な財政負担がかかろうとしたところ，アンティポンらの寡頭派たちや，ペイサンドロスやプリュニコスらのようにもともと民主派でありながらペルシアからの財政支援を受ける試みが頓挫したりアルキビアデスとの関係の悪化から転身した者たち

や，国家救済のために立ち上がった政治と軍事の実務者たちなど，いくつかのグループが合同して起こした政変である。それゆえ，そして特に政変の中心人物であったペイサンドロスの転身を考慮すれば，その政変はもっぱら寡頭主義的な考えから起こった政変とは言えない。そして，従来の民主政の制度を変更するための重要な民会決議まではアテナイ民衆が承認した合法的な政変であったが，その後成立したばかりの四百人評議会のメンバーたちが自分たちに権力を集中させるためにクーデターを起こした。そして四百人の政治がスパルタとの和平を模索するなど民衆の求めからはずれていくと，その四百人の中からテラメネスのように寡頭派や民主派などの主義にこだわらずに政治と軍事の両面で国家に貢献することができる実務者たちが立ち上がり，四百人の寡頭派政権を倒したのである。このように，もともと通常は市民の各層に納税の義務を負わせる制度がないという点で財政基盤のないアテナイのポリスが官職日当を支給する制度をともなった民主政を行なったところへペロポネソス戦争の戦局悪化とそれによる国家財政の破綻が襲い，金のかかる民主政が危機に陥ったので，そこで富裕者や寡頭派や実務者たちが民衆に対して譲歩を迫って官職日当の支給の廃止と政治権力の集中を生み出したのである。

だが，四百人政権打倒後も実施された，官職日当の支給の廃止は，いわば一時しのぎの便法に過ぎなかったので，前410年春のキュジコス沖の海戦でアテナイが勝利し，戦局が好転すると，その年の夏に再び官職日当の支給が行なわれる民主政に移行したし，またそれによって息を吹き返した民主派や民衆が，先の四百人の権力集中に加担した有能な者たちに対して寡頭派のレッテルを貼り，告発を行なう形で攻撃を行なったのである。そのおかげでアテナイは，ポリスにとって有能な人材を次々とそのリーダー層から失ったわけであり，これが結果的にはアテナイのペロポネソス戦争での敗北につながったといえるであろう。

註

1) Cf. Beloch, *G.G.* 2.1 (Strassburg, 1914; rpt. 1967), p. 383-384.

第 3 章　前411年の四百人の寡頭派政変の原因について

2) Cf. Beloch, *G.G.* 2.1, p. 383-384.
3) 前410/9年の第 1 プリュタネイア（アイアンティス部族）の開始時期については，本論の第 2 部第 4 章第 1 節の註 7 および拙稿,『史学研究』170号，36頁　註 7 をみよ。
4) この論争については，本論の第 2 部第 4 章の冒頭および拙稿，前掲誌，23－24頁をみよ。
5) 本論の第 2 部第 5 章および拙稿,『史学研究』177号，27－44頁をみよ。
6) de Ste. Croix, *Historia* 3 (1954), p. 27-28 ＝ 馬場訳，前掲書，204－205，231－232頁　原註187－191。Cf. Busolt, *G.S.* 2, p. 904-905（民主政に反対する風潮は，戦争の苦境とともに増大した。いっそう広い範囲で人は，国制改革が国家の救難にとって必要であろうという確信に達した。〔中略〕それゆえ「父祖の国制」への帰還による「国家の救難」がその反動のスローガンになった。穏健寡頭派たちは，国民の諸権利を，重装歩兵の武具を揃えた者たちすべてに授与することを望んだ。極端派たちは，それに対して厳格な寡頭政と評議会への全行政権の譲渡を手に入れようと努力した。両者の方針は，民主政に対する処置の際，結合した）．
7) Hignett, *op. cit.*, p. 269. Cf. Busolt, *G.S.* 2, p. 904（彼らの任命は，民主政に対する反動の最初の国制上の成果を意味した）．
8) Hignett, *op. cit.*, p. 275-276.
9) Kenyon, *A.C.A.*, p. xliii.
10) *Ibid.*
11) M.C. Taylor, "Implicating the *demos*: a Reading of Thucydides on the Rise of the Four Hundred," *J.H.S.* 122 (2002), p. 91-108, esp. 102-103, 107-108.
12) Hignett, *op. cit.*, p. 269.
13) de Ste. Croix, *Historia* 3 (1954), p. 27 ＝ 馬場訳，前掲書，204頁。
14) Rhodes, *C.A.P.*, p. 372.
15) *Ibid.*, p. 371.
16) *Ibid.*, p. 372.
17) *Ibid.*, p.372. またRhodes, *H.C.G.W.*, p. 163は，富裕市民たちが，民主政が自分たちの利益にならないし，寡頭政の方が安上がりであると考えたので，四百人寡頭政が成立したと述べる。
18) R. Brock, "Athenian Oligarchs: the Numbers Game," *J.H.S.* 109 (1989), p. 161.
19) Kenyon, *A.C.A.*, p. xliii.
20) Rhodes, *C.A.P.*, p. 372.
21) Kenyon, *A.C.A.*, p. xliii; Lang, *A.J.P.* 88 (1967), p. 179; Rhodes, *C.A.P.*, p. 371.
22) R. Sealey, "The Revolution of 411 B.C.," in *Essays in Greek Politics*（以下*E.G.P.*と略す）(New York, 1967), p. 111-132, esp. 122-127; Rhodes, *C.A.P.*, p. 372, 395.
23) Rhodes, *C.A.P.*, p. 372.
24) Taylor, *op. cit.*, p. 91-108, esp. 98-100, 102-103, 107-108.
25) 第 1 節第 2 項。
26) Cf. Bengtson, *op. cit.*, p. 218.
27) Cf. Kirchner, *P.A.* 2, no. 11770; Busolt, *G.G.* 3.2, p. 1460-1461; 中村純「前411年の

第1部　前411年の寡頭派政変

アテナイ政変とアルキビアデス」『史学雑誌』93-10号，1984年，11頁。
28) Cf. Kirchner, *P.A.* 1 , no. 1304; Busolt, *G.G.* 3.2, p. 1460; Beloch, *G.G.* 2.1, p. 382; Gomme et al., *H.C.T.* Vol. 5, p. 170-174.
29) Cf. Kirchner, *P.A.* 2, no. 15011; Busolt, *G.G.* 3.2, p. 1460-1461. なお，Aristoteles, *Politica* 1305b 26-27は，プリュニコスが四百人政権期に寡頭派内部でデマゴーグ的振舞いに出て勢力を得たと述べている。
30) アテナイ人の寡頭主義の考えについては，前5世紀後期の〔Xenophon〕, *Ath.* が参考になる。この史料については，本論の前節の第7項を参照せよ。
31) Cf. Kirchner, *P.A.* 1, no. 7234; Busolt, *G.G.* 3.2, p. 1462-1465; Beloch, *G.G.* 2.1, p. 382; Gomme et al., *H.C.T.* Vol.5, p. 177-178; 中村，前掲誌，14頁。
32) Sealey, *E.G.P.*, p. 113-115.
33) *Ibid.*, p. 118-120.
34) *Ibid.*, p. 113.
35) *Ibid.*, p. 119-120.
36) アテナイのシケリア遠征敗北後から前411年春までにアテナイとの同盟から離反したポリスは，トゥキュディデスの記述から拾い出すと，前412年夏，キオス，エリュトライ（Th., 8.14.2），クラゾメナイ（Th., 8.14.3），テオス（Th., 8.16.3），ミレトス（Th., 8.17.3），レベドス，ハイライ（Th., 8.19.4），メテュムネ，ミュティレネ（Th., 8.22），エレソス（Th., 8.23.4），前412年冬にすでにクニドス（Th., 8.35.1），同冬，ロードス（Th., 8.44.2），前411年春，アビュドス，ランプサコス（Th., 8.62.1）がある。谷藤康「デロス同盟諸ポリスの国制形態」『学習院史学』23号，1985年，64－74頁を参照せよ。
37) 前414年夏にアテナイは，当時もはや実際に集められなかったデロス同盟の貢納金の代わりに5パーセントの輸出入税を徴収して財政再建を図った（Th., 7.28.4）。Cf. Gomme et al., *H.C.T.* Vol.4 Books V 25-VII (Oxford, 1970; rpt 1983), p. 402-404; M. Ostwald, *From Popular Sovereignty to the Sovereignty of Law: Law, Society, and Politics in Fifth-Century Athens* (Berkeley, Los Angeles & London, 1986), p. 338.
38) Cf. Kenyon, *A.C.A.*, p. 81; Sandys, *op. cit.*, p. 124; Beloch, *G.G.* 2.1, p. 374 n. 3, p. 383; Caspari, *op. cit.*, p. 1-2 & n. 4; Busolt, *G.S.* 1, p. 364; do., *G.S.* 2, p. 904 & n. 2, p. 1063; Wilcken, *op. cit.*, p. 38; Fritz & Kapp, *op. cit.*, p. 173-174 n. 87; Hignett, *op. cit.*, p. 269; J. Days & M. Chambers, *Aristotle's History of Athenian Democracy* (Berkeley & Los Angeles, 1962), p. 156-157; Moore, *op. cit.*, p. 258; Gomme et al., *H.C.T.* Vol.5, p. 6-7, 164-165, 213; Rhodes, *C.A.P.*, p. 372-373; Ostwald, *op. cit.*, p. 338-343; 村川訳『アテナイ人の国制』203頁　註29-6。
39) 関連する史料として，Philochoros fr. 116 = Jacoby, *F.G.H.* 3.B (Leiden, 1964), p. 139, Philochoros F 138 (116) がある。Cf. Beloch, *G.G.* 2.1, p. 374 & n. 1, p. 379; Ostwald, *op. cit.*, p. 338. なお，この1千タラントンの予備基金は，前431年の民会決議によって設けられた（Th., 2.24.1）。
40) Busolt, *G.S.* 2, p. 1201によると，トリエラルキアの負担は平均して1回あたり4千－6千ドラクマであった。
41) Cf. R.C. Jebb, *The Attic Orators from Antiphon to Isaeos* 1（以下*Attic Orators* 1と

略す) (New York, 1962), p. 220.
42) エイスポラの徴収の制度がアテナイで前434/3年までに確立されていたことについては，古川堅治「アテナイにおけるエイスフォラの社会的意義」『西洋史学』116号，1979年，22頁 註2をみよ．
43) これに関連して，前414年夏にアテナイがデロス同盟の貢納金の代わりに5パーセントの輸出入税を徴収し始めるまで，同盟諸国からの貢納金がアテナイ帝国の財政をまかなっていたことと，エイスポラが同財政の上で補助的なものであったことについては，古川，前掲誌，21-22頁をみよ．
44) Th., 8.47.2の中に登場する "dynatôtatoi" と "beltistoi" という語句が，政治的意味合いを含んでいるか，そして専門用語として使われているかという問題については，Gomme et al., *H.C.T.* Vol.5, p. 106をみよ．
45) Cf. Plutarchus, *Alcibiades* 25.4. ただし，プルタルコスの記述は，Busolt, *G.G.* 3.2, p. 1467 n. 2が指摘するように，トゥキュディデスの記述 (Th., 8.47.2) にならっていると考えられる．
46) Aristoteles, *Ath.* 29.5の中の官職日当の廃止についての記述が，Th., 8.67.3の中の官職日当の廃止についての記述と同じ内容のものであり，コロノスの民会で決議されたことについては，Rhodes, *C.A.P.*, p. 382 をみよ．また，第1部第2章第1節第2項の「(4) シュングラペイスをめぐるその他の提案」および拙稿「前411年アテナイのシュングラペイスについて」『西洋史学報』11号，1985年，9頁を参照せよ．
47) Sealey, *E.G.P.*, p. 122-127.
48) 詳しくは，Kirchner, *P.A.* 1, no. 171; Davies, *op. cit.*, No. 7234をみよ．
49) Davies, *op. cit.*, No. 1904. Cf. Kirchner, *P.A.* 1, no. 1904.
50) Cf. A. Andrewes & D.M. Lewis, "Notes on the Peace of Nikias," *J.H.S.* 77 (1957), p. 179.
51) Cf. *ibid*.
52) Cf. Gomme et al., *H.C.T.* Vol.5, p. 311.
53) ただし「テクノクラート」という言葉は，社会学の用語として現代社会を考察する上で用いられる専門用語であるので，これをそのまま無批判に古典期アテナイの社会にあてはめる訳にはいかない．濱島朗他編『社会学小辞典』(有斐閣，1977／1990年) 282頁，「テクノクラート」，「テクノクラシー」の項を参照せよ．
54) テラメネスを「コトルノス」と呼ぶ史料には，Xenophon, *HG* 2.3.31; Plutarchus, *Nicias* 2.1;〔Plutarchus〕, *Moralia* 824 Bがある．Xenophon, *HG* 2.3.31については，cf. G.E. Underhill, *A Commentary on the Hellenica of Xenophon* (Oxford, 1900), p. 59. Cf. Beloch, *G.G.* 2.1, p. 392; Meyer, *G.A.* 4.2, p. 304-305.
55) 時には寡頭派，時には民主派と立場を変えるテラメネスの姿勢を皮肉った史料として，Aristophanes, *Ranae* 539-541, 967-970 がある．
56) Underhill, *op. cit.*, p. 62 によると，Xenophon, *HG* 2.3.48のテキストについて，"dia toutōn tēn politeian" の箇所を "diatattein tēn politeian" と読む研究者がいる．前者の読み方を採れば，「彼ら〔馬か盾によって貢献することができる者たち，引用者註〕による政治を」と，後者の読み方を採れば，「政治を指導することを」と

第 1 部　前411年の寡頭派政変

解釈することができる。E.C. Marchant ed., *Xenophontis Opera Omnia* I: Historia Graeca (Oxford Classical Texts) (Oxord, 1900; rpt. 1987), p. 53は前者の読み方を，C.L. Brownson trans., *Xenophon* I: Hellenica I-IV (Loeb Classical Library) (London, 1918; rpt. 1985), p. 138は後者の読み方を採る。本論は後者の読み方を採るが，前者の読み方を採っても本論の論旨の大意は変わらない。

57) アンティポンが和平交渉のためにアルケプトレモスとオノマクレスとともにスパルタへ赴いたことは〔Plutarchus〕, *Moralia* 833 D-Fの中の3人の告発に関する評議会決議から知られる。裁判の判決文は，〔Plutarchus〕, *Moralia* 834 A-Bであり，アンティポンとアルケプトレモスの2人が反逆罪で有罪とされ，極刑をもって処されるべしと定めている。裁判の実施時期は，アンティポンとアルケプトレモスを告発したテラメネス（Lysias, 12.67）が前410年の初めにはアテナイを離れたため（D.S., 13.47.6），前411年の年内となる。詳しくは，本論の第2部第4章第1節の第2項「アンティポン」，第2部第5章第1節および拙稿，『史学研究』170号，25－26頁；同，『史学研究』177号，31，36頁をみよ。

58) プリュニコスは，和平交渉のためスパルタへ赴き，帰国した直後に暗殺された（Th., 8.92.2）。彼の暗殺に関する史料には，他にLysias, 13.71; Lycurgus, 1.112; Plutarchus, *Alcibiades* 25.10があるが，所伝の内容には相違がみられる。これについては，本論の第2部第4章第1節の第3項「プリュニコス」および拙稿，『史学研究』170号，26頁をみよ。また，プリュニコスは死後，クリティアスによって反逆罪の件で告発された。その告発の条令は，Lycurgus, 1.113から知られる。その条令の制定時期は，前411年の年内である。これについては，本論の第2部第4章第1節の第3項「プリュニコス」をみよ。また，プリュニコスを暗殺した，カリュドン人のトラシュブロスにはその暗殺行為により黄金の冠（*I.G.* I³ 102 = Meiggs & Lewis, *op. cit.*, No. 85, l. 5-14）とアテナイ市民権（*ibid.*, l. 14-18）が授与された。本論の第2部第4章第2節の第2項「プリュニコス暗殺者への褒賞授与の条令」を参照せよ。

59) 本論の第2部第5章および拙稿，『史学研究』177号，27－44頁をみよ。

60) 註57) をみよ。

61) F. Blass, *Die Attische Beredsamkeit* 1 (Leipzig, 1887; rpt. Hildesheim, 1962), p. 99 & n. 6.

62) 本論の第2部第4章第3節および拙稿，『史学研究』170号，32－33頁をみよ。

63) A. Andrewes, "The Generals of Hellespont, 410-407 B.C.," *J.H.S.* 73 (1953), p. 2-3.

64) この演説文の制作年代など，いくつかの関連する問題点の考察については，第2部第4章第2節の第3項「ポリュストラトスの第2回裁判」および拙稿「〔Lysias〕, XX For Polystratosに関する一考察」『研究紀要』（詫間電波工業高専）17号，1989年，39－51頁をみよ。

65) その根拠となる文言は，「有罪の者たちは，自分たちの告発者たちに報酬を与えてそのお返しにこっそり逃がしてもらう。だが，告発者たちは，なんの得にもなりようがない者たちを有罪として摘発する。」（〔Lysias〕, 20.7），「だが今や民主政がそれ自体最も忠実な友人となるや，彼ら〔告発者たち，引用者註〕は名目上は

皆さんの援助者だが，実際には自分たち自身の援助者である〔換言すれば，告発者たちが私利のために告発している，引用者註〕。」（〔Lysias〕, 20.17）である。

66) Cf. Hignett, *op. cit.*, p. 281.

第2部　五千人政権の時代とテラメネス

　ここでは，第1部第2章で得られた史料解釈の知見に基づき，さらに四百人の寡頭派処罰の動向を視野に入れながら，テラメネスの五千人政権の国制の実体を解明する。

　第1部第2章第2節の中で筆者は，Aristoteles, *Ath.* 30-31の2つの国制草案が前411－410年の五千人政権の国制草案である可能性を指摘した。しかし，これらの国制草案だけからではテラメネス主導の五千人政治の実態が明らかにならない。そこで，この第2部では五千人政治の時代についてそれがどのような政権であったのか，特にそれが寡頭政であったのかまたは民主政であったのか，という問題を中心に諸問題を明らかにしていく。その際，初めに，「第4章　四百人処罰とアテナイ内政動向」で五千人政治の時期とそれ以後の復興民主政の時期の両方にまたがる四百人の処罰に関連する一連の諸事件を考察して，それから得た知見を元にして五千人政治が寡頭政であったのかまたは民主政であったのか，という問題を検討することによって同時期のテラメネスの政治的立場を検討する。次に，その考察から得られた知見とAristoteles, *Ath.* 30-31の2つの国制草案の考察から得られた知見を総合して，「第5章　五千人政権の国制」で，Aristoteles, *Ath.* 31の中の暫定の国制草案の記述を検討し直し，問題の五千人政治の実体を明らかにする。

第2部　五千人政権の時代とテラメネス

第4章　四百人処罰とアテナイ内政動向

　前413年9月にアテナイのシケリア遠征軍が壊滅した後，この危機的状況に乗じてペイサンドロスたちの一派が，前411年初夏に四百人の寡頭派政権を樹立した。この政権は，当時のアテナイの危機的状況を改善することができず，主力の四百人内部からテラメネスが反対の立場にまわるとまもなく倒された。この時の状況をトゥキュディデスは次のように記述している。

　　ところで，そういう知らせ〔スパルタ艦隊がペイライエウス港に迫っているという知らせ，引用者註〕を受けた後，アテナイ人たちは，それにもかかわらず20隻の船に乗員を配備し，そしていくつかの民会をまとめて召集した。そのひとつをその直後にその時初めてプニュクスで召集したが，その地には他の時にはそうするのが常であった。ちょうどその場で彼らは四百人を廃して五千人に政務を委ねること（ta pragmata paradounai）を決議した。彼らと同じくらいの人数が武具を自弁もするのである。そして一人もひとつの役職からも給料を受け取らないこととし，もしそうでないならば，呪われた者とみなした。さらに後でその他の度重なる民会が開催されたし，それらに基づいて彼らは，ノモテタイ（nomothetai）と国制（politeia）についての他の事どもを決議した。そしてまさに何にもまして，少なくとも私の生涯で最初にアテナイ人たちは良い政治を行なったと思われる。というのも，少数者と多数者のうえで適度な混ざり合いが生じた（hê te es tous oligous kai tous pollous ksynkrasis egenesthai）し，またそれが，陥っていたひどい状況からポリスを最初のものに連れ戻してくれたからである。
　　Th., 8.97.1-2

この時の民会でアテナイ人たちは四百人を廃し，政務を五千人に委ねる決議を行なった。また，重装歩兵の武具を自弁できる者はみなこの一員になることとされた（Th., 8.97.1）。このようにして，いわゆる「五千人政治」が成立した。

これ以後のアテナイ内政動向について，研究者たちの諸論は，この五千人政治の国制の形態をめぐって次の２つに大別される。

第１の論は，ブゾルト[1]，ベロッホ[2]以来提唱されてきたもので，問題の五千人政治を重装歩兵階層からなる五千人の寡頭政とみなす論である。加えて，この寡頭政は，前410年春のキュジコス沖の海戦でのアテナイの対スパルタ完勝の結果，政権担当の自信を回復した民衆によって廃止され，民主政が復興した，という論である[3]。この「五千人政治＝寡頭政」論は，その論拠を主として次の３点に置いている。(1)前述のトゥキュディデスの記述から，五千人政治は，従来の民主政とは異なるホプリタイ寡頭政とみなされること[4]，(2)Aristoteles, Ath. 34.1の冒頭に「ところで民衆は彼らから（toutous）速やかに政権を奪い取った」（村川訳[5]）とあり，この文中の「彼ら」がその前章で述べられている五千人を指すと考えられるので，五千人政治は寡頭政であること[6]，(3)デモパントスの条令（Andocides, 1.96）は民主政を守る法であり，これがキュジコス戦後の前410年７月に[7]民会で承認されたので，それ以前の五千人政治は寡頭政であること[8]，である。

それに対して，第２の論は，ドゥ＝サント＝クロワ[9]，シーリー[10]によって提唱された論で，問題の五千人政治を民主政とみなす論である。この論は，その論拠を主として次の３点に置いている。(1)前述のTh., 8.97.1の中の「政務を五千人に委ねる」（ta pragmata paradounai）という一節は，官職就任権を五千人に限ることのみを意味すると考えられるから，五千人政権下の民会は，従来の民主政下の民会と同じく国家の最高決議機関であり，従って五千人政治は民主政であること[11]，(2)前述のAristoteles, Ath. 34.1の中で民衆が政権を奪い取った対象の「彼ら」は，フリッツとカップ[12]が提唱したように，「五千人」でなく「四百人」であり，従って四百人政権後

に民主政が復興したこと[13]，(3)Th., 8.68.2がアンティポン裁判について「これより後に四百人の諸行為が破棄されて民衆（dêmos）によって激しく処理されようとして」と述べているので，アンティポン裁判の時期の政治，すなわち五千人政治が民主政であること[14]，である。それゆえ，この論に従えば，第1の論者によって政体変革の転換点とみなされる前410年7月に実際には政体変革に相当するものがなく，小さな改革，すなわち官職就任権保有者制限の撤廃と官職日当の再導入のみがあったと考えられる[15]。

　五千人政治をめぐる論争の概略は，以上のように寡頭政論者と民主政論者の2つの論陣が敷かれており，いまだ決着がついていない[16]。この論争は，前5－4世紀のアテナイの民主政下で国制観の思想の面で，前404－403年の三十人僭主事件以外にも，民主政以外の国制の選択肢が，この当時に実際に政体変革を引き起こすほど確立していたかという問題に関わるものであり，民主政下のいわゆる寡頭派の動向を考察する上で非常に重要な論題である。それにもかかわらず，その両論陣とも，以上のとおりほぼ同じ史料を扱いながらも解釈がそれぞれ異なっている。その原因は史料が限られていることにもよるが，他面では，これまでの論者たちの視点が問題の五千人政治の実態をもっぱら国制の視点に限定して論じる立場であり，この姿勢が議論の限界を自ずと定めてしまっているようにみえる。

　そこで，本論は，問題の時期の一連の政体変革を論じるにあたって，これまで満足に研究されてきていない四百人処罰の動向をその視座に据えたい。前411年9月に四百人政権が倒された直後からアテナイ国内で四百人処罰の諸事件が起こったが，この動きは，前405年のアイゴスポタモイの海戦敗戦後の危機の時期にパトロクレイデスの条令（Andocides, 1.77-79）が成立するまで続いた。従って，四百人処罰の動向を探れば，四百人政権後のアテナイ内政の動向を考える上で何らかの指針が得られるかもしれないと考えられる。けれども，これまでの研究者たちは，四百人処罰に関する諸史料を扱う際，史料にみられる諸事実の整合には熱心であったが，それらを当時のアテナイ内政動向とともに深くつきつめて，体系的に論じるまでには至らなかった[17]。そこで，本論では，初めに四百人処罰に関する

第 4 章　四百人処罰とアテナイ内政動向

諸史料を挙げ，考察し，それを通して四百人政権後のアテナイ内政の動向をもう一度検討したい。

第 1 節　四百人政権直後の四百人処罰

第 1 項　ペイサンドロス

　ペイサンドロスは，終始一貫して四百人の寡頭派政権に尽力した人物で，四百人政権期にスパルタへの講和使節の派遣とエエティオネイア砦の建設を推進した（Th., 8.90.1-2）。このスパルタ使節が成果なく帰国した直後に使節のひとりのプリュニコスが暗殺され（Th., 8.92.2），これ以後，情勢はペイサンドロスの一派に不利に，他方，以前からエエティオネイア砦の建設反対を唱えたテラメネスとアリストクラテスの反対派（Th., 8.89.2, 90.3, 91.1-2）に有利となった（Th., 8.92.2）。四百人政権の崩壊と同時に，ペイサンドロスはアレクシクレスその他の者たちとデケレイアへ逃亡した（Th., 8.98.1）。その後の彼の消息は不明である。

　ところで，Lysias, 7 *On the Olive-Stump* 4 は，ペイサンドロスの所有地が彼の逃亡後まもなく没収され，民衆によってメガラ人のアポロドロスに授与されたと語っている。

　　この土地はかつてペイサンドロスの所有地でした。だが，彼の財産が没収された時，メガラ人のアポロドロスが，民衆からの授かり物としてそれを得て，しばらくは耕作していましたが，三十人の少数支配の少し前にアンティクレスがその土地をアポロドロスから買い取って賃貸しに出しました。
　　Lysias, 7.4

このアポロドロスは，四百人政権期にプリュニコスを暗殺した人物として

知られている (Lysias, 13.71; Lycurgus, 1.112; cf. *I.G.* I³ 102 ＝ Meiggs & Lewis, *op. cit.,* No. 85, l. 40-41)。このことからペイサンドロスが彼の逃亡後裁判にかけられ，財産没収の処罰を受けたことがわかる[18]。

第2項　アンティポン

アンティポンは，四百人の寡頭派政変を最初から計画し，それをペイサンドロスが実行した (Th., 8.68.1)。彼は，寡頭派政変の件で告発された (Th., 8.68.2)。〔Plutarchus〕, *Moralia* 833 D-F が，アンティポンと，アルケプトレモス及びオノマクレスの裁判に関する評議会決議[19]を，また〔Plutarchus〕, *Moralia* 834 A-B が，アンティポンとアルケプトレモスの2人に対する判決文を記している。

　アンティポン告発の評議会決議
　　四百人が倒されたテオポンポスのアルコンの年に承認された条令で，それに従って評議会がアンティポンの裁判を議決したものをカエキリウスが引き合いに出した。
　　当番のプリュタネイアの21日目，評議会が決議した。アロペケ区のデモニコスが書記を務め，パレネ区のピロストラトスが議長を務めた。アンドロンが提案した。アテナイのポリスを損なおうとして，ラケダイモンの地へ使節として赴いたこと，駐屯地から敵の船のもとへ航行したこと，陸路デケレイア〔当時はスパルタ軍の砦があった，引用者註〕へ進み至ったこと，以上の件で将軍たちが告発した者ども，すなわちアルケプトレモス，オノマクレスおよびアンティポンに関して，彼らを拘留し法廷へ連行して裁判を受けるものとする。また，将軍たちは，評議会の中から補選し，十人の中に含めようとする者を加えて，人員を確認し，よって全員の出席の下に裁判が開かれるべし。テスモテタイは翌日被告人を召集し，召集状が法廷に届けられた時，選ばれた訴追人，将軍たちおよび他に望む者があればその者が被告人を反逆罪で

訴追されるよう取り計らうべし。法廷が有罪と認めた者は，反逆罪に関して定められた法に従って措置がとられるべし。
〔Plutarchus〕, *Moralia* 833 D-F

アンティポン裁判の判決文
　ここに出廷したアグリュレ区のヒッポダモスの子アルケプトレモスおよびラムヌース区のソピロスの子アンティポンの両名は，反逆罪で有罪と決す。また，刑を宣告された後，十一人に引き渡されるべし。財産は没収し，その10分の1を女神に奉納すべし。家屋は取り壊し，区画標示碑を立て「反逆者アルケプトレモスおよびアンティポンの地」と刻むべし。さらに，2人のデーマルコスが彼らの財産の明細を報告すべし。アルケプトレモスとアンティポンの埋葬は，アテナイおよびアテナイが統治する地域内には許されるべからず。アルケプトレモスおよびアンティポンとその子孫は，庶子嫡子を問わず，市民権を剥奪されるべし。また，アルケプトレモスおよびアンティポンと養子縁組した者があれば，その者も市民権を剥奪されるべし。以上のことを青銅板に刻んだ後，プリュニコス関連の条令がある所に立てておくべし。
〔Plutarchus〕, *Moralia* 834 A-B

　この裁判に関する決議は，前411年の年内に行なわれた[20]。アンティポンら3名の告発理由は，四百人政権期に彼らが講和使節としてスパルタへ赴いたこと（cf. Th., 8.90.2）であり，被告人たちが反逆罪（prodosia）で裁かれるべしと定められている（〔Plutarchus〕, *Moralia* 833 E-F）。また，判決文は，アンティポンとアルケプトレモスの2人が反逆罪で有罪とされ，極刑をもって処されるべしと定めている。すなわち，両名の財産は没収され，家屋は取り壊され，2人の遺体はアッティカの外に埋葬され，子孫は市民権を剥奪された[21]（〔Plutarchus〕, *Moralia* 834 A-B）。ただし，この判決文には前述の評議会決議で名前が挙がっているオノマクレスは含まれず，前404年の三十人の中に彼の名前が再び登場している（Xenophon, *HG* 2.3.2）。

彼は生き延びたわけであるが，どんな形で処罰を免れたかは不明である。

第3項　プリュニコス

プリュニコスは四百人政権期に暗殺された。これに関する史料には，Th., 8.92.2; Lysias., 13.71; Lycurgus, 1.112; Plutarchus, *Alcibiades* 25.10があるが，所伝の内容には相違がみられる。暗殺者については，Lysias, 13.71とLycurgus, 1.112がカリュドン人のトラシュブロスとメガラ人のアポロドロスの2名の名前を挙げている。他方，Th., 8.92.2は暗殺者の名前を挙げていない。異論を唱えるのはPlutarchus, *Alcibiades* 25.10で，それによると暗殺者は国境巡回隊員のヘルモンであるが，この点で彼がTh., 8.92.5の中のムニキア勤務の国境巡回隊長のヘルモンと混同していると考えてよい[22]。また，暗殺事件の発生時刻と場所，事件後投獄された人物名について史料間に違いがみられるが，それらの整合については，本論の目的とほとんど無関係であるので詳述しない[23]。

ところで，プリュニコスは死後に告発された。その告発の条令を記しているのは，Lycurgus, 1.113である[24]。前4世紀の弁論家リュクルゴスは前330年に，カイロネイアの悲報を聞いたアテナイ人レオクラテスがその戦いの直後にロードスへ逃亡した件を告発した。この演説文の中のプリュニコス関連の箇所の前後の文脈は，演説者がレオクラテスに対して反逆罪の極刑で臨むように陪審員たちを説得し，その手段としてアテナイ人の先祖たちの態度を例証している（Lycurgus, 1.110-127）。挙げられた事例の中に，プリュニコス告発のクリティアスの条令がある。

　　皆さんは，プリュニコスが夜中に柳の植え込みがある泉のそばでアポロドロスとトラシュブロスによって殺害された時のことを思い出してみますと，その2人は，その事件の後プリュニコスの友人たちによって捕えられて牢獄に入れられましたね。民衆は，何が起こったのかに注目して，その2人を牢獄から出してやり，彼らが拷問を受けたこ

とを調査しました。その調査の結果，民衆は，プリュニコスが国家を裏切ろうとしていたこと，また彼を殺害した2人が不当に投獄されたと判断しました。民衆は，クリティアスの提案にもとづいて次のような条令を定めました。すなわち，殺害された人物が反逆罪の件で審判されるべきこと，またもしこの人物が反逆者であり，国内に埋葬されたのなら，彼の遺体を掘り出してアッティカの外に持ち出されるべきこと，その理由というのは，その地には自分の故郷や自分のポリスを裏切った者の遺体など眠ることがないようにというものであります。さらに民衆は，もし誰かがその殺害された男を弁護して有罪と分かれば，自分たちは，その死人と同じ刑罰を科す責任があるべしと条令を定めました。従って，ご先祖たちの考えでは，他人を見捨てた者たちに手を貸すことでさえ悪かったのです。また，反逆者を救おうとすることもその反逆者本人と同様にポリスを裏切ることとされました。そして，このように，悪行をする者たちを嫌悪してその者たちに対して以上のような条令を可決することで，ご先祖たちは自分たちが危険な目に会わないようにしたのです。書記官，ご先祖たちの条令を取り出して，読み上げて下さい。

　条令

皆さん，この条令をお聞きになりましたね。それを可決した後ご先祖たちは，その反逆者の遺体を掘り出してアッティカの外に投げ捨てました。また，彼を弁護した者たちであるアリスタルコスとアレクシクレスを死に至らしめ，その者たちを国内の土地に埋葬することを拒みさえしました。それなのに皆さんは，ポリスを裏切ったその本人を生かして自分たちの投票のなすがままにしておきながら，刑罰を加えようとしないのですか。

Lycurgus, 1.112-115

この条令の制定時期について，マクダウェル[25]は，*I.G.* I³ 102と同じ時期，すなわち前409年春に年代決定している。けれども，前述のアンティポン裁判の判決文の最後の箇所に「以上のことを青銅板に刻んだ後，プリュニコスに関する条令がある所に立てておくべし」（〔Plutarchus〕, *Moralia* 834 B）と明記されており，この「プリュニコスに関する条令」こそ問題のクリティアスの条令であり，従って四百人政権直後の前411年の年内に年代決定されるのが妥当である。

このクリティアスの条令は，暗殺されたプリュニコスを反逆罪の件で裁判にかけるべしと定めている（Lycurgus, 1.113）。また，Lycurgus, 1.114-115 は，プリュニコス暗殺事件に関連して彼と同時に告発された人物としてアリスタルコスとアレクシクレスの2人の名前を挙げ，彼らが同じく反逆罪で処刑されたと述べている。

第4項　ポリュストラトスの第1回裁判

〔Lysias〕, 20 *For Polystratos*は，四百人関連で告発されたポリュストラトスの弁護演説である。作成時期は，後で考察するが[26]，前410年7月のデモパントスの条令制定の直後から，*I.G.* I³ 102が制定された時期にほぼ当たる。その演説文によると，被告は，その演説が行なわれた時には70歳を越えており（〔Lysias〕, 20.10），都市部で育ったが（〔Lysias〕, 20.11），後に農場で耕作し（〔Lysias〕, 20.12, 33），3人の息子のうち2人が騎兵奉仕（〔Lysias〕, 20.24, 28）するほど裕福で，自身も従軍，対国家奉仕，エイスポラを行なったが（〔Lysias〕, 20.23），デケレイア戦争期に入り被害を受けた（〔Lysias〕, 20.33）。彼はプリュニコスと同じ区の出身で（〔Lysias〕, 20.12），このことから出身区がデイラデスであることが分かるが（Plutarchus, *Alcibiades* 25.5），彼とは血のつながりはない（〔Lysias〕, 20.11）[27]。被告はいくつかの官職に就いたが，中でも重要なものは，8日間四百人評議会の一員であったことである（〔Lysias〕, 20.14）。

問題の演説は，被告がこれ以前に一度，四百人関連の裁判を受けたこと

を述べている[28]。すなわち，〔Lysias〕, 20.22が,「被告は,皆さんに悪いことをしたことがないが,あの事件の直後（euthys meta ta pragmata）裁判を受けて判決に従った」と述べている。文中の「あの事件」は四百人政治を指すと考えられるので,被告は四百人政権の崩壊直後に告発されたことが分かる。その告発理由は曖昧であるが,おそらく執務報告審査（euthyna）に従ったと思われる[29]。また,〔Lysias〕, 20.11から,被告が第1回裁判でプリュニコスとの血縁関係を問題にされたことが分かるので,この時期すでにプリュニコス告発のクリティアスの条令（Lycurgus, 1. 113）が承認されていたこと,さらに彼の弁護者を含めた処罰（Lycurgus, 1. 114-115）が科された後であったことが考えられる。さらに,判決については,被告が「あんなに多額の罰金を支払うよう宣告を受けた」（〔Lysias〕, 20.14）という一節から判断して,重い罰金刑であったことが分かる[30]。

第5項　デケレイア逃亡者に関する条令

Lycurgus, 1.120-121は,「かつて民衆がラケダイモン人によって攻め込まれた時にデケレイアへ逃亡した者たちに関する条令」（Lycurgus, 1.120）について述べている。

> かつて民衆がラケダイモン人たちによって攻め込まれた時にデケレイアへ脱走した者たちに関するもうひとつの条令を陪審員の皆さんが聞いて分かるようにして下さい。そうすれば皆さんに私たちのご先祖たちが反逆者たちに科した刑罰がすべて変わらなくて一貫したものであったことがお分かりになるでしょう。読み上げて下さい,書記官。
>
> 　条令
>
> この条令をお聞きになりましたね,皆さん。それはこう言ってますね,ご先祖たちは戦時中にデケレイアへ逃げた者はすべて有罪に処し,捕

えられて連れ戻された者たちは，誰か連行させたいと思うアテナイ人がテスモテタイの所まで連行し，次にテスモテタイがその者たちを拘置して死刑執行の係の者に引き渡すべしと決議したと。

Lycurgus, 1.120-121

その内容は，先祖たちが「戦時中にデケレイアへ逃げた者はすべて有罪に処し，捕えられて連れ戻された者」はテスモテタイの手を経て処刑されるべしというものである（Lycurgus, 1.121）。

デケレイアは，アッティカの北東部で，中央平野部の肥沃な地域を見下ろす地点にあり，スパルタ王アギスが前413年春にこの地に砦を築き（Th., 7.19.1-2），前404年に三十人が任命された時期に軍を撤退させるまで常駐した[31]（Xenophon, HG 2.3.2）。問題の条令の時期は確定できないが[32]，最適と思われる時期は示すことができる。まず，Th., 7.27.2-5は，デケレイア占領による被害を述べており，2万人以上の奴隷の脱走について触れているが（Th., 7.27.5），この記述からアテナイ人のデケレイア逃亡者がいた形跡はみられない。次に，Th., 8.71.1-2は，四百人政権期にアギスがデケレイア砦から攻撃を仕掛けてアテナイ軍によって撃退されたことだけを伝えている。この記述から察すると，四百人政権期までアテナイ人のデケレイア逃亡者は皆無に等しかったに違いない。注目すべきは，Th., 8.98.1の中のペイサンドロスとアレクシクレスその他の四百人の一部のデケレイア逃亡である[33]。この四百人の一部のデケレイア逃亡は，問題のデケレイア逃亡者に関する条令を制定させるだけの影響力を十分に持っていたであろう。事実，〔Lysias〕, 20.28は，四百人の一味と思われる亡命者たちが，おそらくデケレイア砦から出撃して周囲を荒らしたことを述べ，ペイサンドロスらのデケレイア逃亡の事件後に実害が出たことを示している。〔Lysias〕, 20.28は，その襲撃の際，ポリュストラトスの三男が「騎兵隊の列から駆け出して奴らのひとりを殺した」と語り，(a)デケレイア砦からの襲撃，(b)アテナイ軍騎兵の応戦，の2点ではTh., 8.71.2の中の四百人政権期のスパルタ軍の襲撃と共通するものの，事件はやはり四百人政権の崩壊

第4章 四百人処罰とアテナイ内政動向

にともなうペイサンドロスらのデケレイア逃亡の事件後と考えるのが妥当であろう。他方，民主政復興後の状況もデケレイア逃亡者処罰の条令の制定に一見ふさわしくみえるかもしれないが，デモパントスの条令（Andocides, 1.96-98）が問題の条令の内容を包含していると考えられるので，この解釈には無理がある。さらに，前405年秋のパトロクレイデスの条令が，四百人として登録された者たちの市民権回復を規定する中で，「逃亡者として石碑に記録された者たち」をその対象から除外しており（Andocides, 1.77-79），デケレイア逃亡者に対する処罰の厳格さを示している[34]。従って，Lycurgus, 1.120-121の中のデケレイア逃亡者に関する条令の制定時期としては，四百人政権の崩壊にともなうペイサンドロスらのデケレイア逃亡事件の後の時期が適当であると考えられる。従って，問題の条令は，四百人処罰の動きの一翼を担っていた。

第2節 デモパントスの条令以後の四百人処罰

第1項 デモパントスの条令

Andocides, 1.96-98が，前410年7月，アイアンティス部族のプリュタネイアの期間にデモパントスの提案が承認されたことを記している。

> それゆえ，エピカレスよ，今すぐにおまえを死罪にする人が，ソロンの法に従って，その手が穢れがないことになるより他に何かありますか。それでは私のために石碑からの法を読み上げて下さい。

> 法　評議会と民衆が決議した。アイアンティス部族がプリュタネイスを務め，クレイゲネスが書記を務め，ボエトスが議長を務めた。以下のことをデモパントスが共同で起草した。この条令の時にはくじで選ばれた五百人の評議会が就任し，彼らのためにクレイゲネスが初め

175

て書記を務めた。もしアテナイの民主政を打倒するか，あるいは民主政打倒後ある官職に就く者があれば，その者はアテナイ人たちの敵として処刑されてその下手の罰なかるべし。その者の財産は民衆のものとなり，その10分の1は女神に捧げられるべし。〔以下略〕
Andocides, 1.95-96

条令の趣旨は，「もしアテナイの民主政を打倒するか，あるいは民主政打倒後にある官職に就く者があれば，その者はアテナイ人たちの敵として処刑されてその下手の罰なかるべし」というものである（Andocides, 1.96）。その性格は明らかに民主政を守る法であり[35]，制定後80年を経てもなお弁論家リュクルゴスによって反逆者に対する処罰の例として引き合いに出されている（Lycurgus, 1.124-127）。この条令が四百人の寡頭派政権の経験から生まれたことは言うまでもない。

第2項　プリュニコス暗殺者への褒賞授与の条令

前409年春にプリュニコス暗殺者たちへ褒賞を授与する条令（*I.G.* I³ 102）が承認された。

　　　［グラウキッ］ポスのアルコンの年。
　　　書記ケドイ区［のロボン］。
　　　評議会と民会［が決議する］，ヒッポトンティス部族
　　　［がプリュタネ］イアの会を開く，書記ロボン，［議長］
　5　ピリスティデス，アルコン職グラウキッポス。エラシニデスが
　　　［提案する。］トラシュブロスは讃えられるべし，なんとなれば彼は
　　　アテナイの民［衆にとって］誉れ高き人物であり，また熱心に
　　　［精一杯の］誉れ高き行為をなしたがゆえに。［ポリス］並びにアテナ
　　　　　　　　　　　　　　　　　　　　　　　　　　　　　　　　イの
　　　民衆のためにその者がなした誉れ高き行為に報いて，

10 [その者は黄金の冠をかぶせら]れるべし。また，その冠を
 [一千]ドラクマで造るべし。
 [ヘレノタミアイがその費用をまかなう]べし。[お触れ使が]
 [ディオニュシア祭の折に]群衆に次のことを触れまわる，すなわち
 [民衆がその者に冠を捧げる]訳を。ディオクレスが提案する。
15 [他の点は評議会が提案したとおりであるが，]トラシュ
 [ブロスがアテナイ人となり，また部族並びに]フラトリアで
 [その者が望む所に登録されるべし]，また，その他の事どもで
 [民衆が決議したことは]トラシュブロスのため[に正当であるべ
 し。]
 [以下のことが許されるべし，すなわちその者が]アテナイ人から
20 [良かれと思うその他のことどもをさらに得られることを，アテナイ
 民衆に]
 [対する]その者の誉れ高き行為を配慮して。また，[記録官は]
 [制定されたことを記録して掲]示しておくべし。すぐにも
 [評議会から5人が]選ばれるべし，またその者たちは
 [トラシュブロスの将来の]持ち分を定めるべし。
25 [あの時]アテナイ民衆のために功を[なした]
 [その他の者たち，……10……]及びアゴラトス，
 及びコモン[及び……13……]及びシモン及び
 ピリノス及[び…9…]，以上は，功労者として
 評議会の書記がアクロポリスの石[碑に]
30 [記]録すべし。[また]アテナイ人が持っているものと同じ[土地]
 [所有権が]彼らのものとなるべし，[一区画の土地]と家屋並びに
 アテナイ内の住まいについて。[また]その者たちは定[められた日
 に]在職中
 の評議会によって，またプリュタネイアによって監督されるべし，な
 んとなれば
 その者たちが害を[蒙らないためにも。この石]碑は評議[会の]

35 ポーレータイが注文に出すべし。ヘレノタミアイ
　　［がその費用をまかなうべし］。その者たちが［他の恩恵に与かるべし
　　　　　　　　　　　　　　　　　　　　　　　　　　　　　　　　と］
　　決議されれば，評議会は事前の評議の上，
　　民［衆の前に提案すべし］。エウディコスが提案する。
　　［他の点はディオクレスが提案したとおりである］が，［評議の際に買
40 収されて，アポロ［ドロス］に便宜を図る条令を定めた
　　者たちに関して，［評議会は］最初の会［期に評議会議場で］
　　［協議すべ］し。また，処罰を科すべし，買収された
　　［者たちが告発され］た後，法廷に
　　［引き渡されて］最良と思われるところに従って。
45 現職の［評議員は］明らかにすべし，何かその者たちが
　　［知っていること，さらにこのことについて］知っているその他の者
　　　　　　　　　　　　　　　　　　　　　　　　　　　　　　　　たちを。
　　［また］欲する者があれば，個人が発言すること［も許されるべし］。
　　I.G. I³ 102

この条令全体は3人の提案からなり，(a)エラシニデス[36]の提案，内容はカリュドン人のトラシュブロスへプリュニコス暗殺行為により黄金の冠を授与する規定，(b)14-38行目のディオクレスの提案，内容は，トラシュブロスをアテナイ人として登録し，その他の特権を授ける規定と，アゴラトスを初めとする仲間の陰謀者たちの7人ないし8人[37]へそれより少ない特典を授与する規定，(c)38-47行目のエウディコスの提案，内容は買収でメガラ人のアポロドロスに便宜を図った者たちについて評議会に調査を命じる規定，である。トラシュブロスとアポロドロスの2人は，Lysias, 13.71とLycurgus, 1.112がプリュニコス暗殺者と証言しているし，またアゴラトスは，Lysias, 13が告発する対象の人物で，プリュニコス暗殺者のひとりではないと訴えられている人物である（Lysias, 13.70-76）[38]。この条令碑文は，四百人政権期に四百人のひとりのプリュニコスを暗殺した者たちに褒賞を

授与し，そのひとりのトラシュブロスへアテナイ市民権を授与することを定めたものであり，一連の四百人処罰の諸事件の中で寡頭派に対する対抗処置のひとつとして意味を持っている。

第3項　ポリュストラトスの第2回裁判

〔Lysias〕, 20 *For Polystratos*の演説文[39]は，この時期の四百人処罰の裁判に関する史料として貴重である。この演説文は，四百人政権期に四百人評議員に選出されていた人物の弁護演説である。被告は四百人政権の関連で2度告発されており，当該の演説文は2度目の裁判で述べられたものである。内容は，「民主政の打倒」(katalysis tou dêmou, Harpocration, s.v. Polystratos)[40]の件で告発された被告ポリュストラトスを2人の人物が弁護したものである。1－10節まで彼の友人と思われる，名前等不明の人物が，また11節から最後まで被告の二男が演説した[41]。

(1) 制作時期

〔Lysias〕, 20の制作時期，すなわちこの演説が行なわれた裁判の時期は，詳細で多少異なる点があるものの，ほぼ前410年半ば以後で研究者の意見が一致している。まず初めに，ブラス[42]は，(a)前410年夏以後の完全民主政期である，(b)前411年と前410年のヘレスポントスの戦い以後である，(c)その他の四百人の一味の裁判が行なわれている，(d)前409年のプリュニコス暗殺者への褒賞授与の条令（*C.I.A.* I 59[43]）とは関係が少ない，の以上の4点から前410年あるいは前409年を主張する。ヴィラモヴィッツ[44]は，上記のブラスの(b)について前410年春として，それ以降まもなくの時期であるが，五千人政権が倒されて完全民主政がすでに復興されている時期（前410年夏）であるかどうか見分けがつかないと主張する。ブゾルト[45]は，ブラスとヴィラモヴィッツに従って，前410年の春頃と述べる。レール[46]は，第92回オリュンピア期の2年目の9期目のプリュタネイアの期末前（前410年春頃）に決定した。ラム[47]は，「おそらく前410年」と述べる。

第2部　五千人政権の時代とテラメネス

　ヒグネット[48]は，ヴィラモヴィッツに従って，完全民主政の復興後の前410年半ば以降と主張する。ジェブ[49]は，四百人政権の崩壊後でヘレスポントスの戦いが言及されている（〔Lysias〕, 20.29）ものの前406年のアルギヌーサイの海戦などの事件について触れている箇所がないとして，前407年初期までと限っている。ドゥ＝サント＝クロワ[50]は，ヴィラモヴィッツがその時期すでに完全民主政の復興後であるかどうかを判定しなかった点について，民衆への呼掛けや五千人への言及の際の言い回しなどから考えて，問題の裁判が五千人政権下ではありえず，完全民主政下でなければならないと考え，前410年夏の完全民主政の復興以後であると力説している。さらに，ローズ[51]とゴムら[52]は，ドゥ＝サント＝クロワに従っている。

　ここで改めてこの演説文の制作時期について考察しよう。〔Lysias〕, 20.17で被告の息子が，「今や民主政が最も忠実な友人となるや，告発者たちは名目上は皆さんを援助する者だが，実際には自分たち自身を助ける者である」と語っており，この裁判の直前にアテナイ国内で起こったある事件のことを示唆する。この事件は前410年7月の完全民主政の復興であり，とりわけデモパントスの条令（Andocides, 1.96）[53]の制定であると考えられる。この条令は民主政を守る法であり，問題のポリュストラトスの第2回裁判に大きな影響を及ぼしたと考えられる。被告は，四百人政権の崩壊直後に裁判を受けた（〔Lysias〕, 20.22）にもかかわらず，同じく四百人関連の件で再び裁判にかけられたが，その理由は，まさにこのデモパントスの条令がアテナイの国内情勢に及ぼした影響の結果であるに違いない。従って，問題の演説文は前410年7月のデモパントスの条令の制定後に制作されたことになる。他方，〔Lysias〕, 20.19は，「もしある外人がやって来て，皆さんに金の無心をするか，また皆さんの功労者（euergetês）として登録（anagraphein）されるよう要求するならば，皆さんはその人物の要求を受け入れるのに」と述べている。この一節は，問題の演説の時期にすでにプリュニコス暗殺者を名乗る人物が現れていたことを示唆するし[54]，さらに前409年春のプリュニコス暗殺者たちへの褒賞授与の条令（*I.G.* I³ 102）の中でアゴラトスその他の者たちを「功労者（euergetai）として評議会の書

180

記がアクロポリスの石碑に登録（anagraphein）すべし」（*I.G.* I³ 102, l. 25-30）と規定されている部分と符合する。従って，問題の演説文の制作時期は，前410年7月のデモパントスの条令の制定直後から*I.G.* I³ 102の条令が制定された前409年春頃までの時期にあたる。

（2）構成

問題の演説文の構成について，ヴィラモヴィッツ[55]は，冒頭から10節までがある調停者の演説であり，11節以降がポリュストラトスの息子の演説であると考える。換言すれば，彼は10節と11節の間に空白を想定するし[56]，さらに6節の"oute kai"の箇所にも空白を想定する[57]。後者の空白についてはゴムら[58]も彼に従っている。ブゾルト[59]も同様に，1－10節とそれ以降の部分の2部に分け，後半部が被告の息子の弁護演説であると述べる。ゴムら[60]は，上記のヴィラモヴィッツの意見に従うだけでなく，さらにはその前半部が途中で終わっており，次の11節も後半部の始まりではないという可能性を指摘する。さらに，問題の演説の損傷について，ブラス[61]は，その演説文が何度も写し伝えられた際に改悪されてきたと考える。

（3）演説者と作者

問題の演説の演説者については，ブラス[62]とラム[63]とジェブ[64]が被告ポリュストラトスの長男と語っているが，ヴィラモヴィッツ以後の他の研究者たちは，10節までの前半部がある調停者，11節以降の後半部が被告の二男と考えている。11節以降の演説者が被告の二男であることは，演説者が被告の二男であることを24－26節が，被告の長男のことを29節が，被告の三男のことを28節が示していることから分かる。加えて，ヴィラモヴィッツ[65]は，現存の演説文以外にも被告ポリュストラトス自身の演説が行なわれたと考え，それ故に当該の演説文がそれに引き続き，前置きなく始まっていると主張する。

次に，その作者については，古代の後2世紀頃の，アッティカ十大弁論家辞典の編纂者であるハルポクラティオンが，リュシアスによる"hyper

Pol. dêmou katalyseôs apologia"という演説文が手元にあるという話を持ち出している[66]。ジェブ[67]が指摘するとおり，彼はその演説文が本物のリュシアスの作品であることを疑ってかかっていない。

だが，ブラス[68]は，(a)この演説文が技巧に欠けて混乱しているのは作者がリュシアスではなかったからであること，(b)その演説が行なわれた時期にはまだ演説文作家リュシアスが存在しなかったこと，から，この演説文は表面上はリュシアス風であるが，やはりリュシアスの作品とは別物であると結論づけている。また，ジェブ[69]も彼と同様の根拠を挙げて同じ結論に達している。そこで，その作者について，ブラス[70]は未熟な作家を想定するし，ヴィラモヴィッツ[71]は被告がひとりの演説文作家を雇ったと考えるし，ラム[72]は若輩の者または被告の一族の者の作品であると考える。

ともかく，問題の演説文は，雄弁家リュシアスの弁論集の中に収められる形で伝承されてきた。このことに関して，ブラスはキルヒホフの次のような推測を紹介している。すなわち，問題の演説の演説者は，クセノポン『アナバシス』(3.3.20その他の箇所) に登場する"Lykios Polystratou Athênaios"であり，"Lykiou"と"Lysiou"に関わる取り違えによってリュシアスの名の下に問題の演説文が伝えられたというものである[73]。ヴィラモヴィッツ[74]は，この作品がリュシアスの名の下に伝えられてきたことは全くの偶然であると説く。

(4) 被告の略歴

問題の演説文によると，被告ポリュストラトスは，その演説が行なわれた時70歳を越えており（〔Lysias〕, 20.10），都市部で育ったが（〔Lysias〕, 20.11），後に農場で耕作し（〔Lysias〕, 20.12, 33），3人の息子のうち2人が騎兵奉仕（〔Lysias〕, 20.24, 28）するほど裕福で，自身も従軍，対国家奉仕，エイスポラを行なったが（〔Lysias〕, 20.23），デケレイア戦争期に入り被害を受けた（〔Lysias〕, 20.33）。彼はプリュニコスと同じ区の出身で（〔Lysias〕, 20.12），このことから出身区がデイラデスであることが分かるが（Plutarchus, *Alcibiades* 25.5），彼とは血のつながりはない（〔Lysias〕,

20.11)[75]。被告はいくつかの官職に就いたが，中でも重要なものは，8日間四百人評議会の一員であったことである（〔Lysias〕, 20.14)。

(5) 第1回裁判

問題の演説文は，被告がこの裁判の前に一度四百人政権に関連する裁判を受けたことを述べている[76]。すなわち，〔Lysias〕, 20.22が，「被告は，皆さんに悪いことをしたことがないが，あの事件の直後（euthys meta ta pragmata）裁判を受けて判決に従った」と述べている。文中の「あの事件」は四百人政治を指すと考えられるので，被告が四百人政権の崩壊直後に告発されたことが分かる。その告発理由は曖昧であるが，おそらくエレトリアでの任務に関する執務報告審査（euthyna）に従ったと思われる[77]。また，〔Lysias〕, 20.11から，被告が第1回裁判でプリュニコスとの血縁関係を問題にされたことが分かるので，その時期にすでにプリュニコス告発のクリティアスの条令（Lycurgus, 1.113）が承認されていたこと，さらに彼の弁護者を含めた処罰（Lycurgus, 1.114-115）が科された後であったことが考えられる。

この第1回裁判の判決については，被告が「あんなに多額の罰金を支払うよう宣告を受けた」（〔Lysias〕, 20.14）という一節から重い罰金刑であったことが分かる[78]。その後彼がこの罰金を支払ったか否かは不明であるが，その点についてヴィラモヴィッツ[79]は，Aristoteles, Ath. 54.2のとおり，しばらくの猶予期間を経て支払ったと解釈するのが妥当であると考える。他方，ゴムら[80]は，前410年春のキュジコス沖の海戦での勝利の後の政情から被告が罰金を支払わなかった可能性を示唆している。いずれにせよ，彼の罰金の納付については確証がない。

(6) 告発理由

問題の第2回裁判の告発理由は，当該の演説文からは決して明らかではない[81]。ブゾルト[82]が指摘しているように，四百人の寡頭派政権の担当者たちは，その政権の途中でその中の少数の者が反寡頭派革命に協力したし，

その政権打倒後も政治の指導者になったので，ただ四百人評議会に所属していただけでは起訴されて有罪と宣告される可能性はなかったはずである。それにもかかわらず，前述のように，被告ポリュストラトスは，これより前にすでに四百人政権関連で告発されて罰金刑の宣告を受けた。また，その前回の裁判の判決は確定しており，控訴できなかったと考えられる[83]。この第2回裁判の告発人は，前回の裁判に引続き再び被告の財産を狙っているが，おそらくは被告の支払い能力を超える高額な罰金が要求されているらしく，そのために被告と彼の息子たちの市民権がまさに剥奪されようとしている（〔Lysias〕, 20.33-34)[84]。

問題の演説文から窺い知ることができる告発理由として，(a)民衆に対する不忠（ouk eunoos tôi plêthei,〔Lysias〕, 20.2），(b)多くの官職に就任（pollas archas archein,〔Lysias〕, 20.5）の2点がわかるのみである。被告が四百人政権期にどんな官職に就いていたかが問題である。演説文には，(ア)オロポスでの官職（archein en Ôrôpôi,〔Lysias〕, 20.6），(イ)カタロゲウス[85]（katalogeus,〔Lysias〕, 20.13-14），(ウ)四百人評議員（eiserchesthai〔またはerchesthai〕 eis to bouleutêrion,〔Lysias〕, 20.14に2度と〔Lysias〕, 20.16)，(エ)エレトリアへの航行と海戦，すなわちエレトリアでの官職（〔Lysias〕, 20.14)，がある。この中で被告が四百人の一員であったことが明らかに重要であろう[86]。

告発理由について，ジェブ[87]は，被告の登録官（カタロゲウス）就任時の汚職であるかもしれないという推測に留まっている。ローズ[88]は，前410年夏の完全民主政の復興直後の最初の民会決議のひとつが民主政の国制の転覆に反対する法，すなわちデモパントスの条令の制定であったことに注目して，被告が五千人政権下で告発されて罰金刑を受けたにもかかわらず完全民主政の復興後に再び告発された事情について当時の民主派の反動に注目している。ゴムら[89]もかかる政治情勢に注目し，被告が四百人評議員であったことが重要であると，他方，デモパントスの条令のような即刻死刑を受けるまでには至らなかったと解釈する。また，彼ら[90]は，デーヴィス[91]に従って，被告の一族が生き残ったと考える。しかし，それが，

第4章　四百人処罰とアテナイ内政動向

被告が罰金を納めたためなのか，前405年秋のパトロクレイデスの条令（Andocides, 1.77-79）の中の四百人の市民権回復の対象になったためなのか，あるいはその他の理由のためなのか明らかにしていない。

　以上のように，ポリュストラトスの第2回裁判の告発理由は，そもそも演説文から窺い知れるものがはっきりしないので，やはり四百人政権の関連の理由であるとともに，四百人政権の崩壊後からその裁判の時期までのアテナイの政治情勢が大きく関わっているとみてよい。この点については後で詳しく検討したい。

(7) ポリュストラトスの官職

　ところで，〔Lysias〕, 20.5は，告発者たちが被告ポリュストラトスを「多くの官職に就いた」廉で告訴したと述べる。被告がどんな官職に就いたかが問題である。まず，〔Lysias〕, 20.6は，彼がオロポス[92]で官職に就いていたこと，そして彼が新しい国制（ここでは寡頭政）を設立しなかったという弁明を述べる。国制変革の件についてヴィラモヴィッツ[93]は，Th., 8.69以降の記述から当時のペイサンドロスの寡頭派がアテナイと同じような国制変革を他のアテナイ帝国諸国でも行なうために信頼できる者たちを集めたと推測し，さらには被告ポリュストラトスがそれに応えて軍事の面で自薦したと考える。また，ゴムら[94]は，同じく〔Lysias〕, 20.6から，Th., 8.64-65.1のペイサンドロスの一団の使命，すなわち他の諸国で寡頭政を設立することと関連させて，「四百人の支配の始まる間際に彼らによってエレトリアへ派遣された役人は，そこで寡頭政を設立するかあるいは支援するよう指図を受けた」し，さらに「エウボイアへ派遣された他の役人が実際に国制を変更したことと，このことがアテナイの敗北に寄与したこと」を考えた。被告がその役人の一人であったかどうかは明らかでないが[95]，もしそうであったならば，彼は有罪であり，罰金刑では済まなかったであろう[96]。

　また，〔Lysias〕, 20.13-14は，被告ポリュストラトスがカタロゲウスと四百人評議員に就任した後エレトリアでの海戦に参加したことを述べる。

第2部　五千人政権の時代とテラメネス

カタロゲウスと四百人評議員については下記で検討することとし，ここでは被告のエレトリアでの官職を問題とする。ヴィラモヴィッツ[97]は，被告がphrourarchos（守備隊長官）であったと推測する。だが，ゴムら[98]は，プルーラルコスでは責任がないと弁明することができないと反論する。その代わりに，彼ら[99]は，被告が海戦で戦ったので，テュモカレスが到着する前にすでにエレトリアにいた船（Th., 8.95.2-3）のいくつかを彼が指揮していたことがより本当らしいが，その海戦での彼の責任は重かったはずがないか，あるいはどんな多額の罰金よりも重い刑罰を受けるものであったと考える。また，被告がエレトリアへ出航した時期について，ヴィラモヴィッツ[100]は，前411年のメタゲイトニオンの月にようやく出航したテュモカレスの艦隊（Th., 8.95）とともに出航したとは考えられないと説明する。さらに，彼[101]は，〔Lysias〕, 20.17が，被告が金を稼ぐために出航したという疑いに反論していることから，テュモカレス艦隊の派遣以前にエレトリアへ出航したと考える。被告のエレトリアでの官職は，いずれにせよはっきりしないが，エレトリア沖の海戦に関わるものであることは確かである。それゆえに，その方面へ出航した時期は，四百人評議員就任の8日後である（〔Lysias〕, 20.14）ので，その就任時期が問われる。

次に，問題の演説文は，被告ポリュストラトスのカタロゲウス（登録官）就任について次のように語っている。

> その男はですね，皆さんが政務を五千人に委託すべしと条令で定めた後，カタロゲウスとして九千人の名簿を作成することに着手しました（以下略）。
> 〔Lysias〕, 20.13

> そこで父は誓いをたてることもその名簿を作成することも気が進まなかった。だが，奴ら〔寡頭派たち，引用者註〕は罰金と刑罰を科すぞと父を脅迫したのです。それゆえ父がそれに屈した時，誓いをたててしまいましたし，またたった8日間だけ評議会場へ入場した後，エレ

トリアへ出航しました。

〔Lysias〕, 20.14

　上記の記述から，被告が確かにカタロゲウスに任命されたことがわかる。

　そこで，カタロゲウスが登場する状況について概観してみる。コロノスでの民会でアテナイ民衆は，四百人評議会を設置することと，政務を五千人に委託するために彼らを任命するカタロゲイスを任命すべきことを決議した（Th., 8.67.3; Aristoteles, Ath. 29.5）。ところが，Th., 8.89.2 & 92.11によると，五千人の団体は四百人評議会が倒されるまで実在しなかった。Aristoteles, Ath. 32.3も，五千人は四百人政権中は名目上選ばれただけであると述べている。カタロゲイスが任命されるべしという決議の時期と彼らが五千人を任命した時期の間に4ヵ月の四百人政権の時期が介在するのである。

　それでは，ポリュストラトスがカタロゲウスに任命されたのはいつの時期か。ヴィラモヴィッツ[102]は，「おそらくカリアスのアルコンの年のムニュキオンの月」（前411年5月頃），すなわちコロノス民会の頃であると考えた。マイヤー[103]は，カタロゲウス職と四百人評議員職を兼職のものと仮定したので，四百人政権中で被告がエレトリアへ赴く8日前と考えた。同様に，ブゾルト[104]，ジェブ[105]，ドゥ＝サント＝クロワ[106]，ゴムら[107]も，四百人政権中で被告がエレトリアへ赴く直前と考える。カタロゲイスは，その任命を決議したコロノス民会の直後に任命されるべきであったが，マイヤーらが推測するように，〔Lysias〕, 20.13-14を考慮すれば，四百人政権の崩壊直前に正式に五千人の任命に向けてカタロゲイスが任命されたと考えてよい。

　ところで，演説者は〔Lysias〕, 20.13で，被告がカタロゲウスとして五千人ではなく九千人を登録したと語っている。その際の被告の意図が「自分の区民[108]の誰かとあえてけんかすることではなく，それに登録されたいと願う者の名前を記入することにありました」（〔Lysias〕, 20.13）と語られており，演説者の狙いは，被告の意図が当時の寡頭派たちの意図よりも

開放的な面を浮き彫りにして，被告が民衆寄りであることを示すことにあると考えられる[109]。被告が九千人を登録したという記述（〔Lysias〕, 20.13）にもかかわらず，ヒグネット[110]は，テーガー（*Gnomon* 13〔1937〕で筆者未見）に従って被告の活動を示唆するその記述が誤りであると考える。だが，カタロゲイスが任命されたことはまず否定できないし，さらに問題の演説が，当該のカタロゲイスが活動した時期から２年足らずしか経ないうちに行なわれたと考えられるので，登録された九千人という人数については誤魔化しが効かなかったであろう。むしろ推測可能なことは，被告がカタロゲウスとして活動した期間が四百人評議員職の任期と同じわずか８日間と短期間である上に，政権維持のため当時多忙であったはずである評議員と兼務であるため，彼自身が直接九千人の登録に関与したかどうか疑問であるので，弁護者が，かつて全体としてのカタロゲイスが九千人を登録したという事実を被告に有利になるように弁論の中で利用した[111]，ということである。

次に，被告ポリュストラトスの四百人評議員職について考察しよう。彼がその職に就任したことについて問題の演説文は次のように語っている。

> そこで父は誓いをたてることもその名簿を作成することも気が進まなかった。だが，奴ら〔寡頭派たち，引用者註〕は罰金と刑罰を科すぞと父を脅迫したのです。それゆえ父がそれに屈した時，誓いをたててしまいましたし，またたった８日間だけ評議会場へ入場した後，エレトリアへ出航しました。
> 〔Lysias〕, 20.14

> だが，他の人たちはポリスにもまた皆さんの誰にも危害を加えないと決めていました。彼らは忠誠心を抱いて評議会場に入りましたし，また，被告のポリュストラトスもそんな輩の一人です。
> 彼は自分の区に関してとさらに皆さん民衆に対してしっかりした意見の持主として自分の部族員たちによって選出されました。だがしかし，

あの人たちは，皆さん民衆に対して忠誠でない廉で彼を告発しました。それも彼が自分の部族員たちによって選出された後で，しかもその部族員たちは，自分たちの中からあれやこれやの人物の人となりを最もよく見極めることができる方々ですのに。

〔Lysias〕, 20.1-2

上記の記述から被告が四百人評議員に選出されたことが確実である。それでは，彼はいつ評議員に選出されたのか。

この問題を検討する際に指針となるものは，四百人評議会が設立されることがコロノス民会で決議された（Th., 8.67.3）直後にその四百人が評議会場を占拠したこと（Th., 8.69.1で前411年5月）と，四百人政権の崩壊直前に（同年9月）テュモカレス指揮下のアテナイ艦隊がエレトリア沖の海戦で敗北したこと（Th., 8.95）である。この4ヵ月の間に被告がわずか8日間だけ評議会場に入場したということは不自然である。従って，被告の評議員在職が，前述のとおり，カタロゲウスと兼職であることから，そのカタロゲウスが実際に五千人の登録活動を行なった時期，すなわち四百人政権の崩壊直前のエレトリア沖の海戦前であったと考えられる。さらに，このことから，被告が四百人評議員に選出されたことが，他の評議員と同じの正式の手順を経たものでなく，何らかの事情でできた空席の補充員としてその職に選出されたと考える研究者の中にブラス[112]，ウィブリー[113]，ゴムら[114]がいる。

ところで，〔Lysias〕, 20.14が，被告ポリュストラトスが四百人評議員職とカタロゲウス職とを兼職していたことを述べていることから，次のような仮説が唱えられた。ヴィラモヴィッツ[115]は，その百人（Aristoteles, Ath. 29.5）のカタロゲイスがTh., 8.67.3の中の，5人のプロエドロイによって選出された，四百人評議員の中の最初の百人と同一であると推論した。また，マイヤー[116]は，彼の説をさらに発展させて，百人のカタロゲイスが5人のプロエドロイの管理指導の下に部族によって選出された，四百人の中の最初の百人であると推論した。両者の説の根拠は，(ｱ)ポリュストラ

トスが四百人評議員とカタロゲウスを兼務したこと（〔Lysias〕, 20.14），(ｲ)カタロゲイスの人数が百人であり（Aristoteles, *Ath.* 29.5），5人のプロエドロイによって選出された，四百人評議員の核となる最初の百人（Th., 8.67.3）と同数であること，(ｳ)ポリュストラトスが誓いをたててカタロゲウスに就任した（〔Lysias〕, 20.14）が，Aristoteles, *Ath.* 29.5でも[117]カタロゲイスが就任時に誓いをたてることになっていることである。だが，ブゾルト[118]が反論したように，その2つの役職は選出方法と国内法上の任務の点で区別されるべきである[119]。四百人評議員の選出方法の点でTh., 8.67.3と〔Lysias〕, 20.2の間では明らかに食い違いがある。Th., 8.67.3は，ペイサンドロスの提案として，まず初めに5人のプロエドロイが選出され，その5人が百人を選出し，さらにその百人が各人3人を補充選出して四百人評議会が設立されると述べるのに対して，〔Lysias〕, 20.2は，ポリュストラトスが四百人評議員に選出されたのは部族員たちによってであると述べる。そこで，この両史料の記述の違いを克服するためにマイヤーは，前述のとおり，5人のプロエドロイの管理指導の下に部族員たちによって百人の評議員が選出されたと考えたほどである。だが，この両史料の記述の違いは，四百人評議員がTh., 8.67.3のとおりに選出された時期とポリュストラトスが四百人評議員に選出された時期の間にある時間のずれにその理由が求められるべきである。そもそもヴィラモヴィッツとマイヤーが四百人評議員の核となる百人とカタロゲイスを同一視した時，2人はポリュストラトスが四百人政権の崩壊直前のエレトリア沖の海戦へ出掛ける直前の8日前に四百人評議員に選出されたという可能性を否認したので，推論を誤ったと思われる。上記で考察したとおり，彼は四百人政権の末期に四百人評議員に補充員として選出されたのであるから，その際の選出方法がTh., 8.67.3にある方法と違って〔Lysias〕, 20.2のとおりに部族員たちによって選出されるものであったとしても，別段不都合はない。加えて，推論可能なことは，四百人政権が，敵国スパルタとの和平交渉に失敗し，その直後その交渉の任にあたったプリュニコスがアテナイ内のアゴラで暗殺される有り様で[120]，当時危機に瀕していたので，おそらくそのプリュニコス

の代わりとなる評議員を選出するにあたって評議会自体の威信を保つために当該の部族の協力を求めることによって評議会自体と当該部族との連携を他のアテナイ民衆に示したことである。その際，選出された当人のポリュストラトスは，当然のことながら四百人評議員とカタロゲウスの両役職に就任することに気が進まなかったし，そのために四百人の寡頭派たちに罰金と刑罰を科すぞと脅迫されたのであろう（〔Lysias〕, 20.14）。また，四百人の脅迫に屈した彼は，評議員の就任の手続きの上で部族員たちの承認を受けたので，そのことが足枷となって，当時反四百人の運動を始めようとしたテラメネス派の者たちと手を結ぶ機会を逸したかもしれない。以上のように，被告ポリュストラトスは，四百人政権末期のエレトリア沖の海戦前に部族員たちによって補充員として四百人評議員に選出され，同時にカタロゲウスにも就任したと考えられる。

（8）ポリュストラトスの第2回裁判と四百人処罰の動き

　問題の演説文から窺えるポリュストラトス告発の理由は，上記で考察したとおり，判然としない。その理由は，史料となるその演説文がそもそも明確な言い回しでないことと，加えてその史料が我々の知りたいことを教えてくれる肝腎な箇所を欠いているかもしれないことという史料上の制約があるから，というだけではなさそうである。演説者の言い分をよく読んでみると，そこにはその演説者がいったい何に訴えれば無罪とされるかわからないで困惑しながら演説を行なっている様子がみられるのではないだろうか。

　ブゾルト[121]がいみじくも指摘しているとおり，「ただ四百人に所属していたせいで誰も訴えられて有罪と判決される可能性はなかった。なぜならばその四百人自身の中で少数の者が反革命に協力したし，以前の四百人の一員たちが指導的な政治家たちの中に入ったからである」。自身がかつて四百人評議員でありながらその四百人評議会を打倒してその後アテナイの政治の指導者となった人物にテラメネスがいる。四百人政権の成立前から問題の演説文の制作時期の下限である前410年春頃までの彼の経歴をみて

第 2 部　五千人政権の時代とテラメネス

みよう。テラメネスは，前411年の四百人の寡頭派政変の首謀者であり（Th., 8.68.4; Aristoteles, *Ath.* 32.2），その政権途中でアリストクラテスと手を結び（Th., 8.89.2; Lysias, 12.67），四百人政権を倒して五千人政権を樹立した（Aristoteles, *Ath.* 33.2; cf. D.S., 13.38.1-2）。その後彼は，前410年初めに将軍としてエウボイア，パロス，ピュドナへ航行するので（D.S., 13.47.6-8, 49.1）アテナイを離れるが，その時までに彼は，〔Plutarchus〕, *Moralia* 833 Fの中のアンティポンらの告発の評議会の条令に従って将軍として彼らを告発し（Lysias, 12.67; Antiphon, *On the Revolution* 3），処刑へと導いた（Lysias, 12.67;〔Plutarchus〕, *Moralia* 834 A-B）。告発されたアンティポンは，四百人評議員の一員であるだけでなく寡頭派革命を計画した張本人であった（Th., 8.68.1-2）。また，彼とともに告発された人物はアルケプトレモスとオノマクレスで（〔Plutarchus〕, *Moralia* 833 F），前者はアンティポンとともに反逆罪で死刑とされたが（〔Plutarchus〕, *Moralia* 834 A-B），後者は前404/3年の三十人僭主の一員の中にあり（Xenophon, *HG* 2.3.2），生き延びたわけであるが，どんな形で処罰を免れたかは不明である。このように自身四百人の一員であったテラメネスが同じく四百人の寡頭派であったアンティポンら3名を告発して処罰したのである。その際の3名の告発理由は，四百人政権期に彼らが講和使節として敵国スパルタへ赴いたこと（cf. Th., 8.90.2）であり，被告人たちが反逆罪（prodosia）で裁かれるべしと記されている（〔Plutarchus〕, *Moralia* 833 E-F）。この告発理由は，被告人たちの四百人評議員としての行動一般にまで言及されていない。この点でテラメネスのように自身四百人評議員でありながらその政権打倒後のアテナイの政治を指導する者に対しては政治上の配慮があったに違いない。

　他方，〔Lysias〕, 20の内容を詳しく観てみると，演説者が，当時四百人の寡頭派政権の関連の裁判で有罪と思われた人物たちが無罪放免となった裁判事情をたびたびほのめかしている。演説文からは，無罪放免となった理由として，(a)民衆のための政治をした者，または友人による仲裁，(b)自分の子供を立てて同情を誘って，(c)告発者の買収，などが明らかになる。例を挙げると，演説者が，「皆さんのためにならない演説をし，また終始

評議会に居座った者たちの多くは無罪放免となった」（〔Lysias〕, 20.14）と述べておいて、(a)の事例として、「有罪と思われた者たちは、皆さんのために熱意があることを示す政治をした人々が頼み込んで無罪放免となった」（〔Lysias〕, 20.15）、「たとえ富をぶんどったことを否定できない者たちが友人の仲裁で皆さんによって無罪とされても」（〔Lysias〕, 20.19）、(b)の事例として、「誰かが自分の子供たちを泣かせて悲しませる時、皆さんはその子供たちが自分の父親のせいで背負う市民権剥奪のゆえに彼らを哀れむと我々は考える。そして皆さんは、その子供たちのためにその父親の過ちを見逃す」（〔Lysias〕, 20.34）、「他の者たちは自分の子供たちを立てることによって皆さんの許しを求める」（〔Lysias〕, 20.35）、(c)の事例として、「有罪の者たちは、告発者たちに報酬を与えてそのお返しにこっそり逃がしてもらう。だが、何の得にもなりようがない者たちを告発者たちは有罪として告発する」（〔Lysias〕, 20.7）、「これまでずっと悪事を働いてきた者たちが聴衆の前では高潔な男として登場してきたが、その理由は、その者たちが自分の告発者を買収したからだ」（〔Lysias〕, 20.10）、「有罪である他の者たちは、自分の告発者に金を払って無罪放免となって、有罪と思われさえしない」（〔Lysias〕, 20.15）、と述べている。(a)の事例の場合、マイヤー[122]が指摘するように「テラメネスと彼の仲間たちの調停がうまくいって」無罪放免となった可能性が指摘できる。上記に挙げた、無罪放免となった者たちの裁判が、それぞれどの時期のものであるかは判然としない。けれども、(a)の事例の場合、もしテラメネスが関与していたならば、その裁判は四百人政権の崩壊後の前411年の年内の時期に当たる。なぜならば、テラメネスが前410年初めにはアテナイを離れているからである。

これに対してポリュストラトスの場合は、これより前に四百人政権の崩壊直後に第1回裁判で罰金刑の有罪判決を下されたが、その際の状況について演説者が次のように述べている。

　　また、陪審員の皆さん、父がそのような多額の罰金を科されたことに驚いてはいけません。と申しますのも、彼ら〔告発者たち、引用者註〕

は父に支持者がいないのをみて，父と我々の両方に提起した告訴で父が有罪と宣告されることを勝ち取ったのですから。
〔Lysias〕, 20.18

このようにポリュストラトスは，四百人政権の崩壊後にアンティポンらの寡頭派の大物たちが反逆罪で処罰された時期に，上記のように他に無罪放免となった者たちがいる中で，支持者を得られずに敗訴した。このことから，彼は，四百人政権の崩壊後にテラメネスの一派に加わらなかったので四百人政権の関連の裁判で敗れたと推測される。彼がその時期にテラメネスの一派に加わらなかった理由として推測可能なことは，もともとテラメネスと親交が無かったか，70歳を越える高齢（〔Lysias〕, 20.10）であるので前411年の政変を機会に政界から離れるつもりであったか，あるいは四百人政権の打倒の政変後に負傷して帰国した（〔Lysias〕, 20.14）ので，その傷の程度は分からないが，そのせいでテラメネス派の動きの時流に乗り遅れたか，ということである。そして，彼が第1回の裁判で有罪となったことは，その後の前410年7月のデモパントスの条令の制定後の活発な民主派の動き[123]の中で決定的に不利な要因となり，その後まもなく彼は再度，四百人政権の関連の件で告発されたと考えられる。

他方，当時有罪と思われた人物が無罪放免となった裁判事情のうち，上記の(イ)と(ウ)の事例に当たる裁判は，ほとんどが四百人の裁判であったであろうし，またそれらの理由で無罪放免となった四百人の一部は，ポリュストラトスの第2回裁判とほぼ同じ時期に彼と似たような形で告発されたと考えるのが無難であろう。さすれば，〔Lysias〕, 20から垣間見られる，四百人に対する告発追求の手は，デモパントスの条令の成立を境にしてその前後の時期の状況が異なってくる。その条令の成立以前の告発者は，厳罰をもって臨んだ。Lycurgus, 1.112-115のプリュニコス告発の例は，一連の事件の経過が劇的であったことも一役買ったかもしれないが，事件発生の後約80年経てなお弁論家リュクルゴスによってそれが引き合いに出された理由が，他でもないまさにその厳格さに由来したことは，その文脈から

判断して間違いない。それに比べて，〔Lysias〕，20にみられる告発者側の態度にはもはや厳格さが見られない。

第4項　その他の当時の状況

ここで〔Lysias〕，20を離れて，前410年7月以降のアテナイの国内情勢を概観してみる。Lysias, 25.25-26は，この時期に私利追求のあまり国家に損失を招く者たちがおり，彼らが賄賂に味をしめて富裕者たちをも告発の標的に加えた有り様を語っている[124]。

> 皆さんは，四百人政治の後の出来事もまたよく思い出せるでしょう。と申しますのも皆さんは，この四百人が勧告した法案が皆さんに何の利得も決してもたらさなかったことを十分にご承知だから，他方で私がお勧めする法案がいつでも両方の側の市民層に得になるからです。それというのも，エピゲネス，デモパネスそしてクレイステネスはというと，国家の災難に乗じて自分の利得を欲しいままにしておいて，公益に最も重い損失を課してきたのですから。
> と申しますのもその者たちは，皆さんを説得して何人かの者たちを裁判にかけずに死に至らしめたり，それより多くの者たちの財産を不正に没収したり，またその他にも市民たちを追放したり市民権を剥奪したりさせたからです。それはなぜかというと，その者たちが犯罪者から金をもらって解放したり，皆さんの前に姿を現してまんまと罪のない者たちを破滅させたりすることができたからです。奴等は国家を動乱や最大の災難にまきこむまで悪事を続けて，貧困の身から身をおこして富裕者に成り上がったのです。
>
> Lysias, 25.25-26

父親が四百人の一員であり，プリュニコス告発の条令を提案したクリティアスがクレオポンによって告発され（Aristoteles, *Rhetorica* 1.15.13〔1357 b〕），

第 2 部　五千人政権の時代とテラメネス

テッサリアへ逃亡した（Xenophon, *Memorabilia* 1.2.24）事件もこの時期である[125]。これらの史料から，当時，四百人処罰に関連して民衆扇動家たちと職業的訴訟者たちが横行したことが推測できる。かかる状況をみて，Aristophanes, *Ranae* 689-691が，前405年のレーナイア祭で次のように語った。

　　たとえ誰かがプリューニコスの角力場で手を過って倒れても，／そうだ，その過ちをば告白して，／踏みすべらした人々に以前の罪を洗うべき自由を与えてやるべきだ。

（高津春繁訳[126]）

この中でアリストパネスは，前411年に四百人政権に関与した者たちを許してやれと訴えた[127]。この訴えが聞き入れられたのは，前405年のアイゴスポタモイの海戦敗戦後，パトロクレイデスの条令（Andocides, 1.77-79）がかつての四百人の市民権回復を認めた時期で，アテナイ国内で食糧が底をついた頃であった（Xenophon, *HG* 2.2.11）。

　　条令　パトロクレイデスが提案する。アテナイ人たちは次のように条令を定めた。すなわち，市民権剥奪を受けた者たちと公金負債者たちは，罰を受けることなく民会で発言し，提案をしてもかまわないと。他方，民衆はペルシアとの戦争の間に承認され，アテナイ人たちにとって有益であると分かった条令を承認すべし。国庫財務官，アテナ女神およびその他の神々の財務官，あるいはバシレウスが登録した者たちで，カリアスのアルコンの年の評議会が最後に就任する以前に名簿からはずされていなかった者たちに関して，その時期以前に負債者であるがゆえに市民権剥奪を受けた者たち，あるいは会計監査場で執務報告審査官たちとその補佐役たちによって放漫行政で有罪とされた者たち，あるいは執務報告審査で告発を受けたが，まだ裁判を受けていなかった者たち，あるいは特別の無資格待遇を〈受けるべしと有罪判

決を受けた者たち〉，あるいは放漫行政執行者の保証人として有罪判決を受けた者たち，以上の者たちはすべて。さらに四百人のメンバーとして記録された者たち，あるいは寡頭政下で行なわれた反四百人行動を記録した者たちはすべて。ただし，逃亡者として石碑に記録された者たち，あるいは殺人の件でアレオパゴス評議会が，もしくはプリュタネイオンかデルピニオンで，バシレウスが司会してエペタイが裁判した者たち，また現在追放の身であるか，もしくは死刑の判決を受けた者たち，また大虐殺もしくは僭主政の企てで有罪の者たちは例外とする。

以上に該当するものはすべて，前述の事柄に従って，国庫財務官と評議会によって民衆の記録にあるすべての箇所からその名が消されるべし。また，もしそのことの写しが現存するならば，それらがテスモタイとその他の役人たちによって提出されるべし。また，以上の事柄が民衆の同意が得られた後3日以内に履行されるべし。また，誰も消されるべしと定められたこれらの記録を密かに手に入れるべからず，またいかなる時にも過去の悪事を思い出すべからず。その過ちを犯す者は，アレオパゴス評議会の法廷で追放刑を受けるべし。最後までアテナイ人たちが現在も今後も最高に信頼し合って暮らしますように。

Andocides, 1.77-79

前410年7月のデモパントスの条令の制定時期から前405年秋のパトロクレイデスの条令の制定時期までの間は，まさに四百人の寡頭派政権に対抗する民主派側の処置が無制約に行なわれた時代であったと考えられる。

先の第3項の中で〔Lysias〕，20を通してみたように，四百人の追求の手は，デモパントスの条令を境にしてその前後の時期の状況が全く異なっている。四百人処罰の性格が四百人政権の崩壊直後の時期と完全民主政復興後の時期の間で違っているのである。両時期の四百人処罰を比較すると，(ア)被告が四百人の一部から無制限に，(イ)告発者が四百人の一部とその関係者[128]から職業的訴訟者たちに，(ウ)刑罰が処刑から罰金刑または市民

権剥奪へ，と変化している。加えて，ポリュストラトスの事例のように，同じ四百人関連の告発を2度も受けた理由は，やはり両時期の間の四百人処罰の取組みの変化に由来するといえる。この両時期のみごとな対照は次のことを示唆してくれる。すなわち，デモパントスの条令以前はある秩序をもってかつての四百人がその諸行動のため告発されたが，それ以後の四百人の追求の手はもはや無制約の状態となったことである。

第3節　四百人処罰とテラメネス

さて，筆者は上記で四百人政権の崩壊直後に「ある秩序をもって」四百人処罰が行なわれたと述べたが，本節では，その「ある秩序」とは何であったかを明らかにしたい。

その前にまず確認しておかなければならないことは，いわゆる五千人政治の設立の指導者テラメネスの立場である。彼は，前411年の四百人の寡頭派政権の首謀者であり（Th., 8.68.4; Aristoteles, *Ath.* 32.2），その政権の途中でアリストクラテスと手を結び（Th., 8.89.2; Lysias, 12.67），四百人政権を倒していわゆる五千人政治を樹立した（Aristoteles, *Ath.* 33.2; cf. D.S., 13.38.1-2）。彼の父親のハグノンは，前437年のアンピポリス創立者（Th., 4.102.3），ペロポネソス戦争初期のペリクレスの将軍仲間（Th., 1.117.2; 2.58.1-3），前429年初冬のオドリュサイ人の王シタルケスへの使節長で将軍（Th., 2.95.3），前421年のニキアスの和約の誓約者（Th., 5.19.2, 24.1）であり，また前413年秋にはプロブーロイのひとりとして選出された（Lysias, 12.65）[129]。かかるハグノンの経歴は息子テラメネスに影響を与えたと考えられ，Th., 8.68.4も「演説する上で，または判断する上でいずれにしても少なからぬ能力をそなえた男だった」と評価している（cf. D.S., 13.38.2）。

加えて，四百人政権の打倒でテラメネスに協力した，スケリアスの子アリストクラテスは，アテナイの対国家奉仕を行なう有力な一族に生まれ[130]，

前421年に和約を誓ったし（Th., 5.19.2,24.1）[131]，前414年上演の Aristophanes, *Aves* 126に登場し，さらに前413/2年に将軍としてキオス問題に関与した（Th., 8.9.2）[132]。以上の彼の経歴は，テラメネスの父ハグノンの経歴を彷彿させる。テラメネスが四百人政権期にペイサンドロス派から離れてアリストクラテスと手を結んだ（Th., 8.89.2; Lysias, 12.67）背景には，ハグノンとアリストクラテスの間のかかる政治経歴上，またそれゆえに政治思想上の類似性が推測される。かかる立場にあるテラメネスが四百人政権の崩壊後にアテナイ人たちの指導者になったことは意義深い。

　ところで，テラメネスと四百人処罰の関わりは，四百人政権の崩壊直後の時期にあった。すなわち，〔Plutarchus〕, *Moralia* 833 Fの中のアンティポン告発の条令は，将軍たちがアンティポンら3人を告発するように命じており，テラメネスは将軍として彼らを告発した（Lysias, 12.67; Antiphon, *On the Revolution* 3）。その告発の理由は，アンティポン告発のアンドロンの条令（〔Plutarchus〕, *Moralia* 833 D-F）によれば，四百人政権期に被告たちが講和使節としてスパルタへ赴いたことだけであり，罪状は反逆罪である。また，その条令の提案者アンドロン[133]も告発者テラメネスも両名とも四百人の一員であった。加えて，同時期にプリュニコス告発の条令を提案したクリティアス[134]は，父親が四百人の一員のカライスクロスであった[135]。この辺りの事情をリュシアスが前403年末に行なった演説で次のように語っている。

　　他方で皆さんの多数がもはやそれらの者たちに耳を傾けたいと思わなくなった時，まさにその時にあの者たちに対する嫉妬とさらに皆さんによる恐怖のゆえに彼〔テラメネスのこと，引用者註〕はアリストクラテスの仕事に加担したのです。皆さんの多数に自分が信頼できると思われたいと思い，彼自身にとって最も親しかったアンティポンとアルケプトレモスを告発して死罪にしました。悪行が及んだ程度はといいますと，同時に，あの者たちに対する信頼のために皆さんを奴隷にしたし，他方で皆さんに対する信頼のために友人たちを殺したほどで

第2部　五千人政権の時代とテラメネス

あります。
　　Lysias, 12.66-67

　リュシアスの演説のこの部分は，前404－403年の三十人僭主のひとりでテラメネスと行動を共にしたエラトステネスを告発するために演説当時はすでに死去していたテラメネスの過去の行動を非難した箇所である。それゆえ，この部分については彼のテラメネス非難の口調を割り引いて解釈するにしても，前411年の時期のテラメネスが置かれた立場を端的に示しているといえよう。すなわち，四百人政権の崩壊後まもない当時の状況は，かつての四百人の一員で後にテラメネスに付いて生き延びた者たちにとって必ずしも安泰ではなかったはずであり，それどころか，彼らは民衆に対して忠誠ある態度を示さなければならなかったと当然予想される。従って，かつて四百人の一員であったテラメネスとアンドロンは，アンティポンら3人の告発に率先して関わったし，父親が四百人の一員であったクリティアスは，暗殺されたプリュニコスを告発する条令を提案して，各々が自分の過去の過ちあるいは父親に由来する汚名を晴らすために民衆に対して忠誠ある態度を示そうとした。また，アンティポンらの告発理由が被告人たちの四百人としての行動一般にまで言及されていない点も，テラメネスらの四百人の生き残りに対する政治上の配慮があったに違いない。従って，四百人政権の崩壊直後の四百人処罰は，テラメネス主導の，彼自身のための活動であった。
　それに対して，それ以後のテラメネスの活動はどんなものであったのか。彼は，前410年初めに将軍としてエウボイア，パロス，ピュドナへ航行し（D.S., 13.47.6-8, 49.1），その年の春にキュジコス沖の海戦で勝利をもたらした後，クリュソポリスの砦を担当した（Xenophon, HG 1.1.12, 22; D.S., 13.49.3-51, 64.2-3）。しかし，前410年7月以後の数年間，彼がアテナイで将軍に選ばれた可能性はまずない。その後の消息は不明な点が多く，前406年のアルギヌーサイの海戦でトリエラルコスとして奉仕し（Xenophon, HG 1.6.35, 1.7.5, 31），また前405/4年の将軍に選ばれたものの審査で退けら

第 4 章　四百人処罰とアテナイ内政動向

れた (Lysias, 13.10)[136]。その後，アイゴスポタモイの海戦後のスパルタへの全権使節として派遣され (Xenophon, *HG* 2.2.17)，アテナイ民衆に講和を受諾させ (Xenophon, *HG* 2.2.22)，三十人の一員に任命された (Xenophon, *HG* 2.3.2)。以上のような彼の経歴は，前410年7月を境にして明白な相違があり，それ以後の彼が，その直前のキュジコス沖の海戦勝利の将軍であるにもかかわらず，アテナイ民衆から明らかにうとんぜられたことを示している。

　かかるテラメネスの経歴にからむアテナイ民衆の態度の変化は，何に由来するものであるのか。その原因を解明する鍵は，テラメネスの経歴から明らかなように，彼が，四百人政権の崩壊直後に率先して四百人処罰を遂行したのに対して，前410年以降はアテナイを離れたままで，まずその後の四百人処罰に関与しなかったことにある。このテラメネスの経歴上の変化と，これにからむ民衆の態度の変化の両方の転換点は，以上の考察から前410年のデモパントスの条令しか考えられないし，またこの民主政を守る法がテラメネスの経歴に不利益をもたらした理由は，彼が四百人の一員であったという過去のいきさつである。

　それでは，なぜ民衆は，四百人政権の崩壊直後にデモパントスの条令のような民主政を守る法を制定しなかったのか。換言すれば，なぜ民衆は，四百人の一員であったテラメネスをその時期に必要としたのか。この問題を解くための方法として，四百人政権の崩壊直後の国制を探る道があるが，本章の冒頭で述べたように，国制を視点とした議論からは明解な解答が得られがたい。他方，この時期の四百人処罰の動向についての本章の考察から，それがテラメネス主導の，彼自身の四百人処罰の遂行であることが分かっている。テラメネス主導の四百人処罰の遂行が当時の国制に関係があったのか，という問題について，Th., 8.97.1の中の，重装歩兵階層からなる五千人への政務の委託と官職日当の廃止の決議は，四百人関連の告発を免れたいテラメネスらがそれらの制度を利用して自派に有利に脇を固めることができる可能性を示唆すると考えられるが，このトゥキュディデスの記述だけに依拠するならば確言はできない。

201

けれども，パロス方面での将軍テラメネスの行動は注目に値する。彼は，前410年初めに将軍としてアテナイの南東に位置する島嶼部へ急派され，パロスに寄る直前に「市民と同盟諸国を戦時拠出金納付（eisphora）から解放してやりたいと思ったので，敵地を荒らして大量の戦利品を獲得した。また，彼は，同盟諸国を訪れ，国制変革を進める者たち〔すなわち寡頭派たち，引用者註〕から金銭を徴収した」(D.S., 13.47.7)。その後彼は，「パロスに寄ってその国内に寡頭政をみた時，民衆に自由を回復してやり，他方，寡頭政に関与した者たちからは大量の金銭を徴収した」(D.S., 13.47.8)[137]のである。テラメネスが戦費を市民（対象はおそらく五千人）からではなく敵地および同盟諸国内の寡頭政の支配者たちから徴収したという行動は，彼の当時のアテナイ市民に対する忠誠を示したものであると考えられる。とりわけ，市民（特に五千人）に対する戦時拠出金納付の免除は，それ以前に予想される，テラメネス自身に与えられた恩典に報いた配慮であり，その恩典こそ，かつて四百人政権の樹立を推進した彼の罪を追求することを免除することに他ならなかったであろう。

従って，四百人政権の崩壊直後の四百人処罰は，かかる立場にあるテラメネスと五千人市民の間の相互の提携という枠内で進められた。また，その枠組みは，四百人処罰の手続きに反映されており，テラメネス主導の下に処罰が実施されただけでなく，自身が四百人の一員であったアンドロンと，父親が同じくそうであったクリティアスも四百人処罰の遂行に積極的に参加した。他方，ポリュストラトスは，四百人政権の崩壊後にテラメネス派につかなかったので告発を受けたと思われる。以上のような当時の四百人処罰の処置が，まさに筆者のいう「ある秩序」である。

だが，かかるテラメネス主導の四百人処罰は，アテナイ大衆，とりわけ急進民主派たちには不満足に映ったであろう。確かに，テラメネスがパロス方面で行なった，同盟諸国内の寡頭派処罰は，彼らに歓迎されたに違いないが，それゆえに彼らは，そのテラメネスの行動にならって，アテナイ在住の四百人の生き残りたちに対して告発せんとしたであろう。たまたま，その年の春のキュジコス沖の海戦は，アテナイに完全な勝利をもたらした

(Xenophon, *HG* 1.1.16-18; D.S., 13.50.1-51.8)。この事件は，アテナイ民衆に政務を担当する自信を取り戻させたであろうし，またその後まもなく完全民主政が復興した。テラメネスと五千人市民の間の提携が消滅した直後の民主政の最初の仕事のひとつは，民主政を守るデモパントスの条令を制定することであった。そして，アテナイ在住の四百人の生き残りたちに対して罰金刑を求刑する告発が無制約に行なわれるようになり，それに従ってポリュストラトスの第2回目の裁判が行なわれた。寡頭派に対する民主派の対抗処置の幕開けである。これ以後，テラメネスは，キュジコス沖の海戦勝利の功績にもかかわらず，数年間アテナイを離れなければならなかった。

小　結

　前411年9月に四百人の寡頭派政権を倒して成立した新政権にとって，四百人処罰は重要な政治課題であった。重装歩兵階層の人々は，自身が四百人であるテラメネスをあえて指導者として立て，民会決議で政務を五千人に委託させ，官職日当を廃止した。これを受けてテラメネスは，自派に有利に脇を固め，五千人の市民との提携を基礎に他の四百人の処罰を遂行した。アンティポンとアルケプトレモスは，四百人の一員であったアンドロンの提案に従ってテラメネス自身が告発し，処刑した。プリュニコスはすでに暗殺されているにもかかわらず，父親が四百人の一員であったクリティアスが改めて告発した。他方，ポリュストラトスは，2級の四百人の一員であったが，テラメネス派につかなかったので告発され，罰金刑を受けたと考えられる。

　この後，前410年初めのパロス方面でのテラメネスの行動がきっかけとなり，その年の春のキュジコス戦の勝利によってテラメネスと五千人の市民の間の提携が揺らぐと，まもなく従来の完全民主政が復興した。これにともなって，四百人処罰が無制約に行なわれるようになり，アテナイは前

405年秋の破局期まで民主派が旧寡頭派に対抗処置を執る時代を経験する。四百人処罰は，前410年7月を転換点として，テラメネス主導から民衆主導へ移行するが，その移行は，その転換点に国制の本質的部分に変化はなく，官職就任権保有者を制限することを撤廃することと官職日当の再導入だけが存在したと主張する民主政論者の論理では納得できない現象である。四百人処罰の動向をみる限りでは，やはり前410年7月に国制上の本質的部分に変革があったと考えた方が説明がつきやすいと考えられる。それゆえ，ここでは取り敢えず，その変革はテラメネス主導の五千人の穏健寡頭政から完全民主政への移行である可能性があると述べておこう。

註

1) Busolt, *G.S.* 2, p. 909.
2) Beloch, *G.G.* 2.1, p. 397.
3) W. Schwahn, *RE.* 5, A2 (Stuttgart, 1934; rpt. 1973), s.v. Theramenes, p. 2312; G. Vlastos, "The Constitution of the Five Thousand," *A.J.P.* 73 (1952), p. 198; Andrewes, *J.H.S.* 73 (1953), p. 4; Meyer, *G.A.* 4.2, p. 313; Hignett, *op. cit.*, p. 280; Bengtson, *op. cit.*, p. 241-242; 西澤，前掲誌，6頁; W.S. Ferguson, *Cambridge Ancient History* (以下*C.A.H.*と略す) 5 (Cambridge, 1927; rpt. 1979), p. 343-344; Rhodes, *C.A.P.*, p. 415; 中村，前掲誌，20－21，30頁; Rhodes, *H.C.G.W.*, p. 164-165.
4) 例えば，Rhodes, *J.H.S.* 92 (1972), p. 117-118; do., *H.C.G.W.*, p. 164-165.
5) 村川訳『アテナイ人の国制』63頁。
6) 例えば，Rhodes, *C.A.P.*, p. 414.
7) 前410年のデモパントスの条令が承認された第1プリュタネイア（アイアンティス部族）の時期について，B.D. Meritt, *Athenian Financial Documents of the Fifth Century* (Ann Arbor, 1932), p. 106-109は，前410年の評議会年度がアルコン年度と同時に始まったとは必ずしもいえないと考えて，その時期がその年の6月であると論じ，Hignett, *op. cit.*, p. 280 n. 1もこれに従っている。だが，Rhodes, *C.A.P.*, p. 415は，前410年の評議会年度がアルコン年度以前に始まったとする必要はないと反論しているので，本論ではローズ説に従う。
8) 例えば，Rhodes, *C.A.P.*, p. 415.
9) de Ste. Croix, *Historia* 5 (1956), p. 1-23.
10) Sealey, *C.S.C.A.* 8 (1975), p. 271-295.
11) de Ste. Croix, *Historia* 5 (1956), p. 13; Sealey, *C.S.C.A.* 8 (1975), p. 291-292.
12) Fritz & Kapp, *op. cit.*, p. 180-181 n. 117.
13) de Ste. Croix, *Historia* 5 (1956), p. 22-23; Sealey, *C.S.C.A.* 8 (1975), p. 279.
14) de Ste. Croix, *Historia* 5 (1956), p. 12; Sealey, *C.S.C.A.* 8 (1975), p. 291.

15) de Ste. Croix, *Historia* 5 (1956), p. 21-22; Sealey, *C.S.C.A.* 8 (1975), p. 290.
16) 異議を唱えるのは，中村，前掲誌，1－34頁で，アルキビアデスとアテナイ上層市民との関係から問題の一連の国制変革を論じる。
17) その理由のひとつには，四百人処罰に関する諸史料がこれまで研究者たちの間で正当に位置づけられてこなかったことがある。Cf. e.g. Hignett, *op. cit.*, p. 280.
18) Cf. Gomme et al., *H.C.T.* Vol. 5, p. 340.
19) 史料には「評議会」としか記されておらず，民主政期で通常予想される「評議会と民会」ではない。de Ste. Croix, *Historia* 5 (1956), p. 16は評議会決議とみなすし，Hignett, *op. cit.*, p. 375-378は五千人政権期の特異な五百人評議会の決議と解釈する。E.M. Carawan, "Eisangelia and Euthyna: the Trials of Miltiades, Themistocles, and Cimon," *G.R.B.S.* 28 (1987), p. 184は，ヒグネット説に従ったと思われる。他方，Sealey, *C.S.C.A.* 8 (1975), p. 285-286は，問題の箇所にテキストの改悪があると考えて，評議会決議とみなすことを疑問視する。だが，シーリー説はこじつけのきらいを免れない。
20) アンティポンとアルケプトレモスを告発したテラメネス（Lysias, 12.67）が，前410年の初めにはアテナイを離れたため（D.S. 13.47.6）。Cf. W.S. Ferguson, "The Condemnation of Antiphon," in *Mélanges Gustave Glotz* 1 (Paris, 1932)（以下"Condemnation of A."と略す），p. 364.
21) 反逆者に対する処罰については，cf. Xenophon, *HG* 1.7.22. Cf. Blass, *op. cit.*, p. 101. なお，アンティポンについては高畠純夫「アンティフォンという人物（前編）」『東洋大学文学部紀要』第58集史学科篇30号，2005年，133－192頁および同「アンティフォンという人物（後編一）」『東洋大学文学部紀要』第59集史学科篇31号，2006年，125－282頁が本書で扱う弁論家アンティポンとソフィストのアンティポンが同一人物であるか否かという学界での論争に沿ってアンティポンの人物像に迫る。だが，この問題は前411年の政変時の弁論家アンティポンの政治思想の全体像を提示するにはあまりにも事が複雑であるように思われるので，ここでは上記2篇の紹介に留めておく。
22) Gomme et al., *H.C.T.* Vol. 5, p. 309.
23) 詳しくは，Gomme et al., *H.C.T.* Vol. 5, p. 309-311を参照せよ。
24) Cf. Plutarchus, *Alcibiades* 25.10.
25) D.M. MacDowell, *Athenian Homicide Law in the Age of the Orators* (Manchester, 1963; rpt. 1966), p. 139.
26) 本章第2節第3項の（1）。
27) Cf. Davies, *op. cit.*, No. 12076; Gomme et al., *H.C.T.* Vol. 5, p. 201.
28) Cf. Blass, *op. cit.*, p. 504; Hignett, *op. cit.*, p. 364; de Ste. Croix, *Historia* 5 (1956), p. 11; Gomme et al., *H.C.T.* Vol. 5, p. 202-203.
29) Wilamowitz, *A.A.* 2, p. 360 n. 10; Rhodes, *J.H.S.* 92 (1972), p. 125; Gomme et al., *H.C.T.* Vol. 5, p. 203.
30) 被告が罰金を納めたか否かは不明。Cf. Wilamowitz, *A.A.* 2, p. 359 & n. 7; Gomme et al., *H.C.T.* Vol. 5, p. 203.
31) デケレイア砦の建設は，これ以前にシケリア遠征途上でスパルタへ亡命したアル

キビアデスがスパルタで行なった演説での勧告による（Th., 6.91.6-7）。
32) Meyer, *G.A.* 4.2, p. 304は，このデケレイア逃亡者に関する条令が四百人政権の崩壊直後のものとみなしているが，その根拠は全く提示されていない。
33) Cf. Lysias, 13.73-74；〔Lysias〕, 20.21.
34) Cf. Meyer, *G.A.* 4.2, p. 304 n. 2.
35) Wilamowitz, *A.A.* 2, p. 361 n. 13; Busolt, *G.S.* 2, p. 909; Beloch, *G.G.* 2.1, p. 397; Meyer, *G.A.* 4.2, p. 314; Andrewes, *J.H.S.* 73 (1953), p. 4; Hignett, *op. cit.*, p. 280; Rhodes, *C.A.P.*, p. 415；中村，前掲誌，20頁，ただし彼は，問題の条令には「アルキビアデスが僭主となることを恐れるアテナイ市民の懸念が反映していたと考えることも強ち無理な推測ではない」（25頁）ともみている。
　　この条令のように反民主政に対抗する措置を定めたものとして他にいわゆる審判人たちの誓いの文言（Demosthenes, 24 *Against Timocrates* 149-151）がある。ここで問題としている四百人の寡頭派処罰とは直接関係あるかどうか不明であるが，審判人の誓いの文言の中には「私は，アテナイ民衆のと五百人評議会の諸法および諸条令に従って票決します。また，僭主があれと票決しませんし，寡頭政（oligarchia）もそうしません。また，もし誰かがアテナイ人の民主政（dêmos）を打倒するかあるいはそれに反対して演説するかまたは票決に付するならば，私は受け入れません」（Demosthenes, 24.149）と記されている。
36) 前406年のアルギヌーサイの海戦後に処刑された将軍（Xenophon, *HG* 1.6.29, 7.2, 34）であると考えられる。Cf. Meiggs & Lewis, *op. cit.*, No. 85, p. 263.
37) Meiggs & Lewis, *op. cit.*, No. 85, p. 263.
38) 詳しくは，M.N. Tod ed., *A Selection of Greek Historical Inscriptions to the End of the Fifth Century B.C.* (Oxford, 1933; rpt. 1946), p. 211-213; Meiggs & Lewis, *op. cit.*, No. 85, p. 260-263; Gomme et al., *H.C.T.* Vol. 5, p. 309-311を参照せよ。
39) この史料に関しては，ブラス（Blass, *op. cit.*, p. 503-510）がアテナイの弁論家の著作に関する研究書の中で，ヴィラモヴィッツ（Wilamowitz, *A.A.* 2, p. 356-367）が1891年に公表されたパピルス（Aristoteles, *Ath.*）に関する研究書の中で特別の章を設けて，詳述した。また，ドーヴァー（K.J. Dover, *Lysias and the CORPUS LYSIACUM* [Berkeley & Los Angeles, 1968]）がリュシアスの弁論集に関する研究書を発表したが，この史料は偽作であるのではほとんど言及されていない。最近では，ゴムら（Gomme et al., *H.C.T.* Vol. 5, p. 201-206）がトゥキュディデスの『歴史』第8巻（Th., 8）の注釈書の中で簡潔に触れている。他に多くのアテナイ史家が著作の中でこの史料に言及しているが，この史料を主題として全体的に考察した論考は，管見の限りではヴィラモヴィッツ以後ない。だが，彼以後の研究者たちは，彼の研究成果を援用または敷衍する者，あるいは反論して退ける者と多様である。
40) Davies, *op. cit.*, No. 12076.
41) Wilamowitz, *A.A.* 2, p. 363-364.
42) Blass, *op. cit.*, p. 505.
43) *I.G.* I³ 102＝Meiggs & Lewis, *op. cit.*, No. 85＝*I.G.* I² 110.
44) Wilamowitz, *A.A.* 2, p. 361 & n. 13.
45) Busolt, *G.G.* 3.2, p. 604 & n. 1.

第 4 章　四百人処罰とアテナイ内政動向

46) H. Röhl, "Zu Lysias XX 19. Andocides II 23. Lysias XIII 73. Corpus Inscr. Atticarum 59.," *Hermes* 11 (1876), p. 378.
47) W.R.M. Lamb trans., *Lysias* (Loeb Classical Library) (Oxford, 1930; rpt. 1976), p. 453.
48) Hignett, *op. cit.*, p. 364.
49) Jebb, *Attic Orators* 1, p. 218.
50) de Ste. Croix, *Historia* 5 (1956), p. 11-13.
51) Rhodes, *J.H.S.* 92 (1972), p. 125.
52) Gomme et al., *H.C.T.* Vol. 5, p. 203.
53) Andocides, 1.96-98が，前410年7月，アイアンティス部族のプリュタネイアの期間にデモパントスの提案が承認されたことを記している。条令の趣旨は、「もしアテナイの民主政を打倒するか，あるいは民主政打倒後ある官職に就く者があれば，その者はアテナイ人たちの敵として処刑されてその下手の罰なかるべし」というものである（Andocides, 1.96）。その性格は明らかに民主政を守る法であり，制定後80年を経てもなお弁論家リュクルゴスによって反逆者に対する処罰の例として引き合いに出されている（Lycurgus, 1.124-127）。この条令が四百人の寡頭派政権の経歴から生まれたことは言うまでもない。なお，この条令が民主政を守る法であるとみなすことについては，cf. Wilamowitz, *A.A.* 2, p. 361 n. 13; Busolt, *G.S.* 2, p. 909; Beloch, *G.G.* 2.2, p. 397; Meyer, *G.A.* 4.2, p. 314; Andrewes, *J.H.S.* 73 (1953), p. 4; Hignett, *op. cit.*, p. 280; Rhodes, *C.A.P.*, p. 415; 中村，前掲誌，20頁。
54) Cf. Röhl, *op. cit.*, p. 378.
55) Wilamowitz, *A.A.* 2, p. 363-364.
56) *Ibid.*, p. 364.
57) *Ibid.*, p. 365-366. その他の言い回しの不明な点については，cf. *ibid.*, p. 366 n. 24.
58) Gomme et al., *H.C.T.* Vol. 5, p. 202.
59) Busolt, *G.G.* 3.2, p. 604.
60) Gomme et al., *H.C.T.* Vol. 5, p. 201.
61) Blass, *op. cit.*, p. 503.
62) *Ibid.*, p. 505-506. ブラスは，〔Lysias〕, 20.29の "presbytaton" を "presbyteron" に改める（*ibid.*, p. 505 n. 9）。
63) Lamb, *op. cit.*, p. 453. ただし，彼の訳文では二男が演説していることになっている。
64) Jebb, *op. cit.*, p. 218.
65) Wilamowitz, *A.A.* 2, p. 362.
66) Harpocration, s.v. Polystratos. Cf. Blass, *op. cit.*, p. 503.
67) Jebb, *op. cit.*, p. 218.
68) Blass, *op. cit.*, p. 508-510.
69) Jebb, *op. cit.*, p. 218-219.
70) Blass, *op. cit.*, p. 509.
71) Wilamowitz, *A.A.* 2, p. 362.

72) Lamb, *op. cit.*, p. 453.
73) Blass, *op. cit.*, p. 505-506 n. 9.
74) Wilamowitz, *A.A.* 2, p. 362-363.
75) Kirchner, *P.A.* 2., no. 12076; Davies, *op. cit.*, No. 12076; Gomme et al., *H.C.T.* Vol. 5, p. 202-203.
76) Cf. Blass, *op. cit.*, p. 504; Hignett, *op. cit.*, p. 364; de Ste. Croix, *Historia* 5 (1956), p. 11; Gomme et al., *H.C.T.* Vol. 5, p. 202-203.
77) Wilamowitz, *A.A.* 2, p. 360 n. 10; Busolt, *G.G.* 3.2, p. 1511; Rhodes, *J.H.S.* 92 (1972), p. 125; Gomme et al., *H.C.T.* Vol. 5, p. 203; 本論の第1部第2章第2節の第2項「Aristoteles, *Ath.* 31と四百人処罰」；拙稿「テラメネスの国制」『史学研究』177号，1987年，31頁。
78) Cf. 〔Lysias〕, 20.18.
79) Wilamowitz, *A.A.* 2, p. 359 & n. 7.
80) Gomme et al., *H.C.T.* Vol. 5, p. 203.
81) Jebb, *op. cit.*, p. 217; Gomme et al., *H.C.T.* Vol. 5, p. 203.
82) Busolt, *G.G.* 3.2, p. 1511.
83) Wilamowitz, *A.A.* 2, p. 359.
84) Cf. Blass, *op. cit.*, p. 504-506; Wilamowitz, *A.A.* 2, p. 359-360. また，ブラス以前の諸説については，cf. Blass, *op. cit.*, p. 504 n. 5.
85) 「各部族から40歳以上の人10人を選び，この人たちは成長した犠牲獣を供え誓いをしたのち，かの五千人を登録する」(Aristoteles, *Ath.* 29.5〔村川訳『アテナイ人の国制』58頁〕) と言及されている百人のカタロゲイス。前411年初夏のコロノス民会 (Th., 8.67.1-68.1) でこのことが決議された。Cf. Rhodes, *C.A.P.*, p. 385; Gomme et al., *H.C.T.* Vol. 5, p. 218; 本論の第1部第2章第1節の第2項「(4) シュングラペイスをめぐるその他の提案」；拙稿，『西洋史学報』11号，10頁。
86) Cf. Gomme et al., *H.C.T.* Vol. 5, p. 203.
87) Jebb, *op. cit.*, p. 217-218.
88) Rhodes, *J.H.S.* 92 (1972), p. 126.
89) Gomme et al., *H.C.T.* Vol. 5, p.203.
90) *Ibid.*, p. 203.
91) Davies, *op. cit.*, No. 12076.
92) Blass, *op. cit.*, p. 506 n. 6は，Th., 8.60を拠り所にして〔Lysias〕, 20.6のÔrôpôiがÔreôiと読まれるべきであると述べたが，Wilamowitz, *A.A.* 2, p. 366 n. 23はこれを否認する。
93) Wilamowitz, *A.A.* 2, p. 358 & n. 5.
94) Gomme et al., *H.C.T.* Vol. 5, p. 202.
95) Blass, *op. cit.*, p. 503 n. 4は，「多くの官職」(〔Lysias〕, 20.5) が四百人政権以前の官職であると考える。
96) Cf. Wilamowitz, *A.A.* 2, p. 358 n. 5.
97) *Ibid.*, p. 358-359.
98) Gomme et al., *H.C.T.* Vol. 5, p. 202.

99) *Ibid.,* p. 202.
100) Wilamowitz, *A.A.* 2, p. 357.
101) *Ibid.,* p. 359 n. 6. Cf. Hignett, *op. cit.,* p. 365; Gomme et al., *H.C.T.* Vol. 5, p. 202.
102) Wilamowitz, *A.A.* 2, p. 357.
103) Ed. Meyer, *Forschungen zur alten Geschichte*（以下*F.A.G.*と略す）2 (Halle, 1899; rpt. Hildesheim, 1966), p. 427-428.
104) Busolt, *G.S.* 1, p. 72; do., *G.G.* 3.2, p. 604.
105) Jebb, *op. cit.,* p. 217.
106) de Ste. Croix, *Historia* 5 (1956), p. 5.
107) Gomme et al., *H.C.T.* Vol. 5, p. 203-204.
108) Wilamowitz, *A.A.* 2, p. 356 n. 1はこの箇所のdêmotaiを民衆全体とみなしたが，Gomme et al., *H.C.T.* Vol. 5, p. 205に従って区民とする。
109) Meyer, *G.A.* 4.2, p. 303-304. Cf. Wilamowitz, *A.A.* 2, p. 356 n. 1; Gomme et al., *H.C.T.* Vol. 5, p. 205.
110) Hignett, *op. cit.,* p. 366.
111) Cf. Meyer, *F.A.G.* 2, p. 432; Busolt, *G.S.* 1, p. 74 n. 1.
112) Blass, *op. cit.,* p. 503.
113) Whibley, *op. cit.,* p. 198 n. 21.
114) Gomme et al., *H.C.T.* Vol. 5, p. 202.
115) Wilamowitz, *A.A.* 2, p. 357-358.
116) Meyer, *F.A.G.* 2, p. 428-433.
117) 上記の註85を参照せよ。
118) Busolt, *G.S.* 1, p. 74.
119) Cf. Hignett, *op. cit.,* p. 365-367; Gomme et al., *H.C.T.* Vol. 5, p. 204-205.
120) プリュニコスの暗殺に関する史料には，Th., 8.92.2; Lysias, 13.71; Lycurgus, 1.112; Plutarchus, *Alcibiades* 25.10があるが，所伝の内容には相違がみられる。本章第1節の第3項「プリュニコス」および拙稿，『史学研究』170号，26頁を参照せよ。
121) Busolt, *G.G.* 3.2, p. 1511.
122) Meyer, *G.A.* 4.2, p. 304.
123) 本章第2節の第1－2，4項および拙稿，『史学研究』170号，28－31頁を参照せよ。
124) Cf. Hignett, *op. cit.,* p. 281.
125) Cf. *ibid.,* p. 280-281.
126) 高津春繁他訳『ギリシア喜劇全集　II』（人文書院，1961／1980年）182頁。
127) Cf. Hignett, *op. cit.,* p. 281.
128) 本章第1節第2－3項を参照せよ。
129) 詳しくは，Davies, *op. cit.,* No. 7234をみよ。
130) *Ibid.,* No. 1904.
131) Andrewes & Lewis, *op. cit.,* p. 179.
132) *Ibid.,* p. 179.

第 2 部　五千人政権の時代とテラメネス

133）Blass, *op. cit.*, p. 99 & n. 6.
134）彼が四百人の一員であったという確証はない。Cf. H.C. Avery, "Critias and the Four Hundred," *Classical Philology* 58 (1963), p. 165-167.
135）Diel, *RE.* 9,2 (Stuttgart, 1922; rpt. 1965), s.v. Kritias, p. 1901. ただし，Davies, *op. cit.*, p. 327-328の詳論をみよ。
136）Andrewes, *J.H.S.* 73 (1953), p. 2-3.
137）これまでの研究者たちは，このテラメネスのパロス方面での行動を単に同盟諸国での民主政復興としか捉えていない。Cf. Meyer, *G.A.* 4.2, p. 310; Schwahn, *op. cit.*, p. 2311; Ferguson, *C.A.H.* 5, p. 343; Sealey, *C.S.C.A.* 8 (1975), p. 274.

第5章　五千人政権の国制

　第1部第2章第2節の中で筆者は，史料を検討してAristoteles, *Ath.* 31の暫定の国制が前411年の秋に承認された五千人政権の国制である可能性を提示した。本章の中ではこの史料検討を踏まえて前411－410年のいわゆる五千人政権の国制がはたして寡頭政であったのかあるいは民主政であったのかという問題を考察する。

第1節　暫定の国制とテラメネス

　筆者が先に提示した，Aristoteles, *Ath.* 31の暫定の国制が前411年の秋に承認された五千人政権の国制であるという仮説を証明するためには，その国制が当時の状況に当てはまるかどうかを他の史料と突き合わせてさらに検討する必要がある。以下ではその国制の内容を，主として当時の四百人の寡頭派の処罰とテラメネスの政治的立場の面から検討する。
　初めに，Aristoteles, *Ath.* 31.1の中の評議員の選出方法について考察する。Aristoteles, *Ath.* 31.1は，評議員の人数を四百人と規定し（後に五百人に変更されたことは前述のとおりである），その選出方法について「部族ごとに四十人で，部族員が予選した三十歳以上の候補者の中から出す」（村川訳[1]）と規定している。この評議員の選出は，籤によるのではなく，挙手採決であったと考えられる。しかも，いったん部族内で予備選挙が行なわれてから評議員が選出されるのであり，選出方法が2段階になっている。これは，民主政期の評議員の選出方法，すなわち各部族から50人ずつ抽選される方法よりも慎重な方法である。なぜかかる配慮が必要であったのか。
　評議員選出時のかかる配慮は，五千人政権期の四百人の寡頭派の処罰の

第 2 部　五千人政権の時代とテラメネス

面から説明することができる。五千人政権期の評議会が行なったことのひとつに，〔Plutarchus〕, *Moralia* 833 D-Fのアンティポンらの告発の評議会決議がある。この告発の被告は，アンティポン，オノマクレス，アルケプトレモスの3名であり，いずれも四百人評議員の一員であった。この決議から，評議会自体が率先して四百人の寡頭派の処罰を行なう姿勢がうかがえる。また，この決議では将軍たちが3名を告発することになっており，事実，テラメネスが将軍としてアンティポンを告発した（Lysias, 12.67; Antiphon, *On the Revolution* 3)。ところが，このテラメネス自身も，四百人の寡頭派政権の首謀者であった（Th., 8.68.4; Aristoteles, *Ath.* 32.2)。このことから，テラメネスが保身のために，アンティポンらを告発することによって，当時のアテナイ民衆に対して自分が民衆の味方であることを行動で示そうとしたに違いないことが分かる[2]。さらに，テラメネスが自分に告発が向けられることを防ぐには，彼が五千人政権の評議会を自分の都合のよいように組織する必要があったのではなかろうか。そのためには，評議員の選出方法が，従前の民主政期の方式であるよりも，部族内の予備選挙も含めた2段階方式であることが望ましい。また，前述のアンティポンらの告発の評議会決議では，議長と書記の両者が同じアンティオキス部族の成員である（〔Plutarchus〕, *Moralia* 833 E)。かかる事例は民主政下では不可能であった[3]。従って，五千人政権の評議会は，民主政期の評議会とは構成が異なるように意図的に組織されたのである。

次に，将軍の権限についてAristoteles, *Ath.* 31.2は，「選ばれた人々は翌年1年間独裁的に支配し，必要とあらば評議会に諮る」（村川訳[4]）と規定している。五千人政権が成立した時，評議会が新たに組織される必要があったので，Aristoteles, *Ath.* 31の暫定の国制が五千人政権の国制であるならば，そのAristoteles, *Ath.* 31.1の規定に従って評議会が設立されたはずである。従って，その評議会の年度は，前411年の秋から翌年の夏の年度末までであろう[5]。それゆえに，Aristoteles, *Ath.* 31.2の「翌年1年間」（ton eisionta eniauton）とは，この期間に当たるはずであり，またAristoteles, *Ath.* 31.2の規定に従って補選された将軍たちは（〔Plutarchus〕, *Moralia* 833

F），その期間，全権を持ってその任に就いたはずである。さすれば，五千人政権の将軍たちはなぜ全権を持たなければならなかったのか。

　四百人政権の崩壊は，アテナイがエレトリア沖の海戦でスパルタ艦隊に破れた事件（Th., 8.95）が引き金になっているので，新政権の最重要課題が祖国を危機から救うことであることは自明である。従って，もっぱら軍事上の理由から将軍に全権が与えられたかもしれない。けれども，前述のとおり，五千人政権の評議会がテラメネスの指導の下にアンティポンらの四百人の寡頭派の処罰を遂行した事情を考え合わせると，内政面で，自身も四百人評議員の一員であったテラメネスが四百人の寡頭政治に由来する告発を受けないようにするために自分の将軍職に全権を付与させるように働きかけたと推定できまいか。かかる事情により，アテナイ民衆は，テラメネスが全権を持った将軍である限り，彼に不利になる条令を定めることがなかったのである。また，民衆は，彼の将軍職の任期が切れた，前410年の夏になってようやく，民主政を打倒する者を処罰するデモパントスの条令（Andocides, 1.96-98）を定めることができたのであろう。テラメネスはこれ以後数年間，アテナイで将軍に選ばれた可能性はなく，前406年のアルギヌーサイの海戦でトリエラルコスとして奉仕するまで（Xenophon, *HG* 1.6.35, 7.5, 31）その消息は不明な点が多い[6]。他方，デモパントスの条令の制定後，アテナイ民衆は，前409年の春に，四百人の指導者であったプリュニコスを暗殺した者たちに褒賞を授与する条令（*I.G.* I³ 102 ＝ Meiggs & Lewis, *op. cit.*, No. 85）[7]を制定し，そして前410年後半から前409年の春までに，同じく四百人評議員の一員であったポリュストラトスの第2回裁判（[Lysias], 20）を遂行した[8]。この頃からパトロクレイデスの条令（Andocides, 1.77-79）の制定によってかつての四百人で市民権を剥奪された者に市民権が回復される前405年秋まで，四百人関連の裁判が横行したと推測される[9]。以上のことから，五千人政権から完全民主政へ移行した後の約5年間の時期に四百人の寡頭派の処罰が以前にもまして激しく遂行されたことが分かる[10]。かかる四百人の寡頭派処罰の変遷は，テラメネスの立場および彼の五千人政権期の将軍職を取り巻く状況と考え合わせれば説

213

明がつく。

　以上のように，Aristoteles, *Ath.* 31の暫定の国制が前411年の秋の五千人政権の国制であるという仮説は，他の史料によって充分に支持されるであろう。それ故に，Aristoteles, *Ath.* 31.2の全権将軍は五千人政権期の将軍であるので，四百人のクーデターに参加した，Aristoteles, *Ath.* 32.3の「十人の全権」がAristoteles, *Ath.* 31.2の全権将軍と同じであるという説[11]は誤りである。Aristoteles, *Ath.* 32.3の「十人の全権」は，10人のシュングラペイス（Th., 8.67.1）であり，10人の先議委員（Aristoteles, *Ath.* 29.2; Th., 8.1.3）であると考えるべきである[12]。

第2節　将来の国制

　Aristoteles, *Ath.* 31の暫定の国制が五千人政権の国制であれば，Aristoteles, *Ath.* 30の将来の国制もまた前411年の秋に承認されたはずである。けれども，その将来とはいつの時期を想定されたかは明らかではない。その将来の国制の中で規定されていることは，(a)評議員は30歳以上の者で任期1年無給である，(b)上級官職は評議員の中から任命される，(c)他の官職は抽選である，(d)4つの評議会をつくる，(e)評議会の権限とその細則，という内容である。以下でこれらの内容について他の史料と関連のあるものを考察してみて，それらが歴史的に裏付けられるかを検討してみる。

　初めに，(d)の4つの評議会は，アテナイで歴史上存在した形跡はみられない[13]。その4つの評議会についての規定は実際に実施された可能性はないわけである。けれども，この4つの評議会についての規定は実施された可能性はないが，その規定が定められるに至る過程のひとつと考えられるもの，換言すれば，その規定が実際に定められたことを示唆してくれるものと考えられるものがある。Aristoteles, *Ath.* 30.3は，「将来は上述の年齢の者から四つの評議会をつくり，このうち抽選で当たったものが評議をし，他の者も各部に分属せしめる。百人の委員は自己ならびに他の人々をもで

きるだけ平等に分かち，抽選をして〔順番を定め〕一年間評議する」（村川訳[14]）と述べており，その4つの評議会が順番に職務に就く予定であったことが分かる[15]。この評議会の交替制については，五千人政権が成立する直前にテラメネス派の重装歩兵たちがアナケイオンで四百人政権側から派遣された者たちと話し合った場面についてTh., 8.93.3が記述している箇所の中で言及されている。その中でその派遣された者たちは，四百人政権に対して立ち上がった重装歩兵たちを説得しようとして，四百人政権が「五千人の人員を明示するとも，そしてその中から順番にその五千人の考えでもって四百人があることになるとも言った」のである。つまり，この場面で四百人政権の代表者たちが，テラメネス派の者たちに，すぐにも五千人の選出を行なってその五千人の中から四百人評議員を出すこと，そして四百人評議会が順番に職務に就くことを提案した。このアナケイオンで出た4つの評議会の交替制に着目して，マチューとオスーリエ[16]は，Aristoteles, *Ath.* 30-31の中の2つの国制草案が穏健寡頭派の作品であり，四百人政権の間に検討され，その政権の崩壊後に提出され議決され実施された可能性があると推測している。筆者は，Aristoteles, *Ath.* 30.3の中の4つの評議会についての規定が，このアナケイオンの場で四百人政権の代表者たちが提案した事柄に基づいて定められたと推測する。このことは，Aristoteles, *Ath.* 30の中の将来の国制草案が実際にこの時期の頃に作成されたこと，そしてその将来の国制草案がテラメネス派の者によって作成された可能性があることを示唆する。

また，(b)の上級官職のうち，聖俗の財務委員会については手掛かりがある。ローズ[17]によれば，アテナイとデロス同盟の両金庫がヘレノタミアイの拡大委員会の下に合併したことは，前411/0年かまたはそれ以前に起こった[18]が，聖財の2つの主要な委員会の合併は前406年までは起こらなかった[19]。また，マイヤー[20]は，この財務委員会の改革に伴って，この前411年のAristoteles, *Ath.* 30の年以降，それまで財務を務めていたコラクレタイが登場しないこと，つまり廃止されたことに注目している。従って，Aristoteles, *Ath.* 30の中の将来の国制草案はそのままの形で実施されたと

215

は到底考えられないものの，その草案が財務の面では当時の要望に応える試案としての意味を持っていた，と推定することは可能である。

次に，(e)評議会の権限とその細則，として，Aristoteles, *Ath.* 30.5の中に5人のプロエドロイ（proedroi）が登場する。これに関してファーガソン[21]は，ヴィルヘルムが五千人政権期の条令として発見したもの（*I.G.* I² p. 297 = *I.G.* II² 12 = Meiggs & Lewis, *op. cit.*, No. 80 = *I.G.* I³ 98）から，前411年9月以降の五千人政権の時期に5人のプロエドロイが実際に存在したことが明らかになったと述べている。問題の碑文史料は下記のとおりである。

```
      [....8....]  [..........20..........]
      [...6...]    [..........18..........]
      [...6...]   イカ［リア区の者が書記を務めた。］
      ［評議会］の議長を務めた［..........17..........］
5    ［...そ］してそのお伴の［..........16..........］
      ［.クシュ］ペテ区の，ディオプ［..........16..........］
      ［..］ケパレ区の，カル［..........16..........］
      ［.ヒ］ッポメネスが提案した。［..........16..........］
      ストスで，なぜならば彼は［アテナイ人の］プロク［セノスであ］
10   り，そして功労者であ［り，できることは何でも良いことを］
      アテ［ナイ人たちの］ポリスに［行ない，そしてその...］
      ストス人たちの，［彼］について［前もって決議されている］条令
      を［大理石の石碑に］刻文すべし，
      評議［会］の書記で［今，書記を］
15   務めている者が，そして［アクロポリスに］設置す［べし。その］
      財産で，［アテナイ人の］ピュトパ［ネスの許に］あるもの
      かまたはどこか他のところでアテナイ人たちが［保持しているものに，
                                                               そして］
      船についてと［財］産［について］彼が語っている
      ものを，断じて害するべからず，そ［して不可侵権が］
```

20 彼にと彼の財産 [に，彼が（それに）]
　　　近づいている時にも離れている時にも（あるべし）。以上のとお [り
　　　　　　　　　　　　　　　　　　　　　　　　　　　　　あれと決]
　　　議された，アテナイ人たちが [保持している] 限りの（領）内で
　　　ピュトパネスの所の [すべて] でそれと [同じ] ように。以上の [よ
　　　　　　　　　　　　　　　　　　　　　　　　　　　　　　うに]
　　　なることを，将 [軍でその時]
25　　に将軍職にある者が配 [慮すべし，そして]
　　　評議会でその時に評議 [員にある者も。そして]
　　　この条 [令をさらに刻文す] べし，[それと]
　　　[同] じ石碑に [評議会の] 書 [記が。]
　　　vv アリストクラテスがア [ルコンの年] に [vvvvv]
30　 [評議] 会で [決] 議 [された，] ケク [ロピス部族が当番評議員を]
　　　[務める，...7....書] 記を務 [める，アリストクラ]
　　　[テスがアルコンであった，...7....] 議 [長を務めた，----]

　　　I.G. I³ 98　ピュトパネス褒賞授与の条令

メイグズとルイス[22]によれば，ヴィルヘルムが，4－7行目の，議長を務めた人物の名前を記載したと考えられる箇所には5人の名前があったと推測したし，Aristoteles, *Ath.* 30.5の中の5人のプロエドロイについての記事と比較検討して，この碑文史料を前411年のものと推測した[23]。ファーガソンは，このヴィルヘルムの推測を考慮して，上記の碑文史料がAristoteles, *Ath.* 30の中の将来の国制草案の中の計画に真実味を与えると考えたわけである。さらに，ファーガソン[24] は，この*I.G.* I³ 98の中のテキストにも前述のアンティポン告発の評議会決議（〔Plutarchus〕, *Moralia* 833 D-F）のテキストにも，民主政期の民会決議碑文のテキストの中に見られる，当番評議員を務める部族を表記する "--is eprytaneue" という語句が見られないのであるが，これは五千人政権期の評議会が当番評議員

217

（プリュタネイス）について籤でその順番を決めていたが，民主政期のプリュタネイスと違って，複数の部族出身者がこのプリュタネイスを務めていたので，そういう語句で表記できなくなったためであると説明する[25]。彼は五千人政権期の当番評議員の順番を籤で決めたと推測しているが，彼によるその根拠は，将来の国制草案の中の"klêroun de tên boulên tous ennea arkhontas"（また9人のアルコンは評議会について抽選を行なうべし）（Aristoteles, *Ath.* 30.5）という一節であり，このことから彼は将来の国制草案の中のこの一節の箇所が実際に五千人政権の時代に実施されたと推測する[26]。

従って，Aristoteles, *Ath.* 30の中の将来の国制草案はそのままの形で実施されたとは直ちに考えられないものの，その草案が財務の面などいくつかの点では当時の要望に応える試案としての意味を持っていた，と推定することは可能である[27]。

第3節　五千人の国制

前411年秋に五千人政権が樹立された状況をトゥキュディデスは次のように記述している。

　　ところで，そういう知らせ〔スパルタ艦隊がペイライエウス港に迫っているという知らせ，引用者註〕を受けた後，アテナイ人たちは，それにもかかわらず20隻の船に乗員を配備し，そしていくつかの民会をまとめて召集した。そのひとつをその直後にその時初めてプニュクスで召集したが，その地には他の時にはそうするのが常であった。ちょうどその場で彼らは四百人を廃して五千人に政務を委ねること（ta pragmata paradounai）を決議した。彼らと同じくらいの人数が武具を自弁しもするのである。そして一人もひとつの役職からも給料を受け取らないこととし，もしそうでないならば，呪われた者とみなした。

第5章　五千人政権の国制

　さらに後でその他の度重なる民会が開催されたし，それらに基づいて彼らは，ノモテタイ（nomothetai）と国制（politeia）についての他の事どもを決議した。そしてまさに何にもまして，少なくとも私の生涯で最初にアテナイ人たちは良い政治を行なったと思われる。というのも，少数者と多数者のうえで適度な混ざり合いが生じた（hê te es tous oligous kai tous pollous ksynkrasis egenesthai）し，またそれが，陥っていたひどい状況からポリスを最初のものに連れ戻してくれたからである。
　　Th., 8.97.1-2

　この時の民会でアテナイ人たちは四百人を廃し，政務を五千人に委ねる決議を行なった。また，重装歩兵の武具を自弁できる者は皆この一員になることとされた（Th., 8.97.1）。従って，これまで研究者たちは，この五千人政権が，ある意味では，どの程度かは議論のあるところでその解釈によってこの政権が民主政であるかまたは寡頭政であるかが決まってくるものの市民権を重装歩兵階層に制限しようとしたものである，と述べてきた。だが，R．ブロック[28]は，当時のアテナイの重装歩兵階層の総人数が5千人ほどであったとは考えられず，むしろ十分にそれを越えていたし，またポリュストラトス弁護演説によって言及された9千人（〔Lysias〕, 20.13）が本当らしい推測であると考えている。
　ところで，Aristoteles, Ath. 31の暫定的国制が前411年の秋の五千人政権の国制であるとすれば，五千人政権の国制はどんな政治形態をとっていたのか[29]。Aristoteles, Ath. 31.1は，五千人政権の評議員たちが「役人を任じ，いかなる誓約をさせるべきかを起草し，〈また〉法律や執務報告審査その他については有益と考える仕方で処理する」（村川訳[30]）と定めている。その国制が命じた，評議会の任務は，これまでの考察から，役人を任命し，四百人の寡頭派の処罰を遂行することであることが分かっている。また，Aristoteles, Ath. 31.1-2では，評議会は「国政に関して設けられた法を遵守し，これを変更したり，他の法を定めることは許されない」（村川訳[31]）と規定されている。従って，評議会の自由裁量権は役人任命と四百人の寡頭

219

派の処罰に限られているのであり，その他の国政に関することには自由裁量できないと考えられる。さすれば，その他の国政に関することに自由裁量の決定権を持つ機関は何であろうか。その点については，問題の2つの国制草案の中では触れられていないが，考えられる機関は，五千人会かまたは民主政期と同じ民会である[32]。けれども，もし五千人政権の民会が五千人会であれば，その旨が2つの国制草案の中で規定されていても良いはずであるが，実際はそのような規定はない。従って，Aristoteles, *Ath.* 31 の暫定の国制は，最高決議機関が民会であることを前提とし，役人任命と四百人の寡頭派の処罰の件のみ評議会が処理できると定めた国制であり，それゆえ，基本的には民主政の国制であるといえよう。

さすれば，Aristoteles, *Ath.* 34.1の中の，民衆が政権を奪い取った対象の「彼ら」(toutos) は，「五千人」ではなく「四百人」の寡頭派であると考えるべきである[33]。さらに，前411年の秋の五千人は，2つの国制草案を起草するアナグラペイスを選出しただけでその任を終えたことになる。かかる事情ゆえに，「五千人」という言葉はほとんど史料に登場することがなかったと考えられるし，またそれゆえに，前410年の夏の五千人政権から完全民主政への移行については，Aristoteles, *Ath.* 34.1の中の語句で民衆が政権を奪い取った対象の「彼ら」(toutos) が「五千人」である場合を除いて，どの史料も語ってくれないと考えられる[34]。「五千人」あるいは「五千人の政権」がほとんど史料に登場しないことは，かつてファーガソン[35]によって指摘されたことであるが，これは上記のように説明することができる。

また，かかる政治上の決議権の所在の規定から推測すると，2つの国制草案が司法制度について全く触れていない理由は，司法上の裁判権の所在が基本的には民主政期と同じであるからであろう。2つの国制草案が司法制度について全く触れていないことは，これまで研究者たちが疑問視してきたことである[36]。なぜならば，Andocides, 2 *On his Return* 13-15の中でアンドキデスが四百人政権期に四百人によって逮捕され，裁判にかけられたことが述べられているので，その時期に司法制度が民主政期とは違って

いたことがうかがえるが[37]，他方，これまでの研究者たちが，2つの国制草案を四百人政権と関連があるものと推測したので，何らかの変更がなされたはずの司法制度について2つの国制草案の中で触れられていないのは不都合である，と考えたからである。けれども，前述のとおり，Aristoteles, Ath. 31の暫定の国制は五千人政権の国制であると考え，それは修正を受けたものの基本的には民主政の国制であると考えれば，その草案が司法制度について全く触れていないことは，別段不都合ではない。

ところで，Aristoteles, Ath. 28.5のテラメネス称賛の記述，Aristoteles, Ath. 33.2の五千人政権称賛の記述，そして D.S., 13.38.1-2の中で四百人政権の打倒後の国制の提案者がテラメネスであると記述されていることから判断して，Aristoteles, Ath. 30-31の2つの国制は，「テラメネスの国制」とみなすことができよう。四百人政権の崩壊後，テラメネスは，当座は「暫定の国制」によって新評議会に四百人処罰を処理する権限を与え，将軍である自身にも全権を与えて，四百人処罰を遂行させるが，それ以外の制度にはほとんど手を加えなかったのである。また，4つの評議会の設置その他の改革は，「将来の国制」とされ，事態が改革を行なうのにふさわしい時期に行なわれることとされた。その理由には次の2点がある。すなわち，(1)四百人政権の崩壊直後のアテナイの情勢は，オイノエー砦のアテナイ軍が四百人政権の崩壊の事実を知らなかったのでアリスタルコスに欺かれて砦をボイオティア軍に渡すほど混乱していたから（Th., 8.98.2-4），(2)キャリー[38]が指摘するように，将来の国制を実施するために必須の，4つの評議会の設置のために市民たちを4部に分ける作業（Aristoteles, Ath. 30.3, 31.3）は時間を必要としたに違いないために暫定の国制が必要になったから，である。けれども，将来の国制がそのまま実施された可能性はない。

第 2 部　五千人政権の時代とテラメネス

小　結

　第 1 部第 2 章第 2 節の中で史料を検討したように，Aristoteles, *Ath.* 30-31 の 2 つの国制草案が承認された，アリストマコスの議長の下の民会は，必ずしも四百人評議会の成立より前である必要はない。四百人政権と五千人政権に触れた Aristoteles, *Ath.* 29-33 の記述の構成は，Aristoteles, *Ath.* 29.1 で四百人政権の成立以前のいきさつに簡単に触れ，叙述の導入とした後，Aristoteles, *Ath.* 29.2-32.1 で四百人政権の樹立と五千人政権の樹立に関連する条令を紹介し，さらに Aristoteles, *Ath.* 32.1-33 で四百人政権の樹立と崩壊，五千人政権の時期のアテナイの内政事情を振り返って説明する，という形になっている。問題の 2 つの国制草案が承認された時期は，その草案を起草したアナグラペイスを選出した「五千人」が実際に存在した時期であるから (Aristoteles, *Ath.* 30.1 & 32.1)，四百人政権が打倒された直後である (Th., 8.97.1-2)。従って，条令の紹介部分と内政事情の説明部分の接続部にあたるテキスト，すなわち Aristoteles, *Ath.* 32.1 の箇所には後世の写字生の誤解に起因するテキストの改悪とそれに由来する五千人の存在時期に関する矛盾があると考えられる。

　この史料の検討の結果に基づいて改めて，Aristoteles, *Ath.* 31 の暫定の国制を検討すると，次のようなことが分かる。すなわち，その国制は，新評議会を設立すること，役人任命と四百人処罰の裁量権を新評議会に委託することなどを規定しているだけであり，その他の主な制度は民主政期の国制と変わらないことを示している。

　従って，暫定の国制によれば，五千人政権の国制は，評議会の構成が異なるものの基本的には民会を最高決議機関とする民主政であった，と考えられる。アテナイ民衆は，エレトリア沖の海戦の敗戦後，四百人政権を倒したものの政権を担当する責任を負うことを躊躇したに違いない。そこで彼らは，四百人政権を倒す運動の指導者であったテラメネスを，元々は四

第5章　五千人政権の国制

百人の政変の首謀者でもあったにもかかわらず，わざわざ国家救済の切り札として新政権の指導者とした。他方，四百人に関する前歴のあるテラメネスにとっては，当時のアテナイにふさわしい国制を選択する上で民主政の国制しか選択できなかったのではあるまいか。その代わりに彼は，四百人関連の告発を受けることから免れるための方策を新国制草案に盛り込んだのである。五千人政権は，アテナイ政界で生き残りたいテラメネスらがアルキビアデスを加えて，敗戦で政権担当の自信を失った民衆と妥協した産物である。前410年の春のキュジコス沖の海戦でアテナイに勝利をもたらした3人の将軍の中にこの2人，前年には寡頭派政権を樹立することを推進した2人がいることは，その2人がとにかく次には一転して民衆に恩恵をもたらす姿勢を見せたことを示すものであり，興味深い。ところが，その海戦の後，テラメネスの全権将軍職の任期が切れるや否や，民衆は，五千人政権独自の民主政を廃し，四百人政権以前の完全民主政を復興させたのである。以上のような事情を考え合わせると，Aristoteles, *Ath.* 41.2がアテナイの政治の変遷について「第8のは四百人の国制で，これに次ぐ第9のは再び民主政であった」(村川訳[39])と記述している箇所は，それ自体で充分納得がいくであろう[40]。

それゆえに，前411年秋のテラメネスの五千人政権が民主政の国制を採用したのであるから，その政権が官職日当の廃止と役職就任権の制限 (Th., 8.97.1; Aristoteles, *Ath.* 33.1) を行なったことは，それが寡頭政を目指していたわけではなく国家救済のために有能な実務者を政権内に取り込むことを目的とした実際的な対策であったことを示すと言えよう。

註
1) 村川訳『アテナイ人の国制』60頁。
2) 四百人政権の崩壊直後のテラメネスの立場については，本論の第2部第4章第3節および拙稿，『史学研究』170号，32-33頁を参照せよ。
3) Ferguson, *C.P.* 21 (1926), p. 74; Hignett, *op. cit.,* p. 375-376; Sealey, *C.S.C.A.* 8 (1975), p. 286.
4) 村川訳『アテナイ人の国制』61頁。
5) Ferguson, *C.P.* 21 (1926), p. 73は，この評議会の独裁の期間について筆者と同じ

第2部　五千人政権の時代とテラメネス

意見に達したキャスパリ説（Caspari, *op. cit.,* p. 14-18）を批判した。だが，Cary, *op. cit.,* p. 60-61が指摘するように，Aristoteles, *Ath.* 31の規定に従って新たに四百人評議員が選出されることになっているのでまだ四百人評議員が選出されていないこととその選出された四百人評議員がおそらく紀年アルコンを含む役人を任命することになっていたこと（Aristoteles, *Ath.* 31.1）を考慮に入れていないので，彼の反論は当を得ていない。

6）Andrewes, *J.H.S.* 73 (1953), p. 2-3.
7）Meiggs & Lewis, *op. cit.,* p. 261-262.
8）本論の第2部第4章第2節の第3項「ポリュストラトスの第2回裁判」および拙稿，『史学研究』170号，29－30頁を参照せよ。
9）Cf. Meyer, *G.A.* 4.2, p. 314-315; Hignett, *op. cit.,* p. 280-281; P.J. Rhodes, *The Athenian Boule*（以下*A.B.*と略す）(Oxford, 1972; rpt. 1985), p. 182 n. 6.
10）本論の第2部第4章第2節および拙稿，『史学研究』170号，28－31頁を参照せよ。
11）Kenyon, *A.C.A.,* p. 89; do., *A.C.A.* 3rd ed., p. 110; do., *A.A.C.,* p. 62; Kaibel & Kiessling, *op. cit.,* p. 55; Wenzel, *op. cit.,* p. 58; Sandys, *op. cit.,* p. 135; Rackham, *op. cit.,* p. 97; Wilcken, *op. cit.,* p. 49; Warrington, *op. cit.,* p. 275; Mathieu & Haussoullier, *op. cit.,* p. 35-36; Moore, *op. cit.,* p. 175-176; Gomme et al., *H.C.T.* Vol. 5, p. 239; Rhodes, *C.A.P.,* p. 409-410; Crawford & Whitehead, *op. cit.,* p. 429.
12）Cary, *op. cit.,* p. 60は，この「10人の全権」をTh., 8.67.1の10人のシュングラペイスとみなした。このシュングラペイスが10人の先議委員（Aristoteles, *Ath.* 29.2; Th., 8.1.3）であることについては，本論の第1部第2章第1節第2項の「（1）シュングラペイスの構成」および拙稿，『西洋史報』11号，5頁をみよ。
13）Rhodes, *C.A.P.,* p. 388.
14）村川訳『アテナイ人の国制』59頁。
15）この規定についてRhodes, *C.A.P.,* p. 394-395が，4つの評議会の各々が順番に1年間役職に就くことになると解釈している。
16）Mathieu & Haussoullier, *op. cit.,* p. VII-VIII.
17）Rhodes, *C.A.P.,* p.388. Cf. Ferguson, *C.P.* 21 (1926), p. 75.
18）村川訳『アテナイ人の国制』206頁 註30-8を参照せよ。
19）村川訳『アテナイ人の国制』206頁 註30-7を参照せよ。
20）Meyer, *F.A.G.* 2, p. 137. Cf. Ferguson, *C.P.* 21 (1926), p. 73.
21）Ferguson, *C.P.* 21 (1926), p. 73.
22）Meiggs & Lewis, *op. cit.,* p. 249.
23）ただし，Meiggs & Lewis, *op. cit.,* p. 249によれば，四百人政権の時期にも5人のプロエドロイがいた（Th., 8.67.3）ので，問題の碑文史料が前411年の四百人政権期のものであるかあるいは五千人政権期のものであるかについては論争がある。Meiggs & Lewis, *op. cit.,* p. 249によれば，それを四百人政権期のものとするのは，T. Lenschau, "Die Vorgänge in Athen nach dem Sturz der Vierhundert," *Rheinisches Museum für Philologie* 90 (1941), p. 24-30; de Ste. Croix, *Historia* 5 (1956), p. 17-19である。

第 5 章　五千人政権の国制

24) Ferguson, *C.P.* 21 (1926), p. 74-75.
25) ただし，他方で，当番評議員を務める部族を表記する"--is eprytaneue"という語句が見られないもので四百人政権期の評議会決議の碑文史料がある。それは*I.G.* I³ 373 =*I.G.* I² 298 = Meiggs & Lewis, *op. cit.*, No. 81である。テキストは以下のとおりである。

  ［アテナイ］人たちは［ムナシ］ロコスの
  アルコ［ンの年に］支出［した。］
    空白
  女神アテナの聖［財］財［務］官たち，
 5　キュダテ［ナイオン区］の［アソ
  ポド］ロスおよび
  同僚役人［たち］
  ［は，］彼らのためにエウオニュモン
  区のエ［リ］タリオンの子エウアンド
 10　ロスが書［記］を務める中，
  ヘレノタミアイ，
  ヘルモス区のアンティステ
  ネスおよび同僚
  役人たちに手渡した。評
 15　議会でヘカト
  ンバイオンの月の［月］末から
  9日目に決議したもので，女神
  アテナ・［ポリア］スの
  ［財貨］から：27タラントン
 20　2,?74ドラクマ4オボロス，女
  ［神ア］テナ・［ニケの］
  ［財貨］から640?（ドラクマ）

  I.G. I³ 373（前411年，イオニア字体）

テキストの中に「ムナシロコスのアルコンの年に」（2行目）と記載されていると推定されているし，またAristoteles, *Ath.* 33.1からムナシロコスが四百人政権期にアルコンを務めたことが知られているので，この碑文史料が前411年の四百人政権期に決議された決議文であることが分かる。Meiggs & Lewis, *op. cit.*, p. 251が指摘するように，四百人評議会は，日付する際に，プリュタネイスに言及する代わりに月日に言及することによって表記した。

26) Ferguson, *C.P.* 21 (1926), p. 74-75.
27) Caspari, *op. cit.*, p. 17は，Aristoteles, *Ath.* 30の中の将来の国制について詳細に検討せずに，この国制が決して実施されなかったかまたは短期間だけ実施されたので，古代の著述家たちが言及しないほどであったと述べる。また，Harris, *op. cit.*,

225

p. 256-258は，(a)Aristoteles, *Ath.* 30.2の中の20人のヘレノタミアイの委員会の規定，(b)Aristoteles, *Ath.* 30.2の中の記述から当時のコラクレタイの消滅が説明できること，(c)*I.G.* II² 12の中の5人のプロエドロイの存在，の3点からAristoteles, *Ath.* 30の中の将来の国制が四百人の打倒後に実施されたと述べるが，Aristoteles, *Ath.* 30.3の中の4つの評議会の問題など，将来の国制のその他の事柄について詳細な検討がなされていないので，彼の論は単純過ぎて賛成できない。

28) Brock, *op. cit.*, p. 162-163.
29) この問題をめぐる論争史については，本論の第2部第4章の冒頭および拙稿，『史学研究』170号，23－24頁を参照せよ。
30) 村川訳『アテナイ人の国制』60頁。
31) 村川訳『アテナイ人の国制』61頁。
32) Aristoteles, *Ath.* 30-31の中の2つの国制草案においては民会として五千人会を想定していると考えるのは，Caspari, *op. cit.*, p. 6である。
33) この問題について研究者の間では，Aristoteles, *Ath.* 34.1の「彼ら」を「五千人」とみなす説と「四百人」とみなす説がある。前者の説を採るのは，例えば，Rhodes, *C.A.P.*, p. 414-415 であり，後者の説を採るのは，Fritz & Kapp, *op. cit.*, p. 180-182 n. 117; de Ste. Croix, *Historia* 5 (1956), p. 10 n. 45, p. 22-23; Sealey, *C.S.C.A.* 8 (1975), p. 279 である。
34) de Ste. Croix, *Historia* 5 (1956), p. 10-11.
35) Ferguson, "Condemnation of A." (1932), p. 364 n. 1は，「アッティカの弁論家たちの中に保存された伝承（その中では四百人についての記憶が，頻繁に有罪宣告が表明されることによってずっと生き続けていた）の中では五千人の政権は奇妙にも忘れられている。それは，その後を継いだ民主政でかすんだ」と述べる（この叙述について後にde Ste. Croix, *Historia* 5 [1956], p. 11が言及している）。また，Caspari, *op. cit.*, p. 17は，Aristoteles, *Ath.* 30の中の将来の国制草案が決して実施されなかったかまたは短期間であったので古代の著述家たちはこれについて2次史料を与えてくれないと述べている。また，de Ste. Croix, *Historia* 5 (1956), p. 11は，ファーガソンの指摘を正しいとみている。
36) Busolt, *G.S.* 2, p. 907（その国制草案〔将来の国制のこと，引用者註〕は，空論家の作品であった。〔中略〕司法について何も知られない）; M. Lang, *A.J.P.* 88 (1967), p. 184（2つの国制〔Aristoteles, *Ath.* 30-31のこと，引用者註〕の両方の部分の外見上の不完全さと曖昧さは，2つの種類がある。1）いくつかの完全な領域，例えば司法制度，の省略，そして2）種々の手続きに関する詳細の欠落）; Hignett, *op. cit.*, p. 371（それら〔Aristoteles, *Ath.* 30-31の2つの国制草案のこと，引用者註〕は，プロレタリアートから中産および上流階層への政治権力の移動において必須であったであろう，新しい裁判上の諸取り決めについての言及を含んでいない）; de Ste. Croix, *Historia* 5 (1956), p. 15（その上，第30章は，非常に悪く起草されている――全くの目茶苦茶――し，完全な国制をあらましでさえも決して与えていない。とりわけ，それは裁判権についての極めて重要な問題に関して何も語っていない）; Rhodes, *C.A.P.*, p. 387-388（私たちが*A.P.*の中で読んでいるようなその諸文書記録〔Aristoteles, *Ath.* 30-31のこと，引用者註〕は，話の筋が通

らないし，また不完全であると言う気にさせられる〔例えば，裁判の執行については何も語られていない。実際にAnd. II. Red. 13-15は，私たちが予想するであろうように，四百人自身が法廷として活動したことを確証してくれる〕）．
37) Rhodes, *C.A.P.*, p. 387-388. Cf. Rhodes, *A.B.*, p. 185.
38) Cary, *op. cit.*, p. 59-60.
39) 村川訳『アテナイ人の国制』73頁。
40) このAristoteles, *Ath.* 41.2の箇所の解釈の問題は，Aristoteles, *Ath.* 34.1の「彼ら」が「五千人」かまたは「四百人」のいずれであるかという問題と関わっている。これについては，註33を参照せよ。

第3部　いわゆる「パトリオス＝ポリテイア」問題とテラメネスの政治思想

　ここでは，テラメネス派のクレイトポン動議に関する，その動議提案後約80年を経たアリストテレスによる記述を検討するために同記述に関係する「父祖伝来の諸法」についてアリストテレスがどのように考えていたかを究明し，その成果を踏まえてテラメネスの政治観を明らかにする。

　「第6章　ニコマコスのいわゆる『法典編纂』作業について」では，アリストテレスの「父祖伝来の諸法」観を究明するために彼の考えに影響を与えたと筆者が考える前403年のアテナイの法制改革を検討するので，まず初めにその法制改革に従来関連づけられてきたニコマコスの法典編纂作業の内実を再検討する。

　「第7章　パトリオス＝ポリテイアとテラメネス派の政治思想」では，アリストテレスの「父祖伝来の諸法」観を究明してその成果を踏まえてクレイトポン動議の歴史的意味を考察し直し，さらにその考察に基づいてテラメネスの政治観を明らかにする。

　「第8章　前4世紀のギリシア人ポリスの危機とアテナイ民主政」では，歴史家によって前4世紀のギリシア人世界においてポリスの危機が頻発したと指摘されているもののアテナイの民主政に限ってはプラトンやイソクラテスらの思想家からの攻撃を受けたにもかかわらずむしろその国制が安定していたので，その理由をアテナイの法制の面から考察する。

第3部　いわゆる「パトリオス=ポリテイア」問題とテラメネスの政治思想

第6章　ニコマコスのいわゆる「法典編纂」作業について

第1節　ニコマコスの前期の「法典編纂」碑文について

　これまでの第1部と第2部の中で筆者は，前411年のアテナイの寡頭派政変についての様々な問題を特にトゥキュディデスとアリストテレス『アテナイ人の国制』(Aristoteles, *Ath.*) の両史料の諸テキストをきちんと把握して論じてきた。次に，第3部の中では，その寡頭派政変とその直後の五千人政権の鍵となっていたテラメネスの政治思想について考察したい。その際，彼の一派の主張とこれまで考えられてきたパトリオス=ポリテイア (patrios politeia [Aristoteles, *Ath.* 34.3]) と彼の一派のひとりであるクレイトポンによるクレイステネスのパトリオイ=ノモイの調査を命じる提案 (Aristoteles, *Ath.* 29.3) の2つを中心主題として考察を進めたい。そのパトリオス=ポリテイアおよびパトリオイ=ノモイは，下記で詳述するが，これまでの研究者たちの間でそれぞれ「父祖の国制」および「父祖の諸法」と呼ばれ，クレイステネスやソロンの父祖の古い国制や諸法に回帰することを求めた政治スローガンと考えられてきた。だが，この考え方は，テラメネスの時代から約80年を経た時期に著述されたAristoteles, *Ath.* のテキストにその論拠をもっぱら依存して論じられてきており，テラメネスと同時代の人物の著作には依拠していない。それゆえに，この解釈ははたして正しいと言えるであろうかが疑問である。

　また，他方で，研究者たちの間で前403年の前後の約10年の間に行なわれたらしいニコマコスらによるいわゆる法典編纂作業が研究されてきた。その根拠とされる諸史料は，彼らが刻文したとされる碑文の諸断片と

第6章 ニコマコスのいわゆる「法典編纂」作業について

Andocides, 1.83-84の中のテイサメノスの条令の規定である。この作業についてのこれまでの通説は，その時にアテナイの父祖のソロンの諸法のすべてが調査・吟味され，いくつかの壁に改めて刻文されたというものである。だが，現存史料の碑文の諸断片を考察する限り，はたしてこの時期にソロンのすべての諸法が吟味されて諸壁に刻文されたとは考えにくい。他方，この時期の作業が通説のとおり法典編纂作業であれば，あるいは別の法制改革と考えるべきものであるとしても，そのアテナイ人にとって意味深い先祖であるソロンの諸法の見直し作業がその後の前4世紀のアテナイ人たちの法に対する意識や姿勢に何らかの影響を与えたのではないかと推測することができる。そして，これが，アテナイのリュケイオン在住の時にアリストテレスが記述したとされるAristoteles, *Ath.* に何らかの形で関係しているのではないか，そしてもしそうであるならば，これらのアテナイ人たちの法に対する意識や姿勢をきちんと把握してこそ，あのパトリオス＝ポリテイアやパトリオイ＝ノモイが歴史学の面からきちんと位置づけられるのではなかろうか。筆者は，そのような歴史学の方法論の視点からいわゆるテラメネス派の政治思想とみなされているパトリオス＝ポリテイア観を検討したい。そのためには，初めに，ニコマコスらによるいわゆる法典編纂作業が歴史上どのようなものであったかを明らかにする必要があるので，この問題から検討を始める。

これまでの研究者たちの間ではペロポネソス戦争の最中の前410－404年にアテナイでアナグラペイスの役人たちが法典の編纂作業を行なったと考えられている。その役人たちの中にニコマコスという人物がおり，彼の法典編纂碑文とみなされている断片が14個現存している。彼は，前403－399年にも同様の法典編纂作業を行なった後，前399/8年に告発された。その告発の演説がリュシアスの第30番のニコマコス告発演説（Lysias, 30 *Against Nicomachos*）である。ニコマコスの法典編纂作業の目的は，研究者の間では，(1)多くなり過ぎた法の整理[1]，(2)アテナイの政治史の面からみると，その作業が前411年の四百人と前404－403年の三十人僭主の2度の寡頭派政変の直後に行なわれたので，そして前409/8年のドラコンの殺

第3部　いわゆる「パトリオス=ポリテイア」問題とテラメネスの政治思想

人に関する法の再公表碑文（I.G. I³ 104）と前403/2年の法典改訂を命じるものと考えられたテイサメノスの条令を伝える文献伝承（Andocides, 1.83-84）から，2度の寡頭派政変の混乱に対する秩序作りと民主政の防壁としての成文法典の作成[2]，と考えられてきた。だが，当該の法典編纂作業の成果とみられる14個の断片の銘文をみてみると，これらの物的証拠は，後述するように，政治に関する規定が全く見当たらないので，上記(2)の目的で作られたものとは言い難いと思われる。また，そのような事情がある中で，オズワルドの著書（M. Ostwald, *From Popular Sovereignty to the Sovereignty of Law: Law, Society, and Politics in Fifth-Century Athens*〔Berkeley, Los Angeles & London, 1986〕）は，その書名が語るように，ニコマコスらのアナグラペイスによる2度の法典編纂作業によってアテナイの民主政がそれまでの民衆主権から祖法遵守の民主政へ転換したと論じたが，その書の中では肝腎の法典編纂作業の成果である碑文史料という物的証拠が論じられないで[3]，それ以外の碑文史料と文献史料がもっぱら論じられている。オズワルドの著書の大意について筆者は現時点で賛同するものである。だがしかし，ニコマコスの法典編纂碑文の物的証拠は，アテナイの歴史の中でそれなりに正当に位置づけられる必要がある。

そこで，本節の目的は，その位置づけに必要な物的証拠の基礎的な検討を，前410－404年のニコマコスの前期の法典編纂碑文に限って試みることである。本節の構成は，第1項でニコマコスなる人物と法典編纂作業の状況について整理・検討し，第2項でニコマコスの法典編纂碑文と推定されている14個の断片について整理し，第3項で彼の前期の法典編纂碑文の銘文を検討する。なお，本節ではニコマコスの前期の法典編纂作業とドラコンの殺人に関する法の再公表の碑文（I.G. I³ 104）との関係については論じない。この点については後述の節の中で論じたい。

第1項　ニコマコスと法典編纂作業について

本節で取り扱う14個の断片がニコマコスの2期にわたる法典編纂作業の

第6章　ニコマコスのいわゆる「法典編纂」作業について

成果であると推定する上で，彼がアナグラペウスとして世俗法と祭祀法を編纂して公表した事実は，リュシアスの第30番のニコマコス告発演説から知られる。

　初めに，ニコマコスがアナグラペウスの役人であったことは，Lysias, 30.2 (anagrapheus tôn nomôn〔法のアナグラペウス〕), 25 (anagrapheus tôn hosiôn kai tôn hierôn〔聖・俗（の法）のアナグラペウス〕) から，彼が書き写す (anagraphein) 作業をしていたことは，Lysias, 30.4, 19, 20, 21, 29から，彼がアナグラペウスとほぼ似た職務のヒュポグランマテウス（書記官）であったことは，Lysias, 30.27 (hypogrammateôs nomothetês〔書記官としての立法委員〕), 28, 29から知られる[4]。また，それ以外の言い回しの表現では，彼が「ある法を書き入れ，ある法を削除し」たことがLysias, 30.5から，彼がソロンの法を取り扱ったことがLysias, 30.2, 26から，彼が供犠の法を取り扱ったことがLysias, 30.19, 20から，そして訴訟に関連して法の専門家として相反する法を提示したことがLysias, 30.3から，同様に評議会の共同審判の法を提示したことがLysias, 30.11, 13, 14から知られる[5]。さらに，アテナイの役人としての面では，彼が「ソロンの法を書き写し掲示して公表するよう命じられた」ことがLysias, 30.2から，彼が役人 (archôn) であったこと，または役職 (archê) に就いていたこと (archein) がLysias, 30.3, 4, 5, 29から，彼が日当支給を受けていたこと[6]がLysias, 30.2から，彼が職務を終えた役人として執務報告審査 (euthyna) を受けるべきであったこと[7]がLysias, 30.3, 4, 5から知られる。また，彼が1期目のアナグラペウスとして，命じられた4ヵ月でなく6年間務めたことがLysias, 30.2から，そして2期目のアナグラペウスとして4年間務めたことがLysias, 30.4から知られる。従って，ニコマコスのアナグラペウスとしての任期は，前404－403年の三十人僭主の時期に彼が亡命していたこと (Lysias, 30.15-16) と前403/2年のテイサメノスの条令によって諸法の改訂に関連する作業が再開されたことを考慮すると，1期目が前410－404年[8]，2期目が前403－399年となる[9]。

　ところで，ニコマコスはアナグラペウスとして務めたが，前述のとおり，

彼にはヒュポグランマテウス（書記官）というもうひとつの肩書がある。Lysias, 30.28ではその役職就任者として彼の他にメカニオンの子テイサメノスと「その他の者たち」を挙げている。そのテイサメノスは，テイサメノスの条令（Andocides, 1.83-84）の提案者と同一人物であることは間違いない。Lysias, 30.28がニコマコスをヒュポグランマテウスと呼び，彼の同僚としてテイサメノスを挙げた理由は，オズワルド[10] が指摘するように，リュシアスがこの2人を単なる下っ端とけなす試みであると解釈されるであろう[11]。従って，Lysias, 30.27, 28, 29がニコマコスをヒュポグランマテウスと呼んだことは，彼が法律上厳密にその役職に就いたからではなく，彼が執務報告審査を免れるなどの不正行為を行なっているのでその役職名を挙げることによって正式の肩書のアナグラペウスの役職を彼が十分に果たしていないと非難する意図があったと考えられる[12]。

次に，ニコマコスの経歴について述べよう。Lysias, 30.2によれば，彼の父親は公共奴隷であった[13]。そこで，ニコマコスは，「奴隷の身から市民になり，裕福に」なった（Lysias, 30.27）。そんな訳で，Lysias, 30.29の中で彼は，「父親の力量からいうと彼はポリスと関係がない」といわれるほどである。また，Lysias, 30.2の中でニコマコスの若い頃の職について，そしてフラトリア入会の事情について語れば長い色々な事情があることが示唆されている[14]。彼が2期にわたってアナグラペウスになったことは前述のとおりである[15]。また，彼は前404年春のクレオポン弾劾の際[16]，寡頭派寄りの評議会に手を貸して彼の告発を招いた（Lysias, 30.10-13）。その時の評議員としてケピシア区のサテュロス（Lysias, 30.10, 12, 14）がいたし，また彼の協力者にクレモンがいた（Lysias, 30.12, 14）。さらにその2人の影響力によって評議会がストロンビキデスとカリアデスを死刑に処した（Lysias, 30.14）。また，ニコマコスは三十人僭主の時期に亡命した（Lysias, 30.15-16）[17]。その後，彼は，2期目のアナグラペウスを4年間務めた後で，前399/8年に告発された[18]。その告発演説がLysias, 30である。加えて，前405年2月にレーナイア祭で上演されたアリストパネス『蛙』（Ranae）1506行目にポリステース（poristês, 顧問役）のニコマコスなる人物が登場

する[19]が，彼が本論の中で取り扱っているアナグラペウスのニコマコスであるかどうかははっきりしない[20]。ニコマコスの経歴は以上のとおりである。

第2項　ニコマコスの法典編纂碑文の断片について

ニコマコスの法典編纂作業によって作製された碑文の壁の断片と推定されているものは14個ある。そのうちの11個は，ダウ論文 (*Hesperia* 30)[21] によって断片Aから断片Kまでアルファベットで名づけられている[22]ので，呼び名はこれに従う（これらの碑文断片の素描図については，257頁の図1を参照せよ）。他方，残りの3個は，ルイス編 *I.G.* I³ に掲載されているものである[23]。そこで，この3個は本論の中では，ダウ論文の断片A－Kに対して，追加1，追加2，追加3と呼ぶことにする。これら14個の碑文の断片の概略は次のとおりである。

断片Aは，実際には2つの小片から成っている。大きい方がEpigraphical Museum（以下E.M.と略す）6721，小さい方がE.M. 8001と名づけられている[24]。断片Aの大きさは，高さが0.34m，横幅が0.59m，厚さが0.119mである[25]。両面に銘文がある。一方は，エウクレイデスのアルコンの年（前403/2年）以前に使用された古アッティカ字体で刻文されたものである[26]。その写真はオリヴァー論文 (*Hesperia* 4) 31頁にあり，そのテキストはオリヴァー論文 (*Hesperia* 4) 32頁，*I.G.* I² 843，*I.G.* I³ 241，ソコロウスキの著書の17 A[27]，*S.E.G.* 10.348にある。この銘文は，ニコマコスの法典編纂作業のうちの前期の前410－404年のものの成果とみなされている。そこで本論の中では，これを断片Aの前期壁面の銘文と呼ぶ。

断片A　前期壁面

```
        コラムI                    コラムII
   - - - - - - - - -         10  25?ドラクマ - - - - - - -
```

第3部　いわゆる「パトリオス゠ポリテイア」問題とテラメネスの政治思想

```
　　－－－－－－－－－－－－　　　　－－　そのperiel（以下不明）から
　　－－－－－－－－－－－－　　　　－－　6つのより優れたもの
　　［－－－－］大麦　1メディムノス　　－－　女神官へ手当　（欠落）
5　［－－－－ア］ポロンへ　　　　　　　－－　豚　（欠落）
　　－－－－－－－－－－－　　　15　－－　木製のもの(?)　（欠落）
　　　　　　　　　　　　　　　　　　　－－　供え物　（欠落）
　　－－er［..］did［.］onoin　　　　　－－　伝令使たちへ ディポリエイア祭の者たちへ
　　－－－－大麦　1メディムノス
　　－－－－－－－－－－－－
```

碑文：*I.G.* I³ 241　記述法：ストイケドン　年代：前410－404年の間

もう片方の銘文は，エウクレイデスのアルコンの年（前403/2年）以後に使用されたイオニア字体で刻文されたものである[28]。その写真はオリヴァー論文（*Hesperia* 4）22頁にあり，そのテキストはオリヴァー論文（*Hesperia* 4）23頁，*I.G.* II² 1357a，ソコロウスキの著書の17 B[29]，*S.E.G.* 15.114にある。この銘文は，ニコマコスの法典編纂作業のうちの後期の前403－399年のものの成果とみなされている。本論の中では，これを断片Aの後期壁面と呼ぶ。

断片A　後期壁面

```
　　　　　　－－－－ê－－－－－－
　　　d.êse－－－－－－－－
　　　5日に
　　　　月毎のものから　　　　　　///6 ドラクマ
5　　　　　エレクテウスへ雄羊　　　　6 ドラクマ
　　　　ピュロバシレウス
　　　　たちのものから　　　　　　1 1/2 オボロス
　　　　ピュロバシレ［ウスたち］へ
　　　－－－－－－－－－－－－－
```

　　　　　〔10行目から21行目まで省略〕

第 6 章　ニコマコスのいわゆる「法典編纂」作業について

```
                - - - - - - - - - - - - - - - -
         1 オボロス         ワイン 5［0］
                         6 日に
   25                    （日日について）特定されないものから
                         アテナへ
```

```
         ［ハ］ルマ山       ［アポ］ロンへ
         ［域の予兆］に従って  以下のものが籠［に］随伴すべし
                         3 ポドスのイノシシを - - - -
   30                    祖先を示［す］輪飾りを
                         ［羊毛］ひもの毯を
```

　　　　　碑文：*I.G.* II² 1357a　年代：前403年以降

　断片 B は，E.M. 286 と名づけられている[30]。大きさは，高さが0.16m，横幅が0.21m，厚さが0.055mである[31]。片面にだけ銘文があり，エウクレイデスのアルコンの年（前403/2年）以後に使用されたイオニア字体で刻文されたものである[32]。その写真はオリヴァー論文（*Hesperia* 4）24頁にあり，そのテキストはオリヴァー論文（*Hesperia* 4）24頁，*I.G.* II² 1357b，ソコロウスキの著書の17 C[33]，*S.E.G.* 25.162にある。H．ハンセンの著書[34]では66頁にそのテキスト，65頁にその石碑の写真がある。この銘文は，ニコマコスの法典編纂作業のうちの後期の前403－399年のものの成果とみなされている。この断片 B の裏面は剥離して原形を留めていない[35]。本論の中では，これを断片 B の後期壁面の銘文と呼ぶ。

断片 B　後期壁面

```
                      アテナ・ポリアス
                      の女神官へ
   120 ? ドラクマ       手当                        5 ドラクマ
                      リュケイオス（神域）内のヘルメスへ  4 ? オボロス
```

237

第3部　いわゆる「パトリオス゠ポリテイア」問題とテラメネスの政治思想

```
5          16？ドラクマ      羊
   ［4 ドラクマ？］ 2オボロス    神官の報酬
                         上旬の［7］日に
                           7日目の（アポロンの）祝祭に
                         印のな
10                       い羊
                       供物でアポロンに使える者たち
                       へ .ais
```

碑文：*I.G.* II² 1357b　年代：前403年以降

　断片Cは，1933年4月25日に発見され[36]， Agora Inventory I 727と名づけられている[37]。断片Cの大きさは，最大高さが0.537m（0.54m），最大横幅が0.510m（0.505m），厚さが上部は0.120mで下部は0.119m（他に0.117m）である[38]。両面に銘文がある。一方は，エウクレイデスのアルコンの年（前403/2年）以前に使用された古アッティカ字体で刻文されたものである[39]。その写真はオリヴァー論文（*Hesperia* 4）14頁にあり，そのテキストはオリヴァー論文（*Hesperia* 4）15頁，ジョーダンの著書[40] 32−33頁，*I.G.* I³ 236, *S.E.G.* 10.142にある。この銘文は，ニコマコスの法典編纂作業のうちの前期の前410−404年のものの成果とみなされている。本論の中では，これを断片Cの前期壁面の銘文と呼ぶ（次頁を参照）。

　他方，断片Cのもう片方の銘文は，エウクレイデスのアルコンの年（前403/2年）以後に使用されたイオニア字体で刻文されたものである[42]。その写真はオリヴァー論文（*Hesperia* 4）20頁，ダウ論文（*P.M.H.S.* 71）2頁[43]にあり，そのテキストはオリヴァー論文（*Hesperia* 4）21頁，*S.E.G.* 21.540（テキストの一部），H．ハンセンの著書82−84頁（テキストの一部）にある。この銘文は，ニコマコスの法典編纂作業のうちの後期の前403−399年のものの成果とみなされている。本論では，これを断片Cの後期壁面の銘文と呼ぶ（240頁以降を参照）。

第6章　ニコマコスのいわゆる「法典編纂」作業について

断片C　前期壁面　トリエラルキア法

[- - - - - - - - - - - - - - - -] 最良の形のものに [艤] 装 [し] [- - - - - - - - - - - - - - -] それらの軍船自体を [引き継いだ時のとおりに.] だが, もし誰かで執務報告
[- - - - - - -] 条令に従ってそれが言うには - - - - -], 造船所から [引き継ぐ者が有罪とされる時 (また選ばれる)] ならば, [- - - - -]
[借り出している者が, 引き継ぐトリエラルコスに菜具または] 木製船具を [返却] していないならば, [それらのものを] もし誰かで役人で執務審査の義務があるならば [国] 家 [から]
[返却していない者を定められた時に] 2人の召喚係の面前で監督 該のトリエラルコスに菜具を [返却] していないならば, [それらのものの] その当
5　[る - ・・・・] 監督官たちは翌日法廷に [告発する]。だが, [(その被告が)] 登録することができ 官の面前に召喚する] こと, そして [証人として
[誰か他の者に対してここでその船具を所有している] ことを告訴しなければ, [その被告は個 [人に対] 執行は個 [どおりであろう]。[し.]
[もし (その被告が)] 引き渡しを求めるトリエラルコスに抵当に相当する船具を引き渡さないならば] 全くそのとおりであろう [国庫に, 法廷が命じるものを] して負債のある場合は] [返済せよ]。その [の]
[- -] まさにあるべし, そして [船] 大工たちについて持ち出し [- - -]
10　[- - - - - - - - - - - - - - - - - -] トリエラルコス8人に (?) 毎日2オボロスの支給を する
[- - - - - - - - - - - - - - - - - -] それらについて定められた時 [に] 法廷に [提出] し, トリ
[- - - - - - - - - - - - - - - - -], そしてもし誰かが妨害するならば, 同様である, エラ [ル] コスは [.]
[- - - - - - - - - - - - - - - - - -] トリエラルコスたちの望むとおり [に] 召喚をしなければならない
15　[- - - - - - - - - - - - - - - - - -] 民衆が決議する時 [に], そしてその [の] 名前 [は

碑文：*I.G.* I³ 236　記述法：ストイケドン　年代：前410－404年の間 [41]

第3部　いわゆる「パトリオス=ポリテイア」問題とテラメネスの政治思想

断片C　後期壁面

コラム1

───────────────────────

　　　　　　　　　　　［ワイン］6クース
　　　　　　　　　　　［オリーブ］油1クース
　　　　　　　　　　　［ハチミ］ツ半クース
　　　　　　［--］　　［神官の］報［酬］
　　5　　　　　　月末から［2日目に］
　　　　　　　　　　月毎［のものから］
　　　　　　　　　　　［アテナ］へ大布(b)
　　　　　　　　　　　［羊毛の］清浄のもの(b)
　　　　　　　　　　　[.....]res
　　10　　　　　　　　[.....]res
　　　　　　　　　　　[.....]ion
　　　　　　　　　　　［アテナ］へ(b)
　　　　　　［12ドラクマ］　［働く］女〈アテナ〉へ羊(b)
　　　　　　　　　　　［若］さのための(b)
　　15　　［12ドラクマ］　［アテナ］へ羊(b)
　　　　　　　　　　　［総］額
　　　　　　　　　　　［？］ドラクマ2オボロス
　　　　　　　　　　　　空白
　　　　　・　　　　［スキロポリ］オンの月
　　20　　　　　　　上旬の［？日に］
　　　　　　　　　　月毎［のものから］
　　　　　　　［--］　　［アテナ］へ選り抜きの牛
　　　　　　　［--］　　［神官の］報酬
　　　　　　［3ドラクマ］　［クロト］ロ［ポ］スへ豚
　　25　　　　　　　［屠畜］人へ大麦(b)
　　　　　　　　　　　［1メディム］ノス
　　　　　　　　　　　［ワイン1アン］ポレウス
　　　　　　　　　　［上］旬の［6日に］
　　　　　　　　　　　[--------]

第 6 章　ニコマコスのいわゆる「法典編纂」作業について

　　　　コラム 2
　　30　　　　以下のものが 2 年毎に奉納される，［ラケスの
　　　　　　　アルコンの年から，初めの連続物の供犠］(a)

　　31　　　　ヘカトンバイオンの月
　　　　　　　　15 日に
　　　　　　　　　ピュロバシレウス
　　　　　　　　　たちのものから
　　35　　　　　ゲレオンテス部族へ
　　　　　　　　レウコタイニアの
　　　　　　　　トリッテュスへ羊を
　　　　4 ドラクマ　　印のないものを
　　　4 ドラクマ 2 オボロス　神官の報酬
　　40　　　　　ピュロバシレウスたちへ
　　　　　1 ドラクマ　　背
　　　　　　　　伝令使へ肩
　　　　　4 オボロス　　足，頭
　　　　　　　　　16 日に
　　45　　　　　ピュロバシレウス
　　　　　　　　たちのものから
　　　　　　　　ゲレオンテス部族へ
　　　　　　　　フラトリアのゼウスと
　　　　　　　　フラトリアのアテナ
　　50　　　　　へ牛 2 匹
　　　　50 ドラクマ　　印のないものを
　　　　16 ドラクマ　　神官の報酬
　　　　　　　　ピュロバシレウスへ
　　　　　　　　脚
　　55　　　　　伝令［使］へ胸
　　　2 ドラクマ 3 オボロス　足，頭
　　　　　　　　［飼育人］へ大麦(b)
　　　　　　　　［数メディム］ノス
　　　　　　　　［- - - - - - -］

241

第 3 部　いわゆる「パトリオス゠ポリテイア」問題とテラメネスの政治思想

コラム 3

60	12ドラクマ	テミスへ羊
	15ドラクマ	家の守り神ゼウスへ［羊］
	12ドラクマ	デメテルへ羊
		ペルセポネーへ
	17ドラクマ	雄羊
65	15ドラクマ	エウモルポスへ［羊］
	15ドラクマ	英［雄］メリコスへ［羊］
	15ドラクマ	アルケゲテス［へ羊］
	15ドラクマ	ポリュクセノ［スへ羊］
		トレプトスへ［雄羊］(b)
70	17ドラクマ	選り抜きのもの
	15ドラクマ	ディオクロス［へ羊］
	15ドラクマ	ケレオスへ［羊］
		エウモルピ［ダイが］
		以上のものを［奉納する］
75		［デメテルの］女神官へ
	100ドラクマ	手［当］
		［石碑］から(c)
	3ドラクマ	豚［- - -］
	12ドラクマ	ヘスティ［アへ羊］
80	12ドラクマ	アテナ［へ羊］
	10ドラクマ	カ［リスたちへ - - -］
		ヘル［メスへ - - -］
	15ドラクマ	競技[主宰の神へ羊](b)
	10ドラクマ	[- - - - - -]
85	15ドラクマ	へ［パイストス？へ羊］
	15ドラクマ	ゼ［ウスへ羊］(b)
		[- - - - - -]

碑文：Oliver, *Hesperia* 4, p. 21　記述法：ストイケドン　年代：前403年以降
(a) Dow, *Historia* 9, p. 289,　(b) *S.E.G.* 21.540,　(c) Dow, *P.M.H.S.* 71, p. 15-20.

第6章　ニコマコスのいわゆる「法典編纂」作業について

　断片Ｄは，1936年5月以前に発見され[44]，別のダウ論文（*Hesperia* 10）[45]の断片Ｅがこれにあたる。断片Ｄの大きさは，高さが約0.065m，横幅が約0.11m，厚さが数cmである[46]。片面に銘文があり，その拓本の写真はダウ論文（*Hesperia* 10）34頁にあり，そのテキストは同箇所にある。ダウ[47]が，その銘文の字体が断片Ａ，Ｂ，Ｃ，Ｅの後期壁面の銘文と間違いなく同様であると説明するので，その銘文の字体は，エウクレイデスのアルコンの年（前403/2年）以後に使用されたイオニア字体である。そこでこの銘文は，ニコマコスの法典編纂作業のうちの後期の前403－399年のものの成果とみなされている。本論の中では，これを断片Ｄの後期壁面の銘文と呼ぶ。

断片Ｄ　後期壁面

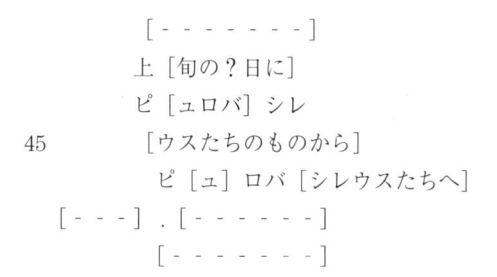

```
            [ - - - - - - - ]
         上［旬の？日に］
         ピ［ュロバ］シレ
    45      ［ウスたちのものから］
            ピ［ュ］ロバ［シレウスたちへ］
        [ - - - ] . [ - - - - - - ]
            [ - - - - - - - ]
```

碑文：Dow, *Hesperia* 10, p. 34　年代：前403年以降

　また，ダウ[48]は，断片Ａから断片Ｄまでをそれらの厚さからひとまとめにくくって0.120mの壁を構成する断片群とみなしている。断片Ｄの厚さは，ダウによると数cmではっきりしないので，これを0.120mの壁の断片群の中に含めることは，厚さの面からは不可能である。だが，おそらく彼は，この断片Ｄの後期壁面が，断片Ａ，Ｂ，Ｃの各々の後期壁面と同様にいったん削られながらも再び刻文された形跡がある[49]ので，そして同様に

第3部　いわゆる「パトリオス=ポリテイア」問題とテラメネスの政治思想

いったん削られながらも再び刻文された形跡のある断片Eの後期壁面[50]と比較するとこの断片の厚さが0.144m[51]であるから断片A－Cと厚さが異なるので[52]，断片Dを0.120mの壁を構成する断片群の中に含めたと考えられる[53]。けれども，ダウは，断片Bと断片Dが0.120mの壁かまたは0.144mの壁のいずれに属したかについては決定を留保している[54]。

　断片Eは，1936年12月2日に発見され[55]，Agora Inventory I 4310と名づけられている[56]。別のダウ論文（*Hesperia* 10）[57]の断片Fがこれにあたる。断片Eの大きさは，高さが0.353m，横幅が0.108m，厚さが0.143mである[58]。ただし，ダウは別の論文の中で[59]，この断片Eの厚さを0.144mとしているので，本論の中では後者の方を採る。片面に銘文があり，ダウ[60]はこの銘文をエウクレイデスのアルコンの年（前403/2年）以後の時期に分類している。その写真はダウ論文（*Hesperia* 10）35頁にあり，そのテキストは同箇所にある。この銘文は，ニコマコスの法典編纂作業のうちの後期の前403－399年のものの成果とみなされている。本論では，これを断片Eの後期壁面の銘文と呼ぶ。

断片E　後期壁面

49　　［以下のものが2年毎に奉］納さ［れる，ラケスのアルコンの年の後に，後の
　　　　　　　　　　　　　　　　　　　　　　　　　　　　　　連続物の供犠］(a)

50　　　　　　　［..1］0日［に］
　　　　　　　　　　新しいもの（供犠）［から- - - - -］
　　　　　　　　　　［ア］ポ［ロンヘ- - - -］
　　　　　　　　　　［レー］ト［ーへ- - - -］
　　　　　　　　　　［ブ］リト［マルティスへ］
55　　　　　　　　クロ［トロポスへ- - - -］
　　　　　　　　　　［...］t［- - - - -］
　　　　　　　　　　［...］a［- - - - -］
　　　　　　　　　　［ゼ］ウス・ネ［アニアスへ］
　　　　　　［- - -］　［雄］羊［- - - -］

244

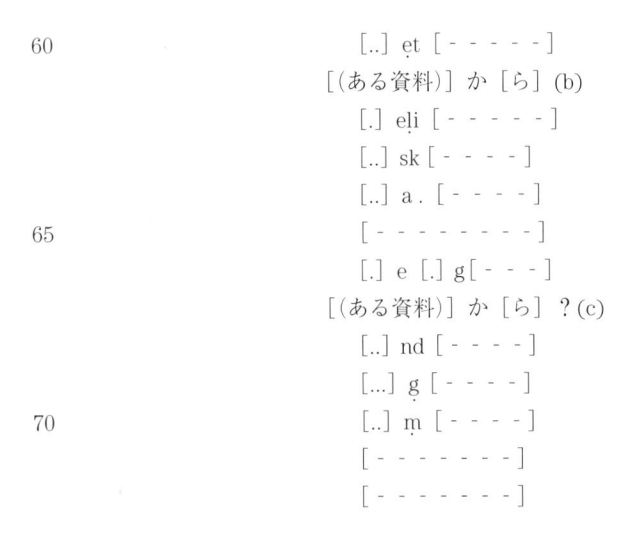

第6章　ニコマコスのいわゆる「法典編纂」作業について

```
60                    [..] et [ - - - - - ]
                 [(ある資料)] か［ら］(b)
                      [.] eli [ - - - - - ]
                      [..] sk [ - - - - ]
                      [..] a . [ - - - - ]
65                    [ - - - - - - - - ]
                      [.] e [.] g [ - - - ]
                 [(ある資料)] か［ら］？(c)
                      [..] nd [ - - - - ]
                      [...] g [ - - - - ]
70                    [..] m [ - - - ]
                      [ - - - - - - - ]
                      [ - - - - - - - ]
```

　　　　碑文：Dow, *Hesperia* 10, p. 35　年代：前403年以降
(a) Dow, *Historia* 9, p. 289, (b) Dow, *P.M.H.S.* 71, p. 16,　(c) Hardy Hansen, *Aspects*, p. 50.

　断片Fは，現在行方不明である[61]。この断片の大きさは分かっていない。ダウはこの断片を0.092mの壁の中に含めている[62]が，その理由は，彼自身がかつて0.144mの壁の中に含めたほどでその大きさからでなく，その断片の後期壁面の銘文の記述法がストイケドンであるからである[63]。両面に銘文がある。一方は，エウクレイデスのアルコンの年（前403/2年）以前に使用された古アッティカ字体で刻文されたものである[64]。そのテキストは*I.G.* I² 844，*I.G.* I³ 238にある。この銘文は，ニコマコスの法典編纂作業のうちの前期の前410－404年のものの成果とみなされている。本論の中では，これを断片Fの前期壁面の銘文と呼ぶ。

245

第3部　いわゆる「パトリオス=ポリテイア」問題とテラメネスの政治思想

断片F　前期壁面

```
     [ - - ........] eB heni - - -
     [ - -..諸] 費用の  いE - - -
     [ - - . そして] 聖域内のその an - -
     [ - - 記録] 文書に従って [ - - ]
  5  [ - - .....] 料理を ～に - - -
     [ - - おの] おのの鉢の献上 [物を - - ]
     [ - - .....] aio [物] 入れ [袋] a - - -
     [ - - ......] ho [.] nand - - - - - -
     [ - - ......] ene [.] そして t - - - - -
 10  [ - - ......] loneion - - - - - -
     [ - - ........] tos p - - - - - - - -
```

碑文：*I.G.* I³ 238　記述法：ストイケドン　年代：前410－404年の間

もう片方の銘文は，エウクレイデスのアルコンの年（前403/2年）以後に使用されたイオニア字体で刻文されたものである[65]。そのテキストは*I.G.* I² 845，ソコロウスキの著書の16[66]にある。この銘文は，ニコマコスの法典編纂作業のうちの後期の前403－399年のものの成果とみなされている。本論の中では，これを断片Fの後期壁面の銘文と呼ぶ。

断片F　後期壁面

```
              [mênos - - - - - - ? 月]
              [の3] 0日にmi [ - - - 2人]
              [の] 伝令使へ [ - - - - (出)
              は) エレウシ [スから - - - - - ]
  5           オイノエーのアルテ [ミスへ - - - ]
       30ドラクマ　3種犠牲獣供犠 [を] 牛 [を最初に奉納して - - - ]
              mei, 軛の [牛馬が贈られるべし, ]
```

246

第6章　ニコマコスのいわゆる「法典編纂」作業について

          女神官へ。アポロ［ンへ......］
          神樹の守護神ゼウス（へ）3種［犠牲獣供犠を‐‐］
10   牛を最初に奉納して‐‐‐‐‐
          オイ［ノエーの？］アテナへ［3］
          種犠［牲獣］供犠を［牛を最初に奉納して］
          .no‐‐

      碑文：*I.G.* I² 845　年代：前403年以降

　断片Gは，Agora Inventory I 251と名づけられている[67]。この断片の大きさは，高さが0.195m，横幅が0.126m，厚さが0.095mである[68]。両面に銘文がある。一方は，貨幣単位ドラクマで表示された価格の数値のみが読み取れる銘文で，そのスケッチ的なテキスト表記はメリット論文（*Hesperia* 3）46頁[69]にあり，そのテキストは*I.G.* I³ 239, *S.E.G.* 10.348にある。この銘文は，裏面の供犠暦の銘文がニコマコスの法典編纂作業のうちの後期の前403－399年のものの成果とみなされている[70]ので，結果としてその前期の前410－399年のものの成果とみなされている[71]。本論の中では，これを断片Gの前期壁面の銘文と呼ぶ。

断片G　前期壁面

                 ‐‐‐‐‐
              35ドラクマ(?)
              12ドラクマ(?)
              18ドラクマ‐‐‐
              4 ドラクマ(?)
                 ‐‐‐‐‐

      碑文：*I.G.* I³ 239　年代：前410－404年の間

　もう片方の銘文は，前述のとおり，裏面の銘文で，そのテキストはメリッ

第3部　いわゆる「パトリオス゠ポリテイア」問題とテラメネスの政治思想

ト論文（Hesperia 3）46頁にあり，その5, 8行目の別の読みがS.E.G. 21.540によって提唱されている。この銘文は，ニコマコスの法典編纂作業のうちの後期の前403－399年のものの成果とみなされている。本論の中では，これを断片Gの後期壁面の銘文と呼ぶ。

断片G　後期壁面

```
            - - - - - -    11ドラクマ    - - - - - - -
            - - - - - -                 - - - - - - -
            [- - ヤ] ギ    12ドラクマ    i - - - - - -
            - - - - - -                 li. / - - - - - - -
  5         - - - - - -    12ドラクマ    犠牲獣の申し[分のないもの] (a)
            - - - - - -                 デロス内で　ta/ - - -
            - - - - - -                 アポロンへ - - - - -
            - - - - - -                 犠牲獣の申し分[のないもの] (a)
            - - - - - -                 ポセイドン[へ - - - ]
  10                                    雄羊
            - - - - - -                 - ito. ie - - - - -
```

碑文：Meritt, *Hesperia* 3, p. 46　年代：前403年以降
(a) *S.E.G.* 21.540.

　断片Hは，1933年3月20日に発見され[72]，Agora Inventory I 591と名づけられている[73]。別のダウ論文（*Hesperia* 10）[74]の断片Aがこれにあたる。断片Hの大きさは，高さが0.054m，横幅が0.082m，厚さが0.052mである[75]。片面に銘文があり，エウクレイデスのアルコンの年（前403/2年）以前に使用された古アッティカ字体で刻文されている[76]。その写真はダウ論文（*Hesperia* 10）32頁にあり，そのテキストはダウ論文（*Hesperia* 10）32頁，*I.G.* I³ 240 H, *S.E.G.* 10.348にある。この銘文は，ニコマコスの法典編纂作業のうちの前期の前410－404年のものの成果とみなされている。本論の中では，これを断片Hの前期壁面の銘文と呼ぶ。

248

第6章　ニコマコスのいわゆる「法典編纂」作業について

断片H　前期壁面

```
- - -     - - - - - - - - - - - - - -
- - -     ob - - - - - - - - - - - -
- - -     Pan[i? - - - - - - - - - - - ]
- - -     雷［光と共に下る？］ゼウスへ［- -］
```

碑文：*I.G.* I³ 240 H　年代：前410－404年の間

断片 I は，1933年6月10日に発見され[77]，Agora Inventory I 945と名づけられている[78]。別のダウ論文（*Hesperia* 10）[79] の断片Bがこれにあたる。断片 I の大きさは，高さが0.10m，横幅が0.109m，厚さが0.06mである[80]。片面に銘文があり，エウクレイデスのアルコンの年（前403/2年）以前に使用された古アッティカ字体で刻文されている[81]。その写真はダウ論文（*Hesperia* 10）32頁にあり，そのテキストはダウ論文（*Hesperia* 10）32頁，*I.G.* I³ 240 I, *S.E.G.* 10.348にある。この銘文は，ニコマコスの法典編纂作業のうちの前期の前410－404年のものの成果とみなされている。本論の中では，これを断片 I の前期壁面の銘文と呼ぶ。

断片 I　前期壁面

```
5    - - -              - - - - - - - - - - - -
     - - -              ... akhe - - - - - - -
     - - -              イノシシ　選り抜きのも［の　欠落　］
     - - -              羊　選り抜きのもの［　欠落　］
     3(?)ドラクマ        クロトロポス［へ - - - - -］
10   3ドラクマ1オボロス(?)  レートーへ　アクロポ［リス］で［- - - - -］
     - - -              アテナ［へ - - - - - - - - - -］
     - - -              アテ［ナへ - - - - - - - - -］
     - - -              m - - - - - - - - - - - - -
```

249

第3部　いわゆる「パトリオス＝ポリテイア」問題とテラメネスの政治思想

— - -　　　　— - - - - - - - -

碑文：*I.G.* I³ 240 I　年代：前410－404年の間

　断片Jは，実際には3つの小片から成っており，上下で重なる2個の小片に他の1個が横にくっつく様で1セットとなっている。各々，Agora Inventory I 1026a，同1026b，同687と名づけられている[82]。Agora Inventory I 687が1933年4月19日に，同1026aが1933年6月26日に，同1026bが1937年5月7日に発見された[83]。別のダウ論文（*Hesperia* 10）[84]の断片Cがこれにあたる。断片Jの大きさは1セットで，高さが0.197m，横幅が0.26m，厚さが0.092－0.093mである[85]。両面に銘文がある。一方は，エウクレイデスのアルコンの年（前403/2年）以前に使用された古アッティカ字体で刻文されたものである[86]。その写真はダウ論文（*Hesperia* 10）33頁にありそのテキストはダウ論文（*Hesperia* 10）33頁，*I.G.* I³ 240 J，*S.E.G.* 10.348にある。この銘文は，ニコマコスの法典編纂作業のうちの前期の前410－404年のものの成果とみなされている。本論の中では，これを断片Jの前期壁面の銘文と呼ぶ。

断片J　前期壁面

```
15  - - - - - - - - - - - - -
      - - - - - - - - - - - - -e            - - - - - - - - - - - - -
      - - - - - - - - - - - - -        30  t - - - - - - - - - - -
                                            on- - - - - - - - - - -
                                            tim
20  - - - - - - - - - - - on                este
      - - - - - - - - - - - - -              その-
      - - - - - - - - - - -os          35  そのpol - - - - - - -
      - - - - - - - -n 雌のもの              9人のアル［コンたち？- - - - -］
25  [- - - - - - - -選］抜きのもの
      [- - - -百頭の牛の］犠牲(?) hop - - -          [　欠落　]
```

250

第6章　ニコマコスのいわゆる「法典編纂」作業について

```
[      欠落      ]    空白
[      欠落      ]    空白
```

碑文：*I.G.* I³ 240 J　年代：前410-404年の間

もう片方の銘文は，エウクレイデスのアルコンの年（前403/2年）以後に使用されたイオニア字体で刻文されたものである[87]。その写真はダウ論文（*Hesperia* 10）36頁にあり，そのテキストは同箇所にある。この銘文は，ニコマコスの法典編纂作業のうちの後期の前403-399年のものの成果とみなされている。本論の中では，これを断片Jの後期壁面の銘文と呼ぶ。

断片J　後期壁面

```
     [- - -][- - - - - - - - -]              [- - - - - - - -]
     [- - -][- - - - - - - -]s    3オボロス[- - - - - - -]
75   [- - -][- - - - - - -]n
     [- - -][- - -]1ケースの選り抜きのもの    15ドラクマ[- - - - - - -]
     [- - -][- - - - - - -]ni        85      [- - - - - - -]
     [- - -][- - - - - -].nêto              4オボロス．[- - - - - - -]
          欠損  [   欠落   ]  空白            4オボロス m [- - - - - - -]
80        欠損  [   欠落   ]  空白                   [     欠落     ]
                                                   [     欠落     ]
                                     90            [     欠落     ]
```

碑文：Dow, *Hesperia* 10, p. 36　年代：前403年以降

　断片Kは，断片Hと同じく1933年3月20日に発見され[88]，Agora Inventory 590と名づけられている[89]。別のダウ論文（*Hesperia* 10）[90]の断片Dがこれにあたる。断片Kの大きさは，高さが0.073m，横幅が0.077m，厚さが0.047mである[91]。片面に銘文があり，エウクレイデスのアルコンの年（前403/2年）以前に使用された古アッティカ字体で刻文されている[92]。

251

その写真はダウ論文（*Hesperia* 10）34頁にあり，そのテキストはダウ論文（*Hesperia* 10）34頁，*I.G.* I^3 240 K，*S.E.G.* 10.348にある。この銘文は，ニコマコスの法典編纂作業のうちの前期の前410－404年のものの成果とみなされている。本論の中では，これを断片Kの前期壁面の銘文と呼ぶ。

断片K　前期壁面

```
          - - - - - - - - - - -
          pe - - - - - - - - - - -
     40   tei - - - - - - - - -
          ka. - - - - - - - - - -
```

碑文：*I.G.* I^3 240 K　年代：前410－404年の間

　また，ダウ[93]は，断片Eをその厚さから0.144mの壁の一部と，断片Fから断片Kまでを0.092mの壁の諸部分とみなしている。断片Gの厚さが0.095mであるにもかかわらずであるが，彼[94]は，厚さのわずかの違いは考慮せずに扱うことがよりよいと考えている。従って，ダウ論文（*Hesperia* 10）が提示した，断片Aから断片Kまでの11個の断片は，0.120mの壁，0.144mの壁，0.092mの壁の3つの壁に由来するとみなされている。

　次に，ルイス編*I.G.* I^{3}に収録されている3個の断片とその銘文をみてみよう。

　断片・追加1は，E.M. 6843と名づけられている[95]。この断片の大きさは，高さが0.19m，横幅が0.24m，厚さが0.07mである[96]。その銘文は，エウクレイデスのアルコンの年（前403/2年）以前に使用された古アッティカ字体で刻文されたものである[97]。そのテキストは*I.G.* I^2 140，*I.G.* I^3 237にある。ルイス[98]は，この銘文の刻まれた年代を前410－404年，すなわちニコマコスの法典編纂作業のうちの前期に相当する期間と考えている。そこで筆者はルイスのこの考えを受け入れて，本論の中ではこれを断片・

第 6 章　ニコマコスのいわゆる「法典編纂」作業について

追加 1 の前期壁面の銘文と呼ぶ。

断片・追加 1　前期壁面

　　　[..........] ?se?a? - - - - - - -
　　　[.半オボロス] 支給をおの［おの］のために(?)［- - - - - -］
　　　[....] 他方で果実を［?］と同じくらいの数［- - - - - - - - - - - - -お］
　　　のおのの［た］めに(?), そしてブドウ汁［を - - - - 各アンフォラ壺のた］
5　　 めに 1 オボロスを(?), そしてブドウの煮［汁 - - - - - - - - - 土］
　　　地と建物の賃貸料そし［て - - - - - - - - - - - 現］
　　　金で賃借する者が支払う［べし - - - - - - - - -］
　　　izei そして返してもらう［- - - - - - その］
　　　アポイキアとクレールーキア［- - - - - それにもかかわらず解］
10　　放奴隷がそれに従って poê［n - - - - - - -］
　　　[.] zontas そして一致する事柄［を - - - - - 2］
　　　[番] 目のプリュタネイアの間［に - - - - - - -］
　　　[...] rin 評議会から主［要民会へ - - - - - -］
　　　[..] sthai. だが, 諸税は t - - - - - - -
15　　[....] ky? - - - - - - - - - -
　　　　- - - - - - - - - - - - - -

　　碑文：*I.G.* I³ 237　記述法：ストイケドン　年代：前410－404年の間

　断片・追加 2 は, Agora Inventory I 3732 と名づけられている[99]。この断片の大きさは, 高さが0.085m, 横幅が0.071m, 厚さが0.016mである[100]。その銘文は, エウクレイデスのアルコンの年（前403/2年）以前に使用された古アッティカ字体で刻文されたものである[101]。そのテキストは *I.G.* I³ 237 bis にある。ルイス[102]は, この銘文の刻まれた年代を前410－404年, すなわちニコマコスの法典編纂作業のうちの前期に相当する期間と考えている。そこで筆者はルイスのこの考えを受け入れて, 本論の中ではこれを断片・追加 2 の前期壁面の銘文と呼ぶ。

253

第 3 部　いわゆる「パトリオス=ポリテイア」問題とテラメネスの政治思想

断片・追加 2　前期壁面

```
          - - - - - - - - - -
          [ - - - ........] ?m - - -
          [ - - - .......] três ∶ t - - - -
          [ - - - .....本祭前］の献上物 - - - -
          [ - - - ....] ton têsi - - - -
    5     [ - - - 用] 意する［- - - - 〜の間に］
          [ - - - ..プリュ] タネ［イア - - - -]
          - - - - - - - - - -
```

碑文：*I.G.* I³ 237（再）　記述法：ストイケドン　年代：前410−404年の間

　断片・追加 3 は，0.120mの壁の断片Ｃの前期壁面と同じ壁面のもうひとつの銘文を有しているものである[103]。ルイス編*I.G.* I³で初めてそのテキストが発表された[104]。この断片の大きさは，高さが0.196m，横幅が0.161m，厚さが0.032mである[105]。その銘文は，エウクレイデスのアルコンの年（前403/2年）以前に使用された古アッティカ字体で刻文されたものである[106]。そこで本論の中では，これを断片・追加 3 の前期壁面（断片Ｃの前期壁面 b）の銘文と呼ぶ。

断片・追加 3　前期壁面

```
          ?ドラクマ［で］- - - - - - - - - - - - -
          [..] stoその評議会［に - - - - - - - - - - 告]
          訴する hego - - - - - - - - - - - - - -
    40    san hes?omos［ - - - - - - - - - 評議]
          会に訴えた［後 - - - - - - - - - - - ]
          onos 指導者たちが e［ - - - - - - - 神]
```

第6章 ニコマコスのいわゆる「法典編纂」作業について

```
        助により kat - - - - - - - - - - - - - -
        i それゆえに 〜する時はいつも - - - - - - - -
    45  s, だが, 〜の時には a [ - - - - - - - トリエラ]
        ルコスにシュネーゴロス - - - - - - - - - - -
        告訴の登録をす [る - - - - - - - - - - - - ド]
        ラクマ ekhsyl - - - - - - - - - - - -
        eleg(?) - - - - - - - - - - - - - - - -
            - - - - - - - - - - -
```

碑文：I.G. I³ 236 b　年代：前410－404年の間

なお，断片・追加1と断片・追加2が，ニコマコスの法典編纂碑文の壁を構成する0.120mの壁，0.144mの壁，0.092mの壁の3つのうちのいずれに含まれるかは決定し難い。

　次に，ニコマコスの法典編纂碑文の壁の所在について論じる。その所在は，研究者の間ではこれまで「王のストア」(Stoa Basileios) の中と推測されてきた。その根拠となる史料はアンドキデスの第1番の弁論である。彼はその中で，テイサメノスの条令（Andocides, 1.83-84）に従って行なわれた法の審査に関連して，「その法の中で審査されたものはストア内に刻文されるべきこと」(Andocides, 1.82) と述べている[107]。この箇所のストアは，アテナイのアゴラ内の王のストアとみなされている[108]。また，テイサメノスの条令の中に，前403/2年にこの条令に従って審査を経た諸法に関連して，「諸法の中で承認されたものは，以前に刻文された壁に刻文されるべし」(Andocides, 1.84) という一節がある。オリヴァー[109]は，この一節がニコマコスの最初の法典編纂作業の期間，すなわち前410－404年を指していると考えた。さらにオリヴァー[110]が主張したことは，テイサメノスの条令の命じたことが，前410年に始まり前404年に中断された諸法の改訂がここに再開され，新版の諸法がすでに公表のため使用されていた場所に公表されるべきことであること，そしてこの条令の命令の成果がアゴラで発見された石碑，すなわち断片A，断片B，断片Cであること，それゆえ

第 3 部　いわゆる「パトリオス゠ポリテイア」問題とテラメネスの政治思想

に当該の石碑が王のストアの中の壁の一部であること，である。かかる彼の説は，これまで研究者たちの間で容認されてきている[111]。だが，この説については問題があるので，改めて後述して検討する。

　ニコマコスの法典編纂碑文の諸壁の所在については，さらにシアー[112]が，アテナイのアゴラ発掘調査の報告書の中で，文献史料から知られるニコマコスの法典編纂作業と王のストアの特に 2 棟の別棟の遺跡が関連することを指摘している。アテナイのアゴラの北西の隅にある王のストアは，おおよそ南北に延びる 7.18×17.722m の建物である[113]。その建物の東側，すなわちアゴラに面する側の北端と南端にそれぞれ本館に接した別棟がある[114]。シアー[115]は，これら 2 棟の別棟の建築時期が，前 5 世紀のニコマコスの法典編纂作業の時期にごく近い時期であると説明している。さらに彼[116]は，これら 2 棟の別棟の利用目的について，南側別棟の中に大理石の石碑を差し込むのに適した細長いはめ込み穴が 2 つと石碑の土台が 1 つ設けられていると報告している。2 つのはめ込み穴の大きさは，各々，長さ 1.03m，幅 0.18m，深さ 0.14m と長さ 0.95m，幅 0.15m，深さ 0.14m である[117]。加えて，彼[118]は，同じく北側別棟の中に，ひとつの土台の上に 3 ないし 4 個の大理石の石碑が合わせ釘で合わされた形でつながって立てられた跡があると報告している。その現存する土台の長さは 1.90m，幅は 0.54m であり，そのはめ込み穴は深さが 0.10m で，本来，約 0.72m の幅と約 0.19m の厚さの一連の石碑を収納するために設けられた[119]。従って，シアー[120]は，王のストアの 2 棟の別棟がたくさんの石碑を立てるためのはめ込み穴を備えているので，加えて文献史料から知られるテイサメノスの条令に関連して行われた法改訂とその成果を公表するストアの壁についての記述（Andocides, 1.82, 84, 85）から，それらの別棟が前 5 世紀後期のアテナイの法改訂の成果を公表する場に当てられていたと推測する。

　他方，アリストテレス『アテナイ人の国制』（Aristoteles, *Ath.*）から，ソロンの諸法（nomoi）とドラコンの掟（thesmoi）が王のストアに立てられた廻転板（kyrbeis）に書かれたこと（Aristoteles, *Ath.* 7.1）[121]と，王のストアで事務を行なった王アルコン（archôn basileus）のいくつかの職務，特に

256

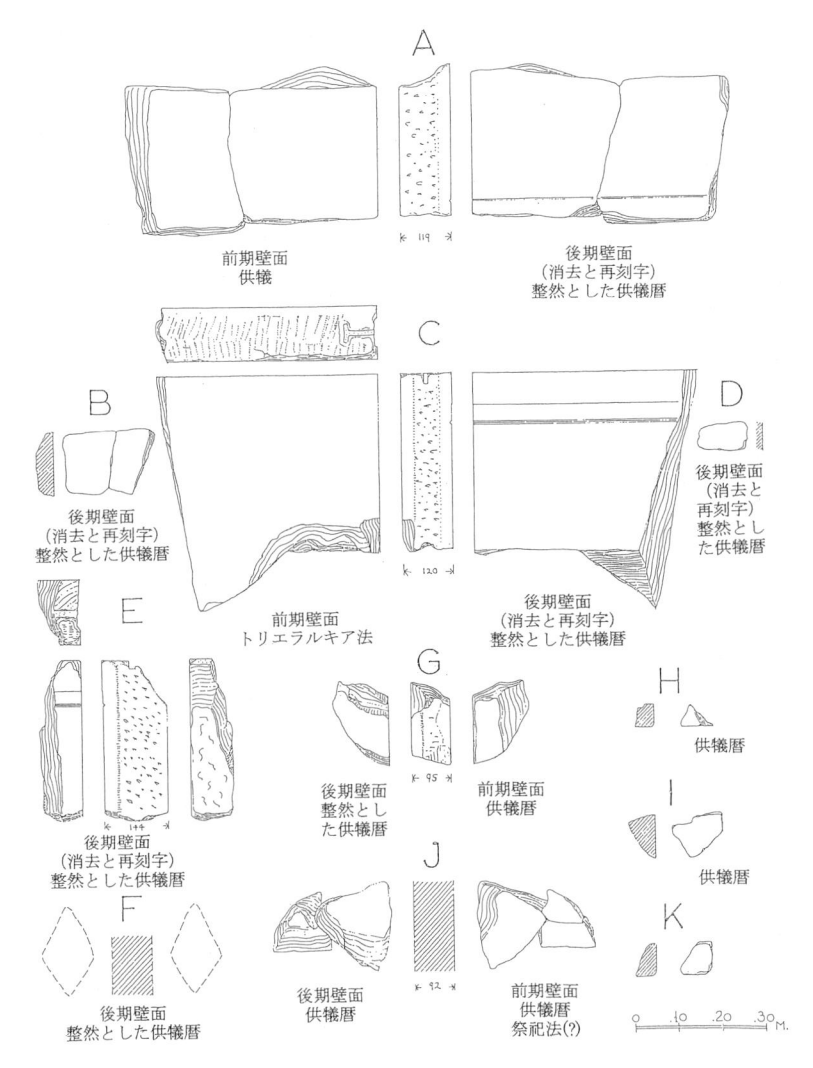

第6章　ニコマコスのいわゆる「法典編纂」作業について

図1　いわゆるニコマコスの法典編纂碑文の諸断片A－K

（S. Dow, "The Walls inscribed with Nikomakos' Law Code," *Hesperia* 30 [1961], p. 59, Figure 1より作成する。）

彼が父祖伝来の供犠を司っていたこと（Aristoteles, Ath. 57）[122]が知られている[123]。さらに，ドラコンの掟の中の殺人に関する法で前409/8年に再公表されたものの銘文[124]が，その法を記した石碑を王のストアの前に立てるべしと命じていることが知られている[125]。このように王のストアは，父祖伝来のソロンの法とドラコンの掟，ドラコンの殺人に関する法，王アルコンの司る供犠と関連がある。従って，シアーが推測したように，問題のニコマコスの法典編纂碑文は王のストアの2棟の別棟に設置された可能性がある。だが，このシアーの説は，基本的にオリヴァーの説に基づいており，そのオリヴァーの説には，後述するように，問題があるので，この問題については下記で検討する。

第3項　ニコマコスの前期法典編纂碑文の内容

この項では，ニコマコスの前期の法典編纂作業の成果である，前述の14個の断片の中の前期壁面をみてみる。なお，後期壁面の碑文については後で考察する。

断片Aの前期壁面の銘文は，2つのコラム，17行から成っている。その内容は供犠の目録である。供え物として挙がっているものは，「大麦」（4，9行目），「豚」（14行目），何かの「供え物」（16行目）である。奉納先として挙がっているものは，「「ア」ポロン」（5行目），「女神官」（13行目），「伝令使たち」（17行目）である。

断片Cの前期壁面の銘文は14行から成っている。その内容は，トリエラルキアに関する規定である。この規定は，断片・追加1と断片・追加3が公表されるまで，ニコマコスの法典編纂碑文の中で唯一の世俗法であると考えられていた[126]。そして当該碑文の中で断片・追加1と，断片Cの前期壁面と関連する内容の断片・追加3とを除いてその他の断片はすべて，世俗法（secular law）に対する祭祀法（sacred law），さらに厳密にいえば，供犠に関するものである[127]。断片Cの前期壁面の銘文が規定していることの主要部分，すなわち1－8行目の箇所の内容を要約すると，軍船の引き渡

第6章　ニコマコスのいわゆる「法典編纂」作業について

しに際して前任者のトリエラルコスが造船所から引き継いだとおりに，最良の形のものに艤装して引き渡すこと，もし前任者が船具等を返却しないならば，後任のトリエラルコスがその者を監督官の前に召喚すること，それでも前任者が返却しないならば，国家に負債があることとして法廷の判断に委ねられることである。その銘文の9行目以下は，復元可能な箇所が少ないのでどのような内容が規定されているか判断し難いので，ここでは触れない。従って，当該のトリエラルキア法は，三段櫂船の保守整備の責任を定め，訴訟の場合の法的手続きを定めたものと言える[128]。また，この銘文の中で軍船の監督官（epimelêtai）（5，6行目）について言及があるが，その監督官の職務については〔Demosthenes〕, 47 *Against Euergos* 26の中に関連記事がある[129]。

　断片・追加3の前期壁面（断片Cの前期壁面b）の銘文は，13行から成っている。その内容は，断片Cの前期壁面の銘文と同様にトリエラルキアに関する法であろう。なぜならば，ルイス編*I.G.* I³ 236bの45－46行目で復元されているとおり，「トリエラ」ルコス」について言及されているからである。他に，「評議会」（原語では38, 41行目），「シュネーゴロス」（46行目），告訴関連のこと（38－39, 40－41, 47行目）について触れられているので，この銘文は，断片Cの前期壁面と同様に，トリエラルコスに関連する訴訟の手続きを定めた規定であるとみてよい。

　断片Fの前期壁面の銘文は，11行から成っている。その内容は，供犠の目録である。供え物として挙がっているものは，「料理」（5行目），「鉢の献上［物］（6行目），「［物］入れ［袋］」（7行目）である。4行目にkata t]as khsyngrapha[sとあり，何かある記録文書に従って奉納されることを求めていると考えられる。

　断片Gの前期壁面の銘文は，4行から成っている。その内容は，ドラクマ単位で表示された金額であり，例えば羊などの奉納物の価格と推定されるものである。従って，この銘文も供犠の目録と考えてよい。

　断片Hの前期壁面の銘文は，4行から成っている[130]。「雷［光と共に下る？］ゼウス」（4行目）について言及があるので，その内容は供犠の目

259

第3部　いわゆる「パトリオス=ポリテイア」問題とテラメネスの政治思想

録または暦であろう。

　断片Ｉの前期壁面の銘文は，10行から成っている。その内容は供犠の目録である。供え物として挙がっているものは，「イノシシ　選り抜きのも［の］」（7行目）[131]，「羊　選り抜きのもの」（8行目）である。また，供え物の奉献先として「クロトロポス（コロトロポス）」（9行目），「レートー」（10行目），「アテナ」（11, 12行目）が挙がっている。

　断片Ｊの前期壁面の銘文は，23行から成っている。その内容は，破損がはなはだしくて判然としないが，「［選り］抜きのもの」（25行目），「百頭の牛の］犠牲」（26行目），「9人のアル［コンたち」（36行目）について言及されているようであるので，供犠に関する規定であろう。

　断片Ｋの前期壁面の銘文は，4行から成っている。その内容は，3行分にわたって各行2, 3文字しか識別できないので，分からない。

　断片・追加1の前期壁面の銘文は，15行から成っている。その内容は，「果実」（3行目），「ブドウ汁」（4行目），「ブドウの煮［汁］」（5行目）とあるので供え物について規定したものであるとみられる一方で，「土］地と建物の賃貸料」（5－6行目），「アポイキア（植民市）とクレールーキア（軍事植民市）」（9行目），「解］放奴隷」（9－10行目），「評議会」（13行目），「諸税」（14行目）とあり，これまでみてきた供犠に関する諸銘文とは趣が違う。破損部分が多いこともあるので，この銘文を単なる供犠に関する規定とみなすことは容易にできない。

　断片・追加2の前期壁面の銘文は，6行から成っている。その内容は，破損部分が多くて復元がむずかしいが，「本祭前］の献上物」（3行目）とあるので，供犠に関する規定であろう。また，この銘文は，断片Ａ，断片Ｆ，断片Ｇ，断片Ｈ，断片Ｉの各前期壁面の銘文のような，供犠に関する目録の書式とは異なっているようである。

　以上のとおり，ニコマコスの前期の法典編纂作業の成果の碑文の内容は，断片Ａ，断片Ｆ，断片Ｇ，断片Ｈ，断片Ｉの各前期壁面の銘文が供犠の目録であり，断片Ｊ，断片・追加2の各前期壁面の銘文が供犠に関する規定であり，祭祀法であるのに対して，断片Ｃの前期壁面と断片・追加3の前

期壁面（断片Ｃの前期壁面ｂ）の２つの銘文がトリエラルキアに関する法であり，世俗法である。断片・追加１の碑文は，供犠に関する法のようにみえるし，ゲールトリンゲンの指摘するとおり[132]，貢納に関する（de vectigalibus）法である可能性がある一方で，「［土］地と建物の賃貸料」（５－６行目），「アポイキアとクレールーキア」（９行目），「［解］放奴隷」（９－10行目），「評議会」（13行目），「諸税」（14行目）とあり，これまでみてきた供犠に関する諸銘文とは趣が違う。破損部分が多いこともあるので，前述のように，この銘文を単なる供犠に関する規定とみなすことは容易にできない。また，それゆえに，現存する断片が少ない[133]とはいえ，本論の中で取り扱った碑文史料をアテナイの聖・俗のすべてにわたる諸法の改定版とみなすことには慎重な配慮が必要であろう。換言すれば，そのようにみなすためには文献史料やその他の碑文史料の確固たる裏付けが必要となるので，その他の史料の慎重な検討が求められる。

小　　結

　ニコマコスは，前410－404年と前403－399年の２期にわたりアナグラペウスとしてアテナイの法典編纂作業に従事した。その作業の成果とみられるのが，本節の中で取り扱った14個の断片である。それらの断片がいくつかの壁を形成して，王のストアの別棟の中に立てられた可能性があることが研究者の間で指摘されているが，これについては下記で再度，検討する。ニコマコスの前期の法典編纂作業の成果が，その14個の断片の中の断片Ａ，断片Ｃ，断片Ｆ，断片Ｇ，断片Ｈ，断片Ｉ，断片・追加１，断片・追加２，断片・追加３の各前期壁面の銘文であると考えられる。その中で，内容が特定できない断片・追加１を除いて，断片Ｃと断片・追加３の各前期壁面の銘文が，世俗法で，トリエラルキアに関する法の規定であり，他方，その他の断片の各前期壁面の銘文が，祭祀法で，供犠の目録または供犠暦，あるいは供犠に関する規定であると考えられる。このように，ニコマコスの前期の法典編纂碑文とみなされている現存の碑文史料の内容が，

第3部　いわゆる「パトリオス=ポリテイア」問題とテラメネスの政治思想

トリエラルキアに関する法と供犠に関するものに片寄っている。現存の碑文史料の数量が少なすぎるのでそのような片寄りが生じたかもしれない。だが，他方で，ニコマコスの法典編纂作業を伝える文献史料，Lysias, 30 は，彼が聖・俗の法のアナグラペウスであったと伝えている（Lysias, 30.25）が，前期の前410－404年にアテナイのすべての法を書き写したとは必ずしも伝えていない。そして，現存する当該の碑文史料の内容に前述のような片寄りがみられる。これらのことはどのように説明されるのか。また，本節の中では論じなかったが，ニコマコスの前期の法典編纂作業とドラコンの殺人に関する法の再公表（*I.G.* I³ 104）の間の関係について説明が必要であるが，その問題については本節の中で取り扱った，ニコマコスの前期の法典編纂碑文の検討から何も手掛かりが得られない。この問題については，Lysias, 30などの文献史料と*I.G.* I³ 104などの碑文史料の慎重な検討が必要である。ここで，ニコマコスの前期の法典編纂碑文を検討して，いくつかの問題点を指摘したが，それらについては下記で改めて論じる。

註

1) R.S. Stroud, *Drakon's Law on Homicide* (Berkeley & Los Angeles, 1968), p. 24-25; Harding, *A.J.A.H.* 3 (1978), p. 179; Ostwald, *op. cit.*, p. 410; Rhodes, *H.C.G.W.*, p. 166. Rhodes, *ibid.*は，5世紀の末には現行の法が何であるかを見つけ出すことがむずかしくなったし，前411年の寡頭派革命がその事実を暴露したので，復興民主政が諸法の再法典化に乗り出したし，その時以降，アテナイ人たちが現行の法をドラコンの法規とソロンの諸法と呼ぶ傾向にあったと述べる。

2) Ostwald, *op. cit.*, p. 409-411.

3) *Ibid.*, p. 512, 520.

4) Cf. H.E. Stier, *RE.* 17,1 (Stuttgart, 1936), p. 459, s.v. Nikomakhos; S. Dow, "The Athenian Calendar of Sacrifices: The Chronology of Nikomakhos' Second Term," *Historia* 9 (1960), p. 272; Ostwald, *op. cit.*, p. 511.

5) Cf. Ostwald, *op. cit.*, p. 417-418.

6) Cf. Stroud, *op. cit.*, p. 25; Ostwald, *op. cit.*, p. 417.

7) Cf. Stroud, *op. cit.*, p. 25; Ostwald, *op. cit.*, p. 417.

8) Cf. Stier, *op. cit.*, p. 459; Dow, *Historia* 9 (1960), p. 271; Stroud, *op. cit.*, p. 23; Ostwald, *op. cit.*, p. 407 & n. 249, p. 416-417.

9) Cf. Stier, *op. cit.*, p. 459; Dow, *Historia* 9 (1960), p. 272; Ostwald, *op. cit.*, p. 511. なお，ニコマコスの2期目の任期について，ダウが，その始まりを前403/2年のボ

第6章 ニコマコスのいわゆる「法典編纂」作業について

エドロミオンの月の12日以後と、その終わりを前400/399年の末と考え、その任期が3年半以上であったと考えている（Dow, *Historia* 9 [1960], p. 272）。
10) Ostwald, *op. cit.*, p. 511-512. ただし、Lysias, 30.28がニコマコスの同僚としてテイサメノスの名を挙げた背景には、その2人が法律の専門家であったことが考えられる。Cf. Hignett, *op. cit.*, p. 302.
11) Cf. Dow, *Historia* 9 (1960), p. 271 n. 1.
12) Lysias, 30.27, 28, 29のヒュポグランマテウスをこのように解釈するならば、A.H.M. Jones, *Athenian Democracy* (Oxford, 1977; rpt. 1986), p. 104が、このニコマコスが雇われの書記官で役人たちの小委員会付きの者たちであり、これらの職に就く人物たちは下層の人々であり、だいたい軽蔑されたと説明するのは、適当でなくなる。
13) Cf. Kirchner, *P.A.* 2, no. 10934.
14) Cf. Stier, *op. cit.*, p. 459.
15) Cf. Kirchner, *P.A.* 2, no. 10934.
16) Cf. *ibid.*
17) Cf. Stier, *op. cit.*, p. 459.
18) 裁判の年代については、cf. Kirchner, *P.A.* 2, no. 10934; Stier, *op. cit.*, p. 459; Lamb, *op. cit.*, p. 610; Dow, *Historia* 9 (1960), p. 272.
19) 冥界の王プルートーンの言葉として「これをクレオポーンに持って／行ってくれ。それからこれをあの顧問役のミュルメーク／スとニーコマコスに。それからこれをアルケノモスに。」（Aristophanes, *Ranae* 1504-1507〔高津春繁訳〕：高津他訳、前掲書、210頁）。なお、ポリステース（poristês）は、アテナイで非常時に物資を徴収するために任命される財務委員である（LSJ, s.v. ποριστής）。高津他訳、前掲書、233-234頁 注256を参照せよ。
20) Kirchner, *P.A.* 2, no. 10934とStier, *op. cit.*, p. 459は、劇中のニコマコスとLysias, 30の中のニコマコスを同一人物とみなしているようであるが、確たる証拠はない。高津他訳、前掲書、233-234頁 注256を参照せよ。
21) S. Dow, "The Walls inscribed with Nikomakhos' Law Code," *Hesperia* 30 (1961), p. 58-73.
22) 断片A－Kの簡単なスケッチが*ibid.*, p.59 fig. 1にあるので参照せよ。
23) *I.G.* I³ 237, *I.G.* I³ 237 bis, *I.G.* I³ 236 bである。
24) Dow, *Hesperia* 30 (1961), p. 60.
25) *I.G.* I³ 241 (p. 210).
26) Oliver, *op. cit.*, p. 6, 30; *I.G.* I³ 241 (p. 210). Cf. Hignett, *op. cit.*, p. 17-18; A. Fingarette, "A New Look at the Wall of Nikomakhos," *Hesperia* 40 (1971), p. 330-331.
27) F. Sokolowski, *Lois sacrées des cités grecque*（以下*L.S.C.G.*と略す）(Paris, 1969), p. 34.
28) Oliver, *op. cit.*, p. 6-7.
29) Sokolowski, *L.S.C.G.*, p. 34.
30) *Ibid.*, p. 6.

31) *I.G.* II² 1357 b.
32) *Ibid.*
33) Sokolowski, *L.S.C.G.*, p. 35.
34) H. Hansen, *Aspects of the Athenian Law Code of 410/09-400/399 B.C.* (New York & London, 1990). なお、このH. Hansenの書は、アテナイ民主政の研究者M.H. Hansenその人および彼の著作と区別するために、以下では"Hardy Hansen, *Aspects*"と略記する。
35) Dow, *Hespria* 30 (1961), p. 61.
36) Oliver, *op. cit.*, p. 5.
37) *Ibid.*; Dow, *Hespria* 30 (1961), p. 61.
38) この点でDow, *Hesperia* 30 (1961), p. 62とOliver, *op. cit.*, p. 5が異なるので、ダウの数値を採用し、括弧内にオリヴァーの数値を添えた。なお、*I.G.* I³ 236 (p. 206) の数値はダウのものと同じである。
39) Oliver, *op. cit.*, p. 5; *I.G.* I³ 236 (p. 206).
40) B. Jordan, *The Athenian Navy in the Classical Period: A Study of Athenian Naval Administration and Military Organization in the Fifth and Fourth Centuries B.C.* (Berkeley, Los Angeles & London, 1975).
41) テキストは、ルイス編*I.G.* I³ 236を用いたが、8行目の（?）のマークの箇所は、*I.G.* I³ 236やOliver, *op. cit.*, p. 15のテキストによって明確に復元されているわけではないので、おそらくこのように解されるギリシア語が記されているであろうと想定して訳したものである。その際、Oliver, *op. cit.*, p. 18とJordan, *op. cit.*, p. 33にある英訳を参考にした。
42) Oliver, *op. cit.*, p. 5; P. Harding ed. & trans., *From the End of the Peloponnesian War to the Battle of Ipsus: Translated Documents of Greece and Rome 2* （以下*T.D.G.R.* 2と略す） (Cambridge, 1985), p. 15.
43) S. Dow, "The Law Codes of Athens," *Proceedings of the Massachusetts Historical Society* 71 1953-57, (1959), p. 3-36. なお、写真は*ibid.*, p. 2 plate 1である。
44) Dow, *Hesperia* 30 (1961), p. 65. Cf. S. Dow, "Greek Inscriptions: The Athenian Law Code of 411-401 B.C.," *Hesperia* 10 (1941), p. 32.
45) Dow, *Hesperia* 10 (1941), p. 31-37.
46) Dow, *Hesperia* 30 (1961), p. 65.
47) Dow, *Hesperia* 30 (1961), p. 65.
48) Dow, *Hesperia* 30 (1961), p. 60-65, 69-70.
49) Dow, *Hesperia* 30 (1961), p. 59 fig. 1, p. 63.
50) Dow, *Hesperia* 30 (1961), p. 59 fig. 1, p. 63.
51) Dow, *Hesperia* 30 (1961), p. 65. ただし、Dow, *Hesperia* 10 (1941), p. 32は、断片Eの厚さが0.143mとしている。
52) Dow, *Hesperia* 30 (1961), p. 70.
53) この点で初めDow, *Hesperia* 10 (1941), p. 34は、断片Dを0.120mの壁でなく0.144mの壁の中に含めていた。
54) Dow, *Hesperia* 30 (1961), p. 70.

第 6 章　ニコマコスのいわゆる「法典編纂」作業について

55) Dow, *Hesperia* 10 (1941), p. 32.
56) Dow, *Hesperia* 10 (1941), p. 32; do., *Hesperia* 30 (1961), p. 65.
57) Dow, *Hesperia* 10 (1941), p. 34.
58) Dow, *Hesperia* 10 (1941), p. 32.
59) Dow, *Hesperia* 30 (1961), p. 65.
60) Dow, *Hesperia* 10 (1941), p. 34-35; do., *Hesperia* 30 (1961), p. 65-66.
61) *I.G.* I³ 238 (p. 207).
62) Dow, *Hesperia* 30 (1961), p. 67.
63) Dow, *Hesperia* 30 (1961), p. 67.
64) Dow, *Hesperia* 30 (1961), p. 67; *I.G.* I³ 238 (p. 207).
65) Dow, *Hesperia* 30 (1961), p. 67.
66) Sokolowski, *L.S.C.G.*, p. 33.
67) Dow, *Hesperia* 30 (1961), p. 67.
68) *I.G.* I³ 239 (p. 209). なお，厚さについては，cf. Dow, *Hesperia* 30 (1961), p. 69; B.D. Meritt, "The Inscriptions," *Hesperia* 3 (1934), p. 46, no. 34 (厚さを0.094m としている)。
69) 前註の中のメリット論文のことである。
70) Dow, *Hesperia* 30 (1961), p. 59 fig. 1.
71) Dow, *Hesperia* 30 (1961), p. 59 fig. 1; *I.G.* I³ 239 (p. 209).
72) Dow, *Hesperia* 10 (1941), p. 31.
73) Dow, *Hesperia* 10 (1941), p. 31; do., *Hesperia* 30 (1961), p. 68; *I.G.* I³ 240 H (p. 209).
74) Dow, *Hesperia* 10 (1941), p. 31.
75) Dow, *Hesperia* 10 (1941), p. 31; *I.G.* I³ 240 H (p. 209).
76) Dow, *Hesperia* 10 (1941), p. 31; *I.G.* I³ 240 H (p. 209).
77) Dow, *Hesperia* 10 (1941), p. 31.
78) Dow, *Hesperia* 10 (1941), p. 31; do., *Hesperia* 30 (1961), p. 68; *I.G.* I³ 240 I (p. 209).
79) Dow, *Hesperia* 10 (1941), p. 31.
80) Dow, *Hesperia* 10 (1941), p. 31; *I.G.* I³ 240 I (p. 209).
81) Dow, *Hesperia* 10 (1941), p. 31; *I.G.* I³ 240 I (p. 209).
82) Dow, *Hesperia* 10 (1941), p. 31; do., *Hesperia* 30 (1961), p. 68; *I.G.* I³ 240 J (p. 209).
83) Dow, *Hesperia* 10 (1941), p. 31.
84) Dow, *Hesperia* 10 (1941), p. 31.
85) この点については，*I.G.* I³ 240 J (p. 209)に従う。厚さについて，Dow, *Hesperia* 10 (1941), p. 31は0.095mとしているが，後に彼は0.092mとしている (*Hesperia* 30 [1961], p. 60 fig. 1 & note, p. 69)。
86) Dow, *Hesperia* 10 (1941), p. 31; *I.G.* I³ 240 J (p. 209).
87) Dow, *Hesperia* 10 (1941), p. 31.
88) Dow, *Hesperia* 10 (1941), p. 32.

89) Dow, *Hesperia* 10 (1941), p. 32; do., *Hesperia* 30 (1961), p. 68; *I.G.* I³ 240 K (p. 209).
90) Dow, *Hesperia* 10 (1941), p. 32.
91) Dow, *Hesperia* 10 (1941), p. 32; *I.G.* I³ 240 K (p. 209).
92) Dow, *Hesperia* 10 (1941), p. 31; *I.G.* I³ 240 (p. 209).
93) Dow, *Hesperia* 30 (1961), p. 65, 67-69.
94) この点については，Dow, *Hesperia* 30 (1961), p. 69-70の論をみよ。Cf. Fingarette, *op. cit.,* p. 330.
95) *I.G.* I³ 237 (p. 207).
96) *Ibid.*
97) *Ibid.*
98) *Ibid.*
99) *I.G.* I³ 237 bis (p. 207).
100) *Ibid.*
101) *Ibid.*
102) *Ibid.*
103) *I.G.* I³ 236 b (p. 206-207).
104) *Ibid.*
105) *Ibid.*
106) *Ibid.*
107) Cf. Andocides, 1.85.
108) K.J. Maidment trans., *Minor Attic Orators* 1 (Loeb Classical Library) (London, 1941; rpt. 1982), p. 405 n. a; Hignett, *op. cit.,* p. 301; D.M. MacDowell, *Andokides: On the Mysteries*（以下*Andokides*と略す）(Oxford, 1962; rpt. 1989), p. 121, 125. 同様に Andocides, 1.84の壁について，cf. Ostwald, *op. cit.,* p. 519.
109) Oliver, *op. cit.,* p. 8.
110) *Ibid.*, p. 8-9.
111) Hignett, *op. cit.,* p. 25; Ostwald, *op. cit.,* p. 513 n. 59.
112) T.L. Shear, Jr., "The Athenian Agora: Excavations of 1970," *Hesperia* 40 (1971), p. 251, 254-255.
113) *Ibid.*, p. 245 fig. 1.
114) *Ibid.*, p. 245 fig. 1, plate 49a（北側別棟の写真），plate 49b（南側別棟の写真）.
115) *Ibid.*, p. 255.
116) *Ibid.*, p. 251.
117) *Ibid.*, p. 251 n. 17.
118) *Ibid.*, p. 251.
119) *Ibid.*, p. 251 n. 18.
120) *Ibid.*, p. 254-255.
121)「彼〔ソロンのこと，引用者註〕は国制を定め，その他の法律を発布したが人々はドラコンの掟を殺人に関するものを除き廃止した。そして法律を廻転柱に書き上げて『王』の列柱館に立てみなこの法に従うことを誓った。」（7章1節）（村川

訳『アテナイ人の国制』23-24頁)。
122) 特に「バシレウスはまた父祖伝来の供犠のすべてを管掌するといってよい。」(57章1節)(村川訳『アテナイ人の国制』96-97頁)。
123) Cf. Shear, *op. cit.,* p. 254 & n. 28, n. 29.
124) *I.G.* I³ 104 (=*I.G.* I² 115=Meiggs & Lewis, *op. cit.,* No. 86), l. 7-8.
125) Oliver, *op. cit.,* p. 7, 9; Shear, *op. cit.,* p. 255.
126) Cf. Dow, *Historia* 9 (1960), p. 278-279.
127) Cf. Dow, *Historia* 9 (1960), p. 278-279.
128) Oliver, *op. cit.,* p. 16.
129) *Ibid.,* p. 17.
130) *I.G.* I³ 240 Hの2行目の "Pan[i?" は、"Pandionidon phylei" (Pandionis部族へ) または "Pandia" (類例として*I.G.* II² 1172, l. 9) か。
131) 断片Hから断片Kまでの行数は、ルイス編*I.G.* I³ 240 H-Kに従って通し番号とする。
132) *I.G.* I² 140. この箇所に "DE VECTIGALIBVS" という見出しがついている。
133) Cf. Dow, *Historia* 9 (1960), p. 278.

第2節　ニコマコスの前期の「法典編纂」作業について

　研究者の間では弁論家リュシアスのニコマコス告発演説の文献史料 (Lysias, 30) から、ニコマコスという人物が、前期は前410-404年と後期は前403-399年の2期にわたって "anagrapheus tôn nomôn" (法のアナグラペウス；Lysias, 30.2) として、世俗法と祭祀法を「編纂」して公表したと考えられている。他方で、碑文史料としては、オリヴァー[1]、ダウ[2]、ルイス[3]によって前期の碑文として断片Aの前期壁面 (*I.G.* I³ 241)、断片Cの前期壁面 (*I.G.* I³ 236)、断片Fの前期壁面 (*I.G.* I³ 238)、断片Gの前期壁面 (*I.G.* I³ 239)、断片H、Iと断片Jの前期壁面と断片K (*I.G.* I³ 240 H-K)、断片・追加1 (*I.G.* I³ 237)、断片・追加2 (*I.G.* I³ 237 bis)、断片・追加3 (*I.G.* I³ 236 b) と、後期の碑文として断片Aの後期壁面 (*I.G.* II² 1357 a)、断片Bの後期壁面 (*I.G.* II² 1357 b)、断片Cの後期壁面 (オリヴァー論文 [*Hesperia* 4] 21頁)、断片D (ダウ論文 [*Hesperia* 10] 34頁)、断片E (ダウ論文 [*Hesperia* 10] 35頁)、断片Fの後期壁面 (*I.G.* I² 845)、断片Gの後期

壁面（メリット論文〔Hesperia 3[4]〕46頁 no. 34），断片 J の後期壁面（ダウ論文〔Hesperia 10〕36頁）があることが知られており[5]，それらの碑文の内容については前節の中で紹介した。

　研究者の間ではニコマコスの「法典編纂」作業のうち，後期の作業は，前403年に三十人僭主の政治が打倒されて民主政が復興した後に，テイサメノスの条令（Andocides, 1.83-84）によってアテナイの法典編纂の指令に関係して行なわれたものであると考えられている[6]。だが，このことについてははたして彼が実際に「法典編纂」と呼べるような作業を行なったかどうかについて問題があるので，その問題については本章の第3節および第4節の中で後述する。

　他方，彼の前期の作業については，これまでの研究者たちは，(a)多くなり過ぎた法の整理[7]，(b)前411年の寡頭派政変による混乱に対する秩序作りと民主政の防壁作り[8]，(c)公費支出に関して役人や特に評議会が関係する法の整理[9]，と考えてきた。本節の目的は，ニコマコスらのアナグラペイスによって行なわれた，前期の前410－404年の「法典編纂」作業の目的について，様々な面から再度考察することである。

第1項　文献史料から知られるニコマコスの前期の「法典編纂」作業について

　初めに，問題のニコマコスの前期の「法典編纂」作業について，文献史料のLysias, 30を通してみてみることにする。それによると，ニコマコスがアナグラペウスの役人であったことが，"anagrapheus tôn nomôn"（法のアナグラペウス；Lysias, 30.2）と "anagrapheus tôn hosiôn kai tôn hierôn"（聖・俗〔の法〕のアナグラペウス；Lysias, 30.25）から知られる。彼が書き写す（anagraphein）作業をしたことが，Lysias, 30.4, 19, 20, 21, 29から知られる。また，それに類似する表現として，彼が「ある法を書き入れ，ある法を削除し」たこと（Lysias, 30.5）と「ソロンの法を書き写し掲示して公表するよう命じられた」こと（Lysias, 30.2）が知られる。かかる事柄から

一見すると，ニコマコスは，前410－404年に「法のアナグラペウス」として公職に就いて「法典編纂」の作業を行なったようにみえる。
　そこで，次には，彼がアナグラペウスとしてどのような内容の法典の「編纂作業」を行なったかについてみてみる。リュシアスの演説文からは，初めに，前述のとおり「聖・俗（の法）のアナグラペウス」（Lysias, 30.25）から聖・俗の法，換言すれば，祭祀法と世俗法を取り扱ったことが，次にLysias, 30.2, 26からソロンの法を取り扱ったことが，そしてLysias, 30.19, 20から供犠の法を取り扱ったことが知られる。このようにニコマコスは，供犠の法などの祭祀法と世俗法を取り扱ったわけである[10]。

第2項　碑文史料から知られるニコマコスの前期の「法典編纂」作業について

　ニコマコスの「法典編纂」作業については文献史料のほかに，1935年のオリヴァー論文[11]以来，碑文史料が数個知られている。本節では，彼の「法典編纂」作業の成果と考えられている碑文史料のうち前期の前410－404年のものを考察することにする。その碑文史料については，前節の中で触れたように，ダウ論文（*Hesperia* 30）によって整理・編集された断片A，C，F，G，H，I，Jの前期壁面の碑文史料と，ルイスが編集したものの中から，*I.G.* I³ 237を断片・追加1，*I.G.* I³ 237 bisを断片・追加2，*I.G.* I³ 236 bを断片・追加3と名付けて考察する[12]。
　これらの問題のニコマコスの「法典編纂」作業の碑文史料の内容をみてみると，前節のその碑文史料の内容についての考察結果から，断片Aが供犠の目録と，断片Cがトリエラルキアに関する法と，断片Fが供犠の目録と，断片Gが供犠の目録と，断片Hが供犠の目録または供犠暦と，断片Iが供犠の目録と，断片Jが供犠に関する規定と推定することができる。ただし，断片Kについては，7文字分しか判読できないので，どのような内容が記されていたかを推定することができない。
　次に，ルイス編の碑文集成から取り出した追加の碑文史料の内容に移る

第3部　いわゆる「パトリオス゠ポリテイア」問題とテラメネスの政治思想

と，断片・追加1（*I.G.* I³ 237）が，銘文の文面に供物が挙がっているほかに，「［土］地と建物の賃貸料」，「アポイキアとクレールーキア」，「［解］放奴隷」，「評議会」，「諸税」などの語句が記されているので，単なる供犠に関する規定であるとはみなせない面がある[13]。問題の碑文史料の分類については，もともと*I.G.* I²の編者のゲールトリンゲンが貢納に関する（de vectigalibus）法であると推定した[14]ところへ，*I.G.* I³の編者のルイスが，おそらくはこの碑文史料*I.G.* I³ 237が*I.G.* I³ 237 bis（断片・追加2）と同じ石工によって彫られたものであると推定したので，結局この碑文史料を問題の「法典編纂」碑文の一部であると推定し，さらにその*I.G.* I³ 237 bisが3行目に「本祭前」の献上物」（p]rothyma）という言葉を刻んでいるのでニコマコスの法典編纂碑文の一部であると推定したので，結局この*I.G.* I³ 237（断片・追加1）をニコマコスの法典編纂碑文の一部であろうと推定したのであろう。従って，他の法典編纂碑文の内容とは異なるこの*I.G.* I³ 237をニコマコスの法典編纂碑文の一部とみなすか否かについては議論が分かれよう。ただし，問題の碑文がたとえ祭祀法と異なる内容のものであったとしても，断片Cのトリエラルキア法のように，それが世俗法であってもニコマコスの法典編纂碑文の一部であるとする可能性はある。その場合，問題の碑文が内容のうえで他の法典編纂碑文とつながりがあることを指摘しなければならない。ここでは，ひとまずこの問題に結論を出すことを保留しておく。次に，断片・追加2（*I.G.* I³ 237 bis）の内容は，3行目に「本祭前」の献上物」（p]rothyma）とあるので，供犠に関する規定であろう。けれども，この碑文史料は，断片A，断片F，断片G，断片H，断片Iのそれぞれの前期の碑文のような，供犠に関する目録の書式とは異なっているようである。最後に，断片・追加3（*I.G.* I³ 236 b）の内容は，その碑文が断片Cの前期壁面のトリエラルキア法の刻文されていた壁面と同じ壁面であると考えられているので[15]，そしてその45－46行目で復元されているとおり，「トリエラ］ルコス」について言及されているので，断片Cの前期壁面と同じくトリエラルキア法であると考えられる。問題の前期の法典編纂作業の成果とみなされている碑文史料の内容は，以上のとおり

である[16]。

第3項　アテナイの財政事情からみるニコマコスの「法典編纂」作業の意図について

　ここでニコマコスの前期の「法典編纂」作業の意図を考察するにあたって，どのようなアプローチを採るかが鍵になるが，それにはやはり，当時のアテナイが置かれた状況に照らして考察するのがよいであろう。そこで，ここで筆者が着目することは，当時のアテナイの財政が窮迫していたことである。

　ニコマコスらによって「法典編纂」作業が行なわれ始めた頃にアテナイの財政事情がかなり悪化していたことは，次のとおりである。まず，シケリア遠征時の前414年夏にはアテナイは経済的に破綻していたとトゥキュディデスが語っている（Th. 7.27.3-5, 28.1, 4）。これは，当時，敵国スパルタに亡命していたアルキビアデスの入れ知恵によってデケレイアにスパルタ人の要塞が設けられたこと（Th. 6.91.7）によるものである。次に，アテナイは，同年夏に，当時はデロス同盟諸国から入らなくなった貢納金の代わりに海上輸送に5パーセント税を導入した（Th. 7.28.4）。また，シケリア遠征がアテナイ軍の全滅に終わった直後の前413年の晩夏の頃には，アテナイの国庫に蓄財がなかったとトゥキュディデスが語っている（Th. 8.1.2）。そこでその際，アテナイ人たちは，来るべきスパルタ艦隊の襲撃に備えて軍船を建造するための資金と用材を調達するために財政の引締めを計るべくプロブーロイと呼ばれる財務等諮問委員会を設置した（Th. 8.1.3）。そして前412年夏には当時は使用することが禁じられていたアクロポリスの1千タラントンの蓄財を引出すことを民会で決議した（Th. 8.15.1）。

　次に，前411年の初夏に四百人の寡頭派政権が樹立された際，官職日当が廃止された（Th. 8.67.3; Aristoteles, *Ath.* 29.5）[17]。また，この四百人政権の頃と推定されるが，コラクレタイ（国庫支出官）が廃止されており，そ

の後その役割がヘレノタミアイ（同盟財務官）に移されたことが知られている[18]。

そして，その四百人の寡頭派政権がわずか4ヵ月で打倒されて，テラメネスの指導の下にいわゆる五千人政権が成立したが，その際，官職日当が廃止された（Th. 8.97.1）。そしてその後民会で国政に関する決議が行なわれたとトゥキュディデスが語っている（Th. 8.97.2）が，これに当たると考えられるのがAristoteles, *Ath.* 30の「将来の国制」と同31の「暫定の国制」である。その「将来の国制」では女神アテナその他の神々の聖財財務委員会やヘレノタミアイなどの財務委員会を整理することが言及されている（Aristoteles, *Ath.* 30.2）[19]。そしてその後，将軍のテラメネスが前410年の初めにスパルタ艦隊を攻撃するために出航したが，軍資金がないのでパロス方面へ行き，同盟諸国でアテナイの寡頭派政変に呼応して同じような政変を行なった寡頭派たちから金銭を徴収した（D.S. 13.47.7-8）。そして同じ頃，アルキビアデスは軍資金がないと発言し（Plutarchus, *Alcibiades* 28），その直後にヘレスポントスで金銭を徴収している（Plutarchus, *Alcibiades* 30）。そしてそのアルキビアデスとテラメネスが前410年の春頃にトラシュブロスとともに，キュジコス沖の海戦でスパルタ艦隊を破ったのである（Xenophon, *HG* 1.1.16-18）。その結果，テラメネスは，ボスポロス海峡のクリュソポリスに要塞を築き，海峡を航行する船から10パーセントの通行税を徴収し始めた（Xenophon, *HG* 1.1.22）。そして本国アテナイではキュジコス沖の海戦の勝利によって民衆が政治を担ううえで自信を回復したらしく，その年の夏に，前年の一連の政変以前の民主政が復興した[20]。かかるアテナイの経済的状況の下でニコマコスらのアナグラペイスによって前期の「法典編纂」作業が行なわれ始めたわけである。

だが，ここで参考までに，ニコマコスらが「法典編纂」作業を行なった時期である，その後のアテナイの財政事情をみてみることにする。なぜならば，前述のクリュソポリスの要塞からの収入でアテナイの財政が好転したかにみえるが，財政事情のよくない状況が依然として続いていると言えるからである。

第6章 ニコマコスのいわゆる「法典編纂」作業について

　まず，ヘレノタミアイの選出方法が，これまで各部族から1人ずつ選出していたものが，前410/9年以後は全市民から20名を選出することに変更となった[21]。次に，前410年以後の時期から，富裕者の負担軽減のための制度であるシュントリエラルキア（共同三段櫂船奉仕）の事例が登場する[22]。次に，Lysias, 21.3から，前410/9年から前405/4年までにエイスポラ（戦時拠出金納付）が2度課されたことが知られている。次に，前406/5年初めに女神アテナの財務委員会とその他の神々の財務委員会が合併したことが知られている[23]。次に，前405年の初め頃には，ミュルメクスとニコマコスなる人物がポリステース（poristês）に就任していたことが知られる（Aristophanes, *Ranae* 1505-6）。この官職は，緊急に物資を調達するために任命される財務委員であると考えられているので[24]，この時期もやはりアテナイの財政状況がよくないことが想像できる。そして，その後アテナイは，前405年の夏にアイゴスポタモイの海戦で敗北し，翌年の前404年に敗戦の形でスパルタと和平を結んで終戦を迎える。このように前410－404年のアテナイの財政事情は，財務委員会の整理・統合やシュントリエラルキア制度の導入などから，必ずしもよい状況ではなかったと言えるであろう。

　ところで，かかる時期にニコマコスらのアナグラペイスが「法典編纂」作業を行なったわけであるが，その成果である，現存する碑文史料の内容をみてみると，前述のとおり，供犠または供犠暦に関するものとトリエラルキア法，そして分類の不確かな断片・追加1（*I.G.* I³ 237）を含めると，税に関する法である。これらの碑文史料の内容は，祭祀法と世俗法から成っており，一瞥するだけでは何の関連もないかのようにみえる。だが，前述したアテナイの財政事情に照らして検討してみると，供犠および供犠暦もトリエラルキア法も，そして税に関する法も，国家の財産を効率よく使うという点で共通するのではなかろうか。すなわち，供犠および供犠暦については，余分な祭儀の無駄な財政支出を省くためにその支出額を定めること，トリエラルキア法については，前任のトリエラルコスから後任のトリエラルコスへ用具や装備が確実に譲渡されるように管理して無駄な財政

273

支出を未然に防ぐようにすること、そして税に関する法については、税と賃貸料を効率よく徴収することを狙うということで、いずれも国家財政の支出引締めまたは収入確保につながるものである。従って、問題の「法典編纂」作業は、当時のアテナイの財政事情の窮迫と関連があったと仮定することができよう。

第4項　ニコマコス告発の理由からみる 「法典編纂」作業の意図について

次には、ニコマコスの前期の法典編纂作業の意図を考察するうえで2番目の鍵となるであろう、前399年のニコマコス告発の意図についてみてみることにする。

リュシアスのニコマコス告発の演説（Lysias, 30）の意図については、これまで研究者の間で次のように考えられてきた。まず、手掛かりとなる演説文の題名が"kata Nikomakhou grammateôs euthynôn katêgoria"（書記官のニコマコスに対する執務報告審査の件の告発）となっているが、実のところはその通りであったか否かは定かではない。そこでその件の告発理由については、被告が勝手に法を書き入れたり削除して立法者ソロンの地位を奪うなど、法の混乱をもたらしたので告発されたという説がある[25]。次に、被告がロギスタイ（会計検査委員）に収支報告書を提出しなかったからであるという説がある[26]。次に、被告のニコマコスが合法的に供犠暦を記録したのであるが、それによって国家に損失を与えたことなどからその暦を提案したことで告発されたという説がある[27]。次に、この演説は、陪審法廷の前で行なわれたもので、告発の方法がエイサンゲリアであると考える論者がおり[28]、その場合、役人の不正行為の件によるとする説と[29]、民主政転覆の件によるとする説[30]がある。

ところが、問題のリュシアスの告発演説をよく読んでみると、告発者がニコマコスを告発した理由は、役人の不正の件でもなく民主政転覆の件でもなく、むしろ被告が、彼の供犠暦のせいで国家に2年続けて6タラント

ンにのぼる多大な財政上の損失を与えたことにあると考えられる。その理由は，まず第1に，彼の供犠暦による国家の損失についての話題が，演説文の中では35節にわたる中の17-25節で演説の中盤以降の盛り上がりの部分にあるからである。第2に，かかる告発演説の場合にはその論拠として関連する条令や証人を提示するが，問題の演説の場合では1場面だけ証人が複数登場する箇所があり（20節の後），しかもその証人たちが証言する場面は彼の供犠暦によって国家に損失があったことを論じている箇所であるからである。また，ロバートソン[31]も，その告発演説の意図として，被告のニコマコスが後期の法典編纂作業で祭儀の行事数と費用を増やしたので国家に財政上の損失を与えたことを告発することに着目している[32]。

このように問題のニコマコス告発の理由は，被告が国家に財政上の損失を与えた件であると説明することができる。さらに，かかる告発理由は，彼の前期の「法典編纂」作業の目的と関連がある可能性も推測できよう。なぜならば，彼の告発理由に注目すると，もし被告の1期目の前410-404年の「法典編纂」作業の目的が国家の財政支出を抑えることであれば，より一層彼の犯した罪が告発されるに値することになるからである。

以上のように，リュシアスの第30番のニコマコス告発演説文の解釈からも，ニコマコスの前期の「法典編纂」作業の目的が，国家財政に関するものであり，財政支出を抑えることであったことが導き出されるであろう。

第5項　ニコマコスの前期作業とドラコンの法およびの評議会法との関係

前項までの考察から，ニコマコスの前期の法典編纂作業を国家財政に関するものであるとみる見方が出てきた。けれども，この見方に対しては，これまでの研究者たちの諸論をみてみると，問題のニコマコスらのアナグラペイスが，前述の碑文史料以外にも，ドラコンの殺人に関する法の再公表碑文（I.G. I³ 104）や評議会法，別名民主政憲章の条令（I.G. I³ 105）を石碑に刻んだという説があり，これが障害となる。そこで，次には，彼らア

第3部　いわゆる「パトリオス=ポリテイア」問題とテラメネスの政治思想

ナグラペイスとこれらの碑文との関係についてみてみることにする。
　ドラコンの殺人に関する法の再公表碑文（I.G. I³ 104）のテキストの主要部は下記のとおりである。

　　ドラコンの殺人に関する法の再公表
　　　　　　　フレアリオイ区のディオグ［ネ］トスが書記であ［った。］
　　　　　　　　ディオクレスがアルコンであった。
　　評議会と民会が決議した。アカ［マ］ンティス部族がプ［リ］ュタネ
　　　　　　　　　　　　　イアの会を開き，［デ］ィオ［グ］
　　ネトスが書記で，エウテュディコスが議長で，..e...アネスが提案した。
5　ドラコンの法で殺［人］に関するものを法のアナグラペイスが記録す
　　べきで，王（のアルコン）から受け取った後に，評議会の［書記］た
　　　　　　　　　　　　　　　　　　　　　　　ち［と］とも［に］
　　大理石の石碑に，そして王のストア［の］前［に］建［て］る
　　べし。ポーレータイが法［に従って注］文に［出すべ］
　　し。ヘレノタミアイがその費［用］をまかなうべし。
10　第1のアクソン。
　　　　　　　　たとえ［故］意にでなくても［誰かが人を殺したなら
　　　　　　　　　　　　　　　　　　　　ば，追放］さ［れるべし。］
　　王（のアルコン）は殺人罪［で］有罪であると判決を下すべし
　　　　　　　　　　　　　　　　　　e.................e［企］んだ
　　者であれ。エペテスたちが判決を下す［べ］し。［赦免すべし，もし
　　　　　　　　　　　　　　　　　　　　　　　　　　父親］または
　　兄弟または息子がいるならば，全員でもって，あるいは拒否［する者
　　　　　　　　　　　　　があれば（その者が）主導すべし。もし］それ
15　らの者たちがいないならば，いとこ［の］息子と［いとこ］までで，
　　　　　　　　　　　　　　　　　　　　　［もし全員がその気］が
　　あれば，赦免すべし。拒否［する］者があれば（その者が）［主］導
　　す［べし。もしそういう者が1人ですらいない場合，殺］し

第 6 章　ニコマコスのいわゆる「法典編纂」作業について

たのが故意でなくて，[51人のエペテスたちが，故意でなく] 殺した と判断
すれば，[もし10人のフラトリア員がその気があれば]，入国を許されるべし。[その]
51人は家柄の面［から選ばれるべし。これより］前に
20　殺した者［たちもまた］こ［の掟の適用を受けるべし。］殺した
者たち［にア］ゴラ［内でいとこの息子といとこまでが公言すべし。共同して告発する］のは，
いと［こいとこの子供たちと娘婿と義理の父］と
フラ［ト］リ［ア員たちであるべし。.................................］殺人の
件で有罪［である.........................51］人
25　は...........................殺人の件で
有罪とされ［た................... もし］誰かが当
の［人］殺［しの者を殺した場合，または殺人の件で有罪である場合に，国境］にあるアゴラや［競技やアンピクテュオンの神域から離れているならば，まさにアテ］ナイ人を
［殺し］た［者と同じ（掟）の適用を受けるべし。］エ［ペ］テスたちが［判決を下すべし］
30　...e........................　　　　〔以下略〕

I.G. I³ 104　（前409年春頃）

　前409年春頃に作られたドラコンの殺人法の再公表碑文は，このテキストを書き写した役人として5－6行目に"hoi anagraphês tôn nomôn"（法のアナグラペイス）を挙げている。リュシアスの演説文（Lysias, 30）からニコマコスがやはりアナグラペウスであることが知られているので，何人かの研究者が，ニコマコスらのアナグラペイスがこのドラコンの殺人法の再公表碑文も手掛けたと考えている[33]。けれども，この碑文の内容は，その

277

名のとおり殺人に関する法，現存する碑文から窺えるのは故意でない殺人に関する法であり，ニコマコスの「法典編纂」碑文の内容とは全く異なる。また，彼の「法典編纂」碑文がいくつかの連結された石碑から構成されていると考えられるのに対して，ドラコンの法の碑文は単体の石碑である[34]。また，このドラコンの法の石碑が設置された場所は，原語では碑文の7－8行目に記されているとおり，「王のストア（Stoa Basileios）［の］前」で，すなわち屋外であるのに対して，問題のニコマコスの法典編纂碑文の石碑は，ある建物内に設置されたと考えられている[35]。さらに，ドラコンの法の再公表碑文の前文には，この法をアナグラペイスが石碑に書き写すために大理石をポーレータイが注文してヘレノタミアイがその費用をまかなうように評議会と民会が決議したと記載されている（I.G. I³ 104, l. 8-9）。かかる前文の記述は，確かによくみられるものであるかもしれないが，それを当時のアテナイの財政事情に照らして考えてみると，そして後の前399年にニコマコスが告発された時に彼の2期にわたるアナグラペウスの就任期間について当初よりも非常に長くなったことが非難されていること（Lysias, 30.2, 4）に照らして考えてみると，この単体のドラコンの法の再公表碑文が，官職日当その他の費用の倹約のために，これ独自の担当のアナグラペイスによって刻まれて，この石碑の製作にかかった費用がこれ単独の案件でまかなわれたと考えるのが自然ではないだろうか。

　また，前409年頃に定められた[36]評議会法の条令については，その前文の部分が判読し難いのでどのような人物がこの碑文を刻んだのか分からないが，何人かの研究者が，前述のドラコンの殺人法の再公表碑文から類推することによって，これもまたニコマコスらのアナグラペイスの作業の成果であると考えている[37]。けれども，この評議会法碑文もまた単体の石碑から成っているし，その内容がニコマコスの「法典編纂」碑文とは全く異なるので，これもまたこれ独自の担当のアナグラペイスが刻んで，これ単独の案件としてヘレノタミアイが製作費用をまかなったと考えるのが自然であろう。

　そこで，ニコマコスの「法典編纂」碑文と，ドラコンの法および評議会

法の碑文との間には，それらの内容が全く違うことと石碑製作の事情から，全く関係がない，と言えるのではなかろうか。従って，国家財政に関すると考えられるニコマコスの前期の「法典編纂」碑文は，ドラコンの法および評議会法とは切り離して取り扱うことができるであろう。

小　結

前411－404年にニコマコスらのアナグラペイスによって行なわれた「法典編纂」作業の成果であると考えられている碑文が11個存在する。その内容は，供犠に関する法または供犠暦，トリエラルキア法，そして諸税に関する法である。その数が非常に少ないので，現存する碑文史料から，その作業の意図や編纂された法典の内容を包括的に推測することには無理があるかもしれない。だが，現存する史料を当時のアテナイの国家財政の状況に照らしてみると，その「法典編纂」作業の意図は，当時のアテナイの国家財政の緊縮を狙ったものであるといえる。従って，もしそのようにその意図を考えることができるならば，従来，研究者たちの間で「法典編纂」と呼ばれてきた，このニコマコスの「法典編纂」作業はとてもアテナイの「法典編纂」の名に値するようなものではなかった可能性が出てくる。また，それゆえにニコマコスらの作業は，同じ時期に彼を含むアナグラペイスによって作られたとこれまで考えられてきた，ドラコンの殺人に関する法の再公表碑文や評議会法の碑文とは別個に作業が行なわれたと考えられる。

註

1）Oliver, *op. cit.*, p. 5-32.
2）Dow, *Hesperia* 10 (1941), p. 31-37; do., *Hesperia* 30 (1961), p. 58-73. Cf. Dow, *P.M.H.S.* 71, p. 3-36; do., "Six Athenian Sacrificial Calendars," *Bulletin de Correspondance hellénique* 92 (1968), p. 170-186.
3）*I.G.* I³ 236-241 (p. 206-210).
4）Meritt, *Hesperia* 3 (1934), p. 1-128.
5）ここで，前節と同様に，前期の碑文群をＡ－Ｋのアルファベットと*I.G.* I³の番号

第 3 部　いわゆる「パトリオス゠ポリテイア」問題とテラメネスの政治思想

で，後期の碑文群を*I.G.*の番号と公表論文で記したが，Dow, *Hesperia* 30 (1961)によって断片 A から断片 K までと，加えて*I.G.* I³によって番号または呼び名が付されているものに従った。詳細は，本章の第 1 節および拙稿「ニコマコスの初期の法典編纂碑文について」『研究紀要』(詫間電波工業高専) 18号，1990年，49－61頁を参照せよ。

6) Hignett, *op. cit.,* p. 300-302; A.R.W. Harrison, "Law-Making at Athens at the End of the Fifth Century B.C.," *J.H.S.* 75 (1955), p. 31; E. Ruschenbusch, "Die sogenannte Gesetzcode vom Jahre 410 v.Chr.," *Hisroria* 5 (1956), p. 126-127; Dow, *Historia* 9 (1960), p. 271-272; Ostwald, *op. cit.,* p. 511. ただし，MacDowell, *Andokides*, p. 197-198は，ニコマコスの後期の活動がテイサメノスの条令と関係がないと論じる。

7) Harrison, *op. cit.,* p. 31; Stroud, *op. cit.,* p. 24-25; Harding, *A.J.A.H.* 3 (1978), p. 179; Ostwald, *op. cit.,* p. 410; Hardy Hansen, *Aspects*, p. 8-9.

8) Ostwald, *op. cit.,* p. 409-411.

9) Robertson, *op. cit.,* p. 56-58.

10) 詳しくは，本章の第 1 節第 1 項「ニコマコスと法典編纂作業について」および拙稿，『研究紀要』18号，54－55頁を参照せよ。

11) Oliver, *op. cit.,* p. 5-32.

12) 当該碑文史料の*I.G.*の番号，テキストおよび写真の掲載雑誌等については，本章の第 1 節第 2 項「ニコマコスの法典編纂碑文の断片について」および拙稿，『研究紀要』18号，50－54頁をみよ。

13) この碑文史料については，前野弘志「〔ΤΑΙ〕Σ ΑΠΟΙΚΙΑΙΣ ΚΑΙ ΚΛΕΡΟΚΙΑ〔ΙΣ〕―クレールーキア概念の再検討～碑文史料IG. I³ 237の解釈をめぐって―」『史学研究』191号，1991年，34－52頁が，ペロポネソス戦争後期の間接税に関する規定であるという説を唱える。彼の論は，問題の碑文の製作年代や当該の法典編纂作業には触れずに，ただ碑文上の「間接税」と「アポイキアとクレールーキア」という言葉にのみ着目して自説を展開しているので，問題があり，ここでは扱わない。

14) *I.G.* I² 140. この箇所に"DE VECTIGALIBVS"という見出しがついている。

15) *I.G.* I³ 236 b (p. 206-207).

16) 当該碑文史料の内容について，詳細は，本章の第 1 節第 3 項「ニコマコスの前期法典編纂碑文の内容」および拙稿，『研究紀要』18号，55－57頁を参照せよ。

17) Aristoteles, *Ath.* 29.5の中の諸提案がTh., 8.67.2-3のコロノス民会での提案とほぼ同じ内容であることについては，例えば，Rhodes, *C.A.P.,* p. 362-365および上記の第 1 部第 2 章第 1 節をみよ。

18) Jacoby, *F.G.H.* 3.b (Supplement) Vol. 2, p. 113 n. 12; Meiggs & Lewis, *op. cit.,* p. 258; Rhodes, *A.B.,* p. 99 n. 4, p. 102; do., *C.A.P.,* p. 391-392.

19) 註16を参照せよ。

20) 前410年夏の民主政復興の史実は，Andocides, 1.96-98のデモパントスの条令からの推論であり，定説である。Cf. e.g. Rhodes, *J.H.S.* 92 (1972), p. 125-126; do., *C.A.P.,* p. 415-416.

21) ヘレノタミアイは従前は各部族 1 名ずつ選出されていたが，前410/9年の*I.G.* I³

375（＝Meiggs & Lewis, *op. cit.*, No. 84）で11名が登場することから（cf. Busolt, *G.S.* 2, p. 1132 n. 3），その年以後20名に増員されたと考えられている。Cf. e.g. Rhodes, *A.B.*, p. 102; do., *C.A.P.*, p. 391-392.

22）Lysias, 32 *Against Diogeiton* 24, 26 が最初の事例である。Cf. Busolt, *G.S.* 2, p. 1200-1201.

23）W.S. Ferguson, *The Treasurers of Athena* (Cambridge, 1932), p. 104-106 apud Rhodes, *C.A.P.*, 391; 村川訳『アテナイ人の国制』206頁　註7。

24）LSJ, s.v. ποριστής.

25）Oliver, *op. cit.*, p. 7.

26）Jebb, *Attic Orators* 1, p. 225; Roberts, *Accountability*, p. 26.

27）Dow, *Historia* 9 (1960), p. 274-277.

28）A.R.W. Harrison, *The Law of Athens: Procedure*（以下*Law*と略す）(Oxford, 1971), p. 50.

29）J.H. Lipsius, *Das attische Recht und Rechtsverfahren* 1 (Hildesheim, 1966), p. 199-200; Th. Thalheim, "Zur Eisangelie in Athen," *Hermes* 37 (1902), p. 340; 橋場弦「古典期アテナイのエイサンゲリア（弾劾裁判）について－その手続きと民主政における意義－」『史学雑誌』96-7号，1987年，15頁；同，前掲書，85，89，213頁。

30）Hansen, *Eisangelia*, p. 28, 117.

31）Robertson, *op. cit.*, p. 58, 72-73.

32）ただし，Dow, *Historia* 9 (1960), p. 274-277は，Lysias, 30.22が国家財政に損失を与えたことを問題にしていることについて，ニコマコスの作業が合法であるので彼に責任がないと論じている。

33）Oliver, *op. cit.*, p. 7; Harrison, *J.H.S.* 75 (1955), p. 30; Dow, *Historia* 9 (1960), p. 271, 279; Stroud, *op. cit.*, p. 25-26; Meiggs & Lewis, *op. cit.*, p. 265; K. Clinton, "The Nature of the Late Fifth-Century Revision of the Athenian Law Code," *Studies in Attic Epigraphy, History and Topography Presented to Eugene Vanderpool, Hesperia Supplement* 19〔以下 "Athenian Law Code" と略す〕(1982), p. 30, 35; Ostwald, *op. cit.*, p. 407 n. 249; Hardy Hansen, *Aspects*, p. xvii, 1, 17-19; Robertson, *op. cit.*, p. 53.

34）〔Demosthenes〕, 47.71が，ドラコンの法の碑文が単体のstêlê（石碑）であると証言している。Cf. Robertson, *op. cit.*, p. 56 n .42.

35）Oliver, *op. cit.*, p. 7; Dow, *Hesperia* 30 (1961), p. 64.

36）F.X. Ryan, "The Original Date of the δῆμος πληθύων Provisions of *IG* I³ 105," *J.H.S.* 114 (1994), p. 120.

37）Harrison, *J.H.S.* 75 (1955), p. 31; Meiggs & Lewis, *op. cit.*, p. 265; Ostwald, *op. cit.*, p. 419; Hardy Hansen, *Aspects*, p. xvii.

第3節 ニコマコスの後期の「法典編纂」碑文について

　研究者の間では，古典期のアテナイで前410－404年と前403－399年の前・後期の2度にわたってアナグラペイスの役人たちが法典の編纂作業を行なったと考えられている。その役人たちの中にニコマコスという人物がおり，彼はその作業後の前399/8年に告発された（Lysias, 30）。彼の法典編纂作業の成果とみなされている断片が，本章第1節第2項の中で述べたように，14個現存している。

　ところで，ニコマコスの2度にわたる「法典編纂」作業の目的について，前期作業については筆者が，前節の中で，研究者たちの諸説に言及しながら，当時のアテナイの国家財政の緊縮を図るために関連の法が彼によって編纂されたという仮説を提唱した。

　他方，後期作業については，断片A－Eの後期壁面に消去跡があることと，前403年のテイサメノスの諸法審査の条令（Andocides, 1.83-84）の検討から，これまで研究者たちによって様々な説が唱えられてきた。オリヴァー[1]とダウ[2]がニコマコスの法典編纂碑文のテキストを公表した後，ルシェンブシュ[3]は，ニコマコスの前期作業の改訂法典が結局公表されなかったが，三十人僭主が前期壁面を刻文したと唱えた。ダウ[4]は，後期壁面に消去跡があることと，消去跡のある面の後期壁面が，壁の装飾と接合面の加工から判断して，主要な面として企画されたことを提唱した。フィンガレット[5]は，前410－404年に両面の壁面に刻文されて両面が見えるように置かれたが，三十人僭主の時代に後期壁面の一部が消去されたので，その後に再刻文されて後期壁面のみが見えるように置かれたと唱えた。クリントン[6]は，前期作業でソロンとドラコンの法が刻文された後，前403年のテイサメノスの条令によって消去と法典の再公表が提案されたが，前期作業の成果も残されたと提唱した。他方，ロバートソン[7]は，前期作業で両面の壁面に諸法が刻文されたが，その後消去され再刻文されたのは後期

第6章　ニコマコスのいわゆる「法典編纂」作業について

の作業の時ではなくニコマコスの裁判後であるという新説を唱えた。だが，ローズ[8]がこれに反論して，再刻文された後期壁面が，従来の説のとおり，後期作業の成果であると考えた。

そこで，本節の目的は，初めに，ニコマコスの後期の法典編纂作業の目的を考察するためにその予備的作業として，彼の後期壁面の法典編纂碑文の史料について基礎的な検討を行なうことである。さらに，最近のロバートソン説とそれに対するローズの反論を吟味する際にその鍵となる手掛かりは，前期壁面の碑文の内容と後期壁面の碑文の内容の間にどのような違いがみられるかを明らかにしてひとつの指針とすることである，と筆者は考えるので，2番目に両壁面の碑文の内容を比較して検討したい。

第1項　後期壁面の碑文の内容について

初めに，ニコマコスの法典編纂碑文の後期壁面の内容をみてみる。これらの碑文の各々の刻文内容の一覧については本章第1節第2項を参照されたい。また，下記の碑文テキストの表記は本来のギリシア語文字ではなく英字アルファベットを代用する。

（1）断片Aの後期壁面の碑文

断片Aは，2つの石片からなるが，そのうちの左側の大きい方の石片のE.M.6721の後期壁面は，ダウ[9]によれば，履物による磨滅によって表面が滑らかであり，すべての刻文文字が消されているので，判読不能である。他方，右側の小さい方の石片のE.M.8001の後期壁面の碑文は，テキストが*I.G.* II² 1357a, オリヴァー論文（*Hesperia* 4）23頁，ソコロウスキの著書[10] 34頁，*S.E.G.* 15.114で公表されている[11]。以下でそのテキストの内容をみてみる。なお，行数は，*I.G.* II² 1357aに従う。

1－2行目は，数文字しか判読できないので，不明である。3行目にはpemptêiと刻字され，「5日に」と供犠暦の日付が記されている。4行目には本文にek tôn kata m[ê]naと，その右側の欄に[.]Γ├と刻字されている。

283

第3部 いわゆる「パトリオス=ポリテイア」問題とテラメネスの政治思想

本文のものは，「月毎のものから」と供犠暦の見出しが記されている。右側の欄のものは，当該の本文のコラムの右隣に位置するコラムの左側に記された，犠牲獣または報酬の金額を表示したものと考えられる。その金額の刻字文字は，左端の文字が判読不能であるが，おそらくΔΓ├で，「16ドラクマ」であろう。5行目には本文にErechthei arneôsと，その右側の欄にΓΗと刻字されている。本文のものは，「エレクテウスへ雄羊」と供犠の奉納先と品目が記されている[12]。エレクテウスは，アッティカ4部族の名祖の名であるので，この供犠の内容がクレイステネスの改革以前の比較的古いものに由来することが推測できよう。右側の欄のものは，前行と同様に，当該の本文のコラムの右隣に位置するコラムの左側に記された，犠牲獣または報酬の金額を表示したものと考えられ，「6ドラクマ」である。6－7行目には本文にek tôn phylo | basilikônと刻字されている。さらに，7行目にはその右側の欄にΙCと刻字されている。本文のものは，「ピュロバシレウスたちのものから」と供犠暦の見出しが記されている。ここで「ピュロバシレウス（部族王）たち」と記されているので，ダウ[13]は，この供犠が，彼ら自体の起源と同様，非常に古いものであり，クレイステネスの改革以前のイオニア4部族に関連するものであり，さらにこの供犠のテキストをソロンが編纂したと考えた。7行目の右側の欄のものは，4，5行目と同様に，当該の本文のコラムの右隣に位置するコラムの左側に記された，犠牲獣または報酬の金額を表示したものと考えられ，「1と2分の1オボロス」である。8行目にはphylobasil[eus]iと刻字され，「ピュロバシレ［ウスたち］へ」と何かの報酬の受取人が記されている。9－22行目は，刻字文字がほとんど判読されていないので，省略する。23行目には本文の左側の欄にΙと，本文に，オリヴァー[14]の復元によれば，oino pentê[konta]と刻字されている。本文のものは，「ワイン5［0］」と奉納品目とその容量が記されているが，容量の単位は不明である。左側の欄のものは，「1オボロス」と，その奉納品のワインの金額と推測されるものが記されている。ここで4行目からの5日の供犠の内容が終わり，次の行から翌日のものの内容に入る。24行目にはhektêiと刻字され，「6日に」と

第6章　ニコマコスのいわゆる「法典編纂」作業について

供犠暦の日付が記されている。25行目にはek tôm mê rhêtêiと刻字され，「(日日について) 特定されないものから」と供犠暦の見出しが記されている。この語句については，フェイルズ＝ジュニア[15]が，ここでは省略されているが形容詞rhêtos (特定された) で形容されるはずの名詞が何かを問題とし，それがhêmerâ (日) であることを明らかにしているし，また，ダウ[16]が，その語句の「(日日について) 特定されない」が，その祝祭日が，今日のイースター祭のように，季節に割り当てられた祝祭のもので年毎に日日が移動するものであることを意味すると説明している。さらに，ダウ[17]は，この箇所の供犠の一覧表がソロンによって作成されたが，「(日日について) 特定されない」供犠が「6日に」と特定されているので，当該の供犠の日日がニコマコスによってその日に割り当てられたと述べている[18]。26行目にはAthênaiaiと刻字され，「アテナへ」と供犠の奉納先の女神の名が記されている。この26行目の下に水平線の刻み跡があり，その刻線の下に次行の刻字文字がある。その刻線は，当該の石片の左隣の石片 (E.M. 6721) の後期壁面に延びている[19]。それゆえに，この刻線以下の碑文の内容が，それより上の碑文の内容とは異なっていると，換言すれば，それら2つの内容がつながっていないと推測することができる。そして27−31行目には前述の3−26行目の本文のコラムの真下の部分にひとつのコラムが，その左隣に別のコラムがある。以下では前者を本文のコラムと，後者を左隣のコラムと呼ぶ。27行目には本文のコラムに[Apo]llôniと刻字され，「[アポ]ロンへ」と供犠の奉納先の神の名が記されている。同じく27行目の左隣のコラムには左端の判読不能の箇所に続いてkata tênと刻字されており，次行の銘文に続く。28行目には本文のコラムにtade hep[e]sthai tôi kan[ôi]と刻字され，「以下のものが籠 [に] 随伴すべし」とひとつの文章が記されている。これは，これまでの供犠暦の表記法，すなわち日付，ekに始まる見出し，奉納先と品目，金額のパターンとは異なる。同じく28行目の左隣のコラムには，*I.G.* II² 1357aの復元によれば，[manteian tên di' Ha]rmatosと刻字され，前行から続いて「[ハ]ルマ山[域の予兆]に従って」と記されている。左隣のコラムは，29行目以下が判読されていない。

29行目には本文のコラムにtripoda epitoxida s[---]と刻字され,「3ポドス（約90cm）のイノシシを----」[20]と記されている。30行目には本文のコラムにstemma progonio[n]と刻字され,「祖先を示［す］輪飾りを」と記されている。31行目には本文のコラムに, I.G. II² 1357aの復元によれば, [lêmn]iskon sphair[an]と刻字され,「［羊毛］ひもの毯を」と記されている。以上が断片Aの後期壁面の碑文の内容である。

　その内容をまとめると, 石片の下部にある刻線より上の3－26行目が, この碑文からは何月かは分からないがその月の5日の供犠の内容と6日の供犠の一部の内容である。5日の供犠は, 供犠の一覧表の情報源を示す, ekで始まる見出しからピュロバシレウスたちに関連するものであることが分かる。この日の供犠は, ダウ[21]によってボエドロミオンの月の5日のゲネシア祭のものと考えられている。そして6日の供犠は, ekで始まる見出しから, かつて年毎に催される日が移動した祝祭に関連するものであることが分かる。それら2つの供犠は, 前述のとおり, ダウによってソロンにより編集された, 比較的古い供犠であったと考えられている。また, 刻線より下の27－31行目は, ダウ[22]によって, 正規の供犠の一覧表の一部ではなく, 状況についての詳述で, 予兆やその類のものであり, 脚注に似たものと推定されている。

（2）断片Bの後期壁面の碑文

　断片Bの後期壁面の碑文のテキストにはI.G. II² 1357b, オリヴァー論文（Hesperia 4）24頁[23], ソコロウスキの著書35頁, S.E.G. 25.162, H. ハンセンの著書66頁[24]がある[25]。以下ではI.G. II² 1357bのテキストを中心にしてその内容をみてみる。

　1－2行目には hiereai Athênai | as Poliadosと刻字され,「アテナ・ポリアスの女神官へ」と供犠の奉納品か何かの受取人が記されている。3行目には本文にapometraと, その左側の欄にΔと, 本文の右側の欄にΓと刻字されている。本文のものは,「手当」と品目が, 左側の欄のものは, その手当の金額[26]を表示するものが記されている。右側の欄のものは, 当該

の本文のコラムの右隣に位置するコラムの左側に記された，犠牲獣または報酬の金額を表示したものと考えられる。4行目には本文にHermêi el Lykeioと，その右側の欄に｜と刻字されている。本文のものは，「（アポロンの）リュケイオス（神域）内のヘルメスへ」[27]と供犠の奉納先の神の名が記されている。右側の欄のものは，3行目と同様に，当該の本文のコラムの右隣に位置するコラムの左側に記された，犠牲獣または報酬の金額[28]を表示したものと考えられる。5行目には本文にoisと，その左側の欄に├と刻字されている。本文のものは，「羊」と奉納品目が，左側の欄のものは，その犠牲獣の金額[29]を表示するものが記されている。6行目には本文にhiereôsynaと，その左側の欄に｜｜と刻字されている。本文のものは，「神官の報酬」と品目が，左側の欄のものは，その報酬の金額[30]を表示するものが記されている。7行目には[he]bdomêi histamenoと刻字され，「上旬の［7］日に」と供犠の日付が記されている。8行目にはes hebdomaionと刻字され，「7日目の（アポロンの）祝祭に」と日日の指定が記されている[31]。9－10行目にはois leipo｜gnômônと刻字され，「印のない羊」と奉納品目が記されている。11－12行目にはPythais[ta]is thy｜ôn.aisと刻字されている。Pythaistais thyônで「供物でアポロンに使える者たちへ」[32]となるのに対して，.aisは不明である[33]。以上が断片Bの後期壁面の碑文の内容である。

　その内容をまとめると，1－6行目が，何月かは分からないがその月の6日またはそれ以前の日の供犠の一部の内容であり，7－12行目が，7日の供犠の一部の内容である。供犠暦の書式は，断片Aの後期壁面の3－26行目と同じである。だが，ekで始まる見出しは見当たらない。

（3）断片Cの後期壁面の碑文

　断片Cの後期壁面の碑文のテキストにはオリヴァー論文（*Hesperia* 4）21頁とH. ハンセンの著書82－84頁がある[34]。H. ハンセンのテキストは，3つのコラムのうち最初の2つのコラムのテキストのみを収録している。コラム3については桜井の邦訳がある[35]。以下ではオリヴァー論文

第3部　いわゆる「パトリオス゠ポリテイア」問題とテラメネスの政治思想

(*Hesperia* 4) 21頁のテキスト[36]を中心にしてその内容をみてみる。原典のギリシア語テキストの中にはオリヴァーの復元を校訂すべき点が数ヵ所あるので，そのギリシア語テキストも英字の形で併記する。なお，この壁面には水平の刻線があり，30行目だけがその刻線の上にある。以下では，テキストが長いので，それを行数，復元されていれば犠牲獣または報酬の金額，奉納品目または項目の順に挙げる。翻訳テキストは，本章第1節第2項の中に掲載のものの繰り返しになるが，内容の吟味の手助けになるので再掲載する。なお，下記のテキストでは刻線を表すものを省略する。

断片C　後期壁面

コラム1

```
                [oino] hex khoes
                [elai]o khos
                [melit]o[s] hêmikhon
    [--]        [hiereôs]y[n]a
5               [deuterai] phthinontos
                [ek tôn ka]ta mêna
                [Athêna]ai pharos[37]
                [eriôn] katharôn
                [.....]res[38]
10              [.....]res
                [.....]ion
                [Athêna]iai
   [Δ⊦⊦]        [Ergan]êi ois
                [Athêna]ai pros
15[Δ⊦⊦]         [ton ne]on ois
                [kephal]aion
                [.....] ⊦II
                　空白
        [Skirophori]ônos[39]
```

第6章　ニコマコスのいわゆる「法典編纂」作業について

20 　　　　[.......hi]stameno
　　　　　[ek tôn ka]ta mêna
　　[--]　　[Athêna]ai bos kritê
　　[--]　　[hiereô]syna
　[⊦⊦⊦]　　[Korot]ro[ph]ôi khoiros
25　　　　[magei]rôi krithôn[40]
　　　　　[medim]nos
　　　　　[oino am]phoreus
　　　　　[hektêi hista]meno
29　　　　判読不能

コラム2
30　Tade to heteron etos thyetai a[po Lakhêtos arkhontos protera
　　　　dramosynê][41]

　　　　Hekatombaiônos
　　　　　pemptêi epi deka
　　　　　　ek tôn phylo-
　　　　　　　basilikôn
35　　　　　Gleontôn phylêi
　　　　　　Leukotainiôn
　　　　　　trittyi oin
　⊦⊦⊦⊦　leipognômona
　⊦⊦⊦⊦II　hiereô[s]yna
40　　　　phylob[a]sileusi
　⊦　　　nôto
　　　　　kêryki ômo
　　IIII　　podôn kephalês
　　　　　hektêi epi deka
45　　　　ek tôn phylo-
　　　　　　basilikôn
　　　　　Gleontôn phylêi
　　　　　Dii Phratriôi kai

289

第3部　いわゆる「パトリオス＝ポリテイア」問題とテラメネスの政治思想

```
                        Athênaiai Phra-
50                      triai boe dyo
    ⌐Δ⌐                 [l]eipognômone
    Δ Γ ├               hiereôsyna
                        phylobasilei
                        skelos
55                      kêry[k]i khelyos
    ├ ├III              pod[ôn] kephalês
                        t[roph]ei krithôn[42]
                        m[edim]n̯oi
59                          判読不能

    コラム3
60   Δ ├ ├              Themidi ois
     Δ Γ                Dii Herkeiôi o[is]
     Δ ├ ├              Dêmêtri ois
                        Pherrephattê[i]
   Δ Γ ├ ├              krios
65   Δ Γ                Eumolpôi o[is]
     Δ Γ                Delikhôi hê[rôi ois]
     Δ Γ                Arkhêgetê[i ois]
     Δ Γ                Polyxen[ôi ois]
                        Threptôi [krios][43]
70 Δ Γ ├ ├              kritos
     Δ Γ                Dioklô̯[i ois]
     Δ Γ                Keleôi [ois]
                        Eumolp[idai]
                        tauta [thyosin]
75                      hierea[i Dêmêtros]
       H                apom̯[etra]
                        ek tôn st̯[êlôn][44]
   (├) ├ ├              khoir[os---]
     Δ ├ ├              Hesti̯[ai ois]
```

290

第6章　ニコマコスのいわゆる「法典編纂」作業について

80　Δ ├ ├　　Athêṇ[aiai ois]
　　Δ　　　　Kha[risin---]
　　　　　　Her[mêi---]
　　ΔΓ　　　En[agôniôi ois][45]
　　Δ　　　　[------]
85　ΔΓ　　　Hê[phaistôi(?) ois][46]
　　ΔΓ　　　D[ii ois][47]
87　　　　　判読不能

コラム1
　　　　　　［ワイン］6クース
　　　　　　［オリーブ］油1クース
　　　　　　［ハチミ］ツ半クース
　　[--]　　［神官の］報［酬］
5　　　　　月末から［2日目に］
　　　　　　月毎［のものから］
　　　　　　［アテナ］へ大布(b)
　　　　　　［羊毛の］清浄のもの(b)
　　　　　　[.....]res
10　　　　　[.....]res
　　　　　　[.....]ion
　　　　　　［アテナ］へ(b)
　[12ドラクマ]［働く］女〈アテナ〉へ羊(b)
　　　　　　［若］さのための(b)
15 [12ドラクマ]　［アテナ］へ羊(b)
　　　　　　［総］額
　　　　　　［？］ドラクマ2オボロス
　　　　　　　空白
　　　［スキロポリ］オンの月
20　　　　上旬の［？日に］
　　　　　　月毎［のものから］
　　[--]　　［アテナ］へ選り抜きの牛
　　[--]　　［神官の］報酬

291

第3部　いわゆる「パトリオス=ポリテイア」問題とテラメネスの政治思想

```
            ［3 ドラクマ］［クロト］ロ［ポ］スへ豚
25               ［屠畜］人へ大麦(b)
                 ［1 メディム］ノス
                 ［ワイン1アン］ポレウス
             ［上］旬の［6日に］
                 [--------]


         コラム2
30          以下のものが2年毎に奉納される，［ラケスのアルコンの年から，
                               初めの連続物の供犠］(a)⁴⁸⁾


31          ヘカトンバイオンの月
               15日に
                   ピュロバシレウス
                   たちのものから
35                     ゲレオンテス部族へ
                   レウコタイニアの
                   トリッテュスへ羊を
         4ドラクマ    印のないものを
     4ドラクマ2オボロス 神官の報酬
40                 ピュロバシレウスたちへ
          1ドラクマ    背
                   伝令使へ肩
          4オボロス    足，頭
               16日に
45                 ピュロバシレウス
                   たちのものから
                       ゲレオンテス部族へ
                       フラトリアのゼウスと
                       フラトリアのアテナ
50                 へ牛2匹
          50ドラクマ    印のないものを
          16ドラクマ    神官の報酬
```

292

第6章　ニコマコスのいわゆる「法典編纂」作業について

		ピュロバシレウスへ
		脚
55		伝令［使］へ胸
	2ドラクマ3オボロス	足，頭
		［飼育人］へ大麦(b)
		［数メディム］ノス
		[- - - - - - -]

コラム3

60	12ドラクマ	テミスへ羊
	15ドラクマ	家の守り神ゼウスへ［羊］
	12ドラクマ	デメテルへ羊
		ペルセポネーへ
	17ドラクマ	雄羊
65	15ドラクマ	エウモルポスへ［羊］
	15ドラクマ	英［雄］メリコスへ［羊］[49]
	15ドラクマ	アルケゲテス［へ羊］
	15ドラクマ	ポリュクセノ［スへ羊］
		トレプトスへ［雄羊］(b)
70	17ドラクマ	選り抜きのもの
	15ドラクマ	ディオクロス［へ羊］
	15ドラクマ	ケレオスへ［羊］
		エウモルピ［ダイが］
		以上のものを［奉納する］
75		［デメテルの］女神官へ
	100ドラクマ	手［当］
		［石碑］から(c)
	3ドラクマ	豚［- - -］
	12ドラクマ	ヘスティ［アへ羊］
80	12ドラクマ	アテナ［へ羊］
	10ドラクマ	カ［リスたちへ - - -］
		ヘル［メスへ - - -］
	15ドラクマ	競技［主宰の神へ羊］(b)

293

第 3 部　いわゆる「パトリオス＝ポリテイア」問題とテラメネスの政治思想

```
         10ドラクマ      [------]
85       15ドラクマ      ヘ［パイストス？ヘ羊］
         15ドラクマ      ゼ［ウスヘ羊］(b)
                       [------]
```

碑文：Oliver, *Hesperia* 4, p. 21　記述法：ストイケドン　年代：前403年以降
(a) Dow, *Historia* 9, p. 289, (b) *S.E.G.* 21.540, (c) Dow, *P.M.H.S.* 71, p. 15-20.

　以上が断片Cの後期壁面の碑文のテキストである。
　次に，その内容をみてみると，この壁面の碑文は，見出し，奉納品目とその奉納先，金額を記した，精巧にできた供犠暦である。供犠暦の書式は，断片Aの後期壁面の3－26行目と断片Bの後期壁面と同じである。見出しについては，30行目の見出しは，この壁面を水平に走る刻線の上にあり，大見出しで，コラム2－3が2年毎の供犠の初めの連続物の供犠であることを示している。次に，33－34行目と45－46行目にek tôn phylobasilikônと，77行目にek tôn st[êlôn]とekで始まる見出しがあり，供犠暦の一覧表の資料の情報源を示している。
　供犠の内容については，これまでに5－15行目がプリュンテリア祭と[50]，20－27行目がスキロポリア祭と[51]，31－43行目がシュノイキア祭の前日の日の一種のプロテュマ（本祭前の捧げ物）の宴会のことと[52]，44－58行目がシュノイキア祭と[53]，コラム3のすべてがエレウシス関係の供犠で[54]，その中の60－76行目が，30行目の大見出しによって2年毎の供犠であることが分かっているので，各オリュンピア期の1年目と3年目に祝われた小エレウシニア祭と[55]，77－86行目が，エレウシスに関連する供犠でソロン以後の制定法によるものであるとともに *I.G.* I³ 5のエレウシスの祭儀法と関連するものであると[56]考えられてきている。

（4）断片Dの後期壁面の碑文
　断片Dの後期壁面の碑文のテキストにはダウ論文（*Hesperia* 10）34頁がある。その掲載テキストをみてみると，初めの行の42行目は判読不能である。43行目には[.....i] his[tameno]と刻字され，「上［旬の？日に］」と供犠

第6章　ニコマコスのいわゆる「法典編纂」作業について

暦の日付が記されている。44−45行目には[ek t]ôn ph[ylo | b]a$\underset{.}{\text{s}}$i$\underset{.}{\text{l}}$i[kôn]と刻字され，「ピ［ュロバ］シレ［ウスたちのものから］」と供犠暦の見出しが記されている。46行目にはph[y]lo$\underset{.}{\text{b}}$[asileusi]と刻字され，「ピ［ュ］ロバ［シレウスたちへ］」と奉納品の受取人が記されている。以上が断片Dの後期壁面の内容である。

　その内容をみてみると，ダウ論文（Hesperia 10）34頁の当該碑文の拓本の写真から分かるとおり，肉眼で判読できる文字が少ないので，断片Cの後期壁面の碑文の32−35行目や44−47行目を参考にしてダウが碑文の内容を復元したと推測される。刻字内容は，供犠暦のうちの日付，ekで始まる見出し，奉納品の受取人の記載がひとつずつあるだけであるが，その供犠暦の書式は，断片Aの後期壁面の3−26行目，断片Bおよび断片Cの後期壁面と同じであると推定される。

（5）断片Eの後期壁面の碑文

　断片Eの後期壁面の碑文のテキストにはダウ論文（Hesperia 10）35頁がある。以下でそのテキストを用いてその内容をみてみる。

　初めの行の49行目には3文字分があり，最初の文字は下半分の垂直な線の一画のみが残っており，次にetと刻字されている。そしてこの行と次の行の間に水平に刻線があるので，ダウ[57]は，断片Cの後期壁面の刻線の上にある30行目が大見出しであることを考慮して，問題の49行目に[Tade to heteron etos th]yet[ai meta lakêta arkhonta hystera dramosynê]（［以下のものが2年毎に奉］納さ［れる，ラケスのアルコンの年の後に，後の連続物の供犠]）と刻文されていると考えた。50行目には[..d]e̱kat[êi]と刻字され，「[..1]0日［に］」と供犠暦の日付が記されている。51行目には[ek] neôn [-----]と刻字され，「新しいもの（供犠）［から-----］」[58]と供犠暦の見出しが記されている。52−54行目は，ダウ論文（Hesperia 10）35頁のテキストによれば，わずかの文字しか判読されておらず，不明である。だが，H．ハンセン[59]は，ダウ[60]がこの箇所を含む52−59行目をヘカトンバイオンの12日のクロニア祭と関連する供犠とみなしたと述べ，奉納先の神々

295

の名前としてアポロン，レートー，ブリトマルティスを挙げている。それらは，それぞれ52行目，53行目，54行目に相当すると思われる。55行目にはKoro[trophôi----]と刻字され，「クロ［トロポスへ----］」と供犠の奉納先の神の名が記されている。56－57行目は1文字ずつしか判読されておらず，不明である。58行目には[D]ii Ne[aniai]と刻字され，「［ゼ］ウス・ネ［アニアスへ］」と供犠の奉納先の神の名が記されている。59行目には[k]rio[s----]と刻字され，「［雄］羊」と奉納品目が記されているので，その左側の欄にその金額が刻字されていることが推定されている。60行目は2文字しか判読されておらず，不明である。61行目について，初めダウは，[t]ộn n[----]としたが[61]，後に彼は[ek t]ộn n[----]と復元した[62]。意味は，「［(ある資料)］か［ら］」であり，それはekで始まる見出しで供犠暦の資料の典拠を示すものである。62－66行目はわずかの文字しか判読されておらず，不明である。67行目は，ダウ論文（*Hesperia* 10）35頁によれば，[..]nt[----]であるが，H．ハンセン[63]は，[ek] t[ô]n t[---]と復元し，ekで始まる見出しと考えている[64]。68－70行目はわずかの文字しか判読されておらず，不明である。71－72行目は判読不能である。以上が断片Eの後期壁面の碑文の内容である。

　その内容をみてみると，49行目の見出しは，この壁面を水平に走る刻線の上にあり，大見出しで，以下の記載事項が2年毎の供犠の後続の連続物の供犠であることを示している。次に，50行目に供犠暦の日付，51行目と61行目に，そして疑わしいが67行目に，ekで始まる見出しがあり，供犠暦の資料の典拠を示す。供犠の内容については，52－59行目が，前述のとおり，クロニア祭に関連するものであると考えられている。また，供犠暦の書式は，断片Aの後期壁面の3－26行目，断片Bおよび断片Cの後期壁面，そしておそらく断片Dの後期壁面，と同じであると推定される。

（6）断片Fの後期壁面の碑文

　断片Fの後期壁面の碑文のテキストには*I.G.* I² 845，ソコロウスキの著書33頁がある[65]。以下では*I.G.* I² 845のテキストを中心にしてその内容をみ

第6章　ニコマコスのいわゆる「法典編纂」作業について

てみる。

　1 － 4 行目には[mênos------ôno | s t]r[i]akadi mi[---dyoi | n] kêrykoin [----ap] | o Eleusin[os-----]と刻字されている。1 行目から 2 行目の前半部は，「[〔？月の3〕0日に]」と供犠の日付が記されている。次のmiは不明である。2 行目の終わりから 3 行目の前半部は，「[2人の] 伝令使へ」(与格の場合) となる。3 行目の終わりから 4 行目は，「エレウシ [スから]」となる。この箇所について*S.E.G.* 25.38は，pr] | o Eleusin[iôn（エレウシ [ニオンの前に）としている。5 行目にはOinoêsi Art[emidi----]と刻字され，「オイノエーのアルテ [ミスへ----]」と供犠の奉納先の神の名が記されている。6 行目には左側の欄に | Δ Δ Δ と，本文にtrittoia[n] b[oarkhon---]と刻字されている。左側の欄のものは，最初の | が不明であるが，次の 3 文字が「30ドラクマ」となり，犠牲獣の金額が記されている。本文のものは，「3種犠牲獣供犠 [を] 牛 [を最初に奉納して---]」と供犠の奉納品目が記されている。7 － 8 行目にはmei, zeu[gos parekhen têi] | hiereai. Apoll[ôni..ọ...]と刻字されている。7 行目の最初のmeiは不明である。次の文字から 8 行目の初めの部分は，「軛の [牛馬が] 女神官へ [贈られるべし]」と解釈すべきか。8 行目の中央部は，「アポロ [ンへ]」となる。9 行目にはDii Moriô(i) tr[ittoian--]と刻字されており，「神樹の守護神ゼウス（へ）3種 [犠牲獣供犠を--]」と供犠の奉納先の神の名と奉納品目が記されている。10行目にはboarkhon------と刻字され，前行のtr[ittoian] に係って「牛を最初に奉納して」となる。次の11行目の復元については*S.E.G.* 25.38を採用する[66]。11－12行目にはAthênaiai Oi[noêsi t] | rit[toi]an [boarkhon]と刻字され，「オイ [ノエーの] アテナへ [3] 種犠 [牲獣] 供犠を [牛を最初に奉納して]」と供犠の奉納先の神の名と奉納品目が記されている。13行目はわずかの文字しか判読されておらず，不明である。以上が断片Fの後期壁面の碑文の内容である。

　次に，その内容をまとめてみると，1 － 2 行目は供犠の日付と考えられ，その他の行は，供犠の奉納品目や奉納先の神の名である。ekで始まる見出しは見当たらない。供犠暦の書式は，少なくとも 4 － 5 行目と11－12行目

297

第3部　いわゆる「パトリオス＝ポリテイア」問題とテラメネスの政治思想

で単語の綴りの途中で行を改めていることが明らかであるので，これまでの断片A－Eの後期壁面の整然とした供犠暦の書式とは少し異なるようである。また，供犠の内容については，ダウ[67]が薄い方の壁（Thinner Wall）の後期壁面のどの箇所にとは特定していないがテトラポリスのオイノエーのピュティオンのアポロン祭を挙げている。問題のテキストの中には5行目にオイノエー，8行目にアポロンが登場しているので，ダウはこの壁面のテキストをそのアポロン祭の供犠とみなしたのであろう。

（7）断片Gの後期壁面の碑文

　断片Gの後期壁面の碑文のテキストにはメリット論文（*Hesperia* 3）46頁[68]がある[69]。以下でそのテキストの内容をみてみる。

　この碑文は，左右2つのコラムからなっている。左側のコラムには3行目にただ1文字xが判読できるだけで，他の箇所は破断されて現存していない。その判読できる文字のある箇所が，[--ai]x（[‐‐ヤ］ギ）と供犠の奉納品目として復元されている。

　次に，右側のコラムをみてみると，1行目には左側の欄に△├と刻字され，「11ドラクマ」と奉納品の金額が記されている。右側の本文の部分は欠落している。2行目は文字が判読できない。3行目には左側の欄に△├├と刻字され，「12ドラクマ」と奉納品の金額が記されている。右側の本文の部分は，最初の文字の一部が判読できるのみで，残りは欠落している。4行目は数文字しか判読できないので，不明である。5行目には左側の欄に△├├と刻字され，「12ドラクマ」と奉納品の金額が記されている。本文の部分には，*S.E.G.* 21.540の復元を採用すると，hieron te[leion]と刻字され[70]，「犠牲獣の申し［分のないもの］」と供犠の奉納品目が記されている。6行目にはen Dêlôi ta/[---]と刻字されている。前半部は「デロス内で」となるが，後半部は不明である。この行では最初の2文字のenが，日付やekで始まる見出しとは異なるのに，このコラムの本文の左の行端から突き出して刻字されていることが，これまでの断片A－Fの後期壁面にはみられない点である[71]。7行目にはApollôniと刻字され，「アポロンへ」と供犠

の奉納先の神の名が記されている。8行目には，*S.E.G.* 21.540の復元を採用すると，hieron tel[eion]と刻字され[72]，「犠牲獣の申し分［のないもの］」と供犠の奉納品目が記されている。9行目には Poseidôn[i----]と刻字され，「ポセイドン［へ‐‐‐‐］」と供犠の奉納先の神の名が記されている。10行目にはkriosと刻字され，「雄羊」と供犠の奉納品目が記されている。11行目は数文字しか判読されておらず，不明である。以上が断片Gの後期壁面の碑文の内容である。

次に，その内容をまとめてみると，供犠暦の日付やekで始まる見出しは見当たらなくて，供犠の奉納先の神の名，奉納品目，その金額が登場するのみである。供犠暦の書式は，概ね断片A－Eの後期壁面の碑文のものと同じであるが，6行目の本文の箇所で最初の文字が左の行端を突き出ているのが異例である。

(8) 断片Jの後期壁面の碑文

断片Jの後期壁面の碑文のテキストにはダウ論文（*Hesperia* 10）36頁がある。以下でそのテキストの内容をみてみる。この断片には，ダウ[73]が指摘するとおり，2つのコラムがある。判読不能の行を含めて，左側のコラムに8行分と右側のコラムに10行分しかないが，行数はダウのテキストに従う。

初めに左側のコラムのテキストをみると，ほとんどの部分が破断して欠落しており，最初の行の73行目は欠落して判読不能，74行目は行末にようやくsの文字が判読されるという状態である。75行目には行末にnの文字だけが残っている。76行目には[-------k]ritê khoôsと刻字され，判読箇所は「1ケースの選り抜きのもの」と供犠の奉納品目が記されている。77行目は行末にniの文字だけが残っている。78行目は行末にnêtoの文字だけが判読できる。79－80行目は刻字されていない空白の部分であると推測されている。次に，右側のコラムのテキストをみてみると，最初の行の81行目は破断して欠落しており，判読不能である。以下の行では左側の欄の供犠の奉納品の金額が記されている部分は現存するが，本文の部分の，奉納品目

と奉納先が記されているはずのものが破断して欠落している。82行目にはIIIとだけ刻字され，「3オボロス」と何かの奉納品の金額が記されている。83行目は金額表示の欄が空白である。84行目にはΔΓとだけ刻字され，「15ドラクマ」と犠牲獣の羊に相当する金額が記されている。85行目は金額表示の欄が空白である。86行目にはIIIIとだけ刻字され，「4オボロス」と何かの奉納品の金額が記されている。87行目には金額表示の欄にIIII（4オボロス）と刻字されており，その右側の本文の欄の行頭にようやくmの文字だけが判読されている。88－90行目は金額表示の欄が空白である。以上が断片Jの後期壁面の碑文の内容である。

次に，その内容をまとめてみると，供犠暦の日付やekで始まる見出しは見当たらなくて，供犠の奉納品目，何かの奉納品の金額を刻字したものがわずかに残っているだけである。現存する部分が少ないので確言することはできないが，供犠の書式は概ね断片A－Eの後期壁面の碑文のものと同じであると推定される。

第2項　後期壁面の碑文についての全体的考察

次に，ニコマコスの法典編纂碑文の中の後期壁面の碑文について全体的に考察し，併せてその前期壁面の碑文と比較して，まとめてみたい。

初めに，後期壁面の碑文の内容は，断片A，断片B，断片C，断片D，断片E，断片F，断片G，断片Jのすべてが供犠暦である。それに対して，前期壁面の碑文の内容をみてみると，後期壁面の碑文と同じ供犠について刻文したものは，断片A，断片F，断片G，断片H，断片I，断片J，断片・追加2とあるが，その他に断片Cと断片・追加3がトリエラルキアに関する法，断片・追加1が諸税に関する法であり，祭祀法と世俗法の両方が含まれている[74]。この前期壁面の碑文については，筆者は，本章の前節[75]の中で，前期壁面の碑文の内容が，当時のアテナイの国家財政の緊縮を図るために，ニコマコスらがいろいろな面で規定されたものを収集して壁に刻文したものである，という仮説を提唱した。前期壁面の諸碑文は，その

第6章 ニコマコスのいわゆる「法典編纂」作業について

仮説に基づく場合にのみそれらの内容に共通点が見出せるのであって，さもなければ，ニコマコスらが前期の法典編纂作業で当時のアテナイのすべての法を収集して壁に刻文するという大作業をしようとしたとしか考えられない。従って，後期壁面の諸碑文が，供犠暦のみであり，他方，前期壁面の諸碑文が，祭祀法と世俗法のいろいろな分野に及んでいるという点で，前期の法典編纂作業と後期の法典編纂作業の間に違いがみられるのである。

次に，見出しについてみてみると，大見出しが，後期壁面の碑文の中に断片Cの30行目と断片Eの49行目に登場するし，ekで始まる見出しが，後期壁面の碑文の中にek tôn kata mêna（断片Aの4行目，断片Cの6行目，同21行目に3回），ek tôm mê rhêtêi（断片Aの25行目に1回），ek tôn phylobasilikôn（断片Aの6－7行目，断片Cの33－34行目，同45－46行目，断片Dの44－45行目に4回），ek tôn st[êlôn］（断片Cの77行目に1回），[ek] neôn [-----]（断片Eの51行目に1回），[ek t]ọn n[----]（断片Eの61行目に1回），疑わしいが [ek] t[ô]n t[---]（断片Eの67行目に1回）と登場し，供犠暦の一覧表の元となる資料の典拠を示す。日付については，後期壁面の碑文の中では断片Aの3,24行目，断片Bの7行目，断片Cの5,19－20,31－32,44行目，断片Dの43行目，断片Eの50行目，断片Fの2行目に10回登場する。それに対して，前期壁面の碑文の場合，史料の数が少ないとはいえ，ダウ[76]とロバートソン[77]が指摘するように，見出しも日付も登場しない。

次に，供犠暦の書式についてみてみると，後期壁面の諸碑文は，断片Aの27－31行目の刻線より下の脚注のようなものを除けば，断片Aの3－26行目，断片B，断片C，断片D，断片E，断片Jは，特に断片Cの壁面にみられるような整然とした供犠暦であり，1つの言葉が2行にまたがる拙さを有する断片Fと見出しでもないのに2文字が突き出ている行を有する断片Gも，概ね他の断片の後期壁面と同じく整然とした供犠暦である。それに対して，前期壁面の供犠に関する諸碑文では，後期壁面の整然とした供犠暦の書式と考えられるものが断片A，おそらくは断片G，おそらくは断片H，断片Iだけであり，断片Fはkata t]as khsyngrapha[s（記録）文

書に従って)(4行目),断片Jはennea ar[khontas?(9人のアル[コンたち?)(36行目),断片・追加2はpry]tane[ias(プリュ]タネ[イア)(6行目)と,どちらかといえば世俗法に登場する語句があり,供犠暦かあるいは供犠に関する規定かどうかが明らかでない。従って,後期壁面の碑文が概ねすべてが整然とした供犠暦であるのに対して,前期壁面の供犠に関する碑文はすべてが整然とした供犠暦であるとは言い難い。

以上の考察をまとめてみると,前期壁面の碑文と後期壁面の碑文の間には,第1にその内容または編纂目的のうえで,次に前期壁面の供犠に関する碑文のみと後期壁面の碑文の間に限ると,第2に見出しと日付の有無のうえで,第3に供犠暦の書式のうえで,違いがあるとみてよい。

小　結

本節の前半部でニコマコスの後期の法典編纂碑文について基礎的な検討を行なった。そしてこの検討の成果を踏まえて,後半部で彼の前期と後期の法典編纂碑文を比較して検討してみた。以上の考察から引き出されることを若干述べて結びに代えたい。

筆者は,本節の冒頭の中で,ニコマコスの法典編纂作業に関する最近のロバートソン説とそれに対するローズの反論を吟味する際にその鍵となる手掛かりが,前期壁面の碑文の内容と後期壁面の碑文の内容の間にどのような違いがみられるかを明らかにしてひとつの指針とすることである,と述べた。そこで,上記の考察で得られた結論をみてみると,ニコマコスの前期壁面の碑文と後期壁面の碑文の間には,第1にその内容または編纂目的のうえで,第2に見出しと日付の有無のうえで,第3に供犠暦の書式のうえで違いがあるというものである。加えて,供犠暦の書式については,後期壁面のすべての碑文に一様にみられる供犠暦の,その整然とした様が特筆されるべきである。

それではここで,これらの知見に照らし合わせてロバートソン説とローズの反論を検討してみる。第1に,前期壁面の碑文と後期壁面の碑文の間

で内容または編纂目的のうえで相違があることは,ニコマコスらの前期法典編纂作業が世俗法と祭祀法の両面にわたって財政支出の緊縮を図ったのに対して,後期の法典編纂作業が前399年のニコマコスの告発の際に供犠の6タラントンに及ぶ過剰な支出が非難されたこと(Lysias, 30.17-25)を受けてそれを改善するために供犠暦のみが編纂の対象になったことが推定される。第2に,前期作業の供犠暦の諸碑文が見出しと日付の記載を有しないのに対して,後期作業の碑文の供犠暦が見出しと日付の面で正確を期しているとみることができるが,このことはニコマコスの告発理由である供犠の過剰な支出を改善するために供犠の根拠となる資料の明示と犠牲式の手順について正確を期すことを図ったものと推定される。第3に,供犠暦の書式の面から前期作業の碑文と後期作業の碑文の間で比較すると,前期のものが必ずしも整然とした書式にはなっているとは言えないのに対して後期のものがまさに整然としていることが挙げられるが,このこともやはり,ニコマコスの告発理由である供犠の過剰な支出を改善するために供犠の根拠となる資料の明示と犠牲式の手順について正確を期すことを図ったものと推定される。従って,これらのことをひとつの指針としてロバートソン説とローズの反論をみてみると,前期壁面と後期壁面の碑文の間に見られる違いと後期壁面の供犠暦の整然とした書式は,ローズの反論にもかかわらず,後期壁面の碑文がニコマコスの裁判(前399年)の後に刻文されたと提唱するロバートソン説を支持するとみてよい。従って,ここでまとめるならば,本節でその内容を検討したニコマコスの後期法典編纂碑文が,実際はニコマコスの手になるものではなく,彼の裁判の後に再刻文されたものであること,そしてその後期壁面の碑文を再刻文するにあたっては大見出し,ekで始まる見出し,日付を明記して供犠暦の資料の典拠を明示することによって,記載された供犠が新旧を問わず正当に定められたものであることと国家に財政上の損失を与えるものでないことを明示しようとしたこと,である[78]。

第3部 いわゆる「パトリオス=ポリテイア」問題とテラメネスの政治思想

註

1) Oliver, *op. cit.*, p. 5-32.
2) Dow, *Hesperia* 10 (1941), p. 31-37; do., *Hesperia* 30 (1961), p. 58-73.
3) Ruschenbusch, *Historia* 5 (1956), p. 123-128.
4) Dow, *Hesperia* 30 (1961), p. 58-73.
5) Fingarette, *op. cit.*, p. 330-335.
6) Clinton, *op. cit.*, p. 27-37.
7) Robertson, *op. cit.*, p. 65-75.
8) P.J. Rhodes, "The Athenian Code of Laws, 410-399 B.C.," *J.H.S.* 111 (1991), p. 87-100, esp. 94-95.
9) Dow, *Hesperia* 30 (1961), p. 60.
10) Sokolowski, *L.S.C.G.*
11) この碑文については、*S.E.G.* 15.114; 17.37; 19.126; 21.540; 25.162が言及している。
12) Dow, *P.M.H.S.* 71 (1959), p. 13によれば、当該の供犠暦では供犠の奉納先の神またはその他の受取人は与格で、奉納品目の犠牲獣は主格で表示された。
13) *Ibid.*, p. 20, 25-27.
14) Oliver, *op. cit.*, p. 21.
15) De C. Fales, Jr., "Translation of the Rublic EK TΩM MH PHTHI," *Hesperia* 28 (1959), p. 165-167.
16) Dow, *P.M.H.S.* 71 (1959), p. 25.
17) Dow, *P.M.H.S.* 71 (1959), p. 25.
18) Cf. Hardy Hansen, *Aspects*, p. 56-57.
19) Oliver, *op. cit.*, p. 22の写真をみよ。
20) Sokolowski, *L.S.C.G.*, p. 36がepitoxidaをhyn（イノシシ）と考えるのに従った。
21) Hardy Hansen, *Aspects*, p. 51; Robertson, *op. cit.*, p. 67 & n. 83によれば、ダウが当該の日をボエドロミオンの月の5日のゲネシア祭とみなした。ただし、ダウの引用に際して出典が挙げられていない。Dow, *B.C.H.* 92 (1968), p. 174が厚い方の壁（Thicker Wall〔断片Aと断片C〕）の後期壁面にゲネシア祭を認めると述べているが、詳述されていない。今のところ、ダウがどの論文のどの箇所で断片Aの後期壁面の3行目をゲネシア祭と結びつけたのかを筆者は確認できない。
22) Dow, *P.M.H.S.* 71 (1959), p. 23. なお、この箇所については、Sokolowski, *L.S.C.G.*, p. 35-36が、ピュタイデス（聖なる使い）と関係するものであると説明している。
23) Cf. Oliver, *op. cit.*, p. 30.
24) Hardy Hansen, *Aspects*, p. 66.
25) この碑文については、*S.E.G.* 25.162が言及している。
26) その金額の表示は、完全な形で現存していないので不明であるが、断片Cの後期壁面の76行目に同じ品目の「手当」で100ドラクマとあることから推定すれば、120ドラクマほどであろう。
27) Hardy Hansen, *Aspects*, p. 72.

第 6 章　ニコマコスのいわゆる「法典編纂」作業について

28) その金額の表示は，完全な形で現存していないので不明であるが，断片Cの後期壁面の43行目から推定すれば，4オボロスで，奉納品目は「足，頭」となろう。
29) その金額の表示は，完全な形で現存していないので不明であるが，4行目のヘルメスへ奉納される犠牲獣の金額であり，Hardy Hansen, *Aspects*, p. 73 が述べるとおり，16ドラクマであろう。
30) その金額の表示は，完全な形で現存していないので不明であるが，断片Cの後期壁面の39行目から推定すれば，4ドラクマ2オボロスであろう。
31) Cf. Hardy Hansen, *Aspects*, p. 73-74.
32) *Ibid.*, p. 80.
33) この箇所について，Hardy Hansen, *Aspects*, p. 66は，[k]ai s[---]と判読しているが，*ibid.*, p. 80を参照せよ。
34) この碑文については，*S.E.G.* 21.540が言及している。
35) 桜井，『史海』27号，11頁；同，前掲書，114頁。
36) テキストの概説については，Oliver, *op. cit.*, p. 25-29をみよ。
37) 7－8，12－15行目の括弧内は，オリヴァーが復元していないので，*S.E.G.* 21.540に従った。なお，その*S.E.G.* 21.540による復元は，Hardy Hansen, *Aspects*, p. 86, 94, 99-100を参考にすれば，ソコロウスキによって復元されたものである。また，Hardy Hansen, *Aspects*, p. 82は，上記の行の括弧内の復元のうち15行目のものを除いてソコロウスキの復元を受け入れている。なお，筆者は，H.ハンセンによって引用されたF. Sokolowski, "Nowy Fragment tzw. Fasti Sacri z. Aten," *Eos* 1936, p. 450-457; do., *Lois sacrées des cités grecque supplément*（以下*L.S.C.G. Suppl.*と略す）(Paris, 1962)を未見である。
38) 9－11行目の括弧内は，オリヴァーが復元していないが，Hardy Hansen, *Aspects*, p. 98-99を参照せよ。
39) 括弧内は，Dow, *P.M.H.S.* 71 (1959), p. 13の復元に従った。Hardy Hansen, *Aspects*, p. 104によれば，Sokolowski, *L.S.C.G. Suppl.* もそのように復元した。
40) 括弧内は，オリヴァーが復元していないので，*S.E.G.* 21.540に従った。Hardy Hansen, *Aspects*, p. 105によれば，ソコロウスキが同様の復元を行なった。
41) この行の復元は，Dow, *Historia* 9 (1960), p. 281-289; do., *P.M.H.S.* 71 (1959), p. 10-11に従った。右端の括弧内の復元について，Oliver, *op. cit.*, p. 21は，A[thênêsin]と考えたが，その後，ダウが上記の2論文の中でマラトン区の供犠暦（*I.G.* II² 1358）などを参考にして復元し，Hardy Hansen, *Aspects*, p. 83が彼に従っている。
42) 括弧内は，オリヴァーが復元していないので，*S.E.G.* 21.540に従った。これにはHarding, *T.D.G.R.* 2, p. 16も従っている。
43) 前註に同じ。
44) この行の復元は，*S.E.G.* 21.540に従った。この行の復元については，かつてオリヴァーがek tôn s[ymbolôn(?)]と考えた。その意味は，「［寄付］から」である。その理由は，かつてはekで始まる見出しが資金源を表示すると考えられていたからである（Oliver, *op. cit.*, p. 28-29; Dow, *P.M.H.S.* 71 [1959], p. 16. また，J.P. Sickinger, "Inscriptions and Archives in Classical Athens," *Historia* 43-3 [1994],

p. 290-291 n. 22によれば，W.S. Ferguson, "The Athenian Law Code and the Old Attic Trittyes," in *Studies Presented to Edward Capps*〔以下 "Athenian Law Code" と略す〕[Princeton, 1936], p. 158 n. 62も，その見出しを資金源を表示するものと解釈していた)。だが，その後，Dow, *P.M.H.S.* 71 (1959), p. 15-20が，ekで始まる見出しが資金源でなく供犠暦の資料の情報源を表示することを，Lysias, 30.17の語句を考慮に入れながら，論証し，問題の行がek tôn st[êlôn]であると唱えた。そのリュシアスの語句は，khrê thyein tas thysias tas ek tôn kyrbeôn kai tôn stêlôn kata tas syngraphas（私たちがキュルベイス〔廻転板〕からのと記録文書に従ったステライ〔諸石碑〕からの供犠を奉納しなければならない）である。ただし，この箇所のstêlônは，C. Hude ed., *Lysiae Orationes* (Oxford Classical Texts) (Oxford, 1912; rpt. 1986), p.241によれば，Taylorによる校訂によるのであり，元のマニュスクリプトではeuplônまたはhoplônであった。なお，問題の碑文の箇所については，Robertson, *op. cit.*, p. 68-70が，Lysias, 30.17, 21の語句といくつかの碑文史料から類推するなどして，ek tôn s[yngraphôn]と復元したが，それに対して，Rhodes, *J.H.S.* 111 (1991), p. 95は，Lysias, 30.17, 21の中のsyngraphaiがアナグラペイスに供犠暦を改訂することを命じて従うべき資料を特定した決議案を意味すると考えて，反論している。

45) 82－83行目の奉納先と奉納品目の部分の復元について，オリヴァーは，*Hesperia* 4 (1935)の21頁のテキストで82行目：Her[mêi---], 83行目：En[---ois]とし，同じく29頁で83行目をEn[yaliôi ois]（エニ〔ュアリオス〈軍神アレスのあだ名〉へ羊〕）と復元し，En[agônôi ois]と復元することを否認している。*S.E.G.* 21.540は，83行目をEn[agôniôi]と復元し，この行に奉納品の金額15ドラクマが記されているにもかかわらずois（羊）を省いている。他方，Harding, *T.D.G.R.* 2, p. 16の英訳のテキストは，82行目：[A sheep] to Her[mes], 83行目：who presides over gamesであり，犠牲獣の羊を82行目で挙げている。問題の2行の復元について，諸説を検討すれば，次のように考えるべきである。83行目のEn以降の復元については，オリヴァー（*Hesperia* 4 [1935], p. 29）が否認するものの，*I.G.* I³ 5, l. 3の中にHermêi Enagôniôi（競技主宰の神〔ヘルメスのあだ名〕のヘルメスへ）とあるので，En[agôniôi]と復元するのがよいし，また犠牲獣の金額が82行目でなく83行目に記されているので，その金額に相当する犠牲獣ois が83行目に記されるべきである。従って，83行目は，上記の本文のとおりに復元されるべきである。

46) この行の括弧内の復元については，*S.E.G.* 21.540がHê[rai(?) ois]と，Harding, *T.D.G.R.* 2, p. 17が英訳のテキストの中でTo He[ra a sheep]と，同頁の註13でHer[akles]という代案を挙げている。なお，ハーディングの「ヘラクレス」の復元案は，彼がK. Clinton, "IG I² 5, the Eleusinia, and the Eleusinians," *A.J.P.* 100 (1979), p. 6を参照したことによるものであり，そのクリントンの記述は，R.F. Healeyの未刊行論文を参照したことによるものである（Clinton, *op. cit.*, p. 6 n. 19 & p. 4 n. 12)。

ところで，この行の括弧内の復元について，筆者がオリヴァーのテキスト内の「ヘパイストス」を採って*S.E.G.* 21.540の「ヘラ」を採らない理由は，この行に記された神へ奉納される犠牲獣の金額が15ドラクマであるからである。Dow,

第6章　ニコマコスのいわゆる「法典編纂」作業について

　　　 P.M.H.S. 71 (1959), p. 13によれば, 15ドラクマの犠牲獣は雄羊であり, 女神は時おり雄の犠牲獣を受け取るものの通常は雌の犠牲獣を受け取るので, 筆者は, 問題の箇所では女神ヘラより男神ヘパイストスの方が可能性が高いと考える。なお, ヒーリーのヘラクレス説については, 筆者は, 彼の未刊行論文 "Eleusinian Sacrifices in the Athenian Law Code" (Harvard, 1962)を未見であるので批評しない。

47) この行の復元は, *S.E.G.* 21.540に従った。オリヴァーは, D[ionysôi(?) ois]（デ［ィオニュソス（？）へ羊］）と考えたが, Harding, *T.D.G.R.* 2, p. 17は, *S.E.G.* 21.540に従う。

48) "dramosynê" の意味については, Dow, *P.M.H.S.* 71 (1959), p. 11の "series of sacrifices" に従う。

49) ギリシア語テキストでは「デリコス」と読むところであるが, 訂正して「メリコス」と読むことが提唱されている。Cf. R.F. Healey summarized, "Eleusinian Sacrifices in the Athenian Law Code," *H.S.C.P.* 66 (1962), p. 257; Clinton, *A.J.P.* 100 (1979), p.6 n. 17; Harding, *T.D.G.R.* 2, p. 17 n. 9; 桜井, 『史海』27号, 17頁　註63a；同, 前掲書, 122頁　註69。

50) Hardy Hansen, *Aspects*, p. 86によれば, Sokolowski, *Eos* 1936, p. 450-457がその箇所の供犠をプリュンテリア祭のものと考えた。Cf. Dow, *B.C.H.* 92 (1968), p. 174; Robertson, *op. cit.*, p. 67.

51) Hardy Hansen, *Aspects*, p. 105-106によれば, Sokolowski, *L.S.C.G. Suppl.*, p. 30がその箇所の供犠をスキロポリア祭のものと考えたが, H. ハンセン (*loc. cit.*) は疑問視する。

52) Hardy Hansen, *Aspects*, p. 109によれば, Ferguson, "Athenian Law Code" (1936), p. 155がそのように注記した。Dow, *P.M.H.S.* 71 (1959), p. 22-23も, 同様に, プロテュマを考えている。

53) Dow, *P.M.H.S.* 71 (1959), p. 23; do., *Historia* 9 (1960), p. 288; do., *B.C.H.* 92 (1968), p. 174; Hardy Hansen, *Aspects*, p. 111; Robertson, *op. cit.*, p. 67.

54) Dow, *P.M.H.S.* 71 (1959), p. 23. Cf. 桜井, 『史海』27号, 10－14頁；同, 前掲書, 113－118頁。

55) Dow, *Historia* 9 (1960), p. 288. Cf. Robertson, *op. cit.*, p. 69.

56) Dow, *P.M.H.S.* 71 (1959), p. 20; Robertson, *op. cit.*, p. 69. 2人の論をまとめると, 81－83行目の「カリスたち」,「競技主宰の神のヘルメス」が, *I.G.* I³ 5, l. 3の中でHermêi Enagôniôi, Kharisin（競技主宰の神ヘルメスへ, カリスたちへ）という形で登場するので, 問題の碑文と*I.G.* I³ 5の碑文が関連すると考えられるが, その「カリスたち」と80行目の「アテナ」がエレウシスの神々というよりもむしろアテナイの神々であるので77－86行目の供犠がソロン以後都市アテナイの制定法によって土着のエレウシスの儀式に付け加えられた, ということである。Cf. 桜井, 『史海』27号, 10－14頁；同, 前掲書, 113－118頁。

57) Dow, *Historia* 9 (1960), p. 281-289; do., *P.M.H.S.* 71 (1959), p. 11.

58) Dow, *P.M.H.S.* 71 (1959), p. 20. ただし, Robertson, *op. cit.*, p. 70は, この復元を疑問視している。

59) Hardy Hansen, *Aspects*, p. 60.
60) Dow, *B.C.H.* 92 (1968), p. 174が, 厚い方の壁の後期壁面にクロニア祭を認めると述べているが, 詳述されていない。今のところ, ダウがどの論文のどの箇所で断片Eの後期壁面の52-59行目をクロニア祭と結びつけたのかを筆者は確認できない。
61) Dow, *Hesperia* 10 (1941), p. 35.
62) Dow, *P.M.H.S.* 71 (1959), p. 16.
63) Hardy Hansen, *Aspects*, p. 50.
64) ただし, Robertson, *op. cit.*, p. 70は, この復元を疑問視している。
65) この碑文については, *S.E.G.* 25.38が言及している。
66) この行について*I.G.* I³ 845は, Athenaiai Oi[no---t]-としている。
67) Dow, *B.C.H.* 92, p. 174. ただし, Sokolowski, *L.S.C.G.*, p. 33は, この壁面の内容がオイノエーの祭儀に関係する, あるデーモスの供犠暦の断片であるとみなしている。
68) Meritt, *Hesperia* 3 (1934), p. 46 no. 34.
69) この碑文については, *S.E.G.* 21.540が言及している。
70) この行について, Meritt, *Hesperia* 3 (1934), p. 46のテキストは, hieron te------としている。
71) Meritt, *Hesperia* 3 (1934), p. 46 no. 34の左側の図をみよ。
72) この行について, Meritt, *Hesperia* 3 (1934), p. 46のテキストは, hieron TE/-----としている。
73) Dow, *Hesperia* 10 (1941), p. 36.
74) 詳しくは, 本論の第3部第6章第1節の第3項「ニコマコスの前期法典編纂碑文の内容」および拙稿, 『研究紀要』18号, 55-57頁をみよ。ただし, 断片・追加1の前期壁面の碑文については, 前掲論文では供犠に関する規定 (57頁) としたが, 14行目にtelê (諸税) と刻字されているので, 本論ではそれを諸税に関する法として扱う。それについては, 拙稿「前410～404年アテナイのニコマコスの法典編纂作業について」『西洋古典学研究』40号, 1992年, 13-14頁を参照せよ。
75) Cf. 拙稿, 『西洋古典学研究』40号, 12-21頁。
76) Dow, *P.M.H.S.* 71 (1959), p. 21は, 後期碑文以前ではekで始まる見出しは見られないと, また見出しとしてはいわゆるドラコンの殺人に関する法の再公表碑文 (*I.G.* I³ 104) に見られるprôtos akhsonしか見られないと述べる。
77) Robertson, *op. cit.*, p. 57.
78) このことは, ニコマコス裁判の告発演説である Lysias, 30の主張したことが, ニコマコスの刻文した供犠暦を改訂することを求めることであるということを示唆してくれるので, Lysias, 30の主な告発理由は, 本論の前節と拙稿, 『西洋古典学研究』40号, 16-17頁で考察したとおり, 他でもない国家財政に損失を与える供犠暦を被告が編纂したこと, となる。

第4節　ニコマコスの後期の「法典編纂」作業について

　古典期のアテナイでは，前462年のエピアルテスの改革によって，民会の主権が確立し，以後，古来の法（nomos）と民会決議による条令（psêphisma）によって統治された。これに関連してアテナイ民主政の制度を研究するM．H．ハンセンは，その著書（*The Athenian Democracy in the Age of Demosthenes*）[1]の中で，前5世紀の末期にニコマコスなる人物たちによってアテナイの諸法（nomoi）の「改訂」（revision）が行なわれ，諸法がストア・バシレイオス（王のストア）に刻文され，以後，法（nomos）と民会決議による条令（psêphisma）の間を明確に区別する素地ができたと論じている。彼の論述に従うと，前5世紀末に諸法の「改訂」が大々的に行なわれ，アテナイの諸法の「法典」が完成したのであり，この関連作業は大いに重要視されるべきものであることになろう。ところが，他方で，ブロック[2]は，「アリストテレスとその弟子たちが集めた諸法」の収集物に触れて，「この収集の中で410/401年の法典〔ニコマコス編纂「法典」に同じ，引用者註〕が最も重要な項目であったとは誰も論じていない」と指摘している。現代の史家が重視する諸法の「改訂」およびその成果の「法典」について古代の著述家が沈黙しているのである。ここに，前5世紀末にはたして実際にニコマコスらが諸法の「改訂」を行なって「法典」を編纂したのか，という疑問が生じるのである。

　そこで，この問題を考察するために，本節では，初めに，これまでの研究者の研究成果を整理してその問題点を明確にし，次に，いわゆるニコマコス編纂「法典」碑文についての従来の定説を吟味した上で，筆者の試論を提示し，前述の問題に対してひとつの解答を呈示したい。

第1項　いわゆるニコマコスの後期「法典編纂」作業についての これまでの研究成果の整理

　前431－404年のペロポネソス戦争期の後期の前410－404年と，戦争直後に成立した三十人僭主の政治の崩壊後の前403－399年の2期にわたってニコマコスらのアナグラペウス（書写官）たちがアテナイの諸法を編纂した[3]。彼の「法典編纂」作業の成果とみなされている石碑の断片が，本章第1節第2項の中で述べたように，両面書きのもの5個を含めて，14個現存している。本節の考察の主な対象となる，彼の後期の「法典編纂」碑文は，断片A，断片C，断片F，断片G，断片Jの各後期壁面と断片B，断片D，断片Eの碑文である[4]。

　これらの碑文史料は，オリヴァーの1935年の論文[5]によって，それまではアテナイの弁論家リュシアスの第30番演説『ニコマコス告発』でしか知られていなかったニコマコスという人物の「法典編纂」碑文であることが指摘されて以来，学界の話題となり，ダウ[6]によって碑文史料が整理されてから，その研究成果が発表されるようになった。これまでの研究者たちが主として取り扱ってきた問題は，どのような目的からニコマコスによって「法典編纂」碑文が編集されたか，ということである。前410－404年の前期作業については，本章第2節を参照されたい[7]。それに対して，本節で取り扱う，前403－399年の後期の「法典編纂」作業については，前期の「法典編纂」作業と違って，考慮すべき点が2点ある。1点目は，断片A－Eの後期壁面に消去した跡があり，その上に再び文字を刻んでいること[8]と，2点目は，テイサメノスの提案による諸法審査の条令がAndocides, 1.83-84の中で伝えられていることである。

　後期の「法典編纂」作業の目的について，これまでの研究者たちは，前述の2点の考慮すべき点を検討して，様々な説を唱えてきた。問題の碑文史料の一部を最初にニコマコスらによる「法典編纂」作業の成果であるとみなしたオリヴァー[9]は，後期の「法典編纂」作業が行なわれたきっかけ

第6章　ニコマコスのいわゆる「法典編纂」作業について

がテイサメノスの諸法審査の条令によって命じられたものであると考えた。次に，ルシェンブシュ[10]は，後期の「法典編纂」作業がテイサメノスの条令に従って行なわれたものの前期の壁面が三十人僭主によって刻文されたと唱えたが，彼の説はこれまで受け入れられてきていない。次に，ダウ[11]は，後期壁面に消去された跡があることと，その消去の跡がある後期壁面が，壁の装飾と接合面の加工の具合から判断して，主要な面となるように企画されたことを指摘した。次に，フィンガレット[12]は，前述のルシェンブシュの説を批判して，前期作業の時期に両面の壁面に刻文されて両面が見えるように設置されたが，三十人僭主の時代に後期壁面の一部が消去されたので，その後再び刻文されて後期壁面のみが見えるように設置されたと唱えた。次に，クリントン[13]は，オリヴァー以来の通説に従うとともに，ニコマコスの「法典編纂」作業の目的がソロンとドラコンの法を刻文して公表することであると説明した。

　ところが，これまでの研究者たちがオリヴァーの説を受け継いで，後期の「法典編纂」作業がテイサメノスの条令によるものであると考えてきたのに対して，ロバートソン[14]は，前期作業で両面の壁面に諸法が刻文されたが，現存する碑文史料で消去され再刻文された後期壁面の碑文の製作時期が，通説である，テイサメノスの条令の直後の前403-399年の後期作業の時期ではなく，その作業の直後に行なわれた，前399年のニコマコスの裁判の後であるという新説を発表した。通説に対する彼の反論の主な論点は，次の4点である。(1)テイサメノスの条令の中の最後の条文，すなわち「諸法の中で承認されたものを，以前に刻文された壁に，望む者が閲覧できるように，刻文すべし (tous de kyroumenous tôn nomôn anagraphein eis ton toichon, hina per proteron anegraphêsan, skopein tôi boulomenôi)」(Andocides, 1.84) が意味することは，承認された新法を市民に広報するために行なわれた一時の掲示にすぎない[15]。(2)テイサメノスの条令を証拠として提示したアンドキデスの意図は，この条令によってあたかもすべての法の審査が行なわれたかのように述べ，その直後に追加の新法が制定され，そのおかげで自身も自分の過去の過ちに対する告発から免れられると主張

311

することである[16]。(3)従って，テイサメノスの条令によって諸法の永久の掲示のためにニコマコスの後期作業が行なわれたと考える通説の論者たちは，アンドキデスの演説文を読み違えた[17]。(4)それゆえ，ニコマコスの後期「法典編纂」碑文のテキストは，テイサメノスの条令とは切り離して考えることができるので，テキストの吟味やLysias, 30の演説文との関係の考察から，彼の後期作業の時期（前403-399年）にではなく，前399年の彼の裁判の後に消去と再刻文を行なって作成されたものである[18]。

これに対して，最近，ローズ[19] が反論し，再刻文された後期壁面の碑文が，従来の説のとおり，後期作業の成果であると唱えた。

そこで，筆者は，本論の前節[20] の中で，最近のロバートソンの説とそれに対するローズの反論を吟味するために，その際の鍵となる手掛かりは前期壁面の碑文の内容と後期壁面の碑文の内容にどのような違いがみられるかを明らかにしてひとつの指針とすることであると考え，両壁面の碑文の内容を比較・検討した。その結果，両碑文の間には第1にその内容または編纂目的のうえで，第2に見出しと日付の有無のうえで，第3に供犠暦の書式のうえで違いがあることが分かった。それに加えて，供犠暦の書式については，後期壁面のすべての碑文に一様にみられる供犠暦の，その整然とした様が特に注目されるのである。

さらに，ロバートソン[21] が指摘していることであるが，通説に従えば，リュシアスによるニコマコスの裁判の告発演説（Lysias, 30）が，彼の後期の「法典編纂」作業の終了直後に行なわれたにもかかわらず，壁面の碑文の消去と再刻文について言及していないことと，21節の中で被告ニコマコスが疑惑のある石碑の碑文を消去してよいと申し出ていること，そして後期壁面の供犠暦の見出しの中には演説者が求めている古い供犠とみられるものが存在することが，考慮されてよいであろう。従って，前期壁面と後期壁面の碑文の間にみられる違いと後期壁面の供犠暦の整然とした書式の有り様は，ニコマコスの編纂作業による供犠暦が粗雑に作られたので彼の告発裁判後に見出しと日付を伴った整然とした供犠暦が改めて作成されたことを暗示するであろう。それゆえに，そのことは，ローズの反論にもか

かわらず，後期壁面の碑文がニコマコスの裁判の後に刻文されたと提唱するロバートソン説を支持するとみてよいであろう。

それゆえ，ここでニコマコスの後期の「法典編纂」碑文についてまとめてみると，その後期の碑文が，実際はニコマコスの手になるものではなく，前399年の彼の裁判の後に再刻文されたものであると，そしてその後期壁面の碑文を再刻文するにあたっては大見出し，ekで始まる見出し，日付を明記して供犠暦の資料の典拠を明示することによって，記載された供犠が正当に定められたものであることを明確にしようとした，と言えるであろう。

それでは，前述のまとめのとおり，これまでニコマコスの後期の「法典編纂」作業の成果であるとみなされてきた後期壁面の碑文が，実際は，ニコマコスの裁判後に再刻文されたものであると考えるならば，それに代わる前の，ニコマコスが後期作業で実際に取り扱った法とは，一体どんなものであったのであろうか。この問題については，これまでの通説を論破して現存の碑文がニコマコス裁判後に刻文されたものであったという新説を唱えたロバートソンは，その説を論証するのに専念するだけであって深く立ち入っていない[22]。そこで，本節では，この問題を考察するために，次の第2項の中でオリヴァー以来の定説を再度検討してその問題点を明確にする作業を行ない，その作業によって得た成果を基にして，第3項の中でニコマコスの後期作業の真相について試論を提示したい。

第2項　定説の再検討

オリヴァー以来定説とされてきたもので，最近ではローズが擁護している説によると，前410－404年のニコマコスの前期の「法典編纂」作業の時期にソロンとドラコンの法を中心とする，アテナイのすべての法がニコマコスらのアナグラペイス（書写官たち）によって収集されて壁に刻文されたが，前404－403年の三十人僭主の時代にその作業が未完成のまま中断され，一部の刻文された法が消去されてしまったので[23]，前403年のテ

第3部　いわゆる「パトリオス゠ポリテイア」問題とテラメネスの政治思想

イサメノスの条令によって，ニコマコスの前期作業によって公表されたソロンとドラコンの法が使われることになり，さらに追加されるべき法が提案され，審査の後，壁に公表されることになり，結局，このテイサメノスの条令との関係で，ニコマコスの後期の「法典編纂」作業が行なわれ，審査を経た法がその作業によって壁に刻文された，というわけである[24]。

この従来の説には，疑問にすべき点が5点ある。第1点は，ニコマコスの前期作業でアテナイのすべての法が収集されて壁に公表されたという点である。第2点は，後期壁面の壁の消去された跡の原因を，史料が語っていないのに，三十人僭主のせいにしたという点である。第3点は，テイサメノスの条令の中で「アテナイは父祖に従って治められ，ソロンの法，その度量衡，そしてドラコンの掟が，すなわち以前の時代に使われたものが使われるべし」(Andocides, 1.83) と語られている，ソロンとドラコンの法をニコマコスの前期作業で収集されて公表された法であるとみなしている点である。第4点は，それに続くテイサメノスの条令の条文が法の審査を規定しているが，この手続きによってアテナイのすべての法が審査された後に壁に刻文されたとみなしている点である。第5点は，定説によれば，ニコマコスの後期の「法典編纂」作業でアテナイのすべての法の「法典」が完成されたにもかかわらず，それ以後の人々によって重要なものとはみなされなかったという点である。以下でこれら5点について検討してみよう。

第1点の，ニコマコスの前期作業でアテナイのすべての法が収集されて壁に公表されたという考えは，現存する前期壁面の諸史料が，数量のうえでは乏しいものの狭い範囲の内容に限られているので「すべての法」が収集されたとは言えないことから，疑問に思われる。この点については，本章の第2節[25]を参照されたい。

第2点の，後期壁面の壁の消去された跡の原因を，史料が語っていないのに，三十人僭主のせいにするという考えは，史料の沈黙が何よりも障害であるし，また，この考え自体が問題をはらんでいる。なぜならば，オリヴァー以来の定説を信じる研究者たちは，テイサメノスの条令の中のソロ

ンとドラコンの法が，ニコマコスの前期作業の「法典」であるとみなしながら，それが未完成であったと，そしてそれが三十人僭主によって消去されたと，そしてこのテイサメノスの条令によってアテナイの法が完全なものにされて公表されたと考えてきたが，これらの一連の作業を想像してみると，前403年にテイサメノスの条令が承認された時，その時点で刻文されるべき法の分量は，ニコマコスの前期作業では未完成のままで刻文されなかった法の分と，三十人僭主によって消去された法で再刻文されるべき分となり，この分量は，テイサメノスの条令の中の評議会によって選出されたノモテタイが，規定（Andocides, 1.83）のとおり，その月の間に掲示板に書写して公表し，閲覧された後，役人たちに手渡すことができるほど少なかったとは考えにくいからである。

　次に，第3点の，テイサメノスの条令の中で「アテナイは父祖に従って治められ，ソロンの法，その度量衡，そしてドラコンの掟が，すなわち以前の時代に使われたものが使われるべし」（Andocides, 1.83）と語られている，ソロンとドラコンの法をニコマコスの前期作業で収集されて公表された法であるとみなす考えは，オリヴァー[26]が提唱し，ヒグネット[27]，マクダウェル[28]，オズワルド[29]がこれに従い，最近ではローズ[30]が擁護しているが，この考えを裏付ける史料はなく，あくまで推測にすぎない。なぜならば，このテイサメノスの条令を伝えるアンドキデス1番演説は，ニコマコスの「法典編纂」作業については一言も言及していないからである[31]。

　次に，第4点の，テイサメノスの条令の中のそれに続く条文が法の審査を規定しているが，この手続きによってアテナイのすべての法が審査された後に壁に刻文されたとみなす考えは，ロバートソン[32]の論文によって，これまでの研究者たちが問題の条令を伝えているアンドキデス1番演説を読み違えたことによるものであると指摘された。ここで問題のテイサメノスの条令の条文だけを取り出してみると，ロバートソンの指摘を待つまでもなく，この条令が，評議会によって選出されたノモテタイに公表することを命じているものは，「〔以前の時代に使われたソロンとドラコンの法に加えて，引用者註〕さらに必要であろうものについて（hoposôn d'an prosdeêi)」(Andocides, 1.83)，すなわち追加すべき法についてだけである[33]。この追加すべき法の分量について定説の解釈では問題があることは，前述の第2点の考察の中で触れた。他方，ロバートソン[34]によれば，演説を行なったアンドキデスは，自身を告発した裁判が不当であることを主張するために，初めに，前403年にテイサメノスの条令によってあたかもアテナイの当時の法がすべて審査され承認されて刻文されたかのようないきさつを偽って語り[35]，そのうえでその条令の直後に追加の新法が定められ，そのおかげで多くの人々の過去の犯罪が不問に付されることになったのであるから，自身についても自分の過去の過ちに対する告発から免れられると主張したのである。従って，アンドキデスが触れている，このテイサメノスの条令からは，この条令によってアテナイのすべての法が審査された後に壁に刻文されたとは言えないのである。

　最後に，第5点の，定説によれば，ニコマコスの後期の「法典編纂」作業でアテナイのすべての法の「法典」が完成されたにもかかわらず，それ以後の人々によって重要なものとはみなされなかったという点についてみてみる。このことは，これまで数人の研究者たちによって指摘されている。初めに，前述のように，ブロック[36]は，「アリストテレスとその弟子たちが集めた諸法」の収集物に触れて，「この収集の中で410/401年の法典が最も重要な項目であったとは誰も論じていない」と述べており，ヒグネット[37]もこれを認めている。また，M. H. ハンセン[38]は，「アンドキデスの言及は別にしてストア・バシレイオス内の法典〔すなわちニコマコスの「法典」，引用者註〕について他に述べているものが我々の手元にないことは驚くべきであると思われるかもしれない。多くのノモイ〔諸法，引用者註〕が法廷弁論の中で引用されているが，弁論家が時折，その法を読んだ場所を述べている場合，触れているのはステレ〔石碑，引用者註〕(Lys. 1.30; Dem. 47.71, 59.75-76) かまたはメトロオン内の記録保管所 (Dem. 25.99; Lycurg. 1.66; Harp. s.v. Metroon) のいずれかについてである」と述べている。また，彼らの見解を踏まえてロバートソン[39]は，「ニコマコスの法典は，弁論家たちの法の引用の際，言及されていないし，ストア内のステライ〔諸石碑，

引用者註〕についても言及されていない」と述べている。このように後世の弁論家たちやアッティカ誌家たちがニコマコスの「法典編纂」作業について沈黙していることを考慮すると，問題のテイサメノスの条令によってニコマコスがアテナイのすべての法の「法典」を作成したとは決して言えないであろう。

以上で検討した結果から，これまでの定説によってはニコマコスの後期の「法典編纂」作業が説明できないことが理解できるであろう。

第3項　ニコマコスの後期の作業〜試論

次に，筆者は，ここに試論を示したいと思う。

本章の第3節の中でまとめたとおり，これまでニコマコスの後期の「法典編纂」作業の成果であるとみなされてきた後期壁面の碑文が，実際は，ニコマコスの裁判の後で刻文されたものであると考えられるならば，それに代わる前の，ニコマコスの後期作業で実際に取り扱われた法は，一体どんなものであったのであろうか。

まず第1に言えることは，その法が，後期壁面の整然とした供犠暦とほぼ同類の供犠に関するもので，ニコマコスの裁判の時の告発演説であるリュシアスの第30番演説によって国家に2年続けて計6タラントンの財政上の損失を与えたと非難されたもの（Lysias, 30.17-25）で，それゆえ結局は消去され書き直すことを求められたものであった[40]，ということである。しかも前節で検討した結果，後期壁面の供犠に関する諸碑文には大見出し，資料の典拠を示すekで始まる見出し，日付が明記されている。つまりそれらの碑文に記載された供犠が正当に定められたものであることが明確にされている。かかる詳細な記載，特にekで始まる見出しは，前期壁面の供犠に関する諸碑文には見られない。従って，ニコマコスが後期作業で編纂した，供犠に関するものは，現存する後期壁面の整然とした供犠暦よりも稚拙で資料の典拠の不明瞭なものであったに違いない。

次に，前403年のテイサメノスの条令とニコマコスの後期作業の関係に

ついて述べてみたい。初めに，テイサメノスの条令が提案されたいきさつをみてみると，アンドキデスの第1番演説を信用するならば，81-82節に述べられているように，三十人僭主の政治が倒されて民主政が復興した時にとりあえずソロンとドラコンの法が施行されることが決議されたが，それによって以前に起こった事件のせいで市民たちの多くがソロンとドラコンの法に違反することが判明して問題となり，そこでテイサメノスの条令が提案されたわけである。そしてその条令は，以前の時代に使われたソロンとドラコンの法によってアテナイが治められることを命じるとともに，さらに追加の法をノモテタイが1ヵ月以内に掲示して役人に手渡し，別のノモテタイの委員会と評議会によって審査されるべきことを命じている。テイサメノスの条令は，追加の法だけが審査されることを命じているのにすぎないのであるが，演説者のアンドキデスは，82節の中でこの条令を紹介するにあたって，「すべての法が審査されるべきこと」が決議されたと偽って述べたのである。そこで，これまでの研究者たちは条令の条文ではなくアンドキデスのこの文言に注目したためにこの条令によってすべての法が審査されて「法典」が整備されたと誤解したわけである。従って，テイサメノスの条令の条文に従えば，この条令は，過去の事件によってソロンとドラコンの法に違反して罪を問われる人々をどのように取り扱うかについて新たに追加の法を求めたのであり，これがノモテタイによって提案されて審査に付せられることになったのである。それゆえ，ニコマコスの後期作業によって刻文されたと推測される，現存する供犠に関するものは，ソロンとドラコンの法に違反する人々の件とは内容のうえで関係がないので，テイサメノスの条令によって提案された追加の法[41]とは別個に，あるいは可能性は少ないがその条令によって提案された追加の法の中に組み入れられていたとしてもその刻文が急を要するものではないので，後日にニコマコスらのアナグラペイスによって石碑に刻まれることが決議された，と推測することが理に適っていると思われる。そして，Lysias, 30.5は，ニコマコスがその決議による「諸条令に従わなかった」(mête tois psêphismasi peithesthai) と述べて彼を非難したのであろう。

第6章　ニコマコスのいわゆる「法典編纂」作業について

　また，前述のような，テイサメノスの条令とニコマコスの後期作業についての当時の状況の再構成を基にして，ニコマコスの前期作業と後期作業について次のような試論を提示したい。

　ニコマコスという人物は，前410－404年の前期作業の時期に，アナグラペウスとして諸法を書写した。何がその作業を命じたかは不明であるが，I.G. I³ 104の例があるので，おそらくは民会決議であろう。その作業でニコマコスは，筆者が本章の第2節[42]の中で提唱したように，現存する碑文史料から推測する限りでは，国家財政の緊縮を図るために，諸壁には供犠に関する法，諸税についての法，トリエラルキア法を刻文しただけである。また，三十人僭主の政治の崩壊後の前403－399年の後期作業の時期には，彼は，おそらくはテイサメノスの条令とは関係なく別の民会決議による条令に従って，指定されたテキストを書写することになった (cf. Lysias, 30.4)。彼は，現存する碑文史料が供犠に関するものに限られているので前期作業と同じく，国家財政の緊縮を図るために供犠暦を諸壁に刻文したと考えられる。Lysias, 30.2, 26は，被告ニコマコスが前期作業でソロンの法を扱ったと述べているが，この陳述は，Plutarchus, *Solon* 23.4の中でソロンの16番目のアクソンが犠牲獣の値段について規定していると述べられていることから推測すると，主として供犠に関するものがソロンの法そのものまたはそれに深く関連していたので，この弁論の中で述べられたと考えられる。そして，ニコマコスが刻文した供犠に関する法に従って供犠の奉納が行なわれたが，それによって彼は，国家に2年続けて6タラントンにのぼる財政上の損失を与えた件で告発されることになった (Lysias, 30.17-25)。この裁判の結果，ニコマコスが供犠に関して刻文した部分の一部が，消去されて再刻文されることによって訂正されることになった。また，その再刻文の際にはekで始まる見出しが記載されて資料の典拠が明示されることになり，これによってその記載事項が正当なものであることが示された。オリヴァーが公表し，ダウとルイスによって編集され整理された，いわゆる「ニコマコスの法典編纂碑文」の後期の諸碑文は，かかるいきさつで作成されたものである。だが，これらの現存する史料は，前述のようにその刻

文の目的が限定されているので，アテナイの「法典」とは言いがたいものであった。

小　　結

　アテナイでは三十人僭主の政治の混乱の後に民主政が復興した前403年に，テイサメノスの条令によって，例えば，*I.G.* I³ 104のドラコンの殺人に関する法の再公表碑文のように，三十人僭主の時代以前の民主政の時代に使われていたソロンとドラコンの法をそのまま引続き使用することと，そのようにすれば不都合を生じる人々のために新たに追加の法を定めることが定められた。テイサメノスの条令はただそれだけを定めただけのものであるので，それゆえ，その条令によってアテナイのすべての法の審査と改訂そして刻文が実際に行なわれたわけではないのである。また，ニコマコスの後期作業は，内容が供犠に関するものであり，それによって不都合を生じる人がいないので，テイサメノスの条令とは関係なく，後日にこれを壁に刻文するアナグラペイスが任命されて行なわれたわけである。そして，そのような事情であるので，ニコマコスは，彼の告発者の言い分（Lysias, 30）によると，30日の間に職務を履行することができたのに，そして刻文すべきテキストが指定されているにもかかわらず（Lysias, 30.4），4年間の長期にわたって作業を続けたのである。しかも，彼が刻文した供犠暦は，国家に多大な損失を与えたという理由から前399年の裁判によって書き直しが命じられることとなった。これゆえに，後世のアッティカ誌家や著述家は，ニコマコスの後期作業を重要なものとはみなさなかったと考えられる。従って，本節の冒頭に挙げたM．H．ハンセンの述べるように，前5世紀末のアテナイで諸法の「改訂」が大々的に行なわれ，アテナイの諸法の「法典」が完成したとは言えないのである。

註
1）M.H. Hansen, *The Athenian Democracy in the Age of Demosthenes*（以下*Athenian*

第6章 ニコマコスのいわゆる「法典編纂」作業について

*Democracy*と略す)（Oxford, 1991), p. 162-165.
2) H. Bloch, "Studies in Historical Literature of the Fourth Century," *Harvard Studies in Classical Philology Supplementary* Volume 1: *Athenian Studies Presented to William Scott Ferguson* (Cambridge, 1940), p. 371 n. 3.
3) ニコマコスという人物と彼の法典編纂作業に関する年代その他の基礎的な検討については，本章の第1節第1項および拙稿，『研究紀要』18号，54－55頁をみよ。
4) これらの断片の前期・後期の碑文のテキストと写真の所在などの詳しいことについては，本章の第1節と第3節，拙稿，『研究紀要』18号，50－53頁および拙稿「ニコマコスの後期の法典編纂碑文について」『研究紀要』（詫間電波工業高専）20号，1992年，55－69頁をみよ。
5) Oliver, *op. cit.*, p. 5-32.
6) Dow, *Hesperia* 10 (1941), p. 31-37; do., *Hesperia* 30 (1961), p. 58-73.
7) Cf. 拙稿，『西洋古典学研究』40号，12－21頁。
8) Dow, *Hesperia* 30 (1961), p. 59の図1を参照せよ。また，Hardy Hansen, *Aspects*, p. 65 Figure 1の断片Bの後期碑文面の2枚の写真のうちの下のものを見れば，その消去跡と再刻文の状況が分かる。
9) Oliver, *op. cit.*, p. 8-9.
10) Ruschenbusch, *Historia* 5 (1956), p. 123-128.
11) Dow, *Hesperia* 30 (1961), p. 69-72.
12) Fingarette, *op. cit.*, p. 330-335.
13) Clinton, "Athenian Law Code," p. 27-37.
14) Robertson, *op. cit.*, p. 65-75.
15) *Ibid.*, p. 49-52.
16) *Ibid.*, p. 62-64.
17) *Ibid.*, p. 62-63.
18) *Ibid.*, esp. p. 75.
19) Rhodes, *J.H.S.* 111 (1991), p. 87-100, esp. 94-95.
20) Cf. 拙稿，『研究紀要』20号，55－69頁。
21) Robertson, *op. cit.*, p. 66.
22) この問題についてRobertson, *op. cit.*, p. 66は，次のように述べているに過ぎない。「要約すると，我々は，リュシアスからどんな種類の文書記録をニコマコスが403－399年に編集していたかを判断することができない――おそらくより多くの世俗法，おそらくより多くの祭儀のテキスト，おそらくはその両方である。もしその仕事がさらに別の刻文につながったならば，そのステライはまだ発見されていない」。
23) Fingarette, *op. cit.*, p. 333-334; Ostwald, *op. cit.*, p. 479-480 with n. 80, p. 513.
24) ニコマコスが編纂したとされる「法典」碑文がどこに設置されたかという問題については，Oliver, *op. cit.*, p. 8-10が「王のストア」（Stoa Basileios）と推測して以来，多くの研究者たちが彼に従った（Maidment, *op. cit.*, p. 405 n. a; Hignett, *op. cit.*, p. 301; Ruschenbusch, *Historia* 5 (1956), p. 123; MacDowell, *Andokides*, p. 121, 125, 195, 198; do., *The Law in Classical Athens*〔以下*L.C.A.*と略す〕[London,

第3部　いわゆる「パトリオス゠ポリテイア」問題とテラメネスの政治思想

1978], p. 46-48; Fingarette, op. cit., p. 335 n. 22; Shear, op. cit., p. 251, 254-255; Clinton, "Athenian Law Code," p. 33 & n. 21; Ostwald, op. cit., p. 519; Hardy Hansen, Aspects, p. 36; M.H. Hansen, Athenian Democracy, p. 163-164)。特に, Fingarette, op. cit., p. 335 n. 22がShear, op. cit., p. 243-255によるアゴラ発掘の報告文という考古学上の成果に依拠して当該碑文の設置場所として「王のストア」がふさわしいと主張して, オリヴァー以来の定説を補強した。

　ところで, 当該碑文の設置場所としてオリヴァーが「王のストア」を挙げた際, 彼はその根拠を何ら明示していない。そこで, 以下でその設置場所の問題について検討を試みたい。その際, オリヴァー以来の定説である「王のストア」説を検討する前に, 彼がその説を提示した根拠を彼の代わりに筆者が彼の思考過程を推測し, 以下に4点挙げて述べてみよう。(1)オリヴァーによる立論のきっかけとなった, 当時としては新しい発見物である石碑の断片Cが, アゴラ内のセクションZの後期ローマの盛り土の中で発見された (Oliver, op. cit., p. 5)。その石碑は重すぎて運搬が困難であるので, 後期ローマの道路工事従事者はそれを近くで入手した (Oliver, op. cit., p. 6)。(2)Lysias, 30.17の中に "khrê thyein tas thysias tas ek tôn kyrbeôn kai tôn stêlôn kata tas syngraphas"（私たちがキュルベイス〔廻転板〕からのと記録文書に従ったステライ〔諸石碑〕からの供儀を奉納しなければならない）とある（ただし, この箇所の "stêlôn" は, Hude, op. cit., p. 241によれば, Taylorによる校訂によるものであり, 元のマニュスクリプトでは "euplôn" または "hoplôn" であった）。「キュルベイス」は, Aristoteles, Ath. 7.1の中に登場するもので, ソロンの古法が刻文され「王のストア」に立てられたと伝えられている（「彼〔ソロンのこと, 引用者註〕は国制を定め, その他の法律を発布したが人々はドラコンの掟を殺人に関するものを除き廃止した。そして法律を廻転柱〔キュルベイス」のこと, 引用者註〕に書き上げて「王」の列柱館〔「王のストア」のこと, 引用者註〕に立てみなこの法に従うことを誓った」〔村川訳『アテナイ人の国制』23－24頁〕）。そしてLysias, 30.17の中でそのキュルベイスと併記されている「ステライ（諸石碑）」は, Oliver, op. cit., p. 10-11によれば前5世紀末にニコマコスによって刻文された石碑でありソロンの古法であるので, 当該の石碑はキュルベイスと同様に「王のストア」の中に立てられた。(3)Oliver, op. cit., p.7は, 前409年春頃のドラコンの殺人に関する法の再公表碑文 (I.G. I³ 104) をニコマコスの前期作業の成果とみなした（彼のこの考えに従っている研究者は, Harrison, J.H.S. 75 [1955], p. 30; Dow, Historia 9 [1960], p. 271, 279; Stroud, op. cit., p. 25-26; Meiggs & Lewis, op. cit., p. 265; MacDowell, L.C.A., p. 46; Clinton, "Athenian Law Code," p. 30, 35; Ostwald, op. cit., p. 407 n. 249; Hardy Hansen, Aspects, p. xvii, 1, 17-19; M.H. Hansen, Athenian Democracy, p. 163; Robertson, op. cit., p. 53である）。この碑文の設置場所は, 碑文中の7－8行目に記されているとおり, 「王のストアの前」である。他方, テイサメノスの条令の中でドラコンの「掟 (thesmoi)」がソロンの「諸法 (nomoi)」と併記されて登場する (Andocides, 1.83)。従って, ニコマコスが編纂したソロンの諸法のステライは, ドラコンの殺人法碑文の側の「王のストア」の中に立てられた。(4)アルコン・バシレウスの職務については主としてAristoteles, Ath. 57から知られるが, それによると祭典・祭祀についての彼の

第6章　ニコマコスのいわゆる「法典編纂」作業について

職務は，秘儀の監督，ディオニュシア祭の監督，松明競技の主宰と並んで，「バシレウスはまた父祖伝来の供犠のすべてを管掌するといってよい」(村川訳『アテナイ人の国制』96-97頁)とされている (Aristoteles, *Ath.* 57.1)。従って，アルコン・バシレウスが管掌する供犠に関する碑文が彼のためのストア，すなわち「王のストア」(Stoa Basileios) の中に存在してよい。

これに対して，ロバートソンは，オリヴァー以来の「王のストア」説を十分に反駁してはいないもののその外に「ストア・ポイキレ」，「ゼウスのストア」，「南ストアⅠ」の3箇所を候補に挙げ (Robertson, *op. cit.*, p. 64-65)，中でも「南ストアⅠ」を推している (Robertson, *op. cit.*, p. 59-60)。

かかるロバートソンの批評と代案に触れて，かつて拙稿(『研究紀要』18号，554頁)の中でオリヴァー以来の定説を批判せずに受け入れていた筆者は，改めて前述の(1)から(4)までの4点について疑問を抱くことになったので，それを以下に述べる。

初めに，(1)の根拠は，そのこと自体が設置場所として「王のストア」を指示する確証とはならない。

次に，(2)の根拠は，その鍵となる文言がLysias, 30.17の中の「ステライ（諸石碑）」であり，これをオリヴァーがニコマコスの手になるものと考える点が肝要となっている。ところが，このオリヴァーの考えは，ダウの論文 (Dow, *P.M.H.S.* 71 [1959], p. 3-36) の発表によって意味をなさなくなった。すなわち，Dow, *P.M.H.S.* 71 (1959), p. 20は，断片Cの後期壁面のコラム3の77行目の "ek tôn st[----]" の復元を考察する中で，Lysias, 30.17の中の "hai thysiai hai ek tôn kyrbeôn kai tôn stêlôn kata tas syngraphas"（キュルベイスからのと記録文書に従ったステライからの供犠）という文言が，当該石碑のコラム3の60-76行目と，77行目のekで始まる見出し以降の78-86行目とに対応していると，つまり前者の60-76行目に登場する神々が「キュルベイス」にさかのぼる古いエレウシスの神々であり，後者の78-86行目に登場する神々がエレウシスと古くからつながりを持っていない神々であるのでソロン以後承認され追加され「ステライ」に刻文されたものであると論じた。加えて，ダウ (Dow, *P.M.H.S.* 71 [1959], p. 20; cf. Robertson, *op. cit.*, p. 69) は，その77-86行目が*I.G.* I³ 5のエレウシスの祭儀法と関連するものであると指摘している。従って，76行目が "ek tôn st[êlôn]" と復元されるべきであり，さらにその碑文上の「ステライ (stêlai)」の中に*I.G.* I³ 5が含まれると仮定するならば，その「ステライ」に対応する，Lysias, 30.17の中の「ステライ」は，オリヴァーの考えのとおりのニコマコス碑文ではなくなるのである（オリヴァーがこの点に気付かなかったのも無理はない。彼は，断片Cの後期壁面の77行目を "ek tôn s[ymbolôn(?)]" と考えたからである〔Oliver, *op. cit.*, p. 28-29〕。ただし，彼は，78-86行目と*I.G.* I³ 5〔=*I.G.* I² 5〕との関連には気付いていた〔Oliver, *op. cit.*, p. 29〕。なお，77行目の復元については，本章の第3節の註44および拙稿，『研究紀要』20号，67頁の註48を参照せよ。また，断片Cの後期壁面のコラム3と*I.G.* I³ 5〔=*I.G.* I² 5〕との関連については，桜井，『史海』27号，1-18頁を参照せよ）。従って，オリヴァーが推測したであろうようにニコマコス碑文の「ステライ」が「キュルベイス」と同様に「王のストア」内に立てられたとは必ずしも言えないのである。

第3部　いわゆる「パトリオス＝ポリテイア」問題とテラメネスの政治思想

　次に、(3)の根拠は、ドラコンの殺人に関する法の再公表碑文（*I.G.* I³ 104）もニコマコスがアナグラペウスとしてその製作に関与したということがその要点となる。これについては、筆者は、本章の第2節および拙稿（『西洋古典学研究』40号、17－18頁）の中で、前410年の評議会法、別名民主政憲章の条令碑文（*I.G.* I³ 105）をも含めて考察し、それらの石碑とニコマコス碑文との間にはその内容と石碑製作の事情に違いがみられるので全く関係がないといえるのではないかと論じた。従って、ニコマコス碑文と、ドラコンの法および評議会法とは切り離して取り扱わなければならない可能性があるので、(3)の根拠は疑わしくなる。加えて、(3)の根拠は、オリヴァー以来の通説、すなわちテイサメノスの条令によってニコマコスが後期の「法典編纂」作業を行なったという考え、を前提としているので、前述のようにその考えを否定するロバートソンによる反論によって疑わしくなってくる。

　次に、(4)の根拠は、ニコマコスによって刻文された碑文とされているものの内容の多くが供犠に関するもので占められているので、一見すると説得力があるようにみえる。だが、そのように問題の碑文が供犠に関する法碑文であるから「王のストア」内に設置されたと考えるならば、たとえ前期作業の碑文であるとはいえ断片Cの前期壁面および断片・追加3のトリエラルキア法と断片・追加1（*I.G.* I³ 237）の諸税に関する法はどのように取り扱われるべきであろうか。この疑問に対しては、フィンガレットのある論述がひとつの解答となる可能性がある。彼女は、前期壁面の「内容は、時代遅れの暦と世俗法の不完全でおそらく不正確な目録であったであろう」からその「壁面を展示してもほとんどむだであったであろうことは明白である」ので、加えて、断片Eの背面が物的に刻文用に意図されていないという例があるので（Fingarette, *op. cit.*, p. 334）、テイサメノスの条令に従って後期作業において供犠に関する法はもちろんのこと、「不幸にも」現存しないが「すべての新しい世俗法が刻文されたと確信できる」ので（*ibid.*）、すべての聖・俗の法が刻文された後、その展示の際、「その壁は、一面（後期壁面）だけがアテナイ人たちの目に触れられる地点に移動させられ」、「ストアの背面の壁を背にして配置されたことがはっきりしていると思われるし、それゆえその壁の後期壁面だけが目に触れることができた」（*ibid.*, p. 335 n. 22）のであり、結局、問題の前期壁面のトリエラルキア法と諸税に関する法は前403年以降アテナイ人たちの目に触れることができないように処理された、と論じた（ただし、厳密に言えば、フィンガレットの論文〔*Hesperia* 40〕発表の時には、断片・追加3のトリエラルキア法と断片・追加1の諸税に関する法の両碑文は、ニコマコスの前期壁面の碑文の中に含まれるものとは考えられていなかった）。かかる彼女の論述は一見すると説得力があるようにみえる。だが、彼女を含めて、オリヴァー以来の定説に従う論者は、テイサメノスの条令に従ってアテナイのすべての法が「改訂」され刻文されて、アテナイの主要な祭儀の主宰を任せられた王アルコンの「王のストア」内に世俗法も含めて展示されたと、このこと自体に何らの疑問を抱くことなく、論述するのである。筆者はこの点に疑念を抱くものである。加えて、フィンガレットは、前述のように、前期壁面を「展示してもほとんどむだであったであろうことは明白である」と論じたが、彼女がそのように論じた根拠は前期壁面と後期

第6章　ニコマコスのいわゆる「法典編纂」作業について

壁面に刻文された供犠に関する法についてのみ比較・考察したことによるものであるので (Fingarette, *op. cit.*, p. 331, 333-334)，前期壁面のトリエラルキア法と諸税に関する法までも含めて一概に「むだであった」と言えるのかどうか，筆者は疑問に思うのである。その理由は2点ある。初めに，オリヴァー以来の定説の論者たちが，全面改訂によるものと説明するにせよ，三十人僭主による消去分のやり直しによるものと説明するにせよ（フィンガレットによれば，全面改訂によるものと説明するのはダウ，マクダウェル，オリヴァーであり〔Fingarette, *op. cit.*, p. 332〕，三十人僭主の消去分のやり直しによるものと説明するのは彼女自身〔*ibid.*, p. 333-334〕である），後期壁面の一部が消去され再刻文されたが，その消去・再刻文の面に現存する碑文（断片Ａ－Ｅの各後期壁面のもの）がすべて供犠に関するものであることに注意すべきではなかろうか。2番目に，フィンガレットを初めとして記録媒体となる物質が比較的入手可能な経済環境の中で暮らす我々現代人とは異なって，古代社会のアテナイ人たちが，すなわち法などを公表するためにわざわざ石切り場から大理石を切り出して運び込み，刻文面を加工して刻文するという一連の行為をしなければならない彼らが，断片Ｃおよび断片・追加3の前期壁面のトリエラルキア法の刻文分と断片・追加1の諸税に関する法の刻文分をむやみにむだにするであろうか。むしろ，Robertson, *op. cit.*, p. 65-75 が説くように，前399年のニコマコスの裁判の後，以前に彼の刻文した供犠に関するテキストが消去されて正しいものが再刻文されたと考えることの方が，現代人の倹約の考えとは異質であるとしても古代人の素朴な倹約の考えに合っていたのではないだろうか。いずれにせよ，以上の考察から，祭祀法だけではなく世俗法も前403年以降に掲示されたと推定できるであろうから，いわゆるニコマコスの諸壁が「王のストア」内に設置された可能性は少ないとみてよい。

　だが，筆者はここで，ロバートソンの「南ストアⅠ」説に代わる代案を唱える根拠を挙げることができないので，この問題についてはこれ以上論じることを控えたい。

25) Cf. 拙稿，『西洋古典学研究』40号，12－21頁。
26) Oliver, *op. cit.*, p. 7-9.
27) Hignett, *op. cit.*, p. 302.
28) MacDowell, *Andocides*, p. 194-195; do., *L.C.A.*, p. 46-48.
29) Ostwald, *op. cit.*, p. 512-515.
30) Rhodes, *J.H.S.* 111 (1991), p. 97.
31) さらに，Robertson, *op. cit.*, p. 46-52, esp. 47-48は，テイサメノスの条令によって命じられている法の掲示が追加の法についての一時の掲示のことであると論じて，Andocides, 1.83の中の「ソロンの法とドラコンの掟」がニコマコスの前期作業の碑文ではないと主張する。
32) Robertson, *op. cit.*, p. 62-63.
33) この点は，Robertson, *op. cit.*, p. 60-61によって明確に指摘されている。
34) Robertson, *op. cit.*, p. 62-63.
35) Andocides, 1.82の中でアンドキデスは，テイサメノスの条令の諸条項を"ephsêphisasthe"（皆さんが決議した：psêphizôのアオリスト中動相2人称複数形）

第3部　いわゆる「パトリオス゠ポリテイア」問題とテラメネスの政治思想

と語っている。動詞の活用形が2人称複数形であり，これは法廷弁論の時によく使われる言葉であるが，他方でこの言い回しは，この条令がかつて民会で決議された時にアンドキデス本人がその場にいなかった可能性を示唆するとも言える。もしそうであったならば，このことがアンドキデスをして自分の弁護の時にそのいきさつを偽って語る気にさせたと考えることもできる。

36) Bloch, *op. cit.*, p. 371 n. 3.
37) Hignett, *op. cit.*, p. 25.
38) M.H. Hansen, "Did the Athenian Ecclesia Legislate after 403/2 B.C.?," *G.R.B.S.* 20 (1979), p. 181 n. 8.
39) Robertson, *op. cit.*, p. 44.
40) Lysias, 30.21によれば，被告のニコマコスは，自分の刻文した祭祀法が認められないならば，それを消去（exaleiphein）してもらってもよいと訴えているようであるので，もし彼の有罪が裁定されるならば，結局，彼の言い分どおりに行なわれる可能性がある。
41) テイサメノスの条令に従って追加された法の内容は，Robertson, *op. cit.*, p. 63-64が指摘しているように，Andocides, 1.85-87の中の次の5つの法である可能性がある。(1)記載されていない法を役人は一度でも使うべからず（Andocides, 1.85, 87），(2)条令（psêphisma）は，評議会のものであっても民衆のものであっても全く法（nomos）よりも有効であるべからず，(3)一人の人物について法を制定することが生じるべからず，もしその法自体がすべてのアテナイ人についてのものでないならば，またもし6千人の者が秘密投票で投票を行なって決議しないならば，(4)裁定（dikê）と仲裁（diaita）は，ポリスが民主政を行なっていた間に行なわれたものである限り，有効であるべし，(5)諸法（nomoi）においては，エウクレイデスのアルコンの時以後のものが使用されるべし（以上，Andocides, 1.87）。
42) Cf. 拙稿，『西洋古典学研究』40号，12-21頁。

第7章　パトリオス＝ポリテイアと
　　　　テラメネス派の政治思想

第1節　民主政期アテナイにおけるパトリオス＝ポリテイア

　Aristoteles, *Ath.* 41の記述は，古代のアテナイの政治の変遷を伝えている。その中で前6世紀初めに改革を行なったソロンという人物の時代は，「それから民主政の発端となった」と表現されている (Aristoteles, *Ath.* 41.2)。また，クレイステネスについては，彼の変革は「ソロンのものより民主的 (dêmotikos)」であるとされている (Aristoteles, *Ath.* 41.2)。他方，前355年にイソクラテスによって創作された第7番演説『アレオパゴス評議会について』16節は，次のように述べている。

> 　そのこと〔祖先たちによって残された民主政（デモクラティア）のこと，引用者註〕のために私は以下の話を行なおうとしていますし，民会出席を求める申告をしたのです。と申しますのも，私が見たところでは，かつて行なわれたその民主政だけが将来の危険を回避することや現在の悪い状況から救われることになるからですが，私たちがかの民主政を回復する気があればの話でして，それは，最も民衆を愛していたソロンが立法し (nomothetein)，僭主たちを追放して民衆を最初から連れ戻してくれたクレイステネスが設立した (kathistanai) 民主政です。
> Isocrates, 7 *Areopagiticus* 16

　これによると，アテナイの民主政は，ソロンによって「立法」され，クレイステネスによって「設立」されたことになっている。イソクラテスの場

合，ソロンとクレイステネスについての同様の表現が第15番演説『アンティドシス』232節の中にも見られる。

> さらにまた，昔の人たちの中で最善の弁論家たちで，最大の名声を得て最も多くの面でポリスにとって良いことどもの責任をはたすことになった人たちがおりますが，ソロンから始まる人たちですね。
> 　と申しますのも，その人が民衆の指導者（prostatês tou dêmou）の任についた時，そこで彼は，立法を行ない（nomothetein），国事を整理し，ポリスを整備したからです。その結果，なお今でもその内政管理で彼によって組織立てられたものは敬愛されるべきなのです。その後で，クレイステネスがポリスから僭主たちによって追い出されたが，弁舌で隣保同盟代表者たちを説得して神の聖財から自身に金を貸し出させ，さらに民衆を連れ帰って僭主たちを追放してあの民主政（dêmokratia）を設立しました（kathistanai）し，それはギリシアにおいて最高の良いものの元になりましたね。
>
> Isocrates, 15 *Antidosis* 231-232

ソロンの改革とクレイステネスの改革の時期の間には約86年の開きがあり，到底その２人の人物が共同でアテナイの民主政を設立したとは考えられない。そのため，厳密に言ってはたしてどちらの人物がアテナイの民主政を創設したかという問題については，周知のとおり，現代の歴史家たちは総じてクレイステネスの功労であると考えている。

他方，Aristoteles, *Ath.* 29.3 の中の記述を一瞥すればクレイステネスが民主政を立てたとしながらもその国制は真に民主的ではなくソロンの国制に近似していると記されていたり，プルタルコス『キモン伝』15章の中ではクレイステネスの時期の政治が貴族政であると表現されている。それゆえ，ブゾルト[1]は，「あれやこれやの要素を，そして評価する人の政治的立場をはっきりさせることに応じてそれによってソロンやクレイステネスの国制はたいてい民主政的と，時には民主政的でないとみなされる」と説明し

ている。

　そこで，冒頭のアリストテレスやイソクラテスの言い回しがどういう事情から出てきたものであろうか，という問題を改めて考察することは意義のあることとなろう。

　この問題を考えるにあたり，筆者は，前述のAristoteles, *Ath.* 29.3の中の次のような言い回しに注目したい。これは，前411年のアテナイで民主政打倒の政変が起こる直前にクレイトポンという人物によって行なわれた提案についての記述である。ここでは取りあえず村川堅太郎による翻訳を挙げておく。

　　クレイトポンは他の点についてはピュトドロスの案に同意したが，ただ選ばれた人々はクレイステネスが民主政治をたてた時に定めた古い法律をも調査し，これを参照しつつ最上の案を練るようにと動議した。けだし彼はクレイステネスの国制は真に民主的（dêmotikos）ではなく，ソロンの国制に近似するものと考えたのであった。（村川訳[2]）

ここでクレイトポンという人物が前6世紀の末にアテナイの民主政の制度を打ち立てたといわれているクレイステネスの定めた「古い法律」（patrioi nomoi）を参照するように提案した。

　また，同じくAristoteles, *Ath.* 34.3にはクレイトポンという人物について次のように記録されている。

　　アテナイ人が父祖の国制（hê patrios politeia）に従って政治を行なうと言う条件で和議が結ばれたので，民主派は民主政治を維持しようと試み，一方上流の中で徒党をつくっていた人々や，亡命者の中で平和回復後帰国した連中は寡頭政治を欲し，どの徒党にも属していないが，その他の点では他のいずれの市民にも劣らないと思われた人たちは父祖の国制（hê patrios politeia）を求めていた。後者に属する者にはアルキノスやアニュトスやクレイトポンやポルミシオスやその他大勢あっ

第3部　いわゆる「パトリオス＝ポリテイア」問題とテラメネスの政治思想

たが特に牛耳を執った者はテラメネスであった。(村川訳[3])

この記述は前404年に三十人の人物がアテナイでいわゆる「三十人僭主」と呼ばれる独裁政治を行なう直前の政治の様子を記したものであり，当時，民主派と寡頭派と，そしてテラメネスが率いるクレイトポンらの一派の3つの派閥があったことが分かる。Aristoteles, *Ath.* のパピルス文書の最初の校訂者であるケニオン[4] は，この箇所の記述について「アテナイの失墜はアテナイに多くの国制変革のうちの最後のものをもたらした。和平の条件には『古（いにしえ）の国制（the ancient constitution）』（ἡ πάτριος πολιτεία）が復興されるべしという規定が含まれていた」と解説した。

これら2つのアリストテレスの記述を基にして，1953年にアレグザンダー＝フックスがその著 *The Ancestral Constitution*[5] の中で，前411年のクレイトポンの追加条項はその頃に発展した穏健派の思想の表れであり，クレイステネス以後のアテナイの民主政の発展を拒絶し，クレイステネスの諸法とソロンの仕事を考慮するよう求めたものであるので，テラメネス派は自分たちの国制についての綱領のためにソロンとクレイステネスの権威を借りようとしたのであり，それは「父祖の国制への復帰」(return to the ancestral polity) という名の下に始められることになった，と結論づけた[6]。また，同じ頃，ヒグネット[7] は，前5世紀末以降，アテナイの民主派たちがソロンとクレイステネスを自国の民主政の国制の創設者と主張して，寡頭派たちの宣伝に勝利したという見解を述べている。その後，ルシェンブシュ[8] がフックスらの研究を参考にして，この前5世紀後半の頃からソロンやドラコンなどの昔の国制が論議されるようになり，前4世紀に至っては民主派も寡頭派も競って自派の理想の国制のモデルをかつてのクレイステネス，ソロン，ドラコンと時代を遡って求めたと論じた。さらに，チェッキン[9] ら数人の学者が彼に続いた。チェッキンの論は，それまでのパトリオス＝ポリテイア論を主としてソフィストたちを含めた哲学者の思考から論じたものである。フィンリー[10] は，クレイトポンが民主政創設者クレイステネスの時代まで，すなわちペリクレス時代以前の，ペルシア人を撃

330

退した時代へ引き返すことを提案したと述べる。このように，これまでの研究者たちの諸説は総じて，前5－4世紀のアテナイで民主派と寡頭派その他の間で党派争いがあり，論戦を行なっていたことを持論の基礎に置いている。

だが，他方で，ハーディング[11]は，何人かの学者たちが，テラメネスがアンドロティオンの父アンドロンと政治観の上で結びつきがあり，アンドロティオンが前4世紀においてさえそのテラメネスの穏健な政治思想を抱いていたという「テラメネス神話」を抱いていると批判し，Aristoteles, *Ath.*の中のアリストテレスのテラメネス観が彼の『政治学』の中の"mesos polites"の思想に由来すると論じている。従って，彼の論は，前4世紀のアテナイでは民主派，穏健派，寡頭派の間の政治思想をめぐる論争を想定することを伴わないことになる。また，ウォルターズ[12]が，前403年の法典編纂以来，アッティカ誌家たちまたは歴史家たちがようやくアテナイの国制を歴史的に考察するようになり，その中で前述のクレイトポン動議に関する記述の箇所でアリストテレスの情報源となったアンドロティオンが意図的に，当時の寡頭派が「パトリオス＝ポリテイア」への復帰を考えていたと解釈したと論じている。

最近では，M．H．ハンセンが"Solonian Democracy in Fourth-Century Athens"と題する論文[13]の中で次のように述べている。初めに，"patrios"という言葉について彼は，前411年と前404年にアテナイ人の民主派たちが「父祖の国制」（ancestral constitution）の権威に訴えた時，それが，その少し前に寡頭派たちによって廃止された民主政であるものの，民主派が"patrios"と呼ぶ時には数世代前に設けられた国制を指しているので，そして"patrios"のレッテル貼りは自分の好みを正当化することを狙っているので，"patrios"は，"traditional"ではなく"ancestral"の意味を持っていると考える[14]。そしてM．H．ハンセンは，前4世紀のデモステネスの時代に，改革を唱える演説者が先祖たちの民主政に戻ることを主張したり[15]，逆に改革から現状を弁護する時にアテナイ人たちが先祖たちのしてきたことをしていると主張しており[16]，この場合に「父祖の国制」が理想

またはモデルになっていることを指摘する[17]。そこで，彼は，デモステネスの時代に「父祖の国制」を主張する時に当時のアテナイ人たちがどこまで過去を遡っているかを検討し，外交についてはペルシア戦争とアテナイ帝国の時代まで，そして民主政の制度についてはソロンやテセウスの時代まで遡っていると述べる[18]。そして彼は，前5世紀のアテナイ人たちが，クレイステネスが民主政を設立したと信じたが，前4世紀ではクレイステネスがソロンの民主政を復活させただけで，テセウスによって民主政が設けられたと考えられたことを指摘して，前5世紀と前4世紀の間のアテナイ人たちの民主政創立者についての認識の違いについて注目する[19]。前4世紀には中でもソロンがアテナイ民主政の各種の制度の創設者と考えられていたことを指摘する[20]。だが，彼は，前4世紀のアテナイ人たちが，これらの民主政の各種の制度が前6世紀にソロンによって設けられたとは考えていなかったと考えるし，他方，前4世紀に言及されるソロンの法が前410－399年の改訂法典を指すというシュライナー（J. Schreiner）の説は誤解を招くので修正すべきであると主張する。修正すべき点は2点で，第1には，アテナイ人の歴史家または弁論家がソロンの古い法について言及する時に，それがソロンの元来のaxonesに実際に記録されている法で，私法，刑法，司法手続きの法であること，第2には，弁論家たちが国制に関するソロンの法を持ち出す時には，ソロンの法が「有効な法」を指し，ソロンが「古い立法者」（ho palaiosまたはarchaios nomothetês）と呼ばれ，歴史上のソロンが考えられていることである[21]。従って，M．H．ハンセンは，当時，歴史的事例は史実として考えられたのであるから，ソロンを国制改革者として扱われたことは便利な言い方であるからではなく，そういう議論の要点は，制度が父祖の国制であることを強調することであると説明する[22]。さらに，彼は，アテナイ人たちがソロンの国制改革とその後の国制制度の発展をどう理解していたかを問うて，ソロンのaxonesの中には，ゴルテュン法典に似て，国制法らしいものがほとんどないことを指摘し，民会，法廷，アレオパゴス評議会関係の法は前399年まで口承伝承によるものであったこと，クレイトポン動議（Aristoteles, *Ath*. 29.3）の中のクレイ

ステネスのpatrioi nomoiを調査せよという文言は，クレイステネスの法のテキストが存在しなかったので老人たちに尋ねよということを意味すること，テイサメノスの条令（Andocides, 1.83-84）の中のpoliteuesthai kata ta patriaとnomois de chresthaiには違いがあり，前者が不文法，後者が成文法を意味すること，国制規定には石碑による規定があるが多くが不文の伝承に基づいていることを述べる[23]。そしてAristoteles, *Ath.* の中でのソロンの取扱いについては，ソロンをアテナイ民主政の父とすることで前4世紀の弁論家たちとぴったり調和すると[24]，他方，イソクラテスによって提唱された父祖の国制論の要点は弁論家たちの演説などやAristoteles, *Ath.* の中のソロン像からかけ離れておらず，また役人の挙手選出，アレオパゴス評議会への権限付与，民衆の権限制限はイソクラテスとアリストテレス『政治学』に共通し，しかもその提唱された国制はmixed constitutionであり，弁論家たちの演説にもAristoteles, *Ath.* にも出てこないものであると説明する[25]。そして最後に，M．H．ハンセンは，ソロンの民主政とは，民衆，すなわち民会，の権限が，四百人評議会，ノモテタイ委員会，主権のある民衆法廷，予備選挙を経た役人たち，アレオパゴス評議会の権限拡大によって制限されるものであると，このソロンの父祖の民主政を，寡頭派やいわゆるテラメネス派やイソクラテスまたはアリストテレスが考えていたのではなく，彼らがいくつかの制度のうちのいくつかの点を考えていただけであると，そしてソロンがアテナイ民主政の父であるという伝承はたいていのアテナイ人たちが共有していたので，ソロンの民主政はアテナイの民主派たち自身の理念でもあると結論づける[26]。

　本節では，前述のクレイトポン動議やテラメネス派が求めたとされている「クレイステネスの古い法律（patrioi nomoi）」や「父祖の国制（patrios politeia）」について，それが一体どんなものを指すのか，そして彼らが本当にフックスの言うようにソロンとクレイステネスという過去の時代の国制への復帰を求めたかどうか，そして古代の人々がアテナイ民主政を創設した人物としてソロンとクレイステネスの2人を挙げているのはなぜかという問題を考察していく。

第3部　いわゆる「パトリオス＝ポリテイア」問題とテラメネスの政治思想

第1項　フックスの「パトリオス＝ポリテイア」論に対する疑問

初めにフックスの「パトリオス＝ポリテイア」論について考察する。この論には次の3つの点で問題がある。

第1に、LSJによると、"patrios"というギリシア語の意味には、(1) "of or belonging to one's father"（父の、または父のものである）と(2) "derived from one's fathers, hereditary"（父祖に由来する、代々伝わる）があり、(2)の使用例として前述のクレイトポン動議にあたるAristoteles, *Ath.* 29.3を挙げている。従って、ここでは後者の「父祖に由来する、代々伝わる」の意味にとって、この場合のクレイトポンやテラメネスは「過去の父祖の時代の制度」を求めるというよりはむしろ「父祖から代々伝わった国制または制度」を尊重しようとしたというように考えるのが適切ではないだろうか。この点でこれまで多くの研究者たちが"patrios"の言葉の意味を「過去の父祖の古い」ものを指すと考えてきたが[27]、そもそもこれが誤りの元であったと考えられる。この点はすでにウォルターズが指摘している[28]。

ここでこの単語の使用例をひとつ検討してみよう。例として挙げるテキストは、Th., 2.34の中の、前431年に行なわれたアテナイの戦死者の国葬についての記述である。このテキストの抜粋を下記に記す。

> これと同じ冬にアテナイ人たちは、父祖伝来の諸法を用いて(chrâsthai tôi patriôi nomôi)国費でこの戦争で死んだ最初の人たちの葬式を次のようなやり方で挙行した。(Th., 2.34.1)
> それから彼らは公共の墓地に埋葬したが、それはポリスの郊外の最も美しいところにある。そして常にそれと同じ地に戦争による人たちを葬るが、マラトンでの人たちを除いてである。〔以下略〕(Th., 2.34.5)
> このように彼らは葬る。そしてこの戦争のすべての間じゅう、同じ事がたまたま生じた時はいつでも、それらの法を用いた (chrâsthai tôi

nomôi)。(Th., 2.34.7)

　この国葬は，ペロポネソス戦争が始まって最初の戦死者を葬送したものである。この国葬は「父祖伝来の諸法を用いて（chrâsthai tôi patriôi nomôi)」挙行された。この箇所の"patrioi nomoi"を，フックスやM．H．ハンセンのように数世代前の「父祖の諸法」と考えると，この国葬に参加したアテナイ人たちは，その国葬の儀式が彼らにとってそれより遠からぬ時期に最後に行なわれたものといく分違うものになるはずであるので儀式に臨むにあたって多少困惑することになったことであろう。また，今回の戦死者を埋葬する公共の墓地は，今回のために新設されたものであるとトゥキュディデスは語っていない。従って，この国葬は「父祖伝来の諸法を用いて」従前どおりに挙行されたし，さらにTh., 2.34.7の記述から考えると，ペロポネソス戦争の間じゅうも同じようにそれらの諸法を用いて国葬が挙行されたと考えるべきである。この例からみても，"patrioi nomoi"に使われる"patrios"という言葉の意味は「父祖伝来の」と考えるべきである[29]。
　第2に，クレイトポン動議が提案されたのと同じ年に，サモスに駐留していたアテナイ軍が，Th., 8.76.6の中に記されているように，トラシュブロスとトラシュロスが中心になって，本国の四百人の寡頭派に対抗する方針を決め，本国のアテナイ人たちが「patrioi nomoiを廃止する間違いを犯した」と考え，「自分たちはそれらを遵守」することを確認した。この記述のテキストは下記のとおりである。

　　こういう時期に，一方ではポリスに民主政を行なうことを強要する人たちと，他方では駐留軍に寡頭政を強要する人たちが，闘争することになった。そして兵士たちは直ちに集会を開催し，その場で前からの将軍たちと，三段櫂船奉任者たちの誰かで彼らが疑っていた者たちがあればその者たちをやめさせ，別の人の三段櫂船奉任者たちと将軍たちを選出した。そしてその人たちの中にはトラシュブロスとトラシュロスも属していた。〔中略〕

第3部　いわゆる「パトリオス=ポリテイア」問題とテラメネスの政治思想

　敵たちに勝った時にポリスが彼らに役に立ったところで，何か取るに足りないものであるし，価値のあるものは何もないのであるし，また彼らは何も失わなかったし，さらにその人たち〔本国人のこと，引用者註〕は相変わらず金銭を送ることができたわけではなく，兵士たちが自分で手に入れたし，まさしくポリスが駐留軍を統制することに関してためになる評議会決議を送ることもできなかった。そうではなくてそういうことに関しては，父祖伝来の諸法（パトリオイ＝ノモイ）を廃止する間違いを犯したことがあったが，自分たちはそれらを遵守してさらに強制することに努めるつもりである。それゆえ，何かためになることを自分たちに進言するこの人たちは，彼らの前で劣ってはいないことになる。
　　　Th., 8.76.1-2 & 6

　この箇所の「パトリオイ＝ノモイ」は明らかにアテナイ民主政の諸法を意味するので，当時の一般のアテナイ人たちが考える「パトリオイ＝ノモイ」は，むしろ民主政の諸法であると考えるべきであろう[30]。確かに，フックス[31]も，このサモス駐留のアテナイ軍の「パトリオイ＝ノモイ」が民主政の諸法を指すことを認めているが，彼は，そのように考えるのが民主派の考えで，その他に当時は穏健派と呼ばれる一派があり，その一派はかつてのクレイステネスとソロンの国制に戻ることを求めたのだと説明した。
　けれども，ここに，第3の問題点がある。前述のサモス駐留のアテナイ軍の「パトリオイ＝ノモイ」についての記述は，当時のアテナイ人と同時代に生きたトゥキュディデスによる証言であるので，それより約90年後に記されたAristoteles, Ath. よりもずっとその当時の状況を正確に描写していると言えるのではなかろうか。
　この点に関してさらに述べると，前411年にしろ前404年にしろ，この前5世紀末の頃に，テラメネスというある一派を率いた人物が，「パトリオイ＝ノモイ」または「パトリオス＝ポリテイア」のいずれかのスローガンの下に，かつてのクレイステネスとソロンの時代に戻ることを表明した

ことについては，彼と同時代の人であるトゥキュディデスも，クセノポンも，リュシアスも，全く証言していないのである[32]。特に，クセノポンの著した『ギリシア史』の中では，前404/3年の三十人僭主の時代にテラメネスが同じ三十人の仲間のクリティアスに警戒されて告発されたので，評議会の前で告発者クリティアスと弁論し合う様子が詳しく記されている（Xenophon, HG 2.3.24-54）が，ここでは彼は，クレイステネスとソロンの過去の時代に戻ることを求めているという話を演説の中で全く述べておらず，せいぜい，行き過ぎた民主政や行き過ぎた寡頭政に敵対し，自分は「馬か盾によって貢献することができる者たちと共に政治を指導することが私はかつて良いことと思いましたし，今もその思いは変わりません」（Xenophon, HG 2.3.48）と述べるだけである。

ここにもう一度フックスの「パトリオス＝ポリテイア」論を検討し直し，そして当時のアテナイ人たちにとって「パトリオス＝ポリテイア」や「パトリオイ＝ノモイ」，「クレイステネスの諸法」や「ソロンの諸法」が何を意味していたのかを検討する必要がある。以下でこれらの言葉を検討してみる。

第2項　前403年頃の法制改革

前5世紀の終わりから前4世紀のアテナイ人たちにとって「パトリオス＝ポリテイア」や「パトリオイ＝ノモイ」，「ソロンの諸法」の言葉が意味するものを検討する際に，筆者が注目したいことは，最近，オズワルド[33]，ハンセン[34]，シーリー[35]によって注目されてきたもので，前403年に民主政の制度が復興された時に，テイサメノスの条令その他によってアテナイで一連の法制改革が行なわれたことである。

初めに，前403年にアテナイ市民同士による内戦の末，民主政が復興した後，三十人の寡頭派に味方したアテナイ人には大赦によってその罪が許されようとしたが，それと同時にアテナイが「ソロンの法とドラコンの掟」に従って治められることが決議された（Andocides, 1.81）。その時に，これ

第3部　いわゆる「パトリオス=ポリテイア」問題とテラメネスの政治思想

らの法に違反する人々をどのように取り扱うかが問題となり，そこでテイサメノスの条令が提案された（Andocides, 1.83-84）。この条令の文言は下記のとおりである。

　　その後皆さんはペイライエウスから戻り，復讐することをせずに過去の事をそのままにすることを決議しましたね。また，個人が救われることよりもポリスを安全にするようにすることにし，お互いに過去の古傷を思い出さないことを決議しましたね。他方，皆さんは20人の人物を選出することを決議しましたね。その者たちが，諸法の定まるまでポリスを運営することもです。その間にソロンの法とドラコンの掟が有効となるようにとも。
　　他方，皆さんは，以前に起こった出来事のせいで，市民たちの多くが従うべきことになるソロンとドラコンの諸法が多くあることを見出したのです。そこで皆さんは，民会を開いてその件について論議し，そしてすべての法が審査されるべきことと，その法の中で審査されたものはストア内に刻文されるべきことを決議しましたね。それではその条令を読みあげて下さい。

　　条令　民衆が決議した。テイサメノスが提案する。アテナイは父祖伝来の事に従って治められ，ソロンの法，その度量衡，そしてドラコンの掟が，すなわち以前の時代に用いられたものが用いられるべし。また，さらにまだ必要なだけの数の法については，評議会によって選出されたノモテタイが書写板に刻文し，部族の名祖の像の前に公示して望む者が閲覧できるようにし，そして今月のうちに役人たちに手渡すべし。だがしかし，それらの手渡された諸法を最初に評議会と，区民が選出した５百人のノモテタイが，誓いを立てた後，審査すべし。さらにまた，私人で望む者は誰でも，評議会に出頭してそれらの法について何か良いと思うことを勧告することができる。諸法が制定された後，アレオパゴス評議会は，それらの法を監督し，役人たちが定め

338

第7章　パトリオス＝ポリテイアとテラメネス派の政治思想

られた法を使うようにすべし。諸法の中で承認されたものを，以前に刻文された壁に，望む者が閲覧できるように，刻文すべし。

　さて，諸法はですね，皆さん，この条令に従って審査を受け，そして承認されたものはストアに刻文されました。また，刻文された時に，すべての者が使う法が制定されましたね。それではその法を読みあげて下さい。
　法　刻文されていない法を役人は一度でも使うべからず。
Andocides, 1.81-85（前399年）

この条令によって，「アテナイは父祖伝来の事に従って治められ，ソロンの法，その度量衡，そしてドラコンの掟が，すなわち以前の時代に用いられたものが用いられる」べきことと（Andocides, 1.83），追加の法が提案された場合には五百人評議会とデーモス員が選出したノモテタイと呼ばれる立法委員会が審査することが決議された。このテイサメノスの条令の中で述べられている「ソロンの法とドラコンの掟」は，明らかにアテナイ民主政の諸法のことを指す。従って，このテイサメノスの条令によって前403年に「ソロンの法とドラコンの掟」がアテナイ民主政の制度を定めた法として確認されたことになるわけである。また，この時に確認された諸法の所在については，従来，ニコマコスの「法典」編纂碑文の現存史料に関連して研究者たちがストア＝バシレイオス（王のストア）の建物の中の諸壁にまとめて刻文されたと考えてきた[36]。だが，この点については，M. H. ハンセン[37]が指摘しているように，前403年以後に法廷弁論の中で引用されている諸法の中で所在が判明しているものはステレ（石碑）かまたはメトロオン内の記録保管所のいずれかであることを考慮すべきである。それゆえ，前403年に諸法が一概にストア＝バシレイオス内にまとめられたとは考えられない。また，民会決議による条令の事例についてであるが，シキンジャー[38]は，トーマスの説[39]に反論する中で，石碑，特にメトロオン内やその付近のもの，の設置場所は記録保管所のメトロオンと関係がなく[40]，

339

第3部　いわゆる「パトリオス＝ポリテイア」問題とテラメネスの政治思想

一般に民会決議の石碑はそれに関係する場の中や付近に設置された[41]ので，石碑はあちこちに存在していたし[42]，それゆえに石碑の設置場所は記録保管所と関係がない[43]と主張している。従って，テイサメノスの条令によって諸法が確認された時には，それらはあちこちにあるその場にあるがままに確認されたと考えられる。

次に筆者が注目したいことは，前353年頃のデモステネスの第24番演説『ティモクラテス告発』20－23節の演説文の中にエピケイロトニア＝ノモーン（諸法の確認採決）と呼ばれる法が記されていることである。この箇所の文言は下記のとおりである。

それでは私のためにここにあるこれらの諸法を手に取って読み上げて下さい。と申しますのも，これらによって彼が行なったことが成り立たないことが明らかとなるからです。陪審員の皆さん，それらの読み上げられる諸法に心を向けて下さい。

諸法の確認採決

第1のプリュタネイアの期間の11日目に民衆の面前で，触れ役が誓いを立てた後に，諸法の確認採決が行なわれるべし，最初に評議会のものについて，2番目に公共のものについて，次に9人のアルコンたちについて定められているものについて，次にその他の役人たちのものについて。初めの方の挙手採決は，評議会の諸法が満足のいくものであると人々が思っている件についてであるべし。後の方のものは，そう思っていない件についてであるべし。次に，それに従って公共のものについて。諸法の確認採決は定められている諸法に従うものとすべし。

もし定められている諸法の中の何かが確認採決で否認されるならば，その確認採決が行なわれた時のプリュタネイスがその否認されたものに関して3回の民会のうちの最後のものを開催すべし。議長たちは，その民会でたまたま議長職を務める人々であるが，最初に儀式の後に

ノモテタイに関して何のために彼らが寄り合うことになるかを，そしてそのノモテタイに当てられることになる金銭に関して，議題に出すことが求められるべし。そのノモテタイは，陪審員の誓いを誓った人たちからなるべし。

もしプリュタネイスが記載されていることに従ってその民会を開催しないならば，あるいは議長たちが記載されていることに従って議題に出さないならば，プリュタネイスの場合は各人が１千ドラクマの浄財を女神アテナに対して負うべし，議長たちの場合は各人は40ドラクマの浄財を女神アテナに負え。そしてそれらの者の訴追が，もし誰かが国家に負債がありながら役職にある場合のように，テスモテタイの前にあれ。テスモテタイは訴追された者たちを法に従って法廷に告発すべし。さもなければ，諸法の改正を怠る者たちの場合のように，アレオパゴス評議会に上告するべからず。民会の前にアテナイ人の中で望む人は，提示したい諸法を記して名祖の英雄像の前に公示せよ。提示された諸法の数に応じて民衆はノモテタイに与えられる期間について表決するものとする。新しい法を提示する人は，白板に書き，民会が行なわれることになるまでの毎日，名祖の英雄像の前に公示せよ。そして民衆は，ノモテタイの前で廃棄されることになる諸法を共同で弁護する人たち５人をすべてのアテナイ人たちからヘカトンバイオンの月の11日に選出すべし。

　これらの諸法はすべてすでに長い間定められていますね，陪審員の皆さん。そしてそれらと同じものについてそれらが皆さんに助けになっていることをしばしば実証してきましたし，またそれらの諸法が良い状態にないのではないかと今まで誰も異議を唱えませんでしたね。当然ですね。と申しますのも，それらの法は，過酷なことも力ずくのことも寡頭政的なことも命令するのではなく，それらとは反対のすべてのことを行なうように人間味あふれ民衆を思って命じるからです。

Demosthenes, 24.19-24

第3部　いわゆる「パトリオス=ポリテイア」問題とテラメネスの政治思想

　この諸法の確認採決の法は，アテナイ人たちが毎年，その年度初めの11日目に民衆の面前で現行の諸法について確認するかどうかの採決を行なうことを定めている。もし諸法の中にこの諸法の確認採決で否認された法がある場合には，それに関して改めて民会が開かれて，新しい法を市民の間から募ってそれをノモテタイが検討することになっている[44]。この諸法の確認採決の手続きは，前述のテイサメノスの条令の中のノモテタイの職務を定めた手続きとよく似ているので，その条令と同じ頃の前403年頃に定められたものと考えられている[45]。
　次に筆者が注目したいことは，前330年のアイスキネス第3番演説『クテシポン告発』37−40節と前355年のデモステネス第20番演説『レプティネス告発』89−94節の演説文の中に矛盾する法を改正する手続きが紹介されていることである。この箇所の文言は下記のとおりである。

　　矛盾する法の改正手続き（その1）
　そこで私は，これらの策謀に対して皆さんの諸法をいっしょに弁護してくれるものを提示しましょう。その事ゆえに私はこの告発全体を通じて熱心に事を成そうとしているのです。と申しますのも，もしそのことが本当であるならば，そしてそのような習慣が皆さんの国制の中へと入り込んでしまい，その結果，無効な諸法が有効な諸法の中に記載されることや，またひとつの行ないについて2つの法がお互いに相反することになれば，どうしてなおもそういうものを国制であると言えましょうか，その中ではそれらの法が同じ事柄をするようにとそしてしないようにと命令するのですから。
　だが，彼はそれらのことをそのように考えてはいません。皆さん方は，決して諸法についてそれほどの無秩序の中に踏み込んでしまっていないことを。そして民主政を設立した立法者はそういうことについておろそかにしたのではなく，テスモテタイに各年毎に民衆の面前で諸法を改正することを明確に命令したのですよ，どの法がそれと別の

反対の法に対して記載されたかどうか，あるいは無効なものが有効なものの中にあるかどうか，あるいは一体，ひとつひとつの行ないについて記載された法がひとつより多くあるかどうかを事細かに調査し吟味するようにとですよ。
　さらには，テスモテタイが何かそのようなことを見つけたならば，告知板に記載して名祖の英雄像の前に公示することを，プリュタネイスがノモテタイのために書き入れて民会を開催することを，議長たちの中の主席が，ひとつひとつの行ないについてひとつの法があってそれより多くのものがないように諸法のあるものを取り消してあるものを残すことで挙手採決を提示することを命じているのですよ。では，それらの諸法を私のために読み上げて下さい。
　　諸法
　ところで，もしもですよ，アテナイ人の皆さん，それら諸法からの文言が本当であったならば，そして触れ役の布告について定められている諸法が2つあったならば，私の思いますところ，必然の事から，テスモテタイが探し出し，プリュタネイスがノモテタイに委託し，いつもながら諸法の中の片方が，すなわち布告する権能を与えたものかあるいは禁じたものが取り消されたものでしたね。だが，そういうことが起きなかった場合には，全く明らかに，偽りの事を弁じているとだけでなく完全にありえない事が行なわれたものとも反論されるのです。
Aeschines, 3 *Against Ctesiphon* 37-40（前330年）

　　矛盾する法の改正手続き（その2）
そしてそれらのことすべてについて新しいことがあるのではなく，私たちの発明があるのではなく，昔からの法でその人物が違反しているものが，次のように立法することを命じているのです。誰かが既に存在する諸法の中のあるものが良くないようであると思ったならば，それを廃棄して自分の制定する別のものをさらに提示するように，そし

343

第3部　いわゆる「パトリオス＝ポリテイア」問題とテラメネスの政治思想

てまた皆さん方が話を聞いてそのより良い方を選ぶようにとです。
　と申しますのも、ソロンは、こういうやり方で立法することを命令したのですが、次のことを正当であるとは思わなかったからです。すなわち、諸法のためのテスモテタイがくじで選ばれて、評議会でと法廷でと皆さんの面前で２度審査された後に役職に就くことになっているのに、諸法それ自体は、それについては役職を務めることがそれら諸法に、そして政治を行なうことが他の諸法すべてに関係しているものの、その場で制定されることをですよ、審査されないで有効となることを達成するようにということをですよ。
　さらにその理由を申しますと、かつては確かにそれまではそういうやり方で立法してはいましたが、既に存在している諸法を使用して、新しいものを制定しなかったからです。だが、私が聞き知っておりますように、政治を行なう人たちの中で誰か権力を持たされた人たちが、誰かが望む時はいつも、そして成り行きでその人のやり方で、立法することを実行するための同じ諸法を用意して以来、彼らにはそれとは反対の諸法が多く存在するので、その結果、皆さん方は、すでに非常に長い期間にわたって反対のものを選り分ける人たちを選出しなければならないしだいですね。
　そして、事はむしろ全く終わることができないのです。諸法は諸条令より全く優るのではなく、諸法は、それらに従って諸条令が書かれなければならないのですが、皆さん方には諸条令自体と比べて初耳のものであるのです。それゆえに、私は理屈だけを言うためにではなく、私がお話し申し上げている法それ自体を提示するために、初めてノモテタイが存在する元となった法を私のために取り上げて下さい。読み上げて下さい。

　　　法

　そういうやり方でですね、アテナイ人の皆さん、ソロンが諸法を定めるように見事に命じていることを皆さんはお分かりになりますね。まず、皆さんの面前で、誓いを立てた人たちの前で、まさにその面前

でその他の事が承認され，それからそれとは反対のものを廃棄することがありますね。その目的は，各々のことから生じる事どもについてただひとつの法があるために，そしてその反対の諸法がまさにこれ自体，私人たちをかき回し，諸法全部を知っている人たちより不利な立場に置くためにではなく，すべての人々に簡明で明解な定めを読んで理解することがあるためにですね。

そしてさらに，それらの定めを守るためにソロンは，それらを名祖の英雄像の前に公示し，書記に手渡し，民会の場で読み上げることを命じました。その目的は，皆さんの各人が幾度も耳にして，それらの定めが正しいものでもあり，立法者ソロンに応えるものでもあることを考えてみるためですね。それゆえ，それらの定めのそれほどの数の多数が正しいものであるので，ここにいるこのレプティネスは全く何もなせなかったのです。

Demosthenes, 20.89-94（前355年）

この手続きは，もし諸法の中に無効な法が記載されている場合や，ひとつの事柄について2つの法がお互いに矛盾することを定めている場合に，それらの諸法を改正することをテスモテタイと呼ばれる役人たちに命じ，ノモテタイが諸法を検討することになっている[46]。また，この諸法の改正の手続きを定めた法は，デモステネスによると，ソロンの法（Solônos nomos）とされている（引用された法が"nomos"であり，次に"Solôn keleuein"〔Demosthenes, 20.93〕と述べられていることから。cf. Demosthenes, 20.90）。この手続きに関する法が前6世紀のソロンによって定められたという証言が歴史的事実に沿うものではなく誤りであることは，例えばアトキンソン[47]が認めている。この諸法の改正の手続きは，これまたノモテタイに職務を行なうよう定めているので，先ほどの諸法の確認採決の法と同じく，前403年頃に定められたものと考えられている[48]。

このようにして前403年頃にアテナイではテイサメノスの条令によって「ソロンの諸法」が確定したわけであり，その後はその「ソロンの諸法」

345

は，毎年，諸法の確認採決の手続きによって確認された[49]。さらにそれだけでなく，他にも「グラペー＝パラノモーン（graphê paranomôn）」と呼ばれる制度によってソロンの諸法に違反する提案が民会で行なわれた場合には告発されることになったことが知られている。

そのうえ，Andocides, 1.87の中で述べられている法によって，刻文されていない法を役人が使うことが禁じられ，さらに法（nomos）は民会で決議される条令（psêphisma）より優先することになった。この箇所の文言は以下のとおりである。

　　さて，諸法はですね，皆さん，この条令に従って審査を受け，そして承認されたものはストアに刻文されました。また，刻文された時に，すべての人が使用する法が制定されました。それではその法を読み上げて下さい。
　　法　刻文されていない法を役人は一度でも使うべからず。
　　一体ここに抜け穴が残されていますか，役人が告訴するにせよ，皆さんの中のある方がするにせよ，刻文された法に従ってのこととは別に，誰でもそれができるかということについてですよ。それゆえに刻文されていない法を使用することができない場合には，思うに刻文されていない条令を使用することは全く許されないのです。それはそれとして市民たちの中の多くが，以前に施行された法に従って，他方では条令に従って，不遇となったのを見ました時，それ自体今行なわれているものについて，私たちはここにある諸法を制定しましたね，そういうことが全く起きないために，そして金目当ての訴訟が生じないためにですよ。それではそれらの法を読み上げて下さい。
　　諸法　刻文されていない法を役人は一度でも使うべからず。他方，条令は，評議会のものであっても民衆のものであっても全く法よりも有効であるべからず。そして一人の人物について法を制定することが生じるべからず，もしその法自体がすべてのアテナイ人についてのものでないならば，またもし6千人の人が秘密投票で投票を行なって決

議しないならば。

　さて,何かまだ残っていましたか。ここにこの法がありますね。それではそれを読み上げて下さい。

　　法　裁定と仲裁は,ポリスが民主政を行なっていた間に行なわれたものである限り,有効であるべし。他方,諸法においては,エウクレイデスのアルコンの時以後のものが使用されるべし。

　Andocides, 1.85-87（前399年）

このように定めた法は,そのAndocides, 1.83, 85, 86が語っているように,テイサメノスの条令の規定に従って「ソロンの諸法」に追加された法である。ここにこの前403年頃に,「ソロンの諸法」と呼ばれるものが,テイサメノスの条令によってアテナイの法として確認されるだけでなく続いて条令より優先することが決定されたことによって確固として確定したと言えるであろう[50]。

　また,その結果,かかる法制改革の約10年後にアテナイ人たちの間では次のような言及がなされるようになったと考えられる。

　そして〔祖先たちは〕法で善い人びとを称えて悪い人びとを罰しましたが,それは,野獣たちのなすべきことは暴力によってお互いを制圧することであるが,人間たちにふさわしいことは正しいことを法（nomos）で定め,道理で説得することであり,またそれら〔の法と道理〕に,法によって王のごとく支配し（hypo nomou basileuomenos）道理によって教わって,行為によって仕えることであると思ってのことでした。

　〔Lysias〕, 2 *Funeral Oration* 19

この記述は,法に基づく支配に対する賛美の言葉を含んでいる。この記述を収めた演説文は,年代がはっきりしないがおそらく前392年頃のものであると推定される[51]。従って,前403年に「ソロンの諸法」がアテナイの

347

基本法として確定したので，この時期にこのように法に基づく支配に対する賛美の言葉を公言することができたと考えられる。「法によって王のごとく支配して法に仕える」という言葉は，「法による支配」(rule by laws) または「法の優位」(sovereignty of law) のような考え方[52]を表明しているし，またその言葉をもって当時のアテナイ民主政のあり方を定義すれば，民会主権に基づく民衆主権 (popular sovereignty) ではあるもののその民会決議に当たる条令よりも先祖伝来のソロンの諸法が優先される状況であるのでいわば先祖伝来の法に基づく政治 (sovereignty of law) を表明していることになろう。

第3項　前5世紀と前4世紀の間の
　　　　「ソロンの諸法」に対する認識の違い

ところで，前述のように，前403年頃のテイサメノスの条令その他の法制改革によって「ソロンの諸法」がアテナイ民主政の基本法として確固たる位置を占めたと考えるならば，これらの一連の法制改革を境にして，それ以前のアテナイ人たちが「諸法 (nomoi)」または「ソロンの諸法 (Solônos nomoi)」に対して抱く概念とそれ以後のアテナイの人々がそれらに対して抱く概念が何らかの形で変化したのではないかと考えられないであろうか。

確かに，ジョーンズ[53]はすでに1950年代に「一般に民主派たちは，アリストテレスのように諸法を，かつて全部について賢い立法家，この場合はソロンによって制定された法典とみなす傾向があった」と指摘したが，彼の著作の中では前5世紀と前4世紀のアテナイ人の法概念が区別されないで考察の対象にされている。そして最近のオズワルドにせよ，ハンセンにせよ，シーリーにせよ，前403年の法制改革がその後のアテナイ人たちにどんな影響を与えたか，そしてどのような認識の変化を引き起こしたか，という問題を概して問うていないのである。

この「ソロンの諸法」に対する前5世紀と前4世紀のアテナイの人々の

第7章 パトリオス=ポリテイアとテラメネス派の政治思想

間の認識の変化を示唆してくれる史料が2つある。

初めに,筆者が最初に紹介したクレイトポン動議に関するテキストを改めて読んでみると,前411年にクレイトポンが,「クレイステネスが民主政 (dêmokratia) をたてた」と考えていたことをアリストテレスが記していることに着目したいと思う。

次に,前330/20年代にアリストテレスが著述した『政治学』の中の,次のようなテキストに着目したい。

> だが,幾人かは立法者になり,ある者は自分自身のポリスで,ある者はある異国のポリスでそうなり,自身が市民生活を享受した。そしてこれらの者たちのうち,ある者は法の作成者にだけなったが,ある者は国制 (politeia) の作成者にもなったのであり,例えばリュクルゴスとソロンである。なぜならば,この者たちは法も国制も創設した (nomous kai politeias kathistanai) からである。ところで,ラケダイモン人のものについては語られている。それに対して,ソロンを幾人かは優れた立法者 (nomothetês) であったと考える。なぜならば,彼は,寡頭政が余りにも混合されていないのを廃止したり,民衆が奴隷になっているのをやめさせたりして,国制を見事に混合して父祖伝来の民主政 (patrios dêmokratia) を創設したからである。
> Aristoteles, *Politica* 1273b 31-41

この史料の中ではソロンが「父祖伝来の民主政 (patrios dêmokratia)」を創設した人物と評されている。ただし,そのように評したのは,このテキストの著者アリストテレス自身ではなく「幾人か」の人々である。この「幾人か」の人々が具体的にはどのような人々であったかは明らかではないが[54],ここではこのテキストが,アリストテレスがアテナイのリュケイオンに学校を開いていた時期の著作であるので,おそらくは彼と同時代のアテナイ人たちと考えて差し支えないと思われる[55]。

さて,このアリストテレスの『政治学』の中の記述について注目すべき

349

ことは，ソロンが「民主政（dêmokratia）」を創設したと認識されている点であり，しかもその「民主政」は「父祖伝来の民主政（patrios dêmokratia）」となっている。従って，その民主政の制度は，前4世紀後半のアリストテレスの時代まで代々伝わってきた制度であり，換言すれば，アリストテレスの時代にアテナイで実施されていた民主政の制度であると言えよう。また，この前4世紀後半の「父祖伝来の民主政（patrios dêmokratia）」という言い回しは，前述の前411年のサモス駐留のアテナイ人たちの「父祖伝来の諸法（patrioi nomoi）」の認識とほぼ同じであると言えよう。

ところが，このアリストテレスの『政治学』の一節の中でのソロンの評価に対して，Aristoteles, Ath. 29.3の記述によれば，前411年のクレイトポンはアテナイの民主政の制度を創設した人物がクレイステネスであると認識していたのである。このクレイトポンの認識は，現代の歴史家たちの考えと同じである。従って，現代の学者たちはこれまで，ソロンをアテナイ民主政の創設者とする前述の『政治学』におけるアリストテレスの記述を問題視してきた[56]。

けれども，先に筆者が述べたように，前403年頃の一連の法制改革によって，それまでもアテナイ人たちが自国の民主政の制度を定めているものと認識してきた「ソロンの諸法」が2度の寡頭派による政変の直後に改めてアテナイ民主政の基本法として確定され，それがそのままアリストテレスの時代まで伝えられたので，彼の時代のあるアテナイ人たちはソロンを「父祖伝来の民主政」を創設した人物であると認識することになったし，かかる人たちの意見を取り入れてアリストテレスが『政治学』の中でソロンがアテナイの父祖伝来の民主政を創設したと叙述したと考えられる。

それではそれらの一連の法制改革より前の前5世紀のアテナイ人たちの場合にはどのように「ソロンの諸法」を認識していたのであろうか。

前403年のテイサメノスの条令によってアテナイはそれ以前のように「ソロンの諸法」によって治められることが決議されたのであるから，それ以前のアテナイ人たちもその多くが，「ソロンの諸法」がアテナイ民主政の制度を定めたものと考えていたはずである。けれども，クレイトポン

第7章　パトリオス=ポリテイアとテラメネス派の政治思想

のように一部のアテナイ人たちは，現代の歴史家たちと同じように，アテナイの民主政の創設者をソロンではなくクレイステネスであると認識していたのである[57]。当時のアテナイ人たちの間でのかかるソロンに対する認識の違いはどのように説明されるべきであろうか。

　ここで注目したいのは，テイサメノスの条令の言い回しである。

　　条令　民衆が決議した。テイサメノスが提案する。アテナイは父祖伝来の事に従って治められ，ソロンの法，その度量衡，そしてドラコンの掟が，すなわち以前の時代に使われたものが使われるべし。また，さらにまだ必要なだけの数の法については，評議会によって選出されたノモテタイが書写板に刻文し，部族の名祖の像の前に公示して望む者が閲覧できるようにし，そして今月のうちに役人たちに手渡すべし。
　　Andocides, 1.83

この条令の規定によると，その時期まで伝えられてきた「ソロンの法とドラコンの掟」をそのまま確認したのであり，そして弁論家（Andocides, 1.82）が述べるようにそれでは不都合を生じる人たちが出てきたのでその対策のためにその人たちにとって不都合な「ソロンの法」を削除するのではなく，新たに「さらにまだ必要なだけの数の法」，すなわち追加の法を定めることにしたという点である。これらの文言を吟味すれば，この時のアテナイ人たちは，おそらくこれまで伝えられてきた「ソロンの諸法」の内容を尊重してそれをいじることはせずに新たに追加の法を加えるのみであったと考えられる。

　そしてアテナイの歴史を振り返ってみると，周知のとおり，前594年にアテナイで貴族と民衆が抗争を行なう中でソロンがアルコンに就任して改革を行ない，多くの法を制定した。その後，クレイステネスが改革を行なってアテナイの民主政が確立したし，おそらくそれ以後もアテナイ人たちはいくつかの法を制定したはずである。けれども，古代のアテナイ人たち

351

は，偉大な祖先であるソロンの遺産である彼の諸法，すなわち「ソロンの諸法」をそのまま代々受け継ぐ形で継承してきたと考えられる。そしてその「ソロンの諸法」ではうまく対処できないことが生じた場合には，現代人が自国の憲法の規定を議会の承認を経て改正するように「ソロンの諸法」の一部を削除したり訂正や追加したりして全面的に見直すのではなく，テイサメノスの条令の言い回しのように，「ソロンの諸法」の一部を削除することはしないで次々と追加の法を付け足していったと考えられる[58]。ただし，中にはナウクラロスに関する法（Aristoteles, Ath. 8.3）のように，前4世紀後期のアリストテレスの時代にはもはや有効ではなかった「ソロンの法」も存在した。ところで，ソロンの諸法が代々継承されたことに関連して，これまでの研究者たちは，例えばローズ[59]が「前5世紀の末まで民主派たちは自分たちの民主政創設の英雄を求めてクレイステネスよりさらに遡って見はしなかった」と述べているが，これは関連史料が数少ないために，そして古代人が伝統を重視することを考慮しなかったために出てきた見解であり，退けられるべきであろう。アテナイ人たちの間では前403年のテイサメノスの条令によって改めて「ソロンの諸法」に従って自国が治められることになったが，このような彼らの考えは，この時期に突然出てきたことではないし，またこのことに現代の古代史家は当時の民主派の作為を過大に見て取る必要はないと考えられる。

　また，古代のアテナイ人たちが，その時々で「ソロンの諸法」にいくつかの法を追加したと考えられる事例がある[60]。

　まず，デモステネス第20番演説『レプティネス告発』89−94節が伝える，矛盾する法の改正の手続きについてその演説の90節と93節が，この制度をソロンが定めたと証言している。この証言が歴史的に誤りであることは，前述のとおりである。けれども，このデモステネスの証言は，この制度が前403年頃に導入された時にこの制度を定めた法自体もアテナイの国制の基本法である「ソロンの諸法」の中に組み入れられたと考えれば，それから約50年を経たデモステネス第20番演説の時代には一般民衆の間でその法がソロンによって定められたと思われるようになってもおかしくはな

第7章 パトリオス=ポリテイアとテラメネス派の政治思想

いので，説明がつく。

　さらに，ソロン以後の後世の法が「ソロンの諸法」の中に組み入れられたと推定される類例には前410年に制定されたデモパントスの法がある。この法は，アンドキデス第1番演説の96－98節の中で触れられている。この法は，法文の中に「評議会と民衆が決議した。アイアンティス部族がプリュタネイスを務め，クレイゲネスが書記を務め，ボエトスが議長を務めた。以下のことをデモパントスが共同で起草した」と記されているので明らかに民会決議の条令である。だが，それにもかかわらず，この決議については，演説文の96節において法文の冒頭で「ノモス（法）」として紹介されているし，さらにはこの法を紹介する直前の演説文の95節の中でアンドキデスが「ソロンの法に従って」(kata ton Solônos nomon)と述べており，次に紹介される，当該のデモパントスの法がその演説時には「ソロンの諸法」のひとつであったことが分かる。すなわち，このデモパントスの「法」は，明らかに前410年に民会決議，すなわちプセーピスマ（条令）として定められたにもかかわらず，前399年にアンドキデスが弁論の中でこの決議に言及するまでの間にプセーピスマからノモス（法）に昇格させられたのである[61]。

　このように前6世紀の人であるソロンが立てた諸法には後世に新たに追加された法が組み入れられているし，これらが前403年のテイサメノスの条令による法制改革の時期に一括して「ソロンの諸法」として確定されたと考えることができよう。また，そのように考えるならば，それ以後の前4世紀後期に活躍したアリストテレスにとっては，「ソロンの諸法」とは彼の時代のアテナイの民主政の制度を定めた諸法であったと言えるし，それと同時にその「ソロンの諸法」の中身には実際にソロンが前6世紀に制定した諸法と後世に追加された諸法が混ざっているにもかかわらず，前403年の法制改革から半世紀以上を経てから著述活動を行なったアリストテレス自身にはそれらの間の区別がつきにくかったことが当然予想されるであろう。

　Aristoteles, *Ath.* のテキストの中にそのような例と筆者が考えるものが2

353

つある。それは，8章4節と22章1節の言い回しであるが，その説明は註に譲ることにする[62]。

また，前403年の法制改革の前後を生きたイソクラテス（前436－338年）の場合は，前述のクレイトポンと同様にアテナイ民主政の創設者がクレイステネスであることを知っていたので，前397年頃[63]に第16番演説『二頭立て馬車について』(Isocrates, 16 *De Bigis*) を執筆する時には，演説文依頼者がクレイステネスの血筋を引くこともあり，26－27節の中で民主政の創設者としてクレイステネスの名前を挙げ，他方，前355年に第7番演説『アレオパゴス評議会について』を執筆する時には，民主政に関する諸法を立法したのはソロンであるという当時のアテナイ人の前4世紀ならではの通念と彼のクレイステネスに関する知識の両方が相まって，16節の中で民主政の創設者として両者の名前を挙げることになったと推測することができる。

ここで下記にソロンの諸法とそれに関連する諸事項についての歴史の流れを年表の形で表現しておきたい。

表6　ソロンの諸法に関連する事項の年表（年代はすべて紀元前）

625年頃	ドラコンの立法。
594年	ソロンがアルコンに就任し諸法を立法。
508/7年	クレイステネスの改革。
462/1年	エピアルテス改革。エピアルテス暗殺。貴族キモン陶片追放。
451年	ペリクレスのアテナイ市民資格制限法。
436年	弁論家イソクラテス誕生（〜338年）。
431年	ペロポネソス戦争勃発（〜404年）。
429年	ペリクレス病死。哲学者プラトン誕生（〜347年）。
422年	デマゴゴスのクレオン戦死。
415年	対シュラクサイ遠征（〜413年）。
411年	クレイトポン動議。四百人の寡頭派政変。テラメネスが将軍に。サモス駐留アテナイ軍の「父祖伝来の諸法」発言。4ヵ月後テラメネスとアリストクラテスが四百人政権打倒，五千人政権樹立。テラ

	メネスが将軍としてアンティポンらを告発し処刑。
410年	キュジコス沖の海戦でテラメネスらのアテナイ軍勝利。完全民主政復興。デモパントスの法の民会決議。ニコマコスの前期「法典編纂」作業（404年に中断）。
406年	アルギヌーサイ海戦でアテナイ軍がスパルタ艦隊に勝利，テラメネスがトリエラルコスとして参戦。戦勝将軍の6人が生存者不救出で死刑宣告。
405年	テラメネスが将軍に選ばれるも審査で却下。アイゴスポタモイ海戦でアテナイ艦隊敗北。パトロクレイデスの条令で元四百人に市民権回復。冬にテラメネスが全権使節としてスパルタと和平交渉。
404年	スパルタとの講和受諾の民会決議。テラメネス・クリティアスらの三十人の寡頭政。クリティアスがテラメネスを告発し処刑。
403年	民主派トラシュブロス勢が内戦の結果，三十人支配打倒，エレウシス逃亡の寡頭派と和解し内戦終結。民主政復興。テイサメノスの条令によって「ソロンの諸法」が確定。ニコマコスの後期「法典編纂」作業（399年終了）。その後まもなく「諸法の確認採決」（エピケイロトニア＝ノモーン）の法，「矛盾する法の改正手続き」の法が成立と推定（一連の法制改革）。
この頃	トゥキュディデス『歴史』まとめる。
399年	哲学者ソクラテス告発と処刑。ニコマコス告発。アンドキデス1番演説『秘儀について』。
387年	プラトンのアカデメイア開校。
384年	哲学者アリストテレス誕生。
355年	イソクラテス7番演説『アレオパゴス評議会について』創作。デモステネス20番演説『レプティネス告発』。
353年頃	デモステネス24番演説『ティモクラテス告発』。
343年	アリストテレスがマケドニアでアレクサンドロスの教師に。
338年	カイロネイアの戦いでマケドニアのピリッポスがアテナイ・テバイ軍を撃破。
336年	ピリッポス暗殺，アレクサンドロスがマケドニア王に即位。
335年	アリストテレスのアテナイ帰還，リュケイオン学園創立。
334年	アレクサンドロスの東方遠征（〜324年）。
330年	アイスキネス3番演説『クテシポン告発』。

第3部　いわゆる「パトリオス=ポリテイア」問題とテラメネスの政治思想

　　この頃　　　アリストテレス『アテナイ人の国制』,『政治学』。

　かつてルシェンブシュ[64]は，フックスのパトリオス=ポリテイア論を踏まえて，前4世紀の評論と歴史叙述がアテナイの国制をめぐる論争を反映しており，民主派，穏健派，寡頭派の各党派がソロンやクレイステネスの名前を用いて自派の国制の理想について宣伝を行ない，ソロンについては前355年（彼は前356年と考えている）のイソクラテス第7番演説の頃から民主政の創設者の地位をクレイステネスから譲られ，民主派のデモステネスによって諸演説の中で他派のアンドロティオン攻撃などの際に民主政の守護者として利用されたと述べた。彼のかかる，前4世紀に各党派が自派の理想とする国制の創設者を徐々に歴史を遡って考えて宣伝し合っていたという論は，その論の前提として，先に筆者がいくつかの問題点を指摘した，フックスのパトリオス=ポリテイア論に依拠していることと，前403年の法制改革のもたらした影響ないし変化を考慮に入れていないという2点から退けられるべきであるし，またこれまでの筆者の論を考慮に入れれば，各党派が理想の国制の宣伝を競い合ったという彼の構想は，前4世紀の状況を説明するうえで必ずしも必要ではなくなるのである。

　第4項　アリストテレス『政治学』と「ソロンの諸法・国制」

　次に，前403年の頃にアテナイで「ソロンの諸法」が確定してから約70年以上後にアリストテレスによって著された『政治学』の記述の中には，前4世紀ならではの「ソロンの諸法」に対する認識から生まれてきた論理と考えられるものが存在すると推定される。そのことを示す例が2つある。

　初めに，アリストテレス『政治学』1291b 30-1292a 11の中では民主政（dêmokratia）の5つの型について述べられている。この箇所のテキストは下記のとおりである。

356

そういうわけで第1の民主政は，とりわけ平等であることにちなんでそう呼ばれるものである。なぜならば，そのような民主政の法が，平等であることとは貧窮者たちが富裕者たちよりさらに優っているのではないし，どちらであろうと決定力があるのではなく，両方とも同じであると言っているからである。なぜならば，まさにある人々が理解しているように，もしとりわけ自由と，それに平等が民主政の中にあるならば，できるだけすべての人が同じように国政に共に参与する場合には，特にそのようになるであろうからである。だが，民衆が過半数であり，過半数の方にある意見が決定力があるので，民主政がそうなることは必然である。そこで，民主政の一つの種類は，役職が財産評価額によるが，それらの額が小さいものである。だが，財産を持つ人に役職参与があるべきであるし，財産を失う人は役職参与があるべきでない。民主政のもう一方の種類は，出生審査の対象にならない人である限りは市民たちのうちのすべてが役職参与するが法が支配するものである。民主政のもう一方の種類は，市民でありさえすれば，すべての人に役職への就任権があるが法が支配するものである。民主政のもう一方の種類は，他の事どもは以上のとおりであるが，大衆が決定力があり，法ではない。そしてこれは，諸条令が決定力があるが法がそうでないような場合に生じる。これは，デマゴゴスたちのせいで生起してくる。というのも，法に従って民主政をしている時にはデマゴゴスたちが生じなくて，市民たちの中の最良の人たちが首座の地位にあるからである。だが，法が決定力がない場合には，そこではデマゴゴスたちが生じる。

Aristoteles, *Politica* 1291b 30-1292a 11（前330/320年代）

それらの5つの型とは，(1)平等であることにちなんで民主政と呼ばれるもの，(2)役職が小さい財産評価額による民主政，(3)出自に疑問のない人が役職に参与するが法が支配する民主政，(4)すべての人に役職への就任権があるが法が支配する民主政，そして最後に，(5)他の点は同じであるが，大衆

による諸条令（プセーピスマタ）が決定力があるものの法（ノモス）が決定力がない場合で，デマゴゴスたちのせいで生起してくる民主政，である。ここでは，初めの4つの民主政の型がいずれも法（ノモス）が支配している国制であることに注目したい。

次に，同じく『政治学』1292a 24-37の中では，デマゴゴスたちが大衆を動かして条令（プセーピスマ）を決議させるものの法をないがしろにし，そうすることによって役人たちが告発されて解任されるような民主政はもはや国制ではないと断言する人がおり，しかもアリストテレスがその人に対して「諸法が支配しない所では国制が存在しない」と述べて弁護している。

> そしてこれらの者たち〔デマゴゴスたち〕は，諸条令を決定力のあるものとするが法をそうしない者であるが，その理由はすべての事を民衆に上程するからである。というのも，彼ら自身が，民衆がすべての事について決定力があるが他方で民衆の意見よりもその者たちが決定力があるゆえに，強大となることが結果として生じるからであるが，その理由は，大衆がその者たちを信用するからである。さらにまた，役人たちを告発する者たちは，民衆が裁くべきであると言い，その民衆は喜んでその申し出を受け入れ，その結果，それらのすべての役人たちが解任される。そのような民主政は国制ではないと断言する人は，正論として非難していると思われるであろう。なぜならば，諸法が支配しない所では国制が存在しないからであり，その理由は，法はすべての事を支配すべきであるが役人たちは各々一件一件について支配すべきであるのであり，そしてそういうものを国制と判定すべきであるからである。その結果，もし民主政が国制のひとつであるならば，諸条令によってすべての事が左右される状況にあるような組織が本来の意味で民主政でないことは明白なことであるが，その理由は，条令は全般にわたることができないからである。

Aristoteles, *Politica* 1292a 24-37（前330/320年代）

以上のことからアリストテレスは，民主政（dêmokratia）というものが大衆が政権を持つ国制であると考えてはいるものの，その国制は法によって支配されていなければならないと考えていたわけである。それゆえ，その点から言うならば，アリストテレスは，前述の民主政の5つの型のうちの5番目のものは本来の民主政の国制から逸脱したものであると考えていたことになる。

　かかるアリストテレスの民主政に対する考え方は，先ほどから筆者が述べてきたように，「ソロンの諸法」の変遷，すなわち前6世紀初めの頃にソロンが実際に諸法を制定したこと，後に少しずつ新しい法が追加されたこと，前5世紀後期にはデマゴゴスが出現して民会決議が横行したこと，だが前403年頃に父祖伝来の「ソロンの諸法」が確定したこと，という一連の流れの中で，その「ソロンの諸法」が確定された後の前4世紀に特有の「ソロンの諸法」に対する認識，すなわち前4世紀後期のアテナイ人たちにとって「ソロンの諸法」は全く父祖伝来の自国の民主政の法であると認識されていたものをアリストテレスが読み取ったことから生まれてきたものであると言えるのではなかろうか。

　従って，そのアリストテレスが『アテナイ人の国制』のテキストの中で述べた，テラメネス派の「パトリオス＝ポリテイア」というものは，前4世紀のアテナイ人に見られるような，本来民主政を支配すべきソロンやクレイステネスの先祖伝来の諸法を尊重すべきであるという考えであって，決して「ソロンやクレイステネスの時代に戻れ」というような過去の時代への回帰という強い意識または寡頭派的な考えではなかったと言えるのではなかろうか[65]。

小　　結

　すでにオズワルド，ハンセン，シーリーらによって注目されてきたが，前403年にテイサメノスの条令とそれに従って追加された法によって「ソ

ロンの諸法」の内容が確定し、さらに「条令に対する法の優位」が確定した。さらに、「ソロンの諸法」の地位は、諸法の確認採決（エピケイロトニア＝ノモーン）の制度、矛盾する法の改正の制度、違法提案告発（グラペー＝パラノモーン）の制度によってさらに補強された。

　それによって前4世紀のアテナイ人たちやアリストテレスは、民主政という国制は本来、諸法によって治められるべきであるという認識を強く抱くようになったはずである。

　前403年に確定された「ソロンの諸法」の中にはソロン自身が制定した法と後世に追加された法の2種類があるが、それらが前403年に一括してそのまま確定されたので、アリストテレスの時代にはその2つを区別することが困難であったらしい。従って、そのことによって彼の記述の中には現代の学者が一見しただけでは誤記と誤解されるような箇所が出てきた。

　アリストテレスの時代のアテナイの民主政は、本来は、前403年に確定された「ソロンの諸法」によって治められるべき国制であったので、そのような民主政に対する認識の仕方が『政治学』の中のアリストテレスの政治観の論述に反映された可能性がある。『政治学』の中でアリストテレスは、リンカーンの名言をもじれば、民主政治とは「民衆の諸法によるポリスのための政治」であったのであり、それゆえにそのような政治とデマゴーグたちが出てきて「大衆の（図らずも）条令（デマゴーグによって扇動された下での民会決議）による貧民のための政治」と堕した政治とを区別することを心掛けたと考えられる。

　従って、同じくアリストテレスの著作とされている『アテナイ人の国制』の中に登場するテラメネス派の「パトリオス＝ポリテイア」とは、民主政を本来支配すべきソロンやクレイステネスの先祖伝来の諸法を尊重すべきであるという考えであったのであり、それゆえに前4世紀ならではの民主政観を抱いているアリストテレスが注目し記録に留めたと考えられる。従って、その考えは、決して、フックスの唱える「ソロンやクレイステネスの時代に戻れ」というような過去の時代への回帰という強い意識または寡頭派的な考えではなかったと考えられる。それゆえに、かかる考えに基づ

いてAristoteles, *Ath.* 29.3のクレイトポン動議のテキストを改めて考察し直す必要が出てくるが，これについては次の節の中で論じるつもりである。

註

1) Busolt, *G.S.* 1, p. 306-307 & n. 1.
2) 村川訳『アテナイ人の国制』58頁。
3) 村川訳『アテナイ人の国制』64頁。
4) Kenyon ed., *A.C.A.*, p. xlii. Cf. Kenyon ed., *A.C.A.* 3rd ed., p. xliv.
5) Fuks, *op. cit.*
6) このフックスによるテラメネスの穏健派の「パトリオス=ポリテイア」論は，古典期アテナイの歴史学界で話題となり，我が国でも村川堅太郎が，アリストテレス『アテナイ人の国制』の翻訳書の注釈の中でこのフックスの論を紹介している（村川訳『アテナイ人の国制』203-204頁　註8）。また，Rhodes, *H.C.G.W.*, p. 161は，クレイトポン動議の年の四百人評議会がソロンの時代の評議会の規模であり，パトリオス=ポリテイアという寡頭派たちの政治宣伝によるものであるし，他方で民主派にとってパトリオス=ポリテイアとは民主政を指していたと述べる。
7) Hignett, *op. cit.*, p. 6-7.
8) E. Ruschenbusch, "ΠΑΤΡΙΟΣ ΠΟΛΙΤΕΙΑ, Theseus, Drakon, Solon und Kleisthenes in Publizistik und Geschichitsschreibung des 5 und 4 Jahrhunderts vor Christentum," *Historia* 8 (1959), p. 398-424.
9) S.A. Cecchin, *Πάτριος ποριτεία: Un tentativo propagandistico durante la guerra del Peloponneso* (Torino, 1969).
10) M.I. Finley, *The Ancestral Constitution* （以下*Ancestral Constitution*と略す）(London, 1971), p. 10.
11) Harding, *Phoenix* 28 (1974), p. 101-111.
12) Walters, *op. cit.*, p. 129-144. この論文については，Harding, *A.J.A.H.* 3 (1978), p. 179-183が，ウォルターズのアンドロティオンについての誤解を反駁している。
13) M.H. Hansen, "Solonian Democracy in Fourth-Century Athens,"（以下 "Solonian Democracy" [1990]と略す）in W.R. Connor, M.H. Hansen, K.A. Raaflaub & B.S. Strauss, *Aspects of Athenia Democracy: Classica et Mediaevalia Dissertationes* 11 (Copenhagen, 1990), p. 71-99.
14) M.H. Hansen, "Solonian Democracy" (1990), p. 76-77.
15) M. H. ハンセンが挙げている例は，Demosthenes, 20.89, 99 (M.H. Hansen, "Solonian Democracy" [1990], p. 74 n. 18)。
16) M. H. ハンセンが挙げている例は，Demosthenes, 20.142, 153, 211 (M.H. Hansen, "Solonian Democracy" [1990], p. 74 n. 19)。
17) M.H. Hansen, "Solonian Democracy" (1990), p. 74.
18) M.H. Hansen, "Solonian Democracy" (1990), p. 77.
19) M.H. Hansen, "Solonian Democracy" (1990), p. 78.

20) M.H. Hansen, "Solonian Democracy" (1990), p. 78-79.
21) M.H. Hansen, "Solonian Democracy" (1990), p. 79-80.
22) M.H. Hansen, "Solonian Democracy" (1990), p. 81.
23) M.H. Hansen, "Solonian Democracy" (1990), p. 82-87.
24) M.H. Hansen, "Solonian Democracy" (1990), p. 90-92.
25) M.H. Hansen, "Solonian Democracy" (1990), p. 93-96.
26) M.H. Hansen, "Solonian Democracy" (1990), p. 98-99.
27) Jacoby, *Atthis*, p. 206は、アッティカ誌家たちや歴史家たちが諸資料に接する状況について検討する中で "patrios politeia" に関連するAristoteles, *Ath.* 29.3の中のクレイトポン動議について触れた。この際、彼は、「彼〔クレイトポンのこと、引用者註〕もまた、諸文献資料の調査によってクレイステネス以前の時期に戻る (getting back to the time before Kleisthenes) ことができることを自明のこととは考えていなかったことは明白である」と述べているので、彼が "patrios politeia" を「父祖の（古い時代の）国制」と考え、「父祖伝来の国制」とは考えていないことが分かる。これは、Kenyon, A.C.A., p. xliiが "ἡ πάτριος πολιτεία" を "the ancient constitution" と英訳して以来のことで、同様のことが、Kaibel & Kiessling, *op. cit.*, p. 57 (Aristoteles, *Ath.* 34.3の中の "ἡ πάτριος πολιτεία" を独訳して "die Verfassung ihrer Väter"〔彼らの父祖たちの国制〕) ; Wenzel, *op. cit.*, p. 60 (Aristoteles, *Ath.* 34.3の中の "ἡ πάτριος πολιτεία" を独訳して "die alte Verfassung ihrer Väter"〔彼らの父祖たちの古い国制〕) ; Busolt, *G.S.* 1, p. 904 (「父祖の国制」への帰還〔Rückkehr zur „Verfassung der Väter"〕) ; Mathieu & Haussoullier, *op. cit.*, p. 37 (Aristoteles, *Ath.* 34.3の中の "ἡ πάτριος πολιτεία" を仏訳して "la constitution de leurs ancêtres"〔彼らの父祖たちの国制〕) ; Hignett, *op. cit.*, p. 5; Fritz & Kapp, *op. cit.*, p. 18-19についてもあてはまる。Finley, *Ancestral Constitution*, p. 10は、クレイトポン動議の「パトリオス＝ポリテイア」をエピアルテスやペリクレス以前のクレイステネスの時代の「父祖の民主政」(the ancestral democracy) まで引き返すことを提案したものと考えている。確かに英語の "ancestral" の意味は "of, belonging to, or inherited from ancestors" (*The Oxford English Dictionary* Second ed. Vol. 1 [Oxford, 1989], p. 442 s.v. ancestral) であり「父祖たちから受け継がれた」という意味があるが、フックスやフィンリーはそちらの方の意味ではこの言葉を使っていないと筆者は考える。
28) Walters, *op. cit.*, p. 134.
29) それにもかかわらず、C.W. Clairmont, *Patrios Nomos: Public Burial in Athens during the Fifth and Fourth Centuries B.C.* Part 1 (Oxford, 1983), p. 11-12は、Th., 2.34の中の "patrios nomos" に言及して、その言葉の意味についてのJacobyの解釈、すなわち "an old law, a law from the time of our fathers" を受け入れ、さらに国葬に関する "patrios nomos" がクレイステネス改革の時期に由来するものであると述べている。
30) Cf. Walters, *op. cit.*, p. 133-134.
31) Fuks, *op. cit.*, p. 33 & 48.
32) 前430－400年頃に活躍したといわれるカルケドン人トラシュマコスの作品『国

制について』(peri politeias) (Diels & Kranz, *op. cit.*, p. 321-324, 85 Thrasymachos B. Fragmente) の中でpatrios politeiaに戻ることが主張されている。彼は，プラトンの『国家』の中に登場し (Plato, *Respublica* 336b-354c)，その席にクレイトポンが同席している (Plato, *Respublica* 340a-b) ので，彼の主張がクレイトポン動議に影響を与えたかどうかが興味深い問題である。だが，その『国制について』の中の「パトリオス゠ポリテイア」については，明確に誰のまたはどの時代の国制をモデルとしてそれに戻れと言っているわけではなく，単に多くの人が共有する漠然とした「パトリオス゠ポリテイア」に戻れと言っているにすぎない。

33) Ostwald, *op. cit.*, p. 509-524.
34) M.H. Hansen, "Nomos and Psephisma in Fourth-Century Athens," *G.R.B.S.* 19 (1978), p. 315-330; do., *Athenian Democracy*, p. 161-177.
35) R. Sealey, "On the Athenian Concept of Law," *Classical Journal* 77-4 (1982), p. 289-302; do., *The Athenian Republic: Democracy or the Rule of Law?* (以下*A.R.*と略す) (University Park & London, 1987), p. 32-52; do., *The Justice of the Greeks* (以下*Justice*と略す) (Ann Arbor, 1994), p. 43-50.
36) 詳しくは，本論の第3部第6章第4節の冒頭部および第1項「いわゆるニコマコスの後期『法典編纂』作業についてのこれまでの研究成果の整理」および註26，そして拙稿「いわゆるニコマコスの後期の『法典編纂』作業について」『史学研究』202号，1993年，25−27頁と，35−39頁の註26を参照せよ。
37) M.H. Hansen, *G.R.B.S.* 20 (1979), p. 181 n. 8は，「アンドキデスの言及は別にしてストア・バシレイオス内の法典〔すなわちニコマコスの「法典」，引用者註〕について他に述べているものが我々の手元にないことは驚くべきであると思われるかもしれない。多くのノモイ〔諸法，引用者註〕が法廷弁論の中で引用されているが，弁論が時折，その法を読んだ場所を述べている場合，触れているのはステレ (Lys. 1.30; Dem. 47.71, 59.75-76) かまたはメトロオン内の記録保管所 (Dem. 25.99; Lycurug. 1.66; Harp. s.v. Metroon) のいずれかについてである」と述べている。
38) Sickinger, *op. cit.*, p. 286-296.
39) R. Thomas, *Oral Tradition and Written Record in Classical Athens* (Cambridge, 1989), p. 34-94.
40) Sickinger, *op. cit.*, p. 286-293.
41) *Ibid.*, p. 293.
42) *Ibid.*, p. 296.
43) *Ibid.*, p. 294-296.
44) Cf. D.M. MacDowell, "Law-Making at Athens in the Fourth Century B.C.," *J.H.S.* 95 (1975), p. 66-69. ウェーバー『都市の類型学』236頁の中の「法律は，一人の市民の法案提出にもとづいて，特別の陪審員会議（ゲシュヴォーレネンコレギーウム　Nomothetes）において，古い法と新たに提案された法とそのいずれがおこなわれるべきかということについての法的な争いの形で，審議されたのである」（世良訳）は，これに当たると考えられる（特に，Demosthenes, 24.21-23）。
45) MacDowell, *op. cit.*, p. 68.

46) MacDowell, *op. cit.*, p. 63-66.
47) K.M.T. Atkinson, "Athenian Legislative Procedure and Revision of Laws," *Bulletin of the John Rylands Library* 23 (1939), p. 142.
48) MacDowell, *op. cit.*, p. 65-66.
49) 前4世紀のノモテシア (nomothesia) の制度については，Harrison, *J.H.S.* 75 (1955), p. 26-35が，その制度が前403年かまたはその直後に制度化されたと主張して以来，学界で注目を浴びてきた。Cf. M.H. Hansen, *G.R.B.S.* 19 (1978), p. 315-330; do., "Athenian Nomothesia in the Fourth Century B.C. and Demosthenes' Speech against Leptines," *Classica et Mediaevalia* 32 (1980), p. 87-104; MacDowell, *J.H.S.* 95 (1975), p. 62-74; Ostwald, *op. cit.*, *passim*; P.J. Rhodes, "Nomothesia in Fourth-Century Athens," *C.Q.* 35 (1985), p. 55-60; Sealey, *Classical Journal* 77-4 (1982), p. 289-302; do., *A.R.*, p. 32-52.
50) ただし，ハンセンやオズワルドらは，この時期にテイサメノスの条令の規定に従ってニコマコスという人物が前403年から前399年まで「ソロンの諸法」を改訂してそれらをいくつかの壁に刻文したと主張した。けれども，この説は，最近のロバートソンの論文やその論文を受けてさらに筆者が最近検討し直した結果，現存する壁の断片史料は供犠に関するものだけに限られていることと関連する諸史料の再検討から，誤りであり，ニコマコスは，ただ単に供犠に関する諸法を作業の対象にしただけであると考えられる。詳しくは，本論の第3部第6章第4節および拙稿，前掲誌，25−40頁をみよ。
51) この演説文の作成時期についてJebb, *Attic Orators* 1, p. 206-207は，基本的にはコリントス戦争に関連する演説文と考えており，(1)前394年のクニドスの戦い，前393年のペルシア艦隊のギリシア来航，同年のアテナイの城壁の再建についての言及があること，(2)演説文が演説後手直しされたと推測されるならば，前394年のコリントスの戦いの戦死者たちに対する演説文と考えられること，(3)前392年のコリントスの城壁での戦いまたは前391年のレカイオンの戦闘も可能性があること，(4)以上の3つの可能性には，演説者が勝ち戦について言及しているという難点があること，を指摘しているが，時期については明言していない。Lamb, *op. cit.*, p. 29は，前392年のコリントスでの敗戦直後またはそれ以後の事件直後であろうと考える。
52) この箇所で筆者は「法による支配」という言葉を用いた。この言葉を英訳するならば，Ostwaldが彼の著作の書名に使っている "sovereignty of law"（「法の優位」とも訳すことができる），あるいは "rule by laws" がこれに当たるのではないかと筆者は考える。他方，Sealeyが彼の1987年の著作の書名の中で "rule of law" という言葉を使用しているし，また「法の支配」(rule of law) という用語が英米法学の分野で使われている。例えば，田中和夫『英米法の基礎』（第7版）（寧楽書房，1966年）51頁によれば，「法の支配」は，「独裁者の専断的意思による支配の思想に対蹠的な思想」で「主権者もそのあらゆる機関も，原理に従って行動すべく，専断的恣意によって行動してはならないこと，即ち理性に従うべく恣意に従ってはならないとする法理」である。この考えは，初めに中世的ゲルマン法思想から「普遍理念的な永久不変の慣習法の優位という思想」が登場し，「コモン・ローの

優位という思想に推移し」たこと（田中，前掲書，57-58頁），次にステュアート朝ジェームズ1世と普通法（コモン・ロー）裁判所裁判官コーク（E. Coke）との間の論争（1612年11月10日）の中で国王の王権神授説に対してコークが「国王は何人の下にもあるべきではない，しかし神と法の下にあるべきである」と主張し，さらに彼が「国会制定法が正義と理性に反し，それ自体矛盾しており，又は実施することが不可能なときは，コモン・ローはこれを制御し，その無効を宣言するであろう」と述べて立法府に対するコモン・ローの優位を主張したこと（田中，前掲書，58-61頁。cf. 高柳賢三『英米法の基礎』〔有斐閣，1954／1966年〕160-162頁），名誉革命後の『権利の章典（Bill of Rights）』（1689年）によって国会主権の原理と法の優位が確立したこと（田中，前掲書，61-62頁），ダイシー（A.V. Dicey）の*Introduction to the Study of the Law of the Constitution*（1885年）の中で法の支配の原理として(a)「正規の法（regular law）の優位」，(b)「法の前における平等」，(c)「憲法は通常法の結果」の3つの意味が提唱されて憲法論上で確立されたこと（田中，前掲書，51-56頁），によって確立された。従って，「法の支配」（rule of law）は王権による専断に対するコモン・ローおよび国会制定法の優位を説く近代法の考え方であるので，これをそのまま古代のアテナイ社会に当てはめるわけにはいかない。そこで，民主政期アテナイの社会では「法による支配」または「法の優位」という用語を用いてその用語を「民会決議という専断的恣意に対する慣習法（nomoi）の優位」と定義してこの言葉を使用したい。

　また，前4世紀の民主政期アテナイの政治に見られるかかる「法による支配」・「法の優位」は，その歴史的文脈を考えれば，そこにアテナイの民主政の制度を寡頭派革命から保護しようとする意図が窺える。前411年と前404年の寡頭派政変はいずれも民会決議に端を発した政変であったので，前403年頃の法制改革の狙いは当然のことながら，民会決議（psêphisma）よりも諸法（nomoi）を上位に置くことによって民会決議に端を発する寡頭派政変を阻止することによってアテナイの民主政の制度を保護することにあったと言えよう。

　以上のように前4世紀のアテナイの「法による支配」が近代英米法の「法の支配」（rule of law）とは異質のものである点と民会決議による寡頭派政変を阻止する狙いを有する点を鑑みるならば，丸橋裕「法の支配と対話の哲学——プラトンの政治哲学とソクラテスの精神——」『西洋古典学研究』54号，2006年，27-41頁における「法の支配」の定義には前4世紀のアテナイにおける「書かれた法（nomos）とそのときどきの投票決議（psêphisma）とを厳格に区別し，前者が後者に対して優位にあることを法によって明確に規定した」と記されてあってその定義の中のかかる当時の法制度に関する解釈は妥当であるものの，「民衆の支配が多数の専制に転化するのを抑止するという，民主政が『法の支配』に対して期待する本来の機能」が当時存在したという解釈が記されているが，この箇所には問題があると筆者には思われる。なぜならば，前述のように「法の支配」という言葉は，それを用いる際に英米法に見られる「法の支配」（rule of law）と区別されるべきであるし，また前4世紀アテナイの民会決議に対する「法の優位」は歴史的文脈から民会決議に端を発する寡頭派政変を阻止することによる民主政の制度の保護がその狙いであって「民衆の支配が多数の専制に転化するのを抑止する」機能がその

狙いではないからである。

53) Jones, *op. cit.*, p. 52.
54) 例えば，C. Lord trans., *Aristotle The Politics* (Chicago & London, 1984), p. 253 n. 98によれば，「この箇所で述べられている見解を提示した人たちを特定することは確信が持てない」。
55) 合阪『ポリスの国家理念』215頁によれば，これらの人々は「プラトーンのアカデーメイアの人々であろうといわれている」。
56) 学者たちは，これまで主としてその一節にある「国制を見事に混合して」という言い回しに注目して，ソロンが国制の見事な混合をしたので父祖の民主政と呼ばれるものができたと解釈しようとしてきた。例えば，Barker, *op. cit.*, p. 51（アリストテレスは，『アテナイ人の国制』と『政治学』の両書の中で後者の線に沿った解釈に従ったと思われるし，またソロンが国家内の様々の要素を適正に混ぜ合わせることによって父祖の国制を確立したと考えたと思われる）; Rhodes, *C.A.P.*, p. 119（数人の人々がソロンを〔国制の〕よい混合をしてdêmokratian ... tên patriôn を設立したことで称賛している）; 合阪『ポリスの国家理念』215頁（ソローンの国制が混合政であると考える「若干の人々」enioiがいたことがアリストテレースによって伝えられている〔Arist Pol. 1273 b 35 sqq.〕。彼らは，ソローンが非常に極端な寡頭政〔lian akratos oligarchia〕を終らせ，民衆の奴隷状態に終止符を打ったのだ，と説き，ソローンに「父祖の民主政」patrios demokratia——そこに含まれる寡頭政，貴族政，民主政のそれぞれの性格は各々，アレイオス・パゴス会議，官職者の選挙，民衆裁判所に代表される——の設置を帰している，という）。筆者は，ソロンが国制の見事な混合をしたと解釈されていることは当時の知識人の追加の説明であると考えて，この説明と，この箇所の元の主題である，「父祖の民主政」を設けたと当時の人々に考えられていることを切り離して解釈することを提案したい。
57) ヘロドトスも，クレイステネスをアテナイ民主政の創設者とみなしている（Herodotus, 6.131.1）。これに関連して，ヒグネットは，ヘロドトスがソロンを立法者とみなしている箇所を挙げて（Herodotus, 1.29, 2.177.2），「ソロンはヘロドトスの中では賢人であり詩人でありアテナイの法典の作者として登場するが，国制の改革者としてではない。ヘロドトスは，ソロンでなく，クレイステネスをアテナイ民主政の創設者とみなしている」と述べる（Hignett, *op. cit.*, p. 2-3）。ヘロドトスの見解は，筆者が本文で述べたように，現代の研究者と同じ考えであるので受け入れられるから，その点から考えるとヒグネットの評言は一見すると問題がないように見える。けれども，ヘロドトスはアテナイ人ではないし，彼の記述はギリシア語書名Historiaiの本来の意味どおり「見聞・調査記録」であるので，彼は自身の政治上の立場を自分の言葉に反映させる立場にはなかったことを考慮に入れるべきであろう。従って，外国人のヘロドトスがソロンを「国制の改革者」や「アテナイ民主政の創設者」とみなしていないことは，本論の検討の中ではあまり重要視されるべきではないと筆者は考える。
58) 前4世紀の事例としては，Demosthenes, 20.91のテキストから，アテナイの政治家が立法を行なって「ソロンの諸法」に新たな法を追加してきたことが推測され

る。従って，前4世紀には矛盾する法の改正手続きが必要であった。
59) Rhodes, *C.A.P.*, p. 159.
60) Walters, *op. cit.*, p. 132-133は，前5世紀には「ソロンの諸法」という慣用句があり，それが当時施行されていた法を指しており，その中にはソロン自身が制定した可能性のない後世の法も含まれていたと述べる。彼が「ソロンの諸法」の中の後世の法として挙げているものは，Demosthenes, 20.89-90, 43. 51; Andocides, 1.96; Aristophanes, *Aves* 1600 ff.である（Walters, *op. cit.*, p. 141 n. 21）。
61) デモパントスの法は，その内容が，民主政が打倒された後に役職に就く者を殺害して差し支えないというものであり，民主政を守護する法律であるので，アテナイの国制の基本に関わる性格のものであるから，制定された後に「ソロンの諸法」の中に組み入れられたと考えられる。
　　また，この法は，前330年のLycurgus, 1.124-127の中で先祖たちの反逆者に対する処罰の例として引き合いに出されている。この法は，当該の演説文125節の中で条令（psêphisma）として言及され，その内容が読み上げられている。従って，この史料は，アンドキデスがこの法律を「ソロンの法」として言及した事実と矛盾する。けれども，筆者が本文の中で述べたように，それがたとえ「ソロンの法」であるとしてもその法文の前文の書き方から民会で決議された法律であることがアテナイ人たちにはすぐ分かったはずであるので，この矛盾は解消されるであろう。
　　さらに，もしデモパントスの法が前述のように前330年においても「ソロンの法」であると考えるならば，Lycurgus, 1.126が，この法がブレウテリオンの中に立っている石碑に刻文されていると証言しているので，前410-404年と前403-399年のニコマコスによる法典編纂碑文が，当時のソロンの諸法を編纂し「王のストア」（Stoa Basileios）の中の諸壁に刻文されたと唱えてきた定説が否認されることになる。この法典編纂作業についての検討については，本論の第3部第6章第4節を参照せよ。
62) 同書の8章4節に次のような記述がある。

> またソロンが陰謀者に関する弾劾〔エイサンゲリア，引用者註〕法を定めた結果，この会〔アレオパゴス評議会，引用者註〕は民主政〔dêmos〕の転覆のために徒党を組んだ人々をも裁いた。（村川訳『アテナイ人の国制』26頁）

この記述の中の「民主政」に関して村川は，「ソロンの制度は厳密に言えば民主政ではなく有産者政（timokratia）」と註記している（村川訳『アテナイ人の国制』149頁 註10）。現在の歴史家たちは，民主政を立てたのはソロンではなくクレイステネスであると考えており，この点から言うと，前述のアリストテレスの記述は理解に苦しむところである。Days & Chambers, *op. cit.*, p. 83-85は，Aristoteles, *Ath.*の中のソロンに関する諸記述は前4世紀のアッティカ誌家たちなどの論争の中の初期のアレオパゴス評議会についての諸像を反映しており，当該のソロンの弾劾の法についての記述は疑わしくてアッティカ誌家たちの資料を参考にしたものによると考えている。Harrison, *Law*, p. 52は，前5世紀初期であれば存在したが，

367

第3部　いわゆる「パトリオス=ポリテイア」問題とテラメネスの政治思想

　ソロンの時期のような初期の時代にこの弾劾の法が存在したかどうかは疑わしいと述べる。P.J. Rhodes, "ΕΙΣΑΓΓΕΛΙΑ in Athens," J.H.S. 99 (1979), p. 104は，「民主政の転覆」という言い回しが時代錯誤でソロンの時代の前6世紀より前5世紀後期や前4世紀にふさわしいと述べている（cf. Rhodes, A.B., p. 162）。R.W. Wallace, The Areopagos Council, to 307 B.C. (Baltimore & London, 1985; rpt. 1989), p. 64も，「民主政の転覆」という言い回しはおそらく前5世紀より古いものではないので，このソロンの法は少なくともその後のある時期に再び記録されたと述べる。この点についてHignett, op. cit., p. 90が，Aristoteles, Ath. 8.4がこの法をソロンのものとした根拠が不明であると述べている一方で，確かにR.J. Bonner & G. Smith, The Administration of Justice from Homer to Aristotle 1 (Chicago, 1930), p. 298はその弾劾（エイサンゲリア）の法（nomos eisangeltikos）をソロンの制定法とみなしている。Carawan, op. cit., p. 182は，「民主政の転覆」という語句によって研究者が当該のソロンの弾劾の法を前4世紀の政治宣伝による捏造と推測することになったが，実はその法は本物でアッティカ誌家たちやAristoteles, Ath.によって誤解されたと説明する。だが，M.H. Hansen, Eisangelia, p. 18, 57は，史料の中の「民主政」という表現はアナクロニズムであるので，その言葉が出てきた理由は前4世紀のアテナイで「パトリオス=ポリテイア」に関する政治討論がありそれを求める政治上の宣伝があったからであると説明する。

　けれども，民主政転覆を阻止する弾劾（エイサンゲリア）の法が，実際にはソロンが制定したものではなく，後世の立法によるものであったが，後に「ソロンの諸法」の中に組み入れられたのであり，それゆえアリストテレスはその辺りの事情に気づかずに前述のように記述したと考えれば，この彼の記述はうまく説明できる。さらに，この点に関しては，橋場の研究によれば，エイサンゲリアの制度をソロンが実際に創設したかどうかについては研究者の間で議論があり，彼はその制度がクレイステネスによって創設されたものであると推定している（橋場『アテナイ公職者』134－139頁）。

　また，同じくアリストテレス『アテナイ人の国制』22章1節の中には「なぜならば僭主政治はソロンの法を用いないで消滅せしめ」（村川訳『アテナイ人の国制』46頁）という記述があり，これは，同16章2節の中の「ペイシストラトスはすでに述べたように穏和に，また僭主的というよりはむしろ合法的に国政を司った」（村川訳『アテナイ人の国制』36頁）という記述や同16章8節の中の「平素彼〔ペイシストラトスのこと，引用者註〕は万事法に従って治めて行き」（村川訳『アテナイ人の国制』37頁）という記述と明らかに矛盾する。従って，村川訳『アテナイ人の国制』180頁　註22-1やRhodes, C.A.P., p. 261はこの22章1節の箇所を明らかな誤記とみなしている。けれども，確かに問題のAristoteles, Ath. 22.1の中の「ソロンの法」を彼が実際に立法した法と想定すれば，この箇所の記述は誤記であると認められてよいであろうが，他方で，先ほどから筆者が述べているように，この箇所の中の「ソロンの法」を実際に彼の立法によるものではなく後世に彼の法の中に組み入れられた法と考え，しかもこの箇所の言葉の足りない部分を斟酌して，その「ソロンの法」が実は反僭主の法または民主政転覆を阻止する法と想定すれば，問題の箇所の記述の意味とそれのAristoteles, Ath. 16.2 & 16.8の中の記

述内容との関係を何とかうまく説明することができるであろう。また，そのように考えるのにはさらに理由がある。その問題のAristoteles, *Ath.* 22.1にすぐ続けて記述されている事柄の中にはクレイステネスによって設けられたオストラキスモスに関する法と五百人評議員の誓いがあるが，これらは周知のごとく，民主政を守護するための制度であると考えられているからであり，この辺りの箇所でアリストテレスの文脈は首尾一貫していると考えられるからである。

63) M.H. Hansen, "Solonian Democracy" (1990), p. 78 n. 36は，前396/5年説をとる。
64) Ruschenbusch, *Historia* 8 (1959), p. 398-424.
65) ここでウォルターズの解釈を補記しておく。Walters, *op. cit.*, p. 136 は，クレイトポン動議に関連して従来この箇所が「ソロンやクレイステネスの国制への復帰」と説明されたことに対してその考えがアンドロティオンの解釈にもとづいていると考えるので，ピュトドロスとクレイトポンの動議の本当の意図は，当時の寡頭派たちの計画が当時の民主政の法を破ることになるかどうかを調査することであり，それゆえに当時のシュングラペイスはグラペー＝パラノモーンの一時停止を除いて新しい提案を提出しなかったと述べる。

第2節　クレイトポン動議とパトリオス＝ポリテイア

　古代の民主政期アテナイでは前411年に寡頭派のクーデターによって従来の民主政の制度に代わって四百人評議会が設けられ，わずか4ヵ月であるが寡頭派政権が打ち立てられた。その政権樹立の直前の同年5月頃，結局は四百人評議会の設置に至る経過の中で，アテナイの民会でピュトドロスが提案を行ない，シュングラペイス（国制共同起草委員たち）が任命されることになった。その際，この提案に続いて，クレイトポンという人物がこの委員たちの職務に関して追加の提案を行なった。
　この提案についてAristoteles, *Ath.* 29.3の中では次のように記録されている。ここでは取りあえず，村川堅太郎の翻訳を引用する。

　　クレイトポンは他の点についてはピュトドロスの案に同意したが，ただ選ばれた人々はクレイステネスが民主政治をたてた時に定めた古い法律（patrioi nomoi）をも調査し，これを参照しつつ最上の案を練るようにと動議した。けだし彼はクレイステネスの国制は真に民主的

第3部　いわゆる「パトリオス=ポリテイア」問題とテラメネスの政治思想

で（dêmotikos）はなく，ソロンの国制に近似するものと考えたのであった。(村川訳[1])

前411年のアテナイで四百人の寡頭派政権が樹立される直前にクレイトポンという人物が，前6世紀の末にアテナイの民主政の制度を設立したといわれているクレイステネスの定めた「古い法律（村川訳）」(patrioi nomoi)を参照するように提案したのである。ただし，この彼の提案が承認されたかどうかは定かではない[2]。また，この史料の中の最後の文章の記述については，これまで，異説があるものの[3]，これが著者による説明文として追加されたものであると考えられてきた[4]。さらに，この説明文の言及は，次の2つの理由から，著者アリストテレス自身の考えではなく，資料として参照されたと推測されているアンドロティオンの見解であると考えられてきた[5]。その理由とは，(1)その説明文の言及が，Aristoteles, Ath. 22.1の中にクレイステネスの改革によって国制が「ソロンのものよりずっと民主的に」(dêmotikôteros poly tês Solônos)なったという記述があることと矛盾するので[6]，(2)その説明文の言及がその直前の箇所の中でクレイステネスが「民主政を設立した時」(hote kathistê tên dêmokratian)という語句があることと矛盾するので[7]，というものである。

次に，クレイトポン動議の意図について，ウェード=ジェリー[8]は，当該の動議に続く記述の中でプリュタネイスの誓いと違法提案告発（graphê paranomôn）の一時停止が決議された旨の記述がある（Aristoteles, Ath. 29.4）ので，これがクレイステネスの諸法の立法手続きと関連があり，それらの制度を一時停止することを提案することによってかつてクレイステネスが行なったようなプセーピスマタ（民会決議による諸条令）による新しい国制を作ることができるようにするための措置としての動議であったと推測した。他方，クレイトポン動議の意図について解釈する際，それに関連して，同じくAristoteles, Ath. 34.3の中にもクレイトポンという人物について記述があることに注目すべきである。この記述は前404年に三十人の人物がアテナイでいわゆる「三十人僭主」と呼ばれる独裁政治を行なう直前の

政治の様子を記したものである。その記述から，当時，民主派と寡頭派と，そしてテラメネスが率いるクレイトポンらの，「父祖伝来の国制」（patrios politeia）[9]を求める一派[10]の計3つの派閥があったことが分かる。

これら2つのAristoteles, *Ath.*の記述に加えてクレイトポン動議と同じ前411年の事件についての記述の中のAristoteles, *Ath.* 31.1の中でその後四百人の評議会が設置されることに言及されている一方で，周知のとおり，かつてソロンによって四百人評議会が設置されたという史実（Aristoteles, *Ath.* 8.4）がある。これらを基にして，ヴィラモヴィッツ[11]は，当時「パトリオス＝ポリテイア」をめぐってかつてのソロンの国制が論議されたと，そして政治上の権利からテーテスを排除することと日当の廃止の提案が「パトリオス＝ポリテイアへの復帰」とみなされたと述べた[12]。ヤコビー[13]は，古代ギリシアの歴史家たちやアッティカ誌家たちが諸資料に接する状況について考察する中で，前411年のピュトドロスの提案は，シュングラペイスの職務についてパトリオス＝ポリテイアの構想を用いた歴史的動機からではなく政治的動機から提案したものであり，他でもないクレイトポンの追加条項のみがパトリオス＝ポリテイアについて調査がなされるべしと規定しているが，彼もまた文書記録の調査によってクレイステネス以前の時代に戻る可能性を自明のこととは考えていなかったと論じた。さらに，ヤコビー[14]は，クレイトポンの追加条項の記事（Aristoteles, *Ath.* 29.3）の中のクレイステネスとソロンの国制を対比した記述について，この記述はアリストテレスまたは彼の使用した資料の付言で，その追加条項の意味を説明するものであり，可能性としては資料の方で，アンドロティオンの著作を資料に使った可能性がある[15]し，しかも「アリストテレスがテラメネスとその集団の行為を正当化しようとする資料に従っており，これがアンドロティオンと合致する」と論じた。フリッツとカップ[16]は，クレイトポン動議の意図が，アテナイ国家が戻るべきモデルであるソロンとクレイステネスの国制を調査することであったと述べる。

他方，「パトリオス＝ポリテイア」についてはソロンやクレイステネスの時代への憧れとみなす説がある[17]一方で，1953年にフックスがその著[18]

第3部　いわゆる「パトリオス=ポリテイア」問題とテラメネスの政治思想

の中で，前411年のクレイトポンの追加条項はその頃に発展した穏健派の思想の表れであり，クレイステネス以後のアテナイの民主政の発展を拒絶し，クレイステネスの諸法とソロンの仕事を考慮するよう求めたものであるので，テラメネス派は自分たちの国制についての綱領のためにソロンとクレイステネスの権威を借りようとしたのであり，それは「父祖の国制への復帰」(return to the ancestral polity) という名の下に始められることになった，と結論づけた。

　このフックスによるテラメネスの穏健派の「パトリオス=ポリテイア」論は，古典期アテナイ史の歴史学界で話題となった[19]。その後，ルシェンブシュ[20]がヤコビーとフックスの研究を参考にして，この前5世紀後半の頃からソロンやドラコンなどの昔の国制が議論されるようになり，前4世紀に至っては民主派も寡頭派も競って自派の理想の国制のモデルをかつてのクレイステネス，ソロン，ドラコンと時代を遡って求めたと論じた。さらに，チェッキン[21]ら数人の学者が彼に続いた。チェッキンの論は，それまでのパトリオス=ポリテイア論を主としてソフィストたちを含めた哲学者の思考から論じたものである。フィンリー[22]は，クレイトポンが民主政創設者クレイステネスの時代まで，すなわちペリクレス時代以前の，ペルシア人を撃退した時代へ引き返すことを提案したと述べる。だが，他方で，ハーディング[23]は，何人かの学者たちが，テラメネスがアンドロティオンの父アンドロンと政治観の上で結びつきがあり，アンドロティオンが前4世紀においてさえそのテラメネスの穏健な政治思想を抱いていたという「テラメネス神話」を抱いていると批判し，Aristoteles, *Ath.* の中のアリストテレスのテラメネス観が彼の『政治学』の中の "mesos polites" の思想に由来すると論じている。従って，彼の論は，前4世紀のアテナイでは民主派，穏健派，寡頭派の間の政治思想をめぐる論争を想定することを伴わないことになる。

　また，最近では，ウォルターズ[24]が，前403年の法典編纂以来，アッティカ誌家たちまたは歴史家たちがようやくアテナイの国制を歴史的に考察するようになり，その中で前述のクレイトポン動議に関する記述の箇所で

アリストテレスの情報源となったアンドロティオンが意図的に，当時の寡頭派が「パトリオス＝ポリテイア」への復帰を考えていたと解釈したと論じている。それに対して，ハーディング[25]は，彼のアンドロティオンについての誤解を指摘して反論している。

本節では，このクレイトポン動議やテラメネス派が求めた「クレイステネスの古い法律（patrioi nomoi）」や「パトリオス＝ポリテイア（patrios politeia）」（「父祖の国制」〔ancestral constitution〕または「父祖伝来の国制」〔traditional constitution〕）について，それが一体どんなものを指すのか，そしてクレイトポン動議の本当の狙いは何であったかを考察していく。

第1項　フックスの「パトリオス＝ポリテイア」論批判

フックスの「パトリオス＝ポリテイア」論には次の3つの点で問題がある。これらについては前節の第1項において詳述したので，下記ではその要約を述べる。

第1に，LSJによると，問題の箇所の"patrios"というギリシア語の意味は，"derived from one's fathers, hereditary"（父祖に由来する，代々伝わる）であり，この使用例として前述のクレイトポン動議にあたるAristoteles, Ath. 29.3が挙げられている。従って，この箇所ではクレイトポンやテラメネスが「過去の父祖の時代の制度」を求めたというよりはむしろ「父祖から代々伝わった国制または制度」を尊重しようとしたというように考えるのが適切ではないだろうか。この点は，すでにウォルターズが指摘している[26]。

第2に，クレイトポン動議が提案されたのと同じ年に，サモスに駐留していたアテナイ軍が，Th., 8.76.6の中に記されているように，トラシュブロスらが本国の寡頭派政権の人々が「patrioi nomoiを廃止する間違いを犯した」と考え，「自分たちはそれらを遵守する」ことを確認したが，この箇所の「パトリオイ＝ノモイ」は明らかにアテナイ民主政の諸法を意味するので，当時の一般のアテナイの人々が考える「パトリオイ＝ノモイ」は，

第 3 部　いわゆる「パトリオス=ポリテイア」問題とテラメネスの政治思想

むしろ民主政の諸法であると考えるべきである[27]。他方で，ウォルターズ[28]がトゥキュディデスなどの同時代人たちが決して「パトリオス=ポリテイア」の綱領について述べていないことを指摘している。従って，これらの事情は，その「パトリオス=ポリテイア」や「パトリオイ=ノモイ」が先祖伝来のものでなおかつ当時も有効なものであり当時のアテナイ人なら誰でも知っていたものであったことを示唆する。

　第 3 に，前411年にしろ前404年にしろ，この前 5 世紀末の頃に，テラメネスというある一派を率いた人物が，「パトリオイ=ノモイ」にしろ，「パトリオス=ポリテイア」にしろ，かつてのクレイステネスとソロンの時代に戻ることを表明したとフックスが結論づけていることについては，彼と同時代人であるトゥキュディデスも，クセノポンも，リュシアスも，全く証言していないのである[29]。特に，クセノポン『ギリシア史』の中では，前404/3年の三十人僭主の時代にテラメネスが自身の政治的立場を説明する様子が詳しく記されている（Xenophon, HG 2.3.24-54）が，ここで彼は，クレイステネスとソロンの過去の時代に戻ることを求めているという話など全く述べていない[30]。現存史料が語るものがかかる事情であるのに，それでもそのテラメネスの演説時から約80年後に記されたAristoteles, Ath. の記述を基にして，フックスが結論づけるように，テラメネスが過去の時代に戻ることを自分の一派のスローガンにしていたと言えるであろうか。

　ここにもう一度フックスの「パトリオス=ポリテイア」論を検討し直して，当時のアテナイの人々にとって「パトリオス=ポリテイア」や「ソロンの諸法」が何を意味していたのかを検討する必要がある。以下でこれらの言葉を検討してみる。

第 2 項　「パトリオス=ポリテイア」の意味

　前 5 世紀の終わり頃から前 4 世紀のアテナイにおいて「パトリオス=ポリテイア」や「ソロンの諸法」の言葉が意味するものを検討する際に，筆者が注目したいことは，前403年に三十人僭主の政治が倒されて，それ以

第7章　パトリオス＝ポリテイアとテラメネス派の政治思想

前の民主政の制度が復興された時に，テイサメノスの条令その他によってアテナイで一連の法制改革が行われたことである[31]。この件については前節の第2項において詳述したので，下記ではその要約を述べる。

Andocides, 1.81のテイサメノスの条令によって「アテナイは父祖の事に従って治められ，ソロンの法，その度量衡，そしてドラコンの掟が，すなわち以前の時代に用いられたものが用いられる」べきことと，追加の法の提案について決議された。この条令の中で述べられている「ソロンの法とドラコンの掟」は，明らかにアテナイ民主政の諸法のことを指している。従って，このテイサメノスの条令によって前403年に「ソロンの法とドラコンの掟」がアテナイ民主政の制度を定めた法として改めて確認されたことになる。

次に筆者が注目したいことは，前353年頃の Demosthenes, 24.19-23の中にエピケイロトニア＝ノモーン（諸法の確認採決）と呼ばれる法が記されていることである。この法は，アテナイの人々が毎年，その年度初めに民衆の面前で現行の諸法について確認するかどうかの採決を行なう必要とあれば法の改正を行なうことを定めている。

次に筆者が注目したいことは，前330年のAeschines, 3.37-40と前355年のDemosthenes, 20.89-94の中に矛盾する法を改正する手続きが紹介されていることである。これらの手続きは，前403年頃に定められたものと考えられている[32]。

このようにして前403年頃にアテナイではテイサメノスの条令によって「ソロンの諸法」（Solônos nomoi）が確定したわけであり，しかもその「ソロンの諸法」は，毎年，諸法の確認採決の手続きによって確認された。さらに，違法提案告発（graphê paranomôn）の制度によってソロンの諸法に違反する提案が民会で行なわれた場合にはその提案者が告発されることになっていたことが知られているので，この「ソロンの諸法」は，その法制改革以後の時期にある程度厳密に遵守されていたはずである。

その上，テイサメノスの条令によって提案が求められ決議された追加の法（Andocides, 1.87）によって，刻文されていない法を役人が使うことが

禁じられ，さらに法（nomos）は民会で決議される条令（psêphisma）より優先することになった。ここにこの前403年頃に，「ソロンの諸法」と呼ばれるものが確固として確定したと言えるであろう。それゆえに，前403年の法制改革以後，諸法（nomoi）に基づく政治が行なわれたはずである。そこで前392年頃の〔Lysias〕, 2.19[33]の中で「人間たちにふさわしいことは正しいことを法（nomos）で定め，道理で説得することであり，またそれら〔の法と道理〕に，法によって王のごとく支配し（hypo nomou basileuomenos）道理によって教わって，行為によって仕えることである」とアテナイの先祖たちが思ったという言葉が出てきたと思われる。「法によって王のごとく支配して法に仕える」という言葉は，アテナイ民主政の下では民会主権に基づく民衆主権（popular sovereignty）ではあるものの先祖伝来の法に基づく政治（sovereignty of law）を行なうことを表明していることになろう。

ここでこれまでの前節第2項の要約から離れて本題に戻ろう。

さて，これまでの知見を鑑みるならば，アテナイにおいて「ソロンの諸法」はどのような変遷をたどったと言えるであろうか。アテナイの歴史を振り返ってみると，前594年にアテナイで貴族と民衆が抗争を行なう中でソロンがアルコンに就任して多くの法を制定したことは，よく知られている。その後，前6世紀末にクレイステネスが改革を行なってアテナイの民主政が確立したし，おそらくそれ以後もアテナイ人たちはいくつかの法を制定したはずである。けれども，古代のアテナイ人たちは一般的に，偉大な祖先であるソロンの遺産である彼の諸法，すなわち「ソロンの諸法」をそのまま代々受け継ぐ形で継承してきたと考えられる。そしてその「ソロンの諸法」ではうまく対処できないことが生じた場合には，現代人が自国の憲法の規定を議会の承認を経て改正するように「ソロンの諸法」の一部を削除したり追加したりして全面的に見直すのではなく，テイサメノスの条令の言い回しのように，「ソロンの諸法」に次々と追加の法を追加していったと考えられる。また，史料に基づかない単なる推測にすぎないが，テイサメノスの条令がペロポネソス戦争の終戦直後に成立したことを考慮

すれば，アテナイ人の間ではペロポネソス戦争を戦う中で戦意の高揚のために，リュクルゴスの国制を戴くスパルタに対抗して「ソロンの諸法」を彼らの偉大な祖先の遺産として再評価する考えが芽生えたかもしれない。さらに，そういう事情があったので，テイサメノスの条令による法制改革を行なう際に「ソロンの諸法」の一部を削除するのではなく新たに追加の法を加えるという手法が採られたのかもしれない。ただし，中にはナウクラロスに関する法（Aristoteles, Ath. 8.3）のように，前4世紀後期のアリストテレスの時代にはもはや有効ではなかった「ソロンの法」も存在した。

　いずれにせよ，前403年にテイサメノスの条令などの法制改革によって「ソロンの諸法」が確定したわけである。そこで，前述のクレイトポン動議に関するテキスト（Aristoteles, Ath. 29.3）を改めて読んでみると，前403年の法制改革前の前411年にクレイトポンが，「クレイステネスが民主政（dêmokratia）をたてた」と考えていたことが分かる。だが，他方で，前403年の法制改革後の前330/320年代のAristoteles, Politica 1273b 31-41の中では「幾人か（enioi）」によってソロンが「父祖伝来の民主政（patrios dêmokratia）」を創設した人物と評されている。この「幾人か」の人々の正体は明らかではない[34]。だが，そのテキストが，著者のアリストテレスがアテナイのリュケイオンに学校を開いていた時期のものであるので，その「幾人か」の人々は，おそらくは彼と同時代のアテナイ人たちであるとここでは考えて差し支えないと思われる[35]。それゆえ，この箇所の中のソロンの「父祖伝来の民主政」とは，前4世紀後期のアリストテレスの時代まで代々伝わってきた制度であり，彼の時代にアテナイで実施されていた民主政の制度であると言えるであろう。他方，ソロンが実際に設けた諸法に基づく国制は，現代の研究者たちが民主政と呼べるものではなく，いまだ貴族政であった。そして現代の研究者たちの多くは，アテナイではクレイステネスが民主政を立てたと考えるし，また古代のアテナイ人の中にもクレイトポンのようにそのように考えていた人も実際にいた。だが，クレイステネスの時代の民主政に関する諸法はおそらく，アテナイ人たちの偉大な先祖であるソロンの遺産である彼の諸法の中に組み入れられたので，そ

の後のアテナイ人たちは，ソロンの諸法や国制を彼らの民主政の諸法や国制と考えるようになったと推測される。それゆえに，前403年に法制改革によってソロンの諸法が確定してから約80年後に記されたAristoteles, Ath. 41.2の中でアテナイの民主政がソロンの時代から「起源を発する」と，そしてクレイステネスの国制は「ソロンのものより民主的で」あると，そしてAristoteles, Ath. 28.2の中でソロンが「最初の民衆の指導者」(prôtos prostatês tou dêmou) になったと記述されることになったと考えられる。さらに，上記の理由から，前4世紀の弁論家たちの演説文の中では「ソロンの諸法」や「民主政の創立者としてソロン」が度々登場するようになったと考えられる。それゆえ，トーマス[36]の論述のように，それらの表現を論敵を倒すためにソロンの権威に訴える，一部は時代錯誤の，単なる修辞表現と説明するのは，適当ではない。

また，古代のアテナイ人たちが，その時々で「ソロンの諸法」にいくつかの法を追加したと考えられる事例がある[37]。また，アリストテレスの時代の「ソロンの諸法」の中身には実際にソロンが前6世紀に制定した諸法と後世に追加された諸法が混ざっているはずである。けれども，それにもかかわらず，アリストテレス自身にはそれらの区別がつきにくかった可能性がある[38]。

第3項　アリストテレス『政治学』と「ソロンの諸法・国制」

ところで，前403年頃にアテナイで「ソロンの諸法」が確定してから約70年以上後にアリストテレスによって著された『政治学』の記述を読んでみると，前4世紀ならではの「ソロンの諸法」に対する認識から生まれてきた論理と考えられるものが存在すると推定される。そのことを示す例が2つある。この件については前節の第4項において詳述したので，下記ではその要約を述べる。

初めに，Aristoteles, Politica 1291b 30-1292a 11の中で民主政 (dêmokratia) の5つの型について述べられている。すなわち，(1)平等であることに

第7章 パトリオス゠ポリテイアとテラメネス派の政治思想

ちなんで民主政と呼ばれるもの，(2)役職が小さい財産評価額による民主政，(3)出自に疑問のない人が役職に参与するが法が支配する民主政，(4)すべての人に役職への就任権があるが法が支配する民主政，そして最後に，(5)他の点は同じであるが，大衆による諸条令（プセーピスマタ）が決定力があるものの法（ノモス）が決定力がない場合で，デマゴゴスたちのせいで生起してくる民主政，である。ここでは，初めの4つの民主政の型がいずれも法（nomos）が支配している国制であることに注目したい。

次に，同じくAristoteles, *Politica* 1292a 23-37の中では，デマゴゴスたちが大衆を動かして条令（psêphisma）を決議させるものの法をないがしろにし，そうすることによって役人たちが告発されて解任されるような民主政はもはや国制ではないと断言する人がおり，しかもアリストテレスがその人に対して「諸法が支配しない所では国制が存在しない」と述べて弁護している。

以上のことからアリストテレスは，民主政（dêmokratia）というものが大衆が政権を持つ国制であると考えてはいるものの，その国制は法によって支配されていなければならないと考えていたわけである。また，その点から述べるならば，前述の民主政の5つの型のうち，5番目のものは，本来の民主政の国制から逸脱したものであるということになる。かかるアリストテレスの民主政に対する考え方は，先ほどから筆者が述べてきたように，「ソロンの諸法」の変遷の中で前403年頃にその「ソロンの諸法」が確定された後の前4世紀に特有の「ソロンの諸法」に対する認識から生まれてきたものであると言えるのではなかろうか。

従って，そのアリストテレスが著したと推定されるAristoteles, *Ath.* のテキストの中で述べた，テラメネス派の「パトリオス゠ポリテイア」というものは，本来民主政を支配すべきソロンやクレイステネスの先祖伝来の諸法を尊重すべきであるという考えであって，決して「ソロンやクレイステネスの時代に戻れ」というような過去の時代への回帰という強い意識または寡頭派的な考えではなかったと言えるであろう。

第3部　いわゆる「パトリオス゠ポリテイア」問題とテラメネスの政治思想

第4項　クレイトポン動議の意味

次に，そのようにアリストテレスの思想の中に前4世紀の時代に特有の「パトリオス゠ポリテイア」の考えがあったと仮定するならば，この考えに基づいてAristoteles, Ath. 29.3のクレイトポン動議に関する記述を改めて考察することができる。そこで，下記にその記述の拙訳を示す。

> クレイトポンは, 他の事どもは全くピュトドロスが語ったとおりに, その上，その選ばれた人々が，クレイステネスが民主政治を設立した時に制定した父祖伝来の諸法（patrioi nomoi）をさらに調べるべし，そしてそれらに耳を傾けて最良のことを勧告するためにも，と提案したが，その訳は，クレイステネスの国制が民衆寄り（dêmotikos）ではなくソロンのものに非常に近いからである。

前述の筆者の解釈から推測すると，Aristoteles, Ath. の著者の時代である前4世紀には人が「ソロンの諸法・国制」と呼ぶ場合，それが「ソロンの時代の古い諸法・国制」を指す場合と「ソロンの時代からの父祖伝来の，当時も有効な諸法・国制」を指す場合の2つの可能性が考えられる。従って，上記の史料については，この中の「ソロンの国制」を，これまでの研究者たちのようにソロンの時代の古い国制と考えたうえで説明を行なうこととは別に，前4世紀後期のAristoteles, Ath. の著者の時代のアテナイの国制であると想定して説明を試みることが可能性として出てくる。筆者は，従来の研究者たちのように問題の箇所の「ソロンの国制」を彼の時代の古い国制と考える方法ではフックス説のような「ソロンやクレイステネスの時代に戻ることを追求したテラメネス派」という誤った解釈が出るので問題があると思う。そこで，筆者は以下では，問題の箇所の「ソロンの国制」をAristoteles, Ath. の著者の時代まで代々継承され有効であった政治制度であると想定する可能性を考えてみたい。

第7章　パトリオス=ポリテイアとテラメネス派の政治思想

　だが，もしそのように想定するならば，ここで次のような問題が生じる。すなわち，前述のように，アリストテレスの時代に「ソロンの国制」という語句が当時のアテナイの民主政の制度を言い表していたと考えるならば，当該の箇所の「ソロンの国制」はアテナイ民主政の制度を意味する可能性がある。他方，その箇所でその国制に「非常に近い」と表現されているクレイステネスの国制というものが，やはり同じ箇所で「dêmotikosではなく」と語られている。ところが，この"dêmotikos"という言葉はこれまで，例えば村川の翻訳のように「民主的」と訳されている言葉である[39]。従って，前4世紀後期ならではの「ソロンの国制」からの類推によってそれに「非常に近い」と表現されているので我々が民主政の制度であるとみなしたいクレイステネスの国制が，その直前の箇所で「民主的ではない」とすでに断定されていることになり，ここに矛盾が生じて甚だ問題である。

　けれども，この箇所の記述の解釈については次のような考察を行なうことができよう。すなわち，第1に，下記で詳述するが，Aristoteles, *Ath.* 28.5の中でテラメネスが法に反することなく行動した態度が称賛されていることに注目したい。第2に，前述のように，アリストテレス『政治学』の中では当時のアテナイの民主政（dêmokratia）は本来は「ソロンの諸法」に従った民主政を指していることが明らかである。また，Aristoteles, *Politica* 1291b 30-1292a 11の中の民主政の5つの形体についての記述の中でアリストテレスが民主政（dêmokratia）には諸法に従って政治が行なわれるものと条令（民会決議）に従って政治が行なわれるものの2種類があることを論じている。従って，この"dêmotikos"という言葉にも，「民主的」ではあるが民衆の民会決議よりも諸法を尊重するもの（democracy by sovereignty of law）と，民会決議で重要案件が決定されるので「民主的」であるというもの（democracy by popular sovereignty）の2つの側面があるはずである[40]。それゆえに，問題のAristoteles, *Ath.* 29.3の箇所の"dêmotikos"という言葉は，その著者が，ただ「民主的」と訳すよりももっと踏み込んで，民主政の2つの形体の一方である「民会決議で決定され

381

る（または無条件で民衆に主権がある）」という意味を含めたものと解釈することができる。その場合，他に"dêmokratikos"という言葉があることから，あえて「民会決議で決定される（または無条件で民衆に主権がある）または民主政である」とは翻訳しないで「民衆寄りの（あるいは民衆の側の）」と訳すのが適当な意味の言葉として使われていると考えるのがよいであろう。従って，前述の拙訳のように翻訳して考察の基礎資料とすることができると思われる。そこで，以下でこれに従って考察を続ける。

　さて，先の問題に論を戻すと，ここではクレイステネスの国制が「民衆寄りではない」と表現されているが，この場合の「民衆寄りの」(dêmotikos) という言葉が本当のところ何を意味しているのかを見極めてみる必要があるのではなかろうか。Aristoteles, *Ath*. の記述の場合には，主題が「アテナイ人の国制」であるので"dêmotikos"という言葉を解釈する場合，「民主的な」という訳語の代案の「民衆寄りの」という言葉にある種の政治的意味を含ませなければならない。また，前述のように，この"dêmotikos"が意味するものは概略としては，「民会決議で決定される（または無条件で民衆に主権がある）」という意味合いでよいであろうが，この場合は，その言葉が述語的に否定を伴って形容する対象がクレイステネスの国制であるので，それと比較されているソロンの国制との関係を明らかにさせておく必要がある。

　さて，論を進めると，この箇所の「民衆寄りの」という言葉の意味について考えられる解釈が2つある。

　第1のものは，その「民衆寄りの」という言葉が，官職日当を導入した民主政の下で貧民が政務を担当する政治の状態を指すものであり，他方，クレイステネスの時代にはまだ官職日当が導入されていないので貧民の政治参加が制限されており，それはAristoteles, *Ath*. の著者にとって本来の姿の民主政であるので，「クレイステネスが民主政治を設立した」とは言えるが実は「民衆寄りではない」という解釈である。これに関連して言えることは，問題のクレイトポン動議の記述の直後ではないが，Aristoteles, *Ath*. 29.5の中で官職日当の廃止についての決議が言及されていることであ

る。ただし，この解釈によれば，問題のAristoteles, *Ath.* 29.3の記述はAristoteles, *Ath.* 28.5の中でテラメネスの法に反しない行動が称賛されていることと関係がないといえる。

第2のものは，その「民衆寄りの」という言葉が，民会決議によって政治が乱れている政治で，リンカーンの有名な名言をもじれば，いわば「民衆の民会決議（プセーピスマ）による民衆のための政治」という意味で「民衆寄りの」民主政を指すものであり，前述のようにAristoteles, *Politica* 1292a 24-37によれば真の「民主政」ではないものであるものを指していると考える。他方では，クレイステネスの時代の本来の民主政は，彼の改革によって民会を補佐する五百人評議会が設置されたものの，ただちに民衆主権に至るような政治の仕組みにはならないで，民会決議によって重要案件を決定する民衆主権を何らかの面で制限する制度が存在したのではないかと推測したい。なぜならば，もしそのような制度が存在しないと，クレイステネスによって設けられた民主政の制度が後の時代に，アテナイの政治史を振り返ってみれば例えば貴族派として勢力があったキモンの時代に，民会決議によって簡単に破棄される可能性があるからである。この点については下記で詳述するが，ここではAristoteles, *Ath.* の著者が，そのようなクレイステネスの時代の民主政の制度を，前4世紀の「ソロンの国制」の下でエピケイロトニア＝ノモーン（諸法の確認採決）の法や矛盾する法の改正の手続きの制度などによって守られた秩序正しい政治を行なっていたという点でその前4世紀に特有の「ソロンの国制」に「非常に近い」とみなしたという解答を示しておく。

以下で2つ目の解釈について補足の説明を行なう。

その解釈は，次の点を考慮に入れたものである。Aristoteles, *Ath.* 34.3の中の記述から，前404年にクレイトポンとテラメネスが同じ党派に属していたことが知られている。そのテラメネスについては，Aristoteles, *Ath.* 28.5の中で「人々が彼を中傷するようにすべての国制を打倒しているのではなく，すべてをそれらが法に違反しない限り増進していると見える。すべて〔の国制〕に従って市民として暮らすこと，これはまさに優れた市民

第3部 いわゆる「パトリオス=ポリテイア」問題とテラメネスの政治思想

のなすべきこと，ができ，法に違反するものには黙認するのではなく反感を抱くからである」と述べられている。ここではテラメネスが法を遵守する人物であるとみなされている。

他方，ディオドロスはテラメネスについて「これらのことすべての提案者はテラメネスで，その男は生き方が規律正しく（kosmios），他のものの中でも判断力に富んでいるという評判であった」（D.S., 13.38.1-2）と述べている。この史料の中でテラメネスは，「規律正しい」（kosmios）と評されている。この言葉は，ある人物が道徳の面で「節度のある，中庸を得た，慎み深い」ことを指すこともあるが，本来の意味は「秩序正しい」である。これを諸法に対するある人物の態度の面を指していると解釈すれば，前述の Aristoteles, *Ath.* 28.5の中で述べられているテラメネスの評価と一致すると考えてよいであろう。

また，ここでは，アリストテレス『政治学』の記述が参考になる。アリストテレスは前述の*Politica* 1291b 30-1292a 11の中で，民主政の国制においてもノモス（法）に従った政治が可能であり，そのような秩序ある民主政から逸脱したものが最後の5番目の民主政であり，デマゴゴスが生起した政治で，そこではプセーピスマ（民会決議による条令）が中心となったと考えている。

そしてアリストテレスは，このようにデマゴゴスに言及した後，*Politica* 1292a 23-37の中で，デマゴゴスのせいで民衆がプセーピスマタ（諸条令）によって政治を行ない，ノモイ（諸法）が支配していない民主政（デモクラティア）はもはや国制（ポリテイア）ではないと非難している人の話を行なった後，その人物を弁護して「諸法が支配しない所では国制が存在しない」と，そして「諸条令によってすべての事が左右される状況にあるような組織が本来の意味で民主政でないことは明白なことである」と述べている。

ここで，そのようなアリストテレス『政治学』の記述をAristoteles, *Ath.* 29.3の中のクレイトポン動議についての「その訳は，クレイステネスの国制が民衆寄り（dêmotikos）ではなくソロンのものに非常に近いからである」

384

第7章　パトリオス＝ポリテイアとテラメネス派の政治思想

という記述と比較して検討してみよう。すると，この『政治学』の記述を参考にして，もしこの箇所の「民衆寄りの」(dêmotikos) という言葉を「民衆のプセーピスマタ（民会決議による諸条令）による民衆のための政治を行なって民衆の利益となる」と考えることができるならば，「ソロンのもの〔国制〕に非常に近い」と言われている「クレイステネスの国制」は，民衆のプセーピスマタ（民会決議による諸条令）による民主政ではなくノモイ（諸法）に従った民主政を指すものであったと考えられる。従って，このように考えるならば，前述のAristoteles, *Ath.* 28.5とディオドロスによって描かれたテラメネスの人物像，すなわち秩序正しく諸法を守った人物としての評価が，ここで意味を持ち注目されるのではなかろうか。それゆえに，このように考えるならば，Aristoteles, *Ath.* 29.3に登場する「ソロンの国制」は，かつてフックスが考えたような過去の「父祖の」国制ではなく，むしろ，ソロンのノモイ（諸法）に従って治められるべき，アリストテレスの時代のアテナイの民主政であり，当時の民衆が望めばデマゴゴスやプセーピスマタ（民会決議による諸条令）によらずノモイ（諸法）に従って治められるはずの民主政の制度であったと考えることができるであろう。従って，Aristoteles, *Ath.* の著者は*Ath.* 29.3の中で，テラメネス派に属するクレイトポンが，クレイステネスの法を調査し参照することによって「父祖伝来の諸法」に従った政治を求めようとしたと考えた，と推測することができよう。

ところで，このように考えるならば，「クレイステネスの諸法」というものはアリストテレスの時代のアテナイの民主政を規定した「ソロンの諸法」または「ソロンの国制」のようなものであると言える。けれども，その諸法が，クレイトポン動議が提案された状況を鑑みて，実際に具体的にどんな法であったのかは不明である。だが，ここで筆者は，Aristoteles, *Ath.* の記述の順序に着目すると，前述のウェード＝ジェリー説のように，クレイトポン動議が提案されたことの影響または結果がその直後の記述の中に出ているはずであると考えたい。また，さらに筆者の解釈に基づく推測を進めると，その「クレイステネスの諸法」は，アテナイの民主政の制

385

度を規定した諸法を守る法であると推測することが可能である。従って，その「クレイステネスの諸法」に言及したクレイトポン動議に関する記述の直後に登場する，次のような記述が注目されるべきである。

　　選ばれた人々〔シュングラペイスのこと，引用者註〕は最初に，当番評議員たちが国家救済について提言されたことどもすべてを必ず表決に付すべしと提案し，それから違法提案告発（graphai paranomôn）と弾劾（eisangeliai）と召喚を破棄した。アテナイ人たちがもし欲すれば，問題となっていることについて勧告するためにである。もし誰かがそれらのことを理由に罰金を科すかまたは召喚するかまたは法廷に連れ出すならば，その者の訴追と将軍たちの前への連行があり，その将軍たちは十一人に引き渡して死刑に処すことになった。
　　Aristoteles, *Ath.* 29.4

ここではクレイトポン動議の後で民主政の制度を守る働きをする違法提案告発（グラペー＝パラノモーン）や弾劾（エイサンゲリア）の制度が破棄されることが提案されている。先の考察から考えると，クレイトポンは父祖伝来の民主政の制度を守ろうと努めたが，実際は，その意に反して民主政の制度を守る制度が破棄されることにつながる措置がシュングラペイス（国制起草委員たち）によって提案されたということになろう。また，この違法提案告発と弾劾の制度の破棄を前述の考察に基づくクレイトポン動議の解釈と深い関係があると想定するならば，これらの制度はかつてクレイステネスの諸法によって設けられたと推測することが可能である。違法提案告発の制度がいつ頃誰によって設けられたかは，今のところ全く不明である。また，弾劾の制度についてはAristoteles, *Ath.* 8.4がソロンの立法によると述べているが，当該箇所に「それ〔アレオパゴス評議会のこと，引用者註〕は，民主政（dêmos）の転覆のために共謀した者たちを裁いた」という記述があり，その中の「民主政の転覆」という表現がソロンの時代にはふさわしくないために彼の立法ではなく後の時代のクレイステネスの時

代の立法である可能性がある[41]。さらに,この点に関しては,橋場[42]の研究によれば,エイサンゲリアの制度をソロンが実際に創設したかどうかについては研究者の間で議論があり,彼はその制度がクレイステネスによって創設されたものであると推定している。

従って,前述のようにクレイトポン動議の中のクレイステネスの諸法 (Aristoteles, *Ath.* 29.3) と,違法提案告発および弾劾の制度の破棄 (Aristoteles, *Ath.* 29.4) を関連づけて,それらの制度がクレイステネスの諸法によって設けられたと推測することは,あながち無理な推測とは言えないのではなかろうか。

小　結

前403年にテイサメノスの条令とそれに従って追加された諸法によって父祖伝来の「ソロンの諸法」の内容が確定し,さらに「条令 (psêphisma) に対する法 (nomos) の優位」が確定したし,他にも諸法を守る制度が整備された。それによって前4世紀のアテナイ人たちやアリストテレスや Aristoteles, *Ath.* の著者は,民主政という国制は本来,諸法によって治められるべきであるという認識を強く抱くようになったはずである。

アリストテレスの時代のアテナイの民主政は,本来は,前403年に確定された「ソロンの諸法」によって治められるべき国制であったので,かかる民主政に対する認識の仕方が彼の『政治学』の記述の中に反映された可能性がある。また,そのような前4世紀に特有の「ソロンの諸法」に対する認識から,Aristoteles, *Ath.* 41.2は,アテナイ民主政がソロンの改革から「起源を発する」とみなすようになった。従って,ソロンの後に歴史学上実際にアテナイ民主政を設立したクレイステネスについて Aristoteles, *Ath.* 41.2は,彼の政治上の変更を「ソロンのものより民主的」(dêmotikôteros tês Solônos) と述べた。

それゆえに,同じくアリストテレスの著作と伝えられる Aristoteles, *Ath.* の中に登場する,テラメネス派の「パトリオス゠ポリテイア」とは,民主

政を本来支配すべきソロンやクレイステネスの父祖伝来の諸法を尊重すべきであるという考えであって，決してフックス説の「ソロンやクレイステネスの時代に戻れ」というような過去の時代への回帰という強い意識または寡頭派的な考えではなかったと考えられる。

　従って，当時の出来事の経過として推定できるかまたはAristoteles, *Ath.* の著者がその出来事について理解していたと推定できることは，そのテラメネス派の一員であったクレイトポンが前411年に行なった提案(Aristoteles, *Ath.* 29.3)の意図が，違法提案告発や弾劾の制度を設けたと推測される「クレイステネスの諸法」を参考にするよう勧告して，極端寡頭派たちが決して過度に当時の国制を変更することを提案できないように図り，そしてかかる形でクレイトポンらのテラメネス派が，この時期に父祖伝来の諸法を尊重することを主張したというものであった，ということである。だが，実際は，クレイトポンらの意図に反してシュングラペイス(国制起草委員たち)は，その違法提案告発や弾劾の制度を破棄したので(Aristoteles, *Ath.* 29.4)，結果としてはペイサンドロスらの極端寡頭派にとって都合のよい国制変革につながる道を用意してしまったのである。

　また，前411年の四百人寡頭派による政変の直前に違法提案告発と弾劾の制度を破棄したシュングラペイスの成員たちの中にハグノンがいたことがLysias, 12.65から知られているし，さらにそのハグノンはテラメネスの父親であった[43]。従って，クレイトポン動議に関連する出来事を整理すると，前411年にテラメネス派のクレイトポンが，違法提案告発や弾劾の制度を設けたと推測される「クレイステネスの諸法」を参考にするよう勧告する動議を提出することによって当時の極端寡頭派たちが決して過度に国制の現状を変更することを提案できないように図ったにもかかわらず，テラメネスの父ハグノンを一員とするシュングラペイスが違法提案告発と弾劾の制度を破棄する提案を行なったので，四百人の寡頭派政変が生起したと言えよう。

註

1）村川訳『アテナイ人の国制』58頁。
2）Kenyon, *A.C.A.*, p. 81は，根拠を挙げずに，クレイトポン動議は否決されたらしいと述べている。
3）Wade-Gery, *op. cit.*, p. 20 & n. 6は，この箇所をクレイトポンの動議提出の動機を語る部分であると考え，この箇所には著者アリストテレス自身の判断はほとんど無く，アンティポンの弁論から抜粋されたのではないかと考えている。
4）当該の箇所を追加の説明文であると考えるのは，Walters, *op. cit.*, p. 136; 向山「クレイステネスの法」227-228頁。
5）Jacoby, *Atthis*, p. 384 n. 30.
6）このことを指摘するのは，J.A.R. Munro, "The Ancestral Laws of Cleisthenes," *C.Q.* 33 (1939), p. 84; Walters, *op. cit.*, p. 136.
7）この矛盾についてFuks, *op. cit.*, p. 3-7は，この説明文が著者アリストテレス自身によるテラメネス派の思想についての言及であると考え，その思想を考慮すればその矛盾が解消されると述べる。詳しくは，本論を参照せよ。
8）Wade-Gery, *op. cit.*, p. 21. Cf. 向山「クレイステネスの法」234-236, 243頁。
9）Aristoteles, *Ath.* 34.3の中の "patrios politeia" という言葉について，Kenyon, *A.C.A.*, p. xliiとKenyon, *A.C.A.* 3rd ed., p. xlivは，"the ancient constitution" と英訳している。また，彼は，Aristoteles, *Ath.* 34.3についての注釈の中で（Kenyon, *A.C.A.*, p. 92）この言葉について，「これは余りにも曖昧な用語であり，一般にソロンの国制を指していた。だが，その国制の長所はそれが実施されることに依っていたので，穏健民主派たち，極端寡頭派たち，穏健貴族派たちは同様に，それが自分たちの考えに従ってモデルとなるであろうと期待することができた」と解説している。同じく "the ancient constitution" と英訳しているのは，Warrington, *op. cit.*, p. 277である。Fritz & Kapp, *op. cit.*, p. 106; Moore, *op. cit.*, p. 177は，"the ancestral constitution" と英訳している。
10）Cf. Munro, *op. cit.*, p. 84 & n. 3.
11）Wilamowitz, *A.A.* 2, p. 228-230.
12）Wilamowitz, *A.A.* 2, p. 113-114.
13）Jacoby, *Atthis*, p. 206.
14）*Ibid.*, p. 384, n. 30.
15）Jacoby, *F.G.H.* 3.b (Supplement) Vol. 2, p. 91 n. 86は，Aristoteles, *Ath.* 29.3の中のクレイステネスとソロンの国制との関係に言及した記述がアンドロティオンの『アッティカ誌』に拠る評言であると述べている。柘植一雄「アンドロティオンのAtthisについて」『西洋古典学研究』7号，1959年，98頁も，このヤコビーの説に従っている。
16）Fritz & Kapp, *op. cit.*, p. 18-19.
17）Whibley, *op. cit.*, p. 193-194. これに当たると思われるのは，de Ste. Croix, *Historia* 5 (1956), p. 10.
18）Fuks, *op. cit.*, p. 107.
19）我が国でも村川堅太郎が，前掲の翻訳書の注釈の中でこのフックスの論を紹介し

ている（村川訳『アテナイ人の国制』203-204頁　註8）。
20) Ruschenbusch, *Historia* 8 (1959), p. 398-424.
21) Cecchin, *op. cit.*
22) Finley, *Ancestral Constitution*, p. 10.
23) Harding, *Phoenix* 28 (1974), p. 101-111.
24) Walters, *op. cit.*, p. 129-144.
25) Harding, *A.J.A.H.* 3 (1978), p. 179-183. また，Harris, *op. cit.*, p. 255-256は，クレイトポン動議の背景として彼がかつてのソロンの国制が貴族政的であると考えたことと五千人の国制を起草する百人の委員がクレイステネスの国制がdêmotikênであり過ぎると考えて五百人評議会を廃してかつての四百人評議会と4部族の制度に戻すことを決めたと論じるが，彼の論はpatriosの言葉の意味を従前の研究者たちと同じように解釈しており問題がある。
26) Walters, *op. cit.*, p. 134.
27) Cf. Walters, *op. cit.*, p. 133-134. 確かに，フックス（Fuks, *op. cit.*, p. 33 & 48)も，このサモス駐留のアテナイ軍の「パトリオイ＝ノモイ」が民主政の諸法を指すことを認めているが，彼は，そのように考えるのが民主派の考えで，その他に当時穏健派と呼ばれる一派があり，その一派はかつてのクレイステネスとソロンの国制に戻ることを求めたのだと説明した。
28) Walters, *op. cit.*, p. 134-135.
29) 前430-400年頃に活躍したといわれるカルケドン人トラシュマコスの作品『国制について』(peri politeias)（Diels & Kranz, *op. cit.*, p. 321-324, 85 Thrasymachos B. Fragmente）の中でpatrios politeiaに戻ることが主張されている。彼は，プラトンの『国家』の中に登場し（Plato, *Respublica* 336b-354c），その席にクレイトポンが同席している（Plato, *Respublica* 340a-b）ので，彼の主張がクレイトポン動議に影響を与えたかどうかが興味深い問題である。だが，その『国制について』の中の「パトリオス＝ポリテイア」については，明確に誰かのまたはどれかの時代の国制をモデルとしてそれに戻れと言っているわけではなく，単に多くの人が共有する漠然とした「パトリオス＝ポリテイア」に戻れと言っているにすぎない。
30) テラメネスは，せいぜい，行き過ぎた民主政や行き過ぎた寡頭政に敵対し，自分は「馬か盾によって貢献することができる者たちと共に政治を指導することが私はかつて良いことと思いましたし，今もその思いは変わりません」（Xenophon, *HG* 2.3.48）と述べるだけである。
31) これについて最近，論じているのは，M.H. Hansen, *G.R.B.S.* 19 (1978), p. 315-330; do., *Athenian Democracy,* p. 161-177; Sealey, *Classical Journal* 77-4 (1982), p. 289-302; do., *A.R.*, p. 32-52; do., *Justice*, p. 43-50; Ostwald, *op. cit.*, p. 509-524. これに関連して，前4世紀のノモテシア（nomothesia）の制度については，Harrison, *J.H.S.* 75 (1955), p. 26-35が，その制度が前403年かまたはその直後に制度化されたと主張して以来，学界で注目を浴びてきた。Cf. M.H. Hansen, *G.R.B.S.* 19 (1978), p. 315-330; do., *Classica et Mediaevalia* 32 (1980), p. 87-104; MacDowell, *J.H.S.* 95 (1975), p. 62-74; Ostwald, *op. cit., passim*; Rhodes, *C.Q.* 35 (1985), p. 55-60; Sealey, *C.J.* 77-4 (1982), p. 289-302; do., *A.R.*, p. 32-52.

32) エピケイロトニア=ノモーン（諸法の確認採決）の法については，その中に登場するノモテタイの役割が前403年制定のテイサメノスの条令に登場する同名のものの役割と似ているからである。また，矛盾する法を改正する手続きについては，演説者によってそれを定めた法が「ソロンの法」（Solônos nomos）とみなされている（Demosthenes, 20.90）が，この証言が歴史的事実に沿うものではなく誤りであることが，Atkinson, op. cit., p. 142によって指摘されている。そこで，この諸法の改正の手続きは，これまたノモテタイに職務を行なうよう定めているので，前述の諸法の確認採決の法と同じく，前403年頃に定められたものと考えられている（MacDowell, op. cit., p. 65-66）。
33) Lamb, op. cit., p. 29は，演説文の年代について，前392年のコリントスでの敗戦直後またはそれ以後の事件直後であろうと考える。
34) 例えば，Lord, op. cit., p. 253 n. 98によれば，「この箇所で述べられている見解を提示した人たちを特定することは確信が持てない」。
35) 合阪『ポリスの国家理念』215頁によれば，これらの人々は「プラトーンのアカデーメイアの人々であろうといわれている」。
36) Thomas, "Lawgiver" (1994), p. 119-133. なお，前4世紀の弁論家たちの演説文の中でソロンの諸法に言及したものや彼の権威に訴える実例については，この彼女の論文を参照せよ。さらに，M.H. Hansen, "Solonian Democracy" (1990), p. 73 n. 15は，前4世紀のアテナイの弁論家たちがドラコンやソロンの時代の偉大な立法家たちの時代を称賛する事例として，デモステネス（24.142, 25.97, 13.12），アイスキネス（1.6 ff; 3.2ff），リュクルゴス（1.64 ff）を挙げている。
37) 本章第1節の第3項「前5世紀と前4世紀の間の『ソロンの諸法』に対する認識の違い」を参照せよ。
38) 前註に同じ。
39) Kenyon, A.A.C., p. 56は"democratical"と英訳している。Sandys, op. cit., p. 125 note hôs ou - Solônos; Fritz & Kapp, op. cit., p. 100; Warrington, op. cit., p. 272; Moore, op. cit., p. 173は"democratic"と英訳している。Mathieu & Haussoullier, op. cit., p. 32は"démocratique"と仏訳している。
40) この"dêmotikos"という言葉について，「民主的」であるが諸法を尊重するものの例として，その言葉自体ではなくその副詞の形ではあるけれども，次のようなものがある。
諸法の確認採決の法を読み上げさせた後でDemosthenes, 24.24が，その法にそれまで誰も異議を唱えなかったと指摘したうえで次のように述べている。

> と申しますのも，それらの法は，過酷なことも力ずくのことも寡頭政的なこと（oligarchikon）も命令するのではなく，それらとは反対のすべてのことを行なうように人間味あふれ民衆を思って命じる（tounantion panta philanthrôpôs kai dêmotikôs phrazousi prattein）からです。

諸法の確認採決の法は，前述のように，デモステネスの時代のアテナイ民主政の制度を定めた諸法を毎年民会で確認することを定めたものである。上記の演説文

は，寡頭政の治世と対比させながらその法が"dêmotikôs phrazein"と表現している。この語句についてのJ.H. Vince trans., *Demosthenes* 3 (Loeb Classical Library) (London, 1935; rpt. 1978), p. 387の英訳は，おそらく寡頭政（oligarchia）と民主政（dêmokratia）の言葉に関連する語句が登場するのでそれらを単純に対比させたものと思われ，"in a democratic spirit"（民主政的な精神で）となっている。だが，この演説文の演説者の考えをここで推察してみると，それは，寡頭政というものが，おそらく前404－403年の三十人僭主の政治の経験を思い起こして，「過酷」で「力ずく」，すなわち諸法に従わないで暴力を用いた過酷な政治であるし，他方，彼の時代の民主政は諸法に従って政治を行なうので"philanthrôpos kai dêmotikos"である，というものであろう。従って，この箇所の"dêmotikôs"という副詞の言葉は，その前にそれと対比をなす可能性のある"oligarchikon"という言葉が存在するからといってヴィンスのように単純に「democratic（民主政的）に」と翻訳するべきではなく，「民衆の側に立って」または「民衆寄りに」または上記の訳のように「民衆を思って」と翻訳するのが適切と思われる。

41) Aristoteles, *Ath.* 8.4の中に次のような記述がある。

> またソロンが陰謀者に関する弾劾（eisangelia）法を定めた結果，この会〔アレオパゴスの会議，引用者註〕は民主政（dêmos）の転覆のために徒党を組んだ人々をも裁いた。（村川訳『アテナイ人の国制』26頁）

この記述の中の「民主政」に関して村川は，「ソロンの制度は厳密に言えば民主政ではなく有産者政（timokratia）」と註記している（村川訳『アテナイ人の国制』149頁 註8-10）。現代の歴史家は，民主政を立てたのはソロンではなくクレイステネスであると考えており，この点から言うと，前述のAristoteles, *Ath.*の記述は理解に苦しむところである。けれども，民主政転覆を阻止する弾劾（エイサンゲリア）の法が，実際にはソロンが制定したものではなく，後世の法によるものであったが，後に「ソロンの諸法」の中に組み入れられたのであり，それゆえAristoteles, *Ath.*の著者はその辺りの事情に気づかずに前述のように記述したと考えれば，この彼の記述はうまく説明できる。

42) 橋場『アテナイ公職者』134－139頁。
43) 第1部第1章の註1を参照せよ。

第3節　アリストテレス『アテナイ人の国制』におけるテラメネス評価

テラメネスが活躍した前5世紀後期のアテナイは，前6世紀末のクレイステネスの改革以来民主政の国制を採っていたが，ペロポネソス戦争の戦

第7章　パトリオス=ポリテイアとテラメネス派の政治思想

局が悪化したために前411年に4ヵ月間にわたって四百人による寡頭派の政変があったし，ペロポネソス戦争の敗北後の前404-403年にはいわゆる三十人僭主による独裁的な寡頭政が行なわれた。けれども，それ以後のアテナイ民主政は前321年まで揺らぐことなく継続したので，この時期はほぼ2世紀にわたるアテナイ民主政の期間の中にあって特異な安定した時期と言えよう。

　本論で取り扱うテラメネスは，その2度にわたる寡頭政に積極的に参加し，2度ともその最中に寡頭派の主流派から離反した。彼は前411年には四百人寡頭政の樹立の立役者であり (Th., 8.68.4; Aristoteles, *Ath.* 32.2)，その寡頭政の下で将軍職に就いていながら (Th., 8.92.9) その寡頭政を打倒し，その年の秋頃にいわゆる五千人政権を樹立して (Th., 8.92, 97; Aristoteles, *Ath.* 33)，寡頭派の中心人物であるアンティポンらを告発して処刑した (アンティポン告発についてはLysias, 12.67; Antiphon, *On the Revolution* 3)。けれども，前404年には三十人の寡頭派の中に選ばれながら途中からその政治を批判したので極端寡頭派のクリティアスによって告発されて処刑された (Xenophon, *HG* 2.3.1-2, 4.1; Aristoteles, *Ath.* 34.3, 36.1-37.2)。従って，その当時の文献史料を読んでみると，テラメネスについては当時のアテナイの人々の間では寡頭派なのか民主派なのか判断に困る人物に見えたようで，後述するように民衆寄りのリュシアスからも極端寡頭派のクリティアスからも激しい非難を浴びている。また，当時，活躍した喜劇作家のアリストパネスの『蛙』という作品の中の2ヵ所で (Aristophanes, *Ranae* 541, 967-970)「楽な方へと転じる利口な男」として名前が挙げられて茶化される始末である。

　ところが，時代が下って前4世紀の後期に活躍したアリストテレスの『アテナイ人の国制』(Aristoteles, *Ath.*) によると，このテラメネスが一転して「まさに優れた市民のなすべきこと」をなした模範的なアテナイの政治家として評価された (Aristoteles, *Ath.* 28.5)。テラメネスと同時代の人々による厳しい非難を伴った諸評価と前4世紀後期のアリストテレスによる高い評価の間のこの違いは，一体，どういうところから出てきたのであろ

うか。本節では，この問題にひとつの答えを提示する試みを行ないたい。

第１項　テラメネスに対する評価についての史料の検討

　この問題を検討する前に，初めに，いくつかあるテラメネスに対する評価の経緯を把握しておきたいと思う。
　最初に，テラメネスと同時代の人々の評価を見てみることにする。第１に，トゥキュディデス『歴史』は，前411年の冬まで記述されているので，前411年のテラメネスの評価だけになる。その第８巻68章４節では，民主政を打倒した４人の主要人物たちの４番目にテラメネスが挙げられ，「話をするにも判断するにも無能ではない男」であったと，そして「多くの賢い男たち」のひとりとして評価されている（Th., 8.68.4）。

> トゥキュディデスによるテラメネスの人物評価（前411年）
> そしてハグノンの子テラメネスも民主政を一緒に打倒する者たちの中で筆頭であり，話をするにも判断するにも無能ではない男であった。その結果，多くの賢い男たちによってなすべきことが誤りなく行なわれ，たとえ大きなものであったとはいえうまくいったのである。
> Th., 8.68.4

ただし，第８巻89章２節では，四百人の寡頭政の下でその政治に不満を抱く人たちがテラメネスとアリストクラテスをその指導者として迎えた時の記述の中で，寡頭政に不満を抱く人たちが結束して寡頭政を打倒することに熱心になった動機として，彼らが各自民衆の筆頭の指導者になる野心を抱いていたと記述されている（Th., 8.89.2-3）。

> トゥキュディデスによるテラメネスらの離反行動評価（前411年）
> そして彼ら〔現状に不満を抱く人たち〕はすでに結束しもし事態を激しく非難しもしたし，ハグノンの子テラメネスやスケリアスの子アリ

ストクラテスその他の人たちのような，まさに寡頭政の中にいて官職にある者たちから指導者たちを手に入れた。それらの人たちは，国政の筆頭者たちの中に参与していたが，彼らが述べたように，サモスにいる軍勢や特にアルキビアデスが，さらにラケダイモンへ使節として赴いた者たちが大多数の人たちの意に反して悪いことをポリスに行なうのではないかと真剣に恐れていたし，彼らは，余りに少数者の手になることから免れることを願うが，五千人を名前の上でなく実際に任命してより平等な国制を設立しなければならないとした。
それでこれらのことが彼らによって言葉の上でのポリスの姿になったが，個々人の側では彼らの中の多くの者たちが，まさに何よりもまず民主政から出てきた寡頭政が滅びることになることに熱心になった。というのもすべての人がすぐさま平等どころかむしろ各自が大いに筆頭者になることを欲するからである。他方，民主政からは，選挙が行なわれた時，同等でないことからある人が負けるに至るという結果の生じることどもがより容易に生じるのである。だが，最も明らかに彼らを鼓舞したことは，サモス内でのアルキビアデスの情勢が力強いので，寡頭政の情勢が変わらないでいるとは思われないことであった。それゆえに各々一人一人が自分が民衆の筆頭の指導者になるよう競走した。
Th., 8.89.2-3

次に，クセノポン『ギリシア史』の中で記述されているクリティアスのテラメネス告発の演説の文言を見てみることにする。極端寡頭派のクリティアスは，前404年の初夏にテラメネスとともに三十人のシュングラペイスに選ばれ，その年の冬にテラメネスを告発して死罪にした。その告発に関連するクリティアスの演説がクセノポンによって記述されている。

クリティアスのテラメネス評価（前404年）
ところで今，私たちは，このテラメネスが，できる限りの事柄によ

って私たちや皆さんをも破滅させようとしているのをみています。これが真実であることをもし皆さんが悟るならば，だれもこのテラメネス以上に目の前の事態を非難しないし，またある人を私たちがデマゴゴスたちから遠ざけたいと思う時はいつも反対しないことを皆さんはお分かりになるでしょう。それゆえ，もし彼が始めからこれらのことを意識していたならば，彼は敵だったわけですが，それにもかかわらず彼は，邪悪な者とさえ正しくみなされたわけではないのです。

しかし実際は，彼自身はラケダイモン人たちとの間の信用と友好によって指導しましたし，彼自身は民主政を打倒しましたし，とりわけ皆さんを駆り立てて最初に皆さんの前に引き出される人たちに刑罰を科せさせました。そして今や，皆さんと私たちが明らかに民主政を憎むようになりました時，もはや彼の場合には現行の事どもを良いとは思わないし，彼自身が再び安全な場に身を置くために，私たちはこれまで行なわれてきたことによって罰せられるというものです。

それゆえに，彼自身，敵として関係があるだけでなく，皆さんや私たちの裏切り者として罰せられるべきです。さらにまた，目に明らかなことより気づかれないことを用心することが困難であるのと同じくらいに裏切りは戦争より危険でありますし，誰かある人たちが敵たちと講和を結び，次には信用できる人たちになることと同じくらいに憎むべきでありますし，そしてまたもし裏切る者を捕らえるならば，その者とは今まで誰も講和を結ばないものでありますし，今後も信用しないものであります。

そこで，その男のすることが今までになかったことではなく，彼が生まれつき裏切り者であることを皆さんに知ってもらうために，私は皆さんにそいつによって行なわれたことどもを思い出させることにしましょう。と申しますのも，この男は，始めから民衆によって父親のハグノンのおかげで称えられ，最も向こう見ずな男になって民主政を四百人に変えたいと願って，さらにそれらの者たちの中で第一人者となりました。だが，彼は，その寡頭政に敵対するある勢力が結束して

第7章　パトリオス＝ポリテイアとテラメネス派の政治思想

いることに気づいた時，再びあの四百人に対抗して民衆の筆頭の指導者となりました。そういうところからきっと彼はまさに長靴 (kothornos) と呼ばれるのです。

なぜならば，一方で長靴は両方の足にぴったり合うと思われ，他方で彼は両方の側を注視するからです。だが，テラメネスよ，生きるに値する男は，一緒にいる者たちを面倒なことに導いて行くことに長け，もし何かが邪魔をすれば直ちに心変わりをするべきでなく，乗船時のように順風の中に身を置くまでは頑張り抜くべきであるものだ。もしそうでなければ，どうしていったい着くべきところに到着するでしょうか，もしも何かが邪魔をした途端に反対の方に航行するのならばですよ。

Xenophon, *HG* 2.3.27-31

彼のテラメネスに対する評価について要点を述べると，現状をよく非難する者，邪悪な者（Xenophon, *HG* 2.3.27），前404年の事件については親スパルタであり民主政の打倒者（Xenophon, *HG* 2.3.28），だが今回は寡頭派のクリティアスらに対する裏切り者（Xenophon, *HG* 2.3.29），前411年の事件についても裏切り者（Xenophon, *HG* 2.3.30）で「コトルノス」（kothornos）というあだ名がついている（Xenophon, *HG* 2.3.30-31）ので，クリティアスらに対して陰謀を企み裏切った件で法廷へ召還されるべきである（Xenophon, *HG* 2.3.33），というものである。

次に，前403年末頃の弁論家リュシアス第12番演説『エラトステネス告発』の中で語られているテラメネスに対する評価を見てみることにする。先に被告のエラトステネスが自分は三十人僭主の時代に穏健なテラメネスと一緒であったと語り彼の業績を称えることで自分の無実を主張しようとしたことに対して，リュシアスがテラメネスを非難することで応酬している。

リュシアスのテラメネス非難（前403年）

第3部　いわゆる「パトリオス=ポリテイア」問題とテラメネスの政治思想

　ところで，テラメネスについてもまたできるだけ手短に説明しましょう。皆さんには私自身とさらにポリスのために聞いて頂きたいのですが，私がエラトステネスとテラメネスの告発者になるとは誰にも思い浮かばないものです。と申しますのも，彼が，自分があの男にとって友人であったしその行動を共にしたと自分を弁護しようとしているのを聞き知っているからです。
　だがしかし，私が思いますに，彼自身は，もしテミストクレスと一緒に政治を行なうならば，城壁が建設されるために実行すると偽って称することになりますね，城壁が破壊されるためにテラメネスと一緒の時にもです。と申しますのも，私にはそれらが同等の価値になるとは思われないからです。と申しますのも，一方ではラケダイモン人たちの意に反して城壁を建設しましたが，他方でその男は市民たちをまんまと欺いて取り壊したのですから。
　それゆえに，当然であったこととは逆のことがポリスに巡って来ました。と申しますのも，テラメネスの友人たちをさらに殺してしまうのが相応であったからです，誰であれまたまあの男とは逆のことを実行したのでなければね。しかし実際は，私は，それらの弁明があの男に関係することになるのを，さらにこの男と一緒にいた者たちが，彼が多くの良いことの責任を負うに値するが大きな悪しきことの件ではないと評価しようと試みているのを見て分かるのです。
　その人物は，第1に，以前の寡頭政の責任を負うことになりましたね，皆さんをその四百人に通じる国制を選ぶよう説得したのですから。そして彼の父親はプロブーロスたちの一員であり，そういうことを実行したし，他方で当人はその国政に最も好意を抱いていると思われて彼らによって将軍に選ばれました。そして大切に思われていた間までは，彼は自身信頼できるものをポリスに示しました。だが，ペイサンドロスやカライスクロスや他の者たちが自分より先んじるようになったし，
　他方で皆さんの多数がもはやそれらの者たちに耳を傾けたいと思わな

くなった時，まさにその時にあの者たちに対する嫉妬とさらに皆さんによる恐怖のゆえに彼はアリストクラテスの仕事に加担したのです。皆さんの多数に自分が信頼できると思われたいと思い，彼自身にとって最も親しかったアンティポンとアルケプトレモスを告発して死罪にしました。悪行が及んだ程度はといいますと，同時に，あの者たちに対する信頼のために皆さんを奴隷にしたし，他方で皆さんに対する信頼のために友人たちを殺したほどであります。

大切に思われそして最も価値を認められ，彼自身はポリスを救済すると約束しておいてその本人が滅ぼし，重大で大いに価値のある国策を見つけたと言明するのです。人質を与えることもなく城壁を取り壊すこともなく舟を引き渡すこともなく講和を行なうことを提示したのです。だが，これらのことを彼は誰にも言う気はないが，他方で自分を信用するよう頼んだのです。

それで皆さんは，アテナイ人の皆さん，アレオパゴス評議会が救済を行なっており，他方で多くの人たちがテラメネスに異議を唱えている時に，一方で他の人々が敵たちのために秘密にしているのに，他方であの男が自分の市民たちには敵たちに対して語ろうとする事どもを語る気がなかったことを知っていたのですが，それにもかかわらず，皆さんは彼に皆さんの祖国や子供たちや妻や自分自身を託したのです。

彼は自分が提示したことのうち何もしなかったし，他方，ポリスを小さくて無力にする必要があることを非常に肝に銘じたので，かつて敵たちの誰も言わなかったしさらに市民たちの誰も期待しなかったことをするように皆さんを説得しましたし，ラケダイモン人たちによって強いられるのではなく彼自身があの者たちに進んで申し出ているのですよ，ペイライエウスの城壁を取り壊すことも既存の国制を打倒することもです。彼は，もし皆さんが希望のすべてを奪われることがないならば，皆さんが彼からの素早い復讐に気をつけるであろうことをよく知っているのです。

そして最後に，陪審員の皆さん，彼はむしろ，あの者たちによって指

399

図される時が入念に彼によって見守られるまで，民会を開会させなかったですし，また彼がリュサンドロスと一緒の軍船をサモスから呼び寄せ，その敵たちの軍隊が駐屯したのです。

それから状況がそうなり，そしてリュサンドロスとピロカレスとミルティアデスが居合わせた時に，彼らが国制について民会を開催しました。その結果，演説者は誰も彼らに反論しないし，また強く脅さないということになり，皆さんはポリスに有益であることを選択したのではなくあの者たちによいと思われることを決議したのです。

テラメネスが立ち上がって，皆さんには三十人の男たちにポリスを任せてドラコンティデスが提示した国制を使用するよう勧めました。しかし皆さんは一様に，そしてそういうことをするつもりがないような気分でしたので，騒ぎ立てましたね。と申しますのも，皆さんは，奴隷であることと自由であることについてその場でその日に民会で討論していることに気づいたからです。

それでテラメネスは，陪審員の皆さん，（これらに対して私は皆さん自身を証人として提示するつもりですが，）言いましたね，自分には皆さん方の騒ぎが全く気にならない，なぜならばアテナイ人たちの多くのうち彼と同じことを実行する人たちを知っているし，他方でリュサンドロスとラケダイモン人たちによいと思われることを語っているからだとね。あの男の後に続いてリュサンドロスが立ち上がって多くのことを語ったが中でも，皆さんが条約に違反していると見なすと，そしてもし皆さんがテラメネスの勧めることをしないつもりであるならば，皆さんにとっては国制についてでなく身の安全についてのことになろうと語りましたね。

それでその民会に良き男たちがいた限りの人たちのうち，その陰謀と無理強いに気づき，一方ではそこに留まる人たちは静かにしたし，他方では離れる人たちは立ち去ったが，少なくとも彼ら自身では，ポリスにとって悪いことを全く表決で決めなかったことに意を通じ合っていました。しかしある少数の邪悪な者たちや悪いことを企む者たちは，

命じられたことに賛成して挙手しました。

と申しますのも，彼らにはテラメネスが指名した10人と，任ぜられたばかりの監督官たちが勧める10人と，そこに居合わせている人たちからの10人を選出することが伝えられていたからです。というのもつまり，彼らが非常によく皆さん方の無力さを見て彼ら自身の力を確信したので，それ以前に彼らは民会で実行されようとすることどもを知っていたのです。

これらのことは，私にではなくあの男に信頼を置くべきです。と申しますのも，私によって語られることすべてを彼が評議会で弁明する時に言ったからです。彼は亡命者たちには，自分のおかげで帰国したのであってラケダイモン人たちが気にかけたせいでは全くないと譴責し，他方で国制に参与している人たちには，私によって語られているように行なわれたすべてのことで彼本人が責めを負うべきであったけれども，彼は多くの身の証を彼らには行為によって示してきたし，そしてその人たちから誓いの言葉を得ていたというような境遇であると譴責しましたね。

そしてこれほどの数やその他の悪しきことや恥じるべきことでずっと以前のものや最近のもの，小さいものや大きいもののことで彼は責めを負うべきであったけれども，彼らはあえて同じ友であると宣言するつもりです。皆さんのゆえにではなく自分の邪悪さゆえにテラメネスは死にましたし，また正当に寡頭政の中で償いをしたのです（と申しますのもすでに彼がその寡頭政を滅ぼしましたので）が，民主政の中であっても正当にそうしたことでしょう。と申しますのも，彼は2度皆さんを奴隷にしたのですから，その場にあるものを軽んじ，他方でその場にないものを追い求めるせいで，さらに最も美しい名前を使用しておいて最も恐ろしい行為の教え手になってですよ。

Lysias, 12.62-78

彼のテラメネスに対する非難について要点を述べると，彼が父親と同様に

第3部　いわゆる「パトリオス=ポリテイア」問題とテラメネスの政治思想

前411年の四百人の寡頭政の責任を負うべきで将軍にもなった者であること（Lysias, 12.65），四百人政権の途中で嫉妬から離反し，そして民衆の信頼を得るために自分の最も親しかったアンティポンを告発して死罪にした者であること，一方では寡頭派たちのために民衆を奴隷にし他方では民衆のために友人たちを殺す悪行をした者であること（Lysias, 12.66-67），民衆には何も知らさないままに民衆に不利な講和条件を提示した者であること（Lysias, 12.68-70），スパルタの将軍リュサンドロスを民会に同席させ企みどおりに民主政の廃止を決議させた者であること（Lysias, 12.71-76），テラメネスが三十人の寡頭政の下で処刑され正当な報いを受けたがその理由は民衆を2度奴隷にしたからであること（Lysias, 12.78），というものである。

　以上のように，テラメネスは，寡頭派からも民衆寄りの人物からも厳しく非難する言葉を受けた人物である。けれども，確かにLysias, 12.64からエラトステネスの周囲の人たちの間からはテラメネスを弁護することが語られたことがうかがえるが，これについては具体的に証言してくれる史料がないのでここでは検討をしない。また，Michigan-Papyrus 5982[1]）がテラメネスの名前を挙げているが，その断片の内容があまりに貧弱であることと，テラメネスがスパルタに和平交渉の使節として派遣された前後の経過について言及しただけであるので，これについてはこれ以上は触れない。

　ところで，時代が下って前320年代の伝アリストテレス『アテナイ人の国制』になると，テラメネスに対する評価が一変する。その28章5節の中でアリストテレスは次のように述べている。

　　その昔の人々の後に続いてアテナイで政治を行なった人々の中で最も良い人々はニキアスとトゥキュディデスとテラメネスであったと思われる。そして一方でニキアスとトュキュディデスについてほぼすべての人が，立派で高貴な男たちであるだけでなく政治家たちでしかもポリス全体に父親のように携わる人々であったことに同意するが，他方，テラメネスについては彼の時にたまたま国政が混乱したことのゆえに

判断に論争がある。だがしかし，大まかではなしに意見を述べる人々には，人々が彼を中傷するようにすべての国制を打倒しているのではなく，すべてをそれらが法に違反しない限り増進していると見える。すべて〔の国制〕に従って市民として暮らすこと，これはまさに優れた市民のなすべきこと，ができ，法に違反するものには黙認するのではなく反感を抱くからである。

Aristoteles, Ath. 28.5

そしてその著書は，次の29章以降でテラメネスが関係した前411年の政変と前404-403年の諸事件について話を進める形でアテナイの内政の動向を語る。そしてその中の32章2節でテラメネスはペイサンドロスとアンティポンと共に「良家に生まれたし，知力と判断で傑出していると評判である男たち」と評価されている（Aristoteles, Ath. 32.2）。そして33章2節の中では彼は次のように述べられている。

その〔四百人支配のこと，引用者註〕打倒で最も責任を負うべきであるのは，アリストクラテスとテラメネスであり，四百人によって行なわれたことに同意しなかった。なぜならば，彼ら〔四百人のこと，引用者註〕は何であれ自分たちで実行したのであり，五千人には全く投げ返さなかったからである。この時期には立派に治められたと思われる。戦争が行なわれもし，重装歩兵たちの手に国事がありもしたからである。

Aristoteles, Ath. 33.2

この箇所でテラメネスが四百人政権の打倒後に樹立したいわゆる五千人政治について「この時期には立派に治められたと思われる。戦争が行なわれもし，重装歩兵たちの手に国事がありもしたからである」と評価されている（Aristoteles, Ath. 33.2）。

最後に，前1世紀に活躍したディオドロスは，彼のいわゆる『世界史』

403

の中で次のように述べている。

> ディオドロスのテラメネス評価
> その年が終わった後、テオポンポスがアテナイでアルコンであったし、他方、ローマ人たちは、コンスルの地位に4人の軍指揮官ティベリウス=ポストゥミウス、ガイウス=コルネリウス、ガイウス=ウァレリウスそしてカエソ=ファビウスを選んだ。この時、アテナイの人々は、四百人からなる寡頭政を廃して市民たちからなる国制の制度を打ち立てた。
> これらのことすべての提案者はテラメネスで、その男は生き方が規律正しく他のものの中でも判断力に富んでいるという評判だった。というのもその人物だけが、追放中のアルキビアデスを召還するよう勧告したからであり、そのアルキビアデスによってアテナイが国力を回復したし、またその人物〔テラメネスのこと、引用者註〕は祖国のためになるその他の多くの事柄の提案者であったので、少なからずの賛成を獲得した人であった。
> D.S., 13.38.1-2

この箇所でディオドロスは、テラメネスについて「その男は生き方が規律正しく他のものの中でも判断力に富んでいるという評判だった」と評価しており (D.S., 13.38.1-2)、前述のAristoteles, *Ath.* 28.5の内容と同じような趣旨を述べている。

ところで、確かに、同時代の人々は、実際の体験を通してテラメネスを真に迫って非難することができるのに対して、アリストテレスは、テラメネスが死亡してから約80年後に彼を評価し直したわけであるから彼の悪行をよく把握できないという点を考慮する必要がある。けれども、その点を斟酌しても、アリストテレスのテラメネスに対する評価は並外れて高いものと言えるであろう。現在まで伝えられている、テラメネスと同時代の人々の彼に対する低い評価とこのアリストテレスの彼に対する高い評価の

間の違いは,一体,どこからきているのであろうか。

第2項　研究者たちの諸説の整理

さて,テラメネスに対する同時代人たちの評価と後世のアリストテレスやディオドロスの評価の間のかかる違いについての問題に関連して,これまでの研究者たちが述べてきた諸説を見てみよう。これについては次の3つの点が特徴として出てくる。

第1の特徴であるが,アリストテレスがAristoteles, *Ath.* 33.2の中でテラメネスの五千人政治を高く評価した点については,Th., 8.97.2の中でトゥキュディデスがその政治を自分の生涯の中で最も良いと高く評価したこととともに,これまで多くの研究者たちが注目してきた[2]。この箇所のトゥキュディデスの記述は次の通りである。

トゥキュディデスの五千人政権の評価
　ところで,そういう知らせを受けた後,アテナイ人は,それにもかかわらず20隻の軍船に乗員を配備し,そしていくつかの民会をまとめて召集した。そのひとつをその直後にその時初めてプニュクスで召集したが,その地には他の時にはそうするのが常であった。ちょうどその場で彼らは,四百人を廃して五千人に国事を委ねることを決議した。彼らと同じくらいの人数が武具を自弁しもするのである。そして一人もひとつの役職からも給料を受け取らないこととし,もしそうでないならば,呪われた者と見なした。
さらに後でその他の度重なる民会が開催されたし,それらに基づいて彼らは,ノモテタイと国制についての他の事どもを決議した。そしてまさに何にもまして,少なくとも私の生涯で最初にアテナイ人たちは良く政治を行なったと思われる。というのも,少数者と多数者のうえで適度な混ざり合いが生じたし,またそれが,陥っていたひどい状況からポリスを最初に連れ戻してくれたからである。

第3部　いわゆる「パトリオス=ポリテイア」問題とテラメネスの政治思想

Th., 8.97.1-2

　研究者たちは，上記のトゥキュディデスの記述とAristoteles, *Ath.* 33.2の中の記述を検討する際，テラメネスが四百人政権の打倒後，重装歩兵階層を中心とした政治を樹立した点にアリストテレスが共感したと解釈してきた[3]。この解釈に論拠を与えるのは，アリストテレスが『政治学』の中で「武器を御する人たちが，国制を持ちこたえさせることかあるいは持ちこたえさせないことを御する人たちである」（Aristoteles, *Politica* 1329a 11-12）と[4]，そして彼の理想の国制であるポリテイアについて「それゆえにそれと同じ国制に適合するところでは（ポリスのために）戦うところが最も有力なところであるし，そしてそれ〔その国制のこと，引用者註〕に武具を所有する人たちが参与する」（Aristoteles, *Politica* 1279b 2-4）と[5]述べているからである[6]。

　次に，第2の特徴であるが，このように，これまでの研究者たちは，Aristoteles, *Ath.* 33.2の記述に注目してきたのに対して，Aristoteles, *Ath.* 28.5の中でテラメネスが法に反することを嫌悪したと評価する点については，例えば，ローズ[7]が，その著書の注釈書の中で，テラメネスが四百人や三十人僭主の違法性とアイゴスポタモイの海戦後の民主政の違法性に反対したのは理解できるが前411年に打倒された民主政の違法性は理解しがたいと述べて，この箇所のアリストテレスのテラメネスに対する評価の取扱いに困惑している。そういうわけで，同じAristoteles, *Ath.* の中のテラメネスに対する評価であっても，片方は注目され，片方はその真意が理解されずに無視されてきたわけである。はたしてかかるテラメネス評価の理解の仕方のままでよいのであろうか，と筆者は疑問に思うところである。

　次に，第3の特徴であるが，ヤコビーが，Aristoteles, *Ath.* 29.3の中のクレイトポン動議に関連して，アリストテレスのこの記述が，執筆の際の資料としてアンドロティオンの著作を参考にしたと提唱した。そしてそのクレイトポン動議の意図に関連してヤコビーは，彼がクレイステネスの時代に戻ることを意図して動議を出したと述べた。アンドロティオンは，父親

のアンドロンがテラメネスと同じく前411年には四百人の一員であるし（Harpocration, s.v. Andrôn）四百人政権の打倒後にはテラメネス側に立って寡頭派のアンティポンらを告発する動議を提案したし（〔Plutarchus〕, *Moralia* 833E）[8]，また彼自身は，前4世紀に民主派のデモステネスによって告発された（Demosthenes, 22 *Against Androtion*）ので，穏健寡頭派とみなされている。かかる結びつきに着目してフックス[9]は，クレイトポンという人物がテラメネス派の一員であることを考慮して，穏健寡頭派のアンドロティオンの著作を資料として参考にしたアリストテレスが，クレイトポンの動議に注目して，当時のテラメネスらの穏健派がかつてのクレイステネスやソロンの国制に戻ることを政治のスローガンにしたと提唱し，いわゆる「パトリオス=ポリテイア」論を唱えた。その後，ルシェンブシュ[10]が，このフックスの前5世紀の党派間の政治スローガンの対立の構図を継承して，この時期から前4世紀に進むにつれて，民主派も寡頭派も，自分たちの理想の国制をクレイステネスからソロンへ，ソロンからドラコンへと先祖を遡って追い求めてその権威ないしはリーダーとして担ぐことを競い合ったと主張した。このように彼らは，民主派と寡頭派の間で前5世紀後期には実際の行動の面で，そして前4世紀には言論・思想の面で政争があったという図式を打ち出したのである。

以下では，これらの研究者たちの諸説の特徴に着目しながら，特にフックスのパトリオス=ポリテイア論に反論して新しいパトリオス=ポリテイアの理解を提示して論を進めていきたいと思う。

第3項　フックスの「パトリオス=ポリテイア」論への反論

さて，Aristoteles, *Ath*. 29.3の中の前411年のクレイトポン動議は，前6世紀の末にアテナイの民主政の制度を打ち立てたといわれているクレイステネスの定めた"patrioi nomoi"，村川堅太郎の訳によると「古い法律」[11]を参照せよという提案である。

また，同じくAristoteles, *Ath*. 35.3の中ではそのクレイトポンが，前404

第3部　いわゆる「パトリオス=ポリテイア」問題とテラメネスの政治思想

年の時期にテラメネスの一派に属していたことが語られている。

　これら2つのアリストテレスの記述を基にして，1953年にフックス[12]が，前411年のクレイトポンの動議はその頃に発展した穏健派の思想の表れであり，クレイステネス以後のアテナイの民主政の発展を拒絶し，クレイステネスの諸法とソロンの仕事を考慮するよう求めたものであるので，テラメネス派は自分たちの国制についての綱領のためにソロンとクレイステネスの権威を借りようとしたのであり，それは「父祖の国制への復帰」（return to the ancestral polity）をスローガンとした，と提唱した。

　そしてヒグネット[13]やウォルターズ[14]を含めて，これまでの研究者たちの諸説は総じて，前5－4世紀のアテナイで民主派と寡頭派その他の間で党派争いがあり，論戦を行なっていたことを持論の基礎に置いている。

　ところが，フックスの「パトリオス=ポリテイア」論には次の3つの点で問題がある。これらについては本章第1節第1項において詳述したので，下記ではその要約を述べる。

　第1に，LSJによると，"patrios" というギリシア語の意味には，(1) "of or belonging to one's father" と(2) "derived from one's fathers, hereditary"（父祖に由来する，代々伝わる）があり，(2)の使用例として前述のクレイトポン動議の記述（Aristoteles, Ath. 29.3）を挙げている。従って，ここでは(2)の意味にとって，この場合のクレイトポンやテラメネスは「過去の父祖の時代の制度」を求めるというよりはむしろ「父祖から代々伝わった国制または制度」を尊重しようとしたというように考えるのが適切ではなかろうか。

　第2に，Th., 8.76.6の中に記されているように，クレイトポン動議が提案されたのと同じ年に，サモスに駐留していたアテナイ軍が，本国の寡頭派政権下のアテナイ人たちが「patrioi nomoiを廃止する間違いを犯した」と考えたが，この箇所の「パトリオイ=ノモイ」は明らかにアテナイ民主政の諸法を意味する[15]。確かに，フックス[16]も，このことを認めているが，彼は，そのように考えるのが民主派の考えで，他方の穏健なテラメネス派はかつての父祖の国制に戻ることを求めたのだと説明した。

けれども，ここに，第3の問題点がある。前述のサモス駐留のアテナイ軍の「パトリオイ=ノモイ」についての記述は，当時のアテナイ人と同時代に生きたトゥキュディデスによる証言であるので，それより約90年後に記されたAristoteles, *Ath.* よりもずっとその当時の状況を正確に描写していると言えるのではなかろうか。

この点に関してさらに述べると，この前5世紀末の頃に，テラメネスというある一派を率いた人物が，「パトリオイ=ノモイ」または「パトリオス=ポリテイア」のいずれかのスローガンの下に，かつてのクレイステネスとソロンの時代に戻ることを表明したことについては，彼と同時代の人であるトゥキュディデスも，クセノポンも，リュシアスも，全く証言していないのである[17]。特に，クセノポン『ギリシア史』の中では，前404/3年の三十人僭主の時代にテラメネスが同じ三十人の仲間のクリティアスに告発され，弁論し合う様子が詳しく記されている（Xenophon, *HG* 2.3.24-54）が，ここでテラメネスは，クレイステネスとソロンの過去の時代に戻ることを求めているという話を演説の中で全く述べておらず，せいぜい，行き過ぎた民主政や行き過ぎた寡頭政に敵対し，自分は「馬か盾によって貢献することができる者たちと共に政治を指導することが〔中略〕良い」（Xenophon, *HG* 2.3.48）と述べるだけである。

ここにもう一度フックスの「パトリオス=ポリテイア」論を検討し直し，当時のアテナイ人たちにとって「パトリオス=ポリテイア」や「パトリオイ=ノモイ」が何を意味していたのかを検討する必要がある。以下でこれらの言葉を検討してみる。

第4項　前403年頃の法制改革と「ソロンの諸法」

さて，その際に，筆者が注目したいことは，前403年に民主政が復興された時に，テイサメノスの条令その他によってアテナイで一連の法制改革が行なわれたことである。この件については本章第1節の第2項において詳述したので，下記ではその要約を述べる。

第3部　いわゆる「パトリオス＝ポリテイア」問題とテラメネスの政治思想

初めに，前403年にアテナイ市民同士による内戦の末，民主政が復興した直後，アテナイが「ソロンの法とドラコンの掟」に従って治められることが決議された（Andocides, 1.81）。その時に，先の三十人僭主の暴政の関係でこれらの法に違反する人々をどのように取り扱うかが問題となり，そこでテイサメノスの条令が提案された（Andocides, 1.83-84）。その条令によって，「アテナイは父祖伝来の事に従って治められ，ソロンの法，その度量衡，そしてドラコンの掟が，すなわち以前の時代に用いられたものが用いられる」べきことと（Andocides, 1.83），追加の法が提案された場合には五百人評議会とノモテタイの立法委員会が審査することが決議された。この条令の中で述べられている「ソロンの法とドラコンの掟」は，明らかにアテナイ民主政の諸法のことを指している。従って，この条令によって前403年に「ソロンの法とドラコンの掟」がアテナイ民主政の制度を定めた法として確認されたことになるわけである。

次に筆者が注目したいことは，前353年頃のDemosthenes, 24.20-23の演説文の中にエピケイロトニア＝ノモーン（諸法の確認採決）と呼ばれる手続きの法が記されていることである。この手続きは，アテナイ人たちが毎年，その年度初めに現行の諸法について確認するかどうかの採決を行なうことを定め，必要があればその改正案をノモテタイが検討することになっている[18]。

次に前330年のAeschines, 3.37-40と前355年のDemosthenes, 20.89-94の演説文の中に矛盾する法を改正する手続きが記されている。この手続きは，もし諸法の中に無効な法またはお互いに矛盾する2つの法がある場合に，その改正が行なわれノモテタイが諸法を検討することになっている[19]。

このようにして前403年頃にアテナイではテイサメノスの条令によって「ソロンの諸法」が確定したわけであり，その「ソロンの諸法」は，毎年，諸法の確認採決の手続きによって確認された。また，それだけでなく，他にも「グラペー＝パラノモーン」と呼ばれる制度によってソロンの諸法に違反する提案が民会で行なわれた場合には告発されることになったことが知られている[20]。そのうえ，アンドキデス1番演説『秘儀について』の中

で述べられている法によって，刻文されていない法を役人が使うことが禁じられ，さらに法（nomos）は民会で決議される条令（psêphisma）より優先することになった（Andocides, 1.87）。ここにこの前403年頃に，「ソロンの諸法」と呼ばれるものが確固として確定したと言えるであろう。

ところで，このように，前403年頃に「ソロンの諸法」がアテナイ民主政の基本法として確固たる位置を占めたと考えるならば，これらの一連の法制改革を境にして，アテナイ人たちが「諸法（nomoi）」または「ソロンの諸法（Solônos nomoi）」に対して抱くイメージが何らかの形で変化したのではないかと考えられないだろうか。この「ソロンの諸法」に対する前5世紀と前4世紀のアテナイの人々の間の意識の変化を示唆してくれる史料が2つある。

初めに，改めてクレイトポン動議に関するテキストを読んでみると，前411年にクレイトポンが，「クレイステネスが民主政（dêmokratia）をたてた」と考えていたとアリストテレスが記していることに着目したい。

次に，前330/20年代にアリストテレスが著述した『政治学』の中のテキストに着目したい。この史料の中ではソロンが「父祖伝来の民主政（patrios dêmokratia）」を創設した人物と評されている（Aristoteles, Politica 1273b 31-41）。ただし，そのように評したのは，このテキストの著者アリストテレス自身ではなく「幾人か」の人々である。この「幾人か」の人々の正体は明らかではないが[21]，おそらくは彼と同時代のアテナイ人たちと考えて差し支えないと思われる[22]。

さて，このアリストテレス『政治学』の中の記述について注目すべきことは，ソロンが「民主政（dêmokratia）」を創設したと認識されている点であり，しかもその「民主政」は「父祖伝来の民主政（patrios dêmokratia）」となっている。従って，その民主政の制度は，前4世紀後期のアリストテレスの時代まで代々伝わってきた制度であり，当時，アテナイで実施されていた民主政の制度であると言えよう。

このように前411年のアテナイ人のクレイトポンと前4世紀後期のアリストテレスの記述の中に登場する人々の間で民主政の創設者について異な

第 3 部　いわゆる「パトリオス＝ポリテイア」問題とテラメネスの政治思想

る指摘が見られるわけである。これは，一体，どのような事情から生じてきたのであろうか。これは，先ほどから筆者が述べてきた前403年の法制改革の及ぼした影響から説明することができる。すなわち，アテナイ人たちがそれまで自国の民主政の制度を定めているものと認識してきた「ソロンの諸法」が前403年に改めてアテナイ民主政の基本法として確定され，それがそのままアリストテレスの時代まで伝えられたので，前 4 世紀後期の彼の時代のあるアテナイ人たちは，ソロンを「父祖伝来の民主政」を創設した人物であると認識することになったと考えられるわけである。

　また，前403年の法制改革の前後を生きたイソクラテス（前436－338年）の場合は，前述のクレイトポンと同様にアテナイ民主政の創設者がクレイステネスであることに気づいていたので，前355年に『アレオパゴス評議会について』を執筆する際には，民主政に関する諸法を立法したのはソロンであるという当時のアテナイ人の通念と彼のクレイステネスに関する知識の両方が絡んで，16節の中で民主政の創設者としてその両者の名前を挙げることになったと推測することができる（Isocrates, 7.16）。

　かつてルシェンブシュ[23]は，フックスのパトリオス＝ポリテイア論を踏まえて，前 4 世紀の評論と歴史叙述がアテナイの国制をめぐる論争を反映しており，民主派，穏健派，寡頭派の各党派がソロンやクレイステネスの名前を用いて自派の国制の理想について宣伝を行ない，前355年のイソクラテスの 7 番演説の頃から寡頭派から見た民主政の創設者がクレイステネスからソロンに変わり，他方，民主派のデモステネスが諸演説の中で穏健寡頭派のアンドロティオン攻撃の際に民主政の守護者としてソロンを利用したと述べた。彼のかかる，前 4 世紀に各党派が自派の理想とする国制の創設者を徐々に歴史を遡って考えて宣伝し合っていたという論は，その論の前提として，上記で筆者がいくつかの問題点を指摘した，フックスのパトリオス＝ポリテイア論に依拠していることと，前403年の法制改革のもたらした影響ないし変化を考慮に入れていないという 2 点から退けられるべきであろう。

第5項　アリストテレスの『政治学』と「ソロンの諸法・国制」

次に，前403年の頃にアテナイで「ソロンの諸法」が確定してから約70年以上後にアリストテレスによって著された『政治学』の記述の中には，前4世紀ならではの「ソロンの諸法」に対する認識から生まれてきた論理と考えられるものが存在すると推定される。そのことを示す史料が2つある。この件については本章第1節の第4項において詳述したので，下記ではその要約を述べる。

初めに，アリストテレス『政治学』の中で民主政の5つの型について述べられている。最初の4つのうち3番目と4番目で「法が支配する民主政」と断り書きがあり，最後の5番目は，他の点は同じであるが，大衆による諸条令（プセーピスマタ）が決定力があるものの法（ノモス）が決定力がない場合で，デマゴゴスたちのせいで生起してくる民主政，となっている（Aristoteles, *Politica* 1291b 30-1292a 11）。ここでは，初めの4つの民主政の型がいずれも法（ノモス）が支配している国制であることに注目しておきたい。

次に，同じく『政治学』の中で，デマゴゴスたちが大衆を動かして条令（プセーピスマ）を決議させるものの法をないがしろにし，そうすることによって役人たちが告発されて解任されるような民主政はもはや国制ではないと断言する人がおり，しかもアリストテレスがその人に対して「諸法が支配しない所では国制が存在しない」と述べて弁護している（Aristoteles, *Politica* 1292a 24-37）。

以上のことからアリストテレスは，民主政（dêmokratia）というものが大衆が政権を持つ国制であると考えてはいるものの，その国制は法によって支配されていなければならないと考えていたわけであり，その点から言うならば，前述の民主政の5つの型のうち，5番目のものは，本来の民主政の国制から逸脱したものであるということになる。

かかるアリストテレスの民主政に対する考え方は，先ほどから筆者が述

べてきたように，前403年頃に「ソロンの諸法」が確定された後の前4世紀に特有の「ソロンの諸法」に対する認識から生まれてきたものであると言えるであろう。アリストテレスの時代のアテナイの民主政は，本来は，前403年に確定された「ソロンの諸法」に従って治められるべき国制であったので，そのような民主政に対する認識の仕方が『政治学』の中のアリストテレスの政治観の論述に反映されたと思われる。『政治学』の中でアリストテレスは，リンカーンの名言をもじれば，民主政治とは「民衆の諸法によるポリスのための政治」であったのであり，それゆえにそのような政治とデマゴーグたちが出てきて「大衆の条令（デマゴーグの影響を受けた民会決議）による貧民のための政治」と堕した政治とを区別することを心掛けたと考えられる。

従って，そのアリストテレスが『アテナイ人の国制』のテキストの中で述べた，テラメネス派の「パトリオス゠ポリテイア」というものは，本来民主政を支配すべきソロンやクレイステネスの先祖伝来の諸法を尊重すべきであるという考えであって，フックスが提唱したような「ソロンやクレイステネスの時代に戻れ」というような過去の時代への回帰という強い意識または寡頭派的な考えでは決してなかったと言えるのではなかろうか。

第6項　アリストテレスの政治観とAristoteles, *Ath.* の中のテラメネス評価

それゆえに，Aristoteles, *Ath.* 29.3の中のクレイトポン動議の意味を考えると，その中に登場する「ソロンの国制」というものは，アリストテレスが考える，前4世紀後期のアテナイのソロンの諸法に従った政治制度を意味することになる。そういう訳で，それと近似するものとクレイトポンが考えたとアリストテレスが述べているクレイステネスの国制とは，当時の民主政の制度を保護していた制度を指していると推定される。それゆえに，しかもAristoteles, *Ath.* の記述の中では民主政の制度を保護する違法提案告発や弾劾の制度が次の29章4節の中で廃止されることが提案されたと述べ

第7章 パトリオス=ポリテイアとテラメネス派の政治思想

られているので,クレイトポンは,それらの諸法を参考にして,極端寡頭派たちが決して過度に当時の国制を変更することを提案できないように図ろうとしたと推定できると筆者は考えたい[24]。また,前4世紀後期のアリストテレスの時代にはそのようなクレイステネスの諸法はクレイトポン動議の8年後の前403年に一括してアテナイ民主政の制度を規定したソロンの諸法として確定されて代々伝えられてきたわけであるので,アリストテレスが,それらの諸法をソロンの国制に近似しているとクレイトポンが考えたと想像したことは無理からぬことであったろう。

　クレイトポン動議の意味をこのように推定すると,この箇所のアリストテレスの記述は,前述の,彼の『政治学』の中の記述から得られた彼の民主政についての考え方に基づいて記述されたのであり,アリストテレスにとっては民主政というものは本来は諸法に従って治められるべきであるので,彼はかつてクレイトポンがその考えに従って行動したことに注目し,それを記録に留めたと考えられるであろう。

　このようにアリストテレスが民主政というものは本来諸法に従って治められるべきであると考えたことに着目すると,そして彼が,クレイトポンがテラメネスの一派に属していたと証言していることと,他方でXenophon, HG 2.3.48の中でテラメネスが行き過ぎた民主政や寡頭政を求める両方の者たちに対して自分が敵対しているのであり,「馬か盾によって貢献することができる者たちと共に政治を指導することが私はかつて良いことと思いました」と述べていることにおそらく注目したであろうことに着目すると,かかるアリストテレスの視点からAristoteles, Ath. 28.5の中でテラメネスが「人々が彼を中傷するようにすべての国制を打倒しているのではなく,すべてをそれらが法に違反しない限り増進している」とか「法に違反するものには黙認するのではなく反感を抱」いたと考える記述が出てきたと考えられるのではなかろうか。従って,アリストテレスにとってはAristoteles, Ath. 28.5の中のテラメネスに対する評価とAristoteles, Ath. 29.3の中のクレイトポン動議についての記述とAristoteles, Ath. 34.3の中でそのテラメネスとクレイトポンが同じ一派を形成していたことに言及

415

した記述は，彼の民主政についての考え方を考慮に入れれば，それらのつながりが大いに関連していたわけである。

それゆえに，これまで研究者たちによってほとんど無視されてきたAristoteles, Ath. 28.5の中のテラメネスに対する高い評価は，以上のような歴史的脈絡の中で理解されるべきであると言えよう。

第7項　クレイトポン動議の記述の意図とテラメネス評価

前節のAristoteles, Ath. 29.3の中のクレイトポン動議についての検討から，前411年にテラメネス派のクレイトポンが，違法提案告発や弾劾の制度を設けたと推測される「クレイステネスの諸法」を参考にするよう勧告する動議を提出することによって当時の極端寡頭派たちが決して過度に国制の現状を変更することを提案できないように図ったにもかかわらず，その直後にテラメネスの父ハグノンを一員とするシュングラペイスが違法提案告発と弾劾の制度を破棄する提案を行なったので，四百人の寡頭派政変が生起したことが考えられる。そしてLysias, 12.65はテラメネスの死後，彼がかつての前411年に四百人の国制を選ぶように民衆を説得して将軍に選出されたし，彼の父親のハグノンも同様の説得行為を実行したと述べて，彼に批判的な言葉を語っている。さらに，Aristoteles, Ath. 29.3がトゥキュディデス『歴史』の中では語られていないクレイトポン動議を語り，さらにAristoteles, Ath. 34.3がそのクレイトポンとテラメネスが父祖伝来の国制を求める一派を形成していたと語っている。これらの史料を検討するならば，かつてリュシアスがテラメネスをその父親と共に民衆の敵として非難したのに対して，その約80年後にAristoteles, Ath.がテラメネスについてクレイトポンと共に行動した人物として描くことによって彼を弁護しようとしたのではないかと考えられる。これに関連してAristoteles, Ath.は，シュングラペイスが違法提案告発と弾劾の制度を破棄する提案を行なったことを述べるものの（Aristoteles, Ath. 29.4）テラメネスの父ハグノンがその一員であることには言及していないし，またそのシュングラペイスの人数に

ついてAristoteles, Ath. は，Th. 8.67.1の中の10人の人数についての言及とは異なり，ハグノンを含む10人のプロブーロイの他に20人が加えられたと述べている（Aristoteles, Ath. 29.2）。かかるAristoteles, Ath. の諸記述は，テラメネスの父親の政治的責任をかばうかのようであると言えようし，もしそうであるならば，それらの記述は結果的には息子のテラメネスを弁護する立場に立っていたと言えよう。

それゆえに，Aristoteles, Ath. 28.5の中のテラメネスに対する高い評価については，以上のような歴史的脈絡も併せて理解されるべきであるかもしれない。

小　結

前411年の四百人の寡頭派政変と五千人政権，そして前404－403年のいわゆる三十人僭主の独裁政治という民主政期アテナイの諸政変の鍵を握ったテラメネスについての同時代人たちの評価は，一般に良いものとは言えず，むしろリュシアスの文言のように非難の言葉が多い。これは，Aristoteles, Ath. 28.5の中のテラメネス称賛の叙述とは対照的である。だが，本章第1節の中で述べたようにアリストテレスが民主政というものは本来諸法に従って治められるべきであると考えたことに着目すると，そして彼が，クレイトポンがテラメネスの一派に属していたと記述していることと，他方でXenophon, HG 2.3.48の中でテラメネスが行き過ぎた民主政や寡頭政を求める両方の者たちに対して自分が敵対しているのであり「馬か盾によって貢献することができる者たちと共に政治を指導することが私はかつて良いことと思いました」と述べていることにおそらく注目したであろうことに着目すると，かかるアリストテレスの視点からAristoteles, Ath. 28.5の中でテラメネスが「人々が彼を中傷するようにすべての国制を打倒しているのではなく，すべてをそれらが法に違反しない限り増進している」とか「法に違反するものには黙認するのではなく反感を抱」いたと考える記述が出てきたと考えられるのではなかろうか。従って，アリストテレスに

第3部 いわゆる「パトリオス＝ポリテイア」問題とテラメネスの政治思想

とってはAristoteles, *Ath.* 28.5の中のテラメネスに対する評価とAristoteles, *Ath.* 29.3の中のクレイトポン動議についての記述とAristoteles, *Ath.* 34.3の中でそのテラメネスとクレイトポンが同じ一派を形成していたことに言及した記述は，彼の民主政についての考え方を考慮に入れれば，それらのつながりが大いに関連していたわけである。それゆえに，これまで研究者たちによってほとんど無視されてきたAristoteles, *Ath.* 28.5の中のテラメネスに対する評価は，かかる形で正当に位置づけられるべきであると言えよう。つまり，テラメネスは，一方では同時代人たちによって「コトルノス」（長靴の意で，民主派につくのか寡頭派につくのか分からない男の意）と揶揄されたり，民主派に味方して三十人僭主の寡頭派たちを攻撃したリュシアスによって非難されたのに対して，他方では前4世紀後期に著述活動を行なったアリストテレスによって高く称賛されたが，その理由は，前403年のアテナイの法制改革によってアテナイ人たちの諸法に対する認識が父祖伝来のソロンの諸法の遵守の方向に変わったことがそのアテナイの地に滞在して著述活動を行なったアリストテレスの政治思想に影響を与えた結果であると考えられる。

また，Aristoteles, *Ath.* 28.5の中のテラメネスに対する高い評価の記述は，その後の前411年と前404年の2つの政変についての記述に関連しており，さらにTh. 8.67.1の記述とは異なるAristoteles, *Ath.* 29.2の中のシュングラペイスの30人という人数への言及，トゥキュディデスの記載漏れとは異なるAristoteles, *Ath.* 29.3の中のクレイトポン動議についての記載，Aristoteles, *Ath.* 34.3の中のテラメネスとクレイトポンの政治党派への言及の3つの記述によってテラメネスに対する弁護の意図の下で補強されていると考えられる。

註
1) このテキストについては，H.C. Youtie & R. Merkelbach, "Ein Michigan-papyrus über Theramenes," *Z.P.E.* 2 (1968), p. 161-169を参照せよ。
2) 例えば，Rhodes, *J.H.S.* 92 (1972), p. 122; do., *C.A.P.*, p. 414.
3) 村川「市民と武器」257頁。

第7章 パトリオス=ポリテイアとテラメネス派の政治思想

4) 村川「市民と武器」256頁。
5) 村川「市民と武器」256頁。
6) これに関連して，プラトンが『法律』の中で次のように述べている。すなわち，「役職の選挙には，およそ騎兵にしろ歩兵にしろ，武器をとるものすべてが，また，それぞれの壮年期に戦争に参加したことのある者すべてが，参加すべきである」(Plato, *Leges* 753 B)（式部久訳『プラトン著作集 2』〔勁草書房，1973年〕211頁）。このプラトンの記述についてBarker, *op. cit.*, p. 387 n. 1は，この「実例として，411年の革命の間にアテナイで設立された国制，すなわち参政権が武具を自弁できる五千人の市民たちに制限された国制を挙げる人がいるかもしれない」と付記している。
7) Rhodes, *C. A. P.*, p. 361. この箇所でローズは，schol. Ar. *Ran.* 541が四百人による処刑・投獄・追放の3つの刑罰（Th., 8.70.2）をテラメネスの考案と主張していること，Hesychios, tôn triôn enが，Thêramenês epsêphisato treis timôrias kata tôn paranomon ti drôntôn（テラメネスが，何か違法なことを実行した人たちに対して3つの刑罰を決議した）と記述していること（cf. Sandys, *op. cit.*, p. 122 n. παρανομούσαις οὐ συγχωρῶν）を付記している。
8) Cf. Kirchner, *RE*. 1,2 (Stuttgart, 1894; rpt. 1958), s.v. Andrôn 2), p. 2160; Kirchner, *P.A.* 1, no. 921; P. Harding, *Androtion and the Atthis* (Oxford, 1994), p. 14-15.
9) Fuks, *op. cit.*
10) Ruschenbusch, *Historia* 8 (1959), p. 398-424.
11) 村川訳『アテナイ人の国制』58頁。
12) Fuks, *op. cit.*
13) Hignett, *op. cit.*, p. 6-7.
14) Walters, *op. cit.*, p. 129-144. この論文については，Harding, *A.J.A.H.* 3 (1978), p. 179-183が，ウォルターズのアンドロティオンについての誤解を反駁している。
15) Cf. Walters, *op. cit.*, p. 133-134.
16) Fuks, *op. cit.*, p. 33 & 48.
17) 前430－400年頃に活躍したといわれるカルケドン人トラシュマコスの作品『国制について』(peri politeias)（Diels & Kranz, *op. cit.*, p. 321-324, 85 Thrasymachos B. Fragmente）の中でpatrios politeiaに戻ることが主張されている。詳しくは，本章第1節の註32を見よ。
18) Cf. MacDowell, *J.H.S.* 95 (1975), p. 66-69.
19) *Ibid.*, p. 63-66.
20) 前4世紀のノモテシア（nomothesia）の制度については，Harrison, *J.H.S.* 75 (1955), p. 26-35が，その制度が前403年かまたはその直後に制度化されたと主張して以来，学界で注目を浴びてきた。詳しくは，本章第1節註49を見よ。
21) 例えば，Lord, *op. cit.*, p. 253 n. 98によれば，「この箇所で述べられている見解を提示した人たちを特定することは確信が持てない」。
22) 合阪『ポリスの国家理念』215頁によれば，これらの人々は「プラトーンのアカデーメイアの人々であろうといわれている」。
23) Ruschenbusch, *Historia* 8 (1959), p. 398-424.

第3部　いわゆる「パトリオス=ポリテイア」問題とテラメネスの政治思想

24) 詳しくは，本章第2節第4項の「クレイトポン動議の意味」を参照せよ。

第8章　前4世紀のギリシア人ポリスの危機とアテナイ民主政

　フックスは，前4世紀の70年代から前2世紀の半ばまでの古典期後期およびヘレニズム時代に約70個の事例の社会経済的対立と社会経済的革命が知られ，その数が，古典期のペルシア戦争からペロポネソス戦争の末までの時期の6個の数と対照的であることを指摘した[1]。ゲールケ[2]は，前500年から前301年までのアテナイ，スパルタ，キュレネ，西方ギリシアを除くギリシア世界で94のポリスで内紛（stasis）[3]があったと述べる。また，前4世紀にギリシア人ポリス内の政変が諸ポリスで大いに起こったことを裏づけるかのように，前335年のイストモスでの会議でアレクサンドロスは，諸ポリスの国制の現状維持，政変目的の財産没収・土地再配分・負債帳消し・奴隷解放の禁止を決議させた（〔Demosthenes〕, 17 *On the Treaty with Alexander* 15）。これらの中に見られる前4世紀ギリシアの諸ポリスの政変は，いわゆる古代ギリシア人ポリスの危機の問題と関連づけられて研究者の間で論じられてきた。例えば，モセによる「前4世紀におけるギリシア世界の全般的な危機」は，次のように説明されている。すなわち，(1)農業の危機（戦争による田園の荒廃，小農民の貧苦〔アリストパネス『女の議会』，『富の神』の中にみられる〕，ポリス人口の増大と手当による生活。他の寡頭政ポリスでは負債の取消しや土地の再配分の要求），(2)経済の危機（交易と生産の不振，鉱山採掘量の減少とペイライエウスにおける外国商人減少によるポリス収入の減少〔クセノポン『歳入論』〕，製陶業の不振，世紀後半の小麦補給の問題）[4]，(3)貧富の差拡大（少数者への富の集中による富裕化と多数者の貧窮化による政治不安）[5]，である。他方，村川は，この古代ギリシア人ポリスの危機を「ギリシアの衰退」とみなし，その原因を探っている[6]。前4世紀のギリシアの衰退について彼は初めに，2人の論者の説を紹介す

る。すなわち，(1)前5世紀まではギリシアの穀物の輸入とその代償としてのギリシア工業生産品とワインおよびオリーブ油の輸出の間で収支バランスがとれていたのが，前4世紀に周辺地域の技術進歩によってその収支が行きづまり社会全般が沈滞した（ロストフツェフ説）[7]，(2)中産市民が民主政治を維持できなくなったし，商業伸長に対して統制国家論が出現したし，貧富の対立が奴隷制のために解消できなかった（ウォルバンク説）[8]，である。その上で村川は，ウォルバンクの触れていない点を述べ，特にスパルタの自給経済の理想を念頭において「在来比較的に均分されていた土地の少数者への急激な集中，高利貸資本の異常な発展」を指摘し，結論として前4世紀のギリシアの衰退の原因は高利貸資本が中小農民を没落させたからであると説く[9]。さらに彼は，古代ギリシアでは土地を失った農民が，奴隷制による社会通念によって工場制賃労働者になることができなかったので，小作人化，傭兵化，東方移住せざるをえなかった，と述べる[10]。

　ところが，他方では，伊藤が彼の論説[11]の中で紹介しているペチルカ[12]のように，ポリスの経済的危機は想定できないと論じる研究者がいる。ペチルカの論の要点は，(1)フィンリーのアッティカ抵当標碑文とアンドレーエフの農業史の両研究の成果が，アテナイにおいて中小土地所有がなお遍在していたことと富裕市民による土地の集積がまれであったことを示すので，これらの面からギリシア人ポリスの経済的危機が想定できない，(2)他方で，前4世紀には流通経済の発展によって外人による富の形成が伸長し，また市民と外人が共通の利害によって結ばれる事例が発生して，在来のポリス市民－外人間の在り方とは明らかに異質の社会関係が成長しつつあり，これがポリス市民共同体にとって一種の危機として同時代人たちに意識された，というものである[13]。

　さて，このようにペチルカによる疑念の提示があるものの，これまでの多くの研究者は，前4世紀のギリシア世界には「ギリシア世界の全般的な危機」，「ギリシア人ポリスの危機」，「ギリシアの衰退」と名づけることのできる危機的状況が存在したと唱えてきた。けれども，他方では，古典期

のアテナイでは，前411年に四百人評議員による政権奪取と前404－403年にいわゆる三十人僭主の独裁政治が起こったものの，前4世紀に入ると前322/1年の民主政廃止まで社会経済的紛争がなかったことが研究者の間で指摘されている。さらに，政変の原因の特徴を概観すれば，前404－403年の三十人僭主政は，寡頭派が外部勢力としてリュサンドロス指揮下のスパルタ軍を呼び入れた結果としての政変であり，さらに前322/1年の民主政廃止もこれまたアンティパトロス指揮下のマケドニア軍に占領された結果としての民会決議による寡頭政採択である[14]。両政変とも，国内問題が自然発生的に政変を生ぜしめたのではなく，外部勢力に起因する政変断行であった。それに対して，それら両政変間の約80年間は，アテナイ民主政はポリス内に紛争が存在せず，安定していたのである。この時期のアテナイ民主政の安定性を指摘するのは，モセ[15]，フックス[16]，ドゥ＝サント＝クロワ[17]，ハンセン[18]らである。多くの研究者の間で「ギリシア世界またはポリスの危機」，「ギリシアの衰退」が論じられている中で，なぜ古典期のアテナイ民主政は，特に前4世紀のものは，ポリス内に紛争が存在せず安定していたのか。アリストテレスは「民主制は寡頭制より一そう安全であり，一そう内乱から免かれている」[19]（Aristoteles, *Politica* 1302a 8-9）と説くが，この言葉は前述の問題の答えとしては不十分であろう。

　さて，この問題についてモセ[20]は，「都市の危機に直面して，前4世紀の理論家たち〔プラトン，クセノポン，イソクラテス，アリストテレスのこと[21]，引用者註〕は，国制の新たな型，理想の王が備えるべき資質の点でそれ以前のあらゆる王制とことなる君主制を考えるにいたった」が，「都市の危機という政治問題に直面した前4世紀のギリシアの政治理論家たちの態度は，社会危機に直面したかれらの態度の分析がすでに明らかにしたことを確証しているのである。かれらのなかのだれ一人として，自分の理想を実現することも，実際に有効な役割を演じることも，個人的に介入することも，評議会や民会の討議に参加することをも，考えていないのである。思索する人たちはまず教育者であり，したがってかれらにとっては教育が結局，都市の病いに対する唯一の，そして普遍的な薬と見られたのも驚くに

あたらない」と述べる。すなわち，モセによれば，プラトンやアリストテレスらの理論家たちは当時のギリシア人ポリスの危機に直面して問題解決の処方箋を論じたが，彼らは実践家でなく教育者であったので，自身の論を実践しなかった，というわけである。筆者は，前述のモセの言葉の中で，「かれらのなかのだれ一人として，〔中略〕評議会や民会の討議に参加することをも，考えていない」という語句に注目したいし，これについては後述する。また，フックスは，古典期アテナイで社会経済的紛争がなかった理由として大きな中産層の存在，良い経済的状況，公的福利の制度を挙げる[22]。同じく古典期アテナイで社会経済的紛争がなかった理由として，ドゥ=サント=クロワは[23]，民会と民衆法廷が貧民に富裕者や有力者による圧迫に対抗する保護手段を提供したので「比較的卑しいアテナイ人たちの望みを満たした」と説明する。ハンセン[24]は，前4世紀のアテナイでソロンの「父祖の国制」への復帰の主張がソロン民主政の神話を創り出し，これが功を奏して前322/1年の民主政廃止までスタシスを経験しないままでいられたと説明する。その際，彼は，アテナイ民衆が「疑いなく歴史の知識の欠けているせいの歴史認識力の欠如から」その父祖の国制に戻ることを試みたと述べる。ここで彼が当時のアテナイ人たちの歴史認識力の欠如を指摘した理由は，歴史の上では貴族政期の前6世紀に活躍したソロンがアテナイの民主政の制度を立法したわけではないのに，後世の前4世紀のアテナイ人たちが彼をアテナイ民主政の制度の立法者とみなしたことによると考えられる。

　だが，前4世紀のアテナイでは前322/1年の民主政廃止までの間その民主政が安定していたとはいえ，プラトンらによる理論家たちの反民主政攻撃を受けてきた。中でも，周知のとおり，プラトンの『国家』(*Respublica*)，『法律』(*Leges*) は，あからさまな攻撃の口調はほとんど見られないもののアテナイ民主政攻撃の書の典型であるし，彼自身が民主政期アテナイの正当な市民の一人であった事実は重要視されるべきである。結果として彼ら理論家たちの攻撃は当時のアテナイに国制変革を導くまでには至らなかったが，その原因も考察する必要がある。その原因として上

記のモセのように彼らが実践家ではなくただの教育者であったからという理由だけでは我々は納得できないのではなかろうか。

そこで筆者は，多くの研究者が前4世紀のギリシア人世界に「ギリシア世界の危機」または「ポリスの危機」が存在したことを指摘するのに，そしてプラトンらの理論家たちがアテナイ民主政を攻撃する理論を唱えたのに対してなぜ当時のアテナイには社会経済的内紛またはスタシスが生じなかったのかという問題について，自身が社会や経済の面から論じる資質はないので，本論では政治の面から，特に法制度の面から，論じてみたい。

第1節　ポリスの危機と反民主政の声

アテナイ民主政は主としてプラトンやアリストテレスなどの哲学者たちによって批判された。それに応えてジョーンズ[25]は，彼ら哲学者たちの民主政批判の要点を挙げ，それに反論を試みている。その要点は次の4点である。(1)各人が好き勝手な生き方をする[26]，(2)誰にでも同じものを与える平等を実践する[27]，(3)大衆による条令が法に代わり主権を持つ[28]，(4)少数の富裕者が多数の貧民によって支配される[29]，である。ジョーンズは，これらの批判点を挙げたうえで，それらを検討し，結論としてそれらの批判が浴びせられたにもかかわらず実際には民主政の弊害が少なかったと論じる[30]。

本論の中では前述の4つの批判点のすべてについて詳論せず，2番目の平等の問題だけを取り上げて検討してみる。

アテナイ民主政の下では将軍職などごく一部の重要な役職を除いて役職が希望者の中からくじで選ばれていたことは周知のことである。この「誰にでも同じものを与える平等」に対してイソクラテスとプラトンは批判を試みた。その際，両者は，平等には2種類あることを論じている。イソクラテスは第7番演説『アレオパゴス評議会について』21-22節の中で，すべての同類の人に同じ報償を与える平等（くじによってすべての市民の中か

ら役職を割り当てる）と，各人に当然与えられるべきものを与える平等（最良で最も有能な人を役職に割り当てる），の2種類の平等があると説く。プラトンも同様に Leges 756e-757c の中で，くじによる平等と各人にふさわしいものを比例させて割り当てる平等の2種類があると説く。当時はくじで役職を割り当てることが民主政的平等とみなされたので，それに対してイソクラテスやプラトンが対論としてもうひとつの平等，すなわち各人に当然与えられるべきものを与える平等，を唱えたのである。その2人がそのような対論を唱える背景には2人が貴族または富裕階層の一員として人の絶対的平等よりも生まれながらの素質を重視したことがある。この点はこれまでの論者が指摘したことである。例えば廣川は，イソクラテスが『ソフィスト反駁』と『アンティドシス』の中で教育の面で教育による後天的に得られる効果よりも素質を重視している点[31]と，プラトンが Respublica 414c-415c の中でポイニケの物語を挙げて人が素質において金・銀・鉄・銅に分かれることを説き，同434bの中で職人層・戦士層・守護者層が互いに職または地位を入れ替えるとポリスが滅びると論じる点[32]を指摘する。また，プラトンのこの論は，ロバーツ[33]が指摘するごとく，Plato, Protagoras 322b-d の中のいわゆる「ポリティケー＝テクネー」論に対する反論になっている。プラトンは，人は生まれつき素質が異なるので，ポリティケー＝テクネー，換言すれば「ポリスについての技術」または「市民の務めについての技術」と呼べるもの，を持つ人，すなわちポリスにとっての善，正しいこと，全体の利益を見極める技術を持つ人，が少ないはずであるから，『国家』の中でこの技術を持つ人にのみ守護者の地位を任せるように説いたわけである。ここで我々が注意しなければならないことは，プロタゴラスがポリス市民は皆「ポリティケー＝テクネー」を持つと説く時，そのテクネーの内容が dikê（償い，いましめ）と aidôs（恥，慎み）(Plato, Gorgias 322c-d) という，politikê technê (Plato, Gorgias 322b) と呼ぶよりも politikê aretê（市民の徳）と呼ぶべきものであり，一般に市民が皆併せ持っていそうな徳であるのに対して，プラトンのポリティケー＝テクネーは，前述のとおり，ポリスにとっての善，正しいこと，全体

の利益を見極める技術を指し，真の哲学者の思考能力を併せ持っている人にのみ備わっているものが想定されていることである。従って，プラトンは，プロタゴラスの論に反論する際に，人が生まれつき異なる素質を持つという貴族的思想を基礎にして，民主政的な絶対的平等とは異なるもうひとつの，各人に当然与えられるべきものを与える平等，を対論として提示するとともに，さらにポリティケー＝テクネーの内容を，自由人なら誰もが持っていそうなものから，哲学的思考を必要とする高尚なものに質を引き上げ，そうすることによって最終的にはいわゆる哲人王の政治理論に至るのである。民主政ポリスのアテナイからなぜプラトンのような王政的政治理論家が誕生したか，という問題に対する答えのひとつは，このように説明できよう。

　他方，同様に平等に関してアリストテレスは『政治学』の中で，ポリス内で富裕者は少数であり貧乏人は多数でありお互いに相対立する部分である（Aristoteles, *Politica* 1291b 7-13）ことを指摘したうえで，さらに政治議論の際に富裕者と貧民の間で見解の相違がよく見られるが，その原因は，ヤック[34]が指摘するように，物品，報償，権力の配分についての正義の認識の仕方が両者の間で異なることにあると述べる（Aristoteles, *Politica* 1280a 7-25, 1282b 14-1283a 22）。すなわち，『ニコマコス倫理学』の中で彼が述べるように，民主政論者は自由人であることで全市民が等しいので平等に配分に与かるべきであると，寡頭政論者は富の面でそして貴族政論者は徳の面で不等であるのでそれに応じて配分に与かるべきであると唱える点で見解の相違が見られるのである（Aristoteles, *Ethica Nicomachea* 5.3.7-8）。それゆえ，『弁論術』の中でアリストテレスは，政治家の資質に関して師プラトンほど高尚なものを求めず，政治家（弁論家）はポリスの安全が法に存するので立法についてそして国制繁栄と崩壊について理解することが重要であり（*Rhetorica* 1.4.12 1360a 18-25），また立法の際には国制の知識を授ける旅行記，政治の助言を授ける歴史が有用である（*Rhetorica* 1.4.13 1360a 31-38）と論じる。従って，彼の理解によれば，民会での「弁論家は利害のみを目標とする[35]」（*Rhetorica* 1.3.1-5 1358a 37-1358b 25）。

第3部 いわゆる「パトリオス=ポリテイア」問題とテラメネスの政治思想

　加えて，くじによって役職を割り当てることを批判した人にはソクラテスがおり，Xenophon, Memorabilia 1.2.9によれば彼は舵手や大工をくじで選びはしないのに役人をくじで選ぶのは愚かであると述べた。ソクラテスは，その自説を述べることによって弟子たちに当時の諸法を軽視させた件で告訴され死刑に処せられるに至った（Xenophon, Memorabilia 1.2.9）。それに対して，彼と同じくアテナイ人であるプラトンは，周知のとおり，祖国では前述の自説を民会では披露せずに著述活動に専念し，イソクラテスも前述の自説を含む第7番演説を民会では披露せずに終った[36]。

　それゆえ，イソクラテスやプラトンが前4世紀のアテナイの民会で民主政攻撃の弁を行なわなかったのは，もっぱらソクラテスの死を教訓にしたためであろうか，あるいは前述のモセの説のように教育者であったためであろうか。それとも，他に社会または政治または法の面で理由があったためであろうか。

第2節　前4世紀のアテナイ民主政における
　　　　ポリスの危機を回避させた要因

第1項　ヘリアスタイの誓い

　Demosthenes, 24.149-151の中にヘリアスタイの誓いの定型文句が記載されている[37]。この誓いは，148節の中の文脈からソロンが設けたとみなされている。その誓いの引用文の149節の中で誓約者が「私的な負債の切捨ても，土地やアテナイ人たちの家々の再配分も」これらの件については票決しない旨を誓うことになっている。ここにおいて土地と家屋という当時の主要な財産の再配分が実施されることが妨げられているわけである。従って，この誓いを立てることによってアテナイの貧しい市民は自ら，社会経済的変革を企てることを放棄したと言える。

428

第8章　前4世紀のギリシア人ポリスの危機とアテナイ民主政

第2項　前403年の法制改革の影響

最近，オズワルド[38]，ハンセン[39]，シーリー[40]によって注目されてきたが，前403年に民主政の制度が復興された時に，テイサメノスの条令その他によってアテナイで一連の法制改革が行なわれた。この件については本章第1節の第2項において詳述したので，下記ではその要約を述べる。

初めに，前403年にアテナイ市民同士による内戦の末，民主政が復興した後，三十人の寡頭派に味方したアテナイ人には大赦によってその罪が許されようとしたが，それと同時にアテナイが「ソロンの法とドラコンの掟」に従って治められることが決議された（Andocides, 1.81）。その時に，これらの法に違反する人々をどのように取り扱うかが問題となり，そこでテイサメノスの条令が提案された（Andocides, 1.83-84）。この条令によって，「アテナイは父祖伝来の事に従って治められ，ソロンの法，その度量衡，そしてドラコンの掟が，すなわち以前の時代に用いられたものが用いられる」べきことと（Andocides, 1.83），追加の法が提案された場合には五百人評議会とデーモス員が選出したノモテタイと呼ばれる立法委員会が審査することが決議された。このテイサメノスの条令の中で述べられている「ソロンの法とドラコンの掟」は，明らかにアテナイ民主政の諸法のことを指す。従って，このテイサメノスの条令によって前403年に「ソロンの法とドラコンの掟」がアテナイ民主政の制度を定めた法として確認されたことになるわけである[41]。

次に筆者が注目したいことは，前353年頃のDemosthenes, 24.20-23の演説文の中にエピケイロトニア＝ノモーン（諸法の確認採決）と呼ばれる法が記されていることである。この諸法の確認採決の法は，アテナイ人たちが毎年，その年度初めの11日目に民衆の面前で現行の諸法について確認するかどうかの採決を行なうことを定めている。もし諸法の中にこの諸法の確認採決で否認された法がある場合には，それに関して改めて民会が開かれて，新しい法を市民の間から募ってそれをノモテタイが検討することにな

429

っている[42]。この諸法の確認採決の手続きは，前述のテイサメノスの条令の中のノモテタイの職務を定めた手続きとよく似ているので，その条令と同じ頃の前403年頃に定められたものと考えられている[43]。

次に筆者が注目したいことは，前330年のAeschines, 3.37-40と前355年のDemosthenes, 20.89-94の演説文の中に矛盾する法を改正する手続きが紹介されていることである。この手続きは，もし諸法の中に無効な法が記載されている場合や，ひとつの事柄について2つの法がお互いに矛盾することを定めている場合に，それらの諸法を改正することをテスモテタイと呼ばれる役人たちに命じ，ノモテタイが諸法を検討することになっている[44]。また，この諸法の改正の手続きを定めた法は，デモステネスによると，ソロンの法（Solônos nomos）とされている。この証言が歴史的に誤りであることは，例えばアトキンソン[45]が認めている。この諸法の改正の手続きは，これまたノモテタイに職務を行なうよう定めているので，先ほどの諸法の確認採決の法と同じく，前403年頃に定められたものと考えられている[46]。

このようにして前403年頃にアテナイではテイサメノスの条令によって「ソロンの諸法」が確定したわけであり，その「ソロンの諸法」は，毎年，諸法の確認採決の手続きによって確認されただけでなく，他にもグラペー＝パラノモーン（graphê paranomôn）と呼ばれる制度によってソロンの諸法に違反する提案が民会で行なわれた場合には告発されることになったことが知られている[47]。

そのうえ，Andocides, 1.87の中で述べられている法によって，刻文されていない法を役人が使うことが禁じられ，さらに法（nomos）は民会で決議される条令（psêphisma）より優先することになった。ここにこの前403年頃に，「ソロンの諸法」と呼ばれるものが確固として確定したと言えるであろう[48]。その結果，それ以後，アテナイ人たちの間では〔Lysias〕, 2.19（前392年頃のものであると推定される[49]）の中で「法によって王のごとく支配して法に仕える」という「法による支配」の考え方[50]が表明されることになる。

この結果，前4世紀のアテナイ人の間では，前述の諸法の確認採決の法

が「過酷なことも力ずくのことも寡頭政的なことも命令するのではなく，それらとは反対のすべてのことを行なうように人間味あふれ民衆を思って命じる」(Demosthenes, 24.24)と発言されるように，法に違反することがかつての前404－403年の三十人寡頭政と同様に過酷で暴力に訴えることであり，他方，法に従うことが民衆の側に立った行為であると述べられるようになる。また，Demosthenes, 24.76は，被告をグラペー＝パラノモーンの件で訴えて寡頭派呼ばわりさえするし，さらにDemosthenes, 24.163-164は，三十人寡頭政の事例を挙げ，法に違反する行為は寡頭政的行為であると訴える。この言論は，前403年の法制改革が前4世紀のアテナイ人に「民主政＝法による支配」と「寡頭政＝力の支配」の対で表現される法観念をもたらしたことによるものであろう。

　従って，前4世紀のアテナイではこのような形で父祖伝来のソロンの諸法が遵守せられ民会の場でこれらの法に違反する提案が提出できない状況にあり，アテナイの民主政の制度は法制度によって防御されていたわけである。それゆえに，前述のようにモセ[51]が，「都市の危機という政治問題に直面した前4世紀のギリシアの政治理論家たちの〔中略〕だれ一人として，自分の理想を実現することも，実際に有効な役割を演じることも，個人的に介入することも，評議会や民会の討議に参加することをも，考えていない」と述べているが，この訳は，アテナイ人であったプラトンやイソクラテスに関しては当時の彼らの母国の法制度の面から説明することができる。

小　　結

　ドゥ＝サント＝クロワは，古代ギリシア人の私有財産権の考え方が近代人とは異なっており，財産権の保持は国家の主要な務めでなかったと述べる[52]。その理由は，思うに，彼らの間では土地が主たる財産であり，かつて市民団が獲得した土地，つまり共有地を市民の間で均等に配分したとい

第3部　いわゆる「パトリオス=ポリテイア」問題とテラメネスの政治思想

う考えを市民団内で共有したことによるものであり，それは，アンティドシスの制度を可能とするほど意識された。それゆえ，ポリス内で富裕者対貧民の対立が起きれば，土地再配分の要求が出るわけである。そういう訳で古典期ギリシア人世界ではいわゆるポリスの危機が続出した。

　だが，アテナイでは貧民が民主政から恩恵を受けていたので，そしてヘリアスタイの誓いがあったので，さらには前403年の法制改革によって先祖伝来法優先主義に基づくいわゆるノモテシア（nomothesia）の制度を確立したので，彼らはその民主政を維持するために先祖伝来のソロンの諸法の堅持を土地再配分の要求より優先させて自ら変革を要求しなかったし，他方，イソクラテスやプラトンらの理論家たちから発せられる反民主政的圧力を抑え込むのに成功した。こうしてアテナイ民衆は，前322/1年にマケドニア将軍アンティパトロスの目前で民主政廃止を決議するまでの前4世紀の約80年の間は民主政打倒の危機から免れることに成功した。

　前403年の法制改革の後はアテナイではイソクラテスの第7番演説の中のアレオパゴス評議会の権限の復活論のような当時の民主政に変更を迫る論や，プラトンの『国家』や『法律』にみられる一連の王政的ないしは血統の良さに基づく貴族政的政治参加のあり方の論は，民会の場では披露できなかったであろう。また，前403年の法制改革によって先祖伝来の法が何よりも優先されることが確立した直後の前399年の時点ではたとえ不当な罪状による告発であったとしても自国の審判人から死刑の判決を言い渡されたソクラテスは，Plato, *Clito* 50A-54B（特に51A-D）の中で述べられているように自ら国法を遵守して毒杯を仰がねばならないと判断したと筆者には思われる。

註

1) A. Fuks, "Patterns and Types of Social-Economic Revolution in Greece from the Fourth to the Second Century B.C." *Ancient Society* 5 (1974), p. 59. Fuks, *Ancient Society* 5 (1974), p. 59-60の挙げる社会経済的対立・革命の事例には，(1) Peloponnese -- Sparta, Corinth, Argos, Sikyon, Messene, Megalopolis, Phigaleia, Tegeia, Mantineia, Kynaitha, Achaean League; (2) Central Greece -- Boiotia, Megara, Delphi; (3) North -- Aetolia, Thessaly, Perrhaebia, Macedonia; (4) Islands -- Lesbos,

第 8 章　前 4 世紀のギリシア人ポリスの危機とアテナイ民主政

Chios, Syros, Naxos, Amorgos, Crete; (5) West -- Syracuse, Olbia, Heraclea Pontica の各地がある。Cf. 伊藤貞夫「結語　ポリスの衰頽をめぐって」『古典期のポリス社会』（岩波書店，1981年）452頁。
2) H-J. Gehrke, *Stasis: Untersuchungen zu den inneren Kriegen in den griechisen Staaten des 5. und 4. Jahrhunderts v. Chr.* (München, 1985), p. 13-199. その書の中で彼がギリシア人ポリス内のスタシスまたは内乱として挙げるのは，Abdera, Achaia, Aigina, Ainos, Aitolia, Akanthos, Akarnania, Ambrakia, Amisos, Amphipolis, Amphissa, Anaktorion, Andros, Antadros, Antissa, Apollonia am Pontos, Argos, Argos Amphilochikon, Byzantion, Chalkis, Chios, Delos, Delphi, Eion, Elis, Ephesos, Epidamnos, Eresos, Eretria, Erythrai, Halikarnassos, Heraia, Herakleia Pontike, Herakleia Trachinia, Hestiaia, Iasos, Istros, Kalchedon, Karystos, Keos, Klazomenai, Knidos, Kolophon, Korinth, Korkyra, Kos, Kyme, Kythera, Kyzikos, Lampsakos, Leukas, Lokris Hypoknemidia, Mallos, Mantineia, Megara, Mekyberna, Melos, Mende, Methymna, Milet, Mytilene, Naxos, Nisyros, Olynth, Oropos, Paros, Parrhasia, Pharsalos, Phigaleia, Phleius, Phokis, Plataiai, Poteidaia, Priene, Pydna, Pyrrha, Rhodos, Samos, Selymbria, Sikyon, Sinope, Siphnos, Skione, Soloi, Spartolos, Tegea, Tenos, Thasos, Theben または Boiotien, Thespiai, Thessalien, Torone, Zakynthos, Zeleia である。また，Gehrke, *op. cit.*, p. 255-257 は，内乱が生じたと考えられる年代を列挙しているが，それによると94個のポリスで未確定年のものも含め333個の内乱の年があり，その内前 4 世紀の事例が173個ある。
3) stasis というギリシア語は，B. Yack, *The Problems of a Political Animal: Community, Justice, and Conflict in Aristotelian Political Thought* (Berkeley, Los Angeles & London, 1993), p. 219 n. 31が特にアリストテレス『政治学』の中での用例で指摘しているように，意味するところが「党派争い」から熱い「内戦」まで幅があるので，本論では「内紛」とする。また，Yack, *op. cit.*, p. 222-223は，古代ギリシア人ポリス内では市民が正義についての自分の理解するところを表明し価値基準を決定する審判者の役割を担うので，正義についての意見の競合から内紛に発展しがちな傾向があることを指摘しているが，これは適切な見解として耳を傾ける価値があろう。
4) Ｃ．モセ，福島保夫訳『ギリシアの政治思想』（白水社，1977年）54-55頁。
5) モセ，前掲書，56頁。
6) 村川堅太郎「第 6 章　ギリシアの衰退について」（以下「ギリシアの衰退」と略す）『村川堅太郎古代史論集　Ｉ～古代ギリシアの国家』（岩波書店，1986年）173-215頁。
7) 村川「ギリシアの衰退」185頁。
8) 村川「ギリシアの衰退」186-187頁。
9) 村川「ギリシアの衰退」202-208頁。
10) 村川「ギリシアの衰退」209-210頁。森谷公俊「エウブーロスの財政政策とアテネ民主政の変質」『史学雑誌』97-4号，1988年，25頁は，前350年代中葉のアテナイにおいて「たえまない戦争による財政難，海上同盟政策の破綻，同盟市戦争に伴う経済活動の沈滞，傭兵の多用に現れた市民団意識の弛緩といった数々の困

433

難」という前4世紀のいわゆる「ポリスの危機」が存在したと述べる。
11) 伊藤，前掲書，444-465頁。
12) J. Pečirka, "The Crisis of the Athenian Polis in the Fourth Century B.C." *Eirene* 14 (1976), p. 5-29.
13) 伊藤，前掲書，450-451頁。
14) Cf. G.E.M. de Ste. Croix, *The Class Struggle in the Ancient Greek World from the Archaic Age to the Arab Conquests* （以下*Class Struggle*と略す）(New York, 1981), p. 288, 291（前404年の場合）．
15) モセ，前掲書，56-57頁は，「アテナイでは，その危機は政体の性質のため独特な性格を帯びていて，この点は明確にしておかなければならないことであるが，この政体は前322年のアンティパトロスの勝利にいたるまで決して脅かされることなく存続している」（福島訳）と述べる。
16) Fuks, *Ancient Society* 5 (1974), p. 60 n. 13.
17) de Ste. Croix, *Class Struggle*, p. 290は，「アテナイでの政治階級闘争は全体的に，議論中の時代〔古典期のこと，引用者註〕には非常に音無しであった（筆者は2つの傑出した例外〔前411年と前404-403年の政変のこと，引用者註〕に現在注意するつもりである）し，また手元の諸史料の中に記録されている国内の政治闘争は，めったに直に階級闘争から生じていない。これはまさに当然であり，まさしく私たちが予想したであろうことである。というのも，民主政は，堅固でびくともしないし，それが比較的卑しいアテナイ人たちの望みを満たしたからである」と述べる。
18) M.H. Hansen, *Athenian Democracy*, p. 304. Cf. Jones, *op. cit.*, p. 5. 他に，前沢伸行（伊藤貞夫，本村凌二編）『西洋古代史研究入門』（東京大学出版会，1997年）58頁は，前4世紀のアテナイではポリスの危機による貧民の債務帳消しまたは土地再配分の要求が史料の上で確認できないと指摘する。
19) アリストテレス著，山本光雄訳『政治学』（岩波書店，1961／1975年）229頁。
20) モセ，前掲書，112-113頁。
21) モセ，前掲書，58頁。
22) Fuks, *Ancient Society* 5 (1974), p. 60 n. 13.
23) de Ste. Croix, *Class Struggle*, p. 290.
24) M.H. Hansen, *Athenian Democracy*, p. 304.
25) Jones, *op. cit.*, p. 41-72 ("III The Athenian Democracy and its Critics")．
26) Jones, *op. cit.*, p. 43-44（哲学者たちによって民主政に対して起された第1の最も基本的な告発は，アリストテレスによって彼の特徴を示す簡潔で要を得た率直な書き方で表現されている。すなわち，「そのような諸民主政の中では各人が自分の好むように生きる。あるいはエウリピデスの言葉にあるように，『自分の好みに従って』である。これは悪いことである」）．
27) Jones, *op. cit.*, p. 45（民主政に対する第2の主要な告発は，プラトンによって最もきちんと述べられている。すなわち，「それは平等のようなものを等しい者と等しくない者に同様に分け与える」。それと同じことがイソクラテスによって主張されており，彼は，区別をして「2つの平等がある。ひとつは各人に同じものを，

もうひとつは各人にそれにふさわしいものを，割り当てる」と述べ，そして古き良き時代にアテナイ人たちが「良き者と悪しき者とを同じ権利を受けるに値すると考える平等を不正であると否認したし，各人をその価値に応じて報償する平等を選んだ」と主張する。）．

28) Jones, *op. cit.*, p. 50（民主政についての主な批評の第3のものは，アリストテレスから来ており，それは，その極端な（すなわちアテナイの）形体では「民衆の中の大衆（あるいは「大多数」）が法の代わりに主権がある。これは，条令が法の代わりに有効である時に起こる」というものである。）．
29) Jones, *op. cit.*, p. 54（哲学者たちによって民主政に対して起された最後で主要な告発は，それが富裕者少数派に対する貧民多数派の自分たち自身の利益のための支配を意味することであった。）．
30) 例えば，仲手川良雄「アテナイ民主政と自由」（仲手川良雄編著）『ヨーロッパ的自由の歴史』（南窓社，1992年）15頁のジョーンズ評価を見よ．
31) 廣川洋一『イソクラテスの修辞学校～西欧的教養の源泉』（岩波書店，1984年）72－73頁；同「プラトンにおける教育と素質～教育の可能性をめぐって」『バルカン・小アジア研究』14号，1988年，75頁．
32) 廣川「プラトンにおける教育と素質」78－79頁．
33) Roberts, *Athens on Trial*, p. 82-84.
34) Yack, *op. cit.*, p. 223.
35) アリストテレス著，池田美恵訳「弁論術」（田中美知太郎編）『アリストテレス～世界古典文学全集 16』（筑摩書房，1966／1986年）69頁．
36) Norlin, *op. cit.*, p. 103; R.C. Jebb, *Selections from the Attic Orators* (New Rochelle, 1983), p. 341.
37) ただし，Demosthenes, 24.149-151の中のヘリアスタイの誓いの定型文句は，以前から研究者たちの間でその信憑性が疑われてきた。Lipsius, *op. cit.*, p. 151-152は，本来の誓いの定型文句が，文節の脱落と挿入または配置換えによって変質していると考える。Cf. M. Fränkel, "Der attische Heliasteneid," *Hermes* 13 (1878), p. 452-466; Harrison, *Law*, p. 48; M.H. Hansen, *Athenian Democracy*, p. 182-183.
38) Ostwald, *op. cit.*, p. 509-524.
39) M.H. Hansen, *G.R.B.S.* 19 (1978), p. 315-330; do., *Athenian Democracy*, p. 161-177.
40) Sealey, *Classical Journal* 77-4 (1982), p. 289-302; do., *A.R.*, p. 32-52; do., *Justice*, p. 43-50.
41) また，この時に確認された諸法の所在については，従来，ニコマコスの「法典」編纂碑文の現存史料に関連して研究者たちがストア＝バシレイオス（王のストア）の建物の中の諸壁にまとめて刻文されたと考えてきた（拙稿，『史学研究』202号，25－27頁と，35－39頁の註26を見よ）。だが，この点については，M.H. Hansen, *G.R.B.S.* 20 (1979), p. 181 n. 8が指摘しているように，前403年以後に法廷弁論の中で引用されている諸法の中で所在が判明しているものはステレ（石碑）かまたはメトロオン内の記録保管所のいずれかであるので，前403年に諸法が一概にストア＝バシレイオス内にまとめられたとは考えられない。本論の第3部第6章第1節

第3部　いわゆる「パトリオス゠ポリテイア」問題とテラメネスの政治思想

およびに第4節と第7章第1節；拙稿，『史学研究』208号，79頁　註19を参照せよ。
42) Cf. MacDowell, *J.H.S.* 95 (1975), p. 66-69.
43) MacDowell, *J.H.S.* 95 (1975), p. 68.
44) MacDowell, *J.H.S.* 95 (1975), p. 63-66.
45) Atkinson, *op. cit.*, p. 142.
46) MacDowell, *J.H.S.* 95 (1975), p. 65-66.
47) 前4世紀のノモテシア（nomothesia）の制度については，Harrison, *J.H.S.* 75 (1955), p. 26-35が，その制度が前403年かまたはその直後に制度化されたと主張して以来，学界で注目を浴びてきた。Cf. M.H. Hansen, *G.R.B.S.* 19 (1978), p. 315-330; do., *Classica et Mediaevalia* 32 (1980), p. 87-104; MacDowell, *J.H.S.* 95 (1975), p. 62-74; Ostwald, *op. cit.*, *passim*; Rhodes, *C.Q.* 35 (1985), p. 55-60; Sealey, *Classical Journal* 77-4 (1982), p. 289-302; do., *A.R.*, p. 32-52.
48) ただし，ハンセンやオズワルドらは，この時期にテイサメノスの条令の規定に従ってニコマコスという人物が前403年から前399年まで「ソロンの諸法」を改訂してそれらをいくつかの壁に刻文したと主張した。けれども，この説は，最近のロバートソンの論文やその論文を受けてさらに筆者が最近検討し直した結果，現存する壁の断片史料は供犠に関するものだけに限られていることと関連する諸史料の再検討から，誤りであり，ニコマコスは，ただ単に供犠に関する諸法を作業の対象にしただけであると考えられる。詳しくは，本論の第3部第6章第4節；拙稿，『史学研究』202号，25−40頁をみよ。
49) この演説文の作成時期について Jebb, *Attic Orators* 1, p. 206-207は，基本的にはコリントス戦争に関連する演説文と考えており，(1)前394年のクニドスの戦い，前393年のペルシア艦隊のギリシア来航，同年のアテナイの城壁の再建についての言及があること，(2)演説文が演説後手直しされたと推測されるならば，前394年のコリントスの戦いの戦死者たちに対する演説文と考えられること，(3)前392年のコリントスの城壁での戦いまたは前391年のレカイオンの戦闘も可能性があること，(4)以上の3つの可能性には，演説者が勝ち戦について言及しているという難点があること，を指摘しているが，時期については明言していない。Lamb, *op. cit.*, p. 29は，前392年のコリントスでの敗戦直後またはそれ以後の事件直後であろうと考える。
50) この箇所で筆者は「法による支配」という言葉を用いた。この言葉を英訳するならば，Ostwaldが彼の著作の書名に使っている "sovereignty of law"，あるいは "rule by laws" がこれに当たるのではないかと筆者は考える。他方，Sealeyが彼の1987年の著作の書名の中で "rule of law" という言葉を使用しているし，また英米法学の分野では「法の支配」（rule of law）という用語が使われている。例えば，田中，前掲書，51頁によれば，この「法の支配」は，「独裁者の専断的意思による支配の思想に対蹠的な思想」で「主権者もそのあらゆる機関も，原理に従って行動すべく，専断的恣意によって行動してはならないこと，即ち理性に従うべく恣意に従ってはならないとする法理」である。換言すれば，主権者の行政権に対する立法権の優位を説く理論であり議会主権の原理と関連している。なぜならば，「法の支配」の理論がイングランドにおける17世紀の2つの革命を経ることによっ

て確立されたからである。従って,「法の支配」は行政権と議会の立法権の間の関係性に関わる近代法の考え方であるので,これをそのまま古代のアテナイ社会の「先祖伝来の諸法」と「条令(民会決議)」の間の関係性に当てはめるわけにはいかない。民主政期アテナイの社会では「法による支配」という用語を用いてその用語を「民会決議という専断的恣意に対する慣習法(nomoi)の優位」と定義した上でこの言葉を使用したい。

51) モセ,前掲書,112-113頁。
52) de Ste. Croix, *Class Struggle*, p. 286.

終章　結　　論

　本書は，古代民主政期アテナイの前411年の四百人の寡頭派政変と五千人政権を，中心人物の一人テラメネスに焦点を当てつつ彼の政治行動を特に事件後約80年を経たアリストテレスの記述を再検討することによって，従来の研究者を支配してきた政治党派的視点から離れて再解釈しようと試みたものである。

　初めに，トゥキュディデス『歴史』と伝アリストテレス『アテナイ人の国制』の両史料の諸記述の矛盾点などを合理的に整合し，前411年の四百人の寡頭派政権の成立からその打倒と五千人政権の成立までの年代学上の検討を行なった。前411年のアテナイのシュングラペイスは，10人のプロブーロイを含む30人の委員会で，国制変革のための提案を案出するために任命された。だが，おそらくは，テラメネス派の一員であったクレイトポンが民会で提案を行ない（Aristoteles, *Ath.* 29.3），かつて違法提案告発や弾劾の制度を設けたと推測される「クレイステネスの諸法」を参考にするよう勧告して，極端寡頭派たちが決して過度に当時の国制を変更することを提案できないように図り，そしてかかる形でクレイトポンらのテラメネス派が，この時期に父祖伝来の諸法を尊重することを主張したと推定される。だが，実際は，クレイトポンらの意図に反してシュングラペイス（国制起草委員たち）は，その違法提案告発や弾劾の制度を破棄して提案の自由を提示し（Aristoteles, *Ath.* 29.4）ペイサンドロスらの極端寡頭派にとって都合のよい国制変革につながる道を用意した。

　次に，そのシュングラペイスに続いて穏健派の人物が，Aristoteles, *Ath.* 29.5の内容の提案を提出し，これが承認された。さらに，ペイサンドロスが，四百人の任命とその権限に関する提案を提出し，これが承認された。これ以後，ペイサンドロスの一派は，自分たちの都合のよいように振る舞

終章　結　論

い，Aristoteles, *Ath.* 29.5の中の五千人に関する規定を忠実に実施せず，ついに五千人会を実現しなかったし，また，官職日当の廃止を実施する際，同じくAristoteles, *Ath.* 29.5の中で定められた例外規定を無視し，すべての官職日当を廃止した。また，シュングラペイスが違法提案告発の廃止に関する提案を提出するだけに終わったことは，その背景としてペイサンドロスの一派が寡頭派政権成立へ向けてかなり圧力をかけたことを示唆する。そのことは，その委員会の任命の目的とその結果としての提案内容を比較すれば容易に指摘される。また，この委員会の提案は，この時期の寡頭派にとって好都合なものであったに違いない。このコロノス民会以後，ペイサンドロスの一派の活動は以前より大胆になり，その後の四百人によるクーデターに至る。

　そしてテラメネスとアリストクラテスらが四百人の寡頭派政権を打倒した後，Aristoteles, *Ath.* 30-31の２つの国制草案が承認された。この２つの国制草案が記載されている箇所の前後の部分は，一瞥の限りでは記述内容に矛盾があり，注意を必要とする。Aristoteles, *Ath.* 29.2-32.1の条令の紹介部分とAristoteles, *Ath.* 32.1-33の内政事情の説明部分の接続部にあたるテキスト，すなわちAristoteles, *Ath.* 32.1の中の"epikyrôthentôn de toutôn hypo tou plêthous"の，動詞epikyroôの独立属格をとった分詞の一節は，元々アリストテレスがアオリストⅠの動詞を用いて１つの完結した文章として記したものであったが，後世の写字生が誤解し，独立属格の分詞に改悪して，後続の内政事情の説明文と結びつけてしまったものであると考えられる。このように考えれば，その箇所の記述内容の矛盾が解消し，Aristoteles, *Ath.* 30-31の２つの国制草案が承認された時期が四百人政権崩壊後の時期になる。トゥキュディデスと伝アリストテレス『アテナイ人の国制』の両史料の突き合わせは以上のように考えることができる。

　次に，前411年の四百人の寡頭派政変が起こった原因を古典期アテナイの民主政社会の中と政変直前のペロポネソス戦争下でのいくつかの集団の動きや思想の中に追求した。古典期アテナイの民主政社会を検分すると，そこには古拙期から脈々と続く貴族門閥の一族が存在した。彼らは，クレ

440

イステネスの改革以後の民主的な諸改革によって政治および社会上かなりその権勢を弱めたが，キモンの例にあるように，その影響力をアテナイ内部に示す力を残存させていた。前5世紀中期のペリクレス時代のアテナイ民主政の時代以降には，彼らは，レイトゥルギアによる経済的負担を負っていたが，平時にはそれがむしろ民衆やポリスに貢献できる場として社会的威信を増す機会として積極的に活用されたのではなかろうか。だが，他方では，それらの貢献は，民衆に益があるだけで貢献する当の上流階層には益がないと感じる人物が出てき，〔Xenophon〕, *Ath.*のような作品が生まれた。他方，Lysias, 21.2-3のように，彼らは，戦時には生命の危険を賭けて三段櫂船奉仕を頻繁に行なうようになり，さらにエイスポラの負担が度々課せられるようになり，経済的にかなり苦しい状況に陥るようになった。

　また，キモンの時代までのアテナイの貴族・上流階層は，国外の貴族や王族と姻戚関係を持ち，また諸外国にクセノスと呼ばれる賓客を持って国際交流を行なった。キモンの場合には，スパルタ人との賓客関係のゆえに一方ではスパルタとの衝突を回避することに成功し，他方ではアテナイ人たちを説得してスパルタ支援の軍事遠征を行なうほどであったので，アテナイの民会で外交問題を決定する際にキモンのような貴族・上流階層が中心的な役割を果たしたと推測できる。この点に注意を払うならば，前451年のいわゆるペリクレスの市民権法によってそれ以後のアテナイ人が，もはやかつてのキモンのように国外の人々との関係を利用して戦争を回避したり同盟関係を促進したりするような動きがしだいにできなくなったと考えられる。加えて，ペリクレスの市民権法の制定以前に国外の貴族と婚姻関係を結んだアテナイ人は，前411年の時点では60歳前後以上の年齢にあり，アテナイ民会では極めて少数派となるので，彼らには国外に広がる姻戚関係や交流関係を利用して不必要な戦争の継続を民会で阻止する能力が失われていたと推測される。前411年の寡頭派の政変がクーデターを伴った背景にはかかる事情が影響したのではなかろうか。

　他方，政変直前のペロポネソス戦争下でのいくつかの集団の動きや思想

を分析すると，前411年のアテナイの四百人の寡頭派政変は，ペロポネソス戦争の最中に国家の財政が悪化したために富裕者たちに公的な財政負担がかかり，アンティポンらの寡頭派たち，ペイサンドロスやプリュニコスらのように元々民主派でありながらペルシアからの財政支援を受ける試みが頓挫したりアルキビアデスとの関係の悪化から転身した者たち，国家救済のために立ち上がった政治と軍事の実務者たちなど，いくつかのグループが合同して起こした政変であるので，そして特に政変の中心人物であったペイサンドロスの転身を考え併せると，その政変はもっぱら寡頭主義的な考えから起こった政変とは言えない。そして，従来の民主政の制度を変更するための重要な民会決議まではアテナイ民衆が承認した合法的な政変であったが，その後成立したばかりの四百人評議会の成員たちが自分たちに権力を集中させるためにクーデターを起こした。そして四百人の政治がスパルタとの和平を模索するなど民衆の求めからはずれていくと，その四百人の中からテラメネスのように寡頭派や民主派などの主義にこだわらずに政治と軍事の両面で国家に貢献することができる実務者たちが立ち上がり，四百人の寡頭派政権を倒したのである。このように，元々通常は市民の各層に納税の義務を負わせる制度がないという点で財政基盤のないアテナイのポリスが官職日当を支給する制度を伴った民主政を行なったところへペロポネソス戦争の戦局悪化とそれによる国家財政の破綻が襲い，金のかかる民主政が危機に陥ったので，富裕者や寡頭派や実務者たちが民衆に対して譲歩を迫って官職日当の支給の廃止と政治権力の集中を実現したのである。

　だが，官職日当の支給の廃止と政治権力の集中は，いわば一時しのぎの便法に過ぎなかったので，前410年春のキュジコス沖の海戦でアテナイが勝利し，戦局が好転すると，その年の夏に再び官職日当の支給が行なわれる民主政に移行したし，またそれによって息を吹き返した民主派や民衆が，先の四百人の権力集中に加担した有能な者たちに対して寡頭派のレッテルを貼り，告発を行なう形で攻撃を行なった。そのおかげでアテナイは，ポリスにとって有能な人材を次々と失ったわけであり，これが結果的にはア

テナイのペロポネソス戦争での敗北につながったと言える。

　次に，四百人の寡頭派政権打倒後の五千人政権について考察した。前411年9月に四百人の寡頭派政権を倒して成立した新政権にとって，四百人処罰は重要な政治課題であった。重装歩兵階層の人々は，自身が四百人であるテラメネスをあえて指導者として立て，民会決議で政務を五千人に委託させ，官職日当を廃止した。これを受けてテラメネスは，自派に有利に脇を固め，五千人の市民との提携を基礎に他の四百人の処罰を遂行した。アンティポンとアルケプトレモスは，四百人の一員であったアンドロンの提案に従ってテラメネス自身が告発し，処刑した。プリュニコスは暗殺されているにもかかわらず，テラメネス派のクリティアスが改めて告発した。他方，ポリュストラトスは，二級の四百人の一員であったが，テラメネス派につかなかったので告発され，罰金刑を受けた。しかし，前410年春のキュジコス戦の勝利の後まもなく，テラメネスの遠征中に従来の完全民主政が復興したので，これに伴って四百人処罰が無制約に行なわれるようになり，アテナイは前405年秋の破局期まで民主派が旧寡頭派に対抗処置を執る時代を経験する。このように四百人の寡頭派処罰は，前410年7月を転換点として，テラメネス主導から民衆主導へ移行する。従って，五千人政権の国制は，テラメネスの政治上の立場をよく吟味して再検討する必要がある。

　そこで，五千人政権の成立の時にテラメネスが作成したと考えられるAristoteles, *Ath.* 31の暫定の国制を検討すると，次のようなことが分かる。すなわち，その国制は，新評議会を設立すること，役人任命と四百人処罰の裁量権を新評議会に委託することなどを規定しているだけであり，その他の主な制度は民主政期の国制と変わらないことを示している。従って，暫定の国制によれば，五千人政権の国制は，評議会の構成が異なるものの基本的には民会を最高決議機関とする民主政であった，と考えられる。アテナイ民衆は，エレトリア沖の海戦の敗戦後，四百人政権を倒したものの政権を担当する責任を負うことを躊躇したに違いない。そこで彼らは，四百人政権を倒す運動の指導者であったテラメネスを，元々は四百人の政変

終章　結論

の首謀者でもあったにもかかわらず、わざわざ国家救済の切り札として新政権の指導者とした。他方、四百人に関する前歴のあるテラメネスにとっては、当時のアテナイにふさわしい国制を選択する上で民主政の国制しか選択できなかったのではあるまいか。その代わりに彼は、四百人関連の告発を受けることから免れるための方策を新国制草案に盛り込んだ。五千人政権は、アテナイ政界で生き残りたいテラメネスらがアルキビアデスを加えて、敗戦で政権担当の自信を失った民衆と妥協した産物である。前410年の春のキュジコス沖の海戦でアテナイに勝利をもたらした3人の将軍の中にこの2人、前年には寡頭派政権を樹立することを推進した2人がいることは、その2人がとにかく次には一転して民衆に恩恵をもたらす姿勢を見せたことを示すものであり、興味深い。ところが、その海戦の後、テラメネスの全権将軍職の任期が切れるや否や、民衆は、五千人政権独自の民主政を廃し、四百人政権以前の完全民主政を復興させたのである。それゆえに、前411年秋のテラメネスの五千人政権が民主政の国制を採用したのであるから、その政権が官職日当の廃止と役職就任権の制限（Th., 8.97.1; Aristoteles, *Ath.* 33.1）を行なったことは、それが寡頭政を目指していたわけではなく国家救済のために有能な実務者を政権内に取り込むことを目的とした実際的な対策であったことを示す。

　ところで、テラメネス派の政治思想についてこれまでの研究者たちは、フックスらのように、Aristoteles, *Ath.* 29.3の中のクレイトポン動議を根拠にして「父祖の国制（ἡ πάτριος πολιτεία）」（ancestral constitution）を求めることをスローガンにしたと説明してきた。ここで言われている父祖の国制とは、ソロンやクレイステネスの時代の国制のことである。それでは、テラメネス派はソロンやクレイステネスの時代のどのような制度を追求しようとしたのか。その問題を考える時に、これまでの研究者たちによってソロンの諸法を編纂したと考えられている、前410－404年と前403－399年の2期にわたるニコマコスによるいわゆる法典編纂作業と前403年のテイサメノスの条令その他による法制改革をよく理解しておく必要がある。

　ニコマコスは、前410－404年と前403－399年の2期にわたりアナグラ

終章 結論

ペウスとしてアテナイのいわゆる法典編纂作業に従事した。その作業の成果とみられるものが，14個の大理石碑文の断片として現存する。それらの中でニコマコスの前期の法典編纂碑文とみなされている現存の碑文史料の内容を吟味すると，それはトリエラルキアに関する法と供犠に関するものに偏している。他方で，ニコマコスの法典編纂作業を伝える文献史料，Lysias, 30 *Against Nicomachos*は，彼が聖・俗の法のアナグラペウスであったと伝えている（Lysias, 30.25）が，前期の前410－404年にアテナイのすべての法を書き写したとは必ずしも伝えていない。そこで，現存する史料を当時のアテナイの国家財政の状況に照らしてみると，その「法典編纂」作業の意図は，当時のアテナイの国家財政の緊縮を狙ったものであると言える。従って，従来，研究者たちの間で「法典編纂」と言われてきた，このニコマコスの「法典編纂」作業はとても「法典編纂」の名に値するようなものではなかった可能性が出てくる。

　他方，ニコマコスの後期のいわゆる法典編纂はどのような理由から行なわれたのか。この問題については，最近，ロバートソンが，後期の法典編纂碑文が，その銘文の部分に消去と再刻字の跡があることから，Lysias, 30（前399年）の直後にニコマコスの敗訴を受けて銘文の消去と再刻文が行なわれたものであると唱えた。そこで，前期壁面の碑文の内容と後期壁面の碑文の内容の間にどのような違いがみられるかを考察した結果，ニコマコスの前期壁面の碑文と後期壁面の碑文の間にはその内容と編纂目的，供犠暦の書式の面で違いがあることが判明した。従って，前期壁面と後期壁面の碑文の間にみられる違いと後期壁面の供犠暦の整然とした書式は，後期壁面の碑文がニコマコスの裁判（前399年）の後に刻文されたと提唱するロバートソン説を支持するとみてよい。従って，ニコマコスの後期のいわゆる法典編纂碑文は，実際は，ロバートソン説以前のこれまでの通説とは違って，ニコマコスの手になるものではなく，彼の裁判の後に再刻文されたものであること，そしてその後期壁面の碑文を再刻文するにあたっては供犠暦の資料の典拠を明示することによって，記載された供犠が新旧を問わず正当に定められたものであることと国家に財政上の損失を与える

445

終章　結　論

ものでないことを明確にしようとしたこと，を物語る史料であると考えられる。

次に，これまでの研究者たちによってニコマコスによる後期のいわゆる法典編纂作業と結びつけられてきた，前403年のテイサメノスの条令その他による法制改革はどのような改革であると考えるべきであろうか。アテナイでは三十人僭主の政治の混乱の後に民主政が復興した前403年に，テイサメノスの条令によって三十人僭主の時代以前の民主政の時代に使われていたソロンとドラコンの法をそのまま引続き使用することと，そのようにすれば不都合を生じる人々のために新たに追加の法を定めることが定められた。テイサメノスの条令はただそれだけを定めたものであるので，それゆえ，その条令によってアテナイのすべての法の審査と改訂そして刻文が実際に行なわれたわけではない。また，ニコマコスの後期作業は，内容が供犠に関するものであり，それによって不都合を生じる人がいないので，テイサメノスの条令とは関係なく，後日にこれを壁に刻文するアナグラペイスが任命されて行なわれたはずである。しかも，彼が刻文した供犠暦は，国家に多大な損失を与えたという理由から前399年の裁判によって書き直しが命じられることとなった。これゆえに，後世のアッティカ誌家や著述家は，ニコマコスの後期作業を重要なものとはみなさなかったので，彼の作業については全く言及していない。従って，これまでの研究者たちの述べるように，前5世紀末のアテナイで諸法の「改訂」が大々的に行なわれ，アテナイの諸法の「法典」が完成したとは言えない。

このようにして，前403年にテイサメノスの条令とそれに従って追加された法によって「ソロンの諸法」の内容が確定し，さらに「条令に対する法の優位」が確定した。それによって前4世紀のアテナイ人たちやアリストテレスは，民主政という国制は本来，諸法によって治められるべきであるという認識を強く抱くようになったはずである。さらに，アリストテレスの時代のアテナイの民主政は，本来は，前403年に確定された「ソロンの諸法」によって治められるべき国制であったので，そのような民主政に対する認識の仕方が『政治学』の中のアリストテレスの政治観の論述に反

映された。また，そのような前4世紀に特有の「ソロンの諸法」に対する認識から，Aristoteles, *Ath.* 41.2は，アテナイ民主政がソロンの改革から「起源を発する」とみなすようになった。従って，ソロンの後に歴史学上実際にアテナイ民主政を設立したクレイステネスについてAristoteles, *Ath.* 41.2は，彼の政治上の変更を「ソロンのものより民主的」(dêmotikôteros tês Solônos) と述べた。

　従って，伝アリストテレス『アテナイ人の国制』の中に登場するテラメネス派の「パトリオス＝ポリテイア」とは，民主政を本来支配すべきソロンやクレイステネスの先祖伝来の諸法を尊重すべきであるという考えであったのであり，それゆえに前4世紀ならではの民主政観を抱いているアリストテレスが注目し記録に留めたと考えられる。従って，その考えは，決して，フックスの唱える「ソロンやクレイステネスの時代に戻れ」というような過去の時代への回帰という強い意識または寡頭派的な考えではなかった。それゆえに，当時の出来事の経過として推定できるかまたは伝アリストテレス『アテナイ人の国制』の著者がその出来事について理解していたことは，そのテラメネス派の一員であったクレイトポンが前411年に行なった提案 (Aristoteles, *Ath.* 29.3) の意図が，違法提案告発や弾劾の制度を設けたと推測される「クレイステネスの諸法」を参考にするよう勧告して，極端寡頭派たちが決して過度に当時の国制を変更することを提案できないように図り，そしてかかる形でクレイトポンらのテラメネス派が，この時期に父祖伝来の諸法を尊重することを主張したというものであった，ということである。だが，実際は，クレイトポンらの意図に反してシュングラペイス（国制起草委員たち）は，その違法提案告発や弾劾の制度を破棄して (Aristoteles, *Ath.* 29.4) ペイサンドロスらの極端寡頭派にとって都合のよい国制変革につながる道を用意した。

　ところで，前411年の四百人の寡頭派政変と五千人政権，そして前404－403年のいわゆる三十人僭主の独裁政治という民主政期アテナイの諸政変の鍵を握ったテラメネスについての同時代人たちの評価は，一般に良いものとはいえず，むしろリュシアスのように非難の言葉が多い。これ

終章 結 論

は，Aristoteles, Ath. 28.5の中のテラメネス称賛の叙述とは対照的である。だが，前述のようにアリストテレスが民主政というものは本来諸法に従って治められるべきであると考えたことに着目すると，そして彼が，クレイトポンがテラメネスの一派に属していたと証言していることと，他方でクセノポン『ギリシア史』第2巻3章48節の中でテラメネスが行き過ぎた民主政や寡頭政を求める両方の者たちに対して自分が敵対しているのであり，「馬か盾によって貢献することができる者たちと共に政治を指導することが私はかつて良いことと思いました」と述べていることにおそらく注目したであろうと考えると，かかるアリストテレスの視点からAristoteles, Ath. 28.5の中でテラメネスが「人々が彼を中傷するようにすべての国制を打倒しているのではなく，すべてをそれらが法に違反しない限り増進している」とか「法に違反するものには黙認するのではなく反感を抱」いたと考える記述が出てきたと考えられるのではなかろうか。従って，アリストテレスにとってはAristoteles, Ath. 28.5の中のテラメネスに対する評価とAristoteles, Ath. 29.3の中のクレイトポン動議についての記述とAristoteles, Ath. 34.3の中でそのテラメネスとクレイトポンが同じ一派を形成していたことに言及した記述は，彼の民主政についての考え方を考慮に入れれば，それらのつながりが首尾一貫していたわけである。それゆえに，これまで研究者たちによってほとんど無視されてきたAristoteles, Ath. 28.5の中のテラメネスに対する評価は，かかる形で理解されるべきであると言えよう。

そこで，テラメネスの政治的立場および行動をまとめると次のようになる。テラメネスは，前411年の四百人の寡頭派政変に参加し，それを打倒し，さらに五千人政権を設立し，前404/3年に極端寡頭派のクリティアスによって処刑される。彼の政治的立場は前411年の段階では，従来，Aristoteles, Ath. 30-31の2つの国制草案とクレイトポン動議についての史料の誤解のためにこれまでの研究者たちによって穏健寡頭派と考えられてきた。だが，四百人の寡頭派政変直前のテラメネス派のクレイトポン動議は単に父祖伝来の諸法を尊重することを求めただけであるし，また四百人の寡頭派政権打倒後にテラメネスが設立した五千人政権の国制は，従来考

えられてきた穏健寡頭政ではなく，従前の徹底した民主政とは異なるものの官職就任権制限と官職日当廃止という当時の国難打開の実際的対策を伴う民主政である。従って，テラメネスは実際には，過激寡頭政と急進民主政の双方に対して対立し，戦時下での自国の経済的軍事的難局に対処するために左右の両派と対立・妥協を繰り返し，前411年秋の国難に際しては実際的な対策をとった実務的政治家であった。

　最後に，本研究で得られた知見を元にして前411年のアテナイの四百人の寡頭派政変とそのアテナイの民主政についてまとめを試みると次のようになろう。前411年のアテナイにおける四百人の寡頭派政変は，その実態はその名称とは異なって当時の難局を乗り切ろうとしたテラメネスらの実務家たちによる国家救済のための政変であった。その国家救済の目的は，その四百人政権後の五千人の政治の時期にテラメネス派の主導の下に官職就任権を従来の民主政期より制限するなどした，その時期特有の民主政の制度を運用することによって達成された。だが，前411年の経験，そしてその後の前404－403年の三十人僭主の政治とそれを武力闘争によって打ち破って民主政を復興させた経験は，アテナイ人をして前403年の法制改革を断行させた。その改革によってアテナイ人たちは，民会決議の条令よりも先祖伝来のいわゆる「ソロンの諸法」を優先させることを厳密に規定し，以後，法制面から民主政の制度の保護に努めることとなった。それゆえ，前4世紀のアテナイにおいては，歴史学上は真の民主政創設者とみなされているクレイステネスよりも数世代前の，アテナイ人たちにとって偉大な祖先のソロンが彼らの民主政の諸法を制定したとみなされるようになった。

文献目録

A. Adler ed., *Suidae Lexicon* 4 (Stuttgart, 1935; rpt. 1971)
A. Andrewes, "The Generals of Hellespont, 410-407 B.C.," *J.H.S.* 73 (1953), p. 2-9
A. Andrewes, "Thucydides and the Persians," *Historia* 10 (1961), p. 1-18
A. Andrewes & D,M. Lewis, "Notes on the Peace of Nikias," *J.H.S.* 77 (1957), p. 177-180
K.M.T. Atkinson, "Athenian Legislative Procedure and Revision of Laws," *Bulletin of the John Rylands Library* 23 (1939), p. 107-150
H.C, Avery, "Critias and the Four Hundred," *Classical Philology* 58 (1963), p. 165-167
H.C. Avery, "Sophocles' Political Career," *Historia* 22 (1973), p. 509-514
E. Barker, *Greek Political Theory: Plato and his Predecessors* (1918; rpt. London, 1977)
K.J. Beloch, *Griechische Geschichte* 2.1 (Strassburg, 1914; rpt. 1967), 2.2 (Berlin & Leipzig, 1931)
H. Bengtson, *Griechische Geschichte* (München, 1965; rpt. 1979)
L. Berkowitz & K.A. Squitier, *Thesaurus Linguae Graecae Canon of Greek Authors and Works* 2nd ed. (New York & Oxford, 1986)
F. Blass, *Die Attische Beredsamkeit* 1 (Leipzig, 1887; rpt. Hildesheim, 1962)
H. Bloch, "Studies in Historical Literature of the Fourth Century," *Harvard Studies in Classical Philology Supplementary* Volume 1: *Athenian Studies Presented to William Scott Ferguson* (Cambridge, 1940), p. 303-376
R.J. Bonner & G. Smith, *The Administration of Justice from Homer to Aristotle* 1 (Chicago, 1930)
R. Brock, "Athenian Oligarchs: the Numbers Game," *J.H.S.* 109 (1989), p. 160-164.
C.L. Brownson trans., *Xenophon* 1: Hellenica I-IV (Loeb Classical Library) (London, 1918; rpt. 1985)
G. Busolt, *Griechische Geschichte bis zur Schlacht bei Chaeroneia* 3.2 (Gotha, 1904; rpt. Hildesheim, 1967)
G. Busolt, *Griechische Staatskunde* 1 (München, 1920; rpt. 1979), 2 (München,

1926; rpt. 1972)

E.M. Carawan, "Eisangelia and Euthyna: the Trials of Miltiades, Themistocles, and Cimon," *G.R.B.S.* 28 (1987), p. 167-208

M. Cary, "Notes on the Revolution of the Four Hundred at Athens," *J.H.S.* 72 (1952), p. 56-61

M.O.B. Caspari, "On the Revolution of the Four Hundred at Athens," *J.H.S.* 33 (1915), p. 1-18

S.A. Cecchin, Πάτριος ποριτεία: *Un tentativo propagandistico durante la guerra del Peloponneso* (Torino, 1969)

C.W. Clairmont, *Patrios Nomos: Public Burial in Athens during the Fifth and Fourth Centuries B.C.* Part 1 (Oxford, 1983)

K. Clinton, "*IG* I² 5, the Eleusinia, and the Eleusinians," *A.J.P.* 100 (1979), p. 1-12

K. Clinton, "The Nature of the Late Fifth-Century Revision of the Athenian Law Code," *Studies in Attic Epigraphy, History and Topography Presented to Eugene Vanderpool, Hesperia Supplement* 19 (1982), p. 27-37

W.R. Connor, *The New Politicians of Fifth-Century Athens* (Princeton, 1971)

M. Crawford & D. Whitehead, *Archaic and Classical Greece* (Cambridge, 1983)

G.E.M. de Ste. Croix, "The Character of the Athenian Empire," *Historia* 3 (1954), p. 1-41

G.E.M. de Ste. Croix, "The Constitution of the Five Thousand," *Historia* 5 (1956), p. 1-23

G.E.M. de Ste. Croix, *The Class Struggle in the Ancient Greek World from the Archaic Age to the Arab Conquests* (New York, 1981)

J.K. Davies, *Athenian Propertied Families 600-300 B.C.* (Oxford, 1971)

J. Days & M. Chambers, *Aristotle's History of Athenian Democracy* (Berkeley & Los Angeles, 1962)

R. Develin, *Athenian Officials 684-321 B.C.* (Cambridge, 1989)

Diel, *RE.* 9,2, s.v. Kritias

H. Diels & W. Kranz, *Die Fragmente der Vorsokratiker* 2 (Berlin, 1935)

K.J. Dover, *Lysias and the CORPUS LYSIACUM* (Berkeley & Los Angeles, 1968)

S. Dow, "Greek Inscriptions: The Athenian Law Code of 411-401 B.C.," *Hesperia* 10 (1941), p. 31-37

S. Dow, "The Law Codes of Athens," *Proceedings of the Massachusetts Historical Society* 71 1953-57, (1959), p. 3-36

S. Dow, "The Athenian Calendar of Sacrifices: The Chronology of Nikomakhos' Second Term," *Historia* 9 (1960), p. 270-293

S. Dow, "The Walls inscribed with Nikomakhos' Law Code," *Hesperia* 30 (1961), p. 58-73

S. Dow, "Six Athenian Sacrificial Calendars," *Bulletin de Correspondance hellénique* 92 (1968), p. 170-186

V. Ehrenberg, "Die Urkunden von 411," *Hermes* 57 (1922), p. 613-620

De C. Fales, Jr., "Translation of the Rublic EK TΩM MH RHTHI," *Hesperia* 28 (1959), p. 165-167

W.S. Ferguson, "The Constitution of Theramenes," *Classical Philology* 21 (1926), p. 72-75

W.S. Ferguson, *Cambridge Ancient History* 5 (Cambridge, 1927; rpt. 1979)

W.S. Ferguson, "The Condemnation of Antiphon," in *Mélanges Gustave Glotz* 1 (Paris, 1932), p. 349-366

W.S. Ferguson, "The Athenian Law Code and the Old Attic Trittyes," in *Studies Presented to Edward Capps* (Princeton, 1936)

A. Fingarette, "A New Look at the Wall of Nikomakhos," *Hesperia* 40 (1971), p. 330-335

M.I. Finley, *The Ancestral Constitution* (London, 1971)

M.I. Finley, *Democracy Ancient and Modern* (London, 1973; rpt. 1985)

D. Flach, "Die oligarchische Staatsstreich in Athen vom Jahre 411," *Chiron* 7 (1977), p. 9-33

H.N. Fowler trans., *Plutarch's Moralia* Vol.10 (Loeb Classical Library) (London, 1936; rpt. 1969)

M. Fränkel, "Der attische Heliasteneid," *Hermes* 13 (1878), p. 452-466

K. von Fritz & E. Kapp, *Aristotle's Constitution of Athens and Related Texts* (New York, 1950)

A. Fuks, "Patterns and Types of Social-Economic Revolution in Greece from the Fourth to the Second Century B.C." *Ancient Society* 5 (1974), p. 51-81 in A. Fuks, *Social Conflict in Ancient Greece* (Leiden, 1984), p. 9-39

A. Fuks, *The Ancestral Constitution: Four Studies in Athenian Party Politics at the End of the Fifth Century B.C.* (London, 1953; rpt. Westport, 1975)

F.H. de Gaertringen ed., *Inscriptiones Graecae* I² (Berlin,1924; rpt. Chicago, 1974)

H-J. Gehrke, *Stasis: Untersuchungen zu den inneren Kriegen in den griechisen Staaten des 5. und 4. Jahrhunderts v. Chr.* (München, 1985)

A.W. Gomme, A. Andrewes & K.J. Dover, *A Historical Commentary on Thucydides* Vol. 4 Books V 25-VII (Oxford, 1970; rpt. 1983), Vol. 5 Book

VIII (Oxford, 1981)

H. Hansen, *Aspects of the Athenian Law Code of 410/09-400/399 B.C.* (New York & London, 1990)

M.H. Hansen, *Eisangelia: The Sovereignty of the People's Court in Athens in the Fourth Century B.C. and the Impeachment of Generals and Politicians* (Odense, 1975)

M.H. Hansen, "Nomos and Psephisma in Fourth-Century Athens," *G.R.B.S.* 19 (1978), p. 315-330

M.H. Hansen, "Did the Athenian Ecclesia Legislate after 403/2 B.C.?" *G.R.B.S.* 20 (1979), p. 179-205

M.H. Hansen, "Athenian Nomothesia in the Fourth Century B.C. and Demosthenes' Speech against Leptines," *Classica et Mediaevalia* 32 (1980), p. 87-104

M.H. Hansen, "Solonian Democracy in Fourth-Century Athens," in W.R. Connor, M.H. Hansen, K.A. Raaflaub & B.S. Strauss, *Aspects of Athenian Democracy: Classica et Mediaevalia Dissertationes* 11 (Copenhagen, 1990), p. 71-99

M.H. Hansen, *The Athenian Democracy in the Age of Demosthenes* (Oxford, 1991)

P. Harding, "The Theramenes Myth," *Phoenix* 28 (1974), p. 101-111

P. Harding, "Atthis and Politeia," *Historia* 26-2 (1977), p. 148-160

P. Harding, "O Androtion, You Fool!," *A.J.A.H.* 3 (1978), p. 179-183

P. Harding ed. & trans., *From the End of the Peloponnesian War to the Battle of Ipsus: Translated Documents of Greece and Rome* 2 (Cambridge, 1985)

P. Harding, *Androtion and the Atthis* (Oxford, 1994)

E.M. Harris, "The Constitution of the Five Thousand," *H.S.C.P.* 93 (1990), p. 243-280

A.R.W. Harrison, "Law-Making at Ahtens at the End of the Fifth Century B.C.," *J.H.S.* 75 (1955), p. 26-35

A.R.W. Harrison, *The Law of Athens: Procedure* (Oxford, 1971)

R.F. Healey summarized, "Eleusinian Sacrifices in the Athenian Law Code," *H.S.C.P.* 66 (1962), p. 256-259

H. van Herwerden & J. van Leeuden, *De Republica Atheniensium* (Leyden, 1891)

C. Hignett, *A History of the Athenian Constitution to the End of the Fifth Century B.C.* (Oxford, 1952; rpt. 1975)

C. Hude ed., *Lysiae Orationes* (Oxford Classical Texts) (Oxford, 1912; rpt. 1986)

F. Jacoby, *Atthis: The Local Chronicles of Ancient Athens* (Oxford, 1949)
F. Jacoby, *Die Fragmente der Griechischen Historiker* 3.b (Supplement) Vol. 2 (Leiden, 1954; rpt. 1967)
F. Jacoby, *Die Fragmente der Griechischen Historiker* 3.B (Leiden, 1964)
M.H. Jameson, "Sophocles and the Four Hundred," *Historia* 20 (1971), p. 541-568
R.C. Jebb, *The Attic Orators from Antiphon to Isaeos* 1 (New York, 1962)
R.C. Jebb, *Selections from the Attic Orators* (New Rochelle, 1983)
A.H.M. Jones, *Athenian Democracy* (Oxford, 1957; rpt. 1986)
H.S. Jones & J.E. Powell eds., *Thucydides Historiae* 2 (Oxford Classical Texts) (Oxford, 1901; rpt. 1987)
B. Jordan, *The Athenian Navy in the Classical Period: A Study of Athenian Naval Administration and Military Organization in the Fifth and Fourth Centuries B.C.* (Berkeley, Los Angeles & London, 1975)
W. Judeich, "Untersuchungen zur athenischen Verfassungsgeschichte," *Rheinisches Museum für Philologie* 62 (1907), p. 295-308
D. Kagan, *The Fall of the Athenian Empire* (Ithaca & London, 1987)
U. Kahrstedt, *Paulys Realencyclopädie der classischen Altertumswissenschaft* 4. A2 (Stuttgart, 1932), s.v. Syngrapheis, p. 1388
G. Kaibel & A. Kiessling, *Aristoteles Schrift vom Staatswesen der Athener* (Strassburg, 1891)
E. Kalinka ed., *Xenophontis qvi Inscribitvr Libellvs AΘHNAIΩN ΠΟΛΙΤΕΙΑ* (Stuttgard, 1967)
F.G. Kenyon ed., *Aristotle on the Constitution of Athens* (Oxford, 1891)
F.G. Kenyon ed., *Aristotle on the Constitution of Athens* 3rd ed. (Oxford, 1892)
F.G. Kenyon trans., *Aristotle on the Athenian Constitution* (London, 1891)
F.G. Kenyon ed., *Aristotelis Atheniensium Respublica* (Oxford Classical Texts) (Oxford, 1920; rpt. 1980)
J. Kirchner, *Prosopographia Attica* 1 (Berlin, 1901; rpt. 1966), 2 (Berlin, 1903; rpt. 1966)
W.R.M. Lamb trans., *Lysias* (Loeb Classical Library) (Oxford, 1930; rpt. 1976)
M. Lang, "The Revolution of the 400," *A.J.P.* 69 (1948), p. 272-289
M. Lang, "Revolution of the 400: Chronology and Constitutions," *A.J.P.* 88 (1967), p. 176-187
T. Lenschau, "Die Vorgänge in Athen nach dem Sturz der Vierhundert," *Rheinisches Museum für Philologie* 90 (1941), p. 24-30

文献目録

D.M. Lewis, *Sparta and Persia* (Leiden, 1977)
D.M. Lewis ed., *Inscriptiones Graecae* I³ (Berlin, 1981)
H.G. Liddell & R. Scott eds., *A Greek-English Lexicon* (Oxford, 1968; rpt. 1992)
J.H. Lipsius, *Das attische Recht und Rechtsverfahren* 1 (Hildesheim, 1966)
C. Lord trans., *Aristotle The Politics* (Chicago & London, 1984)
D.M. MacDowell, *Andokides: On the Mysteries* (Oxford, 1962; rpt. 1989)
D.M. MacDowell, *Athenian Homicide Law in the Age of the Orators* (Manchester, 1963; rpt. 1966)
D.M. MacDowell, "Law-Making at Athens in the Fourth Century B.C.," *J.H.S.* 95 (1975), p. 62-74
D.M. MacDowell, *The Law in Classical Athens* (London, 1978)
K.J. Maidment trans., *Minor Attic Orators* 1 (Loeb Classical Library) (London, 1941; rpt. 1982)
E.C. Marchant ed., *Xenophontis Opera Omnia* 1: *Historia Graeca* (Oxford Classical Text) (Oxford, 1900; rpt. 1987)
E.C. Marchant ed., *Xenophontis Opera Omnia* 5 (Oxford Classical Text) (Oxford, 1920; rpt. 1969)
G. Mathieu & B. Haussoullier eds. & trans., *Aristote Constitution d'Athènes* (Paris, 1922; rpt. 1985)
R. Meiggs & D. Lewis, *A Selection of Greek Historical Inscriptions to the End of the Fifth Century B.C.* (Oxford, 1969; rpt. 1989)
B.D. Meritt, *Athenian Financial Documents of the Fifth Century* (Ann Arbor, 1932)
B.D. Meritt, "The Inscriptions," *Hesperia* 3 (1934), p. 1-128
Ed. Meyer, *Forschungen zur alten Geschichte* 2 (Halle, 1899; rpt. Hildesheim, 1966)
Ed. Meyer, *Geschichte des Altertums* 4.2 (Stuttgart, 1956)
J.M. Moore trans., *Aristotle and Xenophon on Democracy and Oligarchy* (Berkeley & Los Angeles, 1975)
J.A.R. Munro, "The Ancestral Laws of Cleisthenes," *C.Q.* 33 (1939), p. 84-97
G. Norlin trans., *Isocrates* 2 (Loeb Classical Library) (London, 1929; rpt. 1982)
J.H. Oliver, "Greek Inscriptions: Laws," *Hesperia* 4 (1935), p. 5-32
H. Oppermann, *Aristotelis AΘHNAIΩN ΠΟΛΙΤΕΙΑ* (Stuttgart, 1968)
M. Ostwald, *From Popular Sovereignty to the Sovereignty of Law: Law, Society, and Politics in Fifth-Century Athens* (Berkeley, Los Angeles & London, 1986)

文献目録

Paulys Real-Encyclopädie der classischen Altertumswissenschaft 1,2 (Stuttgart, 1894; rpt. 1958), 4,A2 (Stuttgart, 1932), 5,A2 (Stuttgart,1934; rpt.1973), 9,2 (Stuttgart, 1922; rpt. 1965), 11,2 (Stuttgart, 1922; rpt. 1965), 17,1 (Stuttgart, 1936).

J. Pečirka, "The Crisis of the Athenian Polis in the Fourth Century B.C." *Eirene* 14 (1976), p. 5-29

G.E. Pesely, "Hagnon," *Athenaeum* 77 N1-2 (1989), p. 191-209

G.E. Pesely, "Did Aristotle use Androtion's *Atthis*?" *Klio* 76 (1994), p. 155-171

K.A. Raaflaub,"Contemporary Perceptions of Democracy in Fifth-Century Athens," in W.R. Connor, M.H. Hansen, K.A. Raaflaub & B.S. Strauss, *Aspects of Athenian Democracy: Classica et Mediaevalia Dissertationes* 11 (Copenhagen, 1990), p. 33-70

H. Rackham trans., *Aristotle* 20 (Loeb Classical Library) (London, 1935; rpt. 1971)

P.J. Rhodes, "The Five Thousand in the Athenian Revolutions of 411 B.C.," *J.H.S.* 92 (1972), p. 115-127

P.J. Rhodes, *The Athenian Boule* (Oxford, 1972; rpt. 1985)

P.J. Rhodes, "ΕΙΣΑΓΓΕΛΙΑ in Athens," *J.H.S.* 99 (1979), p. 103-114

P.J. Rhodes, *A Commentary on the Aristotelian ATHENAION POLITEIA* (Oxford, 1981)

P.J. Rhodes, "Nomothesia in Fourth-Century Athens," *C.Q.* 35 (1985), p. 55-60

P.J. Rhodes, "The Athenian Code of Laws, 410-399 B.C.," *J.H.S.* 111 (1991), p. 87-100

P.J. Rhodes, *A History of the Classical Greek World: 478-323 B.C.* (Malden, Oxford & Carlton, 2006)

J.T. Roberts, *Accountability in Athenian Government* (Madison, 1982)

J.T. Roberts, *Athens on Trial: The Antidemocratic Tradition in Western Thought* (Princeton, 1994)

N. Robertson, "The Laws of Athens, 410-399 B.C.: The Evidence for Review and Publication," *J.H.S.* 110 (1990), p. 43-75

H. Röhl, "Zu Lysias XX 19. Andocides II 23. Lysias XIII 73. Corpus Inscr. Atticarum 59.," *Hermes* 11 (1876), p. 378-381

E. Ruschenbusch, "Die sogenannte Gesetzcode vom Jahre 410 v.Chr.," *Hisroria* 5 (1956), p. 123-128

E. Ruschenbusch, "ΠΑΤΡΙΟΣ ΠΟΛΙΤΕΙΑ, Theseus, Drakon, Solon und Kleisthenes in Publizistik und Geschichitsschreibung des 5 und 4 Jahrhunderts vor Christentum," *Historia* 8 (1959), p. 398-424

F.X. Ryan, "The Original Date of the δῆμος πληθύων Provisions of *IG* I³ 105," *J.H.S.* 114 (1994), p. 120-134

J.E. Sandys, *Aristotle's Constitution of Athens* (London, 1912; rpt. New York, 1971)

W. Schwahn, *RE.* 5, A2, s.v. Theramenes

R. Sealey, "The Revolution of 411 B.C.," in *Essays in Greek Politics* (New York, 1967), p. 111-132

R. Sealey, "Constitutional Changes in Athens in 410 B.C.," *C.S.C.A.* 8 (1975), p. 271-295.

R. Sealey, "On the Athenian Concept of Law," *Classical Journal* 77-4 (1982), p. 289-302

R. Sealey, *The Athenian Republic: Democracy or the Rule of Law?* (University Park & London, 1987)

R. Sealey, *The Justice of the Greeks* (Ann Arbor, 1994)

T.L. Shear, Jr., "The Athenian Agora: Excavations of 1970," *Hesperia* 40 (1971), p. 241-279

J.P. Sickinger, "Inscriptions and Archives in Classical Athens," *Historia* 43-3 (1994), p. 286-296

F. Sokolowski, *Lois sacrées des cités grecques* (Paris, 1969)

G.H. Stevenson, "The Constitution of Theramenes," *J.H.S.* 56 Part 1 (1936), p. 48-57

H.E. Stier, *RE.* 17,1 (Stuttgart, 1936), s.v. Nikomakhos

R.S. Stroud, *Drakon's Law on Homicide* (Berkeley & Los Angeles, 1968)

M.C. Taylor, "Implicating the *demos*: a Reading of Thucydides on the Rise of the Four Hundred," *J.H.S.* 122 (2002), p. 91-108

Th. Thalheim, "Zur Eisangelie in Athen," *Hermes* 37 (1902), p. 339-352

R. Thomas, *Oral Tradition and Written Record in Classical Athens* (Cambridge, 1989)

R. Thomas, "Law and the Lawgiver in the Athenian Democracy," in R. Osborne & S. Hornblower eds., *Ritual, Finance, Politics: Athenian Democratic Accounts Presented to David Lewis* (Oxford, 1994), p. 119-133

M.N. Tod ed., *A Selection of Greek Historical Inscriptions to the End of the Fifth Century B.C.* (Oxford, 1933; rpt. 1946)

G.E. Underhill, *A Commentary on the Hellenica of Xenophon* (Oxford, 1900)

J.H. Vince trans., *Demosthenes* 3 (Loeb Classical Library) (London, 1935; rpt. 1978)

G. Vlastos, "The Constitution of the Five Thousand," *A.J.P.* 73 (1952), p. 189-198
H.T. Wade-Gery, "The Laws of Kleisthenes," *C.Q.* 27 (1933), p. 17-29
R.W. Wallace, *The Areopagos Council, to 307 B.C.* (Baltimore & London, 1985; rpt. 1989)
K.R. Walters, "The 'Ancestral Constitution' and Fourth-Century Historiography in Athens," *A.J.A.H.* 1 (1976), p. 129-144
J. Warrington ed. & trans., *Aristotle's Politics and the Athenian Constitution* (London, 1959; rpt. 1961)
G. Wenzel, *Die Verfassung von Athen* (Leipzig, 1892)
L. Whibley, *Greek Oligarchies: Their Character and Organisation* (London, 1896; rpt. Chicago, 1975)
U. von Wilamowitz-Moellendorff, *Aristoteles und Athen* 1 & 2 (Berlin, 1893; rpt. 1966)
U. Wilcken, "Zur oligarchischen Revolution in Athen vom Jahre 411 v. Chr.," *Sitzb. Berl. Akad.* 66 (1935), p. 34-61
B. Yack, *The Problems of a Political Animal: Community, Justice, and Conflict in Aristotelian Political Thought* (Berkeley, Los Angeles & London, 1993)
H.C. Youtie & R. Merkelbach, "Ein Michigan-papyrus über Theramenes," *Z.P.E.* 2 (1968), p. 161-169

合阪学「僭主政論の起源と寡頭派革命」『西洋史学』75号，1967年，1－19頁
合阪學『ギリシア・ポリスの国家理念――その歴史的発展に関する研究――』（創文社，1986年）
池田忠生「前4世紀アテナイの政治と軍事」『史学研究』134号，1977年，21－37頁
伊藤貞夫『古典期のポリス社会』（岩波書店，1981年）
伊藤貞夫，本村凌二編『西洋古代史研究入門』（東京大学出版会，1997年）
清永昭次「古典古代における貴族の特質～ギリシア・ポリス社会」『歴史教育』11-8号，1963年，10－16頁
高津春繁他訳『ギリシア喜劇全集 II』（人文書院，1961／1980年）
高津春繁編『アリストパネス（世界古典文学全集 12）』（筑摩書房，1964／1982年）
河野与一訳『プルターク英雄伝 7』（岩波書店，1955／1977年）
桜井万里子「エレウシニア祭と二枚の碑文（*IG* I² 5, *LSS* 10 A）」『史海』27号，1980年，1－18頁
桜井万里子『古代ギリシア社会史研究 －宗教・女性・他者－』（岩波書店，

1996年)
式部久訳『プラトン著作集　2』(勁草書房，1973年)
高畠純夫「アンティフォンという人物（前編）」『東洋大学文学部紀要』第58集史学科篇30号，2005年，133－192頁
高畠純夫「アンティフォンという人物（後編一）」『東洋大学文学部紀要』第59集史学科篇31号，2006年，125－282頁
高柳賢三『英米法の基礎』(有斐閣，1954／1966年)
田中和夫『英米法の基礎』(第7版)(寧楽書房，1966年)
谷藤康「デロス同盟諸ポリスの国制形態」『学習院史学』23号，1985年，64－74頁
柘植一雄「アンドロティオンのAtthisについて」『西洋古典学研究』7号，1959年，91－99頁
仲手川良雄「アテナイ民主政と自由」(仲手川良雄編著)『ヨーロッパ的自由の歴史』(南窓社，1992年)9－34頁
仲手川良雄『古代ギリシアにおける自由と正義――思想・心性のあり方から国制・政治の構造へ――』(創文社，1998年)
中村純「前411年のアテナイ政変とアルキビアデス」『史学雑誌』93-10号，1984年，1－34頁
西澤龍生「前411年のアテーナイ寡頭政とその挫折」『東京教育大学文学部紀要』46号，1964年，1－43頁
橋場弦「古典期アテナイのエイサンゲリア（弾劾裁判）について　－その手続きと民主政における意義－」『史学雑誌』96-7号，1987年，1－35頁
橋場弦『アテナイ公職者弾劾制度の研究』(東京大学出版会，1993年)
濱島朗他編『社会学小辞典』(有斐閣，1977／1990年)
廣川洋一『イソクラテスの修辞学校〜西欧的教養の源泉』(岩波書店，1984年)
廣川洋一「プラトンにおける教育と素質〜教育の可能性をめぐって」『バルカン・小アジア研究』14号，1988年，73－83頁
古川堅治「アテナイにおけるエイスフォラの社会的意義」『西洋史学』116号，1979年，21－39頁
前野弘志「〔ΤΑΙ〕Σ ΑΠΟΙΚΙΑΙΣ ΚΑΙ ΚΙΕΡΟΚΙΑ〔ΙΣ〕―クレールーキア概念の再検討〜碑文史料IG. I³ 237の解釈をめぐって―」『史学研究』191号，1991年，34－52頁
真下英信「伝クセノポン作『アテーナイ人の国制』の制作年代について」『西洋古典学研究』30号，1982年，32－43頁
真下英信『伝クセノポン「アテナイ人の国制」の研究』(慶應義塾大学出版会，2001年)

丸橋裕「法の支配と対話の哲学——プラトンの政治哲学とソクラテスの精神——」『西洋古典学研究』54号，2006年，27－41頁
向山宏「クレイステネスの法」『史学研究五十周年記念論叢』（福武書店，1980年）227－250頁
向山宏「部族改革と部族構成～クレイステネス改革の意図をめぐって」『広島大学文学部紀要』41号特輯号1，1981年，1－100頁
村川堅太郎編『プルタルコス（世界古典文学全集 23）』（筑摩書房，1966／1983年）
村川堅太郎「ギリシアの衰退について」『村川堅太郎古代史論集 I～古代ギリシアの国家』（岩波書店，1986年）173－215頁
村川堅太郎「第8章 市民と武器 －古典古代の場合－」『村川堅太郎古代史論集 II～古代ギリシア人の思想』（岩波書店，1987年）251－360頁
森谷公俊「エウブーロスの財政政策とアテネ民主政の変質」『史学雑誌』97-4号，1988年，1－33頁
師尾晶子「アテナイとイアソス：前412-394年 *IG* II² 3の再構成」『千葉商大紀要』42-3号，2004年，171－195頁

アリストテレス著，原隨園訳『アテナイ人の國家』（岩波書店，1928／1942年）
アリストテレス著，村川堅太郎訳『アテナイ人の国制』（岩波書店，1980年）
アリストテレス著，山本光雄訳『政治学』（岩波書店，1961／1975年）
アリストテレス著，池田美恵訳「弁論術」（田中美知太郎編）『アリストテレス～世界古典文学全集 16』（筑摩書房，1966／1986年）
ディオゲネス・ラエルティオス著，加来彰俊訳『ギリシア哲学者列伝 （上）』（岩波書店，1984年）
ディオゲネス・ラエルティオス著，加来彰俊訳『ギリシア哲学者列伝 （下）』（岩波書店，1994年）

M．ウェーバー著，世良晃志郎訳『都市の類型学～経済と社会 第2部第9章8節』（創文社，1964／1977年）
M．ウェーバー著，世良晃志郎訳『支配の社会学 1～経済と社会 第2部第9章1節－4節』（創文社，1960／1984年）
M．ウェーバー著，世良晃志郎訳『支配の社会学 2～経済と社会 第2部第9章5節－7節』（創文社，1962／1984年）
G．E．M．ドゥ=サント=クロワ著，馬場恵二訳「アテナイ帝国の性格」（古代学協会編）『西洋古代史論集2 古代国家の展開』（東京大学出版会，1975年）175－238頁

C．モセ著，福島保夫訳『ギリシアの政治思想』（白水社，1977年）

拙稿「前411年アテナイのシュングラペイスについて」『西洋史学報』11号，1985年，1－15頁
拙稿「四百人処罰とアテナイ内政動向」『史学研究』170号，1986年，23－39頁
拙稿「テラメネスの国制」『史学研究』177号，1987年，27－44頁
拙稿「〔Lysias〕, XX For Polystratosに関する一考察」『研究紀要』（詫間電波工業高専）17号，1989年，39－51頁
拙稿「ペロポネソス戦争期のスパルタ－ペルシア同盟の進展　－アモルゲス反乱鎮圧から対アテナイ連合へ－」研究代表者　向山宏『西洋における異文化接触の史的研究』（平成元年度科学研究費補助金総合研究（A）研究成果報告書）1990年，11－15頁
拙稿「ニコマコスの初期の法典編纂碑文について」『研究紀要』（詫間電波工業高専）18号，1990年，49－61頁
拙稿「前410～404年アテナイのニコマコスの法典編纂作業について」『西洋古典学研究』40号，1992年，12－21頁
拙稿「ニコマコスの後期の法典編纂碑文について」『研究紀要』（詫間電波工業高専）20号，1992年，55－69頁
拙稿「いわゆるニコマコスの後期の『法典編纂』作業について」『史学研究』202号，1993年，25－40頁
拙稿「民主政期アテナイにおけるパトリオス＝ポリテイア」『史学研究』208号，1995年，66－83頁
拙書評「Roberts, Jennifer T., Athens on Trial: The Antidemocratic Tradition in Western Thought」『西洋古典学研究』44号，1996年，159－162頁

後書き

　本書は筆者の博士論文に本書の第8章などを加筆し，また適宜修正したものである。註記の掲載について断っておくが，本文の内容が，初出一覧から分かるとおり，過去に学術雑誌等に掲載された論文が元になっているので，そのために注記を設けた箇所が，第4章と第5章と第8章が章末に，他の章で節が設けてある箇所は節末になっており，不揃いである。このことについて読者にはご寛恕を願いたい。

　思い返せば，筆者は，高校生の時期に世界史の授業でというよりも倫理社会の授業で古代ギリシア人の思想に関心を持ち，そしてA．ウェイゴール『アレキサンダー大王』（角川文庫）に出会って古代ギリシアの歴史に大変興味を抱いた。その後，西洋史を学ぶために当時は広島市東千田町にキャンパスがあった広島大学文学部に現・東広島市の自宅から通い始めることになった。大学2年生のときに当時は助手を務めていらっしゃった豊田浩志先生（現・上智大学文学部教授，古代ローマ史）から1年先輩である宮地啓介氏（現・美作大学教授，古代ギリシア史）とともに西洋古代史勉強会をしようではないかと声をかけられたのが西洋古代史研究への誘いとなった。その年度に集中講義で教えを授かった向山宏先生が筆者の大学3年生進級と同時に西洋史学研究室に着任されてからはその向山先生から古代ギリシア史の研究の手ほどきを受けることになった。こういうふうに恩師に巡り合えたのは筆者にとって大変に幸運であった。実家が裕福でないので一度は大学院進学をあきらめて企業に就職したものの，結局，9ヵ月で退職してわずかの生活費とともに東千田町キャンパスのそばに下宿し始め，大学院に進学することになったのは，当時から恩師以上の存在となった向山先生を頼っての決断であった。筆者の大学院生時代は生活費に困ってばかりで辛かった。だが，幸運に恵まれて1986年春から香川県の詫間電波工業高等専門学校に勤務し，1993年から山口県の東亜大学に勤務したが，

後書き

　その頃は，とにかく筆者を育てて下さった恩師の期待に応えようという思いで努力してきたつもりである。今は教員養成系の職場で学生たちに西洋史を教えることができるのも，母校の広島大学で培った知識や長い学生時代の間に諸先生，先輩・同輩・後輩たちに恵まれて彼らから刺激を受けた知識が大いに役立っているお蔭である。けれども，小学生の頃の病気のせいで疲れやすい体質に育ったために仕事が捗らなかったことや筆者の怠慢もあって，研究の成果の刊行が遅れたことをお詫びしなければならない。
　なお，本書の刊行にあたり，本書を恩師の向山宏先生に捧げたい。また，筆者の都合のせいで，長らく育って町役場（当時）の保健婦として勤めていた香川県の地を離れても筆者についてきてくれて，いろいろと苦労をかけてしまった妻にこの場を借りて謝意を表したい。さらに，本書の出版は，長崎大学高度化推進経費（公募プロジェクト経費）出版助成事業による助成を受けている。記して謝意を表したい。

　　2008年1月

　　　　　　　　　　　　　　　　　　　　　　　　　　堀井　健一

初出一覧

第1部
　第1章　註3　研究代表者　向山宏『西洋における異文化接触の史的研究』（平成元年度科学研究費補助金総合研究（A）研究成果報告書）1990年，11-15頁（原題　ペロポネソス戦争期のスパルタ－ペルシア同盟の進展　－アモルゲス反乱鎮圧から対アテナイ連合へ－）
　第2章
　　第1節　『西洋史学報』11号，1985年，1-15頁（原題　前411年アテナイのシュングラペイスについて）
　　第2節　『史学研究』177号，1987年，27-35，40-43頁（原題　テラメネスの国制）
　第3章
　　第1節　書き下ろし
　　第2節　『史学研究』192号，1991年，24-39頁（原題　前411年アテナイの寡頭派政変と民主政復興）

第2部
　第4章　『史学研究』170号，1986年，23-39頁（原題　四百人処罰とアテナイ内政動向）および『研究紀要』（詫間電波工業高専）17号，1989年，39-51頁（原題　〔Lysias〕，XX For Polystratosに関する一考察）
　第5章　『史学研究』177号，1987年，36-40，43-44頁（原題　テラメネスの国制）

第3部
　第6章
　　第1節　『研究紀要』（詫間電波工業高専）18号，1990年，49-61頁（原題　ニコマコスの初期の法典編纂碑文について）
　　第2節　『西洋古典学研究』40号，1992年，12-21頁（原題　前410～404年アテナイのニコマコスの法典編纂作業について）
　　第3節　『研究紀要』（詫間電波工業高専）20号，1992年，55-69頁（原題　ニコマコスの後期の法典編纂碑文について）
　　第4節　『史学研究』202号，1993年，25-40頁（原題　いわゆるニコマコスの後期の「法典編纂」作業について）

初出一覧

第7章
  第1節 『史学研究』208号，1995年，66－83頁（原題　民主政期アテナイにおけるパトリオス=ポリテイア）
  第2節 『古代文化』49-5号，1997年，16－28頁（原題　クレイトポン動議とパトリオス=ポリテイア）
  第3節 書き下ろし
第8章 『研究論叢』（東亜大学）23-2号，1999年，157－175頁（原題　前4世紀のギリシア人ポリスの危機とアテナイ民主政）

索　引

【一般事項】

あ　行

アイアンティス部族　30, 157, 175, 204, 207, 353
アイゴスポタモイの海戦　154, 166, 196, 201, 273, 355, 406
アカデメイア　355
アカマンティス部族　276
アクソン　276, 319
アクロポリス　94, 177, 181, 216, 249, 271
アゴラ（またはアゴラー）　94, 101, 190, 255-256, 277, 322
アストイ　85-86
アッティカ誌　33, 58
『アッティカ誌』（アンドロティオンの）　62, 389
アッティカ誌家　317, 320, 331, 362, 367-368, 371-372, 446
アッティカ方言　32, 57
アテナイ海軍　110
アテナイ軍　22, 27, 29, 31, 95, 100, 139, 145, 148, 174, 221, 335-336, 354-355, 373, 390, 408-409
アテナイ人　3, 5, 7, 10-11, 13-15, 17, 22-23, 28-29, 31, 33-34, 36, 41, 44-48, 50, 52, 58, 61, 65-66, 83-84, 93, 95, 101-102, 106, 109-111, 113, 115-116, 120, 126, 139, 144, 149, 158, 164-165, 170, 174, 176-178, 196-197, 199, 206-207, 216-219, 225, 231, 262, 271, 277, 324-326, 331-332, 334-337, 341-344, 346-352, 354, 359-360, 366-367, 374, 376-378, 382, 386-387, 399-400, 405, 408-412, 418, 424, 428-431, 434-435, 441, 446, 449
『アテナイ人の国制』（伝アリストテレスの）　4, 6-10, 19, 21, 24, 31-32, 35, 62, 81-83, 93, 127-128, 130, 158, 204, 208, 223-224, 226-227, 230, 256, 267, 281, 322-323, 356, 359-361, 366-368, 389-390, 392-393, 402, 414, 419, 439-440, 447
『アテナイ人の国制』（伝クセノポンの）　8, 91, 104, 109, 113, 117, 132
アテナイ船団（または艦隊）　28-29, 73, 189, 355
アテナイ帝国　61, 108, 159, 185, 332
アナーキー　114
アナグラペイス（またはアナグラペウス）　58, 64-65, 67-68, 71, 73-74, 80, 220, 222, 231-235, 261-262, 267-269, 272-273, 275-279, 282, 306, 310, 313, 318-320, 324, 444-446
『アナバシス』（クセノポンの）　182
アポイキア　253, 260-261, 270, 280
アポロン祭　298
アモルゲス反乱　26-30

467

索　引

アルキテオリア　103
アルギヌーサイの海戦　154, 180, 200, 206, 213, 355
アルクメオン家　90, 93, 98
アルゴス人　90
アルコン　36-40, 51, 61, 68, 88-89, 91, 97, 104, 168, 176, 187, 196, 204, 218, 224-225, 235-238, 241, 243-246, 248-254, 260, 276, 292, 295, 302, 340, 347, 351, 354, 376, 404
アルコン・バシレウス　322-323
アレオパゴス評議会（またはアレイオス・パゴス会議）　19, 88, 91, 97, 197, 332-333, 338, 341, 366-367, 386, 392, 399, 432
『アレオパゴス評議会について』（イソクラテスの）　33, 58, 327, 354-355, 412, 425
アンティオキス部族　212
『アンティゴネ』（ソポクレスの）　110
アンティドシス　103, 130, 432
『アンティドシス』（イソクラテスの）　328, 426
アンドロンの条令　199
アンピクテュオン　277
『イオン』（エウリピデスの）　101
イデオロギー　12, 15
違法提案告発　14, 35, 40, 42, 46, 50-51, 55-57, 107, 132, 360, 370, 375, 386-388, 414, 416, 439-440, 447
エイサンゲリア　14, 24, 83, 106-107, 274, 281, 367-368, 386-387, 392
エイスポラ　103-104, 125-126, 148-149, 159, 172, 182, 273, 441
英米法　364-365
エウパトリデス　86
『エウメニデス』（アイスキュロスの）　110
エウモルピダイ　242, 293
エエティオネイア砦　167
エピアルテス（の）改革　91, 94, 97, 108, 309, 354
エピケイロトニア＝ノモーン（諸法の確認採決をもみよ）　340, 355, 360, 375, 383, 391, 410, 429
エペタイ（またはエペテス）　197, 276-277
『エラトステネス告発』（リュシアスの）　397
エレウシニオン　297
エレトリア沖の海戦　39, 73, 186, 189-191, 213, 222, 443
『オイディプス』（ソポクレスの）　110
王（の）アルコン　256, 258, 276, 324
王政（または王制）　109, 423, 427, 432
王のストア（または王の列柱館）　255-256, 258, 261, 266, 276, 278, 309, 321-325, 339, 367, 435
オストラキスモスに関する法　369
オドリュサイ人　150, 198

468

索　引

重荷おろし　89
オリュンピア期　179, 294
オリュンポス12神　15
『オレステス』(エウリピデスの)　101
穏健寡頭政　204, 449
穏健寡頭派　18, 42, 157, 215, 407, 412, 448
穏健貴族　18, 389
穏健派　4-5, 15, 18, 21, 47, 50-51, 53-57, 61, 63, 82, 330-331, 336, 356, 361, 372, 390, 407-408, 412, 439
穏健民主派　389
『女の議会』(アリストパネスの)　421

か　行

廻転板(または廻転柱)　256, 266, 306, 322
カイロネイアの戦い　355
『蛙』(アリストパネスの)　234, 393
『家政論』(クセノポンの)　105
カタロゲイス(またはカタロゲウス)　47, 49, 53-54, 61, 184-191, 208
合唱隊奉仕　103-105, 148
寡頭主義　143, 145-147, 150, 156, 158, 442
寡頭政(または寡頭制)　4, 9, 23, 25, 31, 38, 48, 59, 66, 72, 83, 102, 108-111, 115-116, 120-121, 139-141, 143-144, 147, 149-151, 157, 163, 165-166, 185, 197, 202, 206, 211, 213, 219, 223, 329, 335, 337, 341, 349, 355, 366, 390, 392-396, 398, 401-402, 404, 409, 415, 417, 421-423, 427, 431, 444, 448-449
寡頭的　87
寡頭派　3-4, 6, 8-9, 12, 15, 45-49, 53-57, 59, 62, 65, 68-69, 73, 101-102, 108, 110, 113-115, 120, 140-141, 143-146, 149, 151-156, 158-159, 166, 179, 185-188, 191-192, 194, 202-204, 220, 234, 272, 330-331, 333, 335, 337, 350, 356, 359, 361, 369, 371-373, 379, 388, 393, 397, 402, 407-408, 412, 414, 418, 423, 429, 431-443, 447
寡頭派革命　18, 192, 262, 365
寡頭派(の)処罰　4, 6, 9, 73-74, 155, 163, 202, 206, 211-213, 219-220
寡頭派政権　23-24, 48, 57, 63, 65, 68-69, 72, 140, 150-151, 153-156, 164, 167, 176, 183, 192, 197, 203, 207, 212, 223, 271-272, 369-370, 373, 408, 439-440, 442-444, 448
寡頭派政変　3, 5-6, 8-11, 14-15, 21-22, 24, 32, 60, 62, 65, 69, 85, 100-102, 104, 111, 117, 126, 132, 138-139, 141-145, 147-150, 155, 168, 192, 230-232, 268, 272, 354, 365, 388, 416-417, 439-440, 442, 447-449
カリアスの和約　92
カリュドン人　160, 170, 178
カルケドン人　362, 390, 419
カロイカガトイ　96
慣習法　365, 437

469

索　引

完全民主政　24, 140, 153-154, 179-180, 184, 197, 203-204, 213, 220, 223, 355, 443-444
騎士級　89
騎士身分　103
貴族　85-92, 95-97, 108, 114-115, 122, 124-126, 128, 132, 138, 142, 376, 426, 440-441
貴族階層（または貴族層）　7, 90, 92, 100
貴族政　11, 24, 90, 95, 108-109, 111, 328, 366, 377, 390, 424, 427, 432
貴族派　96, 383
騎馬飼育奉仕　103
騎兵長官　36, 38, 118
『キモン伝』（プルタルコスの）　328
キュジコス沖の海戦　153-154, 156, 165, 183, 200-203, 223, 272, 355, 442, 444
ギュムナシアルキア　103
キュルベイス　306, 322-323
饗宴幹事奉仕　103
競技監督者　104
競技監督奉仕　103-105
共同起草委員　33-34, 40
共同三段櫂船奉仕　273
極端寡頭派　18, 46, 51, 54, 388-389, 393, 395, 415-416, 439, 447-448
極端派　50, 82, 157
居留外人　105
『ギリシア史』（クセノポンの）　337, 374, 395, 409, 448
ギリシア人　25, 29, 109, 130, 132, 229, 421, 424-425, 431-433
ギリシア神話　12
ギリシアの衰退　421-423, 433
記録保管所　316, 339-340, 363, 435
供犠　105, 233, 241, 244, 246-247, 258-262, 267, 269-270, 273, 279, 284-287, 292, 294-300, 302-304, 306-308, 312-313, 317, 319-320, 322-325, 364, 436, 445-446
供犠監督官　36
供犠暦　247, 261, 269, 273-275, 279, 284-285, 287, 294-306, 308, 312-313, 317, 319-320, 445-446
クセノス（賓客をもみよ）　93, 95, 441
『クテシポン告発』（アイスキネスの）　342, 355
クーデター　3, 23, 32, 57, 140, 149, 153, 156, 214, 369, 440-442
クニドスの戦い　364, 436
グラペー＝パラノモーン　346, 360, 369, 386, 410, 430-431
クリティアスの条令　170, 172-173, 183
クレイステネス（の）改革　3, 12, 59-60, 125, 284, 328, 354, 362, 370, 392
クレイステネスの国制　18, 35, 328-329, 369, 378, 380-382, 384-385, 390, 414
クレイステネスの（諸）法　60, 330, 333, 337, 370, 372, 385-389, 408, 415-416, 439, 447
クレイトポン動議（または提案，または追加条項）　4-5, 43, 59, 75, 77, 229, 330-335,

470

索　引

　　349, 354, 361-363, 369-373, 377, 380, 382, 384-390, 406-408, 411, 414-416, 418, 420,
　　444, 448
クレーストイ　102
クレールーキア　253, 260-261, 270, 280
クロニア祭　295-296, 308
君主制　423
ケクロピス部族　217
ゲネシア祭　286, 304
ゲノス　97
ゲルマン法　364
ゲレオンテス部族　241, 292
『権利の章典』　365
公共奉仕　103, 105
『抗弁』（アンティポンの）　53
国制　3-4, 9-10, 13-14, 18, 24-25, 32, 35-40, 43-44, 48, 52, 56, 62, 65-66, 68-69, 71-76, 79-
　　80, 82, 87, 91, 108-110, 112, 115-119, 122, 132, 140-141, 143-145, 149, 157-158, 163-166,
　　184-185, 201-202, 204-205, 208, 211-212, 218-223, 225-226, 229-230, 266, 322, 328, 330-
　　333, 342, 349, 356, 358-360, 366-367, 370, 372-373, 378-380, 382-385, 387-390, 392, 395,
　　398-401, 403-408, 412-417, 419, 421, 423-424, 427, 439, 443-444, 446-448
国制起草委員（アナグラペイスの，アナグラペイスをもみよ）　58, 64, 80
国制起草委員（シュングラペイスの，シュングラペイスをもみよ）　3, 369, 386, 388,
　　439, 447
国制草案　8, 17, 21, 24, 62-69, 71, 73-76, 78-79, 82, 163, 215, 220-223, 226, 440, 444, 448
『国制について』（トラシュマコスの）　362-363, 390, 419
五千人　9, 23-24, 34, 36, 38-39, 41, 47-50, 52-53, 55-56, 61-62, 64-65, 68, 71, 74-76, 78-82,
　　140, 142, 149, 152-153, 164-165, 180, 186-187, 189, 201-203, 208, 215, 218-220, 222,
　　226-227, 390, 395, 403, 405, 419, 440, 443, 449
五千人会（または五千人の会議）　56, 74, 140, 220, 226, 440
五千人政権　3-6, 9, 18, 52, 62, 65-69, 71-80, 83, 142, 150, 152-153, 155, 163, 179-180, 184,
　　192, 205, 211-224, 230, 272, 354, 393, 405, 417, 439, 443-444, 447-448
五千人政治　82, 163, 165-166, 198, 403, 405
『国家』（プラトンの）　363, 390, 424, 426, 432
国家救済　35, 40, 44, 51, 141, 144, 150, 152, 156, 223, 386, 442, 444, 449
コトルノス　151, 159, 397, 418
五百人評議会（または五百人の評議会）　3, 23, 60, 72-74, 82, 91, 97, 139, 175, 205-206,
　　339, 383, 390, 410, 429
五百人評議員の誓い　369
五百メディムノス級　89
顧問役　234
コモン・ロー　364-365
コラクレタイ　62, 215, 226, 271

471

索　引

コリントス戦争　364, 436
コリントスの戦い　364, 436
ゴルテュン法典　332
コレギア　103, 148
コロノス（の）民会　24, 50-51, 53, 56-58, 60, 66-67, 75, 77, 81-82, 149, 153, 159, 187, 189, 208, 280, 440

さ　行

祭祀共同体　85
祭祀法　233, 258, 260-261, 267, 269-270, 273, 300-301, 303, 325-326
最善の人々　91
『歳入論』（クセノポンの）　421
裁判所　91
債務奴隷　86
サトラップ　22, 28, 139
三十人（または三十人僭主，前404－403年アテナイの）　3, 33, 74, 147, 152, 154, 166-167, 169, 174, 192, 200-201, 231, 233-234, 268, 282, 310-311, 313-315, 318-320, 325, 330, 337, 355, 370, 374, 392-393, 397, 402, 406, 409-410, 417-418, 423, 429, 431, 446-447, 449
三十人政権　63
三段櫂船　103, 259
三段櫂船奉仕　103-105, 125, 148, 441
三段櫂船奉仕者　100, 104, 149, 335
山地党　86
暫定の国制（または暫定の国制草案）　65-67, 69, 71-74, 77-78, 81, 211-212, 214, 219-222, 272, 443
資格審査　14
シケリア遠征　31, 102, 108, 110, 112-113, 139, 147-148, 158, 164, 205, 271
氏族　86
執務報告審査　14, 38, 65, 67, 69, 70, 94, 173, 183, 196, 219, 233-234, 239, 274
『縛られたプロメテウス』（アイスキュロスの）　110
市民権　155, 160, 169, 175, 179, 184-185, 195-196, 213, 219, 355
市民権剥奪　70, 121, 193, 196-197
市民権法（ペリクレスの）　126, 142, 441
市民団　108, 110, 113, 138, 432
社会主義　12, 15
十一人　36, 169
衆愚政治　13, 112
集住　85,
自由主義　12, 15
重装歩兵　39, 68, 73, 118, 123, 147, 149, 152, 157, 165, 201, 203, 215, 219, 406, 443

索　引

守護者（プラトン『国家』の）　426
シュコパンテス　155
シュネーゴロス　255, 259
シュノイキア祭　294
守備隊長官　186
シュラクサイ人　109
シュングラペイス（またはシュングラペウス）　3, 14, 21, 31-34, 39-40, 42-44, 46-48,
　50-51, 54-60, 75, 77, 159, 208, 214, 224, 369, 371, 386, 388, 395, 416, 418, 439-440, 447
シュントリエラルキア　273
小エレウシニア祭　294
少数者　87-88, 113-115, 121, 123, 152, 164, 219, 395, 405, 421-422
将来の国制（または将来の国制草案）　8-9, 17, 62, 74, 77-78, 81, 214-215, 217-218, 221,
　225-226, 272
条令に対する法の優位　360
職業的訴訟者　155, 196-197
諸法の確認採決（エピケイロトニア＝ノモーンをもみよ）　340, 342, 345-346, 355, 360,
　375, 383, 391, 410, 429-430
神事代表奉仕　103
神殿荒らし　70
神殿監督官　36
親民主政　108
スキロポリア祭　294, 307
スキロポリオン（月名）　38, 240, 291
『救いを求める女たち』（アイスキュロスの）　110
『救いを求める女たち』（エウリピデスの）　109-111
スケレー　94
スタシス　424-425, 433
ステライ（またはステレ）　306, 316, 321-323, 339, 363, 435
ストア　324, 338-339, 346
ストア・バシレイオス（王のストアをもみよ）　309, 316, 339, 363, 435
ストア・ポイキレ　323
スパルタ艦隊　147, 164, 213, 218, 271-272, 355
スパルタ軍　27-29, 45, 95, 168, 174, 423
スパルタ人　26, 93, 95, 115, 126, 271, 441
スパルタ－ペルシア（軍事）同盟　22, 25-26, 28-31
聖財財務官　36
『政治学』（アリストテレスの）　331, 333, 349-350, 356, 358, 360, 366, 372, 378, 381,
　384-385, 387, 406, 411, 413-415, 427, 433-434
政変　3-6, 8, 45, 48, 57, 69, 85, 102, 111, 139-143, 147, 150, 153, 156, 194, 205, 272, 329,
　350, 388, 393, 403, 417, 421, 423, 434, 440-442, 447
ゼウスのストア　323

473

索　引

世俗法　233, 258, 261, 267, 269-270, 273, 300-303, 321, 324-325
先議委員（プロブーロイをもみよ）　42, 214, 224
戦時拠出金納付（エイスポラをもみよ）　103-105, 148, 202, 273
僭主（または僣主）　17-18, 38, 90, 98, 125, 152, 206, 328, 368
僭主政（または僣主政治）　89-90, 92, 109, 115, 127, 141, 197, 368, 423
訴訟屋　143, 155
ソフィスト　111, 330, 372
『ソフィスト反駁』（イソクラテスの）　426
祖法　232
ソロンの改革　88-89, 328, 387, 447
ソロンの国制　328-329, 332, 336, 370-371, 380-383, 385, 389-390, 407, 414-415
ソロンの法（または諸法）　17-18, 175, 231, 233, 256, 258, 268-269, 314-315, 319, 322, 325, 332, 337-339, 345-348, 350-356, 359-360, 364, 366-368, 374-381, 385, 387, 391-392, 409-415, 418, 429-432, 436, 444, 446-447, 449

　　　た　行

対国家奉仕　148, 172, 182, 198
大赦　337, 429
松明競技　103, 323
タクシアルコス　151
多数者　113-114, 164, 219, 405, 421
タナグラの戦い　95
タルゲリオン（月名）　38, 57, 75, 80-82
弾劾　14, 19, 36, 106-107, 132, 234, 281, 386-388, 392, 414, 416, 439, 447
弾劾（の）法　367-368
ディオニュシア祭　103, 177, 323
テイサメノスの条令　7, 11, 231-234, 255-256, 268, 280, 282, 311-312, 314-320, 322, 324-326, 333, 337-340, 342, 345, 347-348, 350-353, 355, 359, 364, 375-377, 387, 391, 409-410, 429-430, 436, 444, 446
ディポリエイア祭　236
『ティモクラテス告発』（デモステネスの）　340, 355
テクノクラート　151, 159
デケレイア戦争　172, 182
テスモテタイ　168, 174, 197, 341-345, 430
哲学者　19, 132, 355, 372, 425, 427, 434-435
哲人王　427
テーテス　18, 108, 127, 141, 371
テバイ軍　355
デマゴギー　129
デマゴーグ　22, 128, 129, 139, 158, 360, 414
デマゴゴス（デマゴーグをもみよ）　354, 357, 358, 359, 379, 384, 385, 396, 413

474

索　引

デーマルコス　169
デモクラシー　14
デモクラティア　327, 384
デーモス（区）　23, 139, 308, 339, 429
デーモス　101, 113, 128
デモパントスの条令（または法）　33, 72-73, 155, 165, 172, 175, 180-181, 184, 194, 197-198, 201, 203-204, 213, 280, 353, 355, 367
テラメネス神話　331, 372
デルピニオン　197
テロ　102, 141, 146
デロス同盟　22-23, 30-32, 95, 121, 148, 158-159, 215, 271
当番評議員（プリュタネイスをもみよ）　35-36, 40, 217-218, 225, 386
陶片追放　95, 99, 108
同盟財務官　36
同盟市戦争　433
登録官（カタロゲイスをもみよ）　49, 184, 186
独裁政治　3
『富の神』（アリストパネスの）　421
トラキア人　92
ドラコンの掟　256, 258, 266, 314-315, 322, 325, 337-339, 351, 375, 410, 429
ドラコンの殺人に関する法　231-232, 258, 262, 275-277, 279, 308, 320, 322, 324
ドラコンの法　262, 275-279, 281-282, 311, 313-315, 318, 320, 324, 338, 446
『鳥』（アリストパネスの）　151
トリエラルキア　103, 148-149, 158, 258-259, 261-262, 269, 300, 445（トリーラルヒー　130）
トリエラルキア法　239, 259, 270, 273, 279, 319, 324-325
トリエラルコス　104, 154, 200, 213, 239, 255, 259, 270, 273, 355
トリッテュス　241, 292

な　行

内戦　3, 429, 433
内紛　421, 425, 433
内乱　423, 433
ナウクラロスに関する法　352, 377
ニキアスの和約　150-151, 198
『ニコマコス告発』（リュシアスの）　310
『ニコマコス倫理学』（アリストテレスの）　427
『二頭立て馬車について』（イソクラテスの）　354
農民級　89, 91
ノモイ（またはノモス）　316, 353, 358, 363, 379, 384-385, 413
ノモテシア　364, 390, 419, 432, 436

475

索　引

ノモテタイ　63, 65, 71, 73, 164, 219, 315, 318, 333, 338-339, 341-345, 351, 391, 405, 410, 429-430（ノモテーテース　363）

　　　　　　　は　行

バシレウス　196-197, 267, 323
パトリオイ＝ノモイ　230-231, 336-337, 373-374, 390, 408-409
パトリオス＝ポリテイア　5, 229-231, 327, 330-331, 334, 336-337, 356, 359-363, 368-369, 371-374, 379-380, 387, 390, 407-409, 412, 414, 447
パトロクレイデスの条令　166, 175, 185, 196-197, 213, 355
パプラゴニア人　101
パルレニスの戦い　90
パンアテナイア祭　104
反寡頭派革命　183
反逆罪　53, 107, 153, 160, 168-172, 192, 194, 199
反逆者　70, 169, 171, 176, 205, 207
反民主主義　107
反民主政　108, 206, 424-425, 432
ヒエラルヒー　130
『秘儀について』（アンドキデスの）　355, 410
ヒッポトロピア　103
ヒッポトンティス部族　176
『ヒッポリュトス』（エウリピデスの）　101
百人　34, 36-38, 41, 53, 64, 66-67, 74-75, 78-80, 189-190, 208, 214, 390
ピュタイデス　304
ピュティオン　298
ピュトドロスの条令　35
ピュトパネス褒賞授与の条令　217
ヒュポグランマテウス　233-234, 263
ピュロバシレウス　236, 241, 243, 284, 286, 292-293, 295
評議会　3, 34, 36-39, 41, 57, 60, 62, 65-67, 69-75, 80-83, 157, 160, 168-169, 175-178, 180, 186, 188-189, 191-193, 196-197, 204-205, 212-226, 234, 253-254, 259-261, 268, 270, 276, 278, 315, 318, 326, 336-338, 340, 344, 346, 353, 361, 401, 423-424, 431, 443
評議会の共同審判　233
評議会法　275, 278, 279, 324
賓客（クセノスをもみよ）　90, 126, 142
『フェニキアの女たち』（エウリピデスの）　111
プセーピスマ（またはプセーピスマタ）　353, 358, 370, 379, 383-385, 413
父祖　4, 66, 72, 74, 91, 230-231, 314-315, 333-334, 362, 373, 375, 385, 408
父祖伝来　13, 37, 86, 258, 267, 323, 335, 338-339, 351, 359, 380, 387, 410, 418, 429, 431
父祖伝来の国制　7, 362, 371, 373, 416
父祖伝来の諸法　13, 15, 18, 35, 229, 334-336, 350, 354, 380, 385, 388, 439, 447-448

索　引

父祖伝来の民主政　349-350, 377, 386, 411-412
父祖の国制　6-7, 10, 157, 230, 329-333, 362, 366, 372-373, 408, 424, 444
父祖の諸法　230
父祖の民主政　362, 366
部族騎兵長官　36, 38
フュレー　86
フラトリア　86, 177, 234, 241, 277, 292
プリュタネイア　28, 30, 72, 157, 168, 175-177, 179, 204, 207, 253-254, 276, 302, 340
プリュタネイオン　197
プリュタネイス（当番評議員をもみよ）　43-44, 51, 57, 60-61, 175, 218, 225, 340-341, 343, 353, 370
プリュンテリア祭　294, 307
プルーラルコス　186
ブレウテリオン　367
プロエドロイ（またはプロエドロス）　34, 41, 60, 63, 66, 189-190, 216-217, 224, 226
プロクセノス　216
プロテュマ　294, 307
プロブーロイ（またはプロブーロス）　22, 24-25, 31, 35, 40, 42-43, 56, 58-59, 140, 142, 148, 150-151, 198, 271, 398, 417, 439
プロメテイア祭　104
ペイライエウス港　164, 218
ヘイロータイ　95
ヘカトンバイオン（月名）　225, 241, 292, 295, 341
ヘクテモリオイ　127
ヘスティアシス　103
ヘタイレイア　98-99, 100
ペディア　86
『ヘラクレスの子供たち』（エウリピデスの）　110
ヘラスの学校　115
ペラタイ　87
ヘリアスタイの誓い　428, 432, 435
ペリクレスの葬送演説　112, 116
ペルシア艦隊　364, 436
ペルシア軍　29, 94
ペルシア人　26, 93-94, 330, 372
ペルシア戦争　25, 29, 95, 147, 332, 421
ペルシア大王（またはたんに大王）　26-30, 35
ヘレスポントスの戦い　179-180
ヘレノタミアイ（またはヘレノタミアス）　25, 62, 177-178, 215, 225-226, 272-273, 276, 278, 280
ペロポネソス軍　26, 29-30, 73, 147

477

索　引

ペロポネソス人　28
ペロポネソス戦争　3, 13, 21-22, 24, 30, 99-100, 104, 106, 108, 110, 132, 139-140, 150, 154-156, 198, 231, 280, 310, 335, 354, 376-377, 392-393, 421, 440-443
ペロポネソス船団　28-29
ペロポネソス同盟　30
『弁論術』（アリストテレスの）　427, 435
ボイオティア軍　221
法制改革　4-5, 7, 10-11, 13, 15, 229, 231, 337, 347-348, 350, 353-356, 365, 375, 377-378, 409, 411-412, 418, 429, 431-432, 444, 446, 449
法廷　12, 36, 57, 97, 107, 143, 145, 168-169, 178, 197, 239, 259, 274, 316, 326, 332, 339, 341, 344, 363, 386, 397, 435
法典　231-232, 262, 269, 279, 282, 309, 314-318, 320-321, 332, 348, 363, 366, 446
法典編纂　5, 7, 11, 229-232, 235-238, 243-247, 249-253, 255-258, 260-262, 267-275, 278-280, 282-283, 300-303, 308-311, 319, 321, 324, 331, 339, 355, 363, 367, 372, 435, 444-446
法による支配　348, 364-365, 430-431, 436-437
法の支配　364-365, 436-437
法の優位　348, 364-365
亡命　3, 139, 233-234, 248, 271, 312-317, 329, 401
『法律』（プラトンの）　13, 419, 424, 432
ボエドロミオン（月名）　262, 286, 304
ホプリタイ（またはホプリテス）　141, 149, 165
歩兵長官　36, 151
ポリス　13, 18-19, 34-35, 39-40, 44, 85-86, 93, 96, 100-102, 105-106, 109-112, 114-116, 118-121, 125, 128, 142, 145, 156, 158, 164, 168, 171, 176, 188, 216, 229, 234, 326, 328, 334, 335-336, 338, 347, 349, 360, 366, 391, 395, 398-400, 402, 405-406, 414, 419, 421-428, 432-434, 441-442
ポリステース　234, 263, 273
ポリテイア　10, 384, 406
ポリティケー＝テクネー　426-427
ポーレータイ　178, 276, 278

　　　　　　ま　行

マケドニア軍　423
マラトンの戦い　92, 105
南ストアⅠ　323, 325
ミュティレネ人　13, 107, 112
ミレトス人　122,
民会　13, 18, 22, 24, 32, 34, 40, 42, 44-46, 48, 52-54, 57, 60, 70-71, 80, 83, 91, 97, 99, 101, 107, 112, 114, 118, 126, 140, 142-143, 153, 164-165, 176, 187, 196, 205, 219-220, 222, 226, 253, 271-272, 276, 278, 309, 326-327, 332-333, 338, 340-343, 345-346, 367, 369,

375-376, 383, 391, 400-402, 405, 410-411, 423-424, 427-432, 439, 441, 443
民会決議　3, 13, 15, 23, 140, 142, 152, 156, 158, 184, 203, 217-218, 309, 319, 339-340,
　　　348, 353, 355, 359-360, 365, 370, 381-385, 414, 422, 437, 442-443, 449
民会主権　348, 376
民衆裁判所（民衆法廷をもみよ）　366
民衆指導者（または民衆の指導者）　89, 92, 128, 146-147, 328, 378
民衆主権　13, 232, 348, 376, 383
民衆扇動家　13, 155, 196
民衆の領袖　90
民衆派　96, 197
民衆法廷（民衆裁判所をもみよ）　94, 333, 424
民主主義　14
民主政（または民主制）　3-4, 6-15, 21, 23-24, 31, 35, 42, 45-46, 48, 51-52, 60, 70, 85, 89,
　　　97, 99-103, 105-120, 122, 125, 128-130, 132, 139-145, 149-154, 156-157, 160, 163, 165-
　　　166, 175-176, 179-180, 184, 201, 203-207, 210-213, 217-223, 226, 229, 232, 262, 264,
　　　268, 272, 274, 280-281, 309, 318, 320, 326-333, 335-337, 339, 342, 347-361, 365-370,
　　　372-387, 390-397, 401-402, 406-418, 421-429, 431-435, 437, 439-444, 446-449
民主政憲章の条令　275, 324
民主政変革　23, 31
民主派　3-5, 12, 42-43, 47, 54-56, 102, 108, 113-116, 132, 140-143, 146, 151-153, 155-156,
　　　159, 184, 194, 202-204, 329-331, 333, 336, 348, 352, 355-356, 361, 371-372, 390, 393,
　　　407-408, 412, 418, 442-443
矛盾する法の改正（の）手続き（または制度）（または矛盾する法を改正する手続き）
　　　342-343, 352, 355, 360, 367, 375, 383, 391, 410, 430
ムニュキオン（月名）　187
盟約結社　145-146
メガラ人　167, 170, 178
メタゲイトニオン（月名）　186
メトロオン　316, 339, 363, 435

　　　　　　　や　行

有産者政　367, 392
四百人（前411年の）　5-6, 9, 21, 23-25, 32, 34-35, 37-39, 41, 47-48, 50, 52, 54, 56-58, 62-
　　　69, 72-75, 77-78, 83, 85, 104, 140-143, 145, 147, 149-150, 153-156, 163-166, 168, 172-
　　　176, 178-180, 183-185, 189, 191-192, 194-203, 206-207, 210-215, 218-220, 222, 223, 226-
　　　227, 231, 271-272, 335, 354-355, 370, 388, 393-394, 396-398, 402-407, 416-417, 419,
　　　439-440, 442-444, 448-449
四百人処罰　30, 69, 154, 163-164, 166-167, 175, 179, 191, 196-205, 208-209, 221-222, 443
四百人政権　6, 10, 18, 48-49, 52-54, 63-70, 72-80, 82-83, 142-143, 149-154, 156, 158, 165-
　　　167, 169-170, 172-174, 178-180, 183-185, 187, 189-194, 196-202, 206, 208, 213, 215,
　　　220-225, 271, 354, 402-403, 406-407, 443-444, 449

479

索　引

四百人評議員（またはたんに評議員でそれを指すもの，前411年のアテナイの）　23, 36-37, 63, 66-67, 69, 81-82, 140, 179, 184-192, 212-213, 215, 224, 423
四百人評議会（前411年のアテナイの）　3, 18, 23, 36-38, 52, 57, 62, 64-69, 75-80, 139, 143, 153, 156, 172, 183-184, 187, 189-191, 193, 215, 222, 225, 333, 361, 369, 371, 390, 442

　　　　　　ら　行

ラウレイオン銀山　148
ラケダイモン人　173, 349, 396, 398-401
立法家　348, 391
立法者　274, 332, 342, 345, 349, 366, 424
リュクルゴスの国制　377
隣保同盟神事記録役（ヒエロムネモン）　36
隣保同盟代表者　328
冷戦　12
レイトゥルギア　103-106, 125, 130, 133, 148-149, 151, 441（ライトゥルギー　130）
『歴史』（トゥキュディデスの）　6, 8-9, 16, 18, 21, 24, 31-34, 64, 66, 109, 206, 394, 416, 439
レーナイア祭　196, 234, 355
『レプティネス告発』（デモステネスの）　342, 352, 355
老寡頭主義者　117
労務者級　89
ロギスタイ　274
六分の一　87, 127
ローマ人　404

【ギリシア語由来の事項・人名・地名】

　　　　　　A

Abdera　433
Achaia　433
achreios　129
achrêstos　129
Aetolia　432
agathoi　97, 124
agoraioi　101
aidôs　426
Aigina　433
Ainos　433
Aitolia　433

480

索　引

Akanthos　433
Akarnania　433
Alkibiades　135, 136
Ambrakia　433
Amisos　433
Amorgos　433
Amphipolis　433
Amphissa　433
anagraphein　180-181, 233, 268
Anaktorion　433
andres　97, 122-123
Andros　433
Antadros　433
antidosis　103
Antissa　433
Apollonia am Pontos　433
archê　233
archein　233
architheôria　103
archôn　233
archôn basileus　256
Argos　43, 433
Argos Amphilochikon　433
Aristeides（前425/4年の将軍）　134
aristoi　88, 91, 122-123
Aristokrates　136
Aristoteles（アテナイ人将軍）　133
Asopios　133
astoi　85-86
asty　85
Atthis　389
Autokles　134-135
axones　332

B

beltistoi　91, 96-97, 119, 122, 159
Boiotia（またはBoiotien）　432-433
Byzantion　433

C

Chalkis　433

481

索　引

Charikles　136
Charminos　137
Charoiades　134
cheiroi　119
Chios　433
chorêgia　103
chraomai　97
chrêstoi　91, 97, 102, 117, 122-124, 138
chrêstos　124, 138
Corinth（Korinthをもみよ）　432
Crete　433

D

Delos　433
Delphi　432-433
Demaratos　136
Demodokos　134
demokratia（またはdêmokratia）　114, 328, 349-350, 356, 359, 377-379, 381, 392, 411, 413
dêmokratikos　382
dêmos　87, 91-92, 104, 108, 118, 122-124, 166, 206, 281, 367, 386, 392
Demosthenes（前427/6年の将軍）　134-136
dêmotai　119, 209
dêmotikên　390
dêmotikoi　91, 118, 122-123
dêmotikos　327, 329, 370, 380-382, 384-385, 391-392
dêmotikôs　391-392
dexiôtatoi　122-123
diaita　326
Dieitrephes　136
dikê　125, 326, 426
Diomedon　137
Diphilos　136
dokimasia　14
douloi　124
dynamenos　123-124
dynatôtatoi　100, 123, 159

E

Eion　433
eisangelia　392

eisphora 103, 202
Elis 433
Ephesos 28, 433
Epidamnos 433
epimelêtai 259
epiphaneis 87, 96
Eresos 433
Eretria 433
Erythrai 433
esthloi 125
eudaimones 123
euergetês（またはeuergetai） 180
Euetion 136
eugeneis 87
Eukles 134
Eukrates 137
Euktemon 137
eunoia 100
eunomia 114, 123
eupatridai 91
euporoi 87, 96
Eurymedon 134-136
Euthydemos 135-136
euthyna 14, 183, 233
exaleiphein 326

G

gennaioi（またはgennaios） 91, 118, 122-124
genos 97
geôrgountes 124
gnôrimoi 87, 89, 91, 96
graphê paranomôn（またはgraphai paranomôn） 14, 346, 370, 375, 386, 430
gymnasiarchia 103

H

Hagnon 133
Halikarnassos 433
hêmerâ 285
Heraclea Pontica（またはHerakleia Pontike） 433
Heraia 433
Herakleia Trachinia 433

483

索　引

Hestiaia　433
hestiasis　103
Hestiodoros　133
hetaireia（またはhetaireiai）　98, 102, 129
hetairoi　145
hippeis　89
Hippokles　136
Hippokrates　134
Hipponikos　134
hippotrophia　103
Historiai　366
hoi amphi　98
hoi peri　98
hoplitai　91, 118, 122-123
hybris　111
Hyperbolos　134

I

Iasos　433
isegoria　114
ischyroi　123-124
isonomia　114
Istros　433

K

kakistos　120
kakoi　115, 125
kakonoia　100
kakonomia　114
Kalchedon　433
Karystos　433
katalogeus　184
Kallistratos　135
kaloi kagathoi　97
Karkinos　133
kathistanai　327-328
kêdeia　98
Keos　433
Klazomenai　433
Kleippides　133
Kleomedes　135

Kleon 134-135
Kleopompos 133
Knidos 433
Kolophon 433
kômê 85
Konon 136
Korinth（Corinthをもみよ） 433
Korkyra 433
Kos 433
kosmios 384
kothornos 151, 397
ksymmakhia 27
ksynômosiai 145
Kyme 433
Kynaitha 432
kyrbeis 256
Kythera 433
Kyzikos 433

L

Laches 134-135
Laispodias 136
Lamachos 134, 136
Lampsakos 433
leitourgia 103
Leon 137
Lesbos 432
Leukas 433
Lokris Hypoknemidia 433
Lysikles 133

M

Macedonia 432
Mallos 433
Mantineia 432-433
Megalopolis 432
Megara 432-433
Mekyberna 433
Melesandros 133, 136
Melos 433
Menandros 136

索　引

Mende　433
mesos polites　331, 372
Messene　432
Methymna　433
Milet　433
misodêmos　99-100
misopolis　99
Mytilene　433

N

Naxos　433
neoploutos　101
Nikias　134-136
Nikostratos　134-135
Nisyros　433
nomoi　256, 309, 322, 326, 348, 365, 376, 411, 437
nomos　309, 326, 345-347, 376, 379, 387, 411, 430
nomos eisangeltikos　368
nomothesia　364, 390, 419, 432, 436
nomothetai　164, 219
nomothetês（またはNomothetes）　332, 349, 363
nomothetein　327-328

O

ochlos　123
Olbia　433
oligarchia　206, 392
oligarchikon　391-392
oligoi　123
Olynth　433
Onomakles　137
Oropos　433

P

Paches　133
Pandia　267
Pandionis　267
Paros　433
Parrhasia　433
patrioi nomoi　18, 329, 333, 335, 350, 369-370, 373, 380, 407-408
patrios　10, 331, 334-335, 390, 408

patrios dêmokratia 349-350, 377, 411
patrios nomos 362
patrios politeia 5-7, 10, 18, 230, 329-330, 333, 362-363, 371, 373, 389-390, 419, 444
pedia 86
penêtes 91, 118, 122-124
pentakosiomedimnoi 89
Perikles 133
Perrhaebia 432
Phanomachos 133
Pharsalos 433
phaulos 129
Phigaleia 432-433
philia 27, 102
philodêmos 99
philoi 101
Philokrates 136
philopolis 99
Phleius 433
Phokis 433
Phormion 133
phrourarchos 186
Phrynichos 137
Plataiai 433
plêthos 87
plousioi（またはplousios） 87, 91, 104, 118, 122-124
politeia 164, 219, 349
politikê aretê 426
politike techne（またはpolitikê technê） 115, 426
Polystratos 179
ponêroi 91, 117, 122-124, 138
ponêros 124, 129
ponos 124
poristês 234, 263, 273, 281
Poteidaia 433
Priene 433
prodosia 169, 192
proedroi 216
prostatês tou dêmou 127, 328, 378
prothyma 270
Prokles 134
Proteas 133

索引

psêphisma 309, 326, 346, 365, 367, 376, 379, 387, 411, 430
Pydna 433
Pyrrha 433
Pythodoros（前425/4年の将軍） 134
Pythodoros（前414/3年の将軍） 136

R

Rhodos 433
rhetores 108
rhêtos 285

S

Samos 433
seisachtheia 89
Selymbria 433
Sikyon 432-433
Simonides 134
Sinope 433
Siphnos 433
Skione 433
Skironides 137
Sokrates（前431/0年の将軍） 133
Soloi 433
Solônos nomoi（またはnomos） 348, 375, 391, 411, 430
Sophokles 134
Sparta 432
Spartolos 433
stasis 421, 433
stêlê 281
Stoa Basileios 255, 278, 321, 323, 367
Strombichides 136
syngraphai 306
synoikismos 85
synomosiai（またはsynômosia） 102, 145
Syracuse 433
Syros 433

T

Tegea（またはTegeia） 432-433
Teisias 135-136
Telephonos 136

索　引

Tenos　433
Thasos　433
Theben　433
thesmoi　256, 322
Thespiai　433
Thessaly（またはThessalien）　432-433
thêtes　89
Thrasykles　136
timokratia　367, 392
Torone　433
triêrarchia　103
triêrarchoi　100
triêrês　103

X

Xenophon（前430/29年の将軍）　133
xenos　90, 126

Z

Zakynthos　433
Zeleia　433
zeugitai　89

【英語由来の事項の一部】

A

Achaean League　432

D

democracy by popular sovereignty　13, 381
democracy by sovereignty of law　13, 381

P

popular sovereingty　348, 376

R

rule by laws　348, 364, 436
rule of law　364-365, 436

索　引

S

sovereingty of law　348, 364, 376, 436

【人名（古代）】

ア　行

アイスキネス　342, 355, 391
アイスキュロス　110
アガリステ　90
アギス　174
アゴラトス　177-178, 180
アソポドロス　225
アテナゴラス　109-110
アニュトス　329
アポロドロス（メガラ人の）　167, 170, 178
アモルゲス　28-29
アリスタルコス　60, 83, 171-172, 221
アリステイデス　92, 96, 106
アリストクラテス　39, 150-153, 167, 192, 198-199, 217, 354, 394, 399, 403, 440
アリストテレス（アテナイ人の）　83
アリストテレス（哲学者の）　4, 5, 8-9, 12-13, 17, 19, 21, 24, 31-32, 35, 45, 60, 62-63, 67-69, 75-76, 78-79, 81, 84, 93, 116, 229-231, 256, 309, 316, 329-331, 333, 348-350, 352-353, 355-356, 359-361, 366-373, 377-381, 384-385, 387, 389, 392-393, 402, 404-408, 411-415, 417-418, 423-425, 427, 433-435, 439-440, 446-448
アリストパネス　59, 151, 196, 234, 393, 421
アリストポン　130
アリストマコス　38, 67, 75, 80, 222
アルキノス　329
アルキビアデス　13, 22, 28-29, 31, 61, 72-74, 111, 113, 139, 141, 143-144, 146, 149, 155, 158, 205-206, 223, 271-272, 395, 404, 442, 444
アルケノモス　263
アルケプトレモス　70-71, 160, 168-169, 192, 199, 203, 205, 212, 399, 443
アレクサンドロス（1世）　94
アレクサンドロス（大王）　355, 421
アレクシアス　104
アレクシクレス　83, 167, 171-172, 174
アンティクレス　167
アンティステネス　225
アンティパトロス　3, 423, 432, 434

490

索　引

アンティポン（寡頭派の）　5, 38, 53, 55-56, 60, 70-71, 73, 83, 101, 143, 146, 152-155, 160, 166, 168-169, 172, 192, 194, 199-200, 203, 205, 212-213, 217, 355, 389, 393, 399, 402-403, 407, 442-443
アンティポン（ソフィストの）　205
アンドキデス　220, 255, 311-312, 315-316, 318, 325-326, 353, 355, 363, 367, 410
アンドロクレス　43, 54, 102, 145-146
アンドロティオン　33, 42, 53-56, 58, 62, 331, 356, 361, 369-373, 389, 406, 412, 419
アンドロン　153-154, 168, 199-200, 202-203, 331, 372, 407, 443
イオポン　89
イサゴラス　90, 96
イソクラテス　7, 33, 58, 106, 229, 327, 329, 333, 354-356, 412, 423, 425-426, 428, 431-432, 434-435
イソディケ　93, 98
ウァレリウス（ガイウス＝）　404
エウアンドロス　225
エウクテモン　24
エウクレイデス　235-238, 243-246, 248-254, 326, 347
エウディコス　178
エウテュディコス　276
エウブロス（またはエウブーロス）　130, 433
エウリピデス　109, 111, 113, 434
エウリュプトレモス（キモンの義父）　93, 98
エウリュプトレモス（前406年の演説者）　70
エピアルテス　91, 96, 108, 362
エピカレス　175
エピゲネス　195
エラシニデス　176, 178
エラトステネス　25, 200, 398, 402
エリタリオン　225
エルピニケ　92
エレイオス　93
エレクトラ　99
オタネス　109
オノマクレス　70, 83, 160, 168-169, 192, 212
オロロス　92

　　　　　カ　行

カエキリウス　168
カライスクロス　199, 398
カリアス（またはカルリアス, 前411年のアテナイの）　38, 75, 80, 187, 196

491

索　引

カリアス（カリアスの和約の）　92-93
カリアデス　234
カルキデウス　26
カレス　131
キモン　92-100, 125-126, 142, 383, 441
キモン（祖父の）　92
キュロン　98
クサンティッポス　96
クセノポン　8, 70, 91, 104-105, 109-110, 113, 117, 132, 182, 337, 374, 395, 409, 421, 423, 448
クセルクセス1世　25
グラウキッポス　176
クリティアス　124, 152, 160, 171, 195, 199-200, 202-203, 337, 355, 393, 395, 397, 409, 443, 448
クリトブロス　105
クレイゲネス　175, 353
クレイステネス　4, 6-7, 10-11, 59, 90, 95-96, 230, 327-330, 332-333, 336-337, 349-352, 354, 356, 359-360, 362, 366-374, 376-377, 379-380, 382-383, 386-390, 392, 406-409, 411-412, 414, 440, 444, 447, 449
クレイステネス（アテナイ人の職業的訴訟者）　195
クレイステネス（シキュオンの）　90
クレイトポン　4-5, 18, 35, 40, 75, 77, 230, 329-330, 334, 349-350, 354, 362-363, 369-373, 377, 380, 383, 385-386, 388-390, 407-408, 411-412, 414-418, 439, 447-448
クレオポン（またはクレオポーン）　92, 96, 100, 195, 234, 263, 329
クレオメネス　90
クレオン　96, 100-102, 107, 113, 127-129, 354
クレメス　44
クレモン　234
コモン　177
コルネリウス（ガイウス＝）　404

　　　　　サ　行

サテュロス　234
シタルケス　150, 198
シモン　177
スキロニデス　144
スケリアス　198, 394
スティルポン　19
ステサゴラス　92
ストロンビキデス　234
ソクラテス　105, 355, 365, 428, 432

492

索　引

ソビロス　24, 169
ソポクレス　24-25, 110
ソロン　4, 6-7, 10-11, 13, 15, 17-18, 35, 89, 96-97, 106, 127, 230-231, 266, 274, 282, 284-286, 294, 307, 311, 313-315, 318-320, 322-323, 327-328, 332-333, 336-337, 344-345, 348-354, 356, 359-361, 366-372, 374, 376, 378-380, 384-388, 391-392, 407-409, 411-412, 414, 424, 428, 444, 446-447, 449

　　　　　タ　行

ダレイオス（１世）　25, 109
ディオグネトス　276
ディオクレス　104, 177-178, 276
ディオゲネス・ラエルティオス　19
ディオドトス　113
ディオドロス　384-385, 403-405
ディオペイテス　131
ディオメドン　144
テイサメノス　7, 11, 234, 263, 282, 310-311, 338, 351
ティッサペルネス　22-23, 26-32, 139, 144, 146
ティモナッサ　89
テオポンポス　39, 68, 73, 168, 404
テミストクレス　92, 96, 99, 147, 398
デモステネス　131, 331-332, 340, 342, 345, 352, 355-356, 391, 407, 412, 430
デモニコス　168
デモパネス　195
デモパントス　33, 154, 175, 207, 353
テュモカレス　186, 189
テラメネス　3-6, 9-10, 18, 24-25, 30, 38-39, 48, 55, 60-61, 63, 66, 68, 71-74, 76, 96-97, 143, 146, 150-156, 159-160, 163-164, 167, 191-194, 198-205, 208, 210-213, 215, 221-223, 229-231, 272, 327, 330-331, 333-334, 336-337, 354-355, 359-361, 371-374, 379-381, 383-385, 387-390, 392-409, 414-419, 439-440, 442-444, 447-449
テリメネス　27
トゥキュディデス（メレシアスの子）　96, 99, 108, 402
トゥキュディデス（歴史家の）　6, 8-9, 16, 21-22, 24, 27, 29, 31-34, 39-40, 42-61, 63-68, 108-109, 111-113, 139, 141, 143-145, 149, 151, 158-159, 164-165, 201, 206, 218, 230, 271-272, 335-337, 355, 374, 394, 405-406, 409, 416, 418, 439-440
ドラコン　87-88, 322, 330, 354, 372, 391, 407
ドラコンティデス　400
トラシュブロス　3, 272, 335, 355, 373
トラシュブロス（カリュドン人の）　160, 170, 176-179
トラシュマコス　362, 390, 419
トラシュロス　335

493

索　引

ナ　行

ニキアス　96, 98, 113, 402
ニコマコス（またはニーコマコス）　5, 7, 11, 229-238, 243-253, 255-258, 260-263, 267-275, 277-280, 282-283, 285, 300-303, 308-310, 312-325, 339, 355, 363-364, 367, 435-436, 444-446

ハ　行

パウサニアス　93
ハグノン　24-25, 150-152, 198-199, 388, 394, 396, 416-417
パトロクレイデス　155, 196
パルナバゾス　22, 27-28, 31
ハルポクラティオン　33, 42, 181
ピストゥネス　28
ヒッパルコス　89
ヒッピアス　89-90
ヒッポダモス　169
ヒッポメトス　216
ピュトドロス　35, 75, 77, 329, 369, 371, 380
ピュトパネス　216-217
ヒュペルボロス　92, 100
ヒュペレイデス　131
ピリスティデス　176
ピリッポス　355
ピリノス　177
ピロカレス　400
ピロコロス　33, 42, 58
ピロストラトス　168
ファビウス（カエソ＝）　404
ブテス　93
プラトン（またはプラトーン）　7, 12-13, 116, 132, 229, 355, 363, 365-366, 390, 419, 423-428, 431-432, 434-435
プリュニコス（またはプリューニコス）　5, 28, 60, 83, 142-144, 146-147, 152-153, 155, 158, 160, 167, 169-173, 176, 178-180, 182-183, 190, 194-196, 199-200, 203, 209, 213, 442-443
プルタルコス　93, 106, 127, 159, 328
ブレピュロス　44
プロタゴラス　19, 115, 426-427
ペイサンドロス　5, 21, 23-24, 31-32, 34-35, 38, 41, 43, 46-57, 60, 63, 66-67, 81, 102, 139, 141, 143-147, 149, 152, 155-156, 164, 167-168, 174-175, 185, 190, 199, 388, 398, 403,

索 引

439-440, 442, 447
ペイシストラトス　17, 89, 92, 96, 368
ペイディアス　19
ヘゲシストラトス　89-90, 98
ヘゲシピュレ　92
ヘシオドス　12
ペリクレス　22, 93, 95-96, 98-100, 106, 108, 111-112, 125, 128-129, 139, 150-151, 198, 330, 354, 362, 372, 441
ヘルモン　170
ヘロドトス　109, 127-128, 366
ボエトス　175, 353
ポキオン　106
ボゲス　93
ポストゥミウス（ティベリウス＝）　404
ホメロス　12
ポリュストラトス　69, 83, 155, 160, 172, 174, 179-181, 184-191, 193-194, 198, 202-203, 213, 219, 224, 443
ポルミシオス　329

マ 行

ミュルメクス（またはミュルメークス）　263, 273
ミルティアデス　86, 92, 96, 105
ミルティアデス（Lysias 12.72の中の）　400
ミンダロス　27
ムナシロコス　39, 68, 225
メガクレス　89, 90, 98
メカニオン　234
メガビュゾス　109
メロビオス　35

ラ 行

ラケス　241, 244, 292, 295
ラケダイモニオス　93
リュクルゴス（アテナイ人のペイシストラトスの同時代人）　89
リュクルゴス（アテナイ人の弁論家）　170, 176, 194, 207, 391
リュクルゴス（アテナイ人の前4世紀の政治家）　131
リュクルゴス（スパルタ人の立法者）　349
リュサンドロス　400, 402, 423
リュシアス　146, 181-182, 199-200, 206, 231, 233-234, 267, 269, 274-275, 277, 306, 310, 312, 317, 321, 337, 374, 393, 397, 409, 416-418, 447
レオクラテス　170

495

索　引

レオステネス　131
レオン　144
レプティネス　345
ロボン　176

【人名（近世・近代人の一部）】
　　　　ア　行
ウェーバー　85, 106, 127-128, 130, 363
　　　　カ　行
コーク　365
　　　　サ　行
ジェームズ1世　365
　　　　タ　行
ダイシー　365
　　　　ラ　行
リンカーン　360, 383, 414

【神名および英雄または神話人物名】
　　　　ア　行
アテナ　14, 19, 36, 196, 225, 237, 240-242, 247, 249, 260, 272-273, 285-286, 291-293, 297, 307, 341
アドラストス　111
アポロン　14, 236-238, 244, 247-248, 258, 285, 287, 296-298
アルケゲテス　242, 293
アルテミス　246, 297
アレス　306
イアソン　99
エウモルポス　242, 293
エテオクレス　111
エニュアリオス　306
エレクテウス　236, 284
　　　　カ　行

カリスたち　242, 293, 307
クロトロポス　240, 244, 249, 260, 292, 296
ケレオス　242, 293

サ　行

ゼウス　14, 241-242, 244, 247, 249, 259, 292-294, 296-297

タ　行

ディオクロス　242, 293
ディオニュソス　307
テセウス　109, 111, 332
テミス　242, 293
デメテル　242, 293
デリコス　307
トレプトス　242, 293

ハ　行

ブリトマルティス　244, 296
プルートーン　263
ヘスティア　242, 293
ヘパイストス　242, 294, 306-307
ヘラ　15, 306-307
ヘラクレス　306-307
ペルセポネー　242, 293
ヘルメス　237, 242, 287, 293, 305-307
ポセイドン　34, 248, 299
ポリュクセノス　242, 293
ポリュネイケス　111

マ　行

メリコス　242, 293, 307

ラ　行

レートー　244, 249, 260, 296

【地名】

ア　行

アカデメイア（またはアカデーメイア）　94, 366, 391, 419
アグリュレ（アテナイの区）　169

497

　　　　　索　引

アジア　27
アッティカ　39, 86, 130, 169, 171, 174, 181, 226, 284, 422
アテナイ　3-8, 10-15, 19, 21-24, 26-34, 39, 46, 50, 52, 59, 62-63, 72, 74-75, 80, 85, 87, 90-92, 94-103, 105-108, 111-112, 115-117, 119-121, 125-126, 128, 130, 132, 137-140, 142-149, 151-156, 158-160, 163-164, 166-169, 176, 180, 185, 190-193, 195-196, 198, 200-203, 205-207, 209, 212-215, 219, 221-223, 229-233, 255-256, 261-264, 268, 271-274, 278-279, 281-282, 300-301, 307, 309-310, 313-318, 320, 324, 327-331, 334, 336, 338-339, 345, 347-356, 360-361, 364-367, 369-376, 378, 380-381, 383, 385, 387, 391-393, 402-404, 407-408, 410-415, 417-419, 421-425, 427-437, 439-447, 449
アナケイオン　68, 215
アナプリュストス（アテナイの区）　35
アビュドス　23, 32, 158
アルゴス　89
アロペケ（アテナイの区）　168
アンピポリス　150, 198
イアソス　28-30
イオニア　284
イカリア（アテナイの区）　216
イストモス　421
イングランド　436
エイオン　93
エウオニュモン（アテナイの区）　225
エウボイア　22, 31, 39, 185, 192, 200
エウリュメドン川　94
エジプト　8, 95
エリス　93
エリュトライ　22, 25, 31, 57, 158
エレウシス　147, 246, 294, 297, 307, 323, 355
エレソス　25, 57, 158
エレトリア　183-188
オイノエー　221, 246-247, 297-298, 308
オリュンピア　92
オレオス　39
オロポス　184-185

　　　　　カ　行

カイロネイア　170
カリア　28-30
キオス　22, 25, 31, 57, 151, 158, 199
キュジコス　27, 165, 203, 443
キュダテナイオン（アテナイの区）　225

キュプロス　95
キュレネ　421
ギリシア　12, 18-19, 25, 27-28, 87, 120, 128, 132, 143, 209, 328, 364, 371, 421-423, 425, 431, 433, 436
クシュペテ（アテナイの区）　216
クニドス　25, 57, 158
クラゾメナイ　25, 57, 158
クリュソポリス　200, 272
クレイトル　95
クレタ　13
ケドイ（アテナイの区）　176
ケパレ（アテナイの区）　216
ケピシア（アテナイの区）　234
ケルソネソス　94
コリントス　364, 391, 436
コルキュラ　112
コロノス（アテナイの区）　24, 32, 34, 40, 45-46, 54, 57, 60, 187

　　　　サ　行

サモス　22-23, 31, 60, 68, 100, 139, 143-144, 149, 335-336, 350, 354, 373, 390, 395, 400, 408-409
シキュオン　90
シケリア　22, 29, 35, 110, 126, 139, 147, 271
シュラクサイ　354
小アジア　22, 26-30, 139
スパルタ　22-23, 26-32, 53, 90, 93, 95, 108, 112, 126, 139, 142, 153-154, 156, 160, 165, 167, 169, 174, 190, 192, 199, 201, 205-206, 271, 273, 355, 377, 397, 402, 421, 441-442
西方ギリシア　421
セストス　93

　　　　タ　行

タソス　94
デイラデス（アテナイの区）　172, 182
テオス　158
デケレイア　45, 167-168, 173-175, 205-206, 271
テッサリア　196
テトラポリス　298
テバイ　109, 111
デロス　148
トラキア　93

499

索　引

　　　　　　　ハ　行

ハイライ　25, 57, 158
ハルマ　237, 285
パレネ（アテナイの区）　168
パロス　92, 106, 153-154, 192, 200, 202-203, 210, 272
ビュザンティオン　93
ピュドナ　192, 200
ヒュドロス　94
フェニキア　27
プニュクス　71, 164, 218, 405
フレアリオイ（アテナイの区）　276
ペイライエウス　73, 147, 338, 399, 421
ペルシア　22-23, 25-27, 29-31, 53, 61, 92-93, 109, 139, 141, 144-146, 155, 196, 442
ヘルモス（アテナイの区）　225
ヘレスポントス　272
ペロポネソス　95
ポイニケ　426
ボスポロス　272

　　　　　　　マ　行

マグネシア　22-23, 31-32
マケドニア　3, 94, 355, 432
マラトン（アテナイの区）　305, 334
ミュティレネ　25, 57, 113, 158
ミレトス　25, 57, 158
ムニキア　170
メテュムネ　25, 57, 158
メロス　112

　　　　　　　ラ　行

ラキアダイ（アテナイの区）　93
ラケダイモン　35, 39, 168, 395
ラムヌース（アテナイの区）　169
ランプサコス　23, 32, 158
リュケイオス　237, 287
リュケイオン　231, 349, 355, 377
レウコタイニア（トリッテュス名）　241, 292
レカイオン　364, 436
レスボス　22, 25, 31, 57

索　引

レベドス　25, 57, 158
ロードス　158, 170
ローマ　322

【古典文献】
Aeschines, 3 *Against Ctesiphon*　343, 375, 410, 430
Aeschylus, *Eumenides*　110
Aeschylus, *Prometheus Vinctus*　110
Aeschylus, *Supplices*　110
Andocides, 1 *On the Mysteries*　33, 58, 63, 73, 154-155, 165-166, 175-176, 180, 185, 196-197, 207, 213, 231-232, 234, 255-256, 268, 280, 282, 310-311, 314-316, 322, 325-326, 333, 337-339, 346-347, 351, 367, 375, 410-411, 429-430
Andocides, 2 *On his Return*　220, 227
Andocides, 3 *On the Peace with Sparta*　28-29
Androtion　58
Antiphon, *On the Revolution*　153, 192, 199, 212, 393
Aristophanes, *Aves*　151, 199, 367
Aristophanes, *Ecclesiazusae*　44
Aristophanes, *Ranae*　159, 196, 234, 263, 273, 393
Aristoteles, *Ath.*　5, 8-10, 14, 16-17, 23-24, 32, 34-40, 42-57, 60-72, 74-82, 87-91, 94, 96-97, 140, 142-143, 149-150, 152, 159, 163, 165, 183, 187, 189-190, 192, 198, 206, 208, 211-212, 214-227, 230-231, 256, 258, 271-272, 280, 322-323, 327-334, 336, 350, 352-353, 361-362, 367-374, 377-389, 392-393, 403-409, 414-418, 439-440, 443-444, 447-448
Aristoteles, *Ethica Nicomachea*　427
Aristoteles, *Politica*　127, 158, 349, 357-358, 377-379, 381, 383-384, 406, 411, 413, 423, 427
Aristoteles, *Rhetorica*　24, 195, 427
[Demosthenes], 17 *On the Treaty with Alexander*　421
Demosthenes, 20 *Against Leptines*　127, 345, 361, 366-367, 375, 391, 410, 430
Demosthenes, 22 *Against Androtion*　407
Demosthenes, 24 *Against Timocrates*　206, 341, 363, 375, 391, 410, 428-429, 431, 435
Demosthenes, 47 *Against Euergos*　259, 281
Diels & Kranz　125, 138, 363, 390, 419
Diogenes Laertius　19
D.S.　27, 150-151, 154, 160, 192, 198, 200, 202-203, 205, 221, 272, 384, 404
Euripides, *Electra*　99
Euripides, *Heraclidae*　110
Euripides, *Medea*　99
Euripides, *Phoenissae*　111
Euripides, *Supplices*　109

501

索　引

Harpocration　58-59, 179, 407
Hellenica Oxyrhynchia　62
Herodotus　92-93, 98, 109, 148, 366
Isocrates, 7 Areopagiticus　33, 58, 327, 412
Isocrates, 8 On the Peace　92, 106
Isocrates, 15 Antidosis　89, 127, 328
Isocrates, 16 De Bigis　354
Lycurgus, 1 Against Leocrates　83, 160, 168, 170-176, 178, 183, 194, 207, 209, 367
[Lysias], 2 Funeral Oration　347, 376, 430
Lysias, 7 On the Olive-Stump　167
Lysias, 12 Against Eratosthenes　24, 48, 71, 150-151, 153, 160, 192, 198-200, 205, 212, 388, 393, 401-402, 416
Lysias, 13 Against Agoratos　83, 154, 160, 168, 170, 178, 201, 206
[Lysias], 20 For Polystratos　53-54, 61, 69, 72, 143, 155, 160, 172-174, 179-180, 182-195, 197, 206-209, 213, 219
Lysias, 21 Defence against a Charge of Taking Bribes　104, 125, 148, 273, 441
Lysias, 25 Defence against a Charge of Subverting the Democracy　146-147, 155, 195
Lysias, 30 Against Nicomachos　127, 231, 233-234, 262-263, 267-269, 274, 277-278, 281-282, 303, 306, 308, 312, 317-320, 322-323, 326, 445
Lysias, 32 Against Diogeiton　281
Michigan-Papyrus 5982　402
Philochoros　58, 158
[Plato], Axiochus　101
Plato, Crito　432
Plato, Gorgias　426
Plato, Leges　419, 424, 426
Plato, Protagoras　426
Plato, Respublica　363, 390, 424, 426
Plutarchus, Alcibiades　83, 160, 170, 172, 182, 205, 209, 272
Plutarchus, Cimon　92-95, 98
[Plutarchus], Moralia　53, 70-71, 83, 153, 159, 160, 168-169, 172, 192, 199, 212, 217, 407
Plutarchus, Nicias　159
Plutarchus, Pericles　90, 99
Plutarchus, Phocion　106, 130
Plutarchus, Solon　87, 319
Plutarchus, Themistocles　99
Sophocles, Antigone　110
Sophocles, Oedipus Tyrannus　110
Th.　14, 22-23, 25-29, 31-35, 42-43, 47, 49-50, 52, 54-58, 60-61, 63-64, 66-68, 71-73, 75, 80-81, 83, 100-102, 112-113, 139-140, 142-144, 146-153, 158-160, 164-170, 174, 185-187,

189-190, 192, 198-199, 201, 206, 208-209, 212-215, 219, 221-224, 271-272, 280, 334-336, 362, 373, 393-395, 405-406, 408, 417-419, 444
〔Xenophon〕, *Ath.*　91-92, 101, 104, 109, 117-122, 125-126, 132, 138, 158, 441
Xenophon, *HG*　27-29, 33, 58, 70, 83, 152, 154, 159, 169, 174, 192, 196, 200-201, 203, 205-206, 213, 272, 337, 374, 390, 393, 397, 409, 415, 417
Xenophon, *Memorabilia*　196, 428
Xenophon, *Oeconomicus*　105, 148

【碑文】

Agora Inventory　238, 244, 247-251, 253
C.I.A.　179
Epigraphical Museum（E.M.）　235, 237, 252, 283, 285
Inscriptiones Graecae（*I.G.*）　16, 58, 82, 160, 168, 172, 176, 178, 180-181, 206, 213, 216-217, 225-226, 232, 235-239, 245-255, 259, 262-267, 269-270, 273, 275-277, 279-281, 283, 285-286, 294, 296, 305-308, 319-320, 322-323
Meiggs & Lewis　28, 82, 160, 168, 206, 213, 216, 225, 267, 278, 281, 324
Supplementum Epigraphicum Graecum（*S.E.G.*）　16, 236-238, 242, 247-250, 252, 283, 286, 294, 297-299, 304-308

著者　堀井　健一（ほりい　けんいち）

1957年兵庫県芦屋市生まれ。1986年広島大学大学院文学研究科博士課程後期西洋史学専攻単位取得退学。1999年博士（文学）取得（広島大学）。現在，長崎大学教育学部国際文化講座教授。

〔著書〕
山代宏道編『危機をめぐる歴史学～西洋史の事例研究』（刀水書房，2002年）（共著）

アテナイの前411年の寡頭派政変と民主政

2008年3月14日　発行

著　者　　堀　井　健　一
発行所　　株式会社　溪　水　社
　　　　　広島市中区小町1－4（〒730-0041）
　　　　　電話（082）246－7909
　　　　　FAX（082）246－7876
　　　　　E-mail:info@keisui.co.jp
印刷・製本　株式会社 平河工業社

ISBN978－4－87440－996－1　C3022